de Gruyter Studium

I0031420

Einführung in das Staatsrecht

von

Ulrich Battis und Christoph Gusy

5., neu bearbeitete Auflage

De Gruyter

1.–4. Auflage erschienen bei C. F. Müller/UTB.

Prof. Dr. Dr. h.c. *Ulrich Battis*, Professor an der Humboldt-Universität zu Berlin,
Lehrstuhl für Staats- und Verwaltungsrecht sowie Verwaltungswissenschaften;
Prof. Dr. *Christoph Gusy*, Professor an der Universität Bielefeld, Lehrstuhl für Öffentliches
Recht, Staatslehre und Verfassungsgeschichte

ISBN 978-3-89949-799-1
eISBN 978-3-89949-800-4

Bibliografische Information der Deutschen Nationalbibliothek

Die Deutsche Nationalbibliothek verzeichnet diese Publikation in der Deutschen National-
bibliografie; detaillierte bibliografische Daten sind im Internet über http://dnb.d-nb.de
abrufbar.

© 2011 Walter de Gruyter GmbH & Co. KG, Berlin/Boston
Einbandabbildung: Thinkstock/Herma
Datenkonvertierung/Satz: Werksatz Schmidt & Schulz GmbH, Gräfenhainichen
Druck: Hubert & Co. GmbH & Co. KG, Göttingen
♾ Gedruckt auf säurefreiem Papier

Printed in Germany

www.degruyter.com

Inhaltsübersicht

Inhaltsverzeichnis

§ 7 Gewaltenteilung

Inhaltsverzeichnis

Vorwort

Die vorliegende Einführung in das Staatsrecht ist als Studienbuch für Leser konzipiert, die noch keine Vorkenntnisse im Öffentlichen Recht aufweisen. Sie behandelt staatsrechtliche Grundbegriffe. Aufbauend auf einleitenden Darlegungen zur Einordnung des Grundgesetzes in das geltende Recht werden Gehalt und Funktion der Verfassung für Rechtsordnung und Gemeinwesen sowie die daraus resultierenden Probleme der Verfassungsinterpretation erörtert. Sodann werden fallorientiert die Staatsform und Staatsorganisation bestimmenden verfassungsgestaltenden Grundentscheidungen für die Republik, die Demokratie, den Bundesstaat, den Sozialstaat und den Rechtsstaat vorgestellt. Daran schließt sich die Darstellung der einzelnen Grundrechte mit dem Schwerpunkt der allgemeinen Grundrechtslehren an. Eine knappe Anleitung zur Falllösung mit Beispiel soll die praktische Verwendbarkeit der vermittelten Informationen in Hausarbeit und Klausur vermitteln.

Zu manchen Fragen wird der vorliegende Band mehr Fragen aufwerfen als beantworten. Mögen die Ergebnisse mancherorts wenig konkret sein, so ist darauf hinzuweisen, dass gerade im Verfassungsrecht die Diskussion vielfach im Fluss ist. Der Bestand an gesicherten Erkenntnissen ist deshalb mancherorts nicht allzu groß. Insoweit teilt die Darstellung das Schicksal des heutigen wissenschaftlichen Erkenntnisstandes: Wo Gewissheit nicht selten fehlt, ist die Kenntnis der maßgeblichen Fragestellungen und Diskussionsrichtungen unentbehrlich. Das Bemühen um die Vermittlung vermeintlich feststehender Tatsachen und Erkenntnisse muss unter diesen Bedingungen allzu oft Illusion bleiben. Zudem ist die Flut von Stellungnahmen aus Rechtswissenschaft und Literatur zu einigen staatsrechtlichen Problemen nochmals angeschwollen und inzwischen nahezu unüberschaubar geworden. Hier gilt es, Grundlagen festzuhalten und Orientierung zu vermitteln, zentrale Lösungsansätze vorzustellen und zu diskutieren. Vollständigkeit wird dabei weder angestrebt noch erreicht.

Bei der Neubearbeitung sind die immer wichtiger werdende europäische Einigung bis hin zum Vertrag von Lissabon und die Föderalismusreform 2006 wichtige Meilensteine gewesen. Darüber hinaus wurden aber auch allerjüngste Entwicklungen ebenso wie zahlreiche Einzeländerungen des Grundgesetzes eingearbeitet.

Wir danken den Damen Dr. C. Durinke (Berlin) für die selbstständige Bearbeitung des § 14 sowie E. Schnelle und C. Kleider für ihre Hilfe und die Überarbeitung des Sachverzeichnisses und R. Majewski für die mühevolle Betreuung der §§ 1–6.

Berlin/Bielefeld, im April 2011   Ulrich Battis/Christoph Gusy

Abkürzungsverzeichnis

Aufl.	Auflage
a.a.O.	am angegebenen Ort
AbgG	Abgeordnetengesetz
abw.	abweichend
AEUV	Vertrag über die Arbeitsweise der Europäischen Union
a.F.	alte Fassung
Anm.	Anmerkung
AnwBl	Anwaltsblatt (Zeitschrift)
AO	Abgabenordnung
AöR	Archiv des öffentlichen Rechts (Zeitschrift)
AP	Arbeitsrechtliche Praxis (1954: Nachschlagewerk des Bundesarbeitsgerichts)
ArbGG	Arbeitsgerichtsgesetz
Art.	Artikel
AsylVfG	Asylverfahrensgesetz
AuR	Arbeit und Recht (Zeitschrift)
AuslG	Ausländergesetz
BAG(E)	Bundesarbeitsgericht (Entscheidungen des Bundesarbeitsgerichts – amtliche Sammlung)
Banz	Bundesanzeiger
bay.	bayerisch
BayObLG	Bayerisches Oberstes Landesgericht
BayPAG	Gesetz über die Aufgaben und Befugnisse des Bayerischen Staatlichen Polizei
BayVBl.	Bayerische Verwaltungsblätter
BBankG	Gesetz über die Deutsche Bundesbank
BBG	Bundesbeamtengesetz
bbg	brandenburgisch
Bd.	Band
Beschl.	Beschluss
BGB	Bürgerliches Gesetzbuch
BGBl.	Bundesgesetzblatt
BGH(Z)	Bundesgerichtshof (Entscheidungen des Bundesgerichtshofs in Zivilsachen – amtliche Sammlung)
BImschG	Bundes-Immissionsschutzgesetz
BK	Bonner Kommentar
BMI	Bundesministerium des Innern

BRAO	Bundesrechtsanwaltsordnung
BR-Drs.	Bundesrat Drucksache
brem.	bremisch
BRRG	Beamtenrechtsrahmengesetz
bspw.	beispielsweise
BT-Drs.	Bundestagsdrucksache
BVerfG(E)	Bundesverfassungsgericht (Entscheidungen des Bundes-verfassungsgerichts – amtliche Sammlung)
BVerfGG	Bundesverfassungsgerichtsgesetz
BVerwG(E)	Bundesverwaltungsgericht (Entscheidungen des Bundes-verwaltungsgericht – amtliche Sammlung)
BVG	Bundesverfassungsgesetz (Österreich)
bw.	baden-württembergisch
BWahlG	Bundeswahlgesetz
BWVBl	Baden-Württembergische Verwaltungsblätter
ders.	derselbe
DGVZ	Deutsche Gerichtsvollzieher Zeitung
DJT	Deutscher Juristentag
DÖV	Die Öffentliche Verwaltung (Zeitschrift)
DRiG	Deutsches Richtergesetz
DSt	Der Staat (Zeitschrift)
DVBl.	Deutsches Verwaltungsblatt
E	Entscheidung
ebd.	ebenda
EG	Europäische Gemeinschaft
EGMR	Europäischer Gerichtshof für Menschenrechte
EGV	Vertrag zur Gründung des Europäischen Gemeinschaft
EMRK	Europäische Menschenrechtskonvention
EStG	Einkommenssteuergesetz
EU	Europäische Union
EuGH	Gerichtshof des Europäischen Union
EuGRZ	Europäische Grundrechte-Zeitschrift
EUV	Vertrag über die Europäische Union
EuZW	Europäische Zeitschrift für Wirtschaftsrecht
EV	Einigungsvertrag
f., ff.	folgende
Fn.	Fußnote
FS	Festschrift
G	Gesetz
gem.	gemäß
GewA	Gewerbearchiv
GG	Grundgesetz
ggf.	gegebenenfalls
GGOBMin	Gemeinsame Geschäftsordnung des Bundesministerien
GO	Geschäftsordnung

GOBR	Geschäftsordnung des Bundesrates
GOBReg	Geschäftsordnung der Bundesregierung
GOBT	Geschäftsordnung des Bundestages
GRUR Int.	Gewerblicher Rechtsschutz und Urheberrecht Internationaler Teil (Zeitschrift)
GüKG	Güterkraftverkehrsgesetz
GVG	Gerichtsverfassungsgesetz
GVwR	Grundlagen des Verwaltungsrechts
Halbs.	Halbsatz
hamb.	hamburgisch
HandwerksO	Handwerksordnung
HChE	Herren-Chiemsee-Entwurf
hess.	hessisch
HgB, (Hrsg.)	Herausgeber, herausgegeben
HGRe	Handbuch der Grundrechte
h.M.	herrschende Meinung
HRG	Hochschulrahmengesetz
HStR	Handbuch des Staatsrechts
HVfR	Handbuch des Verfassungsrechts
IngG	Ingenieursgesetz
InsO	Insolvenzordnung
IRG	Gesetz über die internationale Rechtshilfe in Strafsachen
i.S.	im Sinne
i.S.d.	im Sinne des/der
i.V.m.	in Verbindung mit
JA	Juristische Arbeitsblätter (Zeitschrift)
JBl	Justizblatt
Jh.	Jahrhundert
JöR	Jahrbuch des öffentlichen Rechts der Gegenwart
Jura	Juristische Ausbildung (Zeitschrift)
JuS	Juristische Schulung (Zeitschrift)
JZ	Juristenzeitung (Zeitschrift)
KG	Kammergericht
KostO	Kostenordnung
KreisO	Kreisordnung
krit.	kritisch
KritV	Kritische Vierteljahresschrift für Gesetzgebung und Rechtswissenschaft (Zeitschrift)
KUG	Kunsturheberrechtsgesetz
LuftSiG	Luftsicherheitsgesetz
LuftVG	Luftverkehrsgesetz
M-D	Maunz/Dürig, Grundgesetz
MdB	Mitglied des Bundestages
m.E.	meines Erachtens
m.w.N.	mit weiteren Nachweisen

Nachw.	Nachweis(e)
NATO	North Atlantic Treaty Organization
nds.	niedersächsisch
NJW	Neue Juristische Wochenschrift (Zeitschrift)
NJW-RR	Neue Juristische Wochenschrift-Rechtsprechungs-Report
NPL	Neue Politische Literatur
Nr.	Nummer
NRW	Nordrhein-Westfalen
NStZ	Neue Zeitschrift für Strafrecht
NVwZ	Neue Zeitschrift für Verwaltungsrecht (Zeitschrift)
nw.	nordrhein-westfälisch
NWVBl	Nordrheinwestfälische Verwaltungsblätter
NZA	Neue Zeitschrift für Arbeitsrecht
o.	oben
OFD	Oberfinanzdirektion
OLG	Oberlandesgericht
OVG	Oberverwaltungsgericht
PVS	Politische Vierteljahresschrift (Zeitschrift)
RdA	Recht der Arbeit (Zeitschrift)
Rn.	Randnummer
rh.-pf.	rheinland-pfälzisch
RiA	Recht im Amt (Zeitschrift)
S.	Seite
s.a.	siehe auch
StGB	Strafgesetzbuch
StR	Staatsrecht
st. Rspr.	ständige Rechtsprechung
VerfGH	Verfassungsgerichtshof
VersG	Versammlungsgesetz
VerwArch	Verwaltungsarchiv (Zeitschrift)
vgl.	vergleiche
VvB	Verfassung von Berlin
VVDStRL	Veröffentlichungen der Vereinigung der Deutschen Staatsrechtslehrer
VwVfG	Verwaltungsverfahrensgesetz
WRV	Weimarer Reichsverfassung
z.B.	zum Beispiel
ZfP	Zeitschrift für Politik
ZfRSoz	Zeitschrift für Rechtssoziologie
ZG	Zeitschrift für Gesetzgebung
ZJS	Zeitschrift für das Juristische Studium
ZRP	Zeitschrift für Rechtspolitik
ZUM	Zeitschrift für Urheber- und Medienrecht

Literaturverzeichnis

Die folgenden grundlegenden Werke sind im Text nur abgekürzt zitiert:

a) Lehrbücher

Badura, Staatsrecht, 4. Aufl., 2010
Degenhart, Staatsrecht I, 26. Aufl., 2010
Hesse, Grundzüge des Verfassungsrechts der Bundesrepublik Deutschland, 20. Aufl., 1999
Ipsen, Staatsrecht I, 22. Aufl., 2010; II, 13. Aufl., 2010
von Münch, Staatsrecht I, 5. Aufl., 1993
Kloepfer, Verfassungsrecht I, 2011; II, 2010
Maurer, Staatsrecht I, 5. Aufl., 2007
Michael/Morlok, Staatsorganisationsrecht, 2010; Grundrechte, 2. Aufl., 2010
Pestalozza, Verfassungsprozeßrecht, 3. Aufl., 1991
Pieroth/Schlink, Grundrechte, Staatsrecht II, 26. Aufl., 2010
Schlaich/Korioth, Das Bundesverfassungsgericht, 8. Aufl., 2010
Stein/Frank, Staatsrecht, 21. Aufl., 2010
Stern, Staatsrecht I, 2. Aufl., 1984; II, 1980; III 1/2, 1988, 1994; IV/1, 2006
Zippelius/Würtenberger, Deutsches Staatsrecht, 32. Aufl., 2008

b) Kommentare

Bonner Kommentar zum Grundgesetz, Bd. I–VII, Loseblatt, seit 1952
Dreier, Grundgesetz, Bd. I–III, 2. Aufl., 2008
Jarass/Pieroth, Kommentar zum Grundgesetz, München, 10. Aufl., 2009
von Mangoldt/Klein/Starck, Grundgesetz, Bd. I–II, 6. Aufl., 2010; Bd. III, 6. Aufl., 2011
Maunz/Dürig, Grundgesetz, Bd. I–III, 5. Aufl., Loseblatt (58. EL 2010)
von Münch/Kunig, Grundgesetz, Bd. I, 5. Aufl., 2000, Bd. II, 4./5. Aufl., 2001, Bd. III,
    5. Aufl., 2003; 4./5. Aufl. 2003
Sachs, Grundgesetz Kommentar, 5. Aufl., 2009

c) Handbücher

Benda/Maihofer/Vogel, Handbuch des Verfassungsrechts der Bundesrepublik Deutschland,
    2. Aufl., 1995 (HVfR)
Isensee/Kirchhof, Handbuch des Staatsrechts (HStR), I–VIII, 3. Aufl., 2003 ff.

Eine umfassende Zusammenstellung der staatsrechtlichen Lehrbücher, Kommentare und Handbücher findet sich bei *Zippelius/Würtenberger*, § 57.

§ 1 Einführung

I. Das Staatsrecht in der Rechtsordnung

Das Staatsrecht regelt Staatsfunktionen und Staatsorganisation und damit die Rechte **1**
und Pflichten der Mandate oder Ämter bekleidenden Bürgerinnen und Bürger sowie
die Rechte, insbesondere Wahl- und Grundrechte, der regierten Bürgerinnen und
Bürger. Das Staatsrecht der Bundesrepublik ist überwiegend in unserer Verfassung,
dem Grundgesetz, geregelt.

Die staatsrechtlichen Vorschriften regeln Rechtsfragen, die zumindest eines der drei
Elemente betreffen, die für die Existenz eines Staates entscheidend sind. Nach der
völkerrechtlichen 3-Elemente-Lehre, die von G. Jellinek (1851–1911) entwickelt wurde
und bis heute maßgeblich ist[1], wird ein *Staat* bestimmt durch *Staatsvolk*, *Staatsgebiet*
und *Staatsgewalt*.

Dementsprechend gehören zum Staatsrecht außer den Regelungen des Grundgesetzes
auch andere das Staatsvolk, das Staatsgebiet und insbesondere die Organisation
oberster Staatsorgane betreffende Vorschriften, z.B. das seit 1913 die deutsche Staatsangehörigkeit regelnde Staatsangehörigkeitsgesetz (Staatsvolk), ein Gesetz zur Neugliederung des Bundesgebietes nach Art. 29 II GG (Staatsgebiet) oder aus dem Bereich der Staatsgewalt das Gesetz über die Rechtsverhältnisse der Mitglieder des
deutschen Bundestages (Abgeordnetengesetz). Derartige unterverfassungsrechtliche
staatsrechtliche Regelungen brauchen kein förmliches Gesetz zu sein, wie z.B. die Geschäftsordnung des Bundestages.

Beide Bereiche des Staatsrechts, die in der Verfassung enthaltenen und die unter-
verfassungsrechtlichen Regelungen, werden auch als **materielles Verfassungsrecht** bezeichnet. Damit werden wir uns im Folgenden beschäftigen.

Als **formelles Verfassungsrecht** bezeichnet man alle in der Verfassungsurkunde enthaltenen Vorschriften, einschließlich der Vorschriften, die wie z.B. Art. 34 GG (Haftung
für Amtspflichtverletzungen) inhaltlich zum Verwaltungsrecht, oder wie Art. 102 GG
(Verbot der Todesstrafe) inhaltlich zum Strafrecht zählen.

Die Verfassung ist ein Gesetz, dessen Regeln denen anderer Gesetze vorgehen **2**
(Art. 20 III GG – Vorrang der Verfassung). Die Verfassung wird in einem besonderen
Gesetzgebungsverfahren erlassen und geändert (Art. 146, 79 GG). Jedes Gesetz, das
dem Grundgesetz widerspricht, ist verfassungswidrig; ebenso jede sonstige staatliche
Maßnahme.

---

1   BVerfGE 123, 267, 381.

Aus dem **Vorrang der Verfassung** und der Bedeutung der Regelungsgegenstände – Organisation der obersten Staatsorgane, Bindung der Staatsgewalt an die Grundrechte der Bürger – folgt aber nicht nur negativ, dass „einfache Gesetze" dem Grundgesetz nicht widersprechen dürfen, sondern auch positiv, dass die einfachen Gesetze die Verfassung zu verwirklichen haben. So wird z.B. Art. 6 IV GG, demzufolge jede Mutter Anspruch auf den Schutz und die Fürsorge der Gemeinschaft hat, durch arbeitsrechtliche Regelungen wie das Mutterschutzgesetz konkretisiert. Art. 14 I 1 GG gewährleistet das Eigentum als Grundrecht. Art. 14 I 2 GG ermächtigt den einfachen Gesetzgeber Inhalt und Schranken dieses Grundrechts durch Gesetz zu bestimmen, orientiert an der in Art. 14 II GG normierten Sozialpflichtigkeit des Eigentums.

3 Das Staatsrecht ist Teil des **Öffentlichen Rechts**. Als Öffentliches Recht bezeichnet man das Sonderrecht, dessen Rechtsnormen Inhaber staatlicher Gewalt berechtigen und verpflichten (Subjektstheorie) und/oder typischerweise durch Über- und Unterordnung gekennzeichnete Rechtsverhältnisse zwischen Bürger und Staat regeln (Subordinationstheorie).

Die im Einzelnen schwierige und von verschiedenen Theorien versuchte Abgrenzung des Öffentlichen Rechts vom Privatrecht ist vor allem bedeutsam für die Zuweisung des Rechtsweges. Die genauere Abgrenzung von Öffentlichem Recht und Zivilrecht ist dort zu erörtern, wo dies praktisch bedeutungsvoll sein kann, nämlich bei der Behandlung bestimmter Formen des Verwaltungshandelns im Allgemeinen Verwaltungsrecht.

Innerhalb des Öffentlichen Rechts besteht die engste Beziehung zwischen **Staatsrecht** und **Verwaltungsrecht**. Gesetzgebung und Regierung bestimmen, was die Verwaltung zu tun hat. Man kann das Verhältnis beider Rechtsgebiete ebenso wie das von Parlament und Regierung zur Verwaltung mit „oben" und „unten" beschreiben. Auch kann man wie im Verhältnis von Regierung und Parlament zur Verwaltung sagen, dass das Staatsrecht verbindliche Ziele und Rahmen festlegt, die dann vom Verwaltungsrecht ausgeführt werden. Mit dem Satz „Verwaltungsrecht ist konkretisiertes Verfassungsrecht" hat ein früherer Präsident des Bundesverwaltungsgerichts, Fritz Werner, die enge Verbindung von Staatsrecht und Verwaltungsrecht beschrieben.

4 Zum Öffentlichen Recht gehört auch das vom Staatsrecht zu unterscheidende **Völkerrecht**, das rechtliche Regeln zwischen den Staaten trifft. Treffender sind die Begriffe *public international law* bzw. *droit international public*. Nach traditionellem Verständnis berechtigt und verpflichtet das Völkerrecht primär die Staaten, z.B. als Kriegsvölkerrecht oder als Völkervertragsrecht, das die Rechte und Pflichten in internationalen Organisationen wie den Vereinten Nationen bestimmt. Zunehmend gewinnt jedoch der einzelne Mensch völkerrechtliche Berechtigungen, z.B. durch die Europäische Menschenrechtskonvention (EMRK), deren Einhaltung durch Individualbeschwerde gerichtlich bei dem Europäischen Gerichtshof für Menschenrechte (EGMR) in Straßburg gegenüber den Mitgliedsstaaten des Europarates durchgesetzt werden kann. Das sich rasch entwickelnde Völkerstrafrecht begründet die Strafbarkeit von Menschen wegen Völkerrechtsverbrechen, z.B. Völkermord. Dazu dient z.B. der Internationale Strafgerichtshof in Den Haag. Gemäß Art. 25 S. 1 GG sind die allgemeinen Regeln des Völkerrechts Bestandteil des Bundesrechts.

Zum Öffentlichen Recht gehört neben dem nationalen Strafrecht auch das **Europa-** **5**
recht. Damit ist im weiteren Sinne das Recht aller europäischen Organisationen gemeint, also auch dasjenige des Europarats. Europarecht im engeren Sinne ist das
supranationale Unionsrecht der EU, und zwar das im Vertrag über die EU (EV) und
in der konsolidierten Fassung des Vertrages über die Arbeitsweise der EU (AEUV)
geregelte **Primärrecht** sowie das insbesondere in Verordnungen und Richtlinien der
EU geregelte **Sekundärrecht**. Anders als Völkervertragsrecht hat das Unionsrecht **An-**
wendungsvorrang vor dem Recht der Mitgliedsstaaten, einschließlich deren Verfassungsrechts. Art. 23 I 1 GG verpflichtet die Bundesrepublik Deutschland zur Verwirklichung eines vereinten Europas bei der Entwicklung der EU mitzuwirken. Unter
bestimmten Voraussetzungen hat das Unionsrecht auch unmittelbare Rechtswirkungen für und gegen Unionsbürger, z.B. bei der Staatshaftung nach Europarecht, die im
Verwaltungsrecht zu behandeln ist.

II. Das Grundgesetz

Ein Blick in das Inhaltverzeichnis des Grundgesetzes dient der ersten Orientierung.

Auf die anlässlich der Wiedervereinigung Deutschlands durch Art. 4 Nr. 1 EV ge- **6**
änderte Präambel, die Beweggründe und Zielsetzungen der Verfassungsgebung durch
das Staatsvolk beschreibt, folgen zunächst und in der Reihenfolge durchaus programmatisch die Grundrechte, die die Staatsgewalt binden (Art. 1–19).

Der II. Abschnitt „Der Bund und die Länder" trifft nicht nur Grundentscheidungen
für die bundesstaatliche Ordnung, sondern z.B. auch über die europa- und völkerrechtliche Einbindung (EU, NATO), die natürlichen Lebensgrundlagen, die Parteien,
die Hauptstadt, den öffentlichen Dienst.

Die Abschnitte III bis VI treffen institutionelle Regelungen zu obersten Staatsorganen, namentlich Bundestag, Bundesrat, Bundespräsident und Bundesregierung.

Die funktionelle Regelung der Staatsorganisation enthalten die Abschnitte VII bis X,
nämlich die Gesetzgebung des Bundes, die Ausführung der Bundesgesetze durch Län-
der- oder Bundesverwaltung, die Gemeinschaftsaufgaben und Verwaltungszusammenarbeit, die Rechtsprechung und das Finanzwesen.

Der XI. Abschnitt enthält vorwiegend Übergangs- und Schlussvorschriften.

Durch die Abschnitte IVa und Xa wurde 1968 die Notstandsverfassung eingefügt.

1. Entstehung des Grundgesetzes

Nach dem Zusammenbruch des nationalsozialistischen Regimes, dokumentiert in der **7**
bedingungslosen Kapitulation vom 08.05.1945, wurde in dem in vier Zonen geteilten
Deutschland die Regierungsgewalt von den Besatzungsmächten ausgeübt, soweit nicht
die Gebiete östlich der Oder-Neiße-Linie in Polen und die Sowjetunion eingegliedert
wurden. Das Potsdamer Abkommen vom 02.08.1945 legte als wichtigste gemeinsame
Ziele der vier Besatzungsmächte die Befreiung des deutschen Volkes vom Nationalsozialismus, seine Demokratisierung und die völlige Entmilitarisierung Deutschlands fest.

Die dem Potsdamer Abkommen zugrundeliegende Absicht, Deutschland als wirtschaftliche und politische Einheit zu behandeln, zerbrach an dem mit der Niederlage des gemeinsamen Gegners aufbrechenden Ost-West-Gegensatz. Deutschland wurde durch den eisernen Vorhang zerschnitten und in Europa zum Hauptfeld des **Kalten Krieges**, dessen Verlauf die Eingliederung der westlichen wie der östlichen Besatzungszone(n) in die jeweiligen Bündnissysteme förderte. Stationen dieser Entwicklung waren u.a. die Schaffung der Bi-Zone, die Einbeziehung der West-Zonen in den Marshallplan, der Aufbau der Verwaltung des Vereinigten Wirtschaftsgebietes, die Währungsreform einerseits, der Prager Umsturz, die Spaltung des alliierten Kontrollrats, die Berlin-Blockade andererseits. Der Aufbau eines westdeutschen Staates wurde zum Mittel der Politik der Eindämmung des Kommunismus. Er vollzog sich aus kommunalen und regionalen Verwaltungen über die neu- oder wiedergegründeten Länder, z.B. Nordrhein-Westfalen oder Bayern.

8 Auf der Londoner Vier-Mächte-Konferenz Ende 1947 scheiterte die gesamtdeutsche Konzeption endgültig. Daraufhin schlugen die drei Westmächte zusammen mit den Benelux-Staaten den Ministerpräsidenten der bereits von den Alliierten gebildeten westdeutschen Länder in den **Frankfurter Dokumenten** die Bildung einer verfassungsgebenden Nationalversammlung für den westdeutschen Teil Deutschlands vor. Aus Sorge vor der weiteren Spaltung Deutschlands befürworteten die Ministerpräsidenten nur eine provisorische Lösung, die in der Bezeichnung und im Verabschiedungsverfahren des Grundgesetzes (statt Verfassung) zum Ausdruck kommen sollte. Der von der Ministerpräsidentenkonferenz bestellte Sachverständigenausschuss tagte im August 1948 in Herrenchiemsee und erarbeitete einen Verfassungsentwurf. Dabei hatten die Sachverständigen die Anordnung des 1. Frankfurter Dokuments zu beachten, „eine demokratische Verfassung" zu erarbeiten, „die für die beteiligten Länder eine Regierungsform des föderalistischen Typs schafft, die am besten geeignet ist, die gegenwärtig zerrissene deutsche Einheit schließlich wiederherzustellen und die Rechte der beteiligten Länder schützt, eine angemessene Zentralinstanz schafft und Garantien der individuellen Rechte und Freiheiten enthält".

Die alliierte Anordnung legte also grundlegende Aussagen für die neue Verfassung fest, nämlich:

1. Demokratie

2. Bundesstaat: Länder + Zentralinstanz

3. Grundrechte.

9 Anstelle einer verfassungsgebenden Nationalversammlung trat am 01.09.1948 der **Parlamentarische Rat** in Bonn zusammen. Er hatte 65 von den Landtagen gewählte Mitglieder, die sich nach ihrer Parteizugehörigkeit in Fraktionen zusammenschlossen (27 CDU/CSU, 27 SPD, 5 FDP, 2 Zentrum, 2 DP, 2 KPD – hinzu kamen mit beratender Stimme die Vertreter Berlins: SPD 3, CDU 1, FDP 1). Die Besatzungsmächte nahmen auf die Beratungen des Parlamentarischen Rates Einfluss, insbesondere hinsichtlich des föderalistischen Aufbaus. Am 08.05.1949 wurde das Grundgesetz mit 53 gegen 12 Stimmen vom Parlamentarischen Rat angenommen. Die Besatzungsmächte genehmigten das Grundgesetz, allerdings nicht ohne Vorbehalte, insbesondere hinsichtlich des Status von Berlin. Anschließend wurde das Grundgesetz von den Volksvertretungen aller damaligen westdeutschen Länder mit Ausnahme Bayerns angenommen, so dass es gem. Art. 145 I, II GG nach Ausfertigung und Verkündigung durch den Parlamentarischen Rat am 24.05.1949 um 0 Uhr in Kraft trat und gemäß Art. 145 III GG als Nr. 1 im Bundesgesetzblatt veröffentlicht wurde.

Die Protokolle über die Beratungen des Parlamentarischen Rates und seiner Ausschüsse sind veröffentlicht im Jahrbuch für Öffentliches Recht, Bd. 1 (1951). Sie geben in vielen Fällen Aufschluss über die **Motive des Verfassungsgebers** und den beabsichtigten Sinn gesetzlicher Regelungen. **10**

Die Eröffnung der Verfassungsartikel durch den Grundrechtsteil, angeführt durch die Garantie der unantastbaren Menschenwürde und deren Schutz durch staatliche Gewalt (Art. 1 I GG), der Bindung von Gesetzgebung, vollziehender Gewalt und Rechtsprechung an die Grundrechte (Art. 1 III GG), das Bekenntnis zu den unveräußerlichen Menschenrechten (Art. 1 II GG), das Verbot des Angriffskrieges (Art. 26 GG), die Abschaffung der Todesstrafe (Art. 102 GG) oder auch die Verweisung auf die Entnazifizierungsvorschriften (Art. 139 GG) sind Reaktionen auf die Verbrechen des Nationalsozialismus. „Das bewusste Absetzen von der Unrechtsherrschaft des Nationalsozialismus war historisch zentrales Anliegen aller an der Entstehung wie Inkraftsetzung des Grundgesetzes beteiligten Kräfte."[2] Das Bundesverfassungsgericht hat deshalb das Grundgesetz „geradezu als Gegenentwurf zu dem Totalitarismus des nationalsozialistischen Regimes" gedeutet.

Die Protokolle belegen auch, dass sich die Mitglieder des Parlamentarischen Rates positiv wie negativ in großem Umfang an den Regelungen der Weimarer Reichsverfassung und den damit gemachten Erfahrungen orientiert haben. Die Weimarer Verfassung zählte zu den fortschrittlichsten Verfassungen ihrer Zeit.[3] Die Weimarer Republik ist weniger an ihrer Verfassung als am fehlenden republikanischen Engagement der Bürger und der Inhaber öffentlicher Ämter gescheitert. Gleichwohl glaubte man aus den „Fehlern von Weimar" lernen zu können, z.B. durch die Stärkung der Regierung (Konstruktives Misstrauensvotum, Art. 67 GG), durch die Stärkung repräsentativ demokratischer anstelle plebiszitär demokratischer Formen wie die mittelbare Wahl des überwiegend auf die Repräsentation beschränkten Bundespräsidenten (Art. 54 GG), den Wegfall politisch bedeutungsvoller Volksabstimmungen und die Entscheidung für die „wehrhafte Demokratie", Parteiverbotsverfahren (Art. 21 II GG), sowie die Verwirkung von Grundrechten (Art. 18 GG).

Als Reaktion auf die Weimarer Praxis, die Verfassung mit der erforderlichen Mehrheit durch von der Verfassung abweichende Gesetze zu ändern, ohne den Verfassungstext zu ändern, enthält Art. 79 I GG das der Rechtssicherheit förderliche Gebot der Textänderung. Art. 79 III GG entzieht wichtige Verfassungsprinzipien der Verfassungsänderung. Damit soll insbesondere eine scheinlegale Verfassungsänderung wie nach dem Ermächtigungsgesetz von 1933 verhindert werden.

---

2 BVerfGE 124, 300, 328 – Wunsiedel.
3 Insbesondere ihre Sozialverfassung, dazu *Wiederin*, VVDStRl 64 (2005), S. 53, 63 f.

Weiterführend: *Gusy*, Die Weimarer Reichsverfassung, 1997; *Mußgnug*, Zustandekommen des Grundgesetzes und Entstehen der Bundesrepublik Deutschland, in: HStR I, § 8; *Stolleis*, Besatzungsherrschaft und Wiederaufbau deutscher Staatlichkeit, 1945–1949, in: HStR I, § 7; *Wilms*, Ausländische Einwirkungen auf die Entstehung des Grundgesetzes, 1999.

2. Deutsche Teilung und Wiedervereinigung

11 Mit der Ausfertigung und Verkündung des Grundgesetzes am 23.05.1949 war die Bundesrepublik Deutschland gegründet. Eine Woche später verabschiedete der nach Einheitslisten durch offene Stimmabgabe gewählte dritte Volkskongress die Verfassung der Deutschen Demokratischen Republik.

Zunächst verstanden sich beide politische Einheiten als Teil der deutschen Nation und strebten die Wiedervereinigung an. Zur Unterstützung der wechselnden Deutschlandpolitik beider Teile wurde die Rechtswissenschaft bemüht, die zahlreiche Theorien zur Rechtslage Deutschlands entwickelte.

Im Zuge des Wiederaufbaus eigener deutscher Staatlichkeit setzten sich im Westen die Meinungen durch, die vom **Fortbestand** des deutschen Gesamtstaates ausgingen, wobei man überwiegend darauf abstellte, dass die Alliierten die Staatsgewalt des Deutschen Reiches vorübergehend wahrgenommen hätten.

Die überwiegende Lehre in der BRD ging von der Identität der Bundesrepublik mit dem deutschen Gesamtstaat aus, wobei man zwischen der Staatskernthese (das Gebiet des mit der Bundesrepublik identischen Gesamtstaates umfasse das Reichsgebiet in dessen Grenzen von 1937) und der These von der partiellen Identität (Fortsetzung der Rechtspersönlichkeit des Deutschen Reiches sowohl in der DDR als auch in der Bundesrepublik) unterscheiden konnte.

In seinem Urteil zum Vertrag über die Grundlagen der Beziehungen zwischen der Bundesrepublik Deutschland und der Deutschen Demokratischen Republik, dem sogenannten Grundlagenvertrag, verband das BVerfG die Dachtheorie mit der Teilidentitätslehre: Existenz zweier eigenständiger staatlicher Teilordnungen unter dem Dach des weiterbestehenden Gesamtstaates Deutsches Reich.[4]

12 Mit dem Grundlagenvertrag hatte die BRD die DDR nach zutreffender Ansicht trotz verbaler Vorbehalte als Staat und Völkerrechtssubjekt anerkannt.

Während die ebenfalls[5] gesamtdeutsch orientierte, Länder voraussetzende **Gründungsverfassung der DDR** von 1949 trotz des Grundsatzes der Gewalteneinheit, der Regierungsbildung nach dem SED-geführten Blocksystem und der Installation staatlicher Wirtschaftsplanung noch unter dem Einfluss der Weimarer Rechtsverfassung stand, bekannte sich die sozialistische Verfassung von 1968 zu der seit Mitte der 50er Jahre entwickelten Zwei-Staaten-Theorie bei gleichzeitigem Festhalten am Auftrag der Vereinigung der beiden Staaten. Die Totalrevision der Verfassung von 1974 beseitigte das Vereinigungsgebot. Die Verfassung der „entwickelten sozialistischen Gesellschaft" legte in Art. 1 die „führende Rolle der Partei" fest. Diese wurde organisatorisch durchge-

---

4 BVerfGE 35, 193.
5 BVerfGE 36, 1, 16; dazu *Grigoleit*, Bundesverfassungsgericht und Deutsche Frage, 2004, S. 6.

setzt mit Hilfe des demokratischen Zentralismus, der die Leitung der umfassenden Planwirtschaft einschloss und instrumental mit Hilfe der sozialistischen Gesetzlichkeit, die eine bewusste Parteilichkeit mit umfasste. Die auf der Mitgliedschaft in der militärischen Allianz des Warschauer Paktes und der wirtschaftlichen Kooperationsgemeinschaft des Rates für gegenseitige Wirtschaftshilfe (RGW) fußende Außenpolitik der DDR war eingebunden in die abgestimmte Politik der „sozialistischen Staatengemeinschaft".

Die Unfertigkeit der Rechtslage des geteilten und als Ganzes unter der Verantwortung der Vier Mächte stehenden Deutschlands offenbarte stets augenfällig der besatzungsrechtlich geprägte **Status Berlins**, der zweigeteilten Stadt, in der sich die beiden deutschen Staaten jeweils in besonderer Weise engagierten. Die DDR erklärte bereits in ihrer Gründungsverfassung Berlin zur Hauptstadt der DDR und strebte für den Westteil der Stadt einen Status als „selbständige politische Einheit" an. Auch der Bundestag erklärte Berlin 1949 zur Hauptstadt Deutschlands. **13**

Bei der Genehmigung des Grundgesetzes machten die Westalliierten den Vorbehalt, dass Berlin nicht durch den Bund regiert werde und die Berliner Vertreter im Bundestag und Bundesrat kein Stimmrecht besäßen. Soweit der Vorbehalt der Besatzungsmächte nicht entgegenstand, galt das Grundgesetz auch in Berlin (West). Bundesgesetze wurden bis zum Überleitungsgesetz vom 25.09.1990 vom Berliner Abgeordnetenhaus übernommen und galten dann auch als Bundesrecht. Art. 2 I des Einigungsvertrages bestimmte wiederum Berlin als Hauptstadt des wiedervereinigten Deutschland. Die im Einigungsvertrag noch offen gelassene Frage des Parlaments- und Regierungssitzes wurde durch Bundestagsbeschluss vom 20.06.1991 ebenfalls zugunsten Berlins anstelle von Bonn entschieden.

„Die erste friedliche Revolution auf deutschem Boden" führte 1989 „zur Öffnung der Berliner Mauer und der innerdeutschen Grenze." **14**

Mit dem Ruf „Wir sind das Volk" wurde die Diktatur der SED zur Aufgabe gezwungen; mit dem Ruf „Wir sind ein Volk" wurde die Einheit der Nation gefordert, die „in freier Ausübung des Selbstbestimmungsrechts mit dem Beitritt" gem. Art. 23 GG a.F. „am 3. Oktober 1990 Wirklichkeit" wurde.[6]

Entstehung und Untergang der DDR stellen sich dar als gescheiterter Versuch einer Sezession von dem zunächst nur auf dem Gebiet und mit der Bevölkerung der Bundesrepublik seit 1945 fortbestehenden deutschen Nationalstaat. Der heftige verfassungsrechtliche und vor allem verfassungspolitische Streit um die Herstellung der Einheit – Beitritt nach Art. 23 GG a.F., also Ausdehnung des Grundgesetzes, oder über die Wiedervereinigungsklausel des Art. 146 GG a.F., also Ablösung des Grundgesetzes durch eine neue Verfassung qua Volksabstimmung – ist politisch durch die Volkskammerwahl vom 18.03.1990 entschieden worden.[7] Der Streit schwelt jedoch fort bei der Auslegung der nach der Wiedervereinigung neugefassten Verfassungsgebungsvorschrift des Art. 146 GG, insbesondere hinsichtlich der Frage, ob bei einer

---

6 Denkschrift zum Einigungsvertrag, BT-Drucks. 11/7760, S. 335.
7 Dazu *Timothy Garton Ash* frei nach *B. Brecht*: „Bei den Wahlen am 18. März/Das Volk/ Löste die Republik auf und/Wählte eine andere.", Die Zeit v. 07.12.1990, S. 7.

Umwandlung der EU zu einem Bundesstaat für die Bundesrepublik Deutschland allein Art. 146 GG oder ob für das Verfahren nach Art. 146 GG auch die Ewigkeitsklausel des Art. 79 III GG gilt[8].

15 Parallel zu dem sich in Deutschland vollendenden Einigungsprozess wurden im Jahre 1990 zwischen den beiden deutschen Staaten und den Vier Mächten, die seit 1945 die Verantwortung für Deutschland als Ganzes trugen, die äußeren Aspekte der Herstellung der deutschen Einheit einschließlich der Fragen der Sicherheit der Nachbarstaaten geklärt – **2 + 4-Gespräche**. Durch den Vertrag „über die abschließende Regelung in Bezug auf Deutschland vom 12.09.1990"[9] werden die Grenzen Deutschlands völkerrechtlich endgültig festgelegt. Gemäß Art. 1 II des Vertrages haben die Bundesrepublik Deutschland und die Republik Polen am 14.11.1990 die zwischen ihnen bestehende Grenze völkerrechtlich bestätigt. Außer der Grenzregelung trifft der Vertrag u.a. Regelungen zum Gewaltverzicht, zur Atomwaffenfreiheit des Gebiets der ehemaligen DDR, zur Freiheit der Bündniszugehörigkeit Deutschlands[10]. Der Rückzug der sowjetischen Truppen aus Deutschland wird kompensiert durch die im Vertrag über gute Nachbarschaft, Partnerschaft und Zusammenarbeit zwischen der Bundesrepublik Deutschland und der UdSSR[11] vereinbarten neuen Formen der Zusammenarbeit, die auf einem wechselseitigen Gewaltverzicht fußen. Art. 7 I des 2 + 4-Vertrages beendet die Rechte der Vier Mächte in Bezug auf Berlin und Deutschland als Ganzes. Deutschland hat damit gem. Art. 7 II die „volle Souveränität über seine inneren und äußeren Angelegenheiten" erhalten.

16 Angesichts der militärischen Einbindung in die NATO und des fortgeschrittenen Prozesses der Bildung einer Europäischen Union ist der Aussagewert des aus dem klassischen Völkerrecht stammenden Begriffes Souveränität[12] ziemlich begrenzt. Allerdings betont das Bundesverfassungsgericht in der Entscheidung zum Lissabon-Vertrag nachdrücklich die Souveränität der Bundesrepublik Deutschland als einer der Herren des EUV.[13]

Weiterführend: *Bernhardt*, Die deutsche Teilung und der Status Gesamtdeutschlands, HStR I, § 8; *Brunner*, Das Staatsrecht der DDR, HStR, 3. Aufl., § 11; *Kilian*, Der Vorgang der Wiedervereinigung, HStR, 3. Aufl., § 12; *Scholz*, Der Status Berlins, ebd., § 11.

3. Wandlungen des Grundgesetzes

17 Das Grundgesetz war bei seinem Erlass, wie in der Präambel a.F. zum Ausdruck gebracht, als Provisorium für den freien Teil Deutschlands konzipiert. Es ist im geschichtlichen Verlauf, wie Satz 3 der durch Art. 4 Nr. 1 EV neugefassten Präambel

---

8 So *Isensee*, ZRP 2010, 33/37; *Kloepfer* I, § 43 Rn. 74, § 44 Rn. 14; offen gelassen BVerfGE, 123, 343; w.N. bei *Jarass/Pieroth*, Art. 146 Rn. 3 f.
9 BGBl. II, 1990, S. 1318.
10 Dazu *Schweitzer*, HStR VIII, S. 190.
11 Vgl. BT-Drucks. 12/199 zum Vertrag v. 9.11.1990.
12 Dazu *Randelzhofer*, HStR II, 1. Aufl., § 17; *Herdegen*, FS Herzog, 2009, S. 117; *Hobe*, Der offene Verfassungsstaat zwischen Souveränität und Interdependenz, 1998.
13 Dazu *Grimm*, Souveränität, 2009.

und der durch Art. 4 Nr. 6 EV neugefasste Art. 146 GG es ausdrücken, zum Grundgesetz für das gesamte Deutsche Volk geworden. Im Laufe dieser Entwicklung ist zum einen aufgrund außen- und innenpolitischer Veränderungen der Text des Grundgesetzes in dem besonderen Verfahren nach Art. 79 GG mehrfach geändert worden. Zum anderen hat sich die Wirkungsweise des Grundgesetzes innerstaatlich wie supranational erheblich gewandelt.

Die mit einem Staatsvolk, Staatsgebiet und Staatsgewalt ausgestattete, als Staat konstituierte Bundesrepublik Deutschland war nach Inkrafttreten des Grundgesetzes zunächst durch alliierte Vorbehalte in ihrer Souveränität eingeschränkt. Diese Vorbehalte wurden erst im Zuge des Deutschlandvertrages mit den Westmächten[14], der zur Aufhebung des **Besatzungsstatuts** im Mai 1955 führte, weitgehend abgebaut. Allerdings behielten sich die Westalliierten weiterhin die bisher von ihnen ausgeübten und innegehabten Rechte und Verantwortlichkeiten in Bezug auf Deutschland als Ganzes einschließlich der Wiedervereinigung Deutschlands und einer friedensvertraglichen Regelung vor.

In den 50er Jahren wurde im Zuge des Beitritts zur Westeuropäischen Union und zur NATO die **Wehrverfassung** ins Grundgesetz eingefügt.[15] Der insbesondere durch den Beitritt zur Europäischen Wirtschaftsgemeinschaft[16] vollzogenen **Westintegration** entsprachen außenpolitisch die Anfang der 70er Jahre abgeschlossenen **Ost-Verträge** mit der Sowjetunion[17] und Polen[18], in denen sich die Bundesrepublik zum Gewaltverzicht und zur Unverletzlichkeit der Grenzen in Europa bekannte.

Unter der ersten Großen Koalition (1966–1969) erfolgten zwei umfangreiche Grundgesetznovellen. Die insgesamt 25 Artikel ändernde, aufhebende oder einfügende **Notstandsverfassung** war Anlass einer die 68er-Bewegung stimulierenden Kulturrevolution, ist jedoch praktisch von geringer Bedeutung geblieben. Das unterscheidet sie von der **Finanzreform**[19], durch die die bundesstaatliche Ordnung im Sinne eines kooperativen Föderalismus grundlegend ausgestaltet wurde, insbesondere durch Neuordnung der Lasten- und Steuerverteilung zwischen Bund und Ländern, des horizontalen Finanzausgleichs zwischen den Ländern und der Einführung der Gemeinschaftsaufgaben. Am selben Tage wurden zudem die Kompetenzen des Bundes markant erweitert.[20]

Mit dem **Beitritt der DDR** zur BRD nach Art. 23 GG a.F. fasste Art. 4 des völkerrechtlichen Einigungsvertrages die beitrittsbedingten Änderungen zusammen, nämlich die Neufassung der Präambel, die Aufhebung des durch den Beitritt der DDR erfüllten Art. 23 GG a.F., die Neuverteilung und Neugewichtung der Stimmen im Bundesrat (Art. 51 II GG), die Ergänzung des Art. 135a GG – Aufhebung oder Kürzung übergegangener früherer Verbindlichkeiten –, die nur teilweise befristete Aufrecht- **18**

---

14 BGBl. II, 1955, S. 305.
15 BGBl. I, 1954, S. 111.
16 BGBl. II, 1957, S. 766.
17 BGBl. II, 1972, S. 354.
18 BGBl. II, 1972, S. 362.
19 BGBl. I, 1969, S. 359.
20 BGBl. I, 1969, S. 373.

erhaltung von grundgesetzwidrigem DDR-Recht – Art. 143 GG, insbesondere Fristenregelung beim Schwangerschaftsabbruch, nicht mehr rückgängig zu machende Eigentumsfragen[21] – und die Neufassung der Regelung der Geltungsdauer des Grundgesetzes (Art. 146). Zusätzlich zu weiteren Übergangs- und Ausnahmevorschriften zur Finanzverfassung und zu Art. 131 GG in Art. 6, 7 EV empfahl Art. 5 EV den gesetzgebenden Körperschaften sich mit weiteren Verfassungsänderungen und -ergänzungen zu befassen. Die daraufhin eingesetzte Gemeinsame Verfassungskommission von Bundestag und Bundesrat[22] schlug statt einer Totalrevision (nur) zahlreiche und z.T. schwerwiegende Verfassungsänderungen vor, die teilweise in modifizierter Form durch verfassungsändernde Gesetze umgesetzt wurden, wie Art. 3 III 2 GG (Förderung der Gleichberechtigung von Frauen und Männern), Art. 3 II 2 GG (Verbot der Benachteiligung Behinderter), Art. 20a (Schutz der natürlichen Lebensgrundlagen), Art. 23 GG (Europaartikel), welcher wie weitere Änderungen, z.B. Art. 24 Ia, Art. 52 III GG (Europakammer des Bundesrates), Art. 72, 74, 75, 76 GG, die Stellung von Bundesrat und Ländern im innerstaatlichen wie im europäischen Meinungsbildungs- und Entscheidungsfindungsprozess stärkte. Die Länder konnten diese Gewichtsverlagerung durchsetzen, weil im Zuge der verfassungsrechtlichen Absicherung des Maastrichter Vertrages ihre Zustimmung vonnöten war, z.B. bei der Änderung von Art. 88 S. 2 GG[23].

19 Die zum 01.09.2006 in Kraft getretene **Föderalismusreform I**[24] ist die umfangreichste Änderung des Grundgesetzes (Art. 22, 23, 33, 42, 72, 73, 74, 74a, 75, 84, 85, 87c, 91a, c, 93, 98, 104a, b, 105, 109, 125a, b, c, 143c), aber nicht die gelungenste[25]. Statt vereinfachender Entflechtung führt z.B. Art. 72 III GG die überkomplizierte Abweichungskompetenz der Länder ein. Die Reform der Gemeinschaftsaufgaben (Art. 91a, b GG) blieb halbherzig. Zu begrüßen ist der Wegfall der Rahmengesetzgebung (Art. 75 GG) und die Streichung der erst 1994 eingeführten Erforderlichkeitsklausel des Art. 72 I GG sowie das föderale Durchgriffsverbot des Art. 84 I 7, 85 I 2 GG.

Die wichtigste Neuregelung der **Föderalismusreform II**[26] ist die sukzessive Einführung der Schuldenbremse (Art. 109 I, II, 115 I, II GG). Der Präsident des Bundestages hat den kleinteiligen, z.B. Art. 143d GG – Konsolidierungshilfen –, zum Teil überflüssigen Vorschriften, z.B. Art. 91c, d GG – Zusammenarbeit bei informationstechnischen Systemen und Vergleichsstudien – bescheinigt, sie versündigten sich an der Ästhetik der Verfassung[27]. Die Neuregelung der Finanzverfassung ist am Widerstand der Mehrheit der (armen) Länder gescheitert. Erst das Auslaufen des Solidarpakts im Jahr 2019 könnte eine Reform an Haupt und Gliedern, u.U. einschließlich einer

21 Dazu BVerfGE 84, 90; BVerwGE 96, 8; *Papier*, NJW 1991, 193.
22 BT-Drucks. 12/6000; dazu *Kloepfer*, Verfassungsänderung statt Verfassungsreform, 1995.
23 Dazu BVerfGE 89, 155, 199 – Maastricht; 97, 350 – Euro.
24 Gesetz vom 28.08.2006, BGBl. I, S. 2034.
25 S.a. *Dreier/Wittreck*, Grundgesetz, 5. Aufl. 2010, S. XXVI; *Selmer*, JuS 2006, 1052; *H. Meyer*, Föderalismusreform 2006, 2008.
26 Gesetz vom 29.07.2009, BGBl. I, S. 2248; dazu *Hofmann/Schlief (Hrsg.)*, Grundgesetz mit Begleitgesetz, 2009.
27 FAZ v. 23.04.2009; s.a. *Dreier/Wittreck*, a.a.O., S. XXVII; *Korioth*, JZ 2009, 729; *Selmer*, NVwZ 2009, 1255 – „Monstrum simile".

Länderneugliederung (Art. 30 GG), auslösen, es sei denn, die reichen Länder hätten zuvor mit einem Antrag auf Neuordnung des Finanzausgleichs vor dem Bundesverfassungsgericht Erfolg.

Ohne Änderung des Vertragstextes kann ein **Verfassungswandel**[28] bewirken, dass dem **20** unveränderten Text neue Sachverhalte zugeordnet oder neue Auslegungen entnommen werden. Beispiele sind die wechselvolle Rechtsprechung des Bundesverfassungsgerichts zur Parteienfinanzierung[29] oder zur Rundfunkfreiheit[30] sowie das Lüth-Urteil[31], das die Meinungsfreiheit (Art. 5 I GG), also ein individuelles Grundrecht der Bürger gegen den Staat, zur Basis der Auslegung des Demokratieprinzips machte. Auch die „Entdeckung" des Grundrechts auf informationelle Selbstbestimmung[32] oder die Betonung der Bedeutung der Versammlungsfreiheit als einem Stück direkter Demokratie[33] können insoweit angeführt werden. Diese insbesondere in den 50er und 60er Jahren kraftvoll ausgearbeitete freiheitssichernde Grundrechtsjudikatur wurde ein maßgeblicher Faktor zur Integration der Bürger in das neue Gemeinwesen. Bezeichnend dafür ist auch die Aufnahme der eher im Übermaß ausgeübten Verfassungsbeschwerde in das Grundgesetz (Art. 93 IVa)[34].

Die Wechselwirkung zwischen der Grundrechtsjudikatur des Bundesverfassungsgerichts und der des Europäischen Gerichtshofes hat wiederum ohne Textänderung dazu geführt, dass der EuGH abweichend von seiner früheren Rechtsprechung aufgrund von grundsätzlichen Vorbehalten des Bundesverfassungsgerichts[35] die im damaligen EG-Vertrag nicht geregelten Grundrechte als allgemeine Rechtsgrundsätze dem Europarecht implantierte, woraufhin das Bundesverfassungsgericht seinerseits seine Vorbehalte hintanstellte[36]. Mit der Rechtsverbindlichkeit der EGRC sind neue Abgrenzungsprobleme zum Anwendungsbereich der Unionsgrundrechte gegenüber den Grundrechten des GG und deren Auslegung durch das BVerfG entstanden.[36a]

Dem Urteil des Bundesverfassungsgerichts zum Lissabon-Vertrag[37], das die Linie des Maastricht-Urteils[38] fortsetzt[39], werfen Kritiker vor, dass das Gericht die Konzeption des Demokratieprinzips zum europäischen Mehrebenensystem[40] sowie den Integra-

---

28 Dazu *Bryde*, Verfassungsentwicklung, 1982, S. 20 ff., S. 254 ff.; *Hofmann*, in: HStR I, § 9 Rn. 63 m.w.N.
29 Z.B. BVerfGE 20, 36; 52, 63; 85, 264.
30 Z.B. BVerfGE 12, 205 – Deutschlandfernsehen; BVerfGE 83, 238 – duale Rundfunkordnung.
31 BVerfGE 7, 198.
32 BVerfGE 96, 171, 181; 118, 168, 184.
33 BVerfGE 69, 315, 346; 104, 92, 104.
34 Eingeführt durch Gesetz v. 29.01.1969, BGBl. I, S. 97.
35 BVerfGE 37, 271 – Solange I.
36 BVerfGE 73, 339 – Solange II.
36a Dazu EuGH JZ 2011, 145 m. Anm. v. Thym.
37 BVerfGE 123, 267.
38 BVerfGE 89, 155.
39 Dazu *Häberle*, JbdÖR 58 (2010), 317; *van Ooyen*, Die Staatstheorie des Bundesverfassungsgerichts, 3. Aufl. 2010: „Europafeindlichkeit".
40 Z.B. *Ruffert*, DVBl. 2009, 1197; *Fisahn*, KJ 2009, 220; *Müller-Graff*, Integration 2009, 331; *Schwarze*, Europarecht, 2010, 108; s.a. Lammert, Einigkeit. Und Recht. Und Freiheit, 2010,

tionsauftrag des Art. 23 I 1 GG[41] verkenne und das Subsidiaritätsprinzip (Art. 23 I 1 Hs. 2 GG) übermäßig betone[42].

Den Kritikern ist entgegenzuhalten, dass das auf seinem Letztentscheidungsrecht gegenüber „ausbrechenden Hoheitsakten der EU" beharrende Bundesverfassungsgericht in Europa nicht allein steht, wie die Karriere der Maastricht-Entscheidung innerhalb der Mitgliedsstaaten der EU zeigt[43]. Der nach dem Lissabon-Vertrags-Urteil ergangene Beschluss zu den Voraussetzungen und Grenzen der ultra vires-Kontrolle verdeutlicht das Kooperationsverhältnis von EuGH und BVerfG.[44] Vor der Feststellung eines ultra vires-Aktes ist dem EuGH durch Vorabentscheidungsverfahren nach Art. 267 AEUV Gelegenheit zur Vertragsauslegung sowie zur Entscheidung über die Gültigkeit und die Auslegung der fraglichen Handlung zu geben. Zudem räumt das BVerfG dem EuGH einen „Anspruch auf Fehlertoleranz" ein und beschränkt den Bürger auf einen (noch nicht entwickelten) Entschädigungsanspruch.[45] Offen bleibt, wann der „hinreichend qualifizierte Verstoß der Europäischen Organe" zu einer „strukturell bedeutsamen Veränderung zu Lasten des Mitgliedsstaates führt".[46] Beide Gerichte betonen die Vorlagepflicht gem. Art. 267 AEUV, allerdings mit unterschiedlichen Akzenten.[47] Auch das Verhältnis zwischen Bundesverfassungsgericht und EGMR ist nicht spannungsfrei; nicht so sehr wegen der häufigen Rügen des EGMR wegen zu langer Verfahrensdauer[48]. Vielmehr ist die Caroline-Entscheidung des EGMR anzuführen, die die gefestigte Rechtsprechung des Bundesverfassungsgerichts zum Verhältnis von Art. 2 I GG – allgemeines Persönlichkeitsrecht – zu Art. 5 II GG – Pressefreiheit – umgedreht hat[49], von den Querelen um das Sorgerechtsverfahren Görgülü ganz zu schweigen[50]. Der Beitritt der EU zur EMRK wird ein weiteres Spannungsverhältnis eröffnen, das zwischen EGMR und EuGH.[51]

S. 208; anders: *Gärditz/Hillgruber*, JZ 2009, 872; vertiefend: *Hatje/Terhechte (Hrsg.)*, Europarecht Beiheft 1, 2010, Grundgesetz und Europäische Integration.

41 *Pache*, EuGRZ 2009, 285; *Frentz*, VerwArch 2009, 475, 483.

42 *V. Bogdandy*, NJW 2010, 1, 4.

43 *F. G. Meyer*, Kompetenzüberschneidung und Letztentscheidung, 2000; *ders.*, in: v. Bogdandy/ Bast (Hrsg.), Europäisches Verfassungsrecht, 2. Aufl., S. 559, 602 ff.; zurückhaltender *Weber*, JZ 2010, 157; ambivalent *Tomuschat*, FS 50 Jahre BVerfG, 2002, S. 245; anders *v. Bogdandy*, NJW 2010, 1.

44 Dazu *Voßkuhle*, NVwZ 2010, S. 1; *von Danwitz*, ZRP 2010, 143; *Gerhardt*, ZRP 2010, 161; zur Integrationsrechtsprechung des EuGH: *Streinz*, AöR 135 (2010), S. 2; zur Kritik am EuGH: *Skouris*, in: Stern (Hrsg.), 60 Jahre Grundgesetz 2010, S. 37/48.

45 JZ 2010, 1177 m. Anm. v. Classen – Honeywell; s.a. *v. Danwitz*, ZRP 2010, 143; *Gerhardt*, ZRP 2010, 161; zur Integrationsrechtsprechung des EuGH: *Streinz*, AöR 135 (2010), S. 2; zur Kritik am EuGH: *Skouris*, in: Stern (Hrsg.), 60 Jahre Grundgesetz, 2010, S. 37, 48.

46 Krit. Sondervotum *Landau*, NzA 2010, 995, 1001; *Grimm*, FAZ vom 09.09.2010, S. 8.

47 EuGH, NJW 2010, 427, m. Anm. v. *Lindner*, BayVBl. 2010, 271; BVerfG EuGRZ 2010, 247.

48 Z.B. EGMR, NJW 2010, 3555 m. Anm. v. *Meyer-Ladewig*; NJW 2011, 1073 m. Anm. v. *Brüning*.

49 NJW 2004, 2647.

50 Dazu BVerfGE 111, 307; *E. Klein*, JZ 2004, 1176.

51 Dazu *Knauff*, DVBl. 2010, 533.

Weiterführend: *Kirchhof*, Die Identität der Verfassung, HStR II, § 21; *Winkler*, Weimar, Bonn, Berlin, Vierteljahreshefte für Zeitgeschichte, 2009, S. 485.

III. Gehalt und Funktionen der Verfassung

Eingangs wurde die Verfassung entsprechend einer positivistischen, d.h. einer allein am positiven, geschriebenen Recht orientierten Betrachtungsweise vorgestellt als ein Gesetz, das anderen Gesetzen vorgeht und von besonderer Bestandskraft ist[52]. Diese Sicht hat den Vorzug der Einfachheit und der Klarheit, sie wird aber weder Gehalt noch Funktion der Verfassung ganz gerecht. Das zeigt sich z.B. anhand von Art. 20, Art. 28 I GG, denen zufolge die Bundesrepublik Deutschland u.a. ein sozialer Rechtsstaat sein muss. Was darunter zu verstehen ist, erschließt sich auch dem gesetzeskundigen Leser trotz eifriger Lektüre nicht allein aus dem Verfassungstext. Trotzdem verbinden sich damit vielfältige Vorstellungen.

21

Sicherlich ist die Verwirklichung beider Staatszielbestimmungen für das gedeihliche Zusammenleben der Menschen von großer Bedeutung. Ohne ihre Verwirklichung würde die Mehrheit der Bürger diesen Staat nicht als den ihren akzeptieren. Die der Verfassung aufgegebene politische Einheit und die rechtliche Ordnung des Staates – Verfassung als Integrationsordnung – würden nicht verwirklicht werden können. Die Verfassung geht trotz ihrer einheitsstiftenden Funktion nicht von einer unwirklichen allgemeinen Harmonie aus. Deshalb muss sie gerade dann, wenn sie ihrer Funktion gerecht werden soll, die konfliktlösenden Mechanismen zur Verfügung stellen, die angesichts der unterschiedlichen sozialen und politischen Interessen und Vorstellungen, z.B. hinsichtlich des Verhältnisses von Freiheit und Gleichheit, in der Gesellschaft vonnöten sind. Der **materielle Inhalt** der Verfassung kann als grundsätzliche Normierung der Staatsfunktionen und des Verhaltens der obersten Staatsorgane zueinander zur Beschränkung und Rationalisierung der Macht verstanden werden sowie als Normierung des prinzipiellen Verhältnisses von Staat und Bürger zur Gewährleistung eines freien politischen Lebensprozesses.[53] Diese inhaltliche Betrachtung geht allerdings auf Kosten der die positivistische Sicht auszeichnenden Einfachheit und Klarheit.

22

Von diesen beiden Beispielen juristischer Betrachtungsweise ist der sozialwissenschaftliche Ansatz zu unterscheiden, der auf den tatsächlichen Zustand, den Stil des Staatslebens, auf die tatsächliche, materielle oder wirkliche Verfassung im Unterschied zur papiernen, bloß formellen Verfassung abstellt. Diese Unterscheidung geht zurück auf den deutschen Sozialistenführer Ferdinand Lasalle[54]. Die Betrachtungsweisen und die Betrachtungsgegenstände (Verfassung als Sollensordnung – Verfassung als Seinsordnung) sind gegensätzlich. Die Gegenüberstellung von geschriebener Verfassung und

23

---

52 Vgl. zu diesem Ansatz *Henke*, Der Staat, 1973, 441, 444 f.
53 Vgl. *Hesse*, Grundzüge, § 1, insbesondere Rn. 16 ff.
54 Über Verfassungswesen. Drei Abhandlungen von *Ferdinand Lasalle*, hrsg. v. E. Bernstein, Berlin 1907.

Verfassungswirklichkeit kann jedoch Anlass sein zur Verwirklichung von Verfassungsgeboten, zur Rechtsfortbildung oder zur Verfassungsreform.

Weiterführend: *Grimm*, Ursprung und Wandel der Verfassung, HStR I, § 1; *Wahl*, Elemente der Verfassungsstaatlichkeit, JuS 2001, 1041.

1. Probleme der Verfassungsinterpretation

24 Eine Gesetzesvorschrift soll typischerweise eine unbestimmte Vielzahl von Lebenssachverhalten für eine unbestimmte Anzahl von Bürgern regeln. Die Aussage einer Rechtsnorm ist also typischerweise abstrakt und generell.

„Wer vorsätzlich oder fahrlässig das Leben, den Körper, die Gesundheit, die Freiheit, das Eigentum oder ein sonstiges Recht eines anderen widerrechtlich verletzt, ist dem anderen zum Ersatz des daraus entstehenden Schadens verpflichtet" (§ 823 I BGB). Welches Handeln welcher Personen und in welchen Fällen von § 823 I BGB erfasst werden wird, ist völlig offen.

Darin liegt der typische Unterschied zu einer auf einen bestimmten Adressaten bezogenen Verwaltungsmaßnahme (Verwaltungsakt).

Wenn bei einer Verkehrskontrolle der Polizeibeamte Sie durch ein Zeichen mit der Kelle zum Anhalten veranlasst, so gilt diese Maßnahme nur für Sie und nur zu diesem Zeitpunkt an dieser Stelle.

Eine abstrakt-generelle Regelung muss weit und flexibel genug gefasst sein, um alle von Gesetzes wegen als gleich zu behandelnde und bewertende Sachverhalte zu erfassen. Daraus folgt, dass bei der Anwendung eines Gesetzes auf einen bestimmten Lebenssachverhalt der Sinn der weit gefassten Rechtsnorm durch Auslegung, d.h. durch nachvollziehendes Verstehen ermittelt werden muss.

25 Dieser Prozess des nachvollziehenden Verstehens ist bei der Anwendung der Verfassung häufig besonders schwierig. Denn viele besonders schwierige Verfassungsvorschriften sind von großer inhaltlicher Weite und Unbestimmtheit. Begriffe wie „Würde des Menschen" (Art. 1 I 1 GG), „Sozialer Rechtsstaat" (Art. 28 I 1 GG) werden rechtstheoretisch gerade wegen ihrer Unbestimmtheit als durch Gesetz oder Einzelentscheidungen zu konkretisierende, unter Abwägungsvorbehalt stehende Prinzipien, nicht aber als definitiv ausformulierte Regeln verstanden.

26 Die Unbestimmtheit und Weite der Verfassung hat viele Gründe. Jede **Verfassung** ist ein **Kompromiss**[54a], der zwischen an der Verfassungsgebung Beteiligten ausgehandelt wird. Insoweit fixiert die Verfassung den jeweiligen Stand des politischen Kräftespiels. Das zeigt sich z.B. an den Art. 14, 15 GG, in denen das Eigentum und das Erbrecht geschützt, gleichzeitig die Sozialpflichtigkeit betont und die Sozialisierung zugelassen wird. Im Streit um die paritätische Mitbestimmung beriefen sich bezeichnenderweise sowohl Gewerkschaften wie Unternehmer zur Stützung ihrer Position auf die Verfassung.[55]

54a Dazu *Koutnatzis*, Kompromisshafte Verfassungsnormen, 2010.
55 BVerfGE 50, 230 ff.

Der Kompromisscharakter einer Verfassung kann dazu führen, dass eine für die Gemeinschaft besonders wichtige Frage mangels Konsens gar nicht geregelt wird, bei der Verabschiedung des Grundgesetzes z.B. die Frage der Wirtschaftsverfassung, also Planwirtschaft oder Marktwirtschaft. Im Parlamentarischen Rat hoffte die Führung der SPD nach den Wahlen zum 1. Bundestag, ihre Konzeption durchzusetzen und die mit der Währungsreform durch den späteren Wirtschaftsminister und Bundeskanzler Erhard eingeleitete Entwicklung rückgängig machen zu können.

Manche Verfassungsvorschriften werden im Zeitpunkt der Verfassungsgebung als Ziele ausgegeben, die in Zukunft erst schrittweise realisiert werden sollen, z.B. im Grundgesetz der Sozialstaat, dessen Verwirklichung in der Not der frühen Nachkriegsjahre wesentlich anders vorstellbar war als in der entwickelten Wohlstandsgesellschaft. Die damalige Notlage und die Annahme, diese in absehbarer Zeit nicht überwinden zu können, war z.B. auch ein Grund, warum, anders als in der Weimarer Reichsverfassung oder mancher Landesverfassung, ins Grundgesetz keine sozialen Grundrechte wie das Recht auf Arbeit (Art. 163 II WRV; Art. 166 II BayVerf) aufgenommen wurden. Die Empfehlung in Art. 5 EV an die gesetzgebenden Körperschaften zielte u.a. auf Überlegungen zur Aufnahme von Staatszielbestimmungen wie das inzwischen eingeführte Staatsziel Umweltschutz[56] in das Grundgesetz, aber auch auf Überlegungen, vom Runden Tisch der DDR vorgeschlagene soziale Grundrechte in Staatszielbestimmungen umzuformulieren[57].

Manche Verfassungsvorschriften sind von vornherein so konzipiert, dass sie sich wechselnden, nicht voraussehbaren und nicht in der Verfassung fixierten gesellschaftlichen Anschauungen öffnen. Derartige unbestimmte und anpassungsfähige Formeln sind z.B. „Wohl der Allgemeinheit" (Art. 14 III 1 GG), „Sittengesetz" (Art. 2 I GG). Solche offenen Formeln erleichtern es, den Anspruch der Verfassung zu erfüllen, das Zusammenleben der Gemeinschaft auf Dauer zu regeln. Eine nicht „in die Zeit hin offene" Verfassung würde rasch veralten, obsolet werden oder müsste ständig geändert werden.

Die Verfassung soll **Grundsatzfragen**, nicht aber alle Details regeln. Letzteres muss sie den einfachen Gesetzen überlassen. Dabei darf aber nicht übersehen werden, dass die einfachgesetzliche Ausgestaltung auf die verfassungsrechtliche Vorschrift zurückwirkt. So ist z.B. das durch Gesetz eingeführte Kunsturheberrecht (GEMA-Gebühren) Eigentum i.S.v. Art. 14 GG, das aber durch die Entwicklung der elektronischen Medien einem Stresstest ausgesetzt ist. Durch die Novellierung des WasserhaushaltsG hat der Gesetzgeber hingegen mit Rücksicht auf die überragende ökologische Bedeutung des Grundwassers dieses aus dem verfassungsrechtlichen Eigentumsbegriff ausgeschieden.[58]

In jüngerer Zeit ist mehr und mehr die Unsitte eingerissen, den Verfassungstext durch detaillistische oder marginale Vorschriften „aufzublähen"[59], z.B. Art. 13 III–VI (Einführung des Großen Lauschangriffs), Art. 16a II–V (sog. Asylkompromiss), Art. 143b III

---

56 Art. 20a GG, s.a. Art. 37 EGRC.
57 S. die mit „Solidarität" überschriebenen Art. 27, 38 EGRC, z.B. Art. 31 – Gerechte und angemessene Arbeitsbedingungen, Art. 34 – Soziale Sicherheit und soziale Unterstützung, Art. 38 – Verbraucherschutz.
58 Dazu BVerfGE 58, 300 – Naßauskiesung.
59 *Pestalozza*, Jura 1994, 561, 572.

(Personalüberleitung bei der Postprivatisierung) oder Art. 143d GG (Konsolidierungshilfen). Derartige Unsicherheit kaschierende Vorschriften sind auch Ausdruck der Dominanz bürokratischen Expertentums gegenüber parlamentarischer Gestaltung.

2. Auslegungsregeln

27   Die skizzierten Eigenarten einer Verfassung ändern aber nichts daran, dass die Verfassung ein Gesetz ist, ein Gesetz mit überragendem Geltungsanspruch. Für die Verfassung gelten daher auch die Regeln der Gesetzesauslegung, insbesondere

- die **grammatische Interpretation** (Wortinterpretation) – Ausgangspunkt und Grenze der Auslegung ist der Wortsinn. Fallen z.B. Gewerbebetriebe, etwa eine Fabrikanlage, unter den Begriff Wohnung in Art. 13 GG? (BVerfGE 32, 69 bejahend) –

- die **systematische Interpretation** – Auslegung nach der Stellung der Vorschrift im Gesetzessystem. Gelten z.B. die Schranken des Art. 5 II GG außer für Art. 5 I GG (Meinungs- und Pressefreiheit) auch für den nachfolgenden Art. 5 III (Wissenschafts- und Kunstfreiheit)? Nach herrschender Meinung nicht. –

- die **historische Interpretation** – d.h. die Auslegung aus historischen Gegebenheiten bei Schaffung einer Norm. Trotz theoretischer Vorbehalte – Gefahr der Erstarrung und des Abstellens auf subjektive Vorstellungen einzelner an der Verfassungsgebung Beteiligter – greift das BVerfG oft auf diese Methode zurück[60]. Im US Supreme Court vertritt etwa der Richter Scalia eine spezifische Variante der historischen Interpretation zur Begründung richterlicher Zurückhaltung[61]. –

- die **teleologische Interpretation** – Schon früh benutzte das BVerfG[62] statt der *historisch-subjektiven Auslegung* die **objektiv-teleologische Auslegung** entsprechend dem Sinn, den die Vorschrift unabhängig vom subjektiven Willen des Gesetzgebers hat („Das Gesetz ist klüger als seine Väter und Mütter"). Durch die objektive Auslegung wächst die Macht der Interpreten bis an die Grenze zur Beliebigkeit[63]. –

- die **rechtsvergleichende Auslegung**, die trotz wechselnder Internationalisierung und Europäisierung noch unterentwickelt ist.[63a]

28   Zusätzlich zu diesen „klassischen", für alle Gesetze geltenden Auslegungsregeln, die gemäß dem Grundsatz der Methodenfreiheit miteinander oder von den jeweiligen Streitparteien auch gegeneinander verwendet werden können, werden noch zusätzlich spezifisch **verfassungsrechtliche** Auslegungsmaximen vorgeschlagen[64]:

---

60 So dezidiert z.B. BVerfGE 79, 127 – kommunale Selbstverwaltung; s.a. *Sachs*, DVBl. 1984, 73 ff.
61 *Scalia v. Epstein*, Two views on judicial activism, ursprünglich basierend auf einer Konferenz des Cato Institute zum Thema "Economic Liberties and the Judiciary" am 26.10.1984, erschienen in der Ausgabe Winter 1985 des *CatoJournal* (http://www.cato.org/pubs/articles/scalia_v_epstein.pdf).
62 BVerfGE 1, 299, 312.
63 Ablehnend *Rüthers*, Rechtstheorie, 2009, S. 253, 274; *ders.*, NJW 2011, 434, gegen *Hassemer*, ZRP 2007, 213; *Ogorek*, FS Hassemer, 2010, 159.
63a Dazu *Kloepfer*, Verfassungsrecht I § 1 Rn. 158.
64 Grundlegend *Hesse*, Grundzüge, § 2.

- das Prinzip der Einheit der Verfassung – alle Verfassungsnormen sind so zu inter-
pretieren, dass Widersprüche zu anderen Verfassungsnormen vermieden werden;
das gilt auch für Kompromisse wie Art. 14, 15 GG –

- das Integrationsprinzip – Bevorzugung derjenigen Gesichtspunkte, die einheitsstif-
tend wirken, aber nicht auf Kosten geschützter Verfassungsgüter, problematisch
z.B. die Kriegsdienstverweigerungsentscheidung[65] –

- das Prinzip der funktionellen Richtigkeit – jedes verfassungsauslegende Organ hat
sich im Rahmen der ihm zugewiesenen Funktion zu halten, z.B. hat das Bundesverfassungsgericht als Kontrollorgan eine Interpretation zu vermeiden, durch die
die Gestaltungsfunktion des Gesetzgebers über die durch die Verfassung gezogenen Grenzen hinaus (wo aber liegen diese konkret?) durch eine Gestaltungsfunktion des Gerichts ersetzt wird[66] –

- das Prinzip optimaler Verwirklichung der Verfassungsgebote – es ist die Interpretation zu wählen, die ein Grundrecht am stärksten zur Geltung bringt – in der Praxis
am wichtigsten.

- das Prinzip **praktischer Konkordanz** – Versuch der Harmonisierung im Einzelfall
miteinander kollidierender verfassungsrechtlich geschützter Rechtsgüter, z.B. Meinungsfreiheit (Art. 5 I GG) und Recht auf Entfaltung der Persönlichkeit (Art. 2 I
GG) ohne vorschnelle Güterabwägung –.

Eine Sonderrolle spielt die vom Bundesverfassungsgericht entwickelte **verfassungskon-** **29**
forme Auslegung. Einfache Gesetze und nach Meinung des Bundesverfassungsgerichts
auch verfassungsändernde Gesetze müssen so ausgelegt werden, dass sie mit der Verfassung übereinstimmen.[67] Lässt ein Gesetz mehrere Auslegungsmöglichkeiten zu, dann
ist es so auszulegen, dass es mit der Verfassung vereinbar ist. Zutreffend formuliert eine
neuere Entscheidung: „Die Grenzen jeder Auslegung von Verfassungsrecht liegen [...]
dort, wo einer nach Wortlaut und Sinn eindeutigen Vorschrift ein entgegengesetzter
Sinn verliehen, der normative Gehalt der auszulegenden Norm grundlegend neu bestimmt oder das normative Ziel in einem wesentlichen Punkt verfehlt würde."[68] Diese
Grenze gilt auch für eine **europarechtskonforme Auslegung**, die methodisch und funk-
tional der verfassungskonformen Auslegung entspricht.[68a] Die verfassungskonforme
Auslegung hat den Vorteil, dass die durch die Nichtigkeit eines Gesetzes entstehenden
Unsicherheiten vermieden werden. Sie birgt aber auch die Gefahr in sich, dass der Gesetzgeber übergangen wird, indem das Bundesverfassungsgericht mittels der verfassungskonformen Interpretation das vom Gesetzgeber Gewollte, die verfassungswidrige
und damit nicht zum Tragen kommende Auslegungsmöglichkeit, ausschaltet[69]. Ein Bei-

---

65 BVerfGE 48, 127.
66 Dazu *Schlaich/Korioth*, Das Bundesverfassungsgericht, Rn. 530.
67 BVerfGE 2, 266, 282, seither st. Rspr.: *Schlaich/Korioth*, 440–451; BVerfGE 88, 145, 166;
    112, 164, 182.
68 BVerfGE 109, 279, 316, s.a. Sondervotum BVerfGE 122, 248, 282.
68a Z.B. BVerfG, NJW 2010, 2783 – Erweiterung von Art. 6 GG durch Art. 14 EMRK, Art. 9
    EGRC; dazu *Michael*, NJW 2010, 3537.
69 *Schlaich/Korioth*, Das Bundesverfassungsgericht, Rn. 440–451; *Bettermann*, Die verfassungs-
    konforme Auslegung, 1986.

spiel[70] einer solchen zu weit gehenden, in Wirklichkeit verunklarenden statt klärenden verfassungskonformen Interpretation enthält das Abhörurteil: Das Gericht erklärte gegen den Wortlaut des Gesetzes und den Willen des verfassungsändernden Gesetzgebers, dass Art. 10 II 2 GG nur so verstanden werden könne, dass er die nachträgliche Benachrichtigung des Überwachten in den Fällen fordert, in denen eine Gefährdung des Zweckes der Überwachungsmaßnahme und eine Gefährdung des Schutzes der freiheitlichen demokratischen Grundordnung oder des Bestandes bzw. der Sicherung des Bundes oder eines Landes ausgeschlossen werden kann.

> Weiterführend: *Hassemer*, Gesetzesbindung und Methode, ZRP 2007, 213; *Rieble*, Richterliche Gesetzesbindung und BVerfG, NJW 2011, 819; *Rüthers*, Methodenfragen als Verfassungsfragen?, Rechtstheorie 2009, 253.

3. Verfassungstheorie

30 Die vorgestellten Auslegungsmethoden sind das Handwerkszeug des Juristen für die Interpretation der Verfassung. Die Art und Weise des Einsatzes dieses Handwerkszeugs wird entscheidend dadurch bestimmt, welches Grundgesetzverständnis, welches Vorverständnis der Interpret hat, welcher Verfassungstheorie er sich verpflichtet fühlt. Die Unbestimmtheit und inhaltliche Weite vieler Verfassungsnormen verweist gerade auf eine Gewissheitsverluste ausgleichende, aufklärende Verfassungstheorie. Beispielhaft und verkürzt sei dies an unterschiedlichen Grundrechtstheorien belegt.[71] Verficht der Interpret eine streng **liberale Staatsauffassung**, so kann er die Grundrechte nur als Abwehrrechte, als Schutz des Bürgers vor dem Staat verstehen.[72]

31 Grundannahme des liberalen Staatsverständnisses ist der Dualismus von Staat und Gesellschaft. Die strikte Scheidung von Staat und Gesellschaft ist eine im Deutschland des 19. Jahrhunderts progressive, politische, freilich nie gänzlich realisierte Forderung des aufstrebenden liberalen Bürgertums gewesen. Der Staat wurde verkörpert durch die prinzipiell nicht vom Volk abhängige monarchische Gewalt in Gestalt des Herrschers und der auf ihn persönlich verpflichteten Militärs und Beamten (Staatsdiener). Die Gesellschaft hingegen war der staatsfreie Bereich der wirtschaftenden Bürger – Gesellschaft als Hort der Freiheit. Der Staat sollte lediglich durch Ruhe und Ordnung nach außen und innen für die Rahmenbedingungen der wirtschaftenden Gesellschaft sorgen (Nachtwächterstaat). Eingriffe des Staates in die Gesellschaft mittels Steuer- und Polizeibefehls bedurften gesetzlicher Grundlage. Innerhalb der Gesellschaft sind Privatautonomie (Vertragsfreiheit) und Privateigentum die organisierenden Strukturelemente. Die Grundrechte dienen der Sicherung des privaten Frei-

---

70 BVerfGE 30, 1; zu weiteren s. BVerfGE 85, 69 – VersammlungsG, dazu Sondervotum S. 77; BVerfGE 86, 288 – § 264a I 1 StPO, dazu Sondervoten S. 340, 355.

71 Zum nachfolgenden *Böckenförde*, Grundrechtstheorie und Grundrechtsinterpretation, NJW 1974, 1529–1538 m.w.N.; s.a. *Mahlmann*, Elemente einer ethischen Grundrechtstheorie, 2008; dazu: *Moellers*, Rechtswissenschaft 2010, 188; Gegenposition *Jestaedt*, Grundrechtsentfaltung im Gesetz, 1999.

72 Vgl. *Klein*, Die Grundrechte im demokratischen Staat, 1972; *Forsthoff* (Hrsg.), Begriff und Wesen des sozialen Rechtsstaates, in: Rechtsstaatlichkeit und Sozialstaatlichkeit, 1986, S. 165 ff. (S. 198 These VII).

heitsraumes dem Staat gegenüber. Gleichzeitig sind sie Normen zur Kompetenz-verteilung von Staat und Gesellschaft. Der grundrechtlich garantierte Freiheitsraum bleibt dem Einzelnen überlassen. Der Staat hat keine Gewährleistungspflicht für die Realisierung der grundrechtlichen Freiheit. Die Verwirklichung der rechtlich einge-räumten Chance bleibt dem autark agierenden selbstverantwortlichen Individuum überlassen, das über beherrschten Lebensraum (Eigentum) verfügt.

Zu einer anderen, weitergehenden Auslegung des Grundgesetzes wird ein Vertreter **32** des **institutionellen Verfassungsverständnisses** kommen. Das institutionelle Denken war in der Weimarer Republik ein Mittel, um leerlaufende Grundrechte zu effektuieren. So diente die institutionelle Auslegung der Eigentumsgarantie der Sicherung des status quo gegenüber einer möglichen entschädigungslosen Sozialisierung durch Gesetz.[73] In Abgrenzung zum liberalen Freiheitsverständnis wird die vorgegebene Freiheit zur rechtlichen Freiheit. Die Freiheit selbst wird zum Institut, das verwirk-licht werden muss als organisierte, als normativ und institutionell geordnete Freiheit. Die Grundrechte sind nicht nur subjektive Rechte des Berechtigten, sondern werden auch als objektive Ordnungsprinzipien für die von ihnen geregelten Lebensbereiche gesehen.[74] Die dem liberalen Grundrechtsverständnis eigene Blindheit gegenüber den tatsächlichen Voraussetzungen der Grundrechtsausübung wird aufgegeben. Spe-zifische Aufgabe des verfassungsrechtlichen Institutionenbegriffes ist es, die soziale Wirklichkeit in das normative Grundrechtsverständnis einzubeziehen.

Das zeigt sich z.B. bei der Pressefreiheit (Art. 5 I 2 GG). Die liberal verstandene Pressefreiheit ist heute tatsächlich das Recht von 200 Leuten, die über die Mittel ver-fügen, eine Zeitung herauszugeben – wie der konservative Journalist Paul Sethe ein-mal gesagt hat. Aus einem institutionellen Verständnis der Pressefreiheit heraus ist es das Recht und die Pflicht des Staates, die Voraussetzungen für die wirkliche Mei-nungsvielfalt zu schaffen, notfalls im Zwangswege gegen Verleger mit Monopol- oder Oligopolstellung. Gesetze, die die Pressefreiheit ausgestalten, um ihre Existenz zu sichern, sind in institutioneller Sicht keine Eingriffe in das Grundrecht aus Art. 5 I 2 GG. Ein institutionelles Verfassungsverständnis, das Grundrechte primär als Prin-zipien begreift, zieht dem ausgestaltenden Gesetzgeber von vornherein nur noch Grenzen bei der Balancierung von Prinzipienkollisionen, z.B. Pressefreiheit vs. Rund-funkfreiheit, mit oft beliebig erscheinenden Ergebnissen.

Auch die vom Bundesverfassungsgericht entwickelte **Werttheorie**[75] hat ihren Aus- **33** gangspunkt in der Weimarer Republik, nämlich in der **Integrationslehre** von Rudolf Smend[76]. Integration wird verstanden als grundlegender Lebensvorgang aller gesell-schaftlichen Gebilde, als Mittel zum Verständnis der Lebenswirklichkeit des Staates. Der Staat beruhe letztlich nicht auf seinem Recht und seiner tatsächlichen Macht, sondern auf der immer neuen freiwilligen Zustimmung seiner Angehörigen. Andern-

---

73 Vgl. *Schmitt*, Freiheitsrechte und institutionelle Garantien der Reichsverfassung, in: Verfas-sungsrechtliche Aufsätze 1958, S. 160 ff.

74 Vgl. *Häberle*, Die Wesensgehaltsgarantie des Art. 19 III GG, 3. Aufl. (1983), S. 79 ff.

75 BVerGE 7, 198, 205 – Lüth-Urteil, st. Rspr.; vgl. BVerfGE 73, 261, 269; 96, 375, 398.

76 Evangelisches Staatslexikon, 2. Aufl. 1975, Stichwort „Integration", Sp. 1024–1027.

falls gerate er in schwere Daseinskrisen, was gerade das Schicksal der Weimarer Republik beweise. In dem in seinem sozialen Sein als beständiger Integrationsvorgang zu einer Erlebnis-, Kultur- und Wertgemeinschaft zu verstehenden Staat sind die Grundrechte als maßgebliche Faktoren dieses Vorgangs Elemente und Mittel der Staatshervorbringung. Vermittels der Werttheorie wird der **objektive Charakter der Grundrechte** betont – Grundrechte als objektive Normen statuieren eine Wertordnung. Die Werttheorie dient auch dazu, die Grundrechte zu einem geschlossenen Wert- und Anspruchssystem auszubauen und Probleme der Kollision von Grundrechten zu lösen, z.B. Recht auf Leben des nasciturus vs. Recht auf freie Entfaltung der Persönlichkeit der Mutter. Die Werttheorie öffnet die Verfassung für das rasche Einströmen zeitgebundener wechselnder Wertvorstellungen. Sie kann zur Verhüllungsformel richterlicher Dezision werden, zumal es keine allgemeingültige Rangfolge der jeweils mit absolutem Geltungsrang auftretenden Werte gibt[77].

34 Einen anderen Ausgangspunkt wählen diejenigen Verfassungsinterpreten, die das **Sozialstaats-** und/oder das **Demokratiegebot** zum Angelpunkt machen. Die Verfassung hat demnach den Anspruch, auch in wichtige, vor allem ökonomisch-gesellschaftliche Eigengesetzlichkeiten einzugreifen. Das Sozialstaats- und das Demokratiegebot proklamieren nach dieser Ansicht mit dem sowohl demokratischen als auch sozialen Staat die gleichschrittliche Entfaltung von Demokratie in der staatlichen und in der gesellschaftlichen Sphäre (Abendroth[78]/Ridder[79]). Auch beim BVerfG finden sich Anklänge dazu, aus einer Kombination von Grundrechten, z.B. Art. 12 oder der Garantie der Menschenwürde[80], dem Gleichheitssatz und dem Sozialstaatsprinzip, Leistungsansprüche gegen den Staat abzuleiten, um Freiheit real zu verwirklichen.[81]

35 Angesichts dieses buntscheckigen und verwirrenden Meinungsbildes lässt sich bezweifeln, ob es die Verfassungstheorie mit dem allgemeinverbindlichen Anspruch in einem auf dem Interessenpluralismus aufbauenden Gemeinwesen überhaupt geben kann. Ist man dieser Ansicht, so konkurrieren im Einzelfall die verschiedenen Verfassungstheorien prinzipiell gleichberechtigt miteinander. Als verfassungstheoretisches Leitinteresse bliebe dann immer noch Reflexion und Kommunikation auf Dauer wirksam zu halten. Aus der Konkurrenz unterschiedlicher verfassungstheoretischer Ansätze wachsen dem Verfassungsinterpreten, insbesondere dem verbindlich letztentscheidenden Bundesverfassungsgericht erhebliche Macht und Verantwortung zu. Ein Interpret, der auf die ein Gemeinwesen bewegenden Zukunftsfragen nur verneinende oder gar keine Antworten gibt, verfehlt die staatsleitende und integrierende Funktion der Verfassung ebenso wie ein Gericht, dass, statt andere Verfassungsorgane zu kontrollieren, im Wettstreit mit diesen politisch gestaltend tätig wird[82]. Entscheidungen

---

77 Vgl. *Böckenförde* a.a.O., S. 1534 m.w.N.; *Jestaedt*, a.a.O., S. 75 ff.
78 Das Grundgesetz, 7. Aufl., 1978, S. 69 ff.
79 Die soziale Ordnung des Grundgesetzes, in: *Mück* (Hrsg.), Verfassungsrecht, S. 87 ff. (insb. S. 112 ff.).
80 BVerfG, NJW 2010, 505.
81 BVerfGE 33, 303, 330; kritisch *Zacher*, HStR I, § 25 Rn. 99, Fn. 409.
82 Dazu *Schlaich/Korioth*, Das Bundesverfassungsgericht, Rn. 592 in Auseinandersetzung mit *v. Brünneck*, Verfassungsgerichtsbarkeit in den westlichen Demokratien, 1992, S. 133 ff.

des Bundesverfassungsgerichts sind nicht authentische, sondern nur „autoritative" und revidierbare Verfassungsinterpretationen.[83]

> Weiterführend: *Morlok*, Was heißt, und zu welchem Ende studiert man Verfassungstheorie?, 1988.

4. Verfassungsgerichtsbarkeit als politische Kraft

Im sog. Abhörurteil[84] hat das Bundesverfassungsgericht das getan, was vielfach von ihm verlangt wird. Es hat, um politisch heftig umstrittene Verfassungsänderungen nicht scheitern zu lassen, „judicial restraint", also richterliche Zurückhaltung, geübt. Seit der Errichtung des Bundesverfassungsgerichts im Jahr 1952 haben immer wieder andere Entscheidungen Vorwürfe ausgelöst, wie die von den Konter-Kapitänen in Karlsruhe, der Über-, Neben-, oder Gegenregierung, die politische Entscheidungen im Wege des Gerichtsurteils anstelle des demokratisch legitimierten Gesetzgebers fällten.

36

Beispiele sind:

– Das Urteil zum Grundlagenvertrag zwischen der Bundesrepublik und der DDR[85] – Kritik von der Regierung und den Regierungsparteien (berüchtigt ist die kolportierte Fehlleistung eines hohen Repräsentanten einer Regierungspartei: „Wir lassen uns die Ost-Politik nicht von den acht Arschlöchern in Karlsruhe kaputtmachen."[86]).

– Das erste § 218-Urteil[87] (anders aber die Reaktion auf das zweite § 218-Urteil[88]) – Kritik von Regierung und weiten Kreisen der Gesellschaft, vor allem Frauen.

– Der Kruzifix-Beschluss[89] – ungewöhnlich scharfe Reaktion von Kirchen, Politik, aber auch aus der Wissenschaft.

– Der „Soldaten sind Mörder"-Beschluss[90] – Förmliche Entschließungsanträge in Bundestag und Bundesrat, prinzipielles Infragestellen des Gerichts und seiner Ehrenschutzrechtsprechung durch Rechtswissenschaftler.

– Das Maastricht- und verschärft das Lissabon-Vertrags-Urteil – Kritik aus der Politik und der Wissenschaft wegen europarechtswidriger Missachtung des Integrationsauftrags wegen Isolierung Deutschlands durch einen „nationalen Riegel" (Joschka Fischer)[91], „schwarzer Tag für Europa"[92].

– Die Hartz IV-Entscheidung[93] – politisch unverantwortliche Sozialpolitik.

– Die Entscheidung zur steuerrechtlichen Diskriminierung eingetragener Lebenspartnerschaften.[93a]

83 *Jestaedt*, a.a.O., S. 363 ff., 374 ff.
84 BVerfGE 30, 1.
85 BVerfGE 36, 1.
86 BVerfGE 84, 90.
87 BVerfGE 39, 1.
88 BVerfGE 88, 203.
89 BVerfGE 93, 1.
90 BVerfGE 93, 266.
91 Die Zeit, 2009, Nr. 29, S. 4; s.a. Rn. 19.
92 *Grotter*, German Law Journal 2009, 1263; s.a. Rn. 20.
93 BVerfGE 125, 175.
93a BVerfG, NJW 2010, 2783 – „eklatante, objektiv willkürliche Missachtung von Art. 6 I GG" (so *Hillgruber*, JZ 2010, 41/42).

37 Die Feststellung der Kritiker, die Richter machten Politik, trifft zu. Freilich haben die Kritiker bis heute nicht den Nachweis geliefert, wie Verfassungsrecht und Politik klar zu scheiden sind. Das Bundesverfassungsgericht, das letztverbindlich die gesamte Verfassung interpretiert und damit jede verfassungsrechtliche Streitigkeit verbindlich entscheidet, übt auch politische Gewalt aus[94]. Zur Unmöglichkeit, zwischen politischen und juristischen Streitfragen vor der Verfassungsgerichtsbarkeit zu unterscheiden, hat bereits in den 20er Jahren der Präsident des Staatsgerichtshofes gesagt, diese Unterscheidung käme auf dasselbe hinaus, als wolle man Blumen in wohlriechende und giftige einteilen[95]. Jede verfassungsrechtliche Entscheidung ist ein konstitutiver Verfassungsakt, der die Aussage der Verfassung aktuell und autoritär, aber nicht wie es oft heißt authentisch[96], festlegt. Diese Entscheidung ist eine rechtsetzende und damit notwendig politische. Die letztverbindliche Auslegung der die Grundlagen des politischen Lebens regelnden Verfassungsnormen – wozu das Bundesverfassungsgericht kraft Gesetz verpflichtet ist – kann nicht unpolitisch sein.

Eine andere Frage ist die, ob das demokratisch nicht direkt legitimierte und nicht verantwortliche Bundesverfassungsgericht im Wettstreit mit dem Gesetzgeber sich durch extensive (weite) Auslegung von Verfassungsnormen zum Sprachrohr nicht organisierter, konfliktschwacher Interessen, zum Vorreiter von Forderungen machen soll, von denen die Verfassungsgeber noch nicht wussten, ob praktisch alle Fragen der Innenpolitik, insbesondere der Sozialpolitik unter Grundrechtsdruck gesetzt werden sollen.[97] Eine weitere Frage ist die, ob und inwieweit sich das Bundesverfassungsgericht nach den von ihm in den ersten Jahrzehnten erbrachten grundrechts- und bundesstaatspolitischen Aufbauleistungen stärker zurückhalten soll oder darf, um den demokratisch-politischen Willensbildungsprozess nicht durch rechtsstaatlich-judizielle Eingriffe in die Entfaltungsmöglichkeiten zu sehr zu beschneiden. Schlimmstenfalls könnte die Überidentifizierung der Bürger mit der Verfassungsgerichtsbarkeit ein unpolitisches, antiparteiliches, antipluralistisches Misstrauen gegen die Demokratie fördern.[98] Die Instrumentalisierung der Verfassungsgerichtsbarkeit durch Verbände und Parteien, sogar solcher, die die Regierung tragen[99], impliziert die Gefahr, dass politische Gestaltungsspielräume im Interesse der Besitzstandswahrung einzelner Gruppen verrechtlicht werden.

38 Eine weitere heikle Konfliktlinie ist das Verhältnis des Bundesverfassungsgerichts zur sogenannten Fachgerichtsbarkeit.[100] Einerseits rufen Entscheidungen, die direkt die Entscheidungen der obersten Bundesgerichte aufheben, leicht den Vorwurf der Kom-

---

94 Vgl. *Häberle* (Hrsg.), Verfassungsgerichtsbarkeit, 1976, S. 1 ff. (4).
95 *Lammers/Simons* (Hrsg.), Die Rechtsprechung des Staatsgerichtshofs für das Deutsche Reich, Geleitwort v. Simons zu Band 2, 1930, S. 8 f.
96 *Jestaedt*, Grundrechtsentfaltung im Gesetz, S. 373 f.
97 VVDStRL 30, Diskussionsbeiträge von *Kriele* und *Böckenförde*, S. 160–162, 162–165.
98 Zu diesem Problemkreis schon *Häberle* (Hrsg.), Verfassungsgerichtsbarkeit, 1976, S. 1 ff.
99 BVerfGE 90, 286 – Bundeswehr/Auslandseinsatz; s.a. *Stüwe*, Die Opposition im Bundestag und das Bundesverfassungsgericht, 1997.
100 Dazu m.w.N. *Rollecke*, HStR III, § 68.

petenzüberschreitung aus.[101] Andererseits wird dem Mehrheitsvotum, das eine Entscheidung des Bundesgerichtshofs billigt, aus den eigenen Reihen vorgeworfen, „der Senat verkennt die verfassungsrechtlichen Grenzen richterlicher Rechtsfortbildung. Der Große Senat für Strafsachen des Bundesgerichtshofs hat mit der Einführung des Verfahrens nachträglicher Protokollberichtigung […] unter Verstoß gegen Art. 20 II und III GG in den Kompetenzbereich des Gesetzgebers übergegriffen."[102]

Schon angesprochen wurde die höchst kontroverse Frage, wie das Bundesverfassungsgericht seine auf deutschem Verfassungsrecht fußende Kontrollkompetenz gegenüber unionsrechtlichen Akten, insbesondere im Verhältnis zum Europäischen Gerichtshof, ausüben soll. Die Vorbildfunktion, die das Bundesverfassungsgericht im Ausland, nicht nur in Europa (z.B. Spanien, Ungarn), sondern z.B. auch in Südafrika gefunden hat, dürfte ein besserer Gradmesser seiner Leistung sein als gelegentliche innenpolitische Aufgeregtheiten. Dieses Bild kann dauerhaft auch nicht durch ein sich „zankendes" Gericht[103] beeinträchtigt werden, so unerfreulich die Folgen dieses letztlich allzu menschlichen Verhaltens für Gerichte und Rechtsuchende sind.

39 Die fortschreitende Konkretisierung der weitgefassten Grundrechte durch Rechtsprechung und Wissenschaft hat eine Eigendynamik. Ausgefeilte, vollentwickelte Grundrechtslehren erfassen mehr Lebenssachverhalte. Ein frühes Beispiel ist die Entwicklung des Schulrechts. Die Rechtsprechung zur sogenannten **Wesentlichkeitstheorie**[104] führte dazu, dass die vordem unangefochtene Übung, wichtige schulische Entscheidungen wie Schulverweisung, Versetzung, Einführung neuer Unterrichtsfächer verwaltungsintern, ohne spezielle gesetzliche Grundlage zu regeln, wegen Verstoßes gegen die Grundrechte für verfassungswidrig erklärt wurde[105]. Der Streit um die Rechtschreibreform[106] oder um eine Kopftuch tragende Lehrerin[107] sind weitere Belege dafür, dass Bürger mangels Konsens in der Gesellschaft Entscheidungen der Verwaltung nicht mehr akzeptieren, sondern früher nicht existente Probleme an die Gerichte herantragen.

Dem vom Grundgesetz im Abschnitt über die Rechtsprechung und nicht im Gesetzgebungsabschnitt geregelten Bundesverfassungsgericht sind als einem Gericht, das (nur und erst) in einem gerichtsförmigen Verfahren zu entscheiden hat, die Verfassungsnormen als Kontrollmaßstäbe, nicht aber als Handlungsmaßstäbe vorgegeben. Wichtiger als diese eher vagen funktionell-rechtlichen Aussagen ist der Umstand, dass die Verfassungsgerichtsbarkeit als gerichtliche Entscheidung das Vorhandensein

---

101 Z.B. BVerfGE 88, 203 – Zweites § 218 Urteil; 92, 1 – Sitzblockade; 93, 266 – Soldaten sind Mörder; 92, 277 – DDR-Spionage, Sondervotum S. 360; 93, 121 – Vermögenssteuer, Sondervotum S. 149; zurückhaltend aber BVerfGE 50, 290 – Unternehmensmitbestimmung; 98, 218 – Rechtschreibreform.
102 BVerfGE 122, 248.
103 BVerfG, NJW 1998, 519 (1. Senat) u. 523 (2. Senat) – Kind als Schaden; BVerfGE 115, 118 – Luftsicherheitsgesetz.
104 Dazu *Lerche*, in: Merten/Papier (Hrsg.), Handbuch der Grundrechte III, 2009, § 62; *Cremer*, AöR 112 (1997), 248.
105 BVerfGE 41, 251 – Verweisung; 45, 400 – Neuordnung Oberstufe.
106 BVerfG NJW 1998, 2515; dazu *Hufen*, JuS 1998, 1153.
107 BVerfGE 108, 282; dazu *Wiese*, Lehrerin mit Kopftuch, 2008.

einschlägiger verfassungsrechtlicher Maßstäbe voraussetzt. Fehlen justitiable Maßstäbe ganz oder haben sie (noch) keinen hinreichenden Regelungsgehalt, so endet die Kontrollbefugnis des Bundesverfassungsgerichts, wie sich mit Entscheidungen des Gerichts zu wirtschaftspolitischen Maßnahmen, z.B. BVerfGE 4, 7 – Investitionshilfegesetz, E 30, 250 – Absicherungsgesetz, E 50, 290 – Unternehmensmitbestimmung, zur Verteidigungspolitik, E 68, 1 – Raketenstationierung, zum Umweltschutz, z.B. NJW 1983, 2391 – Unterlassen von Luftreinhaltungsmaßnahmen oder auch anhand des Beschlusses zum Plutoniumbrüter Kalkar belegen lässt:

> „In einer notwendigerweise mit Unsicherheiten belasteten Situation liegt es zuvorderst in der politischen Verantwortung des Gesetzgebers und der Regierung, im Rahmen ihrer jeweiligen Kompetenzen die von ihnen für zweckmäßig erachteten Entscheidungen zu treffen. Bei dieser Sachlage ist es nicht Aufgabe der Gerichte, mit ihrer Einschätzung an die Stelle der dazu berufenen politischen Organe zu treten. Denn insoweit ermangelt es rechtlicher Maßstäbe."[108]

40 Die überragende Rolle des Bundesverfassungsgerichts zeigt sich auch in der Bindungswirkung seiner Entscheidungen für die anderen Verfassungsorgane, insbesondere also auch für den Gesetzgeber (§ 30 I BVerfGG). Dies führt gelegentlich zu einem schon sprichwörtlichen „Bundesverfassungsgerichtspositivismus" in der Rechtswissenschaft[109] und richtiger auch in der Politik. Wegen ihrer Bedeutung wird die Rechtsprechung des Bundesverfassungsgerichts im Mittelpunkt dieser Darstellung stehen. Eingedenk der vorstehenden Problematisierung sollte jedoch stets bedacht werden, dass auch verfassungsgerichtliche Urteile wie die Verfassung dem stillen Wandel in der Zeit unterliegen. Am deutlichsten zeigt sich dies darin, dass nur Richtern des Bundesverfassungsgerichts gem. **§ 30 II BVerfGG Sondervoten** erlaubt sind. Dadurch können sie zusammen mit dem Urteil darlegen, warum das Gericht den vorliegenden Fall anders hätte entscheiden oder seine Entscheidung anders hätte begründen müssen. Sondervoten von drei oder gar vier von acht entscheidenden Richtern nehmen der konkreten Entscheidung nicht ihre Verbindlichkeit, dem zugrundeliegenden Problem jedoch auch nicht seine Virulenz. Besonders anschaulich zeigt sich dies in der Entscheidung zu den Nebeneinkünften von Abgeordneten, bei der sich tragende wie abweichende Meinung durchgängig in der Begründung abwechseln, unterschieden nur nach Schrifttype.[110]

§ 30 II BVerfGG unterscheidet zwei Arten von Sondervoten, die abweichende Entscheidung und die ganz oder teilweise abweichende Begründung[111]. Im zweiten Fall stimmt der Dissenter der Entscheidung im Ergebnis zu, allerdings mit anderer Begründung[112].

Beleg für den Wandel der Auslegung des unveränderten Verfassungsrechts durch das Bundesverfassungsgericht sind zwei Entscheidungen zum Hochschulrecht. Das niedersächsische Hochschulurteil[113] verwarf die Drittparität der Hochschulangehöri-

---

108 BVerfGE 49, 89.
109 So *Schlink*, Der Staat, 1989, 161, 163.
110 BVerfGE 118, 277, 352.
111 So z.B. *Schluckebier*, NJW 2010, 852 – Vorratsdatenspeicherung.
112 Z.B. BVerfGE 113, 273 – abweichende Begründung *Broß* zum Europäischen Haftbefehl.
113 BVerfGE 35, 79.

gen bei der Selbstverwaltung zugunsten einer absoluten Professorenmehrheit. Im Sondervotum der Richterin Rupp von Brünneck und des Richters Simon heißt es dazu:

> „Ergebnis und Begründung des Urteils beruhen weiterhin auf übereinstimmender verfassungsrechtlicher Beurteilung [...]. Jedoch halten wir es nicht für vertretbar, unmittelbar aus der Verfassung zu detaillierte organisatorische Anforderungen für die Selbstverwaltung der Universität herleiten zu wollen.
>
> Die insoweit in der Urteilsbegründung verwendete unbestimmte Formulierung, der Gruppe der Hochschullehrer sei in Berufungs- und Forschungsangelegenheiten der ‚ausschlaggebende Einfluß‘ zu sichern, bedeutet zusammen mit der verfassungsrechtlichen Beanstandung der einschlägigen Vorschriften des VorschaltG, daß es innerhalb des Systems der Gruppenuniversität verfassungswidrig sein soll, wenn der Gruppe der Hochschullehrer ‚nur‘ 50 % und nicht mindestens 51 % der Stimmen im Verhältnis zu den anderen Gruppen eingeräumt werden.
>
> Mit dieser Entscheidung setzt sich das Bundesverfassungsgericht unter Überschreitung seiner Funktion an die Stelle des Gesetzgebers.“[114]

31 Jahre später hat das Gericht Art. 5 III 1 GG offenbar unter dem Einfluss der internationalen Hochschulentwicklung deutlich weniger strikte Anweisungen an den Gesetzgeber entnommen:

> „Die gesetzliche Zuweisung von Entscheidungskompetenzen an monokratische Leitungsorgane von Hochschulen ist mit Art. 5 III S. 1 GG vereinbar, sofern diese Kompetenzen sachlich begrenzt sind und zugleich organisatorisch hinreichend gewährleistet ist, dass von ihrer Wahrnehmung keine strukturelle Gefährdung der Wissenschaftsfreiheit ausgeht. [...] Art. 5 III S. 1 GG enthält kein Verbot, an die Bewertung wissenschaftlicher Qualität Folgen bei der Mittelverteilung anzuknüpfen. Die Entscheidung des Gesetzgebers, die Verteilung von Mitteln im Hochschulbereich auch leistungsorientiert vorzunehmen, ist verfassungsrechtlich nicht zu beanstanden, wenn eine wissenschaftsadäquate Bewertung der Leistung hinreichend gewährleistet ist.“[115]
>
> Weiterführend: *Gusy*, Parlamentarischer Gesetzgeber und Bundesverfassungsgericht, 1985; *Haase/Struger*, Verfassungsgerichtsbarkeit in Europa, 2009; *Haltern*, Verfassungsgerichtsbarkeit, Demokratie und Mißtrauen, 1998; *Heun*, Funktionell-rechtliche Schranken der Verfassungsgerichtsbarkeit, 1992; *Roellecke*, Aufgaben und Stellung des BVerfG im Verfassungsgefüge, in: HStR III, § 67; *Schlaich/Korioth*, Das Bundesverfassungsgericht, Rn. 31–36, Rn. 530 ff.; *Simon*, Verfassungsgerichtsbarkeit, in: Handbuch des Verfassungsrechts, S. 1637.

5. Verfassungsrechtliche Grundentscheidungen

Jede Verfassung bekennt sich zu politischen Gestaltungsprinzipien der konkreten staat **41**
lichen Existenz – verfassungsrechtlichen Grundentscheidungen[116] (Verfassungsprinzipien, -grundsätzen, -strukturbestimmungen). Es handelt sich um rechtliche und vor allem politische Grundwertungen über Art und Organisation des Gemeinwesens, und zwar

---

114 BVerfGE 35, 79, 147 ff.
115 BVerfGE 111, 333 – Brandenburger Hochschulgesetz.
116 Vgl. *Maurer*, Staatsrecht I, § 6 Rn. 1 f.; *Kloepfer*, Verfassungsrecht I, § 6 Rn. 1 f.

- hinsichtlich der Staatsform Republik oder Monarchie, Einheits- oder Bundesstaat, parlamentarisches, präsidiales oder plebiszitäres System, konstitutionelle oder absolute Regierungsweise,

- hinsichtlich des Verhältnisses des Staates zu seinen Bürgern, und zwar als Einzelne oder als Gruppen, totaler oder begrenzter, absoluter oder rechtsstaatlicher, religiös gebundener oder neutraler Staat und

- hinsichtlich des Verhältnisses des Staates zum Wirtschafts- und Sozialleben, Steuerstaat oder „selbstproduzierender" Staat[117], Zentralverwaltungs- oder Marktwirtschaft[118], soziale oder individuelle Sicherung.

42   Das Grundgesetz trifft die verfassungsrechtlichen Grundentscheidungen in **Art. 1** und **Art. 20, 28 I GG**. Oberstes Prinzip der vom Grundgesetz gesetzten Ordnung ist die Unantastbarkeit der **Würde des Menschen** und die Verpflichtung aller staatlichen Gewalt, sie zu schützen. Ausgeführt wird diese verfassungsrechtliche Grundentscheidung insbesondere durch die Grundrechte (Art. 2–19 GG).

Die Staatsform bestimmen Art. 20 I, 28 I GG: Republik, Demokratie, Bundesstaat, Rechtsstaat, Sozialstaat.

Die Herkunft der die Staatsform bestimmenden Begriffe aus der politischen Ideengeschichte bringt es mit sich, dass sich mit ihnen teilweise sehr unterschiedliche Vorstellungen und Erwartungen verbinden. Sie sind daher ein bevorzugter Tummelplatz ideologischer Auseinandersetzungen und Leitstern politischer Wunschvorstellungen. Ihre spezifisch staatsrechtliche Begrenzung, Verbindlichkeit und Anwendbarkeit erfahren sie überwiegend durch die niederrangigen Verfassungsbestimmungen, die die Staatsformbestimmungen ausgestalten.

So wird das Demokratieprinzip auf eine bestimmte Form der Demokratie ausgerichtet, nämlich auf die parlamentarische, durch die Vorschriften über den Bundestag (Art. 38–49 GG), die Bundesregierung (Art. 62–69 GG) und die Parteien (Art. 21 GG).

Als politische Gestaltungsprinzipien tragen die verfassungsrechtlichen Grundentscheidungen nicht nur konkrete, in der Regel an anderen Verfassungsvorschriften ablesbare Organisationsentscheidungen, sondern sie enthalten auch in unterschiedlichem Umfang politische und damit auch verfassungsrechtlich umstrittene Zielvorstellungen über die Aufgaben des Staates. So können aus einem als Verfassungsauftrag verstandenen Demokratieprinzip Konsequenzen zur Verwirklichung der Demokratie in Wirtschaft und Verbänden gefordert werden. Das Sozialstaatsprinzip kann als noch aufgegebenes Gebot zur Lösung sozialer Fragen, insbesondere in den neuen Ländern[119], als erst teilweise erfüllte Staatszielbestimmung verstanden werden. Wel-

---

117   Dazu *Vogel*, in: HStR II, § 30 Rn. 51 ff.
118   Dazu dezidiert der Staatsvertrag über die Währungs-, Wirtschafts- und Sozialunion zwischen der BRD und der DDR, der gem. Art. 40 I EV fortgilt; vgl. *Rupp*, HStR IX, 1. Aufl., § 203.
119   Dazu *Depenheuer*, HStR IX, 1. Aufl., § 204.

che Fragen als soziale zu bewerten und wie sie gegebenenfalls gelöst werden sollen, liegt weitgehend im politischen Ermessen des Gesetzgebers.

Gleiches gilt für andere **Staatszielbestimmungen** kulturstaatlicher oder tierschützen- **43** der sowie umweltschützender (Art. 20a GG) oder gleichstellungspolitischer (Art. 3 II 1 GG) Programmatik, wie sie in verschiedenen Landesverfassungen (z.B. Bayern[120], Bremen, Brandenburg) zum Teil schon seit längerem vorhanden sind. Staatszielbestimmungen[121] gewähren keine gerichtlich durchsetzbaren subjektiven Rechte[122]. Sie wenden sich primär an den Gesetzgeber und nach dessen Vorgaben an die Verwaltung und die Gerichte, was nicht ausschließt, dass einfaches Gesetzesrecht oder auch Grundrechte im Lichte von Staatszielbestimmungen zugunsten von Bürgern auszulegen sind. Programmatisch richtet sich der Schutzauftrag für die natürlichen Lebensgrundlagen zunächst an den Gesetzgeber. Ihm obliegt die gesetzliche Ausgestaltung des als Prinzip, nicht als strikte Regel konzipierten Staatsziels. Ob Art. 20a GG im Anklang an die verfassungsrechtlichen Grundentscheidungen der Art. 20 I, 28 I GG als Normierung des „Umweltstaates" bezeichnet werden sollte[123], wird von der weiteren Ausgestaltung des Staatsziels durch Gesetzgeber, Rechtsprechung und Verwaltung abhängen.

Seit längerem wird z.B. aus Art. 12, 109 GG i.V.m. dem Sozialstaatsprinzip eine Verpflichtung der staatlichen Wirtschaftspolitik zur Vollbeschäftigung abgeleitet. Daraus kann nach richtiger Ansicht kein subjektiver Anspruch geltend gemacht werden. Die Kulturstaatlichkeit ist als Staatsziel des GG ohne ausdrückliche Formulierung anzuerkennen.[124] Hierfür – wie für das Nationalstaatsprinzip[125] – gilt aber, dass beide angesichts der deutschen Geschichte im zu Ende gehenden Jahrhundert nicht zufällig in Art. 20 I, 28 I GG nicht erscheinen. Für die Nationalstaatlichkeit ist bezeichnend, dass sie zwar in S. 2 der Präambel und in den Deutschengrundrechten (Art. 8, 9, 11, 12 GG) enthalten ist, vor allem aber durch die Staatszielbestimmung des Art. 23 I 1 GG – Verwirklichung des vereinten Europas durch Mitwirkung bei der Entwicklung der Europäischen Union – und durch Art. 24 I GG – Übertragung (weiterer) Hoheitsrechte – eingehegt, aber, wie das Bundesverfassungsgericht in seiner Lissabon-Vertrags-Entscheidung betont hat, nicht obsolet[126] wird.

---

120 Z.B. Tierschutz, Art. 141 I 2 BayVerf.
121 Dazu *Sommermann*, Staatsziele und Staatszielbestimmungen, 1997.
122 BrandVerfG NVwZ-RR 2010, 337 – Schutz von Kulturgütern.
123 S. *Kloepfer* Verfassungsrecht I, § 12 m.w.N.
124 BVerfGE 36, 321, 331; *Häberle*, Kulturstaatlichkeit und Kulturverfassungsrecht, 1982; s.a. *Hufen, Stern u.a.*, BT-Prot. 1660, 44, Anhörung im Rechtsausschuss vom 29.01.2007.
125 Dazu *Bleckmann*, Staatsrecht I, § 13; *Kloepfer*, Verfassungsrecht I, § 1 Rn. 53 f.
126 BVerfGE 123, 267; dazu *Pernice*, HStR VIII, 1. Aufl., § 191 Rn. 3–5.

1. Teil. Staatsform und Staatsorganisation

§ 2 Republik

I. Die Entscheidung des Grundgesetzes

Anders als in Frankreich ist in Deutschland der Begriff der Republik trotz seiner **44** langen Tradition ziemlich blass. Eine eigene Vorschrift, wie sie noch Art. 1 I WRV enthielt – „Das Deutsche Reich ist eine Republik" – gibt es im Grundgesetz nicht. Die Bezeichnung des Staates als Bundes*republik* in Art. 20 I GG und die Verpflichtung der Länder auf die republikanische Staatsform in Art. 28 I GG genügen.

Die Entscheidung für die Republik konkretisieren die Vorschriften über das Staatsoberhaupt, den Bundespräsidenten (Art. 54–61 GG). Die republikanische Staatsform ist heute unproblematisch. Anders war dies noch in der Weimarer Republik, die bezeichnenderweise diese Frage als erste in der Verfassung entschied.[1]

Eine Republik (von *res publica* = Gemeinwesen) ist ein Staat, der keine Monarchie ist. Das Staatsoberhaupt darf also nicht auf dynastischer Grundlage und i.d.R. auf Lebenszeit bestimmt werden.

Im weiteren Sinne bedeutet republikanisch auch freiheitlich, volksstaatlich und vor allem antidiktatorisch. In diesem älteren Begriffssinne ist ein Staat republikanisch, wenn sich alle öffentliche Gewalt auf die Gemeinschaft zurückführen lässt – d.h. Gewaltausübung vermittels öffentlicher Ämter kraft besonderer Ermächtigung durch die Gemeinschaft – und wenn diese Gewaltausübung auf das gemeine Wohl verpflichtet ist. Legt man diesen weiteren Begriff der Republik zugrunde, der zunehmend wieder in den Blick gerät[2], so sind dann republikanisch gefärbt auch Vorschriften wie Art. 4 (Glaubens- und Gewissensfreiheit), Art. 20 II (Ausübung der Regierungsgewalt durch besondere Ämter), Art. 33 IV, V GG (Wahrnehmung öffentlicher Ämter durch den öffentlichen Dienst) sowie Art. 97, 98 GG (Richteramt) und in spezieller Weise auch das Demokratie- und das Rechtsstaatsprinzip.

Art. 28 I GG verpflichtet zwar die Länder auf die republikanische Staatsform, aber **45** die Strukturklausel[3] des Art. 23 I 1 GG, die die Bundesrepublik Deutschland zur Mitwirkung an der Entwicklung der Europäischen Union verpflichtet, führt das re-

---

1 Krit. dazu *Elicker*, JbdöR 57 (2009), S. 207.
2 BVerfGE 123, 39, 69 – Wahl und Kontrolle des Wahlverfahrens Angelegenheit der Bürger; s.a. *Klein*, DÖV 2009, 741; *Robbers*, FS Herzog 2009, S. 379; zurückhaltend *Kloepfer*, Verfassungsrecht I, § 8 Rn. 9.
3 Dazu *Streinz*, in: Sachs, Art. 23 Rn. 16.

publikanische Prinzip nicht auf. Das ist auch nicht verwunderlich, sind doch sieben Mitgliedstaaten der EU Monarchien. Die monarchisch geprägte Reichsverfassung von 1871 galt auch für die Republiken Hamburg, Bremen und Lübeck.

Das republikanische Prinzip wird innerstaatlich gem. Art. 79 II, III GG geschützt. Umstritten ist, ob Art. 79 III GG auch eine Verfassungsneugebung nach Art. 146 GG bindet.[4] Seit der Neufassung von Art. 146 GG – Wegfall der Wiedervereinigung als Tatbestandsvoraussetzung für das Außerkrafttreten des Grundgesetzes – hat das Grundgesetz seinen provisorischen Charakter verloren, ohne dass es zu einer Volksabstimmung i.S.v. Art. 146 GG a.F. gekommen ist, was aber die „Legitimation des Grundgesetzes durch das deutsche Volk"[5], insbesondere aufgrund der revolutionären Entwicklung in der DDR, nicht ausschließt.

Weiterführend: *Anderheiden*, Gemeinwohl in Republik und Union, 2006; *Gröschner*, HStR II, 3. Aufl., § 23; *Henke*, HStR I, 1. Aufl., § 21.

II. Der Bundespräsident

46 Ebenso wie die Staatsformbestimmung Republik vorwiegend negativ als Gegenbegriff zur Monarchie definiert wird, ist es üblich, das Staatsoberhaupt der Bundesrepublik, den Bundespräsidenten, negativ durch Entgegensetzung zum Reichspräsidenten der Weimarer Reichsverfassung zu charakterisieren. Richtig ist, dass der Bundespräsident weniger Kompetenzen hat als der vom Volk direkt gewählte Reichspräsident, dem insbesondere das Notverordnungsrecht und die Reichsexekution (Art. 48 WRV) zustand. Die negative Entgegensetzung wird jedoch der integrativen und nach außen und innen gerichteten repräsentativen Funktion des formell ranghöchsten Staatsorgans nicht gerecht. Die Bedeutung des Amtes wird nur zutreffend erkannt, wenn neben der äußeren Schwäche auch seine „innere Stärke" gesehen wird.[6] Die Ereignisse um die beiden vorzeitigen Auflösungen des Bundestages (1983, 2005) haben zudem gezeigt, dass der Bundespräsident zumindest bei geminderter Handlungsfähigkeit anderer oberster Verfassungsorgane gem. Art. 63 IV, 68 GG auch selbständige politische Entscheidungsbefugnisse innehat. Die Reservefunktion in diesem Fall oder in dem des Gesetzgebungsnotstandes gemäß Art. 91 GG geht über die Rolle des Staatsnotars hinaus.[7] Ohne parteipolitische Neutralität könnte der Bundespräsident seine Integrationsfunktion allerdings nicht erfüllen.

Gewählt wird der Bundespräsident von der **Bundesversammlung** (Art. 54 I GG). Diese besteht je zur Hälfte aus Mitgliedern des Bundestages und aus Mitgliedern, die von den Landtagen gewählt werden, ihnen aber nicht angehören müssen. Die **Amtszeit** des Bundespräsidenten beträgt (außer im Verteidigungsfall nach Art. 115h I 2 GG)

---

4 *Jarass/Pieroth*, GG, Art. 146 Rn. 2 f. m.w.N., a.A. *Huber*, in: Sachs, GG, Art. 146 Rn. 12.
5 Dazu *Heckel*, HStR VIII, 1. Aufl., § 197.
6 *Stern*, FS Carstens, 1984, S. 789 ff.
7 *Degenhart*, Rn. 705.

5 Jahre. Einmalige Wiederwahl ist zulässig (Art. 54 II GG). Außer durch Rücktritt oder Tod kann die Amtszeit vorzeitig durch Anklage vor dem Bundesverfassungsgericht enden (Art. 61 GG). Die Präsidentenklage ist eine aus der Weimarer Reichsverfassung (Art. 59) übernommene Nachbildung der Ministeranklage. Dieses aus der konstitutionellen Monarchie überkommene Rechtsinstitut enthält das Grundgesetz, anders als manche Landesverfassungen (z.B. Art. 63 VerfNRW), nicht. Art. 54 I 2 GG regelt bestimmte persönliche Voraussetzungen für die Wahl des Bundespräsidenten, Art. 55 GG Inkompatibilitäten, die nach dem Ausscheiden aus dem Amt nicht mehr gelten. Primär eine Stil- und keine Rechtsfrage sind Art und Umfang politischer und wirtschaftlicher Betätigung eines ehemaligen Bundespräsidenten.

Die **Kompetenz** des Bundespräsidenten umfasst   **47**
– die Ausfertigung von Gesetzen (Art. 82 GG). Bei diesem der Verkündung vorausgehenden Teil des Gesetzgebungsverfahrens stellt sich nicht selten die Frage nach dem Umfang des Prüfungsrechts des Bundespräsidenten[8].
– die völkerrechtliche Vertretung des Bundes (Art. 59 GG)
– die Mitwirkung an der Regierungsbildung und in bestimmten parlamentarischen Krisenfällen, und zwar
   – bei der Wahl des Bundeskanzlers (Art. 63 I GG)
   – bei der Ernennung und Entlassung von Bundesministern (Art. 64 I GG)
   – bei der Auflösung des Bundestages (Art. 63 IV 3, 68 I GG)
   – bei der Erklärung des Gesetzgebungsnotstandes (Art. 81 GG)
– die Festsetzung des Wahltermins innerhalb des verfassungsrechtlich vorgegebenen Rahmens (§ 16 BWahlG)
– die Ernennung der Bundesbeamten, Bundesrichter und Angehörigen der Bundeswehr (Art. 60 I GG), bei der nach h.M. der Bundespräsident über die Prüfung der rechtlichen Voraussetzungen hinaus auch eine begrenzte qualifikationsbezogene sachliche Prüfungskompetenz besitzt[9]
– das traditionelle Recht des Staatsoberhauptes zur Begnadigung (Art. 60 II GG) und
– zur Ordenverleihung (§ 6 des Gesetzes über Titel, Orden und Ehrenzeichen v. 26.07.1957) sowie
– weitere Integrationsaufgaben wie öffentliche Reden, Schirmherrschaften, Glückwunschadressen etc.

Kennzeichnend für die Rolle des Bundespräsidenten als Integrationsorgan ohne   **48**
eigene politische Führungskompetenz ist die **Gegenzeichnung** nach Art. 58 GG. Alle außer den nach Satz 2 ausgenommenen Anordnungen und Verfügungen des Bundespräsidenten bedürfen zu ihrer Gültigkeit der Gegenzeichnung durch den Bundeskanzler oder den zuständigen Minister. Die im Verfassungsrecht der konstitutionellen Monarchie entwickelte Gegenzeichnung soll die parlamentarische Verantwortung der

8 Dazu Rn. 283, 286.
9 *Stern*, Staatsrecht II, § 30 III 5g.

Bundesregierung für Amtshandlungen des Bundespräsidenten gegenüber dem Bundestag begründen. Zugleich soll sie die Einheitlichkeit der Staatsleitung im Exekutivbereich gewährleisten.[10] Ebenso wie der unverletzliche (= unverantwortliche) Monarch, der an seine verantwortlichen Minister gebunden wurde, ist der Bundespräsident politisch-parlamentarisch nicht unmittelbar verantwortlich. Aber die Gegenzeichnung schließt anders als beim Monarchen seine verfassungsrechtliche Verantwortung nicht aus.[11] Dies gilt sowohl für die Präsidentenklage als auch für die wichtigeren sonstigen verfassungsgerichtlichen Verfahren, insbesondere das Organstreitverfahren. Hinzu kommt, dass anders als in monarchischer Zeit der Minister nicht mehr die vom Monarchen gefällte Entscheidung zu überprüfen hat, sondern die Entscheidungsgewalt nunmehr bei der Regierung liegt. Ein von Roman Herzog initiiertes Verständnis will deshalb Entscheidung und Gegenzeichnung umpolen. Die Regierung übernehme nicht die Verantwortung für Entscheidungen des Bundespräsidenten, der Bundespräsident habe vielmehr die Entscheidungen der Regierung zu ratifizieren.[12] Regierungsakte werden demnach also vom Bundespräsidenten „gegengezeichnet".

Streitig ist auch, ob die Gegenzeichnung alle politisch bedeutsamen Handlungen des Bundespräsidenten erfasst, also zum Beispiel auch regierungskritische Reden und Interviews. Der Wortlaut von Art. 58 GG „bedürfen zu ihrer Gültigkeit" spricht für die engere Auffassung, der zufolge Anordnungen und Verfügungen als rechtlich verbindliche Akte, z.B. Minister- oder Beamtenernennung, Begnadigung, Ordenverleihung unter Art. 58 GG fallen; nur sie können gültig werden, nicht aber Interviews. Die Vertreter der engeren Auffassung nehmen den Bundespräsidenten aber über die allgemeine Verfassungsorgantreue ebenfalls in die Pflicht.[13] Der „Totalitätsanspruch" der weiten Gegenzeichnungslehre[14] entspricht nicht der Praxis. Alle Bundespräsidenten haben z.B. das Recht auf gegenzeichnungsfreie öffentliche Rede in Anspruch genommen.

Allerdings lässt sich für die weite Gegenzeichnungslehre anführen, dass öffentliche Reden, aber auch von den Medien gemeldete Schirmherrschaften und Glückwunschadressen für die gerade amtsspezifische Integrations- und Repräsentationsfunktion des Bundespräsidenten von größter Bedeutung sein können, mit gerade außenpolitisch weitgehenden Folgewirkungen. Erinnert sei an die auf dem Wege zum 1. Weltkrieg verhängnisvollen Reden von Kaiser Wilhelm II.[15] Vergleichbare Exzesse eines Bundespräsidenten verbietet aber die Verfassungsorgantreue.[16]

49 Gemäß Art. 59 I GG vertritt der Bundespräsident den Bund **völkerrechtlich** und schließt im Namen des Bundes **Verträge mit auswärtigen Staaten**.

---

10 *Stern*, Staatsrecht II, § 30 II 7b.
11 BVerfGE 62, 1, 33.
12 *Herzog*, FS für G. Müller, 1970, S. 128; *Nierhaus*, in: Sachs, Art. 58 Rn. 5.
13 W.N. bei *Degenhart*, Rn. 760, 708; *Kloepfer*, Verfassungsrecht I, § 17 Rn. 169 f.
14 So *Nierhaus*, in: Sachs, Art. 58 Rn. 18.
15 S.a. *Jochum*, Worte als Taten, 2000.
16 *Schenke*, BK, Art. 58 Rn. 42 f.

Art. 59 I GG eröffnet dem Bundespräsidenten keinen außenpolitischen Handlungsspielraum. Die Außenpolitik obliegt Parlament und Regierung. Art. 59 I GG muss insbesondere im Zusammenhang mit Art. 65 S. 1, Art. 59 II und Art. 58 GG gesehen werden. Der Bundespräsident schließt (nur) die Verträge, die die Bundesregierung zuvor ausgehandelt hat. Gerade bei außervertraglichem Handeln nach Art. 59 GG ist der Bundespräsident auf die außenpolitische Linie der Regierung verpflichtet. Empfängt er z.B. einen Staatsgast nicht oder unter bewusster Verletzung der Höflichkeit, so bedarf dies der (zumindest konkludenten) nachträglichen Gegenzeichnung.

Soweit das Erfordernis der Mitwirkung des Bundestages nach Art. 59 I GG reicht, **50** darf der Bundespräsident einen ausgehandelten und paraphierten Vertrag erst in Kraft setzen (ratifizieren), wenn Bundestag und ggf. Bundesrat dem Vertragszweck in Gesetzesform zugestimmt haben.

Das in Art. 59 II S. 1 GG statuierte Zustimmungs- und Mitwirkungserfordernis, welches die parlamentarischen Kompetenzen auch im außerpolitischen Bereich sichert, erstreckt sich auf zwei Fälle:

– **Verträge**, welche die **politischen Beziehungen** des Bundes regeln

– **Verträge**, die sich auf **Gegenstände der Bundesgesetzgebung** beziehen.

Die erstgenannte Fallgruppe erfasst Verträge, die die Existenz des Staates, seine territoriale Integrität, seine Unabhängigkeit, seine Stellung oder maßgebliches Gewicht in der Staatengemeinschaft unmittelbar berühren.[17] Der Zustimmung oder Mitwirkung des Bundestages bedürfen nicht völkerrechtliche Willenserklärungen, die sich im Rahmen bestehender Verträge bewegen.[18]

In der zweiten Fallgruppe sind Verträge gemeint, die zu ihrer innerstaatlichen Durchführung eines Gesetzes bedürfen.

Der Vertragsabschluss vollzieht sich in drei Etappen:

(1) **Aushandlung des Vertragstextes** durch die Bundesregierung; am Ende steht i.d.R. die **Paraphierung**; sie bedeutet die Bestätigung der gefundenen textlichen Einigung, verbunden mit der Verpflichtung, für das endgültige Zustandekommen zu sorgen.

(2) Unterzeichnung des Vertrages
Zustimmung des Bundestages (unter Mitwirkung des Bundesrates), sog. **Ratifizierungsgesetz**; dieses Zustimmungsgesetz hat eine doppelte Funktion:

   – Es ermächtigt den Bundespräsidenten, den Vertrag endgültig in Kraft zu setzen (Ermächtigung zur Ratifizierung).

   – Es formt, sofern möglich, die in dem Vertrag enthaltenen Rechte und Pflichten in innerstaatliches, für jedermann gültiges Recht um (Transformationswirkung).

---

17 BVerfGE 1, 283.
18 BVerfGE 68, 1 – Aufstellung von Mittelstreckenraketen und NATO-Doppelbeschluss.

(3) Ratifikation des Vertrages durch den Bundespräsidenten (Art. 59 I GG); dieser
lässt sich allerdings häufig von einem anderen Staatsorgan vertreten.
Der Bundespräsident darf und muss nur prüfen, ob die verfassungsmäßig sta-
tuierten Voraussetzungen für die ihm obliegende Ratifizierung vorliegen.

Weiterführend: *Callies*, HStR IV, § 83 – Auswärtige Gewalt; *Nettesheim*, HStR III,
§§ 61–63 – Der Bundespräsident; *Hebeler*, Der Rücktritt von öffentlichen Ämtern, DVBl.
2011, 317.

§ 3 Demokratie

Der frühere Freiburger Staatsrechtler von Simson begann seinen Vortrag vor der **51** Staatsrechtslehrertagung 1970 zum Thema „Das demokratische Prinzip im Grundgesetz" mit dem Satz: „Mir ist zumute wie einem Dorfkaplan, der beauftragt worden ist, vor dem vatikanischen Konzil einen einstündigen Vortrag zu halten über das Thema: Die Bibel."[1] Die Ratlosigkeit ob der Fülle des Themas ist verständlich.

„Kaum ein anderer Begriff der politischen Sprache ist so allgegenwärtig und wird so universell eingesetzt wie die Begriffe ‚Demokratie' und ‚Demokratisierung'. Über kaum einen anderen Begriff herrschen so viele Missverständnisse wie über diesen."[2]

Um für unsere Einführung in das geltende Staatsrecht Boden unter die Füße zu bekommen, wird es vonnöten sein, die Elemente des grundgesetzlichen Demokratiebegriffes möglichst genau zu bestimmen. Zuvor sollen jedoch einige Hauptlinien der um das demokratische Prinzip kreisenden Diskussion nachgezeichnet werden. Denn die Grenze zwischen unzweifelhaftem verfassungsrechtlichen Gebot und verfassungspolitischem Wunsch ist in vielen Fällen durchaus fließend, insbesondere, wenn man das Demokratieprinzip als ein teilweise noch der Verwirklichung harrendes Verfassungsziel versteht. Im partei- und gesellschaftspolitischen Alltag wird das demokratische Prinzip regelmäßig nicht nur in seinem durch das Grundgesetz eindeutig bestimmten Gehalt verwendet. Schließlich können demokratietheoretische Erkenntnisse für die Erkenntnis von tatsächlichen Demokratiedefiziten in unserem Gemeinwesen als Anregung für Verbesserungen wichtig sein.

I.   Demokratietheorie

Übersetzt man die beiden griechischen Bestandteile des Wortes, so bedeutet Demo- **52** kratie Herrschaft des Volkes. Dementsprechend bestimmt Art. 20 II 1 GG: „Alle Staatsgewalt geht vom Volke aus." Demokratietheorie beschäftigt sich mit der saloppen, aber treffenden Frage Bert Brechts: „Aber wo geht sie hin?"

Demokratietheoretisches Erkenntnisinteresse leitet eine sozialwissenschaftliche Realanalyse darüber, ob in einem Land, einer Gemeinde, einem Verband, einer Partei tatsächlich die Herrschaftsmacht von den Mitgliedern ausgeht. Das Ergebnis der an der sozialen Wirklichkeit orientierten und interessierten Analyse wird nicht nur

---

1   VVDStRL 29 (1971), S. 4.
2   *Denninger*, Staatsrecht I, 1973, S. 55.

durch den Untersuchungsgegenstand bestimmt, sondern entscheidend auch von der Vorstellung davon, was demokratisch ist, also vom angelegten normativen Maßstab, der zwischen Utopie und Anpassung an die vorgefundenen Gegebenheiten oszillieren kann.

Ein durchaus nicht überholter Vortrag von F. Scharpf aus dem Jahre 1970 über Erkenntnisse und Hintergründe der Demokratietheorie trägt denn auch den programmatischen Titel „Demokratietheorie zwischen Utopie und Anpassung". Eine politikwissenschaftliche Untersuchung ein und desselben Verbandes wird zu ganz unterschiedlichen Ergebnissen gelangen, je nachdem, ob der Verfasser Vorstellungen einer identitären oder einer repräsentativen Demokratie anhängt.

53 Die Idee der **identitären Demokratie** geht von der Identität von Herrschenden und Beherrschten aus, von der idealen Selbstbestimmung des Menschen. Sie ist maßgeblich vom französischen Philosophen Jean Jaques Rousseau (1712–1778) formuliert worden, der sie als Bürger Genfs am Modell des überschaubaren Stadtstaates entwickelt hat. Seine Lehre von der volonté générale führt den Staat mit äußerster Konsequenz auf die Zustimmung der Bürger zurück. Den Gegenpol bildet die auf den modernen Flächenstaat ausgerichtete **repräsentative Demokratie,** also die Ausführung der Volksherrschaft durch gewählte Vertreter. Statt zur Abschaffung der Herrschaft von Menschen über Menschen wird die Demokratie dadurch zu einer Herrschaftsform, die Machtstrukturen und einen Apparat zur Herrschaft der Mehrheit über die Minderheit braucht. Ein wichtiger Vertreter der Idee der repräsentativen Demokratie, und zwar in der Form der parlamentarischen Demokratie, ist der englische Staatsphilosoph E. Burke (1729–1797), der den englischen Parlamentarismus gegen die Herrschaftsformen der französischen Revolution theoretisch absicherte.

54 Eine Spielart der Auseinandersetzung zwischen identitärer und repräsentativer, zwischen direkter und indirekter Demokratie ist die Entgegensetzung von parlamentarischer Demokratie und **Rätedemokratie.** Letztere strebt die universelle Selbstbestimmung der Menschen an als Gegenmodell zur Fremdbestimmung durch Abgeordnete, die an Weisungen nicht gebunden sind, und durch Bürokratien, deren Beamte durch das Lebenszeitprinzip gesichert sind. Verwirklicht werden soll die Selbstbestimmung durch die Einheit von gesetzgebender und vollziehender Gewalt durch das imperative Mandat, d.h. die Bindung von Abgeordneten an Weisungen, durch die jederzeitige Abberufbarkeit von Richtern und Angehörigen der Verwaltung. Gegen das Rätekonzept wird eingewendet, dass anstelle einer Verwirklichung des Ideals der Selbstbestimmung die Gefahr des Umschlagens in totale Herrschaft droht, weil nämlich mangels Gleichklang der Interessen die Identität von Herrschenden und Beherrschten für diejenigen entfällt, die nach herrschaftsfreier rationaler Diskussion letztendlich überstimmt werden. Diese Gruppen sehen sich dann einem durch keine Machtbalancen eingeschränkten einheitlichen Mehrheitswillen in allen Erscheinungsformen der öffentlichen Gewalt ausgesetzt. Kurz: Das Rätemodell bewertet die Folgen von innergesellschaftlichen Konflikten zu niedrig. Dem Vorwurf des demokratischen Defizits der repräsentativen Demokratie wird zudem entgegengehalten, dass auch die identitäre Demokratie der Initiative von Eliten und eines Herrschaftsapparates bedarf, z.B. bei der Formulierung eines Volksentscheids.

Unter bewusstem Verzicht auf die als zu „hoch hängend" bewerteten identitären **55**
Ideale richten Vertreter einer nach eigenem Verständnis **realistischen Demokratietheorie** ihre Blicke auf die in der Wirklichkeit vorfindlichen Erscheinungsformen der
Demokratie. Dazu verwenden sie die Methoden der empirischen Sozialforschung.
Die vielfach an der US-amerikanischen Wirklichkeit orientierten Untersuchungen
kamen beispielsweise zu Ergebnissen wie jenen, dass es in der Realität regelmäßig nur
eine kleine aktive und eine große passive Öffentlichkeit gibt, dass entgegen dem Postulat der Befassung aller Bürger mit den öffentlichen Angelegenheiten politische Apa-
thie ein Indikator politischer Stabilität eines Gemeinwesens sei, intensive und breite
politische Auseinandersetzungen hingegen Instabilität anzeigen, dass die Elitenherr-
schaft der periodisch gewählten Führungsmannschaften stärker von speziellen Interessen weniger Interessenten, vorgetragen durch schlagkräftige pressure groups und
Lobbyisten, weit wirksamer beeinflusst wird als von allgemeinen Interessen der Mehrheit der Bevölkerung.

Ein gängiges Beispiel für die überproportionale Durchsetzungsfähigkeit von speziellen Interessen und die ungleich schwierigere Durchsetzbarkeit von allgemeinen
Interessen sind die Subventionserfolge des Bauernverbandes einerseits, und die wohl
ungleichgewichtige Durchsetzung der Interessen der Verbraucher andererseits. Die
Absenkung des Mehrwertsteuersatzes für Hotelübernachtungen ist ein jüngerer Beleg
für das vom amerikanischen Soziologen W. Olson (1926–2004) entwickelte paradox
erscheinende Olson'sche Gesetz: Je spezieller ein Interesse ist, umso besser lässt es
sich in einer Demokratie durchsetzen. Je allgemeiner ein Interesse ist, umso mehr
Widerstand erzeugt es.

Ein langjähriger Bundestagsabgeordneter, der selbst einem Interessenverband der
Industrie nahestand, der frühere Abgeordnete Dichgans, hat dazu einmal festgestellt:

> „Wenn sich einige wenige Abgeordnete aus allen Fraktionen zusammenfinden, die aus
> irgendwelchen Gründen den Fragen des Schornsteinfegerwesens nahestehen, wenn diese
> Spezialisten ihre Vorstellungen in Gesetzesform vorlegen, dann haben sie eine hohe
> Chance, ihr Gesetz durchzubringen. Kein Abgeordneter kann alle Gesetzesvorschläge in-
> tensiv prüfen."[3]

In einem zweiten Schritt setzen die Vertreter der realistischen Demokratietheorie die
wirkliche Demokratie mit der wahren Demokratie gleich. Der inhaltlich selbstbestim-
mende Anspruch des demokratischen Prinzips wird entleert. **Demokratie** wird zur
bloßen politischen **Methode**, eine gewisse Art institutioneller Ordnung, um zu politischen, legislativen und administrativen Entscheidungen zu gelangen (so z.B. der Öko-
nom Schumpeter, 1883–1950). Aus dem Angebot der auf dem politischen Markt konkurrierenden Machteliten kann der auf die Stimmabgabe beschränkte Bürger die
Partei auswählen, von der er sich den größten privaten Nutzen verspricht. Entscheidend ist, dass mindestens zwei Parteien zur Wahl stehen. Die weitgehende Gleichheit
der politischen Programme beeinträchtigt die als bloße politische Methode verstandene Demokratie dann nicht. Noch einen Schritt weiter geht ein „anarchokapitalisti-
sches" Verständnis der Demokratie, das auf „outsourcing democracy", also auf die

---

3 Zitiert nach *Denninger*, Staatsrecht II, S. 49 Fn. 86.

Privatisierung staatlicher Institutionen zielt.[4] Extrem zugespitzt ist auch das System einer aleatorischen Demokratietheorie, die auf das Losverfahren setzt.[5]

56 Gegen die Entleerung des demokratischen Prinzips zu einer bloßen Methode der Entscheidungsfindung richtet sich die **normative Demokratietheorie**, die aus radikaldemokratischen und marxistischen Quellen gespeist wird. Sie stellt die bloß formale Demokratie als oligarchische Wirklichkeit bloß. Das Parlament wird kritisiert als bloßes Instrument der Veröffentlichung von Herrschaftsentscheidungen, die in Wirklichkeit die sich aus wenigen Verbandseliten rekrutierenden Parteioligarchien von keiner Basis kontrolliert treffen.

Die normative Demokratietheorie macht wieder Ernst mit der Selbstbestimmung, zu deren Durchsetzung der mündige Bürger befähigt werden soll (Habermas). Demokratie wird als für alle Lebensbereiche durchgängige Lebensform, als alle Gesellschaftsbereiche durchdringendes Prinzip, als allgemeine Zielmarkierung des gesamtgesellschaftlichen Entwicklungsprozesses verstanden: Demokratisierung als Verwirklichung demokratischer Grundsätze in allen Bereichen der Gesellschaft.

Tagespolitisch umgemünzt erscheint die Demokratisierung als Reizwort für so unterschiedliche Forderungen wie den Aufbau wirksamer Strukturen zur Kontrolle der Exekutivorgane der EU, die Direktwahl von Bundespräsident oder Ministerpräsident, die Einführung der auf Länderebene, zum Beispiel Art. 59, 60 BaWüLV, Art. 62, 63 VvB aber auch auf europäischer Ebene in Art. 11 IV EU[6] vorgesehenen Formen direkter Demokratie. Auch auf Bundesebene gibt es Ansätze über die bestehenden rudimentären Ansätze (Art. 29, 146 und den obsoleten Art. 118 GG) hinaus, Volksinitiative, Volksbegehren und Volksentscheid einzuführen, also die Ersetzung repräsentativer durch plebiszitäre Entscheidungen. Demokratietheoretisch grundiert sind schließlich die Partizipation Betroffener oder Interessierter an kommunalen und staatlichen Planungsentscheidungen, aber auch die gewerkschaftliche Mitbestimmung in Unternehmen und bei der Investitionskontrolle, die Schüler- und Eltern-Mitwirkung in der Schule oder die Laienmitbestimmung nicht nur in den protestantischen, sondern auch in den katholischen Kirchenleitungen.

In Reaktion auf die weit gefächerten Demokratisierungsforderungen beschränkt die Gegenposition Demokratie auf den politisch-staatlichen Bereich. Demokratie ist danach lediglich Staatsformbestimmung und wirkt als Prinzip nur innerhalb der Organisation der staatlichen Herrschaftsausübung, nicht aber im Bereich der staatsfreien Gesellschaft (Hennis, Schelsky).

57 In der Wirklichkeit der Bundesrepublik bestehen nicht mehr die Voraussetzungen eines strengen Dualismus von **Staat und Gesellschaft**, demzufolge der Staat als prinzipiell von der Gesellschaft abgelöste Herrschaftsorganisation erscheint. Die Gesellschaft ist abhängig von den planenden, organisierenden, intervenierenden, bestim-

---

4 *Friedman*, Das Räderwerk der Freiheit, 2003.
5 Zu beiden: *Buchstein*, Demokratietheorien in der Kontroverse, 2009, S. 235 ff., 253 ff.
6 Europäische Bürgerinitiative, dazu *Guckelberger*, DÖV 2010, 745; *Mross*, Bürgerbeteiligung am Rechtssetzungsprozess in der Europäischen Union, 2010.

menden, Leistungen ausschüttenden, den meisten Bürgern erst ein Mindestmaß an Freiheit verbürgenden Sozialgestaltungen des Staates. Ebenso ist die politische Herrschafts- und Entscheidungseinheit Staat auf die ständige Einflussnahme seiner Bürger als Einzelner wie als Gruppen, z.B. Gewerkschaften, Wirtschaftsverbände, Nichtregierungsorganisationen oder sonstige Verbände angewiesen. Diese kann im Einzelfall soweit gehen, dass die aushandelnde statt entscheidende Staatstätigkeit und die damit korrespondierende Indienstnahme staatlicher Willensbildungsorgane und -verfahren durch Verbands- und Parteiinteressen die Grenzen zwischen Staat und Gesellschaft verwischen können. Im potentiell weltweit verflochtenen Netzwerk ökonomischer und verbandlicher Teilregulierung haben staatliche Regulierungen ohnehin einen eher fallenden Stellenwert. Dies gilt in besonderem Maße für einen Staat, der wie die Bundesrepublik eingegliedert ist in supranationale Einheiten, in denen er nicht mehr allein, sondern nur noch mitentscheiden kann und in denen seine Vertreter nicht selten überstimmt werden. Nach dem Zusammenbruch der stets als konkurrierendes Gegenmodell agierenden planwirtschaftlichen Volksdemokratien lässt sich fragen, ob die Diktatur des globalen Marktes überhaupt noch wesentliche politische Gestaltungsspielräume und damit auch gehaltvolle demokratische Entscheidungen zulässt; anders gewendet, ob nicht die frei gewählte, Gewaltenteilung und Grundrechte achtende Demokratie gegenüber sich ausbreitenden, zwar tendenziell rechtsstaatlichen, aber nicht demokratischen Staatsformen wie Singapur, China oder Saudi-Arabien ein unterlegenes Modell ist, kaum noch getragen von sozial und ökonomisch erstarrten, überalterten Wohlstandsgesellschaften.

Man kann den Staat als gesamtgesellschaftliches Teilsystem mit besonderen Ordnungs- und Steuerungsfunktionen verstehen. In Ausübung dieser Funktion darf der Staat hoheitlichen Zwang anwenden. Dazu dient ein Sonderrecht, das Öffentliche Recht, dessen Steuerungsleistung im aushandelnden Staat allerdings defizitär sein kann. Das staatliche Gewaltmonopol (Gerichte, Militär, Polizei, Verwaltung) schließt den privaten Bürgerkrieg (Privatfehde) aus. Die insoweit unverzichtbare funktionelle Differenzierung von Staat und Gesellschaft ist darüber hinaus grundlegend für die Beschränkung staatlicher und überstaatlicher Aktivitäten. Ohne die prinzipielle Beschränkung staatlicher und überstaatlicher Funktionen herrschte der totale Staat. Die Unterwerfung aller Lebensbereiche unter den Mechanismus der Mehrheitsentscheidungen wäre das Ende individueller Freiheit. Diese sichert das Grundgesetz für die Bürger der Bundesrepublik Deutschland als einem in seiner nationalen Identität garantierten Mitgliedstaat der Europäischen Union (Art. 4 II EUV) insbesondere durch die Gewaltenteilung und die Grundrechte. Nach diesen kursorischen Vorbemerkungen wollen wir uns der eigentlichen Aufgabe zuwenden, die verfassungsrechtliche Ausformung des Demokratiegebotes anhand des Verfassungstextes zu bestimmen.[7]

Weiterführend: *v. Arnim* (Hrsg.), Direkte Demokratie, 2006; *Böckenförde*, Demokratie als Verfassungsprinzip, in: HStR II, § 24; *Hennis*, Die mißverstandene Demokratie, 1973; *Mastronardi*, Verfassungslehre, 2007, Rn. 102–276; *Möllers*, Demokratie – Zumutungen

---

7 Dazu auch *Pieroth*, JuS 2010, 473.

und Versprechen, 2008; *Rupp*, Die Unterscheidung von Staat und Gesellschaft, in: HStR II, § 31; *Scharpf*, Demokratietheorie zwischen Utopie und Anpassung, 1970; *Schmidt*, Demokratietheorien, 3. Aufl., 2006.

II. Elemente des grundgesetzlichen Demokratiebegriffs

1. Bundesebene

58 Die erste Bestimmung des Grundgesetzes zum Inhalt des demokratischen Prinzips haben wir bereits kennengelernt mit der Aussage über die **Herkunft der Staatsgewalt**.

„Alle Staatsgewalt geht vom Volke aus." (Art. 20 II 1 GG)

Nur der Wille des Volkes legitimiert also die staatliche Gewalt, nicht etwa die von Gottes Gnaden abgeleitete Macht eines Monarchen – **Grundsatz der Volkssouveränität**. In der Lissabon-Entscheidung hat das Bundesverfassungsgericht die Bedeutung der Volkssouveränität für die demokratische Legitimation des europäischen Einigungsprozesses betont.[8]

59 Darüber hinaus macht Art. 20 II 1 GG eine Aussage zum Prozess der **politischen Willensbildung**. Es ist das Recht eines jeden Bürgers, nicht einer staatstragenden Schicht, an dem wegen der unterschiedlichen Interessen und Ansichten notwendig konfliktgeladenen politischen Willensbildungsprozess teilzuhaben.[9] Die Verfassung garantiert jedem die gleiche Chance, zusammen mit anderen Bürgern eine Mehrheit zur Durchsetzung seiner Interessen und Ansichten zu gewinnen. Damit umschließt Art. 20 II 1 GG auch den Gehalt, der im 19. Jahrhundert primär dem republikanischen Prinzip zugeordnet wurde.

Die Teilhabe an der politischen Willensbildung wird allen Bürgerinnen und Bürgern zugewiesen, nicht nur dem Adel, den Philosophen (Plato) oder den Wissenschaftlern, etwa den Ökonomen oder sonstigen Experten, die selbst in vielen Grundfragen uneins sind. Diese Zuweisung wird getragen von der der Demokratie eigenen Einsicht in die Beschränktheit menschlicher Erkenntnis, vom Wissen um die fehlende Bereitschaft, stets der eigenen Einsicht gemäß zu handeln und vom Wissen um die Unfähigkeit, alle gewollten und ungewollten Folgen des eigenen Handelns steuern zu können. Da diese Beschränkungen jedem Bürger – wenn auch in unterschiedlicher Verteilung – zu Eigen sind, ist jeder berufen, mit gleicher Stimme am Volkswillen teilzuhaben. Die im 20. Jahrhundert in Europa durch Nationalsozialismus und Kommunismus existentiell in Frage gestellte Demokratie bedarf wie keine andere Staatsform breiter Zustimmung, gerade auch ihrer Leistungseliten. U. E. verdankt die Welt den Griechen nicht zufällig außer der Idee der Demokratie auch den Mythos des Sisyphos. Das sollte gerade in dem Land bedacht werden, das eine starke romantische Tradition hat, die magische Kraft der Musik dem analytischen Wort vorzieht, einem Land, dessen her-

---

8 BVerfGE 123, 267, 347, 398; s.a. *Gärditz/Hillgruber*, JZ 2009, 872.
9 BVerfGE 123, 267, 340.

vorragendste Köpfe, z.B. auch Th. Mann, „Betrachtungen eines Unpolitischen", vielfach die westliche Zivilisation einschließlich demokratischer Verfahrensweisen als dem deutschen Volk unangemessen diskreditiert haben[10].

Die Frage, wo die Staatsgewalt hingeht, auf die, wie wir gesehen haben, die Verfassung je nach Demokratietyp ganz unterschiedliche Antworten geben kann, beantwortet Art. 20 II 2 GG noch ziemlich allgemein mit einer grundsätzlichen Aussage über die **Ausübung der Staatsgewalt**: **60**

Die Staatsgewalt „wird vom Volke in Wahlen und Abstimmungen und durch besondere Organe der Gesetzgebung, der vollziehenden Gewalt und der Rechtsprechung ausgeübt".

Mit der Ausübung der Staatsgewalt durch Wahlen und wenige Abstimmungen (Art. 29, 146 GG sowie der obsolete Art. 118 GG) seitens der wahlberechtigten Bürger sowie besondere, voneinander getrennte Staatsorgane entscheidet sich das Grundgesetz im Grundsatz für die **repräsentative**, mittelbare und gegen die identitäre, direkte **Demokratie**. Hinsichtlich der Ausübung der Staatsgewalt wird das Volk zunächst einmal auf die Beteiligung an Wahlen und Abstimmungen beschränkt. Es soll nicht selbst über alle Angelegenheiten des staatlichen Lebens entscheiden.

Anders als z.B. beim Modell der Rätedemokratie sind auch nicht gesetzgebende und vollziehende Gewalt in einem Organ, den Räten, vereinigt; vielmehr werden getrennte Organe für Gesetzgebung und vollziehende Gewalt, Regierung und Verwaltung vorgeschrieben.

Die 2. Hälfte des Satzes 2 in Abs. 2 verpflichtet die Ausübung der Staatsgewalt auf den Grundsatz der **Gewaltenteilung** (oder Gewaltentrennung). Dieser von Montesquieu in seinem Buch „De l'esprit des lois" (1748) entwickelte Grundsatz dient zum einen der Begrenzung staatlicher Macht und damit dem Schutz der Bürger und zum anderen der sachgemäßen Verteilung der staatlichen Kompetenzen und damit der Funktionsfähigkeit der Staatsorgane.[11]

Art. 20 II 2 GG legt nicht nur die doppelte Zweckbestimmung des Grundsatzes der Gewaltenteilung fest. Die Vorschrift soll zugleich den politischen Willensbildungsprozess und die Teilhabe daran durch das demokratische Verfahren mit seinen in der Öffentlichkeit zu verantwortenden Entscheidungen und den Wettbewerb politischer Lösungsmodelle sichern.

Es lassen sich also aus der allgemeinen Fassung des Art. 20 II GG einige Elemente des grundgesetzlichen Demokratiebegriffs entnehmen. Jedoch fehlt eine besondere inhaltliche Bestimmung des grundgesetzlichen Demokratiebegriffs, die bei der Entstehung des Grundgesetzes eine wichtige Rolle gespielt hat: die Abgrenzung gegenüber jeder Form totalitärer Herrschaftsausübung, beruhend auf den Erfahrungen der NS-Zeit, aber auch auf der Realität in der damaligen sowjetisch besetzten Zone. Zur inhaltlichen Abgrenzung muss ebenso wie bei der näheren Festlegung einzelner Ele- **61**

---

10 Dazu *Fechner*, Thomas Mann und die Demokratie, 1990.
11 Zur näheren Ausgestaltung des Grundsatzes der Gewaltenteilung s. § 7.

mente des grundgesetzlichen Demokratiebegriffs auf weitere Vorschriften des Grundgesetzes zurückgegriffen werden.

In den beiden einzigen erfolgreichen Parteiverbotsverfahren (Art. 21 II GG), nämlich dem gegen die rechtsradikale Sozialistische Reichspartei (SRP)[12] und dem gegen die KPD[13], hat das Bundesverfassungsgericht den in den Art. 10 II, 11 II, 18, 21 II, 87a IV, 91 I GG verwendeten Begriff der **freiheitlichen demokratischen Grundordnung** durch demokratische, rechtsstaatliche und grundrechtliche Elemente festgelegt. Demzufolge ist eine freiheitliche demokratische Grundordnung eine Ordnung,

> „die unter Ausschluß jeglicher Gewalt- und Willkürherrschaft eine rechtsstaatliche Herrschaftsordnung auf der Grundlage der Selbstbestimmung des Volkes nach dem Willen der jeweiligen Mehrheit und der Freiheit und Gleichheit darstellt. Zu den grundlegenden Prinzipien dieser Ordnung sind mindestens zu rechnen: die Achtung vor den im Grundgesetz konkretisierten Menschenrechten, vor allem vor dem Recht der Persönlichkeit auf Leben und freie Entfaltung, die Volkssouveränität, die Gewaltenteilung, die Verantwortlichkeit der Regierung, die Gesetzmäßigkeit der Verwaltung, die Unabhängigkeit der Gerichte, das Mehrparteienprinzip und die Chancengleichheit für alle politischen Parteien mit dem Recht auf verfassungsmäßige Bildung und Ausübung einer Opposition."

In dieser Definition dominieren Begriffe, die dem Demokratieprinzip zuzuordnen sind:

> Selbstbestimmung des Volkes – Volkssouveränität
> Mehrheitsprinzip
> Verantwortlichkeit der Regierung
> Gewaltenteilung (auch Rechtsstaat)
> Mehrparteienprinzip
> Chancengleichheit der Parteien
> Recht der Opposition
> Gleichheit (Grundrecht mit demokratischer Ausrichtung)

Ein **Vergleich der** so definierten freiheitlich-demokratischen Grundordnung mit der Realität existierender oder vergangener **Volksdemokratien** zeigt, dass dort unter der sogenannten Diktatur des Proletariats insbesondere einige für den freien politischen Willensbildungsprozess wichtige demokratische Elemente der freiheitlich-demokratischen Grundordnung nicht verwirklicht sind. Unter der Führung der Partei der Arbeiterklasse gibt es keine Chancengleichheit aller Parteien, kein Recht auf Ausübung der Opposition und angesichts der Gleichschaltung der Parteien kein echtes Mehrparteienprinzip. Schließlich können die für den politischen Willensbildungsprozess wichtigen demokratisch ausgerichteten Grundrechte der Informations- und Meinungsäußerungsfreiheit (Art. 5 I 1 GG), der Pressefreiheit (Art. 5 I 2 GG), der Vereinigungsfreiheit (Art. 9 GG) und der Versammlungsfreiheit (Art. 8 GG) nur sehr beschränkt ausgeübt werden. Eben deshalb haben sich die Solidarność in Polen, die Charta 77 in der Tschechoslowakei und die Bürgerbewegungen in Ungarn und in der DDR auf die 1975 in der Schlussakte der „Konferenz für Sicherheit und Zusammen-

---

12 BVerfGE 2, 2, 12.
13 BVerfGE 5, 85, 139.

arbeit in Europa" **(KSZE)**[14] festgelegten Freiheitsrechte wie Gedanken- und Reise-freiheit berufen. Letztendlich mit dem Erfolg, dass im Jahre der 200. Wiederkehr der französischen Revolution in diesem Teil Europas die Freiheits- und Menschenrechte, aber auch Demokratie und Rechtsstaat anstelle der Volksdemokratie wieder Einzug halten konnten.

Zur **demokratischen Schlüsselfrage**, wie weit das Demokratiegebot reicht, ob es auf die Staatsgewalt beschränkt oder auf den gesamten gesellschaftlichen Bereich über-tragen werden muss oder darf, sagt das Grundgesetz ausdrücklich wenig.   **62**

Zu einem anderen Befund kann man nur gelangen, wenn man die weiten Prinzipien der Art. 20, 28 GG zum Gegenstand von Auslegungskünsten macht.[15] Nach h.M.[16] wird durch Art. 20 II GG die Volkssouveränität ausgerichtet auf die Ausübung der Staatsgewalt. Über eine Demokratisierung der Gesellschaft sagt die Vorschrift weder Positives noch Negatives.

Demgegenüber ist in Art. 21 I 3 GG das Demokratiegebot nicht auf den staatlichen Bereich beschränkt. Da politische Parteien nicht Teil der Staatsorganisation sind, sondern Vereinigungen von Bürgern, die an der politischen Willensbildung des Volkes mitwirken sollen (§ 1 I 1, 2 I 1 PartG), zählen sie zum Bereich der Gesellschaft. Art. 21 I 3 GG verschafft also dem Demokratiegebot insoweit auch im gesellschaft-lichen Bereich Geltung.

Versteht man den Grundgedanken des Art. 21 I 3 GG dahin, dass eine lebendige Demokratie unmöglich ist ohne Transparenz, ohne permanente Rückkopplung und Kontrolle von unten nach oben innerhalb der Einheiten, die den politischen Willens-bildungsprozess innerhalb der Gesellschaft tragen, so lässt sich die These vertreten, dass außer den Parteien auch die die Gesellschaft tragenden Verbände sowie sonstige, den Bereich des Privaten verlassende Einrichtungen, z.B. Presse, Großunternehmen, wegen des Eintritts in die Sphäre des Öffentlichen vom Grundgesetz einer Demokra-tisierung nicht entzogen werden.[17] Wo die Grenzen zu ziehen sind, lässt sich dem Demokratiegebot kaum, wohl aber anderen Verfassungsvorschriften, insbesondere den Grundrechten, entnehmen. Die spezielle Vorschrift über die Sozialisierung (Art. 15 GG) vermag die allgemeine und grundsätzliche demokratietheoretische Frage nicht zu beantworten, auch wenn sie wie die Mitbestimmung in Unternehmen und Betrie-ben als Ausdruck der Demokratisierung der Wirtschaft bewertet werden kann.

Art. 20 II 2 GG beschränkt die unmittelbare Ausübung der Staatsgewalt durch das   **63**
Volk auf die Teilnahme an den Wahlen (zum Bundestag) und an den heute praktisch unbedeutenden Abstimmungen (nach Art. 29 bzw. 118 GG – Neugliederung des Bun-

---

14 Jetzt OSZE; dazu *Ipsen*, Völkerrecht, 4. Aufl. 1999, § 34 Rn. 8 ff.
15 *Abendroth*, Demokratie als Institution und Aufgabe, in: Matz (Hrsg.), Grundprobleme der Demokratie, 1973, S. 156 ff.; *Ridder*, Die soziale Ordnung des Grundgesetzes, 1975, S. 35 ff.; krit. *Stern*, Staatsrecht I, S. 888.
16 A.A. *Stein/Frank*, Staatsrecht, § 8 II.
17 Zur analogen Anwendung von Art. 21 I 3 GG auf Gewerkschaften und andere Verbände s. *Kriele*, Legitimationsprobleme der Bundesrepublik (1977), S. 17 ff., 44 f.

desgebiets) sowie auf den umstrittenen Art. 146 GG. Das Bundesverfassungsgericht verlangt für den Fall des Umschlagens der EU in einen Bundesstaat eine Volksabstimmung gemäß Art. 146 GG.[18]

Alle Landesverfassungen enthalten bei Wahrung der Homogenitätsklausel des Art. 28 I 1 GG zusätzlich zur Wahl zum Landesparlament weitergehende Regelungen direkter Demokratie als das Grundgesetz.[19] Teilweise sind diese Vorschriften wie Art. 116 I, 124 HessVerf älter als das GG. Art. 116 I HessVerf behandelt Volk und Landtag als gleichberechtigte Organe der Gesetzgebung. Allerdings bestimmt Art. 116 II HessVerf die Gesetzgebung durch den Landtag als Regelfall. Teilweise sind die direktdemokratischen Vorschriften wie Art. 76 BbgVerf (Volksinitiative), Art. 77 BbgVerf (Volksbegehren), Art. 78 BbgVerf (Volksentscheid) im Zuge der Verfassungsdebatte aus Anlass der deutschen Einigung oder wie in Hamburg (Art. 48 I HmbVerf) danach eingeführt worden. Seither haben Plebiszite in den Ländern, zum Beispiel in Bayern und Berlin, zugenommen. Die antiplebiszitäre Grundhaltung des Grundgesetzes ist eine bewusste Reaktion auf Weimar.[20] Schon in der alten Bundesrepublik hatten sich die Stimmen gemehrt, die darin eine Überreaktion sehen und eine Verstärkung plebiszitärer Elemente, insbesondere auf Bundesebene, z.B. Volksbegehren befürworten.[21] Die gemeinsame Verfassungskommission von Bundestag und Bundesrat konnte sich über die Einführung eines dreistufigen Verfahrens direkter Demokratie (Volksinitiative, Volksbegehren, Volksentscheid) auf Bundesebene nicht verständigen.[22]

Für die Einführung plebiszitärer Formen wurde trotz zum Teil schwieriger Abgrenzungsfragen, zum Beispiel hinsichtlich des Verbots haushaltswirksamer Volksentscheide[23], u.a. vorgebracht: die stärkere Einbindung des Volkes in den politischen Prozess, der nicht nur in den neuen Ländern verbreitete Wunsch in der Bevölkerung nach mehr politischer Gestaltungsbefugnis ohne parteipolitische Vorgaben sowie die positiven Erfahrungen zahlreicher anderer europäischer Länder. Gegen die Einführung wird außer dem Hinweis auf Weimar vor allem vorgetragen: die Gefahr eines populistischen, emotionalisierenden Missbrauchs plebiszitärer Elemente durch Parteien, Verbände, schlagkräftige Minderheiten, die diese für ihre Zwecke manipulativ u.U. mit Hilfe der Massenmedien einsetzen könnten. Sofern Vorkehrungen gegen Missbrauch (Quoren, Rückkoppelung an die parlamentarische Gesetzgebung[24]) ge-

---

18 BVerfGE 123, 267, 344, 364; ablehnend z.B. *Fisahn*, KJ 2009, 220; *Pache*, EUGRZ 2009, 285, 298; s.a. § 1 Rn. 14.

19 Zusammenstellung bei *Degenhart*, Rn. 29, 224–239; *Rux*, Direkte Demokratie in Deutschland, 2008; *v. Arnauld*, Jahrbuch für direkte Demokratie 2009, S. 90 – Hamburg.

20 Dazu ausführlich *Krause*, Verfassungsrechtliche Möglichkeiten unmittelbarer Demokratie, in: HStR III, § 35; *Dreier/Wittreck*, Jahrbuch für direkte Demokratie 2009, S. 11.

21 *Pestalozza*, Der Popularvorbehalt der Verfassung, 1981; *Ebsen*, AöR 1985, 2; skeptisch *Krause*, a.a.O., Rn. 45–49.

22 Dazu *Kloepfer*, Verfassungsänderung statt Verfassungsreform, S. 85 ff.

23 Vgl. bspw. VerfGH Berlin, NVwZ-RR 2010, 514 – Kitabegehren.

24 Dazu BayVfGHE 44, 125; 53, 43; Brem. StGH, NVwZ 1998, 388.

troffen werden, ist schwer nachzuvollziehen, warum auf Bundesebene ausgeschlossen bleibt, was sich auf Landesebene durchgesetzt hat.

Eine weitergehende „Demokratisierung der Demokratie" etwa nach Schweizer Vorbild erscheint für den Flächenstaat Deutschland sehr problematisch. Das der direkten Demokratie zugrundeliegende ausgeprägt positive Menschenbild sollte in Deutschland nach den Erfahrungen des zu Ende gehenden Jahrhunderts mit dem neuen Menschen bzw. Volksgenossen zumindest in Frage gestellt sein. Erinnert sei auch daran, dass der radikal-egalitären direkten Demokratie Athens nicht nur die Hervorhebung des Kollektivs und die gezielte Relativierung des jeweiligen Amtsinhabers entsprach, sondern auch das sprichwörtliche Scherbengericht. Dass die perikleische Demokratie zugleich eine Angelegenheit einer schmalen Elite von Männern war, spielt insoweit wohl keine Rolle.

Art. 20 I, II GG zielt auf die Ausübung deutscher Staatsgewalt. Die Staatszielbestimmung des Art. 23 I 1 GG verpflichtet die deutschen Staatsorgane dazu, zur Verwirklichung eines vereinten Europas an der Entwicklung der **Europäischen Union** mitzuwirken, die auch demokratischen Grundsätzen verpflichtet ist. Nach herkömmlichem Verständnis ist die Europäische Union noch kein Staat. Das Bundesverfassungsgericht[25] bezeichnet die Europäische Union als Staatenverbund. Dadurch wird die Eigenart der EU abgegrenzt zu den historisch geprägten Begriffen wie Staatenbund und Bundesstaat. **64**

Die Verpflichtung der EU in Art. 2 S. 1 EUV auf die Demokratie gleich nach Menschenwürde und Freiheit, vor allem auf Gleichheit, Rechtsstaatlichkeit und Menschenrechte, kontrastiert mit dem vielfach empfundenen Demokratiedefizit der EU. Die Beteiligung der Unionsbürger an den Europawahlen kann dieses Defizit nicht hinreichend abbauen, solange das Europäische Parlament gegenüber dem Europäischen Rat und der Europäischen Kommission nicht die Rolle spielt, die dem demokratischen Prinzip entspricht. Zwar hat das Bundesverfassungsgericht in seinem Urteil zum Lissabon-Vertrag eingeräumt, dass die demokratischen Grundsätze in der EU nicht in gleicher Weise wie im Grundgesetz verwirklicht werden können und müssen, aber angesichts der unterschiedlichen Kontingentierung der Sitze des Europaparlamentes sieht das Gericht den demokratischen Grundsatz der Wahlgleichheit nicht gewahrt.[26] Hinzu kommt, dass auch nach dem Lissabon-Vertrag der Rat, nicht das Europäische Parlament, das zentrale Organ der Gesetzgebung bleibt, dass die Europäische Kommission und nicht das Europäische Parlament das Gesetzesinitiativrecht hat, dass die Rechte des Europäischen Parlaments auch nach dem Lissabon-Vertrag noch defizitär sind und dass auch bisher keine europäische politische Öffentlichkeit zu Stande gekommen ist. Trotz der doppelten demokratischen Legitimation der EU durch gewählte Abgeordnete des Europäischen Parlaments einerseits, und durch in nationalen Parlamenten verantwortliche Minister im Rat andererseits, trotz

---

25 BVerfGE 89, 155, 186; 123, 267, Leitsatz 1 und passim.
26 BVerfGE 123, 267, 366, 733 ff.

der vom Bundesverfassungsgericht durchaus gewürdigten[27], aber nur ergänzenden Formen **plebiszitärer, partizipativer und assoziativer Demokratie** (Art. 11 EUV), war für das Gericht letztlich ausschlaggebend, dass das Europäische Parlament kein Repräsentativorgan eines europäischen Volkes ist[28]. Daher hat das Bundesverfassungsgericht verlangt, dass die demokratischen Defizite durch den Ausbau der Integrationsverantwortung von Bundestag und Bundesrat kompensiert werden.

Mit der (verhalten) positiven Würdigung der europäischen Regelungen partizipativer und assoziativer Demokratie hat das Bundesverfassungsgericht die lange im deutschen Schrifttum vorherrschende Exklusion partizipativer Beteiligungen aus dem Demokratiebegriff aufgegeben.[29] Eingeleitet hat das Gericht diese Entwicklung in der Entscheidung zum Wasserverband Emscher, Lippe[30], welche die funktionale Selbstverwaltung als eine Vermittlungsform demokratischer Legitimation anerkennt.

2. Selbstverwaltung, Selbstorganisation, Partizipation

65   Traditionell verwaltungs-, nicht verfassungsrechtlich eingeordnete Partizipationsrechte sind solche Mitwirkungsrechte, die dem Einzelnen oder Verbänden aufgrund einfachen Gesetzes an hoheitlichen Verfahren eingeräumt werden. Derartige Mitwirkungsrechte höchst unterschiedlicher Richtung und Grades sind eingehender im Allgemeinen und Besonderen Verwaltungsrecht zu behandeln. An dieser Stelle genügt ein kurzer Überblick eingedenk dessen, dass diese Mitwirkungsrechte zum Teil mit dem vagen Begriff **„Demokratisierung der Verwaltung"** bezeichnet werden. Aussagekräftiger sind die Begriffe **Selbstverwaltung**, Selbststeuerung und Selbstorganisation, denen mit unterschiedlicher Gewichtung gemeinsam ist, dass sie gesellschaftliche Kräfte für die Erledigung öffentlicher Aufgaben nutzen und in die Exekutive integrieren, aber auch Transparenz schaffen und demokratische Kontrolle ermöglichen. Der Begriff der Selbstverwaltung steht in enger Beziehung zu dem zunächst in der katholischen Soziallehre entwickelten und inzwischen europarechtlich (Art. 5 I 2, III EUV) und verfassungsrechtlich (Art. 23 I 1 GG) normierten **Subsidiaritätsprinzip**[31]. Art. 5 I 2, III EUV und Art. 23 I 1 GG richten das Subsidiaritätsprinzip als Regel der Kompetenzverteilung auf das Verhältnis zwischen EU und Mitgliedsstaaten aus. Das Subsidiaritätsprinzip betrifft aber auch innerstaatliche Strukturen, zum Beispiel das Verhältnis zwischen Staat und kommunaler, regionaler oder auch fachlicher Selbstverwaltung.[32] Als ein Regulativ zwischen Staat und Gesellschaft, aber auch zwischen supranationaler Einheit und Mitgliedstaaten einschließlich deren innerstaatlichen

---

27 BVerfGE 123, 267, 377 ff.

28 BVerfGE 123, 267, 371.

29 Anders BVerfGE 93, 37, 68 – schleswig-holsteinisches Mitbestimmungsgesetz; s.a. *Battis/Kersten*, DÖV 1996, 584.

30 BVerfGE 107, 59, 87; ansatzweise früh schon BVerfGE 9, 268, 281 – Bremer Personalvertretung, BVerfGE 10, 89 – Erftverband.

31 Dazu *Isensee*, Subsidiaritätsprinzip und Verfassung, 1968; *Ronge*, Legitimität durch Subsidiarität, 1998.

32 S.a. Jarass/Pieroth, Art. 23 Rn. 12; *Pernice*, in: Dreier, GG, Art. 23 Rn. 68.

Organisationseinheiten (Länder, Regionen, Kommunen) besagt es, dass die größere Einheit nur zuständig sein soll, wenn die jeweils kleinere Einheit dazu aus eigener Kraft nicht in der Lage ist.

Die durch Art. 28 II GG institutionell garantierte **kommunale Selbstverwaltung**[33] wird **66** insbesondere in den Gemeindeordnungen und Kreisordnungen (Landesgesetze) ausgestaltet. Die Bürger, einschließlich der in der Gemeinde ansässigen Unionsbürger (Art. 40 EGC, Art. 22 I AEUV, Art. 28 I 3 GG, Art. 9 S. 2, 3 EUV), sollen im kommunalen Bereich – Gemeinden und Gemeindeverbände, z.B. Landkreis – nicht nur verwaltet werden, sondern mitverwalten. Die Einrichtung demokratisch durch Wahlen legitimierter Gemeindevertretungen dient nicht zuletzt der demokratischen Kontrolle und Legitimation der Entscheidungen über die Angelegenheiten der örtlichen Gemeinschaft, z.B. Bebauungspläne. Kommunale Selbstverwaltung ist zwar mittelbare Staatsverwaltung, aber sie kann als Gegenmodell zu staatlicher Bürokratie verstanden werden. Trotz der Garantie der finanziellen Eigenverantwortung der kommunalen Selbstverwaltung in dem 1994 eingefügten Art. 28 II 3 GG, der in der Föderalismusreform I eingefügten Art. 84 I 7, 85 I 2 GG (Durchgriffsverbot) und des in den meisten Landesverfassungen enthaltenen Konnexitätsgebots[34], z.B. Art. 97 III 1 BbgVerf, ist die mangels genügender eigener Steuereinnahmen prekäre Finanzausstattung die Achillesferse der Kommunen.

Art. 28 I 4 GG erlaubt mit der Gemeindeversammlung aller Gemeindebürger eine reine Form der unmittelbaren Demokratie. Sie kann an die Stelle des Gemeinderates, aber nur noch in dünn besiedelten Teilen Brandenburgs (§§ 17, 19 BbgGO) und Schleswig-Holstein (§ 73 ShGO) treten.

Praktisch wichtig ist eine andere Form direkter Demokratie, die Wahl der Bürgermeister und Landräte durch die Gemeindebürger, wie sie sich nach den Vorbildern in Baden-Württemberg und Bayern inzwischen durchgesetzt hat.[35]

Als Ausgleich für den Verlust der Bürgernähe, der durch die kommunale Gebietsreform eingetreten ist, sind in den Gemeindeordnungen der Länder andere Formen der Bürgerbeteiligung an der kommunalen Selbstverwaltung erweitert worden, in Form der Ortsbeiräte[36], Bezirksvertretungen[37], Bürgerversammlungen[38], Bürgerbefragungen[39], des Bürgerantrags, -begehrens und -entscheids[40] und der Beteiligung sachkundiger Bürger[41] an Ausschüssen der Gemeindevertretungen von besonderem Rang und

33 Dazu BVerfGE 79, 127 – Rastede; BVerfGE 103, 332 – Finanz- und Planungshoheit; BVerfGE 107, 1 – Kommunalreform.
34 *Hennecke*, Der Landkreis 2006, S. 258.
35 Dazu *v. Arnim*, DVBl. 1997, 749; *Mehde*, DVBl. 2010, 465.
36 § 81 ff. HessGO.
37 § 13a NwGO.
38 § 20a BwGO; § 15 ThürGO.
39 § 21 BwGO.
40 § 21 BwGO; § 68 HessGO; § 25 SächsGO; § 26 NwGO; dazu *Ritgen*, Bürgerbegehren und Bürgerentscheid, 1997; *Burgi*, Kommunalrecht, 2. Aufl., § 11 III m.w.N.
41 §§ 33 III, 40 BwGO; § 42 NwGO; § 51 VII NdsGO.

Reichweite in den Stadt-Staaten Hamburg[42] und Bremen[43] als Deputationen. Teilweise gewähren diese Rechtsinstitute Beratungs- und Anhörungsrechte, teilweise Mitentscheidungsrechte, teils sind sie wie die Ortsbeiräte und Bezirksvertretungen repräsentativdemokratischer, teils wie Bürgerbegehren und Bürgerentscheid plebiszitärdemokratischer Natur.

67 Außer der kommunalen garantiert das Grundgesetz die rundfunkrechtliche (Art. 5 I) und nach h.M.[44] auch die akademische Selbstverwaltung. Wichtige weitere Formen dieser nicht Gebiets-, sondern **funktionalen Selbstverwaltung** sind die auf Art. 87 II GG abstützbare soziale[45] und die berufliche[46] Selbstverwaltung, wie sie z.B. die Deutsche Rentenversicherung – Bund, Land und die Kammern des Handels und der Industrie, des Handwerks, der Landwirtschaft, der Rechtsanwälte, Notare, Ärzte und Apotheker kennt. Gemeinsam ist diesen Arten der Selbstverwaltung, dass ein bestimmter Kreis von Betroffenen an der Wahrnehmung öffentlicher Aufgaben in eigener Verantwortung beteiligt ist. Nicht alle der in Selbstverwaltung wahrgenommenen Aufgaben sind staatliche, wie das Beispiel des gerade staatsfreien, aber öffentlichen Rundfunks zeigt. Kommunaler und funktionaler Gesetzesverwaltung ist gemeinsam, dass sie zur mittelbaren Staatsverwaltung zählen und als Partizipation der Betroffenen bezeichnet werden können.[47] Spezifisch für die kommunale Selbstverwaltung ist jedoch, dass sie durch Art. 28 II GG ausgerichtet ist auf alle Angelegenheiten der örtlichen Gemeinschaft und sich hinsichtlich der auf allgemeinen Wahlen beruhenden demokratischen Legitimation nicht von Bund und Ländern unterscheidet. Die Wahlen in den Einrichtungen der funktionalen Selbstverwaltung knüpfen hingegen an spezielle Betroffenheitskriterien an, zum Beispiel Arbeitnehmer, Rechtsanwalt, Student, wie sie sich auch bei der partizipativen Demokratie finden. Gemeinden haben neben staatlichen gerade eigene nichtstaatliche Aufgaben, die ihre Eigenart ausmachen. Aber auch soweit die Selbstverwaltungskörperschaften wie die Sozialversicherungsträger staatliche Aufgaben in Selbstverwaltung wahrnehmen, unterliegen sie grundsätzlich nur der Rechtsaufsicht des Staates, nicht der Fachaufsicht. Die Kompetenzen der Selbstverwaltungsträger, die das Satzungsrecht, also den Erlass eigener Rechtsnormen umfasst, werden ihrerseits vom Bundesverfassungsgericht entsprechend der sogenannten Wesentlichkeitstheorie beschränkt. Der staatliche Gesetzgeber hat die Pflicht, „in grundlegenden normativen Bereichen, zumal im Bereich der Grundrechtsausübung, soweit diese staatlicher Regelung zugänglich ist, alle wesentlichen Entscheidungen selbst zu treffen"[48].

68 Von der in juristischen Personen institutionalisierten kommunalen oder funktionalen Selbstverwaltung zu unterscheiden sind einfacher strukturierte Formen der **Beteili-**

---

42 § 7 ff. HambVerwaltungsbehördenG.
43 Art. 105, 123 BremVerf.
44 *Bethge*, in: Sachs, Art. 5 Rn. 202; offen gelassen von BVerfGE 39, 116.
45 *Hase*, HStR VI, § 145.
46 Dazu *Mann*, HStR VI, § 146.
47 Dazu *Hendler*, HStR VI, § 143 Rn. 16 (str.).
48 BVerfGE 41, 251, 260; 61, 260, 275.

gung der Öffentlichkeit an Verwaltungsentscheidungen. Wie alle Formen partizipativer Demokratie sollen sie Transparenz schaffen und Kontrolle ermöglichen. Derartige Partizipationsformen finden sich in zunehmendem Maße und in unterschiedlicher Intensität – von der bloßen Anhörung über Beratungs- bis zu Mitentscheidungsrechten – in zahlreichen Verwaltungsbereichen, z.B. bei Fachplanungen (§ 73 VwVfG), bei städtebaulichen Planungen (§§ 3, 4 BauGB), bei sonstigen raum- und entwicklungsbedeutsamen kommunalen Planungen (z.B. § 6b NwGO), in der Schule (Schüler- und Elternvertretungen, z.B. §§ 72–100 NdsSchulG).

In jüngerer Zeit haben die Formen der Öffentlichkeitsbeteiligung vornehmlich auf Grund der völkerrechtlichen Arhus-Konvention[49] und vor allem der europarechtlichen Vorgaben auch für das Recht der Mitgliedsstaaten stark zugenommen, z.B. Umweltinformationsgesetz, Verbraucherinformationsgesetz.

Die vorgenannten Beteiligungsformen in ihrer regelmäßig durch **kollektive** Betroffenheit oder auch nur Interessiertheit geprägten Eigenart sind zu unterscheiden von **Mitentscheidungsrechten einzelner Bürger** an Verwaltungsentscheidungen wie bei der Bundesprüfstelle für jugendgefährdende Schriften (§ 9 des Gesetzes über die Verbreitung jugendgefährdender Schriften), im Berufsbildungsrecht (§ 37 Berufsbildungsgesetz) und Wehrpflichtrecht (§ 18, § 26, § 33 Wehrpflichtgesetz).

Innerhalb der Judikative verwirklichen einen demokratischen Kontroll- und Mitentscheidungsanspruch die ehrenamtlichen Richter im Straf-[50] und Verwaltungsgerichtsprozess[51] sowie ausgewählt nach Gruppenzuständigkeit (Arbeitgeber, Arbeitnehmer, Kaufmann) im Arbeitsgerichts-[52] und Sozialgerichtsprozess und bei den Kammern für Handelssachen[53].

Demokratische Kontrolle und Transparenz im Sinne partizipativer Demokratie soll auch die im BundespersonalvertretungsG und in Landespersonalvertretungsgesetzen geregelte **Personalvertretung** schaffen.[54] Jedoch darf die Gruppenmitwirkung im öffentlichen Dienst nicht zur anti-demokratischen, letztlich ständestaatlichen Ausschaltung des parlamentarisch und damit demokratisch verantwortlichen Ressortministers führen.

Assoziative demokratische (Art. 11 EUV) Funktionen, aber primär in Form von Interessenwahrnehmung hat schließlich die **Beteiligung von Verbänden** an der Gesetzgebung, in Form von Anhörungen bei der Ministerialverwaltung gem. § 23 der gemeinsamen Geschäftsordnung der Bundesministerien, bei Bundestagsausschüssen gem. § 73 III, § 74a I Geschäftsordnung des Bundestages sowie gesteigert für Spitzenverbände des öffentlichen Dienstes bei beamtenrechtlichen Regelungen gem. § 94

69

---

49 Dazu *v. Danwitz*, NVwZ 2004, 272.
50 §§ 28 ff., 76 ff. GVG.
51 § 19 ff. VwGO.
52 § 16 ArbGG.
53 § 105 ff. GVG.
54 Einschränkend noch BVerfGE 93, 37; dazu krit. *Battis/Kersten*, DÖV 1996, 584; s.a. BVerfGE 9, 268, 281.

Bundesbeamtengesetz (als Ausgleich für das nach h.M. ausgeschlossene Beamtenstreik-recht) und schließlich außerhalb der Gesetzgebung die seit 1977 nicht mehr tagende konzertierte Aktion (§ 3 Stabilitätsgesetz), durch die u.a. Gewerkschaften und Unter-nehmensverbände in die Setzung von Orientierungsdaten für den Wirtschaftsprozess eingebunden werden sollen.

Die beschränkte Befugnis, die die genannten bloßen Anhörungsrechte einräumen, darf nicht den Blick dafür trüben, dass in der Verfassungswirklichkeit die Verbände großen, vielfach nicht hinreichend kontrollierten Einfluss auf Regierung, Ministerial-verwaltung und Parlament ausüben[55]. In der jährlich zu veröffentlichenden Liste der Verbände, deren Vertreter gegenüber dem Bundestag und der Bundesregierung (und den genannten Ministerien) Interessen vertreten (Lobbyliste), sind z.Z. fast 2200 Ver-bände registriert, z.B. der Bundesverband der Deutschen Industrie, der Deutsche Gewerkschaftsbund, der Deutsche Bauernverband, die Arbeitsgemeinschaft der Ver-braucherverbände, das Deutsche Rote Kreuz, amnesty international, der Allgemeine Deutsche Automobilclub, Greenpeace.

Außer über Mitglieder des Bundestages, die selbst Verbänden angehören oder gar hauptberuflich für diese tätig sind, und über die öffentlichen und damit kontrollier-baren Anhörungen vollzieht sich die Einflussnahme der Verbände in den überaus zahlreichen Beiräten, deren Angehörige als Fachleute und als Interessenvertreter im vorparlamentarischen Raum (also vor den gewählten Volksvertretern) die meisten Gesetzgebungsverfahren nachhaltig beeinflussen. Diese enge, durch informelle Kon-takte verstärkte Zusammenarbeit wird in der Politikwissenschaft vielfach als Klien-telverhältnis zwischen den einzelnen Ministerien und Verbänden bezeichnet, z.B. Arbeits- und Sozialministerium – Gewerkschaften; Landwirtschaftsministerium – Bauernverband, Umweltministerium – Umweltverbände. Dass die Einflussnahme wechselseitig sein kann, lässt sich an der Konzeption der konzertierten Aktion auf-zeigen, die gerade auch dazu dienen soll, die teilnehmenden Verbände ohne den Ein-satz von Hoheitsmitteln zu bestimmtem Wohlverhalten zu bewegen. Der kooperie-rende Staat nutzt den Sachverstand der Verbände, er wird durch die in Rechnung zu stellenden Verbandsinteressen nicht nur begrenzt, sondern kann durch Ausspielen widerstreitender Interessen in der Rolle des Maklers auch Handlungsspielraum ge-winnen. Er kann aber auch seine Entscheidungsbefugnis verspielen, wenn nicht nur die Entscheidungsvorbereitung, sondern die Entscheidung selbst im Wege der Aus-handlungen vonstatten geht. In diesem Fall kann die Kooperation mit den Sachver-stand vermittelnden, aber auch Interessen protegierenden Verbänden und/oder den von diesen nach mancherlei Proporz nominierten Sachverständigen statt zur Indienst-nahme Privater durch den Staat zur Indienstnahme des Staates durch Private führen.

Unter demokratietheoretischem Aspekt wird der Entwicklung des Lobbyismus vor allem entgegengehalten,

– dass die Instrumentalisierung der staatlichen Institutionen die Regierbarkeit des Staates gefährde,

---

55 Zu Verbesserungsvorschlägen s. BT-Prot. 16/221 vom 13.05.2009 (Innenausschuss).

– dass die Durchsetzung spezieller „konfliktfähiger" Interessen gegenüber allgemeinen Interessen, z.B. Wirtschaftsinteressen vs. Umweltschutz, Landwirtschaft vs. Verbraucherinteressen, begünstigt werde,

– dass die Konzentration und Institutionalisierung der Verbände den Machtvorsprung etablierter Verbände festige und die demokratische Gleichheit der Bürger beseitige,

– dass die interne Bürokratisierung und Oligarchisierung der Verbände eine freie innerverbandliche Meinungsbildung ausschließe.

Von der informellen oder institutionalisierten Einflussnahme der Verbände auf das **70** Gesetzgebungsverfahren ist zu unterscheiden die Mitwirkung von Verbänden an der Vorbereitung von Verwaltungsentscheidungen, z.B. die Mitwirkung förmlich anerkannter (§§ 58–60 BNatSchG) Verbände im Umweltrecht. Die Mitwirkung dieser Verbände, die satzungsgemäß Ziele des Naturschutzes und der Landschaftspflege fördern (§ 59 BNatSchG), zielt gerade nicht auf demokratische Mitbestimmung, sondern auf die Gewinnung möglichst umfassender Entscheidungsgrundlagen. Eine gesteigerte Form der **Wahrung öffentlicher Interessen durch Private** ist die sogenannte **altruistische Verbandsklage**[56], wie sie außer landesrechtlichen Vorschriften, zum Beispiel § 65 BbgNatSchG, nunmehr auch § 64 I BNatSchG und der europarechtlich vorgegebene und in seiner Umsetzung umstrittene § 2 UmwRechtsbehelfsG des Bundes regeln.[57]

Um das Vollzugsdefizit im Umweltrecht zu beheben, darf ein anerkannter Verband Verstöße gegen objektivrechtliche Normen des Naturschutzrechts gerichtlich beanstanden, ohne dass der klagende Verband wie sonst gem. § 42 II VwGO eigene subjektive Rechte geltend machen muss.

Eine lange Tradition hat die **Delegation staatlicher Funktionen** auf Verbände vor allem im Wirtschaftsrecht, z.B. die Wahrnehmung von Hoheitsakten durch beliehene Unternehmer wie dem TÜV, einem privaten Verein, oder die Verweisung in Gesetzen, Rechts- und Verwaltungsverordnungen auf private technische Regelwerke wie bei der Bestimmung von Grenzwerten im Umweltrecht anhand von DIN-Vorschriften. Derartige technische Regelwerke beruhen außer auf naturwissenschaftlich-technischen Erkenntnissen auch auf interessengebundenen wertenden Dezisionen, weshalb das Normsetzungsverfahren pluralistisch besetzt und öffentlich kontrollierbar sein sollte. Von der Beleihung wird die sogenannte Inpflichtnahme Privater unterschieden, bei der durch Gesetz bestimmte Aufgaben, z.B. Vorratshaltung von Erdöl[58] oder die Bestellung eines Betriebsbeauftragten für Immissionsschutz (§ 53 BImSchG), Privaten auferlegt wird. In der Sache handelt es sich um eine Erscheinungsform der (Teil-)**Privatisierung von Staatsaufgaben**. Insbesondere gemeinschaftsrechtliche Vorgaben initiieren **Verfahrensprivatisierungen**, z.B. im Verfahren der Umweltverträglichkeitsprüfung oder im Umweltauditrecht.

---

56 Dazu *Rehbinder*, HdUR II, 2. Aufl., 1994, Sp. 2559.
57 Dazu OVG Münster, Vorlagebeschluss zum EuGH vom 5.3.2009, NVwZ 2009, 987; *VGH München*, NuR 2010, 214.
58 BVerfGE 30, 292.

Vornehmlich europarechtlich sind formelle (Deutsche Bahn AG) und materielle (Deutsche Telekom AG) Privatisierungen. Hierzu waren umfangreiche Verfassungsänderungen (Art. 73 Nr. 7, Art. 80 II, Art. 87 I 1, Art. 87 f., Art. 143b – Post, Art. 73 Nr. 6, 6a, Art. 74 Nr. 23, Art. 80 II, Art. 87 I, Art. 87e, Art. 106a, Art. 143a – Bahn) erforderlich. Diese Vorschriften veranschaulichen, dass der Staat im Falle der Privatisierung von Staatsaufgaben sich nicht seiner Aufsichts- und Gewährleistungspflichten entziehen darf. Ungeachtet dieser verfassungsrechtlichen Vorgaben der Privatisierung liegt der Schwerpunkt der Problematik im Verwaltungsrecht.

71 Zur Entschärfung der durch den Einfluss der Verbände auf den demokratischen Willensbildungsprozess aufgeworfenen Probleme wird im politischen Raum diskutiert, ob die Verbände – wie es Art. 21 I 3 GG für die Parteien vorschreibt – durch Gesetz gezwungen werden sollen, die innere Ordnung nach demokratischen Regeln zu ordnen, wie dies für die öffentlich-rechtlichen Zwangsverbände, z.B. die auf das Gemeinwohl verpflichteten Industrie- und Handelskammern, zu Recht vorgeschrieben ist. Dazu sei nur angemerkt, dass dadurch, ähnlich wie bei den Parteien, den privat organisierten Verbänden eine ihnen bisher nicht zukommende Legitimation verliehen, die angebliche Herrschaft der Verbände in einen undemokratischen Ständestaat verwandelt werden könnte.

Verfehlt ist es schließlich, wenn ähnlich wie während der Weimarer Republik anlässlich der (Anti-)Parteiendiskussion die Aushöhlung des Staates durch die Verbände beschworen und das Heil in der Stärkung der Unabhängigkeit und Autorität der Staatsgewalt gesucht wird. Das Schlagwort von der Herrschaft der Verbände hat trotz seines auf den Schutz des Parlaments zielenden Anspruchs eine letztlich antidemokratische Tendenz. Die Vielfalt organisierter Interessen ist ein konstitutives Element des demokratischen Verfassungsstaates. Das grundlegende parlamentarische Prinzip des Wechselspiels von Regierung und Opposition kann nur bei Anerkennung der unterschiedlichen, die Gesellschaft tragenden Gruppen und Interessen funktionieren. Funktionierender Interessenpluralismus ist nicht der Keim der Staatszerstörung, sondern Ferment einer lebendigen, vom Wechsel lebenden Demokratie – Demokratie = Herrschaftsbefugnis auf Zeit.

Weiterführend: *v. Arnim*, Selbstverwaltung und Demokratie, AöR 113 (1988), 1; *Bauer*, Das Demokratieprinzip und die Mitwirkung Privater an der Erfüllung öffentlicher Aufgaben, DÖV 2004, 910; *Gusy*, Vom Verbändestaat zum Neokorporatismus?, 1981; *Hendler*, Das Prinzip Selbstverwaltung, HStR VI, § 143; *Hermes*, Privatisierung, in: Evangelisches Staatslexikon, 4. Aufl. 2006, Spalte 1842; *Horn*, Verbände, HStR III, § 11; *Janssen*, Die verfassungsrechtliche Bedeutung des Volkswillens für die Legitimation der Staatsgewalt, DÖV 2010, 949; *Kluth*, Funktionale Selbstverwaltung, 1998; *v. Komorowski*, Demokratieprinzip und EU, 2010; *Köller*, Funktionale Selbstverwaltung und ihre demokratische Legitimation, 2009; *Schoch*, Entformalisierung staatlichen Handelns, HStR III, § 37; *Schuppert*, Selbstverwaltung, Selbststeuerung, Selbstorganisation – zur Begrifflichkeit einer Wiederbelebung des Subsidiaritätsprinzips, AöR 114 (1990), S. 127 ff.; *Voßkuhle*, Sachverständige Beratung des Staates, HStR III, § 43; *Waechter*, Verfassungsrechtlicher Schutz der gemeindlichen Selbstverwaltung, AöR 2010, 327.

III. Ausgestaltung des grundgesetzlichen Demokratiegebotes

1. Wahlen und Abstimmungen

a) *Mehrheitsprinzip – Minderheitenschutz*

Unmittelbar wirkt das Volk an der Ausübung der Staatsgewalt durch die Teilnahme **72** an Wahlen und Abstimmungen mit (Art. 20 II GG). Modus dieser Sachentscheidungen ist das **Mehrheitsprinzip**, nicht das **Einigungsprinzip**, das in der durch vielfältige Interessengegensätze gekennzeichneten gesellschaftlichen Wirklichkeit eine Entscheidung unmöglich machte. Das Mehrheitsprinzip ist ein durchgängiges Strukturprinzip der parlamentarischen Demokratie.[59] Es gilt auch bei verfassungsändernden Gesetzen, nähert sich aber in diesem Fall als qualifizierte Mehrheit dem Einigungsprinzip (Art. 79 II GG), so dass die Minderheit eine Sperrminorität hat. Sie obsiegt also insoweit über den Willen der Mehrheit.

In allen übrigen Entscheidungsfällen wird jedoch ganz im Gegensatz zu identitären Demokratievorstellungen der Wille der Minderheit dem der Mehrheit unterworfen. Das ist nur erträglich, weil in der Demokratie die Möglichkeit unterschiedlicher und sich ändernder Mehrheiten besteht, der Wechsel also systemimmanent ist. Diese Änderbarkeit der Mehrheitsverhältnisse, nicht aber eine vermutete Richtigkeit gefällter Entscheidungen legitimiert das Mehrheitsprinzip.[60] Andererseits ist es mit dem demokratischen Prinzip unvereinbar, dass die Minderheit unter Berufung auf die Richtigkeit ihrer Meinung, z.B. wegen Irrevisibilität der Entscheidung über die Endlagerung atomarer Brennstoffe, eine Frage wegen angeblicher Unentscheidbarkeit vom Mehrheitsprinzip ausnimmt.[61] Der Sache nach wäre dies eine Entscheidung im Sinne der Minderheit. Ein Obsiegen der Minderheit über die Mehrheit sieht das Grundgesetz aber nur im Rahmen des Art. 79 II GG vor.

Soweit keine Verfassungsänderung ansteht, erhält die Minderheit den wirksamsten Schutz dadurch, dass die Mehrheit bei einer Ausübung des Gesetzgebungsrechts an die Verfassung gebunden ist, insbesondere an die Grundrechte (Art. 1 III GG), und dass die Minderheit die Wahrung des Grundgesetzes durch Anrufung des Bundesverfassungsgerichts überwachen lassen kann.

Das demokratische Prinzip verlangt, dass Wahlen in festgelegten periodischen Abständen erfolgen. Dadurch wird der für die Demokratie essentielle Mehrheitswechsel ermöglicht. Eine Verlängerung der Legislaturperiode von vier auf fünf Jahren, wie sie in mehreren Ländern eingeführt worden ist, ist aus demokratietheoretischen Gründen entschieden abzulehnen. Die für Politiker lästige Kontrolle durch den Wähler wird dadurch um 20 % vermindert.

---

59 Dazu *Höfling/Burkiczak*, Jura 2007, 561.
60 *Gusy*, AöR 1981, 329 ff. m.w.N.
61 S. aber *Simon*, in: Glotz, Ziviler Ungehorsam im Rechtsstaat, 1983, S. 99.

b)   *Abstimmungen*

73   Das Grundgesetz regelt Abstimmungen i.S.v. Art. 20 II 2 GG lediglich in Art. 29 GG hinsichtlich der im Rahmen der Neugliederung des Bundesgebietes möglichen Volksbegehren und Volksentscheide, im erledigten Art. 118 GG (Volksbefragung zur Neugliederung des Süd-West-Raumes[62]) und in Art. 118a GG hinsichtlich der Beteiligung der Wahlberechtigten an der Neugliederung des Raumes Berlin/Brandenburg. Art. 29 GG hat seit seiner 1976 erfolgten Änderung in eine „Kannvorschrift" sehr an Bedeutung verloren. Obwohl Art. 118a GG geringere Anforderungen für eine Neuregelung aufstellt als Art. 29 GG, ist die Neugliederung des Raumes Berlin/Brandenburg in der einfachgesetzlich festgelegten Volksabstimmung gescheitert[63]. Gleichwohl bleibt das Thema Neugliederung nicht nur in Berlin und Brandenburg aktuell. Die Leistungsfähigkeit der Länder, etwa Hessen und Bayern einerseits, sowie Bremen und Saarland andererseits, ist extrem unterschiedlich. Die Föderalismusreform II hat das Problem nicht gelöst. Spätestens mit dem Auslaufen des Solidarpaktes zwischen alten und neuen Ländern im Jahre 2019 dürfte eine grundlegende Reform der Finanzausstattung der Länder und Kommunen fällig sein. Die Länderneugliederung kann ein Teil der Reform sein, muss es aber nicht, wie das Beispiel der Schweiz zeigt. 7,8 Millionen Schweizer Bürger verteilen sich auf 26 Kantone, die ebenso wie die Schweizer Kommunen über eigene, auskömmliche Steueraufkommen verfügen.

Nicht erst in der durch die deutsche Einigung ausgelösten Verfassungsdebatte ist die auf Weimar beruhende Distanz des Grundgesetzes zu den direktdemokratischen Abstimmungen kritisiert worden. Anders als in den Ländern ist diese Kritik auf Bundesebene folgenlos geblieben. Umstritten ist, ob Änderungen nur durch verfassungsänderndes oder auch durch einfaches Gesetz bundesrechtlich eingeführt werden können.[64]

Der folgende, um eine landesverfassungsrechtliche Abstimmung kreisende Fall soll die anlässlich der Ausübung der Staatsgewalt durch das Volk angesprochenen Probleme vertiefen.[65]

> Der deutsche Bundestag lehnte im März 1958 Anträge der Opposition ab, die darauf hinausliefen, die Bundesregierung zu ersuchen, auf die Bewaffnung der Bundeswehr mit Atomwaffen zu verzichten und anzustreben, dass in keinem Teil Deutschlands Atomwaffen gelagert oder Atomwaffenanlagen errichtet würden. Im Anschluss daran wurde in der Öffentlichkeit die Forderung nach einer allgemeinen Volksbefragung über Atomwaffen erhoben. Die Fraktion der SPD brachte im Bundestag ein entsprechendes Gesetz ein, das keine Mehrheit fand.

---

62 Dazu BVerfGE 1, 14 ff.
63 Dazu *Keunecke*, Die gescheiterte Neugliederung Berlin-Brandenburg, 2001.
64 Dazu *Pieroth*, in: Jarass/Pieroth, Art. 20 Rn.7; s.a. Rn. 56, 63.
65 Nach BVerfGE 8, 104.

Im Mai 1958 erließ die Freie und Hansestadt Hamburg ein Gesetz betreffend die Volksbefragung über Atomwaffen. Danach sollten die Wahlberechtigten folgende Fragen beantworten:

1. Sind Sie für eine Ausrüstung der Bundeswehr mit atomaren Waffen?
2. Sind Sie für eine Lagerung von Atomwaffen im Gebiet der Bundesrepublik?
3. Sind Sie für die Errichtung von Abschussbasen für Atomraketen in der Bundesrepublik?

Stimmberechtigt waren die am Tag der Volksbefragung Wahlberechtigten. Die Stimmbezirke der letzten Wahl zur hamburgischen Bürgerschaft bildeten die Abstimmungsbezirke. Die Bundesregierung klagte gegen dieses nach ihrer Meinung mit dem Grundgesetz unvereinbare Hamburger Gesetz (und ein entsprechendes Bremer Landesgesetz) vor dem Bundesverfassungsgericht.

In dem Bund-Länder-Verfahren gem. Art. 93 I Nr. 2 GG, § 13 Nr. 11 BVerfGG, also dem Streit über die Vereinbarkeit des Hamburger Gesetzes mit dem Grundgesetz, trug die Bundesregierung u.a. vor:

> Die in den Gesetzen angeordnete **Volksbefragung** betreffe die Angelegenheiten der Verteidigung und der auswärtigen Politik, die zur ausschließlichen Gesetzgebungs-, Regierungs-, und Verwaltungszuständigkeit des Bundes gem. Art. 73 I Nr. 1, 65, 65a, 87a, 87b GG gehörten. Diese Gesetze seien auch deshalb mit dem Grundgesetz unvereinbar, weil sie der Beschränkung plebiszitärer Einrichtungen durch das Grundgesetz zuwiderliefen.

Die Freie und Hansestadt Hamburg führte aus:

> Die Gesetze regelten weder die Ausrüstung der Bundeswehr noch ein Stück der auswärtigen Angelegenheiten des Bundes. Man könne nur fragen, ob der Bund ein ausschließliches Gesetzgebungsrecht auf dem Gebiet der Volksbefragung habe. Die Gesetze beschränkten sich darauf, dem Bürger Gelegenheit zu geben, in einer geordneten Weise von seinem Grundrecht der freien Meinungsäußerung (Art. 5 I 1 GG) und dem verfassungsmäßig garantierten Recht zur Petition (Art. 17 GG) Gebrauch zu machen. Insbesondere aber stelle sich die Volksbefragung als ein in der Demokratie unentbehrliches Mittel der Vorformung des politischen Willens, als ein Stück Bildung der öffentlichen Meinung dar, die das Grundgesetz in Art. 5 mit besonderem verfassungsrechtlichen Schutz ausstattet.

Das Bundesverfassungsgericht erklärte das Hamburger Gesetz wegen Unvereinbarkeit mit dem Grundgesetz für nichtig, weil die in dem Gesetz angeordnete konsultative Volksbefragung in die ausschließliche Gesetzgebungs-, Regierungs-, und Verwaltungskompetenz des Bundes übergreife. Im Urteil heißt es u.a.: **74**

> „Die Gesetze sind auch nicht schlicht Mittel zur Meinungsforschung; die darin angeordneten Volksbefragungen sind nicht demoskopische Umfragen [...] Meinungsumfrage, Demoskopie ist eine nichtamtliche Veranstaltung; [...].
>
> Das Grundgesetz selbst geht als selbstverständlich von der in der Demokratie bestehenden Notwendigkeit einer politischen Willensbildung aus, wenn es in Art. 21 GG von den Parteien sagt, dass sie daran mitwirkten [...]. Öffentliche Meinung und politische Willensbildung des Volkes kann aber nicht identifiziert werden mit staatlicher Willensbildung, d.h. der Äußerung der Meinung oder des Willens eines Staatsorgans in amtlicher Form. Auch das Grundgesetz geht von dieser Unterscheidung aus: Einerseits handelt Art. 21

Abs. 1 GG von der politischen Willensbildung des Volkes, andererseits handelt Art. 20 Abs. 2 GG von einer Bildung des Staatswillens. In diesem Zusammenhang ist entscheidend, [...] daß sich die wahlberechtigten Bürger, also das Staatsvolk, genauso wie bei verbindlichen Volksabstimmungen, Volksbegehren und Volksentscheiden äußern soll [...]. Die angegriffenen Gesetze schaffen also die Rechtsgrundlage [...] für eine Teilnahme des Bürgers als Glied des Staatsvolkes bei der Ausübung von Staatsgewalt [...] In dieser Eigenschaft macht der Bürger nicht von seinen gegen den Staat gerichteten Grundrechten der freien Meinungsäußerung oder des Petitionsrechts Gebrauch [...]. Das Tätigwerden als Staatsorgane ‚ist‘ – gleichgültig in welcher Form und mit welcher Wirkung es geschieht – im freiheitlich-demokratischen Rechtsstaat durch Kompetenznormen verfassungsrechtlich begrenzt."

Die Volksbefragungsgesetze überschritten die verfassungsrechtlichen Grenzen, die das Grundgesetz den Ländern zieht, weil „das klare Ziel der Volksbefragungsaktion der Länder – die zuständigen Verfassungsorgane des Bundes zwingen, eine von ihnen getroffene und für richtig gehaltene Entscheidung im Bereich des Verteidigungswesens zu ändern – [...] einen von den Ländern her versuchten Eingriff in die ausschließliche Zuständigkeit des Bundes" darstellt.[66]

Das Gericht unterscheidet die Ausübung der Staatsgewalt durch das Volk, d.h. die Tätigkeit des Volkes als Verfassungsorgan, als Glied des Staatsvolkes einerseits, von der politischen Willensbildung des Volkes, d.h. des Volkes als einer Vielzahl von Grundrechtsträgern andererseits. Auf den unterschiedlichen Status werden wir bei der Behandlung der Grundrechte zurückkommen.

c) Wahlgrundsätze

75 Ungleich bedeutungsvoller als die Abstimmungen sind die in Art. 20 II 2 GG genannten Wahlen. Die Schlüsselvorschrift des Art. 38 GG bestimmt in Abs. 1 S. 1 Art und Weise dieser Ausübung der Staatsgewalt durch das Volk. Durch die Wahlgrundsätze der allgemeinen, unmittelbaren, freien, gleichen und geheimen Wahl und die grundsätzliche Festlegung der Rechtsstellung der Abgeordneten – freies Mandat – fallen die Grundentscheidungen für die Ausgestaltung des parlamentarischen Systems. Abs. 2 regelt als „politisches Grundrecht" die aktive und passive Wahlberechtigung.

76 **Allgemein** ist eine **Wahl**, wenn grundsätzlich alle Bürger wählen dürfen. Unzulässig ist daher z.B. ein Zensuswahlrecht.

Der Grundsatz der allgemeinen Wahl verpflichtet das parlamentarische System auf das Demokratiegebot. Der Prototyp des parlamentarischen Systems, das englische Parlament des 18. und 19. Jahrhunderts, war keine Vertretung des ganzen Volkes, sondern einer kleinen Schicht von Männern. In Deutschland setzte sich das allgemeine Wahlrecht und damit die Demokratie auf Reichsebene erst bei der Wahl zur deutschen Nationalversammlung (1919) durch.

---

66 Zum kommunalverfassungsrechtlichen Problem der Erklärung des Gemeindegebietes zur „atomwaffenfreien Zone" s. Kommunale Stellungnahme zu allgemeinen politischen Themen, *Waechter*, Kommunalrecht, 3. Aufl., 1997, Rn. 3.

Der Grundsatz der allgemeinen Wahl erlaubt es, die Wahlberechtigung von einem Mindestalter, vom Freisein von geistigen Mängeln oder durch Richterspruch festgestellten staatsbürgerlichen Mängeln abhängig zu machen. Zulässig ist schließlich auch der Ausschluss des Wahlrechts von Deutschen, die dauernd im Ausland wohnen und daher von den Folgen der Ausübung des Wahlrechts nicht oder kaum betroffen werden.[67] Diese Einschränkungen sind in dem gem. Art. 38 III GG ergangenen Bundeswahlgesetz näher geregelt.

§ 12 BWahlG bestimmt vier Gründe, die die Allgemeinheit der Wahl begrenzen:

1. Die Eigenschaft als Deutscher, gesetzlich definiert in Art. 116 I GG, am Wahltag, § 12 I BWahlG
2. Das Wahlalter, Vollendung des 18. Lebensjahres[68] am Wahltag (Art. 38 II Halbs. 1 GG); § 12 I Nr. 1 BWahlG
3. Wohnsitz oder dauernder Aufenthalt seit mindestens drei Monaten im Wahlgebiet, § 12 I Nr. 2 BWahlG[69].

Ausnahme vom Grundsatz der Ansässigkeit im Bundesgebiet regelt der neugefasste[70] § 12 II. Es genügt bei Vorliegen der sonstigen Voraussetzungen das Innehaben einer Wohnung oder der gewöhnliche Aufenthalt im Bundesgebiet von mindestens drei Monaten nach dem 23.05.1949.

4. **Ausschluss** vom Wahlrecht (§ 13 BWahlG) bzw. der Wählbarkeit (§ 15 II Nr. 1 BWahlG):
Durch Richterspruch (§ 13 Nr. 1 BWahlG),
in bestimmten Fällen der Betreuung (§ 1896 BGB, § 13 Nr. 2 BWG),
Unterbringung in einem psychiatrischen Krankenhaus aufgrund einer Anordnung nach §§ 63, 20 StGB (§ 13 Nr. 3 BWahlG).

Kein Wahlrecht haben in Deutschland lebende **Ausländer** für die Bundestags- und Landtagswahlen. Deutsche Staatsgewalt soll gem. Art. 20 II 2 GG nur vom deutschen Volk ausgeübt werden. „Art. 20 II 1 GG bestimmt, dass das Staatsvolk der Bundesrepublik Deutschland Träger und Subjekt der Staatsgewalt ist. Das Staatsvolk, von dem die Staatsgewalt ausgeht, wird nach dem Grundgesetz nur von den Deutschen, also den deutschen Staatsangehörigen und den ihnen nach Art. 116 I GG Gleichgestellten gebildet."[71] Das BVerfG hat auch das kommunale Wahlrecht für Ausländer, das Schleswig-Holstein und Hamburg (Bezirke) eingeführt hatten, für mit Art. 20 II 2 GG unvereinbar erklärt. Auch das Volk für die gem. Art. 28 I 2 GG zu wählenden kommunalen Vertretungen bildeten allein Deutsche. Art. 28 I 2 GG gewährleiste für alle Gebietskörperschaften auf dem Territorium der Bundesrepublik Deutschland die Einheitlichkeit der demokratischen Legitimationsgrundlage. In Kenntnis der von der EG beabsichtigten Einführung des kommunalen Ausländerwahlrechts hat das Gericht jedoch eine entsprechende Verfassungsänderung für zulässig erklärt.[72] Der Ver-

---

67 BVerfGE 36, 139.
68 Anders: 16 Jahre nach Landesrecht, z.B. Schleswig-Holstein für Kommunalwahlen.
69 Dazu BVerfG, NJW 1991, 689.
70 Gesetz zur Änderung des Wahl- und Abgeordnetenrechts vom 17.03.2008.
71 BVerfGE 83, 37; 83, 60.
72 BVerfGE 83, 37, 59.

trag von Maastricht schuf mit der Unionsbürgerschaft auch das aktive und passive Wahlrecht bei Kommunalwahlen für Unionsbürger mit Wohnsitz in einem Mitgliedstaat der EU.[73] In Reaktion darauf wurde durch Verfassungsänderung Art. 28 II 3 GG n.F. eingefügt und in den Ländern das Kommunalwahlrecht angepasst.[74]

Vom kommunalen Wahlrecht der Unionsbürger ist zu unterscheiden das Wahlrecht zum Europaparlament für nichtdeutsche Unionsbürger, die in Deutschland ihren Wohnsitz haben.[75]

77   Aus der **Unmittelbarkeit der Wahl** folgt das Verbot, zwischen die Stimmabgabe der Bürger und die Auswahl der Abgeordneten eine weitere Instanz mit Auswahlbefugnis zwischenzuschalten, z.B. Wahlmänner wie bei der Präsidentenwahl in den USA. Die Listenwahl, bei der die Wahl eines Bewerbers von der Mitwahl weiterer Bewerber abhängt, ist mit der Unmittelbarkeit der Wahl vereinbar, solange der Wähler das entscheidende Wort behält. Allerdings bestimmen die Parteien mit der Aufstellung der (starren) Listen de facto ganz erheblich die Zusammensetzung des künftigen Parlaments.[76] Durch Volksentscheid haben die Wähler in Hamburg die Abschaffung starrer Listen für Bürgerschaftswahlen durchgesetzt[77].

78   Die **Freiheit der Wahl** verbietet jeden Zwang oder sonstige äußere Beeinflussungen bei der Ausübung des Wahlrechts, z.B. auch durch die gem. § 32 II BWahlG verbotene Veröffentlichung von während der Wahl durchgeführten Wählernachfragen vor Schließung der Wahllokale. Nicht verboten wird die Wahlwerbung durch Parteien oder Dritte, z.B. Hirtenbrief der Bischöfe mit dem Aufruf, christliche Kandidaten zu wählen.[78] Verboten wäre aber die Androhung kirchlicher Maßnahmen. Das Bundesverfassungsgericht hat offen gelassen, ob vom Wahlkreisbewerber (vor der Wahl) verteilte kleine Wahlgeschenke eine unzulässige Wahlbeeinflussung darstellen.[79] Unter den Grundsatz der freien Wahlen lässt sich die Regelung des Art. 78 II HessVerf subsumieren, der zufolge gegen die guten Sitten verstoßende Handlungen, die das Wahlergebnis beeinflussen, die Wahl ungültig machen.[80]

79   Der Grundsatz der freien Wahl ergänzt den Grundsatz der geheimen Wahl und umgekehrt.

Das Wahlgeheimnis wird nicht verletzt durch die gesetzliche Pflicht, anlässlich der Wahlvorbereitungen eine bestimmte Anzahl von Unterschriften auf **Wahlvorschlägen** vorzuweisen. Derartige Unterschriften gewähren in der Praxis auch Unentschlossene oder die Wähler anderer Parteien, so dass die Unterschrift keinen zuverlässigen

---

73 Dazu HambVerfG, NVwZ-RR 2010, 123 – Wahlrecht der Unionsbürger zur Bezirksversammlung.
74 Dazu *Pieroth/Schmülling*, DVBl. 1998, 365.
75 Dazu *Dürig*, NVwZ 1994, 1180.
76 Krit. dazu: *v. Arnim*, JZ 2002, 578.
77 Hamburger Gesetzblatt 2004, 313.
78 OVG Münster, JZ 1962, 767.
79 BVerfGE 21, 196, 199.
80 BVerfGE 103, 111 – in concreto verneinend, bei massiv rechtswidriger Wahlfinanzierung; s.a. Hessisches Wahlprüfgericht, NJW 2001, 1054.

Schluss auf das Wahlverhalten erlaubt.[81] Bei der Briefwahl kann anlässlich der Ausfüllung des Stimmzettels das Wahlgeheimnis verletzt werden. Dies wird in Grenzen[82] wegen der besseren Verwirklichung des Grundsatzes der allgemeinen Wahl in Kauf genommen[83].

Die allgemeine Einführung elektronischer Wahlen wäre im Hinblick auf den Geheimnisschutz problematisch.[84] Der Einsatz von Wahlcomputern bei der Wahl zum 16. Deutschen Bundestag verstieß hingegen nicht gegen den Grundsatz der geheimen Wahl, sondern den Grundsatz der **Öffentlichkeit der Wahl,** den das Bundesverfassungsgericht aus Art. 38 GG i.V.m. den verfassungsrechtlichen Grundentscheidungen für Demokratie, Republik und Rechtsstaat (Art. 20 I, II GG) ableitet.[85] Dieser bei der Stimmabgabe gültige Grundsatz gebietet, dass alle wesentlichen Schritte der Wahl, insbesondere Wahlvorbereitung und Feststellung des Wahlergebnisses, öffentlich überprüft werden können, soweit nicht andere verfassungsrechtliche Belange, wie bei der Stimmabgabe der Geheimschutz, vorgehen.

Der **Grundsatz der gleichen Wahl,** Art. 38 I 1 GG, ist wegen der fundamentalen Verbindung mit dem egalitären demokratischen Prinzip im Sinne einer strengen und formalen Gleichheit zu verstehen.[86] Er gebietet, dass jede Stimme den gleichen **Zählwert** hat. Der gleiche Zählwert sichert jedem Wähler die gleiche Stimmzahl. **80**

Der bis in die 70er Jahre des vorigen Jahrhunderts in Liechtenstein und in einigen Kantonen der Schweiz geltende Ausschluss der Frauen vom Wahlrecht verstößt nicht gegen die Gleichheit, sondern gegen die Allgemeinheit der Wahl. Ein Verstoß gegen den Grundsatz der Wahlgleichheit läge vor, wenn Frauen zwar wählen dürften, die Stimmen der Männer aber doppelt zählten. Mit dem Grundsatz der Wahlgleichheit unvereinbar ist auch die Idee des Familien- oder Kinderwahlrechts.[87]

Den gleichen **Erfolgswert** haben Stimmen, wenn jede Stimme in gleichem Maße bei der Zuteilung von Mandaten berücksichtigt wird. Ob und inwieweit jede Stimme den gleichen Erfolgswert hat, hängt vom Wahlsystem ab.

Beim **Mehrheitswahlrecht,** bei dem nur derjenige ein Mandat erhält, der die meisten Stimmen im Wahlkreis erhalten hat, haben die für die unterlegenen Kandidaten abgegeben Stimmen keinen Erfolg. In Großbritannien führte das z.B. bei den Parlamentswahlen von 1974 dazu, dass die Liberalen 6056000 Stimmen = 13,3 % aber nur 14 von 634 Parlamentssitzen = 2,2 % erhielten, für einen Sitz also 433000 Stimmen benötigten, während Labour 39000 Stimmen pro Sitz reichten. Nach dem System der Mehrheitswahl kann es keinen auch nur annähernd gleichen Erfolgswert geben. Das **81**

---

81 Krit. *Meyer,* HStR III, § 16 Rn. 22.
82 BVerfGE 59, 119, 127.
83 BVerfGE 21, 200.
84 Dazu *Karpen* (Hrsg.), Elektronische Wahlen?, 2005.
85 BVerfGE 123, 39, 68.
86 BVerfGE 82, 322, 337; 95, 408, 418; 121, 266, 297.
87 Dazu BT-Drucks. 15/1544; *Rolfsen,* DÖV 2009, 348; *Quintern,* Das Familienwahlrecht 2010.

Bundesverfassungsgericht[88] sieht darin keinen Verstoß gegen die Gleichheit der Wahl[89].

Bei der **Verhältniswahl** müssen alle Stimmen bei der verhältnismäßigen Besetzung des Parlaments gleich berücksichtigt werden, die Stimmen haben also außer dem gleichen Zähl- auch den gleichen Erfolgswert[90]. Allerdings ist auch beim strikt angewandten Verhältniswahlrecht der Erfolgswert nie völlig gleich, weil die Zahl der zu verteilenden Sitze begrenzt ist und es Stimmen gibt, auf die kein Sitz entfällt.

Die Verhältniswahl gibt ein ziemlich getreues Abbild der politischen Kräfte eines Volkes, allerdings um den Preis der Zersplitterung und damit einer in der Regel schwierigen Regierungsbildung. Der direkte Einfluss des Volkes auf die Regierungsbildung wird durch Koalitionsvereinbarungen abgeschwächt. Das Mehrheitsprinzip begünstigt ein Zwei-Parteien-System und schafft so häufiger klare Regierungsmehrheiten. Andererseits schließt es das Entstehen neuer Parteien praktisch aus, soweit sie nicht lokal spezialisierte oder gar separatistische Interessen vertreten (Schottland, Wales), und führt, wie das obige Beispiel aus Großbritannien zeigt, zu grob-unterschiedlichem Erfolgswert der Stimmen.

82 Das Grundgesetz überlässt es bewusst dem einfachen Gesetzgeber (Art. 38 III GG), für welches **Wahlsystem** er sich im Rahmen der Wahlgrundsätze entscheidet.[91] Es ist dem Gesetzgeber auch unbenommen, beide Wahlsysteme miteinander zu verbinden.[92] Allerdings folgt aus den Grundsätzen der formalen Wahlgleichheit und der Chancengleichheit der Parteien, dass dem (zwangsläufig im Eigeninteresse befangenen) Gesetzgeber bei der Ordnung des Wahlrechts nur ein eng bemessener Spielraum für Differenzierungen verbleibt. Die Differenzierungen bedürfen zu ihrer Rechtfertigung stets eines zwingenden Grundes.[93] Nach dem Bundeswahlgesetz[94] gilt die **personalisierte Verhältniswahl** mit vorgeschalteter Mehrheitswahl in Einzelwahlkreisen, die den Kontakt zwischen Wahlkreisabgeordneten und Wählern fördern soll.

Das System der Verhältniswahl wird durchbrochen durch die **5-%-Klausel**, die selbst wiederum durch die Grundmandatsklausel (Gewinn dreier Wahlkreise) modifiziert wird (§ 6 VI BWahlG). Das Bundesverfassungsgericht hat die in der 5-%-Klausel liegende Abweichung vom Grundsatz der Wahlgleichheit gebilligt, da Splitterparteien im Parlament die Regierungsbildung gefährdeten.[95] Das Gericht hat auch die 5-%-Klausel bei der Europa-Wahl gebilligt, obwohl die 5-%-Klausel damals in anderen EG-Staaten mit Verhältniswahl – außer Frankreich – nicht galt und das Europä-

---

88 BVerfGE 1, 244.
89 Gegen Mehrheitswahlrecht: *Meyer*, HStR III, § 45 Rn. 31.
90 BVerfGE 34, 99.
91 A.A. *Meyer*, HStR III, § 45 Rn. 31 – Verhältniswahlrecht geboten; Gegenposition *v. Arnim*, in: Strohmeier (Hrsg.), Wahlrechtsreform, Sonderband ZfP 2009, 183 – Mehrheitswahlrecht vorzugswürdig.
92 BVerfGE 6, 84, 90; 95, 335, 349.
93 BVerfGE 82, 322.
94 Gem. Art. 41 I 2 SächsVerf auch für die Landtagswahl.
95 BVerfGE 6, 84, 92; 95, 408, 419.

ische Parlament keine Regierung zu wählen hatte.[96] Der EGMR hat die 10 %-Sperr-klausel für Wahlen zum türkischen Parlament als mit Art. 3 des Zusatzprotokolls zur EMRK im Grundsatz für vereinbar erklärt.[97]

Die 5 %-Klausel[98] galt ursprünglich auch in den meisten Ländern für Wahlen zu kommunalen Vertretungen. Inzwischen haben das BVerfG[99] und mehrere Landes-verfassungsgerichte[100] die Berechtigung der 5 %-Klausel für die kommunale Ebene verneint, zu Recht, wie die Entwicklung in den Ländern zeigt, die sie nicht eingeführt haben, z.B. Bayern und Baden-Württemberg. Den Landesgesetzgebern bleibt es aber unbenommen, an niedrigeren Sperrklauseln festzuhalten.

Schon früh hatte das Bundesverfassungsgericht[101] die **Grundmandatsklausel** gebilligt. Eine kleine Partei mit drei Direktmandaten entspreche dem System der mit der Per-sonalwahl verbundenen Verhältniswahl, da dieses ein besonderes Gewicht auf die Wahl von Abgeordneten in Wahlkreisen lege. Nach § 6 VI 1 Hs. 2 BWahlG ist es z.B. möglich, dass eine Partei, die nur 2 % aller Zweitstimmen, aber drei Direktmandate erhalten hat, zusätzlich bei der Verteilung der Zweitstimmen berücksichtigt wird, während eine andere Partei mit 4,9 % Zweitstimmen ganz leer ausgeht. Trotz des evi-dent ungleichen Erfolgswerts der Stimmen hat das Gericht[102] erneut die Grundman-datsklausel als Mittel des Ausgleichs zwischen der Sicherung der Funktionsfähigkeit des Parlaments und der Integration des Staatsvolks durch Wahlen gebilligt.

Wer im Wahlkreis die meisten Stimmen erzielt hat, ist gewählt (§ 5 BWG). Alle Abge-ordneten werden zur Hälfte in Wahlkreisen nach dem relativen Mehrheitsprinzip ge-wählt, zur anderen Hälfte über die nur von Parteien aufgestellten Landeslisten (§ 1 II BWahlG). Jeder Wähler hat zwei Stimmen, eine für den **Direktkandidaten**, eine für die **Landesliste** (§ 4 BWahlG). **83**

Die gem. § 1 I BWG grundsätzlich auf 598 festgesetzte Gesamtzahl der Mandate wird nach dem Verhältnis der für die Listen abgegebenen Zweitstimmen auf die Parteien verteilt, die 5 % der Stimmen oder drei Direktmandate errungen haben. In einem ersten Schritt der bundesweiten Oberverteilung werden von der für jede Landesliste ermittelten Abgeordnetenzahl die errungenen Direktmandate abgezogen, insoweit setzt sich also das Verhältniswahlsystem durch. Stehen einer Partei nach dem Verhält-nisausgleich weniger Mandate zu, als sie Direktmandate errungen hatte, so belässt ihr § 6 III BWahlG abweichend vom System der Verhältniswahl diese „**Überhangman-date**". Die Zahl der Bundestagssitze erhöht sich um die vergebenen Überhangman-date (§ 6 I, II BWG). Durch Rundungen und Veränderungen des Zuteilungsdivisors

---

96 BVerfGE 51, 222.
97 NVwZ-RR 2010, 81.
98 Zu Modifikationen der 5 %-Klausel anlässlich der ersten gesamtdeutschen Bundestagswahl s. BVerfGE 95, 408; krit. *Hoppe*, DVBl. 1995, 265.
99 BVerfGE 120, 92 – Schleswig-Holstein.
100 VerfG Berlin, JR 1998, 140; VerfGH NRW, DVBl. 1999, 1271; LVerfG MV, NJ 2001, 138; Staatsgerichtshof Bremen, NVwZ-RR 2009, 905.
101 BVerfGE 3, 397; 4, 41.
102 BVerfGE 95, 408, 420; dazu *Hobe*, JA 1994, 751; krit. *Heintzen*, DVBl. 1997, 744, 746.

(§ 6 II 3, 4, § 46 II 7 BWG) wird sichergestellt, dass die Stimmen proportional auf die Landeslisten verteilt werden, ohne dass es zu Veränderungen der Zahl der Sitze kommt. Auf die bundesweite Oberverteilung folgt die Unterverteilung auf die einzelnen Landeslisten (§ 7 III 1 i.V.m. § 6 II BWG). Durch die Möglichkeit Erst- und Zweitstimmen auf verschiedene Parteien zu splitten, kann die Zahl der Überhangmandate gesteigert werden. Überhangmandate verändern den Erfolgswert der Stimmen. So hat die CDU bei der Bundestagswahl 1994 durch die von ihr erzielten zwölf Überhangmandate statt mit 69 353 Stimmen schon mit 65 942 Stimmen ein Mandat erhalten. Bündnis 90/Die Grünen hingegen benötigten pro Mandat 69 884 Stimmen. Darin sahen die vier dissentierenden Richterinnen und Richter eine nicht zu rechtfertigende Abweichung vom Grundsatz der Wahlgleichheit.[103] Die das Urteil tragenden vier anderen Richter hielten die Regelung der Überhangmandate für noch verfassungsgemäß. Der Grundsatz der Wahlgleichheit setze eine gewisse Obergrenze der erzielbaren Überhangmandate. Er erfordert die strikte Beachtung der gleichen Größe der Wahlkreise.[104] Unzulässig soll aber das Nachrücken in den Überhang sein.[105]

Zudem hat das Bundesverfassungsgericht eine mögliche Folge von Überhangmandaten, das **negative Stimmgewicht**, beanstandet.[106] Es kann dazu führen, dass die Zweitstimme eines Wählers sich bei der Mandatsverteilung statt zu Gunsten zu Ungunsten der gewählten Partei auswirkt. Bei der Dresdener Nachwahl (§ 43 I Nr. 2 BWG) zum Bundestag im Jahre 2005 konnten Wähler diesen Effekt strategisch durch Stimmenthaltung bei der Zweitstimme nutzen.[107] Der Bundesgesetzgeber muss bis zum Jahr 2011 die Verletzung der Grundsätze der Wahlgleichheit und der Unmittelbarkeit der Wahl beseitigen, z.B. durch die Bestimmung eines jeden Landes als eigenes Wahlgebiet oder durch ein Grabenwahlsystem.[108] Einige Landeswahlgesetze verbinden Überhangmandate mit Ausgleichsmandaten, wodurch die Zahl der Parlamentssitze jedoch erheblich aufgebläht werden kann. Das schleswig-holsteinische Verfassungsgericht hat deshalb das schleswig-holsteinische Wahlgesetz für verfassungswidrig erklärt und Neuwahlen angeordnet.[109]

Abgesehen von den Überhangmandaten werden die Sitze allein entsprechend den **Zweitstimmen** verteilt. Die Sitzverteilung erfolgte bis 1985 nach dem von d'Hondt[110] entwickelten Höchstzahlberechnungsverfahren, dann nach dem Berechnungsverfahren der mathematischen Proportion (System Hare/Niemeyer) und seit 2008 nach der Divisionsmethode mit Standardrundung nach Sainte-Laguë/Schepers, einer verfeinerten Proportionalrundung (§ 6 II BWG).

---

103 BVerfGE 95, 335, 367.
104 BVerfGE 95, 335, 364; zur Wahlkreiseinteilung BVerfGE 13, 128.
105 BVerfG, NJW 1998, 2892; abl. *Lenz*, NJW 1998, 2878.
106 BVerfGE 121, 368.
107 *Ipsen*, DVBl. 2005, 1465; *Sodan/Kluckert*, NJW 2005, 3241.
108 Dazu BVerfGE 121, 266, 307; zu weiteren Vorschlägen *Meyer*, Die Zukunft des Bundestagswahlrechts, 2010; *Pukelsheim/Rossi*, JZ 2010, 922; *dies.* JZ 2011, 243; *Grzeszick*, JZ 2011, 242; *Isensee*, DVBl. 2010, 269.
109 JZ 2011, 254 u. 261; dazu *Morlok* JZ 2011, 234.
110 Dazu *Schreiber*, NJW 1985, 1433.

Verfahren nach d'Hondt

Parteien	Stimmen	geteilt durch				
		1	2	3	4	5
A	99 000	99 000 (1)	49 500 (3)	33 000 (5)	24 750 (7)	19 800 (9)
B	89 000	89 000 (2)	44 500 (4)	29 666 (6)	22 250 (8)	17 800
C	12 000	12 000	6 000	4 000	3 000	2 400

Bei 9 zu vergebenden Sitzen erhält die A-Partei 5, die B-Partei 4 und die C-Partei 0 Sitze

Verfahren nach Hare/Niemeyer

Par-teien	Stim-men	Gesamtzahl der zu vergebenden Sitze (9) Stimmen der A (B, C-Partei) ――― Gesamtzahl der abge-gebenen Stimmen (200 000)	§ 6 II BWahlG Anzahl der Sitze nach ganzen Zahlen	§ 6 II BWahlG Anzahl der Sitze nach den höchsten Zahlenbruch-teilen	Endgültige Sitzvertei-lung
A	99 000	4,455	4	–	4
B	89 000	4,005	4	–	4
C	12 000	0,54		1	1

Bei 9 zu vergebenden Sitzen erhalten die A- und die B-Partei je 4 Sitze und die C-Partei 1 Sitz

Verfahren nach Sainte-Laguë/Schepers[111]

Zu verteilen sind 9 Sitze.

Stimmen: Partei A: 99.000
Partei B: 89.000
Partei C: 12.000

Grundformel nach § 6 II 2 BWahlG:

$$\frac{\text{Stimmenanzahl Partei A (B, C)}}{\text{Zuteilungsdivisor}} = \text{Sitzanzahl Partei A (B, C)}$$

In einem ersten Schritt ist daher der **Zuteilungsdivisor** nach § 6 II 6 BWahlG zu ermitteln:

$$\frac{\text{Gesamtzahl aller Stimmen}}{\text{Gesamtanzahl der zu verteilenden Sitze}} = \text{vorläufiger Zuteilungsdivisor, also:}$$

$$\frac{200.000}{9} = 22.222,\bar{2}$$

111 Eine vergleichende Übersicht aller Verfahren findet sich unter http://www.bundeswahlleiter.de/de/aktuelle_mitteilungen/downloads/Kurzdarst_Sitzzuteilung.pdf

Nach der Grundformel ergeben sich somit folgende Ergebnisse:

Partei A:	4,445	→	Standardrundung nach § 6 II 3, 4 BWahlG	→ 4 Sitze
Partei B:	4,005	→	Standardrundung	→ 4 Sitze
Partei C:	0,54	→	Standardrundung	→ 1 Sitz

9 Sitze

Hätte die Division mit dem Zuteilungsdivisor 22.222,$\bar{2}$ dazu geführt, dass eine höhere oder niedrigere Gesamtsitzzahl als 9 entstanden wäre, hätte das Verfahren nach § 6 II 7 BWahlG durchgeführt werden müssen: Der Zuteilungsdivisor hätte solange erhöht bzw. herabgesetzt werden müssen, bis die Sitzzuteilung mit der Gesamtzahl der zu vergebenen Sitze übereinstimmt.

84 Der Grundsatz der gleichen Wahl gilt für das aktive, aber auch für das passive Wahlrecht. Daraus hat das Bundesverfassungsgericht[112] den **Grundsatz der Chancengleichheit** der Wahlbewerber, und zwar der Parteien wie auch einzelner Wahlbewerber, abgeleitet[113]. Als Staatsorgan darf die Regierung ihre Öffentlichkeitsarbeit (Bundespresseamt) nicht zu einer die freie und gleiche politische Meinungsbildung verfälschenden Wahlwerbung entarten lassen. Sie darf sich in ihrer Öffentlichkeitsarbeit nicht einmal mit einer der zur Wahl stehenden Parteien identifizieren.[114]

85 Im Maastricht- und im Lissabon-Vertragsurteil hat das Bundesverfassungsgericht Art. 38 I 1 GG zum Fundament einer integrationsbezogenen Popularklage auf Erhaltung des Demokratieprinzips gemacht.[115]

Die **Wahlprüfung** ist Sache des Bundestages (Art. 41 GG, § 48 BVerfGG, § 49 BWG[116]), der damit „Richter in eigener Sache" wird, was historisch aus der Emanzipation des bürgerlichen Parlaments gegenüber dem Monarchen zu erklären ist. Gegen die Entscheidung des Bundestages ist die Beschwerde an das Bundesverfassungsgericht zulässig (Art. 41 II GG). Da bei jeder Volkswahl Fehler unvermeidlich sind, führen nur solche Fehler zur (teilweisen) Aufhebung der Wahl, die die Sitzverteilung im Bundestag beeinflussen können.[117] Fehler bei der Aufstellung der Kandidaten haben das Hamburger Verfassungsgericht[118] veranlasst, die Wahlrichtigkeit höher zu bewerten als die kontinuierliche Arbeitsfähigkeit des Parlaments und die Bürgerschaftswahl insgesamt für ungültig zu erklären.

---

112 BVerfGE 14, 137.

113 BVerfGE 41, 413 – Daniels.

114 BVerfGE 44, 147; Brem. StGH, DVBl. 1984, 221; Hess. StGH, NVwZ 1992, 465; VfGH NW, NVwZ 1992, 467.

115 Krit. *Jestaedt*, Der Staat 2009, 497, 503; *Schönberger*, Der Staat 2009, 531, 539; positiv *Murswiek*, JZ 2010, 702.

116 Dazu *Ortmann*, ThürVBl. 2006, 169.

117 BVerfGE 4, 370; 89, 291, 304; krit. *Kühl/Unruh*, DVBl. 1994, 1396.

118 DVBl. 1993, 1073 m. Anm. v. *Karpen*; s.a. *Arndt*, NVwZ 1993, 1066; zu den Voraussetzungen der geheimen Abstimmung bei der Kandidatenaufstellung BayVerfGH NVwZ-RR 2010, 213; zur Verfassungsmäßigkeit der Regelung der Nachwahl BVerfGE 124,1.

Weiterführend: *Behnke*, Das Wahlsystem der Bundesrepublik Deutschland, 2007; *Heinich*, Sind Referenden eine Antwort auf das Demokratiedefizit der EU?, ZG 2009, 297; *Hölscheidt/Menzenbach*, Referenden in Deutschland und Europa, DÖV 2009, 777; *Lackner*, Grundlagen des Wahlprüfungsrechts, JuS 2010, 307; *Meyer*, in: HStR III, § 45 – Demokratische Wahl und Wahlsystem, § 46 – Wahlgrundsatz und Wahlverfahren; *Nohlen*, Wahlrecht und Parteiensystem, 4. Aufl., 2004; *Schreiber*, in: Schneider/Zeh, Parlamentsrecht und Parlamentspraxis, 1989, § 12 – Wahlkampf, Wahlrecht und Wahlverfahren; *Schreiber*, Wahlrecht zum Deutschen Bundestag, 8. Aufl., 2009.

2. Parteien

a) Funktion und Begriff

Die Parteien sind in der parlamentarischen Demokratie das wichtigste Instrument zur Transformation des Volkswillens. Dem trägt das Grundgesetz dadurch Rechnung, dass es die Parteien mit einem eigenen Artikel bedenkt. **86**

Während noch die Weimarer Rechtsverfassung sich in einer abwehrenden Form erschöpfte – Art. 130 „Die Beamten sind Diener der Gesamtheit, nicht einer Partei", – beschreibt Art. 21 I 1 GG ausdrücklich die integrierende Funktion der Parteien im demokratischen Prozess: „Die Parteien wirken bei der politischen Willensbildung des Volkes mit." Wie die Mitwirkung der politischen Parteien (Plural = Mehrparteiensystem) sich vollziehen soll, sagt § 1 I, II Parteiengesetz deutlicher.

Die Parteien sollen nicht die alleinigen Träger der **politischen Willensbildung** sein. Sie sollen gem. § 1 II PartG an der Bildung des politischen Willens des Volkes nur mitwirken. Weitere Inhaber der politischen Mitwirkungsrechte sind außer den Verbänden, z.B. Gewerkschaften, Arbeitgeberverbänden, sonstigen Wirtschafts- und Berufsverbänden, Kirchen, Presse, Rundfunk, insbesondere alle Bürger, wenn sie von ihren Grundrechten der Meinungsäußerungs- (Art. 5 I 1), der Versammlungs- (Art. 8 I), der Vereinigungsfreiheit (Art. 9 I) und dem Petitionsrecht (Art. 17) Gebrauch machen. Es ist daher mit Art. 2 I 1 GG unvereinbar, wenn ein Gesetz das Recht, Wahlvorschläge zu machen, allein den Parteien vorbehält, Bürgerinitiativen z.B. davon ausschließt[119]. Die Vorschrift über politische Parteien auf **europäischer Ebene** (Art. 10 EU) verdeutlicht in Anlehnung an Art. 21 I GG die integrierende Rolle von Parteien, in diesem Fall insbesondere bei der Ausbildung eines europäischen Bewusstseins und der Transformation des politischen Willens der Bürger.[120] Gem. Art. 2 Nr. 3 ParteienVO kann eine politische Partei auf europäischer Ebene auch ein Bündnis von politischen Parteien sein.[121]

Den Begriff der Partei bestimmt nicht das Grundgesetz, sondern ebenfalls das Parteiengesetz, und zwar in § 2. **87**

---

119 Wahlprüfungsgericht bei dem Abgeordnetenhaus von Berlin, GVBl. 1976, S. 250.
120 Dazu *Kersten*, in: Kersten/Rixen (Hrsg.), Parteiengesetz und europäisches Parteienrecht 2009, S. 604 ff.; *Tsatsos*, EuGRZ 1994, 45; *Nepler*, EuGRZ 1998, 191; s.a. Entschließung des EP, EuGRZ 1997, 77.
121 Dazu *Kersten*, in: Kersten/Rixen, Art. 191 EGV Rn. 98; *Kloepfer*, Verfassungsrecht I, § 7 Rn. 306.

Die vier Hauptmerkmale des Parteienbegriffs sind:

1. Bürgervereinigung
2. Ziel: Dauernde politische Einflussnahme
3. Mittel: Teilnahme an Landtags- und Bundestagswahl
4. Gewähr für die Ernsthaftigkeit der Zielsetzung.

Keine **Parteien** sind demnach sogenannte Ein-Punkt-Organisationen, die, wie manche **Bürgerinitiativen**[122], sich mit sachlich und zeitlich begrenzter Stoßrichtung der Beseitigung bestimmter Missstände widmen; auch dann nicht, wenn sie sich zwar an der Wahl beteiligen wollen, jedoch nur eine Befragung der Wahlberechtigten zu konkreten Einzelfragen durchführen, hingegen nicht im Parlament mitwirken wollen.[123] Möglich ist aber, dass eine derartige Bürgerinitiative nach Erreichung des angestrebten ursprünglichen Zwecks sich mit weitergehender Zielsetzung auf Dauer etabliert.

Zur Partei im Sinne von § 2 PartG wird sie dann, wenn sie Mandate im Landtag oder im Bundestag anstrebt. Keine Parteien im Sinne von § 2 PartG sind daher die sogenannten **„Rathausparteien"**, die sich nur an Kommunalwahlen beteiligen.[124] Aus der Garantie der kommunalen Selbstverwaltung (Art. 28 II GG) und dem allgemeinen Gleichheitssatz (Art. 3 I GG) leitet das Bundesverfassungsgericht jedoch zu Recht ab, dass in den Gemeinden und Kreisen Wählervereinigungen wie Rathausparteien den politischen Parteien im Sinne von § 2 PartG rechtlich grundsätzlich gleichzustellen sind.[125] Verfehlt ist, dass § 2 PartG die politische Willensbildung in Europa nicht ausdrücklich aufnimmt.[126] Mangels Ernsthaftigkeit der Zielsetzung hat das Bundesverfassungsgericht die rechtsradikale FAP und die Nationalen Liste nicht als Partei eingestuft.[127]

Keine Partei im Sinne von § 2 PartG sind Nebenorganisationen[128] von Parteien wie z.B. Parteistiftungen, nicht aber Fraktionen, die parlamentarische Einheiten sind[129]. Ebenfalls nicht unter § 2 PartG fallen Nebenorganisationen anderer Vereinigungen, z.B. „Aktion Ausländerrückführung"[130], oder politische Vereinigungen, deren Mitglieder oder deren Vorstandsmitglieder in der Mehrheit Ausländer sind oder deren Sitz oder Geschäftsleitung sich außerhalb des Geltungsbereichs des Parteiengesetzes befindet (§ 2 III PartG). Eine Partei verliert ihre Rechtsstellung als Partei, wenn sie sich sechs

---

122 Vgl. hierzu *v. Brünneck*, in: Evangelisches Staatslexikon, Sp. 243; zu den kommunalrechtlich und europarechtlich geregelten Erscheinungsformen direktdemokratischer Art gleichen Namens s. Art. 11 IV EUV; dazu *Guckelberger*, DÖV 2010, 745.

123 BVerfGE 74, 44.

124 BVerfGE 6, 367, 373; 69, 92; dezidierte Gegenposition *Kunig*, in: HStR III, § 40 Rn. 80; *v. Münch/Mager*, Staatsrecht I, Rn. 135; differenzierend nach Organisationstyp *Morlok/Merken*, DÖV 2011, 125.

125 BVerfG NVwZ 2008, 998, 1000; *Augsburg*, in: Kersten/Rixen, § 5 Rn. 28.

126 Dazu *Morlok*, DVBl. 1989, 393.

127 BVerfGE 91, 262 u. 276; krit. wegen Ersetzung der Ernsthaftigkeit durch Erfolgsaussichten, *Wietschel*, Der Parteibegriff, 1996, S. 178.

128 Dazu m.w.N: *Tsatsos/Morlok*, Parteienrecht, 1982, S. 81 f.; *Wißmann*, in: Kersten/Rixen (Hrsg.), Parteiengesetz und europäisches Parteienrecht, 2009, § 2 Rn. 22–25.

129 *Wißmann*, in: Kersten/Rixen, § 2 Rn. 24.

130 Zu deren Verbot durch den BMI s. BVerfGE 74, 44.

Jahre lang weder an einer Bundestagswahl noch an einer Landtagswahl beteiligt (§ 2 II PartG). Ob eine Vereinigung unter den Parteienbegriff des Parteiengesetzes fällt, ist deshalb wichtig, weil das Grundgesetz für Parteien besondere, sie von anderen Vereinigungen abhebende Pflichten und Rechte festlegt. Ob eine Partei im Rahmen der Prüfung der Zulassung von Wahlvorschlägen gem. § 28 BWG als Partei gem. § 18 II–IV BWG vom Bundeswahlausschuss anerkannt wird, kann erst im Wahlprüfungsverfahren (Art. 41 GG) nach der Bundestagswahl gerichtlich überprüft werden.[131] Dieser ohnehin restriktive Rechtsschutz kommt zu spät. Art. 19 IV GG verlangt gesetzliche Abhilfe.

b)   Innere und äußere Parteifreiheit

Wegen der überragenden Bedeutung der Parteien für den Prozess der politischen Willensbildung und für die Ausübung der Staatsgewalt in Parlament und Regierung bestimmt Art. 21 I 3 GG, dass die innere Ordnung der Parteien demokratischen Grundsätzen entsprechen muss. Diese einzige dezidierte Erstreckung des grundgesetzlichen **Demokratiegebotes** auf nicht-staatliche Organisationen ist geschriebener, verfassungsrechtlicher Beleg der Überwindung des alt-liberalen Dualismus von Staat und Gesellschaft im Sinne zweier prinzipiell voneinander geschiedener und unabhängiger Einheiten. Ungleich wichtiger als der theoretische Befund ist die praktische Bedeutung der Vorschrift. Denn die Durchsetzung des Demokratiegebotes innerhalb der Parteien entscheidet die Schlüsselfrage des Gemeinwesens der res publica, ob nämlich eine wirkliche Volksherrschaft oder eine letztlich oligarchische Elitenkonkurrenz besteht, kurz, ob der Hauptimpuls des politischen Willensbildungsprozesses von unten nach oben oder von oben nach unten verläuft. **88**

Die durch Art. 21 I 3 GG statuierte **innere Parteifreiheit** wird durch das Parteiengesetz näher ausgestaltet (z.B. § 9 Mitglieder- und Vertreterversammlung, Parteitag[132], § 10 Recht der Mitglieder, § 11 Vorstand, § 15 Willensbildung in den Organen, § 17 Aufstellung von Wahlbewerbern). Art. 23 I 3 GG und seine gesetzliche Ausgestaltung sollen dem vom Soziologen Robert Michels formulierten „Gesetz der Oligarchie" entgegenwirken.[133] Die Tätigkeit der gesetzlich geregelten Parteiorgane kann durch Mitgliederbefragung ergänzt werden.[134] Die Zulässigkeit sog. „Frauenquoten" für die Besetzung von Landeslisten und Parteiämtern ist schon deshalb nicht anhand Art. 3 II, III GG zu prüfen, da die Partei trotz ihres öffentlichen Status kein Träger öffentlicher Gewalt ist, demgegenüber sich ein Mitglied auf Grundrechte berufen könnte. Das Gebot der innerparteilichen Demokratie steht einer Frauenquote nicht entgegen.[135] **89**

Die **äußere Parteifreiheit** soll Parteien vor staatlicher Einflussnahme schützen. Die Gründung einer Partei ist frei (Art. 21 I 2 GG). Ein staatliches Zulassungsverfahren oder gar die staatliche Begrenzung der Parteienzahl wäre verfassungswidrig. **90**

---

131 BVerfG NVwZ 2009, 1367 – „Die Partei"; krit. *Klein*, ZG 2010, 151.
132 OVG Koblenz, NVwZ 1986, 776; HambVerfG, DVBl. 1993, 1073.
133 Dazu *Augsberg*, in: Kersten/Rixen, § 9 Rn. 1.
134 *Morlok/Streit*, ZRP 1996, 447; *Lenz*, VBlBW 2005, 135.
135 S.a. *Lange*, NJW 1988, 1174; einschr. *v. Münch/Mager*, Rn. 139a.

Da jedermann eine eigene Partei gründen kann und sich die Parteien wie alle privatrechtlich organisierten Vereinigungen auf die Vereinsautonomie berufen können, besteht gem. § 10 I 1 PartG kein Anspruch auf Aufnahme in eine bestehende Partei.[136] Der Durchsetzung der innerparteilichen Demokratie dient das Verbot, allgemeine Aufnahmesperren, sei es auch nur befristet, zu erlassen (§ 10 I 3 PartG). Andernfalls könnten lokale Führungsgruppen ihre Machtbasis zementieren. Parteischädigende Unterwanderer und Personen mit Doppelmitgliedschaft brauchen keinesfalls aufgenommen werden, denn sie können gem. § 10 IV PartG aus der Partei ausgeschlossen werden. Über den Ausschluss entscheidet ein Parteischiedsgericht[137] (§ 10 V PartG), dessen Spruch nur eingeschränkt von den ordentlichen Gerichten überprüft werden kann[138].

Dem Schutz der äußeren Parteifreiheit dient auch das Parteienprivileg des Art. 21 II GG, demzufolge eine **Partei** nur durch Spruch des Bundesverfassungsgerichts und nur dann **verboten** werden kann, wenn sie den Bestand der Bundesrepublik Deutschland gefährdet oder darauf ausgeht, die freiheitliche demokratische Grundordnung zu beeinträchtigen oder zu beseitigen.

c)   Chancengleichheit

91   Bei den Wahlgrundsätzen haben wir bereits den Grundsatz der Chancengleichheit kennenlernt. Anhand eines mehreren Gerichtsentscheidungen[139] nachgebildeten Falles soll vertieft werden, wie dieser Grundsatz das Verhältnis der miteinander konkurrierenden Parteien zueinander bestimmt.

> In Baden-Württemberg besteht als eingetragener Verein ein Landesverband freier Wählergemeinschaften, der in Kreis- und Ortsverbände gegliedert ist und sich aufgrund eines allgemeinen kommunalpolitischen Programms mit eigenen Wahlvorschlägen an Kommunalwahlen beteiligt. Sein Antrag, bei der Zuteilung von Sendezeiten für die Wahlwerbung entsprechend den Landesverbänden der politischen Parteien berücksichtigt zu werden, wurde vom damaligen Südfunk abgelehnt. Der Landesverband möchte wissen, ob eine Klage auf Zuteilung von Sendezeiten Aussicht auf Erfolg hat.

Eine Klage hätte Erfolg, wenn sie zulässig und begründet wäre.

> Zulässig ist die Klage u.a. nur, wenn das sachlich und örtlich zuständige Gericht von einem klagebefugten Kläger angegangen wird. Diese Fragen wollen wir hier zurückstellen, obwohl ein Gericht sie als erstes prüft. Wenn eine Klage unzulässig ist, z.B. weil ein anderes Gericht örtlich zuständig ist, braucht das Gericht erst gar nicht in die Prüfung der Sachfragen einzusteigen. Wir wollen uns hier zunächst mit der Begründetheit der Klage beschäftigen.

---

136 BGH HZ 101, 193, 205; s.a. *Stoklossa*, Der Zugang zu den politischen Parteien, 1989; einschränkend *Morlok*, FS Knöpfle, 1996, S. 231.
137 CDU-Bundesparteigericht NVwZ-RR 1999, 153.
138 KG, NJOZ 2008, 1379 – Hohmann.
139 BVerwGE 35, 344; s.a. BVerwGE 87, 270; VG Bremen, NJW 1996, 140.

Begründet ist die Klage, wenn der Landesverband gegen den Südfunk einen Anspruch auf Zuteilung von Sendezeiten hat. Dazu bedarf es einer Anspruchsgrundlage.

In Betracht kommt § 5 PartG, der Parteien einen Anspruch auf Gleichbehandlung bei der Gewährung von öffentlichen Leistungen einräumt. Der Landesverband müsste also eine Partei im Sinne von § 5 PartG sein. Gemäß § 2 I PartG liegt eine Partei im Sinne des Parteiengesetzes nur vor, wenn die Vereinigung an der Vertretung des Volkes im Bundestag oder einem Landtag teilnehmen will.

Die vom Landesverband vertretenen freien Wählergemeinschaften nehmen aber nur an Kommunalwahlen teil. Der Landesverband selbst nimmt an gar keiner Wahl teil. Er ist daher keine Partei im Sinne des Parteiengesetzes und kann damit keinen Anspruch aus § 5 PartG herleiten.

Der Landesverband könnte jedoch einen **Anspruch auf** Zuteilung von **Sendezeiten** aus dem verfassungsrechtlichen Grundsatz der Chancengleichheit herleiten. Den Grundsatz der Chancengleichheit klassifiziert das Bundesverfassungsgericht in ständiger Rechtssprechung als einen Art. 38 GG konkretisierenden Anwendungsfall des allgemeinen Gleichheitssatzes (Art. 3 I GG) für das Gebiet des Wahlrechts. Dieser Grundsatz gebietet, dass jedem Wahlwerber grundsätzlich die gleichen Möglichkeiten im Wahlkampf und damit die gleichen Chancen im Wettbewerb um die Wählerstimmen gewährleistet werden. Anders als der allgemeine Gleichheitssatz ist der Grundsatz der Chancengleichheit mit Rücksicht auf die demokratisch-egalitären Grundlagen der Verfassungsordnung streng formal anzuwenden. Differenzierungen sind nur zulässig, wenn Zweck und Natur des Wahlverfahrens sie zwingend erfordern.

Zwar stellt Art. 38 GG nur auf den Wahlvorgang ab. Aber der Grundsatz der Chancengleichheit kann seine volle Wirkung nur entfalten, wenn er nicht nur beim Wahlvorgang, sondern auch bei der Wahlvorbereitung, und zwar für das gesamte Vorfeld der Wahlen einschließlich der Rundfunkpropaganda gilt.

Soweit kein Anspruch auf Gewährung von Wahlsendezeiten aufgrund von Vorschriften des jeweiligen Rundfunkgesetzes besteht, lässt sich aus dem Grundgesetz kein originärer Anspruch auf Zuteilung von Sendezeiten für Wahlwerbung ableiten.[140] Wenn die Rundfunkanstalten aber Wahlsendungen freiwillig gewähren, sind auch kleine Parteien aufgrund des Grundsatzes der Chancengleichheit gebührend zu berücksichtigen. Gegen eine Berufung des Landesverbandes auf den Grundsatz der Chancengleichheit könnte aber sprechen, dass nur derjenige sich auf diesen Grundsatz berufen kann, für den Stimmen bei der Wahl abgegeben werden können. Personen oder Vereinigungen, die lediglich andere Wahlbewerber unterstützen – z.B. Wählerinitiativen – können keine Sendezeit beanspruchen. Auch liegt keine Verletzung der Chancengleichheit vor, wenn der Rundfunk sich darauf beschränkt, den überörtlichen Parteien Sendezeiten zur Verfügung zu stellen, einzelne örtliche Wählergemeinschaften ohne allgemeines politisches Programm aber von der Erörterung örtlicher Probleme im Rundfunk ausschließt.[141]

92

---

140 BVerfGE 47, 138; BVerwGE 75, 67; 87, 270.
141 BVerwGE 35, 344.

Die im Landesverband zusammengeschlossenen freien Wählervereinigungen treten auf Orts- und Kreisebene mit eigenen Wahlvorschlägen auf und verfügen über ein allgemeines kommunalpolitisches Programm. Der Landesverband ist daher wie eine politische Partei in der Lage, den Kommunalwahlkampf unter allgemeinen kommunalpolitischen Gesichtspunkten in Bezug auf alle Gemeinden des Landes zu führen.

Der Anspruch auf Zuteilung von Sendezeit ist entsprechend § 5 I 2 PartG nach der Bedeutung der Wählergemeinschaften zu berechnen.[142] § 5 I 2 PartG konkretisiert auch insoweit das verfassungsrechtliche Gebot der Chancengleichheit und lässt eine Abstufung nach Bedeutung der Wahlwerber zu, obwohl dadurch zumindest tendenziell demokratiewidrig eine Verfestigung des status quo begünstigt wird (abgestufte Chancengleichheit).[143]

> Zur Zulässigkeit der Klage sei nur kurz darauf hingewiesen, dass der Landesverband vor dem örtlich zuständigen Verwaltungsgericht 1. Instanz klagen müsste. Denn es handelt sich um eine öffentlich-rechtliche Streitigkeit nichtverfassungsrechtlicher Art (§ 40 I VwGO). Der Südfunk ist eine Anstalt des öffentlichen Rechts, also Träger öffentlicher Gewalt. Mit der Zuteilung von Sendezeiten für Wahlwerbung übt er öffentliche Gewalt aus[144], nicht aber bei der Ausstrahlung redaktionell gestalteter Sendungen[145]. Eine verfassungsrechtliche Streitigkeit liegt nicht vor. Der Südfunk ist kein Verfassungsorgan[146], wie z.B. die Regierung, und auch kein sonstiges am Verfassungsleben teilnehmendes Organ, wie z.B. eine Fraktion. Die Tatsache, dass die Anspruchsgrundlage direkt aus der Verfassung gewonnen wird, lässt den Rechtsstreit nicht zu einer verfassungsrechtlichen Streitigkeit werden, andernfalls wäre jeder Rechtsstreit, bei dem ein Bürger sich auf ein Grundrecht beruft, eine verfassungsrechtliche Streitigkeit.

93 Den angedeuteten Bedenken gegen eine zu weitgehende Abstufung bei der Vergabe von öffentlichen Einrichtungen und Leistungen trägt die Rechtsprechung z.B. bei der Vermietung von Stadthallen[147] auch an extremistische Parteien[148] oder der Erlaubnis von Wahlsichtwerbung[149] Rechnung. Die Abstufung der Sichtwerbung dürfe nicht zum optischen Untergang einer kleinen Partei gegenüber der Plakatwerbung einer großen Partei führen. Deshalb habe jede Partei einen Sockelanspruch von 5 % der zur Verfügung stehenden Stellplätze. Darüber hinaus dürfte die größte Partei nicht mehr als vier- bis fünfmal soviel Stellplätze erhalten wie die kleinste Partei.

Bei der Vermietung von Versammlungsräumen bindet § 5 PartG nur Träger öffentlicher Gewalt, also Bund, Länder, Gemeinden, Anstalten, Körperschaften und Stiftungen des öffentlichen Rechts, nicht aber Private. Ein privater Halleneigentümer kann, gestützt auf die Vertragsfreiheit, einer Partei den Saal vermieten, der anderen nicht. Die durch Art. 2 I GG geschützte Vertragsfreiheit wird durch das Gebot der

---

142 BVerwGE 87, 270, 275; Bremer Staatsgerichtshof, NVwZ-RR 1997, 329, 330.
143 Krit. zur Abstufung unter den Parteien *Kunig*, HStR III, § 40 Rn. 96, 99; *Augsberg*, in: *Kersten/Rixen*, § 5 Rn. 18, m.w.N.
144 BVerfGE 7, 99, 104.
145 S.a. *v. Münch/Mager*, S. 164.
146 Vgl. BVerfGE 7, 99, 103; 14, 121, 129.
147 BVerwG, DVBl. 1992, 430.
148 BVerwG, DVBl. 1990, 154; VGH Mannheim, DVBl. 1995, 927.
149 BVerfG, DÖV 1975, 204.

Chancengleichheit nicht aufgehoben. Hat ein Träger öffentlicher Gewalt eine Einrichtung (z.B. eine Stadthalle) nur formell (z.B. als GmbH) privatisiert, also die GmbH-Anteile behalten, so gilt der Grundsatz der Chancengleichheit. Hat ein Privater jedoch ein örtliches Monopol, so kann sich ein Anspruch aus §§ 134, 138, 226, 242 BGB ergeben.[150] Entsprechendes gilt für den Abdruck von Wahlwerbungen in Zeitungen (str.).[151] Private Rundfunkveranstalter sind bei Europa- und Bundestagswahlen bundesweit staatsvertraglich und im Übrigen nach § 42 II RundfunkStaatsV sowie nach jeweiligem Landesmedienrecht zur Verbreitung von Wahlsendungen verpflichtet, und zwar entsprechend § 5 PartG.

d) Parteienfinanzierung

Der Grundsatz der Chancengleichheit (formaler Gleichheitssatz) soll auch die Parteienfinanzierung leiten. Ihre Ausgestaltung und Kontrolle ist stets umstritten gewesen, zumal das Bundesverfassungsgericht mehrfach seine Rechtsprechung gewechselt hat. Geblieben ist nur der ständig wachsende Finanzbedarf der Parteien. Seit jeher umstritten sind vor allem zwei Fragen, nämlich ob und inwieweit private Parteispenden steuerlich begünstigt und ob und inwieweit Parteien vom Staat finanziert werden dürfen. **94**

Nichtstaatliche Finanzquellen sind Mitgliedsbeiträge (§ 27 I 1), Mandatsträgerbeiträge (§ 27 I 2), Spenden (§ 27 I 3), Einnahmen aus Unternehmenstätigkeit und sonstigem Vermögen, aus Veranstaltungen, z.B. Sponsoring[152] (s. § 24 IV Nrn. 1–7 PartG) und sonstigen Einnahmen wie Erbschaften oder Vermächtnissen. Trotz der gesetzlichen Definitionen von Spenden und Beiträgen in § 27 I PartG sind deren Grenzen wegen der Bezugnahme auf satzungsrechtliche Vorschriften fließend. § 25 PartG erlaubt den Parteien ausdrücklich Spenden anzunehmen, regelt aber die Art und Weise der Anmeldung und Weiterleitung (§ 25 I 3, 4 PartG). § 25 I 2, II PartG enthält Spendenannahmeverbote zur Wahrung der Chancengleichheit und des Transparenzgebotes, insbesondere das Verbot von Barspenden über 1 000 €, Spenden öffentlich-rechtlicher Körperschaften, Fraktionen, Berufsverbänden, etc. und anonymen Spenden sowie Erwartungsspenden (§ 25 II Nr. 7). Der Anteil der Mitgliedsbeiträge an den Gesamteinnahmen variiert zwischen den Parteien ganz erheblich. Traditionell den höchsten Anteil haben Mitgliedsbeiträge bei der SPD, den niedrigsten bei Bündnis 90/Die Grünen und CSU. Im Jahr 2008 hat die CDU 21.113.204 € Spenden erhalten, die Linke 2.258.055 €.[153] Die grundsätzliche Zulässigkeit von Parteispenden ist unstreitig – Parteifreiheit und Umkehrschluss aus Art. 21 I 4 GG. **95**

---

150 OLG Saarbrücken, NJW-RR 2008, 1632.
151 S. *Morlok*, in: Dreier, Art. 21 Rn. 96.
152 Dazu *Morlok/v. Alemann/Streit*, Sponsoring, 2006; *Heinig*, JZ 2010, 485; *Betzinger*, DVBl. 2010, 1204.
153 BT-Drucks. 17/630 – Rechenschaftsberichte.

Rechenschaftsbericht 2008

Partei	Mitglieds-beiträge	Spenden nat. Personen	Spenden jur. Personen	Spenden insgesamt
CDU	41.626.750 €	13.586.616 €	7.526.588 €	21.113.204 €
SPD	46.451.420 €	10.328.147 €	2.668.069 €	12.996.216 €
FDP	7.181.341 €	6.442.784 €	2.687.957 €	9.130.741 €
Grüne	5.666.250 €	3.417.077 €	491.771 €	3.908.848 €
Linke	9.873.252 €	2.148.971 €	109.084 €	2.258.055 €
CSU	9.564.426 €	11.120.846 €	6.389.623 €	17.510.469 €

96 Seit jeher werden Parteispenden steuerlich begünstigt. Art. 21 I GG sagt zu dieser Form der **indirekten staatlichen Parteienfinanzierung** ausdrücklich nichts. Das Bundesverfassungsgericht hat in ständiger Rechtsprechung zur Wahrung der Chancengleichheit der Parteien untereinander und der Sicherung des Rechts des einzelnen Bürgers auf die gleiche Teilhabe an der politischen Willensbildung nur die sehr beschränkte Abzugsfähigkeit von Spenden zugebilligt[154] ohne dabei zwischen juristischen und natürlichen Personen zu unterscheiden. Nachdem das Gericht mehrheitlich 1986 noch eine erhebliche Ausweitung der Abzugsfähigkeit durch die Novellierung des Parteiengesetzes von 1984 gebilligt hatte[155], verwarf das Gericht 1992 die steuerliche Begünstigung von Spenden juristischer Personen[156], weil den hinter den juristischen Personen stehenden natürlichen Personen gegenüber anderen Personen ein größerer Einfluss auf die demokratische Willensbildung eingeräumt werde. Zugleich wurde die Abzugsfähigkeit der Spenden auf den gleichen Höchstbetrag für alle Steuerpflichtigen verfassungsrechtlich eingefordert. § 10b II, § 34g EStG setzen diese Vorgaben um.

97 Mit Spenden und Beiträgen sowie den sonstigen nichtstaatlichen Einnahmen kommen die Parteien nicht aus. Ihre chronische Finanznot wäre ohne direkte **staatliche Parteienfinanzierung** noch größer. Jede staatliche Parteienfinanzierung ist jedoch prinzipiell nicht unbedenklich.

Sie birgt die Gefahr in sich, dass die Parteien ihren Charakter als freie, nichtstaatliche Vereinigung verlieren. Darüber hinaus impliziert die Regelung der Mittelvergabe die Gefahr der Selbstbedienung der in eigener Sache entscheidenden, etablierten Parteien.

> „Art. 21 Abs. 1 GG, der die Struktur der Parteien als frei konkurrierende, aus eigener Kraft wirkende und vom Staat unabhängige Gruppen verfassungskräftig festlegt, verbietet es, die dauernde finanzielle Fürsorge für die Parteien zur Staatsaufgabe zu machen."[157]

---

154 BVerfGE 8, 51, 63; 24, 300, 358; 52, 63, 88; NJW 1985, 1017, 1018.
155 Anders aber schon Sondervotum *Böckenförde* und *Mahrenholz*, BVerfGE 73, 103, 117.
156 BVerfGE 85, 264, 312 ff.; dazu *Tsatsos/Schmidt/Steffen*, Jura 1993, 194 u. 243; *Ipsen*, JZ 1992, 753.
157 BVerfGE 20, 56, 97.

Mit diesen deutlichen Worten verwarf das Bundesverfassungsgericht 1966 die staatliche Parteienfinanzierung, die es zuvor ohne weiteres für zulässig erklärt hatte.[158] Gleichzeitig wurde aber für zulässig erklärt, die notwendigen Kosten eines angemessenen Wahlkampfes zu erstatten. Diese Ausnahme vom Verbot der staatlichen Finanzierung wurde damit begründet, dass die Abhaltung von Wahlen eine öffentliche Aufgabe sei, deren Durchführung den verfassten Staatsorganen obliege. „[…] ohne die politischen Parteien können aber in der modernen Massendemokratie Wahlen nicht durchgeführt werden.[159] Den Parteien wird als Teil der Gesellschaft mit der einen Hand genommen, was ihnen als Wahlvorbereitungsorganisation mit der anderen zurückgegeben wird.[160] Staatstheoretische Grundlage der Entscheidung ist die strikte liberale Scheidung der in Art. 21 I GG behandelten politischen Willensbildung des Volkes von der in Art. 20 II GG normierten staatlichen Willensbildung.

Erst im Jahr 1992 hat das Bundesverfassungsgericht diese Konzeption aufgegeben **98** und die direkte staatliche Parteienfinanzierung gebilligt, ohne aber den Grundsatz der Staatsfreiheit der Parteien aufzugeben. „Entgegen der bisher vom Senat vertretenen Auffassung ist der Staat verfassungsrechtlich nicht gehindert, den Parteien Mittel für die Finanzierung der *allgemein* ihnen nach dem Grundgesetz obliegenden Tätigkeit zu gewähren. Die allgemeine politische Tätigkeit der Parteien ist außerhalb von Wahlkämpfen und während derselben die gleiche. Wahlen erfordern allerdings darüber hinaus Vorbereitungen besonderer Art, wie etwa die Ausarbeitung von Wahlprogrammen, die Aufstellung von Wahlbewerbern und die Führung von Wahlkämpfen […].“[161]

Entgegen der bisherigen Rechtsprechung sei es daher nicht geboten, die Grenzen staatlicher Finanzierung der Parteien von Verfassungs wegen in der Erstattung der notwendigen Kosten eines angemessenen Wahlkampfs zu suchen. „Die Wirklichkeit der staatlichen Parteienfinanzierung hat sich davon – mit grundsätzlicher Billigung durch die Rechtsprechung des Bundesverfassungsgerichts – auch längst gelöst.

Parteien nehmen nicht nur wie andere Vereinigungen, z.B. Verbände und Institutionen, oder Medien an der öffentlichen Willensbildung teil. Sie sind auch nicht als bloße Wahlvorbereitungsorganisationen tätig. Sie nehmen mit Hilfe der von ihnen gebildeten institutionalisierten staatlichen Organe wie Parlament und Fraktionen politisch integrierend selber an der staatlichen Willensbildung teil. Parteien wurzeln im gesellschaftlichen Bereich und wirken auch im staatlichen Bereich.[162] Dem entspricht ihre rechtliche Konstruktion. Sie sind privatrechtliche Organisationen, meistens nicht eingetragene Vereine, haben aber besondere verfassungsrechtlich vorgeschriebene (Art. 21 GG), im Parteiengesetz ausgestaltete öffentlich-rechtliche Pflichten. Sie können unabhängig von ihrer Rechtsform unter ihrem Namen klagen und verklagt werden (§ 3 PartG) und, soweit es um ihre verfassungsrechtlichen Aufgaben

---

158 BVerfGE 8, 51, 63; 12, 276, 280.
159 BVerfGE 20, 56, 112.
160 Zu dieser Inkonsequenz krit. *Zwirner*, AöR 1968, 81; *Häberle*, JuS 1967, 64.
161 BVerfGE 85, 264, 285 f.
162 Zu ihrer historischen Genese aus Parlamentsfraktionen s. *Grimm*, in: HVfR, S. 217.

geht, diese im Wege des Organstreits (Art. 93 I Nr. 1 GG)[163], im Übrigen aber wie jeder Bürger im Wege der Verfassungsbeschwerde (Art. 93 I Nr. 4a GG) durchsetzen. Es ist allenfalls eine treffende Beschreibung einer Fehlentwicklung als eine zutreffende verfassungsrechtliche Einordnung, wenn der Sonderstatus der Parteien dahin überhöht wird, dass die Demokratie des Grundgesetzes, an deren Willensbildung die Parteien (neben anderen) nur mitzuwirken haben, als parteienstaatliche Demokratie bezeichnet wird.[164]

99 Gemäß dem verfassungsrechtlichen Grundsatz der Staatsfreiheit der Parteien lässt das Bundesverfassungsgericht nur eine **staatliche Teilfinanzierung** der Parteien zu. Die demokratische Rückbindung der politischen Parteien an das Volk gebiete, dass die Parteien weiterhin wirtschaftlich, organisatorisch und politisch auf den Bürger angewiesen sein müssten.

Der **Umfang** des Anspruchs der Parteien muss sich auf das beschränken, was zur Aufrechterhaltung ihrer Funktionsfähigkeit notwendig ist und von der Partei nicht selbst aufgebracht werden kann. Hieraus leitet das Bundesverfassungsgericht eine „relative" und eine „absolute" Obergrenze ab. Als **relative** Obergrenze darf die staatliche Direktfinanzierung nicht die Summe der selbst erwirtschafteten Einnahmen einer Partei übersteigen (§ 18 V PartG). Um den ständig wachsenden Finanzbedarf der Parteien zu zügeln, legt § 18 II PartG die **absolute** Obergrenze auf 133 Mio. Euro fest. Diese darf der Bundestag nur nach dem in § 18 VI festgelegten Index ändern. Die Indexierung ersetzt die Notwendigkeit, nimmt aber nicht die Möglichkeit eine Sachverständigenkommission gem. § 18 VII einzuberufen, die über das vom Bundesverfassungsgericht aufgestellte Erfordernis der „einschneidend veränderten Verhältnisse" urteilen soll(te). Der Verteilungsschlüssel, dem diese Gesamtsumme unterliegt, kann vom Gesetzgeber unter Berücksichtigung des Wahlerfolgs sowie des Spenden- und Beitragsaufkommens einer Partei festgesetzt werden (§ 18 I 2 PartG).

Das Bundesverfassungsgericht hat offen gelassen, ob im Extremfall mangels ausreichender Eigenfinanzierung auch eine staatliche Parteienfinanzierung verfassungsrechtlich geboten sein kann.[165]

Das wechselvolle und immer komplizierter gewordene Recht der Parteienfinanzierung hat anregend auf andere Parlamente – z.B. das Europäische Parlament[166] – gewirkt. Die sich an parteienstaatlichen Auswüchsen zu Recht entzündete, oft aber überzogene Fundamentalkritik an diesem deutschen Sonderweg verliert dadurch an Überzeugungskraft.

100 Die Vergabe öffentlicher Mittel zur Förderung politischer Bildungsarbeit an **parteinahe Stiftungen** ist unter der Voraussetzung zulässig, dass die Stiftungen von den Parteien rechtlich und tatsächlich unabhängige Institutionen sind, die sich selbständig,

---

163 BVerfGE 60, 53, 61; ablehnend *Kunig*, HStR III, § 40 Rn. 127.
164 S.a. *Schlaich*, VVDStRL 44, 121; *Kunig*, HStR III, § 40 Rn. 128.
165 BVerfGE 85, 264, 288; bejahend *Stricker*, Der Parteienfinanzierungsstaat, 1998.
166 Vgl. *Tsatsos* (Hrsg.), Parteifinanzierung im europäischen Vergleich, 1992; krit. *v.Arnim*, NJW 2005, 247.

eigenverantwortlich und in geistiger Offenheit dieser Aufgabe annehmen.[167] Nach der Neukonzeption der Rechtsprechung zur Parteienfinanzierung im Jahre 1992 kann durchaus gefragt werden[168], ob die zuvor ergangene partei- und stiftungsfreundliche Entscheidung das letzte Wort zu Fragen der staatlichen Finanzierung der als Vorfeldorganisation der Parteien tätigen Stiftungen ist.

Ausdruck der demokratischen Verpflichtung der Parteien ist auch die **Rechenschaftspflicht** des Art. 21 I 4 GG. Eingedenk der Folgen der Finanzierung rechter Parteien in der Weimarer Zeit durch Industrielle (z.B. Thyssen-Hitler) soll die Vorschrift eine mit demokratischen Grundsätzen unvereinbare Finanzherrschaft über Parteien verhindern oder zumindest erschweren. Die Verflechtung wirtschaftlicher und politischer Interessen, finanzieller und politischer Macht soll offengelegt werden. Durch die Parteispendenaffäre, die in den 80er Jahren alle damals im Bundestag vertretenen Parteien mit Ausnahme der Grünen kompromittiert und das Vertrauen in die parlamentarische, von Parteien getragene Demokratie erschüttert hat, ist allgemein bekannt geworden, dass die frühere Praxis der Rechenschaftslegung vielfach umgangen worden ist. Die Rechenschaftspflicht der Parteien ist im Zuge der Aufarbeitung immer wieder aufgetretener Spendenskandale (Flick, Möllemann, Kohl) mehrfach verschärft worden, bis hin zu Strafvorschriften (§ 31d). Die Vorschriften über die Rechenschaftslegung werden vom **Transparenzgebot** beherrscht. Der Vorstand der Partei ist zur Rechenschaftslegung verpflichtet (§ 23 PartG). Kernstück ist der von Wirtschaftsprüfern (§ 31) vorzuprüfende (§ 29) Rechenschaftsbericht (§ 24), der aus einer Ergebnisrechnung, einer Vermögensbilanz (§ 28) und Erläuterungen besteht. Der Bundestagspräsident prüft den testierten (§ 30 II) Rechenschaftsbericht (§ 23a) und kann Unrichtigkeiten sanktionieren (§ 31a – Rückforderung staatlicher Finanzierung, § 31b – Strafzahlungen bei Unregelmäßigkeiten des Rechenschaftsberichts, § 31c – bei rechtswidrig erlangten oder nicht veröffentlichten Spenden).[169]

101

Über die Gewährung der staatlichen Teilfinanzierung entscheidet der Präsident des Bundestages auf Antrag (§ 19 PartG). Der Präsident des Bundestages darf einen positiven Festsetzungsbescheid nur erlassen, wenn die Partei (§ 19a I) einen Rechenschaftsbericht vorgelegt hat, der den Vorschriften über die Rechenschaftspflicht entspricht.[170] Zu diesen zählt auch § 19a PartG, der bei einem formell ordnungsgemäßen, aber materiell fehlerhaften Rechenschaftsbericht die Auszahlung zulässt.[171] Die Folgen eines unrichtigen Rechenschaftsberichts regelt das Parteiengesetz in den §§ 31a–d gesondert.

---

167 BVerfGE 73,1; s.a. BVerwGE 106, 177; *Merten*, Parteinahe Stiftungen im Parteienrecht, 1999; *Geerlings*, Verfassungs- und verwaltungsrechtliche Probleme bei der staatlichen Finanzierung parteinaher Stiftungen, 2003.

168 S. *Günther/Vesper*, ZPR 1994, 289.

169 Dazu BVerfGE 111, 54, 83; s.a. Bericht des Bundestagspräsidenten über die Rechenschaftsberichte 2000–2007 sowie die Entwicklung der Parteifinanzen, BT-Drucks. 16/14140.

170 Zuvor BVerfGE 111, 54, 89; s.a. Sondervotum *DiFabio/Mellinghoff*, S. 115.

171 Dazu *Schwarz*, in: Kersten/Rixen (Hrsg.), Kommentar zum Parteiengesetz, 2009, § 19a.

e) *Parteiverbot*

102 Art. 21 II 1 GG erklärt Parteien, die nach ihren Zielen oder nach dem Verhalten ihrer Anhänger darauf ausgehen, die freiheitlich-demokratische Grundordnung zu beeinträchtigen oder zu beseitigen oder den Bestand der Bundesrepublik Deutschland zu gefährden, für verfassungswidrig. Gem. Art. 21 II 2 GG hat allein das Bundesverfassungsgericht die Kompetenz, ein Parteiverbot auszusprechen.

Die Verfassungsgeber haben Art. 21 II GG aufgrund der mit dem Niedergang der Weimarer Republik gemachten **Erfahrungen** eingeführt. Der Saal- und Straßenterror der SA und SS, aber auch des Roten Frontkämpferbundes, dessen sich die republikanischen Parteien auch mit dem Reichsbanner Schwarz-Rot-Gold und der Eisernen Front nicht zu wehren vermochten, das Dahinsiechen des Staatsapparates, in dessen Schlüsselstellen Feinde der Republik agierten, endend in der scheinlegalen Machtübernahme durch die Nationalsozialisten, all das sollte nicht ein zweites Mal geschehen können. Die abwehrbereite, streitbare, wertgebundene Demokratie soll ein Instrument haben, Feinden der Freiheit die Freiheit der politischen Betätigung zu nehmen. Die inhaltlich gebundene freiheitliche Demokratie soll sich wehren können, um die ihr eigene pluralistische Offenheit auf Dauer zu garantieren.

Dagegen lässt sich zunächst einmal grundsätzlich einwenden, dass ein staatliches **Parteiverbot** dem Demokratieprinzip widerspricht. Denn Herrschaft des Volkes besagt auch, dass das Volk, nicht aber der Staatsapparat entscheidet, wem die Macht übertragen werden soll. Zweifellos verengt das Grundgesetz durch das Parteiverbotsverfahren ebenso wie durch das Verfahren der Grundrechtsverwirkung (Art. 18 GG) den Begriff der Demokratie.[172] Das ist jedoch angesichts der Weite des Demokratiebegriffs kein schlagender Einwand, zumal diese Eingrenzung gut begründbar ist eingedenk der politischen und moralischen Katastrophe, die das deutsche Volk hat geschehen lassen.

Schwerwiegender als die theoretischen sind pragmatische Einwände. Eine kleine Partei zu verbieten, ist ziemlich überflüssig und schafft Märtyrer. Eine große Partei zu verbieten, ist kaum durchsetzbar.[173] Vor allem wird bei der historischen Argumentation leicht übersehen, dass in der Weimarer Republik Parteien nach einfachem Polizeirecht verboten werden konnten und verboten worden sind; nur wurden diese Verbote, etwa der NSDAP, nicht durchgehalten und wieder aufgehoben.[174]

Gerade der Niedergang der Weimarer Republik zeigt, dass eine Demokratie nur bestehen kann, wenn die für das politische Kräftespiel geradezu konstitutiven Differenzen der verschiedenen Lager den stetigen gemeinsamen Basiskonsens der Demokraten nicht beseitigen können. Des gemeinsamen Basiskonsenses bedarf der herrschaftsausübende Staat im Unterschied z.B. zum philosophischen Diskurs. Auf die Dauer ist der Bestand des Staates von innen nur gesichert, wenn er von der breiten Mehrheit seiner Bürger bejaht und getragen wird.

---

172 Vgl. *Stein/Frank*, Staatsrecht, § 41 IV.
173 Vgl. *Schuster*, ZfP 1968, 413, 417; s.a. *Volkmann*, DÖV 2007, 577.
174 S.a. *Kersten*, NJ 2001, 1.

Der als Waffe gegen verfassungswidrige Parteien konzipierte Art. 21 II GG gewährt **103** den Parteien gleichzeitig durch das Verbotsmonopol gegenüber anderen Vereinigungen besonderen Bestandsschutz. Der Parteiverbotsartikel wird dadurch zum **Parteienprivileg.**

Art. 21 II 1 GG setzt die **Voraussetzungen des Parteiverbots** abschließend fest. Den Begriff der freiheitlich-demokratischen Grundordnung hat das Bundesverfassungsgericht in den beiden einzigen bisher erfolgreichen Parteiverbotsverfahren[175] definiert[176]. Nach dieser Definition ist eine „Partei [...] nicht schon dann verfassungswidrig, wenn sie die obersten Prinzipien einer freiheitlichen demokratischen Grundordnung nicht anerkennt; es muß vielmehr eine aktiv-kämpferische-agressive Haltung gegenüber der bestehenden Ordnung hinzukommen."[177] Der neben der freiheitlich demokratischen Grundordnung durch Art. 21 II 1 GG geschützte Bestand der Bundesrepublik Deutschland soll Angriffe gegen die territoriale Unversehrtheit (Separatismus) und die außenpolitische Handlungsfreiheit abwehren.

Ein Parteiverbotsverfahren setzt einen **Antrag** von Bundestag, Bundesrat oder Bundesregierung voraus (§ 43 I BVerfGG). Den Verbotsantrag gegen eine auf das Gebiet des Landes beschränkte Partei kann auch eine Landesregierung stellen (§ 43 II BVerfGG). Ob ein Antrag auf Einleitung eines Verbotsverfahrens gestellt wird, steht nach h.M. im Ermessen des Antragsberechtigten. Die Verfassungsgeber waren noch als selbstverständlich davon ausgegangen, dass Anträge gegen für verfassungswidrig gehaltene Parteien in jedem Fall gestellt würden. Diese Ansicht schlägt sich nieder in der kategorischen Fassung von Art. 21 II 1 GG „sind verfassungswidrig". Politische Zweckmäßigkeitserwägungen haben während der ersten großen Koalition (1966–1969) – kein Verbot der NPD, Wiederzulassung der KPD als DKP – dazu geführt, den Antrag nach Ermessen zu stellen, was der Wortlaut von § 43 BVerfGG auch nahelegt.[178]

Gemäß § 45 BVerfGG ist zum Schutz der inkriminierten Partei ein Vorverfahren **104** durchzuführen. Der Beschluss, die Hauptverhandlung gegen die Partei zu eröffnen, bedarf gemäß § 15 IV 1 BVerfGG einer Zwei-Drittel-Mehrheit im Senat. Daran ist das Verbotsverfahren gegen die NPD gescheitert.[179] Drei Richter sahen ein nicht behebbares Verfahrenshindernis darin, dass in der Führungsebene der NPD V-Leute des Verfassungsschutzes maßgeblich vertreten waren.

Den Schutz des **Parteienprivilegs** genießen außer den Parteien auch deren Mitglieder und Anhänger. So darf z.B. eine für verfassungswidrig gehaltene Partei vor Abschluss des Verbotsverfahrens vor dem Bundesverfassungsgericht nicht von der Benutzung öffentlicher Einrichtungen für Parteizwecke ausgeschlossen werden, z.B. Benutzung

---

175 BVerfGE 2,1 – SRP; BVerfGE 5, 85 – KPD; BVerfGE 91, 262 – FAP und BVerfGE 91, 276 – nationale Liste, verneinen Vorliegen einer Partei; krit. *Wietschel*, ZRP 1996, 208.
176 S. Zitat und Erläuterungen, Rn. 61.
177 BVerfGE 5, 85.
178 Krit. *Ipsen*, in: Sachs, Art. 21 Rn. 175.
179 BVerfGE 107, 339; Sondervotum der vier anderen Richter, S. 378.

einer Stadthalle für Parteiversammlungen[180]. Das Parteienprivileg befreit aber nicht von der Einhaltung der für alle Bürger geltenden Gesetze, insbesondere der Strafgesetze[181]. So kann eine Rundfunkanstalt die Ausstrahlung einer Wahlsendung verweigern, aber auch nur dann, wenn deren Inhalt einen evidenten und nicht leicht wiegenden Verstoß gegen allgemeine Gesetze, insbesondere Strafgesetze darstellt.[182]

105 Die Umstellung der politischen Praxis der Antragsstellung vom Legalitätsprinzip – Pflicht zur Antragsstellung – auf das Opportunitätsprinzip – Antrag nach Ermessen – hat paradoxerweise die Schutzwirkung des Parteienprivilegs erheblich eingeschränkt, ohne dass der Verfassungstext geändert wurde.[183]

Dazu der folgende Vertiefungsfall[184]:

> Der vom Bundesinnenminister als Nr. 21 der Öffentlichkeitsarbeit des Ministeriums herausgegebene Bericht „Verfassungsschutz 1973" enthält in erster Linie Zahlenmaterial über die Mitglieder und Sympathisantenentwicklung der verschiedenen Gruppen und ihrer Gliederungen, über die Publikationsorgane und deren Auflagen und Aufmachungen, ferner über Strategie und Taktik der Gruppen sowie Zahlenmaterial über verübte Gewalttaten und deren Abklärung und Aburteilung. Daran schließt sich eine kurze Beurteilung der Sicherheitslage an. Die NPD wird in dem Bericht als Erscheinung des organisierten Rechtsradikalismus bezeichnet und gewürdigt, und zwar als einer der Repräsentanten der sog. alten Rechten.
>
> Die NPD beantragte, das BVerfG möge feststellen, der BMI habe dadurch gegen Art. 21 I GG verstoßen, dass er in dem Bericht die NPD als eine Partei mit verfassungsfeindlicher Zielsetzung und Betätigung beschrieben habe. Zu Recht?

Die vorrangige Frage nach der Zulässigkeit der Klage konnte das Bundesverfassungsgericht offenlassen, da es den Antrag für offensichtlich unbegründet hielt und daher gem. § 24 BVerfGG durch einstimmigen Beschluß den Antrag verwarf.

> Fraglich ist insbesondere, ob eine verfassungsrechtliche Streitigkeit vorliegt. Dafür spricht, dass der Minister, der als Mitglied der Bundesregierung ein Verfassungsorgan ist (s. Art. 62–69 GG), hier eine Partei, die zwar kein Bundesorgan, wohl aber ein anderer Beteiligter im Sinne von Art. 93 I Nr. 1 GG sein kann, für verfassungswidrig erklärt.[185] Für eine verwaltungsrechtliche Streitigkeit kann angeführt werden, dass der Minister als Chef einer Behörde, des BMI, dem das Bundesamt für Verfassungsschutz, das die Unterlagen für den Bericht sammelt, unterstellt ist, in Ausübung seiner Verwaltungskompetenz tätig geworden ist.[186] Diese prozessualen Feinheiten sollen hier nicht verfolgt werden.

---

180 BVerwGE 31, 368; NJW 1990, 134.
181 BVerfGE 47, 130, 139.
182 BVerfGE 47, 198, 233; 69, 257; VG Berlin, NJW 1990, 402.
183 Vgl. *Schmidt*, DÖV 1978, 468.
184 Nach BVerfGE 40, 287; s.a. BVerwGE 110, 126 – Beobachtung des Verfassungsschutzes.
185 Dazu BVerfG, NJW 1981, 1359.
186 Dazu OVG Lüneburg, DVBl. 1974, 881.

Der Beschluß umschreibt zunächst die Schutzwirkung des Parteienprivilegs.

> „Die verbindliche Feststellung, dass eine Partei verfassungswidrig ist, kann nach Art. 21 II 2 GG nur das Bundesverfassungsgericht in dem dafür vorgesehenen Verfahren (§§ 43 ff. BVerfGG) treffen. Das Entscheidungsmonopol des Gerichts schließt ein administratives Einschreiten gegen den Bestand einer politischen Partei schlechthin aus, mag sie sich gegenüber der freiheitlichen demokratischen Grundordnung noch so feindlich verhalten. Bis zur Entscheidung des Bundesverfassungsgerichts kann deshalb niemand die Verfassungswidrigkeit einer Partei geltend machen; d.h., gegen die Partei, ihre Funktionäre, Mitglieder und Anhänger dürfen wegen ihrer mit allgemein erlaubten Mitteln arbeitenden partei-offiziellen Tätigkeiten keine rechtlichen Sanktionen angedroht oder verhängt werden. An dieser Bestands- und Schutzgarantie (‚Parteienprivileg‘) des Grundgesetzes hat auch die NPD vollen Anteil.“

Dann wendet sich das Gericht der Antragsbefugnis von Bundestag, Bundesrat oder Bundesregierung im Parteiverbotsverfahren zu.

> „Diese Verfassungsorgane haben nach pflichtgemäßem Ermessen, für das allein sie politisch verantwortlich sind, zu prüfen und zu entscheiden, ob sie den Antrag stellen wollen, oder ob die Auseinandersetzung mit einer von ihnen für verfassungswidrig gehaltenen Partei im politischen Felde geführt werden soll. Unbeschadet dessen, dass sich die Bundesrepublik Deutschland als streitbare Demokratie versteht und kraft ihrer Verfassung auch verstehen muss, bleibt sie doch primär auf die freie, selbstbestimmte (Art. 1 I GG) Integration aller politischen Meinungen und Kräfte im Rahmen und durch die Grundwerte der Verfassung angelegt. Es ist daher verfassungsrechtlich legitim, wenn die mit dem Recht zum Verbotsantrag ausgestatteten obersten Verfassungsorgane, statt von dieser Möglichkeit Gebrauch zu machen, zunächst versuchen, eine Partei, die sie für verfassungswidrig im Sinne von Art. 21 II 1 GG halten, durch eine mit Argumenten geführte politische Auseinandersetzung in die Schranken verweisen zu lassen und dadurch ein Verbotsverfahren überflüssig zu machen.“

Den Verfassungsschutzbericht 1973 wertete das Bundesverfassungsgericht als ein Mittel der mit Argumenten geführten politischen Auseinandersetzung.

> „Damit wird der NPD die Funktion, die auch sie im Parteienstaat des Grundgesetzes hat, und um derentwillen die politischen Parteien in den Rang einer verfassungsrechtlichen Institution erhoben und mit der Bestands- und Schutzgarantie des Art. 21 ausgestattet worden sind, nicht bestritten. Im Gegenteil, die Herausforderung der NPD, ‚nationale Opposition‘ zu sein, wird politisch angenommen. Das Recht und die faktische Möglichkeit, sich wie jede andere Partei zur Wahl zu stellen, bleiben unberührt.
>
> Bei dieser Sachlage kann hier von einer Verletzung oder Gefährdung des der Antragstellerin durch Art. 21 GG verliehenen Status nicht die Rede sein […] Bei den von der Antragstellerin beanstandeten Äußerungen des Berichts, die NPD sei eine Partei mit verfassungsfeindlicher Zielsetzung und Betätigung‘, sei ‚rechtsradikal, rechtsextrem, eine Feindin der Freiheit und eine Gefahr für die freiheitliche Grundordnung‘ handelt es sich vielmehr um Werturteile, die der Bundesminister des Innern in Erfüllung seiner verfassungsrechtlichen Pflicht, die freiheitlich-demokratische Grundordnung zu schützen, und im Rahmen seiner daraus zu schließenden Zuständigkeit für die Beobachtung verfassungsfeindlicher Gruppen und Aktivitäten abgegeben hat. An diese Werturteile sind keinerlei rechtliche Auswirkungen geknüpft. Soweit daraus für eine Partei faktische Nachteile entstehen, ist sie dagegen nicht durch Art. 21 GG geschützt.“

Die Bezeichnung als **verfassungsfeindlich** zählt das Gericht zu den politischen Werturteilen ohne rechtliche Auswirkung, obwohl der Bundesminister des Innern und das **106** ihm nachgeordnete Bundesamt für Verfassungsschutz diesen Begriff in Wahrnehmung ihrer Aufgaben mit Außenwirkung verwenden.[187] Als Grenze der politischen Auseinandersetzung bestimmt das Gericht lediglich:

> „[...] wäre es der Regierung untersagt, eine nicht verbotene politische Partei in der Öffentlichkeit nachhaltig verfassungswidriger Zielsetzung und Betätigung zu verdächtigen, wenn diese Maßnahme bei verständiger Würdigung der das Grundgesetz beherrschenden Gedanken nicht mehr verständlich wäre und sich daher der Schluss aufdrängte, dass sie auf sachfremden Erwägungen beruhte."

Schutz gegen Werturteile, die die Regierung im Rahmen der politischen Auseinandersetzung mit einer für verfassungswidrig gehaltenen Partei abgibt, gewährt also nur Art. 3 I GG, nicht Art. 21 GG.

107 Effektiver, da grundrechtssensibel ist hingegen der Schutz, den eine neuere Entscheidung gegen Berichte des Verfassungsschutzes durch Art. 5 II GG gewährt. Die Einordnung der Zeitschrift „Junge Freiheit" als rechtsextremistisch und verfassungsfeindlich im Verfassungsschutzbericht NRW 1994/1995 und deren Billigung durch die Fachgerichte greife in die Pressefreiheit ein. Eine Rechtfertigung dieses Eingriffs müsse zwischen den verfassungsfeindlichen Ansichten einiger Autoren und den Ansichten der Zeitung unterscheiden.[188] In der politischen Auseinandersetzung gewährt das speziellere Parteienprivileg weniger Schutz als das allgemeine Grundrecht.

108 Die Unterscheidung von den für Art. 21 II GG allein relevanten rechtlichen Auswirkungen administrativer Maßnahmen und den irrelevanten faktischen Nachteilen politischer Werturteile liegt auch der Rechtsprechung des Bundesverfassungsgerichts zur Beschäftigung **Radikaler im öffentlichen Dienst**[189] zu Grunde. Die Formulierung, das Parteienprivileg schütze außer der Parteiorganisation als solcher auch die mit allgemein erlaubten Mitteln arbeitende parteioffizielle Tätigkeit der Funktionäre und Anhänger, betreffe nur den normalen Status des politischen Aktiv-Bürgers in der Gesellschaft, nicht dagegen den Bürger in seiner besonderen rechtlichen Stellung als Beamter. Das Parteienprivileg beziehe sich nicht auf die Beurteilung von Amtsbewerbern. Es kann nach Ansicht des Bundesverfassungsgerichts die verfassungsrechtlich (Art. 33 IV, V GG) und einfachgesetzlich (z.B. § 7 I Nr. 2 BBG, § 7 I Nr. 2 BeamtenstatusG) vorgegebene Treuepflicht des Beamten nicht verdrängen.

Der Richter Rupp hat in seinem Sondervotum[190] dieser Argumentation entgegengehalten, dass angesichts des hohen Anteils der Angehörigen des öffentlichen Dienstes an der Gesamtzahl der Arbeitnehmer der Ausschluss von Funktionären und Anhängern einer für verfassungswidrig gehaltenen Partei vom öffentlichen Dienst die Entfaltungsmöglichkeiten dieser Partei weitgehend beschneidet. Das galt in den 70er und 80er Jahren des vorigen Jahrhunderts insbesondere für den Schuldienst. Es ist

---

187 Billigend *Kriele*, NJW 1979, 1,2; krit. *Ipsen*, in: Sachs, Art. 21 Rn. 208.
188 BVerfGE 113, 30, 83 f.
189 BVerfGE 39, 334.
190 Sondervotum *Rupp*, BVerfGE 39, 334, 380.

sehr fragwürdig, diese Beschneidung des Schutzbereichs von Art. 21 GG als bloß faktischen Nachteil abzutun[191].

Dass Regierungen sicherheitsrelevante Dienstposten z.B. bei der Polizei, dem Verfassungsschutz oder in der Ministerialverwaltung nicht mit Mitgliedern oder dezidierten Anhängern politisch extremer Gruppen und Parteien besetzen, ist keine deutsche Besonderheit.[192]

Sowohl der EuGH als auch der EGMR haben denn auch die deutsche Praxis zur Einstellung von Extremisten in den öffentlichen Dienst gebilligt.[193] Allerdings hat der EGMR im Gegensatz zum BVerfG[194] mehrheitlich im Falle einer beamteten Studienrätin, die einfaches DKP-Mitglied war, der Meinungs- und Vereinigungsfreiheit den Vorrang vor der Verfassungstreue eingeräumt, sofern keine konkreten Pflichtverstöße vorlagen.[195]

Für Beamte haben das BVerfG und die Verwaltungsgerichte, anders als das BAG bei Tarifbeschäftigten im öffentlichen Dienst[196], an der für alle Ämter, egal ob Grundschullehrer, Briefträger oder Polizeipräsident, einheitlichen, gerade nicht amts- und funktionsbezogenen differenzierten politischen Treuepflicht festgehalten. Diese deutsche Besonderheit dürfte Ausfluss des in Deutschland bis zum Jahr 1989 währenden kalten Bürgerkriegs sein. Nach dessen Ende sollte auch die deutsche Praxis zur differenzierten funktionsbezogenen Bewertung der Verfassungstreue und damit der Eignung (Art. 33 II GG) für das jeweilige Amt übergehen.[197]

Mit dem Ausschluss von Vertretern extremer oder auch nur randständiger Parteien **109** vom öffentlichen Dienst geht die politische **Ämterpatronage** durch etablierte Parteien einher, oft auch proportional nach Schlüsseln verteilt. Sie ist ein eklatanter Verstoß gegen die für den öffentlichen Dienst in Art. 33 II GG vorgegebene Bestenauslese und stellt die Funktionsfähigkeit des öffentlichen Dienstes bei einem Regierungswechsel in Frage. Neben der Kontrolle durch die Medien ist das wichtigste Gegenmittel verwaltungs- und verfassungsgerichtlich durchsetzbarer Konkurrentenschutz.[198]

Weiterführend: *Grimm*, in: HVfR, Die politischen Parteien, § 14; *Henke* – Die Parteien und der Ämterstaat, NVwZ 1985, 616; *Huber*, Parteien in der Demokratie, FS BVerfG II, 2001, S. 609; *Kißlinger*, Das Recht auf politische Chancengleichheit, 1998; *Landfried*, Die Krise der Parteiendemokratie in Deutschland, in: Tsatsos/Venizelos/Contiades (Hrsg.), Politische Parteien im 21. Jahrhundert, 2004, S. 67; *Morlok*, Die Zukunft der politischen Parteien ebd., S. 39; *Stolleis*, Parteienstaatlichkeit – Krisensymptom des demokratischen Verfassungsstaates?, VVDStRL 44 (1985), S. 7; *Tsatsos/Schefold/Schneider*, Parteienrecht im europäischen Vergleich, 1990.

---

191 In diesem Sinne Sondervotum *Rupp*, BVerfGE 39, 380.
192 S. *Böckenförde/Tomuschat/Umbach (Hrsg.)*, Extremisten und öffentlicher Dienst, 1988.
193 EuGH, NJW 1985, 540; EGMR, NJW 1986, 3005 u. 3007.
194 Beschluss der dritten Kammer des zweiten Senats vom 07.08.1990 – 2 BvR 2034/89.
195 NJW 1996, 975.
196 BAG, NJW 1987, 1100.
197 Zur Praxis: *Battis*, BBG, 4. Aufl., 2009, § 7 Rn. 21–25, m.w.N.
198 Dazu BVerwG, NJW 2011, 695; *v. Roetteken* ZBR 2011, 73.

3. Rechtsstellung der Abgeordneten

a) Grundlagen

110 Eingangs im Unterabschnitt über die Wahlgrundsätze (Rn. 75) haben wir festgestellt, dass Art. 38 GG die unmittelbare Mitwirkung des Volkes an der Ausübung der Staatsgewalt in Gestalt der Teilnahme an Wahlen und Abstimmungen (Art. 20 II GG) durch die Wahlgrundsätze und den Grundsatz des freien Mandats auf das parlamentarische System festlegt. Art. 38 I GG gewährleistet den verfassungsrechtlichen Status der Abgeordneten des Deutschen Bundestages. Im Detail werden die Pflichten und Rechte der Abgeordneten geregelt, in anderen Vorschriften des Grundgesetzes, z.B. in den Art. 46 I (Indemnität), Art. 46 II (Immunität), Art. 47 (Zeugnisverweigerung), in anderen Gesetzen, wie z.B. dem Gesetz über die Rechtsstellung der Mitglieder des Deutschen Bundestages (Abgeordnetengesetz) und in weiteren Vorschriften, die nicht in Gesetzesform verabschiedet worden sind, wie z.B. der Geschäftsordnung des Deutschen Bundestages (Art. 40 I 2 GG), die überwiegend als autonome Satzung bezeichnet wird[199]. Die dem einzelnen Abgeordneten aus seinem verfassungsrechtlichen Status zufließenden Rechte werden durch die Geschäftsordnung nicht erst begründet. Da sie nur die Art und Weise der Ausübung der Rechte regelt, darf die Geschäftsordnung dem Abgeordneten seine Rechte nicht grundsätzlich entziehen. Richtmaß für die Ausgestaltung der Organisation und des Geschäftsgangs muß das Prinzip der Beteiligung aller Abgeordneten bleiben.[200] Der durch Art. 38 garantierte Status des Abgeordneten ist Grundlage für die repräsentative Stellung des Bundestages, der als besonderes Organ die vom Volk repräsentierte Staatsgewalt ausübt (Art. 20 I GG). Zu den Befugnissen des Abgeordneten zählen vor allem

– das Rederecht,

– das Stimmrecht,

– die Beteiligung am Frage- und Informationsrecht des Parlaments,

– die Beteiligung an parlamentarischen Wahlen,

– das Recht, parlamentarische Initiativen zu ergreifen und

– das Recht, sich mit anderen Abgeordneten zu einer Fraktion zusammenzuschließen.[201]

111 In Übereinstimmung mit einer durch mehrere deutsche und andere europäische Verfassungen (französische Verfassung von 1791, belgische Verfassung von 1831) tradierten Formulierung sind die Abgeordneten Vertreter des ganzen Volkes, an Aufträge und Weisungen nicht gebunden und nur ihrem Gewissen unterworfen (Art. 38 I 2 GG). Dieser Grundsatz des **freien Mandats** soll die Handlungsfreiheit des Abgeordneten

---

199 Dazu *Kretschmer*, Geschäftsordnung deutscher Volksvertretungen in: Schneider/Zeh (Hrsg.) Handbuch des Parlamentsrechts und der Parlamentspraxis, 1989, § 9 Rn. 43, 54.
200 BVerfGE 80, 188, 218; 84, 304, 321.
201 S. BVerfGE 80, 188; s.a. *Badura*, Die Stellung des Abgeordneten nach dem Grundgesetz und den Abgeordnetengesetzen in Bund und Ländern, in: Schneider/Zeh, Parlamentsrecht und Parlamentspraxis, § 15 Rn. 35–40.

sichern gegenüber Regierung, Fraktion, Partei, Verbänden, aber auch den Wählern. Die Durchsetzung dieser Vorschrift in der Verfassungswirklichkeit wirft zahlreiche Probleme auf, die wir im nächsten Unterabschnitt ansprechen werden.

Die kategorische Fassung des Art. 38 I 2 GG – „sind Vertreter des ganzen Volkes" – **verpflichtet die Abgeordneten** zugleich dazu, ihr Mandat nach bestem Wissen und Gewissen und allen Kräften dafür einzusetzen, was nach ihrer Meinung am besten dem Gemeinwohl dient. Die Geschäftsordnung des Bundestages, die sich der Bundestag für jeweils eine Wahlperiode gibt (Art. 40 I 2 GG), bestimmt als wichtigste Pflicht die Teilnahme an den Sitzungen des Bundestages und seiner Ausschüsse (§ 13 II GO-BT, § 14 GO-BT: Urlaubserteilung durch den Präsidenten).

Der **Abgeordnete** übt ein öffentliches Amt aus. Seine Tätigkeit ist von einem ursprünglich ehrenamtlichen und unentgeltlichen, seit 1906 mit einer bloßen Aufwandsentschädigung ausgeglichenen Ehrenamt zu einem den vollen Einsatz der Arbeitskraft erfordernden **Beruf** geworden. Ausgehend von diesem Befund hat das Bundesverfassungsgericht[202] im Diätenurteil ausgesprochen, dass die angemessene Entschädigung Vollalimentation ist. Die Abgeordnetenentschädigung beträgt ab dem 1.1.2009 7 668 € (§ 11 I AbgG). Sie ist wie jedes andere Einkommen zu versteuern. Hinzu kommt eine steuerfreie Amtsausstattung (§ 12 AbgG). Dazu zählen insbesondere eine steuerfreie Kostenpauschale von derzeit 3969 € und bis zu 14 712 € monatlich für die Beschäftigung von Mitarbeitern sowie bis 12 000 € jährlich für die Büroausstattung.[202a] Die Höhe der Abgeordnetenentschädigung orientiert sich an den Monatsbezügen eines Bundesrichters (Besoldungsgruppe R6). Ihre Höhe ist angesichts der Belastung der Abgeordneten nicht zu beanstanden. **112**

Problematisch wäre eine automatische Übernahme der Bezüge. Das Bundesverfassungsgericht verlangt zu Recht[203], dass die Abgeordneten ihre Entscheidung in eigener Sache vor der Öffentlichkeit vertreten. Dass die Abgeordneten „in eigener Sache entscheiden", ist als solches in der parlamentarischen Demokratie sogar geboten. Der verwaltungsrechtliche und justizielle Grundsatz der Befangenheit gilt in der parlamentarischen Demokratie für das Parlament gerade nicht.[204] Potentiell entscheidet das Parlament stets mehr oder weniger bei jedem Gesetz, z.B. Einkommensteuergesetz, auch in Angelegenheiten der Abgeordneten. Dem demokratischen Transparenzgrundsatz entspräche es, Erhöhungen nur für die nächste Legislaturperiode, wie in den USA, zu beschließen, obwohl die Mehrheit der Abgeordneten im folgenden Parlament vertreten sein wird.

Problematisch ist die Höhe der **Altersversorgung** (§ 19 AbgG), die ein ausscheidender Abgeordneter zusätzlich zum Übergangsgeld (§ 18 AbgG) erhält.[205] Sie ist weitaus

---

202 BVerfGE 40, 296.
202a Zur zulässigen Steuerfreiheit BVerfG, NVwZ 2010, 1429.
203 BVerfGE 40, 296; s.a. ThürVerfGH, NVwZ-RR 1999, 282.
204 S.a. *Isensee*, in: FS Schiedermair, 2001, S. 181 (str.); *Streit*, Entscheidung in eigener Sache, 2006.
205 Dazu polemisch *v. Arnim*, Diener vieler Herren, 1998, S. 127.

günstiger als andere Alterversorgungen, einschließlich von Zusatzversorgungen.[206] Da die Abgeordnetentätigkeit eine Tätigkeit ist, die durch die Wahlperiode auf Zeit beschränkt ist, erscheint es geboten, die Entschädigung so zu erhöhen, dass die Abgeordneten daraus eine eigene Altersversorgung bestreiten, z.B. durch Versicherungen. In Nordrhein-Westfalen hat das Gesetz vom 05.04.2005 diesen Systemwechsel durchgesetzt.

Die Entwicklung der Abgeordnetenentschädigung veranschaulicht den Wandel vom unabhängigen, als Einzelpersönlichkeit gewählten, über Besitz (und Bildung) verfügenden Vertreter des bürgerlich-liberalen Honoratiorenparlaments zum parteigebundenen und von der Partei getragenen Berufspolitiker der modernen Massendemokratie, in der es ausgeschlossen ist, Unbegüterte durch die Unentgeltlichkeit von der Übernahme eines Mandats abzuhalten. Auch wenn die Entschädigung den Charakter einer Besoldung für die im Parlament geleisteten Dienste angenommen hat, so bleiben die grundlegenden statusrechtlichen Unterschiede zwischen auf Zeit gewählten Abgeordneten und dem grundsätzlich auf Lebenszeit berufenen Beamten bestehen[207].

Art. 48 II GG verbietet es, den Abgeordneten an der Ausübung seiner Hauptbeschäftigung, des Mandats, zu hindern. Eine Kündigung oder Entlassung aus diesem Grunde ist unzulässig (Art. 48 II 2 GG). Dieser Kündigungsschutz wird auf abhängige Arbeit beschränkt, soll daher nicht für freiberufliche Tätigkeiten gelten, z.B. Kündigung eines Rechtsanwalts durch die Sozietät[208]. Zulässig ist aber die Nichtzahlung von Bezügen wegen fehlender Leistung.

113 Bezweckt Art. 48 III GG die soziale Sicherung der Abgeordneten, so schützt Art. 46 I GG die freie und offene Auseinandersetzung im Parlament – **Indemnität**. Indemnität bedeutet Nichtverfolgbarkeit des Abgeordneten wegen im Bundestag oder in einem seiner Ausschüsse getätigter Abstimmungen oder Äußerungen, es sei denn, es handelt sich um eine verleumderische Beleidigung (§§ 103, 187, 188 II StGB). Art. 46 I GG verhindert jedes staatliche Vorgehen, sei es strafrechtlicher (Strafausschließungsgrund, § 36 StGB), zivilrechtlicher, disziplinar- oder ehrengerichtlicher Art. Da die Indemnität auch die Funktionsfähigkeit des Parlaments als Stätte freier politischer Auseinandersetzung schützt, kann ein Abgeordneter nicht auf ihre Rechtswirkungen verzichten, selbst wenn sie ihm etwa zur gerichtlichen Klärung eines Streites lästig sind.

Art. 46 I GG verbietet nur staatliche, nicht parteirechtliche, vereinsrechtliche oder sonstige private Sanktionen. Außerdem ist der Schutz des Art. 46 I GG auf Äußerungen im Bundestag, in einem seiner Ausschüsse und nach h.M. (gerade) auch in der Fraktionssitzung beschränkt[209]. Ein Abgeordneter kann also mit einem Parteiord-

---

206 Dazu *Lang*, in: Wieland (Hrsg.), Entscheidungen des Parlaments in eigener Sache (i.E.); *Grundmann*, DÖV 1994, 329.
207 BVerfGE 76, 246, 341 gegen Missdeutungen und Fehlentwicklungen.
208 BGH, NJW 1985, 2635.
209 Dazu *Härth*, Die Rede- und Abstimmungsfreiheit des Parlamentsabgeordneten in der Bundesrepublik Deutschland, 1983, S. 114; *Klein*, Indemnität und Immunität, in: Schneider/ Zeh, Handbuch des Parlamentsrechts und Parlamentspraxis, § 17 Rn. 39; s.a. *Wiefelspütz*, NVwZ 2003, 38.

nungsverfahren überzogen werden wegen parteischädigender Äußerungen auf einer Wahlversammlung oder auch im Bundestag.[210]

Die Entscheidungsfreiheit des Abgeordneten schützt auch das **Zeugnisverweigerungs-** **114** **recht** des Art. 47 GG. Indem Abgeordnete berechtigt sind, über Personen, die ihnen in ihrer Eigenschaft als Abgeordnete oder denen sie in dieser Eigenschaft Tatsachen anvertraut haben sowie über diese Tatsachen selbst das Zeugnis zu verweigern, fördert Art. 47 GG das Vertrauensverhältnis zwischen Abgeordneten und Bürgern und damit auch die demokratisch wünschenswerte Rückkopplung zwischen Abgeordneten und Wählern. Zugleich schützt Art. 47 GG die parlamentarische Arbeit und stärkt die Ausübung des freien Mandats.[211]

Bekannter, aber auch umstritten, ist die **Immunität**, die den Abgeordneten vor Be- **115** schränkungen der persönlichen Freiheit ohne Genehmigung des Parlaments schützt (Art. 46 II GG). Im Unterschied zur Indemnität umfasst die Immunität jede mit Strafe bedrohte Handlung, gerade auch die außerhalb des Parlaments oder seiner Ausschüsse begangene, einschließlich der verleumderischen Beleidigung. Andererseits schließt die Immunität, anders als die Indemnität, die Strafbarkeit nicht aus. Erteilt der Bundestag die Genehmigung, wird der Abgeordnete strafrechtlich verfolgt; ebenso, wenn er auf frischer Tat festgenommen wird. Die Ausnahme von dem Genehmigungserfordernis legt den historischen Kern der Immunität offen: sie sollte willkürliche Verhaftungen durch den Monarchen oder die Regierung verhindern, durch die wiederholt in die Mehrheitsverhältnisse eingegriffen worden war. Die Verhaftung eines auf frischer Tat Betroffenen ist nicht willkürlich.

Die in der privilegienfeindlichen Demokratie nicht unproblematische Immunität wird heute gerechtfertigt mit der Wahrung der Funktionsfähigkeit und des Ansehens des Parlaments.[212] Daher kann auch nur der Bundestag die Immunität aufheben (Art. 46 III GG). Ein Abgeordneter hingegen kann nicht über den nicht ihm in erster Linie dienenden Schutz verfügen. Schließlich besteht die Immunität nur während der Dauer der Zugehörigkeit zum Parlament. Art. 46 III GG erweitert den Schutz, indem auch andere als strafrechtliche Beschränkungen der persönlichen Freiheit (z.B. zivilprozessuale Erzwingungshaft, Ordnungsstrafen § 178 GVG) genehmigungspflichtig sind.

Die **parlamentarischen Beteiligungsrechte** umfassen die Befugnis des Abgeordneten an **116** den Verhandlungen und Beschlussfassungen des Bundestages teilzunehmen (Art. 42 I, II GG)[213] und einen **Anspruch auf** diejenigen **Informationen**, die für eine sachverständige Beurteilung der Gesetze erforderlich sind. Die für die „öffentliche Verhandlung" des Bundestages (Art. 42 I 1 GG) konstitutive Redefreiheit des Abgeordneten gewährleistet Art. 38 I 2 GG. Art und Weise der Ausübung des Rederechts wird in der Geschäftsordnung des Bundestages detailliert ausgestaltet, insbesondere hinsichtlich

---

210 *Schulze-Fielitz*, in: Dreier, Art. 46 Rn. 20 (h.M.); Gegenposition *Achterberg/Schulte*, in: MKS, Art. 46 Rn. 24.
211 BVerfGE 108, 251, 269 – Durchsuchung und Beschlagnahme im Mitarbeiterbüro.
212 *Achterberg*, Parlamentsrecht, S. 246; BVerfGE 104, 310, 325 – Pofalla; *Klein*, HStR III, § 51 Rn. 40.
213 BVerfGE 70, 324, 355.

der Redezeit, des Anspruchs auf Eröffnung der Aussprache, der Reihenfolge der Redner, der Erklärung außerhalb der Tagesordnung und der die Ausübung des Rederechts gestaltenden, ggf. auch durch Rüge, Ordnungsruf[213a], Wortentziehung sanktionierenden **Leitungsgewalt** des sitzungsleitenden Präsidenten.[214]

Der Bundestag darf die Einführung einer Gesamtredezeit zu einem Punkt und deren prozentuale Aufteilung auf die Fraktionen beschließen.[215] Bei der Bemessung der Redezeit eines **fraktionslosen Abgeordneten** ist auf das Gewicht und die Schwierigkeit des Verhandlungsgegenstandes, auf die Gesamtdauer der Aussprache und darauf Bedacht zu nehmen, ob er gleichgerichtete politische Ziele wie andere fraktionslose Abgeordnete verfolgt und sich für diese äußert.[216]

Eine Rüge, die der Präsident des Bundestages einem Abgeordneten erteilt, berührt i.d.R. nicht dessen Status (Rechtsstellung) als Abgeordneter.[217] Daher kann er keine Verletzung seiner Rechte aus Art. 38 I 2 GG verfassungsgerichtlich einklagen. Ein auf Art. 5 I 1 GG gestützter Antrag ist ebenfalls unzulässig, da die Redefreiheit des Abgeordneten im Parlament nicht die in Art. 5 GG geschützte Freiheit des Bürgers gegenüber dem Staat ist, sondern die in der Demokratie unvermeidbare Kompetenz zur Wahrnehmung parlamentarischer Aufgaben.[218]

117 In der Ausübung des **Stimmrechts** wird der **einzelne Abgeordnete** nur als Teil des obersten Verfassungsorgans Bundestag tätig. Es bedarf dazu also des Zusammenwirkens mehrerer Abgeordneter (Mehrheitsbeschlüsse). Ein Verstoß gegen die Geschäftsordnung beim Hammelsprung verletzt den Abgeordneten noch nicht in seinem Status, es sei denn er wirkt sich auf das Stimmergebnis aus.[219]

Der einzelne Abgeordnete ist berechtigt, kurze mündliche **Anfragen** an die Bundesregierung zu richten (§105 GO-BT) und Änderungen zu Gesetzesentwürfen in der 2. Beratung schriftlich mit näherer Begründung zu beantragen (§ 82 I 2 GO-BT).[220]

Bei Gesetzesinitiativen hingegen bedarf er wie in fast allen Fällen parlamentarischer Tätigkeit der Unterstützung anderer Abgeordneter, und zwar in Fraktionsstärke (§ 76 I GO-BT). Eine Fraktion bilden mindestens 5 % der Mitglieder des Bundestages, die derselben Partei angehören oder wie CDU und CSU solchen Parteien angehören, die auf Grund gleichgerichteter politischer Ziele in keinem (Bundes-)Land miteinander im Wettbewerb stehen.

213a Dazu SächsVerfGH, NVwZ-RR 2011, 129.

214 Dazu *Schreiner*, Geschäftsordnungsrechtliche Befugnisse des Abgeordneten, in: Schneider/ Zeh, Parlamentsrecht und Parlamentspraxis, § 18 Rn. 34; zum Missbrauch BayVerfGH NVwZ-RR 1998, 409; zur Rede zu Protokoll gem. § 78 VI GO s. *Kornmeier*, DÖV 2010, 676.

215 BVerfGE 10, 4.

216 BVerfGE 80, 188; dazu *Ziekow*, JuS 1991, 28.

217 Anders aber ein Ausschluss aus der Sitzung, LVerfG MV, NordÖR 2009, 205; zur zulässigen Wortentziehung wegen Verharmlosung der nationalsozialistischen Gewaltverbrechen MvVerfG, NVwZ 2010, 958.

218 BVerfGE 60, 374 – Dreckschleuder/Geschichtsklitterung.; krit. *Achterberg*, JuS 1983, 840.

219 SächsVerfGH, LKV 2008, 221.

220 S.a. BayVerfGH, NJW 1990, 380 – Antragsrecht gem. § 66 I GO-LT auf Wiedereinbringung gegenstandsgleicher Anträge.

Im **Plenum** prägen auch im Übrigen[221] **Gruppenrechte** die Stellung des Abgeordneten **118** stärker als individuelle Statusrechte[222].

Ein Quorum in Höhe von **5 % der Mitglieder** des Bundestages (= Mindeststärke einer Fraktion, § 10 I GO-BT) oder das Handeln einer nach § 10 GO-BT gebildeten Fraktion ist z.B. erforderlich

– bei einem Widerspruch gegen die Beratung nicht auf die Tagesordnung gesetzter Gegenstände (§ 20 III GO-BT),

– bei der Bezweiflung der Beschlussfähigkeit des Bundestages (§ 45 II GO-BT),

– beim Widerspruch dagegen, dass über nicht verteilte Anträge abgestimmt wird (§ 78 II GO-BT.

Ein Quorum in Höhe einer Fraktionsstärke ist erforderlich auch bei anderen selbständigen Vorlagen von Mitgliedern des Bundestages (§ 76 1 GO-BT) als Gesetzesvorlagen.

Außerdem ist die Unterstützung in Fraktionsstärke u.a. nötig,

– beim Antrag auf Vertagung oder Schluss der Beratung (§ 25 II GO-BT),

– beim Antrag auf Vertagung der Sitzung (§ 26 GO- BT),

– beim Verlangen auf namentliche Abstimmung (§ 52 GO-BT),

– bei Großen und Kleinen Anfragen an die Bundesregierung (§ 75 I, III i.V.m. § 76 I GO-BT),

– beim Verlangen nach allgemeiner Aussprache in der ersten Beratung von Gesetzesentwürfen (§ 79 GO-BT),

– beim Verlangen nach allgemeiner Aussprache in der 2. und 3. Beratung (§ 81 I, § 84 GO-BT),

– bei Änderungsanträgen zur 3. Beratung (§ 85 GO-DT),

– bei Anträgen auf Anrufung des Vermittlungsausschusses (§ 89 GO-BT),

– bei Anträgen zur Wahrung der Rechte des Bundestages in Unionsangelegenheiten i.S.v. Art. 23 GG (§ 93b II GO-BT),

– beim Verlangen auf Stellungnahme des Wehrbeauftragten zu seinem Bericht und Herbeirufung des Wehrbeauftragten zu Sitzungen des Bundestages (§ 115 I, II GO-BT),

– beim Vorschlagsrecht zur Wahl des Wehrbeauftragten (§ 13 des Gesetzes über den Wehrbeauftragten des Bundestages).

Ein Quorum in Höhe von einem **Zehntel der Mitglieder** des Bundestages wird verlangt für den Antrag auf Ausschluss der Öffentlichkeit (§19 S. 2 GO-BT; Art. 42 I GG).

Die Unterstützung von einem **Viertel der Mitglieder** des Bundestages ist erforderlich für

– Vorschläge zur Wahl des Bundeskanzlers aus der Mitte des Bundestages im 2. und 3. Wahlgang (§ 4 GO-BT; Art. 63 III, IV GG),

– den Antrag auf Einsetzung eines Untersuchungsausschusses (Art. 44 I GG),

– den Antrag auf Einsetzung einer Enquetekommission (§ 56 I GO-BT),

– den Antrag auf ein konstruktives Misstrauensvotum (§ 97 I GO-BT; Art. 67 GG),

---

221 Dazu *Schreiner*, Geschäftsordnungsrechtliche Befugnisse des Abgeordneten, in: Schneider/ Zeh, Parlamentsrecht in Parlamentspraxis, § 18 Rn. 4–31.

222 Dazu *Abmeier*, Die parlamentarischen Befugnisse des Abgeordneten des Deutschen Bundestages nach dem Grundgesetz, 1984, 202; s.a. *Achterberg*, JA 1983, 303.

– den Antrag auf Wahl eines anderen Bundeskanzlers nach Ablehnung der Vertrauensfrage (§ 98 II GO-BT; Art. 68 I 2 GG)

Ein Drittel der Mitglieder des Bundestages muss das Verlangen auf Einberufung des Bundestages unterstützen (Art. 39 III 3 GG, § 21 II GO-BT).

119 Der Großteil der eigentlichen Sacharbeit des Bundestages wird nicht im Plenum, sondern in den **Ausschüssen** geleistet. Die durch Art. 38 I 1 GG gewährleistete Gleichheit aller Abgeordneten gebietet es daher, dass der einzelne Abgeordnete ein prinzipielles **Mitwirkungsrecht** in den Ausschüssen hat. Jeder einzelne Abgeordnete hat Anspruch darauf, in einem Ausschuss mit Rede- und Anfragerecht mitzuwirken. Ein alleiniges Benennungsrecht der Fraktionen für Ausschusssitze widerspricht Art. 38 I GG.[223] Dagegen ist es nicht geboten, dem fraktionslosen Abgeordneten im Ausschuss ein gegenüber den fraktionsangehörigen Abgeordneten überproportionales Stimmrecht zu geben.[224] Grundsätzlich soll jeder Abgeordnete Mitglied eines Ausschusses sein (§ 57 I 2 GO-BT).

b) *Freies Mandat*

120 Nach der erstmaligen Bildung der sozialliberalen Koalition auf Bundesebene verlor diese während der 6. Wahlperiode ihre knappe parlamentarische Mehrheit, da mehrere Abgeordnete der FDP zur Fraktion der CDU/CSU überwechselten. Damals und immer wieder danach wurde anlässlich von Fraktionswechslern im Bundestag oder Landtag die Forderung laut, der Fraktionswechsler müsse sein Mandat verlieren. Gesteigert wird dies gefordert, wenn der Fraktionswechsler nicht direkt im Wahlkreis gewählt, sondern über die von der Partei aufgestellte Landesliste in das Parlament eingezogen ist. Der Wechsler beruft sich regelmäßig darauf, dass er Vertreter des ganzen Volkes, nicht einer Partei, an Aufträge und Weisungen nicht gebunden und nur seinem Gewissen unterworfen sei.

Gemäß **Art. 38 1 2 GG** sind die Abgeordneten „Vertreter des ganzen Volkes", also nicht Vertreter ihrer Wähler, ihres Wahlkreises, der Partei, auf deren Liste sie gewählt worden sind oder des Verbandes, dem sie angehören. Die Unabhängigkeit des Abgeordneten unterstreicht Art. 38 I 2 GG noch dadurch, dass die Abgeordneten „an Aufträge und Weisungen nicht gebunden und nur ihrem Gewissen unterworfen" sind. Die Ausschließlichkeit der Unterworfenheit unter das eigene Gewissen sagt, dass das Verhalten der Abgeordneten als Mitglieder des Bundestages nur durch ihr Gewissen bestimmt werden soll – Grundsatz des freien Mandats.

Das **freie Mandat** ist essentielles Element der repräsentativen Demokratie. Es bildet das Gegenstück zum **imperativen**, gebundenen Mandat, das der identitären Demokratie zugeordnet wird.

Das Prinzip der **Repräsentation** besagt, dass im Parlament das nicht als Ganzes anwesende Staatsvolk durch die von ihm gewählten Abgeordneten vergegenwärtigt wird. Damit verbindet sich der idealistische Anspruch, das Parlament repräsentiere das Volk nicht als einzelne Gruppen, Schichten, Klassen, Stände, sondern als ganze Na-

---

223 BVerfGE 80, 188; Sondervotum BVerfGE 80, 241; zum Berechnungsverfahren s. § 57 II GO-BT.
224 A.A. Sondervotum *Mahrenholz*, BVerfGE 80, 235.

tion, als geistige Einheit. Der englische Staatstheoretiker E. Burke (1729–1797) hat die Eigenart von Repräsentation und freiem Mandat in einer Wahlrede so beschrieben:

„Das Parlament ist kein Kongress von Botschaftern im Dienste verschiedener und feindlicher Interessen, die jeder als Vertreter und Befürworter gegen andere Vertreter und Befürworter verfechten müsste, sondern das Parlament ist die beratende Versammlung einer Nation, mit einem Interesse, dem des Ganzen, wo nicht lokale Zwecke, nicht lokale Vorurteile bestimmend sein sollten, sondern das allgemeine Wohl, das aus der allgemeinen Vernunft des Ganzen hervorgeht. Wohl sind Sie es, die einen Abgeordneten wählen, aber wenn Sie ihn gewählt haben, ist er nicht ein Vertreter für Bristol, sondern ein Mitglied des Parlaments.“

121 Der Abgeordnete ist Vertreter einer Partei, von dieser nominiert und auf deren Liste in das Parlament gewählt worden. Der Wähler hat eine Partei und/oder deren Spitzenpolitiker wählen wollen. Durch den Fraktionswechsel wird der **Wählerwille verfälscht**. Das Parlament ist keine Versammlung finanziell und geistig unabhängiger Einzelpersönlichkeiten, die in freier und öffentlicher Diskussion die für das Allgemeinwohl beste Entscheidung im Sinne einer höheren Vernunft ermitteln. Kurz, das freie Mandat als ein Relikt liberalstaatlicher Ideologie des 19. Jahrhunderts, das der Wirklichkeit der **parteienstaatlichen Demokratie**, der Mediatisierung des Volkes durch Großparteien und Verbändepluralismus nicht gerecht wird.

In diesem Sinne hat der Göttinger Staatsrechtler G. Leibholz (1901–1982) Art. 38 I 2 GG als liberalstaatlichen Anachronismus klassifiziert, der unvereinbar sei mit dem modernen Parteienstaat, da dieser nichts anderes sei als eine rationalisierte Erscheinungsform der auf dem Identitätsprinzip statt auf dem Repräsentationsprinzip aufbauenden, plebiszitären Demokratie, ein Surrogat derselben im modernen Flächenstaat.[225]

Dieser Ansatz kann auf Art. 21 GG, der erstmals die Parteien verfassungsrechtlich anerkennt, zurückgreifen. In diesem Sinne heißt es im SRP-Urteil[226], das erging, als Leibholz als Richter am Bundesverfassungsgericht wirkte:

„Die deutschen Verfassungen der Zeit nach dem 1. Weltkrieg erwähnten die politischen Parteien kaum, obwohl schon damals – nach der Einführung des parlamentarischen Regierungssystems und des Verhältniswahlrechts – das demokratische Verfassungsleben weitgehend von ihnen bestimmt war. Die Gründe hierfür sind vielfältig, gehen daher letztlich auf die demokratische Ideologie zurück. Sie wehrte sich dagegen, zwischen der freien Einzelpersönlichkeit und dem Willen des Gesamtvolkes, der aus der Summe der einzelnen Willen zusammengesetzt und durch Abgeordnete als Vertreter des ganzen Volkes im Parlament repräsentiert gedacht war, Gruppen anzuerkennen, die den Prozeß der politischen Willensbildung denaturieren könnten. Das Grundgesetz verläßt diesen Standpunkt und trägt der politischen Wirklichkeit Rechnung, indem es die Parteien als Träger der politischen Willensbildung des Volkes – wenn auch nicht als einzige – ausdrücklich anerkennt [...]. Damit wird auch in der Verfassung selbst, nämlich in Art. 21 und 38 GG, das besondere Spannungsverhältnis erkennbar, das in der Doppelstellung des Abgeordneten als Vertreter des gesamten Volkes und zugleich als Exponenten einer konkreten Parteienorganisation liegt. Diese beiden Vorschriften lassen sich theoretisch

---

225 *Leibholz*, Strukturprobleme der modernen Demokratie, 3. Aufl., S. 78, 93.
226 BVerfGE 2, 72.

schwer in Einklang bringen: Auf der einen Seite erscheinen die Parteien als hauptsäch-
liche Träger der politischen Willensbildung des Volkes, auf der anderen Seite soll aber der
Abgeordnete, der nach aller Regel über eine Partei sein Mandat erhält, als Vertreter des
Gesamtvolkes und nicht als Repräsentant seiner Partei gesehen werden. Der Gegensatz
verliert freilich an theoretischer Schärfe, wenn man sich vergegenwärtigt, daß es sich bei
Art. 38 GG um einen Satz aus dem gesicherten ideologischen Bestand des Verfassungsrechts der liberalen Demokratie handelt, und den der Verfassungsgesetzgeber als herkömmlich und daher unbedenklich übernommen hat, ohne daß ihm dabei je die prinzipielle Unvereinbarkeit mit Art. 21 GG voll deutlich geworden wäre. Immerhin hat sich die
Auslegung mit der in diesen positiven Normen des Grundgesetzes in Erscheinung tretenden Spannungslage auseinanderzusetzen. Die Lösung kann nur so erfolgen, daß ermittelt
wird, welches Prinzip bei der Entscheidung einer konkreten verfassungsrechtlichen Frage
jeweils das höhere Gewicht hat."

122   Der These von der prinzipiellen Unvereinbarkeit von Art. 21 und Art. 38 I 2 GG ist
zu widersprechen. Die Argumentation ist unhistorisch, ganz im Gegensatz zu dem sie
tragenden Anspruch, das Auseinanderklaffen von Verfassungswirklichkeit und Verfassung zu beheben. Die Funktion des freien Mandats ist in der egalitären Demokratie des Grundgesetzes eine andere als zu Zeiten des bürgerlich-liberalen, aber durchaus nicht demokratischen Honoratiorenparlaments. Nur wenn man das freie Mandat
mit der Bedeutung, die es im 19. Jh. haben sollte, auf die Gegenwart überträgt, ist es
überholt. Das gilt im Übrigen für jede Kritik, die den heutigen von Parteien geprägten Parlamentarismus an Maßstäben misst, die nur oder nicht einmal für seine früheren auf Minderheiten beschränkten, z.T. idealtypisch überhöhten Erscheinungsformen galten.

Gerade weil die politische Willensbildung maßgeblich von Großparteien, die sich als
Volksparteien begreifen, geprägt wird, ist innerparteiliche Demokratie eine der wichtigsten Forderungen des demokratischen Prinzips. Das freie Mandat ist das wirk-
samste Mittel, die Unabhängigkeit des Abgeordneten wenigstens in Grenzfällen zu
sichern und die innerparteiliche Diskussion und Konkurrenz, die freie Meinungsbildung und Willensbildung zu fördern. Der herrschenden Meinung, die daher die
Mitnahme des Mandats bei einem Parteiwechsel als geringeres Übel in Kauf nimmt,
ist zuzustimmen. Inkonsequent ist es allerdings, wenn, wie im SRP Urteil[227] zuerst
ausgesprochen und in § 46 I Nr. 5 BWahlG bestimmt, im Fall des **Verbots einer Partei**
durch das Bundesverfassungsgericht die dieser Partei angehörenden Abgeordneten
ihr Mandat verlieren. Auch in diesem Fall müsste u.E. die Selbständigkeit des Mandats gewahrt bleiben.

123   Das Bundesverfassungsgericht hat in späteren Urteilen die rigide „parteienstaatliche"
Linie des SRP-Urteils wieder aufgegeben. So heißt es in der Entscheidung zur Einzel-
kandidatur des ehemaligen Bonner Oberbürgermeisters Daniels sen.:[228]

„Es mag in der Konsequenz eines idealtypisch zu Ende gedachten Parteienstaates liegen,
daß sich die Willensbildung des Volkes nur durch das Medium der Parteien vollzöge, die
gleichberechtigte Teilnahme der Aktiv-Bürger an der Auslese der Wahlbewerber nur in
dem von den politischen Parteien beherrschten Raum erfolgen könnte. Diese Konsequenz

---

227 BVerfGE 2, 72.
228 BVerfGE 41, 399, 416.

wird jedoch vorn Grundgesetz auf Bundesebene durch das Bekenntnis zum repräsentativen Status des Abgeordneten in Art. 38 GG verfassungskräftig abgewehrt. Die Parteien wirken zwar an der politischen Willensbildung des Volkes mit, sie haben aber kein Monopol, die Willensbildung des Volkes vorzuformen und zu beeinflussen."

Im Urteil zu den Grenzen der Öffentlichkeitsarbeit der Regierung wird die Distanzierung zum „Parteienstaat" unter einem weiteren Aspekt betrieben.[229] Den in dieser Entscheidung vom Bundesverfassungsgericht vertretenen Ansatz erläutert der Bayreuther Staatsrechtslehrer Häberle[230] so:

> „Regierung und Parlament sind, obwohl von Parteien getragen, als solche etwas anderes als die Parteien. Sie sind keine parteiliche Veranstaltung, sondern institutionell-repräsentativer Teil der res publica, der Sache aller Bürger. Als Garant der Rechts- und Friedensordnung, als institutioneller Rahmen für die freie Selbstbestimmung der Bürger gewinnt der (Verfassungs-)Staat eigenen Rang. Die Regierung darf als solche dafür werben ‚im Amt zu bleiben' – auch hier wird ihr vom Staat bejahter eigenständiger Verfassungscharakter sichtbar. Den Parteien wird dadurch ihre Verfassungsfunktion keineswegs abgesprochen, wohl aber werden ihre Ansprüche auf den Staat (im Sinne eines ‚CDU' – oder ‚sozial-liberalen Staates') abgewiesen, wird die Verfilzung von Staat und Parteien verworfen."

Art. 38 I 2 GG verbietet **Fraktionszwang**, nicht aber **Fraktionsdisziplin**. Geschlossenheit nach außen ist Voraussetzung politischen Erfolgs und letztlich auch für das Vertrauen der Wähler. Ein Blick in Geschäfts- bzw. Arbeitsordnung von Bundestagsfraktionen erweckt den Eindruck, dass „die dort ausformulierten Rechte der Abgeordneten wahrhaft unbedeutend sind"[231]. Etwaige Neidgefühle fraktionsabhängiger Abgeordneter auf den vom Bundesverfassungsgericht gestärkten Status des fraktionslosen Abgeordneten[232] erscheinen fast verständlich.

124

Die Grenzen zwischen unzulässigem Fraktionszwang und zulässiger Fraktionsdisziplin sind „in einem Parlament der Fraktionen" angesichts der vielfältigen faktischen Abhängigkeiten des Abgeordneten von Fraktion und Partei im Einzelfall nicht leicht zu ziehen.[233]

Unzulässig und daher unwirksam sind eine vor einer Abstimmung oder gar zu Beginn einer Legislaturperiode bei der Fraktionsführung hinterlegte (Blanko)-Verzichtserklärung, das Versprechen der Rückzahlung von Wahlkampfkosten an die Partei für den Fall des Parteiaustritts.

Zulässig ist aber, wenn die Fraktionsgeschäftsordnung einen Abgeordneten verpflichtet, seine abweichende Meinung in einer wichtigen Frage dem Fraktionsvorsitzenden zu eröffnen und u.U. mit ihm zu erörtern. Zulässig sind auch die Abberufung von Frak-

---

229 BVerfGE 44, 125.
230 *Häberle*, JZ 1977, 364.
231 So die ehemalige Abgeordnete *Hamm-Brücher* im Beitrag „Abgeordneter und Fraktion", in: Schneider/Zeh, Parlamentsrecht und Parlamentspraxis, § 22 Rn. 44.
232 BVerfGE 80, 188.
233 Näheres zur umstrittenen Grenzziehung bei *Henke*, Das Recht der politischen Parteien, 2. Aufl., 1972, S. 148; *Achterberg*, Parlamentsrecht, S. 219; *Klein*, HStR III, § 51 Rn. 14–18; zum Selbstverständnis von Abgeordneten Diskussionsbeiträge in ZParl 1985, 246.

tions- und Parlamentsämtern, z.B. die Abberufung aus einem Parlamentsausschuss[234] und der Ausschluss aus der Fraktion.[234a]

Diese Mittel der Fraktionsdisziplin werden gerechtfertigt mit der Aufgabe der **Fraktion**, die Entscheidungen des Parlaments vorzubereiten und die organisatorischen Bedingungen für seine Tätigkeit zu schaffen.[235] Die Fraktionen sind Gliederungen (Organteile) des Parlaments[236], die den technischen Ablauf der Parlamentsarbeit steuern. Sie sind der „organisierten Staatlichkeit" eingefügt. Deshalb dürfen sie mit staatlichen Zuschüssen finanziert werden.[237] Ihre Rechtsstellung basiert nicht auf den Grundrechten, sondern dem Abgeordnetenstatus. Im vorgelagerten parteipolitischen wie im staatsorganisatorischen Bereich agierend sind sie im Interesse der Arbeitsfähigkeit des Parlaments in der Bundestagsgeschäftsordnung mit eigenen Rechten ausgestattet (§ 10 Bildung der Fraktionen, § 11 Reihenfolge der Fraktionen nach Stärke, § 12 Stellenanteil der Fraktionen bei Wahlen), die der Bundestag durchzuführen hat. Die Rechtsstellung, insbesondere die Finanzierung der durch Art. 58a I 2 GG verfassungsrechtlich anerkannten Fraktionen regeln die §§ 45–54 AbgG.[238] Die Angewiesenheit des einzelnen Abgeordneten auf seine Fraktion verdeutlichen die zahlreichen Fälle, in denen die Geschäftsordnung des Bundestages die Fraktionsstärke als Quorum verlangt[239].

125 Die Parlamente sind berechtigt, für die Zuerkennung der Fraktionsgemeinschaft in ihren Geschäftsordnungen eine bestimmte Mindestzahl von Abgeordneten festzulegen (§ 10 I GO-BT). Zusammenschlüsse von Abgeordneten, die keine Fraktionsmindeststärke erreichen, können sich als **Gruppe** konstituieren (§ 10 IV GO-BT). Aus dem Grundsatz der Spiegelbildlichkeit von Parlament und Ausschüssen hat das Bundesverfassungsgericht[240] abgeleitet, dass bei der Ausschussbesetzung Gruppen zu berücksichtigen sind, wenn auf sie bei der gegeben Größe der Ausschüsse und auf der Grundlage des vom Bundestages angewendeten Verfahrens ein oder mehrere Sitze entfielen. Gruppen, die demnach in Ausschüssen vertreten sind, müssen gem. § 10 IV GO-BT anerkannt werden. Sie haben einen Anspruch auf angemessene Ausstattung, sofern auch Fraktionen solche gewährt wird.

Fraktionen dürfen keine Parteispenden zahlen (§ 25 II Nr. 1 PartG), Abgeordnete aber Mandatsträgerbeiträge (§ 24 IV Nr. 2 PartG). Das Freiheitsgebot in Art. 38 I 2 GG verlangt, die Abgeordneten in Statusfragen formal gleich zu behandeln, damit keine Abhängigkeiten oder Hierarchien über das für die Arbeitsfähigkeit des Parlaments hinausgehende Maß entstehen. Daher verlangt das Bundesverfassungsge-

---

234 (Str.), s. *Kasten*, Ausschußorganisation und Ausschußrückruf, 1983; *Arndt*, ZParl 1984, 523; *Grigoleit/Kersten*, DÖV 2001, 363.

234a S. *Bäcker*, Der Ausschluss aus der Bundestagsfraktion, 2011.

235 BVerfGE 43, 147; *Jekewitz*, Die Bundestagsfraktion, in: Schneider/Zeh, Parlamentsrecht und Parlamentspraxis, § 37 Rn. 51–54.

236 BVerfGE 20, 56, 204; 80, 188, 231; NJW 1988, 287 – Rückforderung von Fraktionsmitteln.

237 BVerfGE 70, 324, 362; NJW 1998, 387; *Papier*, BayVBl. 1998, 513.

238 Dazu *Wolters*, Der Fraktionsstatus, 1996; s.a. *Kürschner*, Das Binnenrecht der Bundestagsfraktionen, 1995.

239 Dazu Rn. 118.

240 BVerfGE 84, 304, 324; 90, 286 – PDS.

richt [241] die Zahl der mit Zulagen bedachten Fraktionsstellen auf wenige, politisch besonders herausragende parlamentarische Funktionen zu beschränken, z.B. Fraktionsvorsitzende, Fraktionsgeschäftsführer.

Das Spannungsverhältnis zwischen dem Grundsatz des freien Mandats, der Rolle der **126** Parteien in der repräsentativen Demokratie sowie das Verständnis der Wahlgrundsätze (Art. 38 I 1 GG) bestimmen die verfassungsrechtliche Beurteilung des **„ruhenden Mandats"**.

§ 40 HessLandtagswahlG sah vor, dass ein Abgeordneter, der Mitglied der Landesregierung ist, gegenüber dem Präsidenten des Landtages schriftlich unwiderruflich erklären konnte, dass sein Mandat für die Dauer seiner Amtszeit ruhen solle. An seiner Stelle sollte ein „Nachrücker" das Mandat solange ausüben, bis das Mitglied der Regierung aus dieser ausscheide und wieder sein Mandat übernehme. Die CDU-Fraktion des hessischen Landtags hielt das Gesetz für verfassungswidrig und klagte dagegen vor dem hessischen StGH.

§ 40a sollte es einer kleinen Partei, die in einer Koalitionsregierung aus ihrem kleinen Kreis von Abgeordneten zwei oder mehr Minister stellt, ermöglichen, die Abgeordnetensitze der Minister durch Nachrücker wahrnehmen zu lassen, damit die Fraktion ihre Parlaments- und Ausschussarbeit besser erledigen kann.

Der hessische Staatsgerichtshof [242] sah in der verdrängenden Rückkehr auf den früheren Abgeordnetensitz einen Verstoß gegen den Grundsatz der Unmittelbarkeit der Wahl. Die Einführung von „normalen" Abgeordneten, privilegierten „Minister-Abgeordneten" und unterprivilegierten Ersatz-Abgeordneten verstoße zudem gegen die vom Grundsatz der gleichen Wahl gebotene Statusgleichheit aller Abgeordneten. Schließlich sei die vorzeitige Abberufung unvereinbar mit dem Grundsatz des freien Mandats. Dass ein Minister zugleich Abgeordneter sein kann, ist bei der Lehre von der Gewaltenteilung zu behandeln. Vielfach wurden die Diäten der Abgeordneten, die zu Ministern ernannt wurden, gekürzt.

Das **„rotierende Mandat"**, also die zeitweilig von den Grünen praktizierte Verpflichtung von Abgeordneten, sich auf Grund eines Landesdelegiertenbeschlusses zur Mitte der Legislaturperiode auswechseln zu lassen, gilt als mit dem freien Mandat unvereinbar. [243] Die zum Teil auch auf den Grundsatz der Unmittelbarkeit der Wahl und Art. 39 I 1 GG – vierjährige Wahlperiode – gestützte Verfassungswidrigkeit lässt sich jedoch praktisch kaum feststellen, wenn ein Abgeordneter erklärt, aus freien Stücken und individuellen Gründen sein Mandat niederzulegen. [244]

c) *Inkompatibilität*

Über die „Verbeamtung" der Parlamente zu klagen, gehört zum guten Ton. Tatsäch- **127** lich sind Angehörige des öffentlichen Dienstes weit überproportional in den Parlamenten von Bund und Ländern vertreten. Die meisten Abgeordneten, die aus dem

---

241 BVerfGE 102, 224.
242 NJW 1977, 2065.
243 Nds. StGH, DVBl. 1985, 1063 m. krit. Anm. *v. Achterberg* u. *Kasten.*
244 *Frank/Stober*, Rotation im Verfassungsstreit, 1985.

öffentlichen Dienst kommen, sind allerdings Angestellte. Von den Beamten im Parlament sind die meisten, insbesondere in den Landesparlamenten, Lehrer.

Gegen die Mitgliedschaft von Angehörigen des öffentlichen Dienstes im Parlament spricht das Prinzip der Gewaltenteilung (Art. 20 II GG). Es soll u.a. verhindern, dass, wer in der Exekutive tätig ist, zugleich deren Kontrolleur im Parlament sein kann.[245] Um die Personalunion von Kontrolleuren und Kontrollierten zu verhindern, enthält Art. 137 I GG eine spezielle Ermächtigung, die Wählbarkeit von öffentlichen Dienstnehmern zu beschränken.

Entgegen der Forderung der Alliierten bestimmt das Grundgesetz keine Ineligibilitätsvorschrift[246] in dem Sinne, dass Angehörige des öffentlichen Dienstes nicht in Parlamente gewählt werden dürfen. Eine derartige **Ineligibilität** entspricht – abgesehen vom Sonderfall der kommunalen Selbstverwaltung – nicht der deutschen Rechtstradition, für die vielmehr die Vereinbarkeit von Amt und Mandat typisch war.

128 Im Diätenurteil[247] hat das Bundesverfassungsgericht das Beamtenprivileg der Entschädigung aus dem Mandat und der Besoldung aus dem Amt als Widerspruch zum überkommenen Beamtenrecht (Art. 33 V GG) klassifiziert. Im Anschluss an das Diätenurteil ordnet § 5 I bzw. § 8 AbgG das Ruhen der Rechte und Pflichten aus dem Beamten-, bzw. Richter-, Soldaten- oder Beschäftigtenverhältnis des öffentlichen Dienstes für die Dauer der Mitgliedschaft im Bundestag an. Eine Sonderregelung gilt für Beamte auf Widerruf, also junge Menschen, die noch in der Ausbildung sind (§ 5 III AbgG).

129 Erst Jahre später sind im Diätenurteil kritisch thematisierte Probleme der Beraterverträge von Abgeordneten in den § 44a AbgG (Ausübung der Mandate) und § 44b AbgG (Verhaltensregeln) eingehend geregelt worden. Ausgangspunkt ist die **Mittelpunktregelung** des § 44a I 1 AbgG, die dem Wandel des Erscheinungsbildes des Abgeordneten Rechnung tragen soll. „Die Ausübung des Mandats steht im Mittelpunkt der Tätigkeit eines Mitglieds des Bundestages." Richtig, nämlich im Lichte von Art. 38 I 2 GG, verstanden kann dies nur als Ausdruck der Achtung vor der Mitgliedschaft im Parlament, des wichtigsten Staatsorgans in der Demokratie, also qualitativ gemeint sein, nicht aber quantitativ als Maß für den Zeitaufwand zur Wahrnehmung des Mandats im Vergleich mit anderen gem. § 44a I 2 AbgG grundsätzlich zulässigen Tätigkeiten, sei es etwa als Minister oder als Rechtsanwalt. Das Bundesverfassungsgericht[248] hat sich bei der Beurteilung der Verfassungsmäßigkeit der gem. § 44b AbgG ergangenen Verhaltensregelungen zur Angabe von Tätigkeiten neben dem Mandat und der gestaffelten pauschalierten Angabe der daraus bezogenen Einkünfte ausgehend von zwei gegensätzlichen und jeweils überzogenen Leitbildern des Abgeordneten zerstritten. Die die Entscheidungen tragenden vier Richterinnen und Richter haben im Ergebnis zu Recht einen Verfassungsverstoß verneint. Daran anschließend

---

245 BVerfGE 18, 183; 38, 329.
246 *Tsatsos*, Unvereinbarkeit zwischen Bundestagsmandat und anderen Funktionen, in: Schneider/Zeh, Parlamentsrecht und Parlamentspraxis, § 23 Rn. 19; a.A. *Schlaich*, AöR 1980, 188, 214.
247 BVerfGE 40, 296.
248 BVerfGE 118, 277.

hat das Bundesverwaltungsgericht[249] die Pflicht eines als Rechtsanwalt tätigen Abgeordneten zur Anzeige einzelner Tätigkeiten bestätigt, ebenso die Rechtmäßigkeit des vom Präsidenten des Bundestages gegenüber dem Abgeordneten verhängten Ordnungsgeldes. Da es zwischen der Wahrnehmung des Mandats und der Ausübung des bürgerlichen Berufs im Einzelfall zu Unvereinbarkeiten kommen kann, sind Transparenzregeln geboten. Dies hat der Vortrag eines klagenden Abgeordneten vor dem Bundesverfassungsgericht veranschaulicht. Der Abgeordnete war mit der anwaltlichen Begleitung eines Börsengangs eines staatlichen Unternehmens mandatiert worden.[250] Die fraktionsübergreifende Rechtsstellungskommission des Bundestages hat sich darauf verständigt, die anzugebenden Nebeneinkünfte statt nach drei künftig nach sieben Stufen zwischen 10 000 bis 150 000 € zu staffeln.

130 Prinzipiell unstrittig sind die Regelungen des § 44a II AbgG, die die beiden Vorgaben des Diäten-Urteils zur unzulässigen Tätigkeit umsetzen: Nämlich das objektive Moment des Beziehens von Einkünften ohne berufliche Gegenleistung und das subjektive Moment der vom Geldgeber verfolgten Absicht unzulässiger Einflussnahme auf die freie Mandatsausübung.[250a] „Arbeitsloses" Einkommen eines Abgeordneten wird somit nicht schon als solches beanstandet. Ein privater Arbeitgeber darf also – anders als der Staat bei den Angehörigen des öffentlichen Dienstes – auch weiterhin einem in das Parlament gewählten Arbeitnehmer das Arbeitsentgelt ganz oder teilweise weiterzahlen, auch wenn dieser während der Mandatszeit nicht die dafür geschuldete Gegenleistung erbringen kann.

Die Verhaltensregeln des Bundestages sind vom US-amerikanischen Vorbild des Abgeordneten „mit gläsernen Taschen" weit entfernt. Nicht nur angesichts der unterschiedlichen politischen Kultur erscheint eine vergleichbar weitgehende Regelung zweifelhaft, könnte doch dadurch, verbunden mit einer Drosselung aller Nebeneinkünfte die Auslieferung des Abgeordneten an den Parteiapparat besiegelt werden.[251]

Weiterführend: *Achterberg*, Parlamentsrecht, 1984; *Butzer*, Die Immunität im demokratischen Rechtsstaat, 1991; *Käßner*, Nebentätigkeiten und Nebeneinkünfte der Mitglieder des Deutschen Bundestages, 2010; *Klein*, Der Status der Abgeordneten, in: HStR III, § 51; *Röhl*, Das „Freie Mandat", Der Staat 2000, 23; *Schneider*, Parlamentarisches System, HVfR, S. 537; *Schneider/Zeh*, Handbuch des Parlamentsrechts und der Parlamentspraxis, 1989; *Sendler*, Abhängigkeiten des unabhängigen Abgeordneten, NJW 1985, 1425; *Stern*, Staatsrecht I, § 24 – Status und Mandat des Abgeordneten.

4. Bundestag und Bundesregierung

a) Funktionen des Parlaments

131 Wie bei jedem Parlament können die dem Bundestag zustehenden Kompetenzen nach verschiedenen Funktionen zusammengefasst werden, und zwar der

– Legislativfunktion,

---

249 DVBl. 2010, 114.
250 BVerfGE 118, 277, 295 f. – Merz.
250a Dazu *Käß*, VerwArch 2010, 457.
251 S.a. *Stolleis*, VVDStRL 44, 7, 31.

– Wahlfunktion (Kreationsfunktion),

– Kontrollfunktion.

Bei der Wahrnehmung dieser Funktionen soll der Bundestag repräsentativ und kreativ den Wählerwillen vertreten und sichtbar machen.

Als **Legislativorgan** hat der Bundestag vor allem die Kompetenz, Gesetze zu verabschieden (Art. 77 I 1 GG). Das Recht zur Gesetzesinitiative haben außer dem Bundestag auch Bundesregierung und Bundesrat (Art. 76 I GG). Außer abstrakt-generellen Gesetzen kann der Bundestag auch auf Einzelfragen bezogene Maßnahmegesetze oder Zustimmungsgesetze zu Staatsverträgen[252] beschließen. Gewisse äußerste Grenzen des legislativen Zugriffs bestehen außer durch Art. 19 I GG im Bereich der Verwaltungsorganisation und des Personalwesens.[253] Das seit jeher besonders wichtige Budgetrecht des Parlaments umfasst das Recht, auf Vorlage der Regierung durch das Haushaltsgesetz den Haushaltsplan festzustellen (Art. 110 GG) und das Recht die Regierung durch Gesetz zur Kreditaufnahme zu ermächtigen (Art. 115 GG).

Außer der **Wahl** des Bundeskanzlers (Art. 63 GG), obliegt dem Bundestag die Mitwirkung bei der Bestellung anderer Staatsorgane und Amtsträger: Wahl des Bundespräsidenten durch die Bundesversammlung (Art. 54 III GG), Wahl der Richter des Bundesverfassungsgerichts (Art. 94 I 2 GG), Wahl der Richter der obersten Gerichtshöfe des Bundes (Art. 95 II GG), Wahl des Wehrbeauftragten des Bundestages (Art. 45b GG, §§ 113–115 GO-BT), einem parlamentarischen Hilfsorgan zur Wahrnehmung der Kontrolle im Wehrbereich. Ebenso wie in der Mehrzahl der Länder, anders aber noch Art. 107 II 1 BremVerf, obliegt dem Bundestag nicht die Wahl der Minister.

Die Befugnis des Parlaments zur **Kontrolle** von Regierung und Verwaltung ist im Grundgesetz in zahlreichen Einzelvorschriften geregelt – Art. 43 I (Zitierungsrecht gegenüber Mitgliedern der Bundesregierung), Art. 44 GG (Untersuchungsausschüsse), Art. 45 S. 2 GG (Europaausschuss), Art. 44a II GG (Verteidigungsausschuss als Untersuchungsausschuss), Art. 45d GG (Gremien des Bundestages zur Kontrolle der Nachrichtendienste), Art. 114 II 2 GG (Bundesrechnungshof), Art. 10 II 2 GG (Kontrollorgan bei Eingriffen in das Brief-, Post- und Fernmeldegeheimnis[254]), Art. 13 VI 2 GG (Eingriffe in die Unverletzlichkeit der Wohnung), den Art. 17 GG effektuierenden Petitionsausschuss, letztlich auch Art. 67 GG (konstruktives Misstrauensvotum) – im Übrigen aber vorausgesetzt, wie Art. 45b GG (Wehrbeauftragter) erkennen lässt.

132 Die parlamentarische Kontrolle von Regierung und Verwaltung steht im Vordergrund der Tätigkeit der **Opposition**[255] sowohl im Bundestag wie auch in den Landesparlamenten. Anders als manche Landesverfassung (z.B. Art. 16a BayVerf, Art. 55 II BbgVerf, Art. 12 SHVerf) enthält das Grundgesetz keine eigene Vorschrift über Aufgaben und Rechtsstellung der Opposition. Die Tätigkeit der die Regierung tragenden Parla-

---

252 Zu den verschiedenen Gesetzesbegriffen *Achterberg*, Parlamentsrecht, S. 15.

253 Dazu *Maurer/Schnapp*, VVDStRL 34, 135 – Der Verwaltungsvorbehalt; weitergehend *Janssen*, Über die Grenzen des legislativen Zugriffsrechts, 1990.

254 BVerfGE 100, 313, 401.

255 Dazu *Poscher*, AöR 1997, 444; *Schneider*, in: Buckmiller/Perels (Hrsg.), Opposition als Triebkraft der Demokratie, 1998, S. 245.

mentsmehrheit hat dagegen mehr den Charakter eines mitregierenden, zielführenden „Controlling". Kontrollmittel sind z.b. große und kleine Anfragen (§§ 100, 104 GO-BT)[256], aktuelle Stunden (§ 106 GO-BT) und Berichtsersuchen an die Regierung[257], etwa Auftrag an die Regierung, bis zu einem bestimmten Termin einen Bericht über die Entwicklung und die Reform eines Sachbereichs vorzulegen, z.b. Entwicklung der Alterssicherungssysteme oder des Gesundheitssystems.

Den Auftrag für einen Bericht der Regierung erteilt der Bundestag durch sog. schlichten Parlamentsbeschluss. Dieser ist im Grundgesetz nicht allgemein, sondern nur speziell, z.B in Art. 41 I (Wahlprüfung), geregelt. Die Kompetenz des Bundestages zu schlichten Parlamentsbeschlüssen folgt grundsätzlich aus dessen Wahl- und Kontrollkompetenz, z.B. § 112 GO-BT – Petitionsbeschluss. Wichtiger als die rechtlichen sind i.d.R. die politischen Wirkungen schlichter Parlamentsbeschlüsse, z.b. Auftrag an die Regierung, nach Maßgabe der Vorgaben des Parlaments innerhalb einer bestimmten Frist einen Gesetzesentwurf vorzulegen oder Aufforderung, die in einem bestimmten Genehmigungsverfahren vom Bundesumweltminister nach Ermessen zu vergebende Genehmigung aus Gründen des Umweltschutzes zu versagen, oder die Missbilligung des Verhaltens eines Ministers und Aufforderung an Bundeskanzler und Bundespräsidenten, diesen zu entlassen. Rechtlich verbindlich ist ein solcher Beschluß für die Bundesregierung nicht.[258] Denn wenn auch die Abhängigkeit der Regierung vom Vertrauen des Parlaments zu den Grundbedingungen der parlamentarischen Demokratie zählt, so darf die Bundesregierung doch nicht als bloßer Vollzugsausschuss des Parlaments missverstanden werden. Die Richtlinienkompetenz des Bundeskanzlers (Art. 65 GG) definiert nicht nur die Befugnisse innerhalb Regierung, sondern lässt auch die Eigenständigkeit der Regierung gegenüber dem Parlament erkennen.[259] Andererseits kann ein schlichter Parlamentsbeschluss die dem demokratischen Prinzip des Grundgesetzes gemäße Form der **Billigung** einer Maßnahme der Regierung sein, z.B. Beschluss über die zustimmende Entgegennahme eines Energieberichts, in dem eine die Vorgaben des Atomgesetzes verwirklichende Technologie dargestellt wird[260] oder ein Beschluss, der die Zustimmungserklärung der Bundesregierung zur Lagerung von Raketen gem. dem Nato-Vertrag billigt[261].

Besonders bedeutungsvoll sind Parlamentsbeschlüsse in **Verteidigungsangelegenheiten.** **133** Gem. Art. 115a I GG stellt der Bundestag den Verteidigungsfall durch schlichten aber bindenden Parlamentsbeschluss fest. Auch andere militärische Auslandseinsätze betreffende Entscheidungen über „Krieg und Frieden" hat der Bundestag verbindlich zu entscheiden – „Wehrverfassungsrechtlicher Parlamentsvorbehalt".[262] Das Ent-

256 Dazu NwVerfGH, NVwZ 1994, 678; *Gusy*, JuS 1995, 878; SächsVerfGH, DVBl. 1998, 774.
257 Zur unzureichenden Begründung der Nichtbeantwortung einer Kleinen Anfrage zu geheimdienstlicher Informationsbeschaffung BVerfGE 124, 161; dazu *Sachs*, JuS 2010, 840.
258 *Friesenhahn*, VVDStRL 16, 16, 37; *Achterberg*, Parlamentsrecht, S. 743 ff.
259 BVerfGE 1, 299, 310.
260 BVerfGE 49, 89 – Schneller Brüter.
261 BVerfGE 68, 1 – Pershing.
262 BVerfGE 121, 135 – AWACS-Einsatz Türkei.

sendegesetz[263] räumt dem Bundestag daher ein Rückrufrecht zum Auslandseinsatz der Bundeswehr ein. Die dominante Rolle des Bundestages gegenüber den als „Parlamentsheer" verstandenen Streitkräften zeigt sich bei der erneuten konstitutiven Zustimmung des Bundestages bei einer Änderung wesentlicher Einsatzbedingungen[264] oder beim innerstaatlichen Einsatz mit dem Beschluss nach Art. 87a IV 2 GG.

Bindend ist auch der Einstellungsbeschluss des Bundestages nach Art. 115 II 6, 7 GG zur vorübergehenden Lockerung der Schuldengrenze und die Zustimmung zu Bund-Länder-Vereinbarungen über informationstechnische Systeme (Art. 91c II 2 GG). Beide Regelungen sind technizistisch geprägte Neuregelungen der Föderalismusreform II.

Ein wirkungsvolles Recht des Bundestages zur Kontrolle von Regierung und Verwaltung und grundsätzlich auch der Gerichtsbarkeit ist das Recht, **Untersuchungsausschüsse** einrichten zu können. Art. 44 I GG unterscheidet zwei Arten der Einsetzung eines Untersuchungsausschusses: durch Mehrheitsbeschluss des Bundestages oder auf Antrag einer Minderheit. Wenn ein Viertel der gesetzlichen Mitgliederzahl des Bundestages die Einsetzung eines Untersuchungsausschusses zu einem hinreichend bestimmten Untersuchungsgegenstand beantragt, so muss der Bundestag diesem Antrag stattgeben (§ 2 PUAG).[265] Ein wirksames Minderheitsrecht kann der Untersuchungsausschuss u.a. nur sein, weil die Mehrheit den von der Minderheit beantragten hinreichend bestimmten Untersuchungsgegenstand nicht verändern darf.[266] Die Beweiserhebung des Untersuchungsausschusses (§ 17 PUAG) ist per definitionem auf die Feststellung von Tatsachen beschränkt. Aufgrund der so festgestellten (Art. 44 II GG) Tatsachen ist der Ausschuss berechtigt, politische Bewertungen und Empfehlungen an Regierung und Bundestag auszusprechen. Als Teil des obersten Staatsorgans Bundestag ist der Untersuchungsausschuss an die bundesstaatliche Kompetenzverteilung zwischen Bund und Ländern gebunden.

Das Recht auf Aktenvorlage durch die dem Bundestag verantwortliche Bundesregierung ist integraler Bestandteil des parlamentarischen Kontrollrechts. Es erstreckt sich auf die Tatsachen, die mit dem Kontrollauftrag des Untersuchungsausschusses, wie ihn der Bundestag formuliert hat, in sachlichem Zusammenhang stehen. Das gemäß Art. 44 II 1 GG i.V.m. § 96 StPO, § 30 AO zu beachtende Wohl des Bundes oder eines Landes ist im parlamentarischen Regierungssystem des Grundgesetzes nicht der Bundesregierung allein, sondern Bundestag und Bundesregierung gemeinsam anvertraut. Die Berufung auf das Wohl des Bundes kann in aller Regel dann nicht in Betracht kommen, wenn beiderseits wirksame Vorkehrungen gegen das Bekanntwerden von Dienstgeheimnissen getroffen werden. Dies hat der Bundestag mit der Geheimschutzordnung des Bundestages (§ 15 II 1 PUAG) getan. Die §§ 14 bis 16 PUAG treffen weitere Regelungen zum Schutz staatlicher Geheimnisse.[267]

---

263 V. 18.03.2005, BGBl. I, S. 775; dazu *Wiefelspütz*, NVwZ 2005, 496; *Arndt*, DÖV 2005, 908.
264 BVerfGE 124, 267 – Kosovo.
265 Dazu *Wiefelspütz*, Das Untersuchungsausschussgesetz, 2003, S. 180.
266 BVerfGE 49, 70; zum atypischen Fall eines Untersuchungsausschusses zum Verhalten einer Oppositionsfraktion RhPf VerfGH, NVwZ 2011, 115; dazu *Sachs*, 2011, 379.
267 Dazu BVerfG, NVwZ 2009, 1353, Rn. 131 – BND-Ausschuss.

„Nur unter ganz besonderen Umständen können sich Gründe finden lassen, dem Untersuchungsausschuß Akten unter Berufung auf das Wohl des Bundes oder eines Landes vorzuenthalten. Solche Gründe können sich insbesondere aus dem Gewaltenteilungsgrundsatz ergeben. Die Verantwortung der Regierung gegenüber Parlament und Volk setzt notwendigerweise einen Kernbereich exekutivischer Eigenverantwortung voraus, der einen auch von parlamentarischen Untersuchungsausschüssen nicht ausforschbaren Initiativ-, Beratungs- und Handlungsbereich einschließt."[268]

Zum **Kernbereich der exekutivischen Eigenverantwortung** gehörten z.B. die laufende Willensbildung der Regierung, nicht aber generell alle abgeschlossenen Beratungen auf Regierungsebene[269]. Im Fall des Untersuchungsausschusses Flick, bei dem es um die Herausgabe von Steuerakten zu einer steuerneutralen Wiederanlage eines großen industriellen Veräußerungsgewinnes ging, hat das Bundesverfassungsgericht derartige besondere Umstände verneint. Die Bedeutung des parlamentarischen Kontrollrechts gestattet i.d.R. keine Verkürzung des Aktenherausgabeanspruchs zugunsten des allgemeinen Persönlichkeitsrechts und des Eigentumsschutzes, wenn erstens Parlament und Regierung Vorkehrungen für den Geheimnisschutz getroffen haben, die das ungestörte Zusammenwirken beider Verfassungsorgane auf diesem Gebiet gewährleisten, und wenn zweitens der Grundsatz der Verhältnismäßigkeit gewahrt ist. Das besondere öffentliche Interesse an der Aufklärung der mit öffentlichen Interessen begründeten Subventionsvergabe lässt eine etwaige Beeinträchtigung von grundrechtlich fundierten Rechten des Betroffenen (Steuergeheimnis, Datenschutz) als verhältnismäßig erscheinen. Soweit der Untersuchungsausschuss gegenüber Privaten hoheitliche Gewalt ausübt, ist er an die Grundrechte gebunden[270], sofern nicht Landesrecht, wie Art. 56 III BbgVerf jedem Abgeordneten als weitere Kontrollrechte ein Zugangsrecht zu Landesbehörden einschließlich eines Auskunfts- und Aktenvorlagerechts einräumt.

Eine besondere grundrechtsbezogene Beschränkung des Untersuchungsrechts folgt aus Art. 44 II 2 GG. Einem Untersuchungsausschuss ist der unmittelbare Eingriff in die Grundrechte des Art. 10 GG, insbesondere nach den §§ 99 ff. StPO, entzogen. Dem Ausschuss ist aber nicht prinzipiell jeglicher Zugriff auf Akten schon dann verwehrt, wenn sich in den Akten Ergebnisse vorangegangener Eingriffe in ein Grundrecht aus Art. 10 GG befinden.[271]

Von den Untersuchungsausschüssen des Art. 44 GG sind zu unterscheiden die **(Fach-) Ausschüsse des Bundestages,** die insbesondere im Gesetzgebungsverfahren der Vorbereitung der Verhandlungen des Bundestages dienen und in denen der überwiegende Teil der parlamentarischen Arbeit bewältigt wird. Das parlamentarische Zitierrecht (Art. 43 I GG) und das Zutritts- und Anhörungsrecht der Mitglieder des Bundesrates und der Bundesregierung (Art. 43 II GG) gilt für beide Ausschussarten. Ersteres be- **134**

---

268 BVerfGE 67, 100 – Flick; 77, 1 – Neue Heimat, jeweils mit Abwägung i.S. praktischer Konkordanz.

269 StGH Bremen, DVBl. 1989, 453 – Senatsprotokolle; BbgVerfG, NVwZ 1998, 209 – Prüfberichtsentwürfe des Rechnungshofs; BayVerfGHE 38, 165, 175 – Sondervotum; *Baer,* Der Staat 2001, 525.

270 BVerfGE 76, 363, 391 – Glauben; DVBl. 2006, 1263 – Rechtsschutz Privater.

271 BVerfG, NVwZ 2009, 1353.

sonders gefürchtet von vor den Haushaltsausschuss geladenen Ministern. Die in Ausübung der Geschäftsordnungsautonomie des Bundestages (Art. 40 I 2 GG) vorwiegend in der Geschäftsordnung des Bundestages (§§ 54–74) geregelten Ausschüsse gruppieren die Abgeordneten in erster Linie nach Sachkunde und damit häufig einhergehender Interessiertheit, z.B. im Innen-, Arbeits- und Sozial- oder Rechtsausschuss. Die Sachkunde der Ausschussmitglieder gewährleistet zugleich eine wirksame Kontrolltätigkeit. Bei der Entscheidung über die Größe von Ausschüssen sind Arbeitsfähigkeit und repräsentative Zusammensetzung miteinander in Einklang zu bringen. Es gilt der Grundsatz der Spiegelbildlichkeit.[272]

Ausgeprägte Kontrollfunktion haben der Petitionsausschuss (Art. 45c GG) und der Verteidigungsausschuss (Art. 45a II GG). Beide sind wie der Ausschuss für Angelegenheiten der Europäischen Union (Art. 45 GG) und der für auswärtige Angelegenheiten (Art. 45a I GG) obligatorische Ausschüsse (Pflichtausschüsse). Das Budgetrecht des Parlaments unterstreichen besondere Zustimmungsrechte des für den Haushaltsvollzug überaus wichtigen Haushaltsausschusses (§ 95, 96 GO-BT).

Neben den Fachausschüssen können z.B. für größere Gesetzesvorhaben **Sonderausschüsse** gebildet werden, wie z.B. der Strafrechtsreformausschuss (§ 54 I 2 GO-BT). Keine Ausschüsse i.S.v. Art. 43 GG sind der als „Notparlament" im Verteidigungsfall fungierende Gemeinsame Ausschuss (Art. 53a GG, 115e GG), der im Gesetzgebungsverfahren tätige, von Bundestag und Bundesrat paritätisch beschickte Vermittlungsausschuss (Art. 77 II 1 GG), der durch die Föderalismusreform II in Art. 109a GG eingefügte Stabilitätsrat und die aus Abgeordneten sowie externen Experten zusammengesetzten Enquetekommissionen (Art. 56 GO-BT), z.B. Gentechnologie oder Ausbau erneuerbarer Energien.

135 Als autonomes Oberstes Staatsorgan regelt der Bundestag seine inneren Angelegenheiten selbst. Er unterliegt keiner Aufsicht und ist an keinerlei Weisungen gebunden. Demgemäß regelt der Bundestag in Ausübung seiner **Geschäftsordnungsautonomie** seine Organisation und sein Verfahren durch eine Geschäftsordnung (Art. 40 I 2 GG), die nach traditioneller Ansicht als autonome Satzung, nach neuerer Ansicht als „parlamentarische Innenrechtsnorm" klassifiziert wird.[273] Die Geschäftsordnungsautonomie schützt nicht nur das Parlament vor Pressionen der Regierung, sondern vor allem auch die Minderheit vor der Mehrheit.[274] Art. 40 II GG ergänzt die Parlamentsautonomie durch Bestimmungen über das Hausrecht und die Polizeigewalt des Bundestagspräsidenten (Art. 40 I 1 GG) und das Verbot ungenehmigter Durchsuchungen und Beschlagnahmen.

> Weiterführend: *Bräcklein*, Investigativer Parlamentarismus, 2006; *Klein*, Aufgaben des Bundestages, in: HStR III, § 50; *Glauben/Brocker*, Das Recht der parlamentarischen Untersuchungsausschüsse in Bund und Ländern, 2. Aufl., 2011; *Masing*, Parlamentarische

---

272 BVerfGE 84, 304; BayVerfGH, NVwZ-RR 2010, 209; *Huber*, BayVBl. 2010, 289.

273 Dazu *Kretschmer*, Geschäftsordnungen deutscher Volksvertretungen, in: Schneider/Zeh, Parlamentsrecht und Parlamentspraxis, § 9 Rn. 43–54; *Schmidt*, AöR 2003, 608.

274 Dazu mit unterschiedlichen Folgerungen BVerfGE 70, 324 und Sondervoten BVerfGE 70, 366, 372.

Untersuchungen privater Sachverhalte, 1998; *Steiger*, in: Schneider/Zeh, Parlamentsrecht und Parlamentspraxis, § 25 – Selbstorganisation und Ämterbesetzung, § 26 – Kreationsaufgabe und Wahlverfahren; *Zeh*, ebd., § 39, Das Ausschußsystem im Bundestag; *ders.*, HStR III, § 5 – Gliederung und Organe des Bundestages, § 53 – Parlamentarisches Verfahren.

b) *Funktionen, Bildung und Organisation der Bundesregierung*

Die vorstehenden Bemerkungen zum Bundestag und die folgenden zur Bundesregierung müssen vor dem Hintergrund gesehen werden, dass das Grundgesetz die Gestaltung des politischen Prozesses nicht durch detaillierte und erschöpfende Kompetenzzuweisungen festschreibt. Die politische Staatsleitung obliegt Bundestag und Bundesregierung gemeinsam „zur gesamten Hand". Ob und in welchem Maße das eine oder das andere Staatsorgan die einflussreichere richtungweisende Kraft wird, ist dem politischen Kräftespiel überlassen, hängt ab von Mehrheitsverhältnissen und Persönlichkeiten, ist rechtlich im einzelnen nicht fassbar. So sind das Verhältnis von Bundesregierung, Bundestagsmehrheit und Opposition zueinander und die jeweiligen internen Konstellationen bei einer großen Koalition anders als bei einer absoluten Mehrheit einer Partei oder bei Zwei- oder Drei-Parteien-Koalitionen. Bei einer absoluten Mehrheit einer Partei kann eine starke Fraktionsführung die Legislativ-, aber auch die Kontrollfunktion des Parlaments ungleich wirkungsvoller ausfüllen als die Opposition. Eine breite Parlamentsmehrheit stärkt regelmäßig die Regierung, da Abweichler weniger ins Gewicht fallen. Andererseits kann eine knappe Mehrheit sehr disziplinierend wirken. Bei alledem bleibt ausgespart die Beeinflussung der verschiedenen Lagen durch die unterschiedlichen Konstellationen im Bundesrat.

136

Die staatsleitende Funktion der Bundesregierung verdeutlicht Art. 76 I GG. Neben dem Bundestag hat auch die Bundesregierung das Gesetzesinitiativrecht. Weitere wesentliche **Funktionen** im Funktionsbereich der Regierung sind die Kompetenzen zu planendem und prozesssteuerndem Handeln durch mehrjährige Finanzplanung, die das Budgetrecht des Bundestages einschränkende Rechte bei Ausgabenerhöhungen (Art. 113 GG), die Gestaltung der auswärtigen Beziehungen (Art. 59 II GG); das Rederecht in Bundestag[275] und Bundesrat und deren Ausschüssen (Art. 43 II, 53 GG), die Rechtsetzungsbefugnisse nach Art. 80 I GG, die die bundeseigene Verwaltung ausgestaltende Organisationsgewalt (Art. 86 GG) und die gegenüber den Landesverwaltungen wirksamen Direktions- und Aufsichtsbefugnisse (Art. 84 II, V, 85 II, III, 108 III, VII GG).

Unmittelbar parlamentarisch abhängig ist nur der Bundeskanzler (Art. 63, 67 GG). Die Minister werden auf Vorschlag des Bundeskanzlers vom Bundespräsidenten ernannt und entlassen (Art. 64 I GG nach nur formeller Prüfung)[276]. Das Amt der Minister endet stets mit dem des Bundeskanzlers (Art. 69 II GG). Ein Misstrauensvotum „mit Abgangspflicht" gegenüber einem Minister kennt das Grundgesetz nicht. Die „Kanzlermehrheit" des Art. 63 I GG soll Minderheitsregierungen vermeiden.

137

---

275 Dazu *Queng*, JuS 1998, 610.
276 Str., s. *Pieroth*, in: Jarass/Pieroth, Art. 64 Rn. 1.

Die **Wahl** findet zum Schutz der Autorität des Präsidenten, aber wohl auch des Kandidaten ebenso wie gem. Art. 54 I 1 GG ohne Aussprache statt. Zuvor werden außerhalb des Parlaments Koalitionsverhandlungen zwischen Parteien und Fraktionen geführt, die in der Regel in Koalitionsvereinbarungen münden. Nach einem erfolglosen ersten Wahlgang geht das Initiativrecht vom Bundespräsidenten (Art. 63 I GG) auf den Bundestag über (Art. 63 III GG). Erzielt der Gewählte im dritten Wahlgang nur die einfache Mehrheit, so kann der Bundespräsident nach eigenem Ermessen entweder den so Gewählten zum Bundeskanzler ernennen oder den Bundestag auflösen (Art. 63 IV 3 GG). In diesem Krisenfall wächst dem Bundespräsidenten die ausschlaggebende politische Rolle zu.

138 Die **innere Organisation** und Arbeitsweise der Bundesregierung regelt Art. 65 GG:

– Richtlinienkompetenz des Kanzlers, S. 1 – **Kanzlerprinzip**

– Ressortverantwortung jedes einzelnen Ministers, S. 2 – **Ressortprinzip**

– Kollegialentscheidung bei Meinungsverschiedenheiten, S. 3 – **Kabinettsprinzip**.

Unter die **Richtlinienkompetenz** fallen politische Leitentscheidungen der inneren und äußeren Politik (§ 1 S. 1 GOBReg), die typischerweise als Rahmenentscheidungen ergehen wie die Festlegung der Ressorts nach Zahl und Geschäftsbereich, aber auch als politisch bedeutungsvolle Einzelentscheidungen wie die Nichtentlassung eines Ministers trotz gegenteiligen Parlamentsbeschlusses oder die Aufnahme diplomatischer Beziehungen mit Israel im Jahre 1965. Koalitionsvereinbarungen können politisch, nicht aber rechtlich verbindlich die durch Art. 65 S. 1 GG abgesicherte Richtlinienkompetenz des Kanzlers einschränken. Koalitionsvereinbarungen sind keine einklagbaren verfassungsrechtlichen Verträge, sondern bloße politische Absprachen.[277]

> Eine Klage vor dem Bundesverfassungsgericht wäre mangels Aufzählung im Katalog des Art. 93 GG – Enumerationsprinzip – unzulässig; als (materiell) verfassungsrechtliche Streitigkeit ist auch der Verwaltungsrechtsweg verschlossen (§ 40 I 1 VwGO – „nichtverfassungsrechtlicher Art"). Die den Grundrechtsteil abschließende Rechtsweggarantie des Art. 19 IV GG berechtigt nur Bürger, nicht aber Verfassungsorgane.

Politisch, nicht rechtlich begründet ist eine mögliche Führungskonkurrenz zwischen Kanzler und Kabinett. Die Richtlinienkompetenz des Kanzlers bindet Kabinett, Ressortminister – auch soweit sie die Sonderrechte innehaben, den Finanzminister (Art. 112 GG, § 26 I GOBReg), den Verteidigungsminister (Art. 65a GG), den Innen- und den Justizminister (§ 26 II GOBReg), nicht aber den Bundestag. Dessen Zugriffsrecht in allen politischen Fragen wird nur durch den engen Kernbereich exekutivischer Eigenverantwortung begrenzt. Die Richtlinienkompetenz gibt dem Bundeskanzler auch kein „Durchgriffsrecht" auf die den Ministern nachgeordneten Ressortbediensteten.

c) Beendigung der Amtsdauer der Bundesregierung und Auflösung des Bundestages

139 In jedem Fall endet das Amt der Bundesregierung mit dem Zusammentritt eines neuen Bundestages (Art. 69 II GG). Im Normalfall geschieht dies nach Neuwahlen wegen Ablaufs der vierjährigen Legislaturperiode (Art. 39 I GG). Bis zur Ernennung

---

277 Str., s. *Degenhart*, Rn. 678, m.w.N.; s.a. *Miller*, Der Koalitionsausschuss, 2011.

seines Nachfolgers ist der Bundeskanzler auf Ersuchen des Bundespräsidenten verpflichtet, nach dem Zusammentritt eines neuen Bundestages eine geschäftsführende Regierung weiterzuführen.[278]

In der Weimarer Republik sind zahlreiche Koalitionsregierungen zerfallen. Neue Regierungsmehrheiten kamen in den 30er Jahren bis zur Machtergreifung Hitlers nicht mehr zustande. Eingedenk dieser Erfahrung soll das **konstruktive Misstrauensvotum** des Art. 67 I 1 GG die Bildung von Minderheitsregierungen[279] verhindern. Der Bundestag kann die bestehende Regierung nur dadurch stürzen, dass die Mehrheit seiner Mitglieder einen neuen Bundeskanzler wählt.

Im Grundgesetz nicht ausdrücklich geregelt, aber in Art. 69 II und III GG vorausgesetzt ist als zweite Möglichkeit die, dass der Bundeskanzler und damit gem. Art. 69 II Hs. 2 GG die ganze Regierung zurücktritt. Der amtierende Bundestag hat dann die Möglichkeit, im Verfahren nach Art. 63 GG einen neuen Bundeskanzler zu wählen. Bringt der Bundestag im 3. Wahlgang nur eine einfache Mehrheit zustande, so kann der Bundespräsident nach eigenem Ermessen den Bundestag auflösen, statt den Gewählten zu ernennen (Art. 63 IV 3 GG).

Wenn dem Bundestag kein konstruktives Misstrauensvotum gelingt und der Bundeskanzler trotz fehlender parlamentarischer Mehrheit nicht zurücktritt, eröffnet Art. 68 GG über die **Vertrauensfrage** des Bundeskanzlers den Weg zu **vorzeitigen Neuwahlen**. **140**

Die Vertrauensfrage nach Art. 68 GG ist als Instrument konzipiert, mit dem der Bundeskanzler feststellen kann, ob er noch eine regierungsfähige, also absolute, Mehrheit im Parlament hat. Sie kann zugleich der Disziplinierung der eine vorzeitige Auflösung des Bundestags fürchtenden Abgeordneten und damit der Machtsicherung dienen. Von der sogenannten **echten Vertrauensfrage** ist die sogenannte **unechte auflösungsgerichtete Vertrauensfrage** zu unterscheiden, mit der der Bundeskanzler vorzeitige Neuwahlen herbeiführen will. Stellt der Bundeskanzler – auch in Verbindung mit einer Gesetzesvorlage oder einem Sachantrag – die Vertrauensfrage und verweigert der Bundestag mit der Mehrheit seiner Mitglieder (Kanzlermehrheit) dem Bundeskanzler das Vertrauen, so kann der Bundeskanzler dem Bundespräsidenten vorschlagen, den Bundestag aufzulösen.

Statt dieser ersten Möglichkeit kann der Bundeskanzler auch ohne parlamentarische Mehrheit, also als Minderheitsregierung, weiterregieren – zweite Möglichkeit oder als dritte Möglichkeit zurücktreten und damit die Möglichkeit der Wahl eines Nachfolgers nach Art. 63 GG eröffnen.

Beantragt der Bundeskanzler nach negativem Vertrauensvotum gem. Art. 68 I 1 GG beim Bundespräsidenten, den Bundestag binnen 21 Tagen aufzulösen, so liegt es im politischen Ermessen des Bundespräsidenten, ob er dem Antrag stattgibt. Anders als die Parlamente der Länder, z.B. Art. 43 I 1 BV, hat der Bundestag nicht das Recht, sich selbst aufzulösen. Er kann nur das Auflösungsrecht des Bundespräsidenten

---

278 Dazu *Epping*, in: vMKS II, Art. 69 Rn. 27–49, m.w.N.
279 Dazu *Finkelnburg*, Die Minderheitsregierung im deutschen Staatsrecht, 1982; *Puhl*, Die Minderheitsregierung nach dem Grundgesetz, 1986.

durch die Wahl eines neuen Bundeskanzlers mit Kanzlermehrheit zum Erlöschen bringen (Art. 68 I 2 GG).

Art. 68 I 1 GG weist dem Bundespräsidenten wie in der Krisensituation des Art. 63 IV 3 GG erneut eine Schlüsselrolle zu. Er kann nach pflichtgemäßem Ermessen den Bundestag auflösen.

Die verfahrensmäßigen Voraussetzungen sind:

- Vertrauensfrage des Bundeskanzlers,
- Verweigerung durch den Bundestag,
- Auflösungsantrag des Bundeskanzlers,
- Einhaltung der 21-Tage-Frist und
- Nichterlöschen des Auflösungsrechtes nach Art. 68 I 2 GG.

Nach dem Regierungswechsel 1982 war umstritten, ob Art. 68 I GG als weiteres Tatbestandsmerkmal eine materielle Auflösungslage voraussetze. Ob also wie bei einem Minderheitskanzler die Auflösungsanordnung voraussetze, dass der Bundeskanzler die Vertrauensfrage mit dem Ziel stellt, hierfür die Zustimmung der Mehrheit der Mitglieder des Bundestages zu erhalten, um damit eine Regierungskrise abzuwenden.[280] Nach dieser Ansicht würde eine von Bundeskanzler und Bundestag „konzertiert" betriebene „unechte Vertrauensfrage" das Selbstauflösungsverbot des Grundgesetzes umgehen.

Das Bundesverfassungsgericht legte Art. 68 I 1 GG großzügiger aus:[281] Da das Grundgesetz kein freies Auflösungsrecht vorsieht, gestatte es Art. 68 GG nicht, dass ein Bundeskanzler, dessen ausreichende Mehrheit außer Zweifel steht, sich zum geeignet erscheinenden Zeitpunkt die Vertrauensfrage negativ beantworten lässt, mit dem Ziel, die Auflösung des Bundestages zu betreiben. Das Gericht fügte ein ungeschriebenes Tatbestandsmerkmal hinzu: „Die politischen Kräfteverhältnisse im Bundestag müssen" die „Handlungsfähigkeit" des Bundeskanzlers „so beeinträchtigen oder lähmen, daß er eine vom stetigen Vertrauen der Mehrheit getragene Politik nicht sinnvoll zu verfolgen vermag." – „**instabile Lage**". Ob eine solche Situation gegeben ist, hat zunächst der Bundeskanzler zu beurteilen. Der Bundespräsident hat bei seiner Entscheidung „die Einschätzungs- und Beurteilungskompetenz des Bundeskanzlers zu beachten, wenn nicht eine andere die Auflösung verwehrende Einschätzung der politischen Lage der Einschätzung des Bundeskanzlers eindeutig vorzuziehen ist". Indem die Entscheidung den obersten Verfassungsorganen Bundeskanzler und Bundespräsident im Zusammenspiel mit dem Bundestag Einschätzungs- und Beurteilungsspielräume bzw. Ermessen bei ihren politischen Leitentscheidungen einräumte, nahm das Bundesverfassungsgericht seine Überprüfungsmöglichkeit auf eine Evidenzkontrolle zurück.

280 So *Schenke*, NJW 1982, 2521; *ders.*, NJW 1983, 150 m.w.N.
281 BVerfGE 62, 43; Sondervoten BVerfGE 62, 64, 70, 108; dazu m.w.N. *v. Münch/Mager*, Rn. 365–367.

Exakt nach dem vom Bundesverfassungsgericht „geschriebenen Drehbuch" betrieb im Jahre 2005 der damalige Bundeskanzler Schröder die erneute vorzeitige Bundestagsauflösung vermittels einer „auflösungsgerichteten Vertrauensfrage". Nachdem der Bundespräsident dem Antrag des Bundeskanzlers nach Art. 68 I 1 GG gefolgt war, billigte das Bundesverfassungsgericht mehrheitlich erneut dieses Vorgehen, allerdings mit Modifikationen. Die die Entscheidung tragende Ansicht ersetzte das ungeschriebene Tatbestandsmerkmal „instabile Lage" durch das „weichere" Tatbestandsmerkmal „Gefahr der Handlungsunfähigkeit der Regierung". Das Bundesverfassungsgericht zieht sich angesichts des nur eingeschränkt einsehbaren politischen Geschehens auf eine bloße Missbrauchskontrolle zurück und überlässt es den drei Akteuren des Art. 68 – Bundestag, Bundeskanzler, Bundespräsident – eine willkürfreie Entscheidung herbeizuführen.[282]

Die Gemeinsame Verfassungskommission von Bundestag und Bundesrat hatte sich zuvor nicht auf ein erweitertes Selbstauflösungsrecht einigen können.[283]

Weiterführend: *Detterbeck*, HStR III, § 66 – Innere Ordnung der Bundesregierung; *Mehde*, Die Ministerverantwortlichkeit nach dem Grundgesetz, DVBl. 2001, S. 13: *Schröder*, in: HStR III, § 64 – Aufgaben der Bundesregierung, § 65 – Bildung, Bestand und parlamentarische Verantwortung der Bundesregierung.

---

282 BVerfGE 114, 121, abl. Sondervotum *Lübbe-Wolff*, S. 182, 195; *Pestalozza*, NJW 2005, 2817; w.N. bei *v. Münch/Mager*, Fn. 386–370.
283 Krit. *Kloepfer*, Verfassungsänderung statt Verfassungsreform, S. 90.

§ 4 Bundesstaat

I. Problemaufriss

141 Bei der Behandlung der verfassungsrechtlichen Grundentscheidungen haben wir bereits festgestellt, dass Art. 20 I GG auch die Staatsform des Bundesstaates festlegt.

Im Gegensatz zur weitverbreiteten Meinung in der Bevölkerung – man denke nur an den Ärger über das zersplitterte Schulwesen oder die Kosten für die aus Steuergeldern zu unterhaltenden 16 Landesparlamente und 16 Landesregierungen – misst das Grundgesetz dem föderativen Aufbau der Bundesrepublik höchsten **Rang** zu, indem es das **Bundesstaatsprinzip** durch die „Ewigkeitsgarantie" des Art. 79 III GG schützt.

In der deutschen Geschichte hat das Bundesstaatsprinzip seit jeher große Bedeutung. Das Deutsche Reich von 1871 war ein Fürstenbund. Auch die Weimarer Republik war als Bundesstaat konzipiert, wenn auch als unitarischer. Die Nationalsozialisten unterbrachen 1934 diesen Zustand durch das Gesetz über den Neuaufbau der Länder des Reiches.[1] Im besetzten Deutschland bestanden die Länder vor dem Bund. Die Landtage der (alten) Länder nahmen das Grundgesetz mehrheitlich an, das die von den Landtagen entsandten Mitglieder des Parlamentarischen Rates entworfen hatten.

In den Frankfurter Dokumenten und während der Beratungen des Parlamentarischen Rates haben die Westalliierten nachhaltig den Aufbau einer föderalen Republik verfochten. Ebenso wie Bayern, dessen Landtag wegen nicht hinreichender Verwirklichung des föderativen Prinzips die Annahme des Grundgesetzes ablehnte, aber die Pflicht zum Bundesbeitritt anerkannte und erfüllte.

Im Abschnitt über die deutsche Teilung und Wiedervereinigung haben wir gesehen, dass mit dem Beitritt der DDR zur Bundesrepublik Deutschland die Länder Brandenburg, Mecklenburg-Vorpommern, Sachsen, Sachsen-Anhalt und Thüringen Länder der Bundesrepublik Deutschland geworden sind. Ihre Rekonstruktion durch das Länder-Einführungsgesetz vom 22.07.1990[2] war eine wichtige staatsrechtliche Voraussetzung für die deutsche Einigung.

Art. 5 EV intendierte neben der von Art. 29 GG abweichenden Neugliederungsmöglichkeit des Art. 118a GG auch die Aufwertung von Bundesrat und Ländern bei der weiteren Entwicklung der Europäischen Union, insbesondere durch Art. 23 und Art. 52 IIIa GG n.F. Diese anlässlich der Zustimmung des Bundesrates zum Vertrag von Maastricht durchgesetzte Änderung des Grundgesetzes geht zurück auf eine ver-

---

1 W.N. bei *Jestaedt*, in: HStR II, § 29 Rn. 3; *Maurer*, Staatsrecht, § 10 Rn. 9–11.
2 Gbl. I Nr. 51, S. 955.

fassungsrechtliche und verfassungspolitische Diskussion in der alten Bundesrepublik. Damit wird die deutsche Binnensicht verlassen und die **europäische Dimension des Föderalismus** eröffnet: die Rolle des in Bund und Länder gegliederten deutschen Bundesstaates innerhalb der „immer engeren Union der Völker Europas" (Art. 1 II EUV)[3]. Föderalismus wird verstanden als politisches Prinzip der Zuordnung selbständiger staatlicher Einheiten unter Anerkennung ihrer politischen und kulturellen Eigenarten. Der staatsrechtliche Gehalt des Föderalismusbegriffes wird mit dem bundesstaatlichen Prinzip gleichgesetzt.[4]

Ein **Bundesstaat** ist eine staatsrechtliche Vereinigung von Glied-Staaten zu einem Gesamt-Staat.

Gegenbegriffe sind der Staatenbund und der Einheitsstaat.

Ein **Staatenbund** ist eine völkerrechtliche Vereinigung von Staaten, die selbst keine Staatsqualität hat. Beim Einheitsstaat hingegen fehlt den innerstaatlichen Gliederungen – Selbstverwaltungskörperschaften, Gebietskörperschaften – die Staatsqualität, z.B. in den Niederlanden die Reichsprovinzen, in Polen die Wojewodschaften oder in der DDR die Bezirke. Ein Staatenbund war z.B. der deutsche Bund von 1815–1866, wiewohl in der damaligen rechtspolitischen Diskussion die Begriffe Staatenbund und Bundesstaat durchaus changierend verwendet wurden[5].

Die **Europäische Union** ist kein Staat[6] und damit auch kein Bundesstaat. Das Bundesverfassungsgericht bezeichnet die EU als **Staatenverbund**, ein Begriff, der zwischen dem völkerrechtlichen Begriff des Staatenbundes und dem staatsrechtlichen Begriff des Bundesstaates changiert. Die Europäische Union versteht sich nicht als bloßer Staatenbund, sondern als eine „immer enger werdende Union der Völker Europas". Der traditionsverhaftete Begriff des Staatenbundes ist zu unspezifisch für den dynamischen Prozess der Entwicklung der Europäischen Union. Die Aussagekraft dieses Begriffs[7] lässt sich unter föderalistischen Aspekten zumindest in Frage stellen. So heißt es in den Federalist Papers, die die Grundlage legten für die bundesstaatliche Verfassung der USA: „Eine föderative Republik kann man einfach als einen ‚Verbund von Gemeinwesen' oder als eine Vereinigung von zwei oder mehreren Staaten zu einem Staat definieren"[8]. Auch die Verwendung des Begriffs „Verbund von Gemeinwesen" hat nicht verhindert, dass angesichts der Entwicklung der USA in Großbritannien Föderalismus mit zentralstaatlich geprägter, unitarischer Bundesstaatlichkeit gleichgestellt wird, was u.a. der Grund dafür war, dass der Vertrag von Maastricht statt der ursprünglich vorgesehenen europäischen Föderation die Europäische Union kreiert hat.

142

---

3 Dazu *Vitzthum*, AöR 1990, S. 281.
4 S. *Kimminich*, in: HStR, 1. Aufl. 1987, Bd. II, § 26 Rn. 1–5; *Jestaedt*, HStR, § 29 Rn. 9.
5 S. *Wadle*, Der Staat, Beiheft 12, 1998, S. 137, 170.
6 BVerfGE 89, 155 – Maastricht; BVerfGE 123, 267, 348.
7 Dazu *Kirchhof*, in: HStR VII, § 183 Rn. 66; *Hommelhoff/Kirchhof* (Hrsg.), Der Staatenverbund der EU, 1994; *Cromme*, Die Zukunft des Lissabonvertrages, 2010, S. 125; krit. *Ipsen*, EuR 1993, 1, 3.
8 *Hamilton*, in: Die „Federalist Papers", 1993, S. 92.

143 Gemäß dem durch das Ratifikationsgesetz zum Vertrag von Maastricht eingefügten Art. 23 GG n.F. wirkt die Bundesrepublik Deutschland mit bei der Entwicklung der Europäischen Union, die ausdrücklich auch föderalistischen Grundsätzen verpflichtet sein muss. Die Staatszielbestimmung des Art. 23 I 1 GG verlässt die Binnensicht des nationalen Bundesstaates und verpflichtet deutsche Staatsorgane an der Ausgestaltung des Föderalismus innerhalb der Europäischen Union mitzuwirken. Es steht also nicht im politischen Belieben der deutschen Verfassungsorgane, sich an der europäischen Integration zu beteiligen oder nicht[9] – „Grundsatz der Europarechtsfreundlichkeit". Einen europäischen Bundesstaat schreibt Art. 23 I 1 GG nicht vor. Nach Ansicht des BVerfG sagt das von der Präambel und von Art. 23 I GG vorgeschriebene Integrationsziel nichts über den endgültigen Charakter der politischen Verfasstheit Europas. Das Gericht geht noch einen Schritt weiter: „Das Grundgesetz ermächtigt die für Deutschland handelnden Organe nicht, durch einen Eintritt in einen Bundesstaat das Selbstbestimmungsrecht des Deutschen Volkes in Gestalt der völkerrechtlichen Souveränität Deutschlands aufzugeben. Dieser Schritt ist wegen der mit ihm verbundenen unwiderruflichen Souveränitätsübertragung auf ein neues Legitimationssubjekt allein dem unmittelbar erklärten Willen des Deutschen Volkes vorbehalten."[10] Aus diesem Vorbehalt zu Gunsten einer freien „Entscheidung des Deutschen Volkes"[11] wird z.T. wegen Art. 79 III GG gar geschlossen, das Grundgesetz verwehre einen Beitritt zu einem europäischen Bundesstaat.[12]

Zwingend ist dieses auf einer extensiven Auslegung von Art. 79 III, 146 GG beruhende Bundesstaatsverbot[13] nicht. In der alten Bundesrepublik war der Beitritt zu einem europäischen Bundesstaat erklärter Konsens der maßgeblichen Parteien. Nach dem Fall des Eisernen Vorhangs und dem Beitritt zahlreicher Staaten wie Polen, Ungarn oder den baltischen Staaten, deren Bevölkerung stolz ist auf ihren nationalen Freiheitskampf, ist in der zur Zeit 27 Mitgliedstaaten umfassenden EU die Interessenlage komplexer. Die offene Frage eines europäischen Bundesstaates steht in absehbarer Zeit nicht zur Entscheidung.

Vor Erlass von Art. 23 GG n.F. wirkte die Bundesrepublik Deutschland gem. Art. 24 GG an der Entwicklung der EU mit. Die EU kann korrekt aber aussageschwach auch als **zwischenstaatliche Einrichtung** i.S.v. Art. 24 I GG klassifiziert werden. Die Eigenart der EU unter den auf völkerrechtlicher Rechtsgrundlage basierenden internationalen Organisationen, z.B. UNO, NATO kennzeichnet die Klassifizierung als **supranational**. Dadurch soll verdeutlicht werden, dass die Befugnisse der EG gegenüber den Mitgliedstaaten, deren Behörden und ihren Bürgern auf den jeweiligen Bereichen weiter gehen als dies in anderen internationalen Organisationen der Fall ist,

---

9 So BVerfGE 123, 267, 346 f.
10 BVerfGE 123, 267, 347.
11 BVerfGE 123, 267, 343, 364.
12 So *Gärditz/Hillgruber*, JZ 2009, 872, 874 f.; *Isensee*, ZRP 2010, 33, 35, s.a. *Kirchhof*, HStR, 1. Aufl., VII, 1992, § 183 Rn. 67; dagegen zu Recht *Frowein*, DÖV 1998, 806; *Jestaedt*, Der Staat 2009, 497; *Röper*, DÖV 2010, 285; s.a. Rn. 20.
13 *Schönberger*, Der Staat 2009, 535.

was sich nicht zuletzt in der vom EuGH gewahrten autonomen und gegenüber dem Recht der Mitgliedstaaten vorrangigen Rechtsordnung niederschlägt.[14] Der Begriff der Supranationalität verdeckt allerdings den alten zwischen Europarechtlern und Staatsrechtlern bestehenden Streit, ob das Europarecht abgelöstes oder abgeleitetes Recht ist[15].

II. Föderalismus auf europäischer und staatlicher Ebene

1. Föderalismus auf europäischer Ebene

Soweit das Maastricht-Urteil[16] die Staatsqualität der EU wegen des fehlenden europäischen Staatsvolks verneint, verweist es auf das demokratische Prinzip. Ein weiterer Argumentationsstrang ist föderalistisch geprägt.   **144**

> „Die Bundesrepublik Deutschland ist somit auch nach dem Inkrafttreten des EU-Vertrags Mitglied in einem Staatenverbund, dessen Gemeinschaftsgewalt sich von den Mitgliedstaaten ableitet und im deutschen Hoheitsbereich nur kraft des deutschen Rechtsanwendungsbefehls verbindlich wirken kann. Deutschland ist einer der ,Herren der Verträge‘, die ihre Gebundenheit an den ,auf unbegrenzte Zeit‘ beschlossenen EU-Vertrag (Art. Q EUV) mit dem Willen zur langfristigen Mitgliedschaft begründet haben, diese Zugehörigkeit aber letztlich durch einen gegenläufigen Akt auch wieder aufheben könnten. Geltung und Anwendung von Europarecht in Deutschland hängen von dem Rechtsanwendungsbefehl des Zustimmungsgesetzes ab. Deutschland wahrt damit die Qualität eines souveränen Staates aus eigenem Recht den Status der souveränen Gleichheit mit anderen Staaten i.S. des Art. 2 Nr. 1 UN-Satzung."[17]

Der Leitsatz 1 des Urteils zum Lissabon-Vertrag führt die Verbindung von demokratischer und föderalistischer Argumentation fort. Zugleich baut das BVerfG seine schon im Maastricht-Urteil beanspruchte Schlüsselrolle zu Lasten des in seinen Gestaltungsrechten erheblich eingeengten demokratischen Gesetzgebers aus.[18] Das Maastricht-Urteil hatte bereit mit der Ultra-Vires-Doktrin die Kontrolle und gegebenenfalls die Kassation ausbrechender Hoheitsakte der EU beansprucht. In diesem Sinne heißt es in der Lissabon-Entscheidung: „Das Bundesverfassungsgericht prüft, ob Rechtsakte der europäischen Organe und Einrichtungen sich unter Wahrung des gemeinschafts- und unionsrechtlichen Subsidiaritätsprinzips (Art. 5 I 2 und III EUV) in den Grenzen der ihnen im Wege der begrenzten Einzelermächtigung eingeräumten Hoheitsrechte halten [...] Darüber hinaus prüft das Bundesverfassungsgericht, ob der unantastbare Kerngehalt der Verfassungsidentität des Grundgesetzes nach Art. 23 I 3 in Verbindung mit Art. 79 III GG gewahrt ist."[19]

---

14 S. *Oppermann*, Europarecht, 4. Aufl., Rn. 891; *Schweitzer/Hummer*, Europarecht, 1. Aufl., 2007, Rn. 872.
15 Dazu *Wahl*, Der Staat 2009, 589, 591.
16 BVerfGE 89, 155.
17 BVerfGE 89, 155, 190.
18 Krit. *Schwarze*, Europarecht 2010, 108.
19 BVerfGE 123, 267 – Leitsatz 4.

Das Letztentscheidungsrecht über die Wahrung der nationalen Verfassungsidentität wird als „Integrationsresistenz des nationalen Verfassungsstaats",[20] aber auch als „Ausrichtung der europäischen Integration am Leitmotiv der staatlichen Souveränität" kritisiert.[21] In der *Honeywell*-Entscheidung[22] hat das BVerfG zumindest gegenüber dem EuGH die Ausübung seines Letztentscheidungsrechts verfahrensrechtlich und materiellrechtlich auf institutionell bedeutsame Veränderungen zu Lasten der Mitgliedsstaaten abgemildert.

145 Spezifisch föderalistisch geprägt und von großer praktischer Bedeutung ist die Abgrenzung der Kompetenzen von EU und Mitgliedstaaten nach dem **Prinzip der begrenzten Einzelermächtigung** (Art. 5 I, II EUV). Schon im Maastricht-Urteil hatte das BVerfG mit Hilfe des Prinzips der begrenzten Einzelermächtigung eine Vertragsabrundungskompetenz der EU zu verwerfen.

Das Urteil zum Lissabon-Vertrag nimmt die Ausweitung der Kompetenzen der EU (Art. 3 ff. AEUV), die Reform ihrer Instrumente und Verfahren, insbesondere die drei Verfahrensarten, nach denen die Verträge geändert werden können (Art. 48 II–V EUV – ordentliches Verfahren, Art. 48 VI – vereinfachtes Verfahren und Art. 48 VII – Brückenverfahren) zum Anlass, die Integrationsverantwortung von Bundestag und Bundesrat einzufordern: „Sofern die Mitgliedstaaten das Vertragsrecht so ausgestalten, dass unter grundsätzlicher Fortgeltung des Prinzips der begrenzten Einzelermächtigung eine Veränderung des Vertragsrechts ohne Ratifikationsverfahren herbeigeführt werden kann, obliegt neben der Bundesregierung den gesetzgebenden Körperschaften eine besondere Verantwortung im Rahmen der Mitwirkung, die in Deutschland innerstaatlich den Anforderungen des Art. 23 I GG genügen muss (Integrationsverantwortung) und gegebenenfalls in einem verfassungsgerichtlichen Verfahren eingefordert werden kann."[23]

Das Bundesverfassungsgericht hat die Ausstattung der Integrationsverantwortung von Bundestag und Bundesrat am Rechtsetzungsverfahren der EU durch das Begleitgesetz zum Lissabon-Vertrag – nicht aber das Zustimmungsgesetz – für verfassungswidrig erklärt, da es der Integrationsverantwortung von Bundestag und Bundesrat nicht gerecht werde. Der Bundesgesetzgeber hat daraufhin das Gesetz über die Ausweitung und Stärkung der Rechte des Bundestages und des Bundesrates in Angelegenheiten der EU[24], dessen Kernstück das in Art. 1 geregelte Integrationsverantwortungsgesetz ist, und das Gesetz zur Änderung des Gesetzes über die Zusammenarbeit von Bundesregierung und dem Deutschen Bundestag in Angelegenheiten der EU[25] erlassen. Das Integrationsverantwortungsgesetz regelt neben Unterrich-

---

20 So *Isensee*, ZRP 2010, 33, 35.
21 So *Thym*, Der Staat 2009, 559, 585; s.a. *Murken*, Der Staat 2009, 517: „Identity Trumps Integration"; *v. Bogdandy*, NJW 2010, 1.
22 NZA 2010, 995; s.a. Rn. 20.
23 BVerfGE 123, 267 – Leitsatz 2a.
24 Vom 22.09.2009, BGBl. I, 3022; dazu *v. Arnauld/Hufeld*, Systematischer Kommentar zu den Lissabon-Begleitgesetzen, 2010.
25 Vom 22.09.2009, BGBl. I, 3026; dazu *Wolff*, DÖV 2010, 49; *Lindner*, BayVBl. 2010, 193; *Nettesheim*, NJW 2010, 177; *Daiber*, DÖV 2010, 293; *Schröder*, DÖV 2010, 303; *Hanischl/Eisenhut*, BayVBl. 2010, 204.

tungspflichten der Bundesregierung in EU-Angelegenheiten (§ 11) die Unterrichtung bei Änderungen des EU-Vertrages, einschließlich von Vetorechten von Bundestag und Bundesrat bei Brückenklauseln (§ 10).

Das Maastricht-Urteil[26] verwendet das in Art. 5 III EUV (= Art. 2 II EUV a.F.) so- **146** wie Art. 23 I 1 GG normierte **Subsidiaritätsprinzip** dazu, das Prinzip der beschränkten Eigenermächtigung zu verdeutlichen und zu begrenzen.

> „Besteht eine vertragliche Handlungsbefugnis, so bestimmt das Subsidiaritätsprinzip, ob und wie die Europäische Gemeinschaft tätig werden darf. Will der Gemeinschaftsgesetzgeber eine ihm zugewiesene Gesetzgebungsbefugnis ausüben, so muß er sich zunächst vergewissern […], daß die Ziele der in Betracht gezogenen Maßnahme durch ein Tätigwerden der Mitgliedstaaten auf nationaler Ebene nicht ausreichend erreicht werden können. Sodann muß dieser Befund den weiteren Schluß rechtfertigen, daß die Ziele in Anbetracht des Umfangs oder der Wirkungen der Maßnahme besser auf Gemeinschaftsebene zu erreichen sind."

Auch diese Linie hat das Urteil zum Lissabon-Vertrag fortgeführt.[27] Das hat dem Gericht den Vorwurf einer „übermäßigen Betonung des Subsidiaritätsprinzips" eingebracht: „In Deutschland scheint das Pochen auf das Subsidiaritätsprinzip als Ersatz für Europapolitik missverstanden zu werden."[28]

Dem lässt sich ebenso polemisch entgegenhalten, dass in Brüssel und Straßburg das Subsidiaritätsprinzip eher als positiver Kompetenztitel denn als Kompetenzbegrenzung verwendet wird. Eine Subsidiaritätsklage des Bundesrates und/oder des Bundestages nach Art. 23 Ia GG gegen einen Gesetzgebungsakt der EU vor dem EuGH[29] könnte erweisen, ob der EuGH und das BVerfG bei der Auslegung des Subsidiaritätsprinzips offen oder nur verdeckt unterschiedliche Konzeptionen vertreten. Zum Schwur käme die Frage, wenn etwa der Bundesrat gegen Unitarisierungstendenzen, die bei föderalistischen Strukturen immer wieder zutage treten, seine Integrationsverantwortung vor dem BVerfG einklagte. Jedenfalls kann eine derartige Klage, anders als eine aktive Beteiligung an der europäischen Rechtsetzung, nur ultima ratio sein.

Eine föderalistische Struktur ist nicht konstitutives Element des Typus „Verfassungs- **147** staat". Bezeichnenderweise enthält der EUV kein Bekenntnis zum Föderalismus. Bei der Gründung der EWG (1956) war die Bundesrepublik Deutschland der einzige beteiligte Bundesstaat. Inzwischen sind Belgien und Österreich hinzugekommen. In typischen Einheitsstaaten, wie Frankreich, Spanien, Italien und Großbritannien, ist zwar ein Prozess der Regionalisierung in Gang gekommen, aber von Bundesstaatlichkeit sind diese Staaten weit entfernt. Gerade der Vergleich mit dem wichtigsten Bundesstaat, den USA[30] belegt, dass „der Bundesstaat als reife Entfaltung des modernen Staates" (Isensee) noch kein europäisches Allgemeingut ist. Schon deshalb ist es zweifelhaft, ob die künftige europäische Union ein „dreistufiger Bundesstaat" – Glied-

---

26 BVerfGE 89, 155, 211.
27 BVerfGE 123, 267, 359.
28 So *v. Bogdandy*, NJW 2010, 1, 4.
29 S.a. Art. 6 des Protokolls über die Anwendung der Grundsätze der Subsidiarität und Verhältnismäßigkeit, § 11 IntVG; dazu *Gas*, DÖV 2010, 313.
30 Dazu *Isensee*, AöR 1990, 248, 262.

staat = Länder – Gesamtstaat = Bundesrepublik Deutschland – Zentralstaat = Europäische Union – sein wird.[31] Auch wenn die Europäischen Gemeinschaften kein „Phänotypus eines Verbandes offener Nationalstaaten"[32] bleiben können, spricht doch manches dafür, dass angesichts auch der im Vergleich zu den USA historisch einzigartigen europäischen Einigung ein Bundesstaat herkömmlicher Art kaum Endpunkt einer europäischen Föderation sein kann.

148 Die römischen Verträge waren „landesblind" (H. P. Ipsen). Das Leitbild vom **Europa der Regionen** war das Instrument, mit dem es den deutschen Ländern gelungen ist, im Vorfeld des Vertrages von Maastricht ihre Position innerhalb des Bundesstaates zu verbessern (Art. 23, 24 I a, 50 GG) und innerhalb der Gemeinschaft zu begründen (Art. 16 II EUV, Art. 305 AEUV). Art. 16 II EUV erlaubt die Vertretung der Bundesrepublik Deutschland durch Landesminister im Rat der Europäischen Union.[33] Das Leitbild „Europa der Regionen" sollte zugleich der in Deutschland lange Zeit verwurzelten Vorstellung von einem föderativ verfassten, von den Mitgliedstaaten getragenen europäischen Bundesstaat[34] eine Absage erteilen und stattdessen die Überwindung der Nationalstaaten durch eine regional verfasste Gemeinschaft fördern[35]. Die deutsche Utopie des Europas der Regionen mutet an wie ein Nachklang der gebrochenen Identität der alten Bundesrepublik. Das Urteil zum Lissabon-Vertrag hat Bundestag und Bundesrat eine besondere Integrationsverantwortung auferlegt, nicht den Ländern und schon gar nicht deren Parlamenten. Wie sollen Landesparlamente auch europäische Entscheidungsprozesse kontrollieren, an denen Landesminister mitgewirkt haben, wenn es ihnen bis heute nicht gelungen ist, die exekutiven Entscheidungsprozesse wirksam zu beeinflussen, die auf Bundesebene in Vollzug der Gemeinschaftsaufgaben nach Art. 91a, b GG stattfinden.

149 Der Lissabon-Vertrag hat den **Ausschuss der Regionen** durch die Einräumung eines eigenen Klagerechtes vor dem EuGH (Art. 263 III AEUV) gestärkt. Der Ausschuss hat vierundzwanzig deutsche Mitglieder. Drei stellen die kommunalen Spitzenverbände (Deutscher Städtetag, Deutscher Landkreistag, Deutscher Städte- und Gemeindeverbund), alle übrigen Sitze die deutschen Länder. Art. 305 AEUV verkoppelt zwei Typen von Verwaltungseinheiten mit oft gegensätzlichen Interessen, nämlich staatlich föderale Regionen und kommunal strukturierte Regionen.[36] In jedem Fall sind Regionen Verwaltungseinheiten, also gerade nicht das, was die deutschen Länder sind und bleiben wollen, nämlich Staaten.[37] Demgemäß ist der Regionalausschuss

---

31 Dazu *Vitzthum*, AöR 1990, 281, 285 in Anlehnung an Kelsen.
32 So *Klein*, VVDStRL 50, 56, 59.
33 Dazu *Greulich*, Der Landesminister als Vertreter der Bundesrepublik Deutschland im Rat der Europäischen Union, 1997; s.a. Jahrbuch des Föderalismus I, Föderalismus, Subsidiarität und Regionen in Europa, 2000.
34 Vgl. *Hallstein*, Der unvollendete Bundesstaat, 1969.
35 Vgl. dazu m.w.N. *Battis*, in: Battis/Tsatsos/Stefanou, Europäische Integration und nationales Verfassungsrecht, 1995, S. 81, 115.
36 Dazu *Föhn*, Der Ausschuss der Regionen, 2003; *Hesse*, Regionen in Europa, I, II, 1996.
37 So *Badura*, in: FS Lerche, 1993, S. 383; ausführlich *Pahl*, Regionen mit Gesetzgebungskompetenzen in der EU, 2004.

bisher keine dritte Kammer, sondern eher eine Clearing-Stelle, ähnlich dem Wirtschafts- und Sozialausschuss (Art. 301–304 AEUV).

Die Büros der Länder in Brüssel[38] belegen, dass die Länder zumindest zusätzlich zur institutionellen Mitwirkung den Weg des politischen Lobbyismus gehen, um mehr Einfluss auf das Brüsseler Geschehen zu erlangen. Diesen Weg gehen andere Interessenten, Verbände, Unternehmen oder Universitäten auch.

> Weiterführend: *Di Fabio*, Das Recht offener Staaten, 1998; *Frowein*, Die Europäisierung des Verfassungsrechts, Festschrift 50 Jahre Bundesverfassungsgericht I, 2001, S. 209; *Huber*, Europäisches und nationales Verfassungsrecht, VVDStRL 60 (2001), 194; *Merten* (Hrsg.), Föderalismus und europäische Gemeinschaften, 1990; *Späth/Scharpf*, Regionalisierung des Europäischen Raumes, 1989; *Oeter*, Integration und Subsidiarität im Bundesstaat, 1998; *Steinberger/Klein/Thürer*, Der Verfassungsstaat als Gliedstaat einer europäischen Gemeinschaft, VVDStRL 50, 9; *Vitzthum*, AöR 1990, 280, Der Föderalismus in der europäischen und internationalen Einbindung der Staaten.

2. Der Bund und die Länder

Hinter der schlichten Gegenüberstellung von Bundesstaat, Einheitsstaat und Staatenbund verbergen sich traditionell tiefgreifende begrifflich-konstruktive Probleme, die u.a. unter den Stichworten Eigenstaatlichkeit der Länder, Zweigliedrigkeit, Dreigliedrigkeit ausgiebig, aber ziemlich unergiebig diskutiert werden. Darauf, vor allem aber auf die innerstaatliche Mitwirkung der Länder an der Europäischen Union gem. Art. 23 GG ist nachfolgend einzugehen. **150**

Die **Eigenstaatlichkeit der Länder**, ihre Staatsqualität, wird vom Bundesverfassungsgericht bejaht. Die Länder seien als Glieder des Bundes Staaten mit eigener – wenn auch gegenständlich beschränkter –, nicht vom Bund abgeleiteter, sondern von ihm anerkannter Hoheitsmacht.[39] Sie üben ihre Staatsgewalt durch eigene Gesetzgebung, Vollziehung und Rechtsprechung aus. Sie haben eigenes Hoheitsgebiet und können eigene Staatsangehörigkeitsgesetze erlassen – Art. 74 Nr. 8 GG – 3-Elementen-Lehre. Die Länder sind nicht nur autonome Gebietskörperschaften.[40]

Misst man die Staatsqualität hingegen an der **Souveränität**, so fällt die Probe negativ aus. Souveränität ist vom französischen Staatsphilosophen Jean Bodin (1530–1596) definiert worden als die absolute und dauernde Gewalt des Staates. Aus völkerrechtlicher Sicht kann es nur einen souveränen Staat Bundesrepublik Deutschland geben. „Die Pflege der Beziehungen zu auswärtigen Staaten ist Sache des Bundes" (Art. 32 I GG). Allerdings gestattet Art. 32 III GG den Ländern auf ihren Gesetzgebungsgebieten – also gegenständlich beschränkt, was gerade der Souveränität nicht entspricht –, aber nur mit Zustimmung der Bundesregierung, mit auswärtigen Staaten Verträge abzuschließen.[41] Entsprechendes regelt Art. 24 Ia GG für die Übertragung von Hoheitsrechten der Länder auf grenznachbarschaftliche Einrichtungen.

---

38 Dazu *Pahl*, Regionen mit Gesetzgebungskompetenzen, S. 73 ff.; *Bauer*, VR 1996, 417.
39 BVerfGE 1, 34.
40 BVerfGE 34, 19.
41 Dazu *Vitzthum*, AöR 1990, 280, 297 ff.

Andererseits ist der überkommene völkerrechtliche Souveränitätsbegriff angesichts der Übertragung von Hoheitsakten gem. Art. 23 GG auf die EU und gem. Art. 24 I GG auf die NATO, die WTO oder den Internationalen Strafgerichtshof ein zweifelhafter Maßstab. Angesichts dieser Verschiebungen, die einhergehen mit der Betonung von Grundwerten der Völkerrechtsordnung, wird denn auch ein „elastischer Souveränitätsbegriff" propagiert.[42]

Die Eigenstaatlichkeit der Länder erscheint auch nicht eben überzeugender, wenn man sie, statt anhand des Völkerrechts von außen, anhand des Staatsrechts, also von innen, näher untersucht. Qualifiziert man die **Verfassungsautonomie** zur Voraussetzung originärer Staatsgewalt[43], so treten neue Zweifel auf[44].

Art. 28 I GG schreibt den Ländern verbindlich als verfassungsmäßige Ordnung die verfassungsrechtlichen Grundentscheidungen für Republik, Demokratie, Sozialstaat und Rechtsstaat vor. Die Wiedereinführung etwa der Monarchie in Bayern wäre verfassungswidrig, könnte also notfalls mit Bundeszwang (Art. 37 GG) verhindert werden.

U.E. ist es jedoch wenig ergiebig, so hochgreifende Maßstäbe wie Souveränität und Verfassungsautonomie anzulegen. Niemand wird ernsthaft bestreiten, dass die Bundesrepublik Deutschland ein Staat ist. Eingedenk der inhaltlich genau bekannten Einflussnahmen der Alliierten vor und während der Beratungen des Parlamentarischen Rates kann aber dessen Verfassungsautonomie durchaus in Frage gestellt werden. Auch die erst durch den 2 + 4-Vertrag abgelösten Vorbehalte der Alliierten in Bezug auf Deutschland als Ganzes waren mit einem strenggenommenen Souveränitätsbegriff kaum vereinbar. Gleichwohl hat das BVerfG in den Entscheidungen zum Maastricht- und zum Lissabonvertrag nicht nur den demokratischen Begriff „Volkssouveränität", sondern gerade auch die Konzeption der Mitgliedsstaaten als souverän bleibende Staaten in den Mittelpunkt gestellt.[45] Immerhin haben in der jüngsten Finanz- und Wirtschaftskrise die Nationalstaaten ihre Resistenz gegenüber supranationalen Institutionen erwiesen.[46]

Vieles spricht für die Ansicht des Staatsrechtslehrers und zeitweiligen Ministers und Staatssekretärs Hugo Preuß (1860–1925), der maßgeblich den Entwurf der Weimarer Reichsverfassung verfasst hat. Er verwarf die bereits 1923 umstrittene Frage – „Gliedstaat eines Bundesstaates oder autonomer Selbstverwaltungskörper eines dezentralisierten Einheitsstaates" – als unergiebig.[47]

151 Unergiebig ist auch der Streit um die juristische Konstruktion des Bundesstaates. Ausgehend von der Staatsqualität der Länder entsteht nach der herrschenden, nach gewissen Unsicherheiten auch vom Bundesverfassungsgericht[48] vertretenen Lehre

---

42 So *Herdegen*, FS Herzog, 2009, S. 117, 129.
43 BVerfGE 34, 19.
44 Dagegen BVerfGE 36, 19.
45 BVerfGE 123, 267 – Leitsatz 1; zur Kritik s. Rn. 144–146.
46 S. *Abelshauser*, ZSE 2010, 1.
47 Deutschlands Republikanische Reichsverfassung, 2. Aufl., 1923, S. 23.
48 BVerfGE 13, 77.

vom **zweigliedrigen Bundesstaat**[49] aus dem Zusammenschluss der Gliedstaaten (Länder) der mit besonderen Zentralorganen und -kompetenzen ausgestattete Gesamtstaat Bundesrepublik = Bund.

> Nach der **Dreigliedrigkeitslehre**[50] bilden die Gliedstaaten (Länder) einen Zentralstaat (Bund). Über Gliedstaaten und Zentralstaat wölbt sich der Gesamtstaat (Bundesrepublik Deutschland). Art. 36 II, 79 III GG sprechen aber von der Gliederung des Bundes in Länder, nicht von Gliederung der Bundesrepublik in Bund und Länder. Das eigentliche Anliegen der Dreigliedrigkeitslehre, nämlich dass sich Bund und Länder nicht beziehungslos gegenüberstehen, lässt sich anders und unverfänglicher verständlich machen, z.B. durch Hinweis auf den Bundesrat, das Verfassungsorgan des Bundes, durch das die Länder an der Willensbildung des Bundes mitwirken. Dieses Bundesorgan handelt, wie alle anderen auch, im Rahmen seiner Kompetenzen für den Gesamtstaat Bundesrepublik Deutschland, die die Verfassung gelegentlich abkürzend als Bund bezeichnet.

Wichtiger als diese juristischen Begrifflichkeiten und Konstruktionsversuche sind die **Funktionen**, die der **Bundesstaat** erfüllen soll. **152**

Der bundesstaatliche Aufbau kann der Erhaltung einer historisch gewachsenen Ordnung[50a] und Eigenart der meist älteren Gliedstaaten dienen, so z.B. im Fall der Freistaaten Bayern und Sachsen und der beiden freien Hansestädte. Auch ehemalige preußische Provinzen wie das („up ewig ungedeelte") Schleswig-Holstein, von Brandenburg als Ursprung Preußens ganz zu schweigen, sind durchaus keine geschichtslosen Kunstprodukte. Gerade die Rückbesinnung in der Bevölkerung der vergehenden DDR auf die 1952 zumindest faktisch und mit der Verfassung von 1968 spätestens auch rechtlich untergegangenen Länder auf dem Gebiet der DDR belegt deren identitätsstiftende Wirkung.

Der Wettbewerb zwischen Ländern, deren Regierungen von unterschiedlichen Parteien getragen werden, kann sich innovativ und leistungssteigernd z.B. auf die Bildungs-, Wissenschafts-, Medien- und Wirtschaftspolitik der einzelnen Länder auswirken. Die variierenden Regierungsmehrheiten gewähren zudem den im Bund in der Opposition agierenden Parteien die Möglichkeit, sich in einzelnen Ländern als Regierungspartei zu profilieren und für einen Wechsel im Gesamtstaat zu empfehlen.

Die bundesstaatliche Organisation der Bundesrepublik dient vornehmlich der Begrenzung und Kontrolle der politischen Macht und damit auch der Freiheitssicherung. Die bundesstaatliche Verteilung der Gesetzgebungs-, Verwaltungs-, und Rechtsprechungskompetenzen führt zur **vertikalen Gewaltenteilung**. Zugleich kommt es zur horizontalen Gewaltenteilung durch die Mitwirkung des Bundesrates als der Vertretung der Länder bei der Bundesgesetzgebung und der Bundesverwaltung.

Darüber hinaus soll der bundesstaatliche Aufbau, wie jedes föderalistische System, die Mitwirkungsmöglichkeiten des einzelnen Bürgers verbessern und durch **Dezentralisierung** der Aufgaben deren raschere und rationale Erledigung fördern. Die Besonderheit und Mannigfaltigkeit des jeweiligen räumlichen Bereichs kann besser zum

---

49 *Maurer*, § 10 Rn. 4 f., m.w.N.
50 *v. Mangoldt/Klein*, 2. Aufl., Anm. II 2 zu Art. 20.
50a Zur Geschichte *Kloepfer*, Verfassungsrecht I, § 9 Rn. 22 f.

Tragen kommen. Die fortgeschrittenere Ausdifferenzierung bundesstaatlicher Verwaltung ermöglicht es, vielfältigere Interessen und Gegebenheiten zu verarbeiten. Deren bedarf es in gesteigertem Maße bei einer auf den europäischen Binnenmarkt, also noch großräumiger ausgerichteten und noch hochstufiger und damit von der Einzelumsetzung i.d.R. noch weiter entfernten europäischen Exekutive.

Das Schwergewicht der Verwaltungstätigkeit liegt bei den Ländern (Art. 30, 83 ff. GG). Die fortschreitende europäische Integration dürfte die bei den Ländern zentrierte Exekutive eher noch stärken, da die EU außerstande ist, den überwiegenden Teil ihrer Rechtssetzung durch eigene Verwaltungsorgane zentral europaweit umzusetzen. Insoweit gehören die Länder wohl eher zu den Gewinnern.

153   Anders erweisen sich die Auswirkungen des Integrationsprozesses auf die **Gesetzgebungskompetenz** von Bund und Ländern. Insoweit gibt es zwei dominante Entwicklungen, die Abwanderung von Gesetzgebungskompetenzen von den Ländern zum Bund und später einsetzend, aber nicht minder signifikant vom Bund zur EU. Auf Letzteres reagieren Art. 23 GG und das dazu ergangene Gesetz über die Zusammenarbeit von Bund und Ländern in Angelegenheiten der EU sowie die vom BVerfG[51] eingeforderte IntVG und das novellierte Gesetz zur Zusammenarbeit von Bundesregierung und Bundestag in Angelegenheiten der EU. Auf den innerstaatlichen Mitwirkungsprozess und die zuletzt durch die Föderalismusreform I und II dazu getroffenen Gegenmaßnahmen wird in folgendem Abschnitt eingegangen.

Art. 23 GG regelt in I 1 Anforderungen an die Struktur der Europäischen Union, die die Organe der Bundesrepublik Deutschland binden (Strukturklausel), in I 2 die Beteiligung des Bundesrates bei der Übertragung von Hoheitsrechten durch Gesetz (Kompetenzübertragungsklausel), in I 3 formelle und materielle Schranken etwaiger für die Mitwirkung notwendiger Verfassungsänderungen (Verfassungsbestandsklausel), in Ia Klagerechte von Bundestag und Bundesrat vor dem EuGH wegen Verstoßes eines Gesetzgebungsaktes der EU gegen das Subsidiaritätsprinzip und überaus kompliziert das Zusammenspiel von Bundesregierung, Bundestag und Bundesrat bei der Mitwirkung der Bundesrepublik Deutschland an der Europäischen Union im Einzelnen (Art. 23 II bis VII GG).[52]

Art. 23 II 1 GG bestimmt, dass außer der Bundesregierung und des Bundestages auch der Bundesrat in Angelegenheiten der EU mitwirkt. Beide sind umfassend und frühestmöglich zu unterrichten (Art. 23 II 2 GG). Das Urteil zum Lissabon-Vertrag hat die darin postulierte Integrationsverantwortung von Bundestag und Bundesrat verstärkt.[53] Die Unterrichtung von Bundestag und Bundesrat hat in der Vergangenheit unter der Fülle der Informationen und der Kürze der damit verbundenen Fristen gelitten. § 12 IntVG soll die Unterrichtung von Bundestag und Bundesrat effektu-

---

51 BVerfGE 123, 267.
52 *Breuer*, NVwZ 1994, 417, 421; *Hobe*, Der offene Verfassungsstaat zwischen Souveränität und Interdependenz, S. 149.
53 BVerfGE 123, 267.

ieren.[54] Die Bundesregierung hat dem Bundestag vor ihrer Mitwirkung an allen Rechtsetzungsakten der EU Gelegenheit zur Stellungnahme zu geben (Art. 23 III 1 GG). Art. 23 III 2 GG verpflichtet die Bundesregierung, die Stellungnahme des Bundestages bei den Verhandlungen zu berücksichtigen.

Art. 23 II 1, IV, V 1, 2, VI 1 GG machen durch die ausdrückliche Erwähnung der **154** Länder deutlich, daß die Vorschrift nicht nur auf die Beteiligung des Bundesorgans „Bundesrat" zielt, sondern auf die Wahrung der speziellen Interessen der einzelnen Länder. Art. 23 IV GG verpflichtet die Bundesregierung, den Bundesrat lückenlos zu beteiligen, soweit er an einer entsprechenden innerstaatlichen Maßnahme mitzuwirken hätte oder soweit die Länder innerstaatlich zuständig wären. Zur wirksamen Wahrnehmung dieser Beteiligungsrechte dient die Europakammer des Bundesrates (Art. 52 IIIa GG). Kern der Beteiligung ist die Hinzuziehung von Vertretern der Länder an der Beratung zur Festlegung von Verhandlungspositionen gem. § 4 I des auf Grund des Urteils zum Lissabon-Vertrag[55] novellierten Gesetzes über die Zusammenarbeit von Bund und Ländern in Angelegenheiten der Europäischen Union. Die Mitwirkung wird im Einzelnen noch differenziert durch Art. 23 V GG, orientiert an der Gesetzgebungskompetenz und der Betroffenheit der Länder. Art. 23 VI GG füllt innerstaatlich die schon angesprochene Wahrnehmung mitgliedsstaatlicher Rechte der Bundesrepublik Deutschland durch einen Ländervertreter gem. Art. 16 II EUV, Art. 305 AEUV aus.

Die durch die Ausführungsgesetze zu Art. 23 GG noch erheblich verkomplizierten und vermeintlich perfektionierten Regelungen sind als Sackgasse kritisiert worden[56]. Das Bundesverfassungsgericht hat in der Entscheidung zur Einführung der Währungsunion die Pflicht zur Organtreue beim Zusammenwirken von Bundesregierung, Bundestag und Bundesrat in Angelegenheiten der EU betont, ohne die Zuständigkeit des Bundes für die Errichtung der Bundesbank als Währungs- und Notenbank des Bundes zu verwischen.[57] Die Subsidiaritätsklage nach Art. 23 Ia GG stärkt die Rolle von Bundestag und Bundesrat in Angelegenheiten der EU. Die zersplitterte Umsetzung der vom BVerfG betonten Integrationsverantwortung in drei Gesetzen schafft aber auch neue Probleme. Die dem Inkrafttreten des Lissabon-Vertrages geschuldete hastige Umsetzung der Vorgaben des Urteils des BVerfG zum Lissabon-Vertrag wird nicht das letzte Wort sein.[58]

Die Länder wirken durch das Bundesorgan „Bundesrat" in Angelegenheiten der EU mit, gemeinsam mit dem Bundestag. Die Länder treten im Rahmen des Art. 23 GG hingegen einzeln nicht nach außen in Erscheinung, auch nicht, soweit ein Vertreter der Länder nach Art. 23 VI GG tätig wird.

---

54 Dazu *Nettesheim*, NJW 2010, 177, 182; *v. Arnauld/Hufeld*, Systematischer Kommentar zu den Lissabon-Begleitgesetzen, 2010, m.w.N.
55 BVerfGE 123, 267.
56 So *Breuer*, NVwZ 1994, 417; s.a. Classen, ZRP 1993, 57; *Di Fabio*, Der Staat 1993, 191, 209.
57 BVerfGE 79, 350, 375.
58 Dazu *Wolff*, DÖV 2010, 49.

Weiterführend: *Hobe*, Der offene Verfassungsstaat zwischen Souveränität und Interpendenz, 1998; *Kokott*, Deutschland im Rahmen der Europäischen Union, AöR 1994, 207; *Lerche*, Zur Position der deutschen Länder nach dem neuen Europa-Artikel des Grundgesetzes, in: FS Schambeck, 1994, S. 753; *Meißner*, Die Bundesländer und die Europäischen Gemeinschaften, 1996; *Puttler*, HStR VI, § 142, Die deutschen Länder in der EU.

3. Kommunale Selbstverwaltung

155 Am Beispiel des landesgesetzlichen Versuchs, vor der Neufassung von Art. 28 I 3 GG ein Ausländerwahlrecht auf Kommunalebene einzuführen[59], haben wir gesehen, dass die Länder durch das Homogenitätsgebot des Art. 28 I 1 GG an die verfassungsrechtlichen Grundentscheidungen des Art. 28 I GG auch auf der Ebene der Kommunen einschließlich der Bezirksverwaltungen gebunden sind. Unter bundesstaatlichem Aspekt ist hinzuzufügen, dass die Bestimmung der Grenzen der durch Art. 28 II GG garantierten kommunalen Selbstverwaltung nach der Kompetenzverteilung des Grundgesetzes grundsätzlich der **Landesgesetzgebung** vorbehalten ist.[60] Die Kommunen sind aber an Gesetze und Rechtsverordnungen gebunden, die der Bund in Ausübung seiner Gesetzgebungskompetenz erlassen hat. Tatsächlich führen die Kommunen den weitaus größten Teil der Bundesgesetze aus, z.B. Asyl-, Sozialhilfe- und Bauplanungsrecht, in den beiden ersten Beispielsfällen mit einschneidenden Folgen für die kommunalen Haushalte. In der Föderalismusreform I haben daher Länder und Gemeinden das Durchgriffsverbot des Art. 84 I 7, 85 I 2 GG durchsetzen können. Danach dürfen durch Bundesgesetz Kommunen Aufgaben nicht übertragen werden.[61] Dies kann nur durch Landesgesetz erfolgen, unter Wahrung des landesrechtlichen Konnexitätsgebots (z.B. Art. 137 HessVerf, 78 III NrwVerf[62]), also der Kostentragungspflicht des Landes.

Im Zuge der europäischen Integration wird die Ingerenz von Bund und Ländern auf die kommunale Ebene durch europarechtlich ausgelöste Bundes- und Landesgesetze verstärkt. **Kommunale Selbstverwaltung und Europäische Integration** wird zum einen prinzipiell diskutiert als Frage nach der „Europafestigkeit" der in dieser Form innerhalb der Mitgliedsstaaten einzigartig ausgeprägten Garantie der kommunalen Selbstverwaltung (Art. 28 II GG).[63] Insoweit bestehen bis hin zur Frage der Institutionalisierung der Einflussnahme auf den Willensbildungsprozess in der Gemeinschaft gewisse Parallelen zur Länder-Regionen-Diskussion innerhalb der EU. Immerhin ist es gelungen, im Lissabon-Vertrag die Kommunen aufzuwerten (Art. 4 EUV). Weniger akademisch sind die praktisch überaus wichtigen Auswirkungen z.B. der Richtlinie über das kommunale Wahlrecht von Unionsbürgern und vor allem der zahlreichen Richtlinien zum Umwelt-, Vergabe-, Energie- oder Telekommunikationsrecht, welche

---

59 BVerfGE 83, 37 u. 60.
60 BVerfGE 55, 274, 319; 75, 108, 150.
61 Dazu str. *Ingold*, DÖV 2010, 134 u. 732; *Meßmann*, DÖV 2010, 726.
62 Dazu mit unterschiedlichen Akzenten z.B. Nds. StGH, DVBl. 1995, 1175 und NWVerfGH NVwZ-RR 2010, 705.
63 *Hennecke*, Kommunen und Europa, 1999; zur Europäischen Charta der kommunalen Selbstverwaltung des Europarates s. *Schmidt*, EuR 2003, 936; zum Lissabonvertrag *Blanke*, DVBl. 2010, 1333.

z.B. die kommunale Bauleitplanung, das kommunale Vergabewesen oder das Verhalten der Kommune als Anbieter im Bereich der Daseinsvorsorge (Art. 14 AEUV), zum Teil auch als Nachfrager, z.b. im Energie-, Wasser-, Abfall-, Verkehrs- und Telekommunikationsmarkt spätestens nach ihrer innerstaatlichen Umsetzung maßgeblich determinieren. Darauf ist im Verwaltungsrecht einzugehen.

III. Kompetenzverteilung im Bundesstaat

1. Verteilungsgrundsätze

In einem Bundesstaat muss die Ausübung der staatlichen Befugnisse und die Erledigung der staatlichen Aufgaben zwischen dem Gesamtstaat und den Gliedstaaten verteilt werden. Dazu kann man unterschiedliche Verteilungsprinzipien auswählen. So könnte, nach Funktionen verteilt, die Gesetzgebung insgesamt dem Bund, die Verwaltung und Rechtsprechung insgesamt den Ländern zugewiesen werden. Stattdessen könnten die Aufgaben auch nur nach Sachgruppen verteilt werden, so dass eine Materie, z.B. das Bildungswesen, sowohl in legislativer, administrativer und judikativer Hinsicht den Ländern zugewiesen würde. **156**

Das Grundgesetz wählt keines der beiden Verteilungsprinzipien. Vielmehr begründet Art. 30 GG eine Zuständigkeitsvermutung zugunsten der Länder.

Die umfassende **Zuständigkeitsvermutung zugunsten der Länder** muss in jedem Einzelfall im Grundgesetz selbst oder aufgrund einer grundgesetzlichen Ermächtigung in einem einfachen Gesetz (s. Art. 30 GG – „zulässt") widerlegt werden. Fehlt eine solche grundgesetzlich erlaubte Ermächtigung, darf der Bund nicht, auch nicht privatrechtlich, tätig werden. Deshalb war z.B. die Gründung der „Deutschland-Fernsehen-GmbH" durch die Bundesregierung mangels Kompetenzzuweisung des GG an den Bund verfassungswidrig.[64]

Die Verteilung der Aufgaben nach dem Prinzip der Fülle (für die Länder) und der Enumeration (für den Bund) darf jedoch nicht zu dem Trugschluss verleiten, dass das Schwergewicht staatlicher Tätigkeit bei den Ländern liegt. Vielmehr trifft das Grundgesetz in den meisten Fällen eine andere Regelung bzw. lässt diese zu, und zwar

– in den Art. 70–74 für die Gesetzgebung
– in den Art. 83–91 für die Verwaltung
– in den Art. 92–96 für die Rechtsprechung
– in den Art. 104a–109a für die bundesstaatliche Finanzverfassung
– in Art. 32 für die auswärtigen Beziehungen
– in Art. 91a–91d für Gemeinschaftsaufgaben und Verwaltungszusammenarbeit.

> Die ersten drei Komplexe sind funktional gegliedert in Gesetzgebung, Verwaltung und Rechtsprechung, während der vierte Komplex sachbezogen ist – Finanzen – und sowohl

---

64 BVerfGE 12, 205.

legislative wie administrative und judikative (Art. 108 VI GG) Regelungen trifft. Der fünfte und sechste Komplex regeln schwerpunktmäßig exekutives Handeln. Art. 59 II 1 und Art. 91a II GG weisen aber dem Bund auch Gesetzgebungskompetenzen zu; dies geschieht auch außerhalb der Finanz- und Haushaltsartikel, etwa in Art. 4 III 2 oder Art. 21 III GG – vorbehaltene Gesetzgebung[65]. Der Bund erhält also nicht nur durch Vorschriften des Abschnitts VII „Die Gesetzgebung des Bundes" Gesetzgebungskompetenzen.

Da Bund und Ländern die Legislativfunktion zusteht, sichert die Kollisionsnorm des Art. 31 GG die Widerspruchsfreiheit des Rechtssystems durch die Höherrangigkeit des Bundesrechts: „Bundesrecht bricht Landesrecht". Unerheblich ist dabei der Rang des jeweiligen Bundes- oder Landesrechts. Es ist daher möglich, dass eine Bundesrechtsverordnung eine Vorschrift einer Landesverfassung bricht.

Weiterführend: *Pietzcker*, Zuständigkeitsordnung und Kollisionsrecht im Bundesstaat, in: HStR VI, § 134; *Stettner*, Grundfragen einer Kompetenzlehre, 1983.

2. Gesetzgebungszuständigkeiten

157 Für jeweils aufgezählte Gegenstände steht dem Bund

– die ausschließliche Gesetzgebung (Art. 71, 73 GG) und

– die konkurrierende Gesetzgebung (Art. 72, 74 GG) zu.

Die Rahmengesetzgebung (Art. 75 i.V.m. 72 GG a.F.) und die Grundsatzgesetzgebung (Art. 91a II a.F., 109 III a.F.) sind durch die Föderalismusreform I und II gestrichen worden.

Jahrzehntelang sind im Zuge der Unitarisierung des Bundesstaates die Gesetzgebungskompetenzen des Bundes stetig ausgeweitet worden. Den Ländern verbleiben wesentliche Regelungsbefugnisse im Kulturbereich, im Polizei-, Gemeinde-, Bau-, Straßen- und Wasserrecht. Aber selbst die Kulturhoheit – „das Kernstück der Eigenstaatlichkeit der Länder"[66] – ist durch Gesetzgebungskompetenzen des Bundes eingeschränkt worden (Art. 74 I Nr. 13 GG – Ausbildungsbeihilfen und Förderung der wissenschaftlichen Forschung, Art. 75 I Nr. 1a GG a.F. – allgemeine Grundsätze des Hochschulwesens, Art. 91a I Nr. 1, II GG a.F. – Ausbau und Neubau von Hochschulen). Zusätzlich sind die Länder der wachsenden Ingerenz der EU ausgesetzt. Kompetenzen der EU in der allgemeinen und beruflichen Bildung (Art. 165, 166 AEUV) sowie der Kultur (Art. 167 AEUV) berühren ebenso Länderkompetenzen wie wirtschaftspolitische (z.B. Bauproduktenrichtlinie) oder medienpolitische Aktivitäten (z.B. Rundfunkrichtlinie). Gesteigert gilt dies für die zuvor intergouvernemental und nunmehr in Art. 67–89 AEUV geregelten polizeilichen und justiziellen Kompetenzen des Titels V „Raum der Freiheit, der Sicherheit und des Rechts". Im Vorfeld der Zustimmung zum Vertrag von Maastricht und in der Gemeinsamen Verfassungskommission haben die Länder daher zum einen ihre Einbindung in die Vorbereitung der europabezogenen Entscheidungen durchgesetzt (Art. 23 II, IV, VI GG) und zum anderen Veränderungen der Gesetzgebungskompetenzen zu ihren Gunsten erreicht, insbesondere eine

---

65 Dazu *Rengeling*, in: HStR VI, § 135 Rn. 148; *v. Münch/Kunig*, Art. 70 Rn. 18.
66 BVerfGE 6, 346; krit. zum Begriff Kulturhoheit *Lammert*, Einigkeit, S. 147.

vom BVerfG[67] dann sehr streng ausgelegte Erforderlichkeitsklausel in Art. 72 II GG a.F. Nicht zuletzt diese Rechtsprechung beendete das Desinteresse des Bundes an der ursprünglich von den Ländern angestoßenen Föderalismusreform I, deren Schwerpunkt die Neuordnung der Gesetzgebungskompetenzen war.

Der den Abschnitt VII eröffnende Art. 70 GG ist eine spezielle Ausprägung der Grundentscheidung des Art. 30 GG. Art. 30 GG – „Grundregel unserer bundesstaatlichen Verfassung"[68], – begründet eine im Einzelfall zu widerlegende **Zuständigkeitsvermutung für die Länder.**

Gegenstand der **ausschließlichen Gesetzgebung** des Bundes (Art. 73 GG) sind vor allem die Materien, die Attribute der Staatlichkeit des Bundes betreffen, wie Verteidigung, Staatsangehörigkeit, Zoll, aber auch Abwehr von Terrorismus, Luftverkehr, Post, Telekommunikation. Die Länder dürfen die in Art. 73 GG genannten Materien nur regeln, wenn und soweit sie hierzu ausdrücklich in einem Bundesgesetz ermächtigt worden sind (Art. 71 GG). **158**

Die zahlreichen Gegenstände der **konkurrierenden Gesetzgebung** (s. Katalog Art. 74 I) dürfen die Länder nur regeln, solange und soweit der Bund von seiner Gesetzgebungszuständigkeit nicht durch Gesetz Gebrauch gemacht hat. Hat der Bund von seiner Kompetenz Gebrauch gemacht, dürfen die Länder grundsätzlich den betreffenden Regelungsgegenstand nicht mehr regeln – Sperrwirkung (Art. 72 1 GG). Die ursprüngliche Bedürfnisprüfung gem. Art. 72 II GG a.F. räumte dem Bund einen weitgehenden, vom Bundesverfassungsgericht nur beschränkt nachprüfbaren Beurteilungsspielraum ein und förderte die Unitarisierung des Bundesstaates. Die 1994 eingeführte Erforderlichkeitsklausel des Art. 72 II GG verlangt eine strikt am Grundsatz der Verhältnismäßigkeit orientierte Prüfung, ob und in welchem Ausmaß die Bundesregelung zur Herstellung gleichwertiger Lebensverhältnisse oder zur Wahrung der Rechts- und Wirtschaftseinheit im gesamtstaatlichen Interesse erforderlich ist. Das BVerfG räumt dem Gesetzgeber insoweit weder ein Ermessen noch einen Beurteilungsspielraum ein. Die Föderalismusreform I hat der Vorschrift jedoch dadurch die „Zähne gezogen", dass der Katalog auf einige praktisch weniger wichtige Materien beschränkt worden ist, z.B. Nr. 15 – Sozialversicherung, Nr. 20 – Lebensmittel, aber auch Nr. 11 – Recht der Wirtschaft. Für den größeren und gewichtigeren Teil der im Katalog des Art. 74 I GG enthaltenen Materien, z.B. Nr. 1 – Bürgerliches Recht, Strafrecht, Gerichtsverfassung, Nr. 12 – Arbeitsrecht gilt die Erforderlichkeitsklausel seit der Föderalismusreform I nicht mehr. **159**

Praktisch weniger bedeutungsvoll ist die durch die Föderalismusreform I eingeführte **Abweichungsgesetzgebung**[69] des Art. 72 III GG. Für die in den Nrn. 1–6 abschließend aufgeführten Materien, z.B. Naturschutz (Nr. 2), Raumordnung (Nr. 4), können die

---

67 BVerfGE 106, 62, 136 – Altenpflegegesetz; 110, 141, 175 – Kampfhunde; 112, 226, 244 – Studiengebühren.
68 BVerfGE 16, 79; s.a. *Mende*, Kompetenzverlust der Landesparlamente im Bereich der Gesetzgebung, 2010.
69 Dazu *Franzius*, NVwZ 2008, 492; *Degenhart*, DÖV 2010, 422; *Becker*, DVBl. 2010, 754; *Kloepfer*, Verfassungsrecht I, § 9 Rn. 255 f, § 21 Rn. 110 f.

Länder von den vom Bund zuvor verabschiedeten Regelungen abweichen. Grundsätzlich treten daher diese Bundesgesetze frühestens nach sechs Monaten in Kraft (Art. 72 III 2 GG). Der Bund kann aber ein vom Land erlassenes Gesetz selbst wieder durch eine eigene Regelung ersetzen. Art. 72 III 2 GG bestimmt daher den Anwendungsvorrang des jeweils jüngeren Bundes- oder Landesgesetzes. Das nach dieser ausgeklügelten Regelung mögliche „Ping-Pong" von Landesgesetzgeber und Bundesgesetzgeber ist zwar theoretisch möglich, praktisch aber bisher nicht vorgekommen. Die jeweiligen „Fachbruderschaften" der jeweiligen Politikbereiche in Bund und Ländern, die sogenannten Arbeitsebenen der Fachministerkonferenzen, haben die Abweichungsgesetzgebung bisher marginalisiert.

> Gleichwohl ist festzuhalten, dass die unter dem Motto der Entflechtung der Kompetenzen angetretene Föderalismusreform I in diesem Fall eher ein abschreckendes Beispiel für „Entflechtung durch Verflechtung" abgeliefert hat.

Praktisch bedeutungslos ist auch die 1994 eingeführte **Rückholklausel** des Art. 72 IV GG, der zur Folge der Bund die Länder ermächtigen kann, Bundesrecht durch eigenes Recht zu ersetzen.

Art. 125a II GG enthält eine wichtige, ähnlich strukturierte **Übergangsvorschrift**. Bundesrecht, das wegen der Änderung des Art. 72 II GG nicht mehr als Bundesrecht ergehen könnte, gilt als Bundesrecht fort (Satz 1). Gemäß Satz 2 kann der Bund dieses Recht dem Landesgesetzgeber freigeben. Dieses Ermessen ist, wenn grundlegende Neuregelungen geboten sind, reduziert.[70]

Art. 125a I GG räumt den Ländern das Recht zur Abänderung bestimmter als Bundesrecht ergangener Regelungen ein, ohne dass der Bund dazu tätig werden muss. Es handelt sich um Regelungen, die auf Grund der Verfassungsänderung von 1994, z.B. das Erschließungsbeitragsrecht (Art. 74 I Nr. 18 a.F. GG) und von 2006, z.B. Ladenschlussrecht (Art. 74 I Nr. 11 a.F. GG) unter die Landeskompetenz fallen.

160 Die frühere **Rahmengesetzgebung** (Art. 75 GG a.F.) ermächtigte den Bund zu Regelungen, die der Ausfüllung durch die Länder fähig und bedürftig sein mussten, schloss aber nicht aus, dass der Bund außer an die Landesgesetzgeber gerichtete Rechtsnormen auch einheitlich und unmittelbar für die Bürger geltende Vorschriften erlässt[71], z.B. die §§ 121–133 f. BRRG. Die Übergangsvorschrift des Art. 125b GG regelt die Fortgeltung des Rahmenrechts als Bundesrahmenrecht, das der Bund nunmehr in ausschließlicher, z.B. Melde- und Ausweiswesen (Art. 73 I Nr. 3 GG) oder in konkurrierender Gesetzgebung, z.B. Art. 74 I Nr. 27 GG – öffentlicher Dienst – abändern kann. Die Länder erhalten durch Art. 125a I 2 GG eine Abweichungsbefugnis, die an Art. 72 II 1 GG anknüpft. Art. 125b II GG regelt Organisations- und Verfahrensrecht.

> Die frühere Grundsatzgesetzgebung kam der Rahmengesetzgebung nahe. Adressaten waren Organe des Bundes und der Länder, die dadurch auf gemeinsame Grundsätze der Haushaltspolitik und Finanzplanung sowie der Gemeinschaftsaufgaben verpflichtet wurden (Art. 109 III, 91a II 2 GG a.F.).[72]

---

70 BVerfGE 111, 10, 28.
71 BVerfGE 4, 130.
72 Dazu *Rengeling*, HStR VI, § 135 Rn. 320–327.

Zur Vertiefung folgender Fall:[73]   **161**

Der Bundestag verabschiedete ein Gesetz zum Schutz der Berufsbezeichnung Ingenieur. Danach dürfen die Berufsbezeichnung Ingenieur in Zukunft nur noch die Personen führen, die das Studium einer überwiegend technisch-naturwissenschaftlichen Fachrichtung an einer deutschen wissenschaftlichen Hochschule oder an einer deutschen staatlichen oder staatlich anerkannten Ingenieurschule erfolgreich abgeschlossen haben. A befand sich zur Zeit der Verabschiedung des Gesetzes im 5. Semester an einer von einer privaten GmbH getragenen Ingenieurschule für Wirtschaft und Betriebstechnik. Nach Ablauf des 6. Semesters hat er erfolgreich eine Prüfung abgelegt und ist seitdem in der Wirtschaft tätig. Da die von ihm besuchte Schule nicht staatlich anerkannt ist, darf er die Berufsbezeichnung Ingenieur nicht führen. Er hält das Ingenieurgesetz für verfassungswidrig. Dem Bunde fehle die Gesetzgebungszuständigkeit.

Insbesondere könne eine Zuständigkeit des Bundesgesetzgebers nicht aus Art. 74 (I) Nr. 11 GG hergeleitet werden.

A möchte wissen, ob eine Verfassungsbeschwerde Aussicht auf Erfolg hätte.

Eine Verfassungsbeschwerde ist erfolgreich, wenn sie zulässig und begründet ist.

Die Verfassungsbeschwerde des A ist zulässig, wenn A behauptet, durch das Gesetz in einem Grundrecht verletzt zu sein (s. § 90 BVerfGG). Im Regelfall muss ein Bürger vor der Anrufung des Bundesverfassungsgerichts zunächst den Rechtsweg einer anderen Gerichtsbarkeit, z.B. den Verwaltungsgerichten, ausschöpfen. Wenn aber ein Gesetz einen Bürger unmittelbar betrifft, ohne dass es eines behördlichen Vollzugsaktes bedarf, ist der Verfassungsrechtsweg eröffnet.

Da das Gesetz dem A verbietet, die Berufsbezeichnung Ingenieur zu führen, ohne dass es eines weiteren behördlichen Vollzugsaktes bedarf, ist A durch das Gesetz *selbst, gegenwärtig* und *unmittelbar* betroffen. Die Verfassungsbeschwerde ist also zulässig.

Begründet ist die Verfassungsbeschwerde, wenn das Gesetz den A in einem seiner Grundrechte verletzt.

A ist in seinem durch Art. 12 I GG geschützten Grundrecht auf freie Ausübung seines Berufes verletzt, wenn der Bund das Gesetz mangels Gesetzgebungskompetenz nicht erlassen durfte.

Der Bundesminister für Wirtschaft trug im Verfassungsstreit vor:

Die Kompetenz des Bundesgesetzgebers ergebe sich aus Art. 74 (I) Nr. 11 GG. Das Gesetz diene der Klarheit und Wahrheit im geschäftlichen Verkehr und regele damit Modalitäten der Berufsausübung in der Wirtschaft. Jedermann solle darauf vertrauen können,

---

73 Nach BVerfGE 26, 146.

daß ein Geschäftspartner, der sich Ingenieur nenne, eine bestimmte fachliche Vorbildung habe [...]. Die Tatsache, daß das Ingenieurgesetz aus Zweckmäßigkeitsgründen kein umfassendes Berufsrecht geschaffen habe, sondern nur eine Teilregelung enthalte, ändere nichts an seinem wirtschaftsordnenden Charakter. Es knüpfe zwar an Tatsachen an, die im Schulrecht ihre Wurzel hätten, werde jedoch dadurch nicht zu einer Norm des Schulrechts.[74]

Dieser Ansicht folgte das Bundesverfassungsgericht nicht:

„Im Gegensatz zur Reichsverfassung von 1871 und zur Weimarer Verfassung verbietet die Systematik des Grundgesetzes eine extensive Interpretation der Zuständigkeitsvorschriften zugunsten des Bundes. Art. 30 GG geht von dem Primat der Länderzuständigkeit aus. Art. 70 Abs. 1 GG präzisiert diese Regel für den Bereich der Gesetzgebung dahin, daß die Länder das Recht der Gesetzgebung haben, soweit dieses Grundgesetz nicht dem Bund Gesetzgebungsbefugnisse verleiht. Hieraus ergibt sich eine allgemeine Schranke für die in Art. 73–75 GG aufgeführten Bundeskompetenzen."[75]

Nach diesen allgemeinen länderfreundlichen Bemerkungen zur Auslegung der Kompetenzvorschriften prüft das Gericht das Ingenieurgesetz anhand der Kompetenzvorschrift des Art. 74 Nr. 11 GG a.F. = 74 I Nr. 11 GG n.F.

„Zum Recht der Wirtschaft gehören zunächst die Bestimmungen über den Wirtschaftlichen Wettbewerb und den Verbraucherschutz. Hierauf stellt der Bundesminister für Wirtschaft mit seinem Hinweis ab, das Ingenieurgesetz diene der Klarheit und Wahrheit im geschäftlichen Verkehr [...]

Das Ingenieurgesetz kann aber weder verhindern, daß nichtqualifizierte Kräfte beim Angebot von Ingenieurleistungen mit qualifizierten weiterhin in Wettbewerb treten, noch kann es bewirken, daß der Verbraucher darauf vertrauen kann, daß sein Geschäftspartner, der sich Ingenieur nennt, eine bestimmte fachliche Vorbildung hat. Schon die Besitzstandswahrungsklausel des § 1 I Nr. 1 IngG schließt eine solche Wirkung aus.

Die Gesetzgebungszuständigkeit des Bundes nach Art. 74 Nr. 11 GG erstreckt sich auch darauf, Berufe „in der Wirtschaft" rechtlich zu ordnen und ihre Berufsbilder rechtlich zu fixieren. In diesem Rahmen kann der Gesetzgeber sowohl den Inhalt der beruflichen Tätigkeit wie auch die Voraussetzungen für die Berufsausübung (Ausbildung, Prüfung) normieren [...]

Hätte der Gesetzgeber den Beruf des Ingenieurs in umfassender Weise geordnet, so könnte er dafür die Kompetenz aus Art. 74 Nr. 11 GG in Anspruch nehmen. Eine solche Regelung enthält das Ingenieurgesetz aber gerade nicht. Es normiert lediglich das Führen der Berufsbezeichnung „Ingenieur", legt aber weder fest, was der Inhalt der beruflichen Tätigkeit des Ingenieurs ist, noch läßt es Ansätze für die Bestimmung eines Berufsbildes „Ingenieur" erkennen."[76]

162 Da eine andere, im Grundgesetz enthaltene Gesetzgebungskompetenz vorliegend ersichtlich nicht in Betracht kommt, müsste das Bundesverfassungsgericht nun eigentlich ohne weitere Prüfung die Verfassungswidrigkeit des Gesetzes feststellen. Stattdessen prüft es aber noch weitere, im Grundgesetz ausdrücklich nicht genannte, ungeschriebene Bundeskompetenzen.

---

74 BVerfGE 26, 246, 250.
75 BVerfGE 26, 246, 254.
76 BVerfGE 26, 246, 254.

Ungeschriebene Bundeskompetenzen bestehen

- kraft Sachzusammenhangs
- als Annexkompetenz
- aus der Natur der Sache.[77]

Eine Bundeskompetenz kraft Sachzusammenhang besteht nur,

> „wenn eine dem Bund ausdrücklich zugewiesene Materie verständlicherweise nicht ge-
> regelt werden konnte, ohne daß zugleich eine nicht ausdrücklich zugewiesene Materie
> mitgeregelt würde, wenn also ein Übergreifen in eine nicht ausdrücklich zugewiesene
> Materie die *unerläßliche* Voraussetzung wäre für die Regelung einer der Bundesgesetzge-
> bung zugewiesenen Materie."[78]

Ein Beispiel der Bundeskompetenz kraft Sachzusammenhangs ist die Zuteilung von
Sendezeiten an politische Parteien im Rundfunk (Rundfunk = Kulturhoheit =
Ländersache) als Sachzusammenhang zum Recht der politischen Parteien (Art. 21
III GG).[79]

Die **Annexkompetenz** ist ein Sonderfall der Kompetenz kraft Sachzusammenhangs.[80]
Sie ist gegeben, wenn eine an sich nicht der Bundeskompetenz unterliegende Materie
keine einheitliche und selbständige ist, wenn sie in einem notwendigen Zusammen-
hang mit einer der Zuständigkeit des Bundes unterliegenden Materie steht und
deshalb als Annex jenes Sachgebietes angesehen werden kann. Ein Beispiel ist die
Sicherung des Luftverkehrs (Art. 73 I Nr. 6 GG – Bund) oder des Bahnverkehrs des
Bundes (Art. 73 I Nr. 6a GG) durch die Bundespolizei (= Polizei und eigentlich Län-
dersache[81]). Die Annexkompetenz ist zur ordnungsrechtlichen Bewehrung der vom
Bund aufgrund seiner Sachkompetenz erlassenen Gesetze von großer Bedeutung.
Vorliegend kommt sie nicht in Betracht.

> „Auch eine Bundeskompetenz aus der **Natur der Sache** scheidet aus. Die Erwägung, eine
> bundesrechtliche und daher einheitliche Regelung für das Führen der Berufsbezeichnung
> ‚Ingenieur' sei zweckmäßig, reicht für die Annahme einer solchen Kompetenz nicht aus
> [...]. Eine Kompetenz aus der Natur der Sache ‚ist' nur dann ‚anzunehmen', wenn ge-
> wisse Sachgebiete, weil sie ihrer Natur nach eine eigenste, der partikularen Gesetzge-
> bungszuständigkeit a priori entrückte Angelegenheit des Bundes darstellen, vom Bund
> und nur von ihm geregelt werden können."

Beispiele für die Ausübung der Kompetenzvorschrift Natur der Sache finden sich im
Bereich internationale Selbstdarstellung und Repräsentation, wie Festlegung von
Flaggen, der Bundeshauptstadt und der Festlegung von Nationalfeiertagen.[82]

---

77 Zum Ganzen: *Rengeling*, HStR VI, § 135 Rn. 72–81; *Kloepfer*, Verfassungsrecht I, § 21
   Rn 149 f.
78 BVerfGE 26, 256.
79 BVerfGE 12, 241; 98, 265 – Schwangerschaftsabbruch; *v. Münch/Kunig*, GG, Rn. 24 zu
   Art. 70.
80 BVerfGE 8, 148 ff.; 22, 210; *Degenhart* in: Sachs, Art. 70 Rn. 37–41, 43.
81 BVerfGE 8, 143, 149; 97, 198, 219; dazu *Rozek* in: vMKS, Art. 70 Rn. 40.
82 *Rozek* in: vMKS, Art. 70 Rn. 42.

Da im vorliegenden Fall auch keine der ungeschriebenen Bundeskompetenzen eingreift, war der Bund zum Erlass des Gesetzes nicht zuständig. Die Verfassungsbeschwerde ist daher begründet.

Weiterführend: *Meyer*, Föderalismusreform 2006, 2008; *Rengeling*, in: HStR VI, § 135 – Gesetzgebungszuständigkeit.

3. Verwaltungskompetenzen

163 Der 8. Abschnitt des Grundgesetzes (Art. 83–91) regelt die Ausführung der Gesetze und damit die Verwaltungskompetenzen.

Gemäß Art. 83 GG ist die Ausführung der Bundesgesetze grundsätzlich Ländersache. Der Bund hat die Verwaltungskompetenz nur, wenn sie ihm im Grundgesetz oder aufgrund einer grundgesetzlichen Ermächtigung in einem einfachen Gesetz zugewiesen wird.

Anders als bei der Gesetzgebungskompetenz entspricht bei der Verwaltungskompetenz die gesetzliche **Vermutung** der Verfassungswirklichkeit. Der Schwerpunkt des Gesetzesvollzuges **liegt bei den Ländern**. Allerdings führen nicht Landesbehörden, sondern Gemeinden und Kreise die meisten Bundesgesetze aus. Im Bundesstaat sind aber die Kommunen Teil der Länder und nicht etwa eine „dritte Säule" des Staatsaufbaus. Art. 83 GG regelt wie der ganze Abschnitt VIII nur die Ausführung von Bundesgesetzen, nicht die von Landesgesetzen. Deshalb gilt für die Ausführung von Landesgesetzen die allgemeine Vorschrift des Art. 30 GG. Gemäß Art. 30 GG sind zur **Ausführung der Landesgesetze** ausschließlich die Länder zuständig. „Die Ausführung von Landesgesetzen durch Bundesbehörden ist [...] nach dem Grundgesetz schlechthin ausgeschlossen".[83] Die Gesetzgebungskompetenz des Bundes markiert die äußere Grenze seiner Verwaltungszuständigkeit, d.h. die Verwaltungskompetenz folgt der Gesetzgebungskompetenz.

Den **Ländern** obliegt

– der Vollzug der Landesgesetze,

– der Vollzug von Bundesgesetzen als eigene Angelegenheit (Art. 83, 84 GG),

– der Vollzug von Bundesgesetzen im Auftrag des Bundes – Bundesauftragsverwaltung (Art. 85 GG).

Führen die Länder Bundesgesetze als eigene Angelegenheit aus, so beschränkt Art. 84 III 1 GG die Aufsicht des Bundes auf die bloße **Rechtsaufsicht**. Der Bund hat gemäß Art. 84 IV GG das Recht zur Mängelrüge, über deren Berechtigung das BVerfG entscheiden kann (Art. 84 IV 2 GG). Ausnahmsweise sind Einzelweisungen mit Zustimmung des Bundesrates zulässig (Art. 84 II GG).

Bis zur Föderalismusreform I bedurften alle Gesetze, die Bestimmungen über das Verwaltungsverfahren und die Einrichtung von Behörden enthielten, der Zustimmung des Bundesrates. Gemäß Art. 84 I 1 GG n.F. sind Errichtung von Behörden und das

---

83 BVerfGE 21, 325.

Verwaltungsverfahren Sache der Länder. Ohne Zustimmung des Bundesrates kann der Bund jedoch nach Art. 84 I 2 GG selbst diesbezügliche Regelungen treffen. Davon können die Länder wiederum durch Ausübung ihres Zugriffsrechts abweichen. Die abweichenden Regelungen des Landes treten jeweils nach sechs Monaten in Kraft, soweit nicht wiederum ein Bundesgesetz mit Zustimmung des Bundesrates Gegenteiliges bestimmt (Art. 84 I 3 GG). Will der Bund die Abweichungsgesetzgebung von vornherein ausschließen, kann er nach den strengen Voraussetzungen des Art. 84 I 5 GG abweichen, aber nur mit Zustimmung des Bundesrates (Art. 84 I 6 GG).[84] Wichtiger als all diese überkomplizierten Regelungen ist das Durchgriffsverbot bei der Aufgabenübertragung auf die Kommunen in Art. 84 I 7 GG (siehe Rn. 155).

Bei der Bundesauftragsverwaltung umfasst die Bundesaufsicht die Gesetzmäßigkeit – „Rechtsaufsicht" und die Zweckmäßigkeit – „Fachaufsicht". Die starke Stellung des Bundes – Einrichtung von Behörden der Länder durch zustimmungsbedürftiges Bundesgesetz (Art. 85 I), Erlass allgemeiner Verwaltungsvorschriften mit Zustimmung des Bundesrates (Art. 85 II 1), Personalrekrutierung (Art. 85 II 2 u. 3) – äußert sich besonders deutlich im Weisungsrecht des Bundes (Art. 85 III), wodurch der Bund die Sachkompetenz ganz an sich ziehen kann, so dass das Land auf das Handeln nach außen (Wahrnehmungskompetenz) reduziert wird[85]. Die Ausgaben der Länder für die Bundesauftragsverwaltung trägt der Bund (Art. 104a II GG). Für Bundesgesetze, die Geldleistungen gewähren und die von den Ländern ausgeführt werden, z.B. Sparprämiengesetz, Wohngeldgesetz, kann der Bund gemäß Art. 104a III 1 GG durch Gesetz die Kostenlast abweichend von Art. 104a I GG bestimmen. Nach Art. 104a I GG folgt grundsätzlich aus der Aufgabenverantwortung auch die Ausgabenverantwortung. Der durch die Föderalismusreform I eingefügte Art. 85 I 2 GG verbietet wie Art. 84 I 7 GG dem Bund, den Gemeinden Aufgaben zu übertragen.

Für die **bundeseigene Verwaltung** (Art. 86–90 GG) gibt es zwei Organisationsformen: **164**

– die bundes**unmittelbare** Verwaltung, entweder
  – **mit eigenem Unterbau**, z.B. Auswärtiger Dienst, Bundespolizei, Bundeswehrverwaltung und die Finanzverwaltung hinsichtlich der Zölle und Verbrauchssteuern (OFD und (Haupt)Zollämter, nicht aber Finanzämter, die ebenso wie ein Teil der OFD Landesbehörden sind) oder
  – **ohne eigenen Unterbau**, z.B. Bundeskriminalamt, Kraftfahrt-Bundesamt und
– die **mittelbare** Bundesverwaltung, d.h. in Form von Körperschaften, Anstalten und Stiftungen des Öffentlichen Rechts, z.B. Bundesagentur für Arbeit, Deutsche Rentenversicherung Bund.

Aus der Trennung der Verwaltungsräume von Bund und Ländern und dem „numerus **165** clausus der Verwaltungstypen" wird traditionell ein **Verbot der Mischverwaltung** abgeleitet.[86] Die Rechtsprechung des BVerfG zum Verbot der Mischverwaltung ist beinahe so wechselvoll wie die zur Parteienfinanzierung. In früheren Entscheidungen hat

84 Dazu *Germann*, in: Kluth (Hrsg.), Föderalismusreform, S. 181ff.
85 BVerfGE 81, 310 – Kalkar; 84, 25 – Schacht Konrad.
86 *Stern*, Staatsrecht II, S. 832.

das Gericht als unzulässige Mischverwaltung bezeichnet „eine Verwaltungsorganisation, bei der eine Bundesbehörde einer Landesbehörde übergeordnet ist oder bei der ein Zusammenwirken von Bundes- und Landesbehörde durch Zustimmungserfordernisse erfolgt".[87]

Demgegenüber heißt es in einer späteren Entscheidung:[88]

> „Die Verwendung des Begriffs ‚Mischverwaltung' mag zur klassifizierenden Kennzeichnung einer bestimmten Art verwaltungsorganisatorischer Erscheinungsformen sinnvoll sein. Für die Prüfung, ob ein Zusammenwirken von Bundes- und Landesbehörden bei der Verwaltung im konkreten Fall rechtlich zulässig ist, ergibt sich daraus nichts [...]. Eine verwaltungsorganisatorische Erscheinungsform ist nicht deshalb verfassungswidrig, weil sie als Mischverwaltung einzuordnen ist, sondern nur, wenn ihr zwingende Kompetenz- oder Organisationsformen oder sonstige Vorschriften des Verfassungsrechts entgegenstehen."

Es gibt also kein generelles Verbot der Mischverwaltung, sondern das Gericht unterscheidet verbotene und zulässige Mischverwaltung. Die Einordnung ist nicht ganz einfach. So hat das Gericht in der zitierten Entscheidung es zugelassen, dass ein Träger der Sozialversicherung i.S.v. Art. 87 II GG – ein berufständiges Versorgungswerk – eine Einrichtung der Landesverwaltung mit der Geschäftsführung betraut. Dem gegenüber hat das Gericht die durch die Hartz IV – Reform veranlasste Zusammenlegung von Arbeitslosenhilfe und Sozialhilfe in den Fragen, die von der Bundesagentur für Arbeit und den Kommunen getragen werden, als unzulässige Mischverwaltung verworfen.[89] Das hat den verfassungsändernden Gesetzgeber nicht gehindert, dieses Modell in Art. 91e GG wieder einzuführen.

Weitere Beispiele für Mischverwaltungen, die zulässigerweise durch Grundgesetzänderungen eingeführt worden sind, bilden die Gemeinschaftsaufgaben (Art. 91a und b GG) und die Verwaltungszusammenarbeit bei informationstechnischen Systemen (Art. 91c GG).

Es gibt also kein allgemeines Verbot der Mischverwaltung. Vielmehr sind jeweils im Einzelfall anhand des Grundgesetzes die Zulässigkeit des Zusammenwirkens von Bundes- und Landesbehörde einschließlich der Gemeindebehörden zu prüfen.[90] Dabei wird die Verfassungsmäßigkeit der Ausgestaltung wechselseitiger Entscheidungsteilhabe, insbesondere bei parallelen Verwaltungszuständigkeiten nicht immer leicht zu bestimmen sein.

166   Vom Grundsatz, dass der **Bund** nur die Verwaltungskompetenzen hat, die ihm vom Grundgesetz ausdrücklich zugewiesen sind, hat das Bundesverfassungsgericht[91] wie bei der Gesetzgebungskompetenz als Ausnahme eine **Verwaltungskompetenz kraft Natur der Sache** zugelassen.

---

87 BVerfGE 11, 124; 32, 156.
88 BVerfGE 63, 1, 38.
89 BVerfGE 119, 331.
90 BVerfGE 63, 1, 38.
91 BVerfGE 11, 17; 22, 216.

„Es sind Gesetze denkbar, deren Zweck durch das Verwaltungshandeln eines Landes überhaupt nicht erreicht werden kann […]. Nur dann, wenn diese vollständige Ausführung durch Landesverwaltung nicht erreicht werden kann, könnte man annehmen, daß das Grundgesetz stillschweigend eine andere Regelung zuläßt, nämlich die, daß die Ausführung dem Bund übertragen ist."

Weiterführend: *Germann*, in: Kluth (Hrsg.), Föderalismusreformgesetz, 2007, Kommentierung von Art. 84, 85, 125a, b GG; *Oebbecke*, HStR VI, § 136 – Verwaltungszuständigkeit.

4. Gerichtsorganisation

Der die Justizverfassung (Abschnitt IX) eröffnende Art. 92 GG konkretisiert den **167** Grundsatz der Gewaltenteilung (Art. 20 III GG), indem er die Rechtsprechung besonderen Organen, den Richtern, anvertraut (Halbs. 1). Entsprechend dem bundesstaatlichen Aufbau des Grundgesetzes teilt der 2. Halbs. die Ausübung der einheitlichen Gerichtsbarkeit, die mit Ausnahme der Verfassungsgerichtsbarkeit einen Instanzenzug bildet, auf Bund und Länder auf. Soweit das Grundgesetz nicht ausdrücklich die Ausübung der rechtsprechenden Gewalt Bundesgerichten zuweist, sind die Gerichte in Übereinstimmung mit der Grundregel des Art. 30 GG Ländergerichte.

Die **Verfassungsgerichte** (Verfassungsgerichtshöfe, Staatsgerichtshöfe) in Bund und Ländern stehen unverbunden nebeneinander. Das Bundesverfassungsgericht bildet keine zweite Instanz über den Landesverfassungsgerichten.[92] Allerdings können Entscheidungen der Landesverfassungsgerichte als „Akte öffentlicher Gewalt" mit der Verfassungsbeschwerde angegriffen werden.[93] Andererseits können die Landesverfassungsgerichte bundesrechtlich geregelte, aber von Landesbehörden betriebene Verfahren anhand von Landesgrundrechten prüfen, trotz gleichlautender Bundesgrundrechte.[94] Landesrecht kann zweigleisigen Rechtsschutz ausschließen, z.B. Art. 6 II, 113 Nr. 4 BbgVerf, §§ 42 ff. VerfGGBbg.[95]

Entsprechend der Kompetenzverteilung des Art. 92 Halbs. 2 GG sind die unteren und mittleren **Instanzgerichte** Ländergerichte, die obersten Gerichte Bundesgerichte.

Der Bund darf **eigene Instanzgerichte** nicht errichten. Ausnahmen sind gem. Art. 96 GG

- ein Bundesgericht für gewerblichen Rechtsschutz, das Bundespatentgericht,

- die Bundesgerichte zur Entscheidung in Disziplinar- und Beschwerdeverfahren für Personen, die in einem öffentlich-rechtlichen Dienstverhältnis stehen, und zwar das Bundesdisziplinargericht für Bundesbedienstete und Truppendienstgerichte für Soldaten,

- Wehrstrafgerichte (vor allem im Verteidigungsfall, bisher nicht errichtet).

---

92 BVerfGE 60, 175, 301.

93 BVerfGE 34, 81; einschränkend BVerfGE 96, 231 – abschließende Entscheidung einer landesverfassungsrechtlichen Streitigkeit.

94 Einschränkend, HessStGH, DÖV 1999, 388; s.a. BVerfGE 94, 345; *Lange*, NJW 1998, 1278; *Degenhart*, Rn. 859–862.

95 Zusammenstellung bei *Degenhart*, Rn. 836–854.

Ein organisatorischer Sonderfall ist die mittelbare Bundesgerichtsbarkeit qua Organleihe gemäß Art. 96 V GG. Ländergerichte können Bundesgerichtsbarkeit in Strafsachen ausüben, die den Bund wesentlich betreffen, wie Völkermord, Kriegsverbrechen oder Staatsschutz. Dazu ist ein Bundesgesetz erforderlich, das der Zustimmung des Bundesrates bedarf.

Oberste Gerichtshöfe sind gemäß Art. 95 I GG

– der Bundesgerichtshof für die ordentliche Gerichtsbarkeit (Zivil- und Strafrechtspflege),

– das Bundesarbeitsgericht,

– das Bundesverwaltungsgericht,

– der Bundesfinanzhof,

– das Bundessozialgericht.

Zur Wahrung der Einheitlichkeit der Rechtsprechung bilden die obersten Gerichtshöfe einen Gemeinsamen Senat (Art. 95 III GG).

> Über die Berufung der Bundesrichter entscheidet der für das jeweilige Sachgebiet zuständige Bundesminister (Justiz- bzw. Arbeitsminister) gemeinsam mit einem Richterwahlausschuss. Der Richterwahlausschuss besteht paritätisch aus den für das jeweilige Sachgebiet zuständigen Landesministern und den vom Bundesrat gewählten Mitgliedern (Art. 95 II GG).

Ausgelöst durch Rationalisierungsbemühungen ist umstritten, ob Art. 95 GG das fünfgliedrige Gerichtssystem auch in den Ländern garantiert.[96] Außer Streit ist die Zulässigkeit von länderübergreifenden Gerichten, z.B. OVG Berlin/Brandenburg.[97]

Soweit in einem Rechtsstreit landesrechtliche Vorschriften, z.B. des Polizei- oder Schulrechts, anzuwenden sind, ist die Auslegung durch das jeweilige letztinstanzliche Ländergericht auch für Bundesgerichte verbindlich. Vereinheitlichend wirkt sich aus, dass sowohl das materielle Recht, das die Gerichte anwenden, als auch das Gerichtsverfassungsrecht, also die Bestimmungen über die Zuständigkeit der Gerichte für die einzelnen Rechtsgebiete, und das Verfahrensrecht (Art. 74 I Nr. 1 GG) überwiegend Bundesrecht ist, und dass die Prozessordnungen Vorschriften enthalten, die die einheitliche Auslegung der Gesetze und die einheitliche Anwendung der vom Bundesverfassungsgericht entwickelten Grundsätze richterlicher Rechtsfortbildung gewährleisten sollen. Trotz der Garantie der richterlichen Unabhängigkeit (Art. 97 GG) können die Landesjustizministerien vermittels der Personalpolitik (Ernennungen) die Besetzung von Landes- und auch Bundesrichterstellen beeinflussen.

Weiterführend: *Wittreck*, Die Verwaltung der Dritten Gewalt, 2006.

---

96 Verneinend *Voßkuhle*, in: vMKS, Art. 95 Rn. 29; a.A. *Hense*, HStR VI, § 137 Rn. 48 m.w.N.
97 Dazu *Remmert*, Jahrbuch des Föderalismus 2005, 2006.

IV. Bundesrat

1. Verfassungsrechtliche Stellung des Bundesrates

„Durch den Bundesrat wirken die Länder bei der Gesetzgebung und Verwaltung des **168**
Bundes mit" (Art. 50 GG).

Der Bundesrat ist ein **Verfassungsorgan des Bundes.** Er ist kein gemeinsames Organ
der Länder. Der Bundesrat verkörpert als Ausdruck des Bundesstaatsprinzips das
föderative Element in der Willensbildung des Bundes. Indem die Länder über den
Bundesrat an der Ausübung der Bundesgewalt beteiligt werden, verwirklicht der Bundesrat die horizontale Gewaltenteilung. Schon in der Weimarer Republik hat Rudolf
Smend (1882–1975) als Beispiel für die Unitarisierung des Bundesstaates angeführt,
dass dem Verlust der Länder an eigenständiger Gesetzgebungskompetenz der Gewinn
an Einflussnahme auf den Gesamtstaat entspricht. Im Vorfeld der Zustimmung des
Bundesrates zum Maastricht-Ratifikationsgesetz ist die Rolle des Bundesrates in Angelegenheiten der EU in Art. 23 II, IV, V, VI, und Art. 52 IIIa GG – Europakammer
der Bundesrates – aufgewertet worden. Art. 23 Ia GG setzt diese Linie fort. Die Mitwirkung der Länder „durch den Bundesrat" verknüpft also Landes- und Europapolitik.[98] Als Folge der Entscheidung des BVerfG zum Lissabon-Vertrag ist diese Mitwirkung des Bundesrates einfachgesetzlich noch ausgebaut worden.

Als Bundesorgan ist der Bundesrat jedoch kein nach „Zwischenländerstaatsrecht" ge-
bildeter Länderrat. Erscheinungsformen des vom Grundgesetz weder vorgesehenen
noch verbotenen **„Rechts der Zwischenländerkooperation"** sind z.B. die Ministerpräsidentenkonferenz, die verschiedenen Fachministerkonferenzen wie die Kultusminister-
konferenz oder die Bauministerkonferenz, die auf der „Arbeitsebene" mit erheblichem bürokratischen Unterbau versorgt sind, wie das ständige Sekretariat der Kul-
tusministerkonferenz mit einem Generalsekretär oder der auf der „Arbeitsebene"
regelmäßig tagenden Arbeitsgemeinschaft Bau. Der Bund wird auf den meisten
Fachministerkonferenzen durch den zuständigen Bundesminister als Gast vertreten.
Eine staatsvertraglich vereinbarte Form, die auch den Bund einbezieht, ist das ZDF.
Daneben gibt es eine Vielzahl durch Verwaltungsabkommen und Koordinationsab-
sprachen geschaffene Kooperationsformen im Bildungsbereich, gestützt auf Art. 91b
GG, gemeinsam mit dem Bund zur Forschungsförderung und zur Evaluation. Ange-
sichts der seit langem bestehenden zahlreichen Vereinbarungen zwischen Bund und
Ländern sind die von der Föderalismusreform II eingeführten Art. 91c, d GG ent-
behrlich.

Die Mitglieder des Bundesrates sind instruierte Vertreter der Landesregierungen **169**
(Art. 51 I GG). Sie sind keine vom Volke unmittelbar (oder durch die Länderparlamente) gewählte, an Weisungen nicht gebundene (Art. 38 I GG) Volksvertreter (wie in
den USA die Mitglieder des Senats) und keine von den sozialen, wirtschaftlichen,
kulturellen und gemeindlichen Körperschaften des Landes entsandte Standesvertreter
(wie die Mitglieder des früheren Senats in Bayern, Art. 34 BayVerf a.F.).

---

98 Dazu *Dästner*, NWVBl 1994, 1.

Der Bundesrat ist ein immerwährendes Verfassungsorgan des Bundes ohne Wahl- oder Sitzungsperioden, legitimiert durch seine Mitglieder, die Regierungsvertreter der einzelnen Länder. Da die Mitglieder des Bundesrates nicht das jeweilige Landesvolk repräsentieren, entspricht die Stimmengewichtung im Bundesrat nicht annähernd der Bevölkerungszahl der einzelnen Länder; auch nicht nach der durch Art. 4 Nr. 3 EV eingeführten Änderung des Art. 51 II GG. Zur Wahrung ihrer Sperrminorität haben seither die vier großen Länder (Nordrhein-Westfalen, Bayern, Baden-Württemberg, Niedersachsen) je sechs Stimmen. Die beiden kleinsten Länder (Bremen 0,6 Mio., Saarland 1,02 Mio. Einwohner) haben zusammen ebenso viele Stimmen wie das größte Land (Nordrhein-Westfalen, 17,9 Mio. Einwohner). Insoweit setzt sich das Bundesstaatsprinzip gegenüber dem demokratischen Prinzip durch. Dem bundes- staatlichen Prinzip entspräche es aber auch, wenn jedes Land nur eine Stimme hätte. Die verfassungsrechtliche Ausgestaltung belegt die doppelte Kennzeichnung der Bun- desrepublik als Demokratie und Bundesstaat in Art. 20 I GG. Die Mitwirkung der Länder am Regierungssystem des Bundes kann als duplex (doppeltes) regimen be- zeichnet werden.

> „In den Räumen des Bundesrates herrscht die gepflegt-geräuscharme Atmosphäre diplo- matisch-vorsichtiger Höflichkeit, gemischt mit der Sachlichkeit der ihrer eigenen Unent- behrlichkeit wohlbewußten Fachleute. Dies hat in so fern seine Berechtigung, als die Pro- dukte der manchmal recht praxisfern konzipierenden Ministerialbürokratie des Bundes, des auch nicht immer durch Insider-Wissen gestählten Bundestages im Bundesrat zum er- sten Mal mit der praktischen Verwaltungserfahrung der Landesressortminister und Lan- desbürokratien konfrontiert werden. Der Sachverstand, der sich aus der Kenntnis und Anschauung der konkreten Verwaltungs- und Lebensverhältnisse und aus Erfahrungen mit dem praktischen Vollzug von Gesetzen bildet, kann hier oft zu sinnvollen Korrektu- ren an Gesetzesentwürfen oder -beschlüssen führen".[99]

Zu diesem Bild passen die vorwiegend in den Ausschüssen zu Tage tretenden, an materiellen Interessen orientierten wechselnden „Koalitionen" von Küstenländern, Stadtstaaten, Flächenstaaten, durch bestimmte Wirtschaftszweige geprägten Ländern sowie von armen und reichen Ländern. Der Gegensatz zwischen den reichen Geber- ländern und den armen Nehmerländern, zu denen alle neuen Länder zählen, ist durch die Föderalismusreform II nicht beseitigt worden. Der von den reichen Län- dern (Hessen, Baden-Württemberg, Bayern, Hamburg) befürwortete Wettbewerbs- föderalismus ist beim Länderfinanzausgleich (Art. 107 II GG) nicht durchgesetzt worden. Schon vor Auslaufen der Solidarpaktes 2019 stehen neue Klagen der reichen Länder ins Haus. Einig sind sich die Länder in der Regel aber, wenn es im Bundesrat um Fragen der Steuerreform geht. Art. 105 III GG räumt dem Bundesrat insoweit ge- genüber dem Bundestag und der Bundesregierung eine starke Stellung ein.

170 Die Verfassungswirklichkeit kennt aber auch die Zweiteilung in A- und B-Länder, die besonders brisant wird, wenn während der laufenden Legislaturperiode des Bundes- tages im Bundesrat auf Grund von Landtagswahlen eine abweichende politische Mehrheit entsteht. Die Vielfalt der unterschiedlichen Koalitionsregierungen in den

---

99 So *Denninger*, Staatsrecht 2, S. 74.

Ländern hat wegen der jeweils feststehenden Dominanz von Rot oder Schwarz an der informellen Unterscheidung von A- und B-Ländern im Prinzip nichts geändert. Die jeweils kleineren Koalitionspartner nehmen aber über Koalitionsverträge zusätzlichen Einfluss auf das Stimmverhalten der Landesregierung im Bundesrat.

Man kann die parteipolitische Fraktionierung in A- und B-Länder als Ausprägung der durch Art. 21 GG sanktionierten „parteienstaatlichen" Demokratie verstehen. Die Parteienfraktionierung im Bundesrat ist der wichtigste Beleg dafür, dass das traditionell durch Konkordanz und Kooperation geprägte Verständnis des Bundesstaatsprinzips der Wirklichkeit des parteienstaatlichen Konkurrenzföderalismus[100] schon lange nicht mehr gerecht wird. Der Wettbewerb der Parteien in den Ländern setzt sich auf Bundesebene umso mehr fort, je mehr die Länder an Mitwirkungsrechten auf gesamtstaatlicher Ebene gewinnen, was sie auf Landesebene an eigenständigen Kompetenzen verlieren. Die Wiedergewinnung eigener Handlungsspielräume der Länder könnte ein Mittel zu Bekämpfung „parteitaktischer Degenerationen" des Bundesstaates sein. Die Föderalismusreform I und II haben Schritte in diese Richtung getan, die aber wegen der stecken gebliebenen Finanzreform nicht ausreichen, um die parteipolitische Fraktionierung des Bundesrates durch einen Wettbewerbsföderalismus[101] zu ersetzen.

Die Einschränkung des für die Demokratie konstitutiven Mehrheitsprinzips durch das Bundesstaatsprinzip ist im Grundgesetz angelegt. Im Falle der Zustimmungsgesetze, die ohne Zustimmung des Bundesrates nicht zustande kommen können (Art. 77, 78 GG), wird das demokratische Mehrheitsprinzip bei unterschiedlichen parteipolitischen Mehrheiten von Bundestag und Bundesrat durch einen Zwang zur Großen Koalition in Sachfragen ersetzt.[102] Man kann darin eine Denaturierung des Parlamentarismus durch das Bundesstaatsprinzip sehen, darf aber nicht außer acht lassen, dass erst der durch Art. 21 I GG legitimierte Parteienwettbewerb im Bundesrat diese Folgen zeitigt.

Die Umwandlung eigenständiger Landeskompetenzen in Mitwirkungsrechte an der Gesetzgebung und Verwaltung des Bundes hat nicht nur Rückwirkungen auf das parlamentarische System des Bundes, sondern auch auf das der Länder. Die Zunahme der Mitwirkungsrechte des Bundesrates stärkt die Landesregierungen. Die Abnahme der eigenständigen Landeskompetenzen schwächt vor allem die Landesparlamente. Der Kompetenzverlust wird nicht ausgeglichen durch Ansätze zu einer parlamentarischen Kontrolle des Verhaltens der Landesregierung im Bundesrat. Einer wirksamen Kontrolle des Verhaltens der Landesregierung im **Bundesrat** durch das **Landesparlament** stehen trotz der parlamentarischen Verantwortlichkeit der Landesregierungen die kurzen Fristen der Art. 77 II 1, III GG entgegen, vor allem aber die Tatsache, dass das Landesparlament am unmittelbaren Geschehen auf Bundesebene nicht

---

100 So *Schneider*, in: Klönne u.a., Lebendige Verfassung, Das Grundgesetz in Perspektive, 1981, S. 91, 117.
101 Dazu *Volkmann*, DÖV 1998, 613; zurückhaltend *Isensee*, HStR VI, § 126 Rn. 331–334.
102 *Wahl*, AöR 1978, S. 477, 502.

selbst beteiligt ist. Nicht zuletzt daraus erklärt sich die in der Föderalismusreform I kulminierende Skepsis von Landespolitikern gegenüber Erscheinungsformen des „Beteiligungsföderalismus"[103]. Die (teilweise) Beibehaltung der Gemeinschaftsaufgaben des Art. 91a GG und die Regelungen zur Verwaltungskooperation in den Art. 91b GG (Föderalismusreform I) und 91c, d GG (Föderalismusreform II) sowie Art. 91e GG belegen, dass diese Skepsis sich nur unvollkommen in verfassungsrechtlichen Reformen hat niederschlagen können.

> Weiterführend: *Dolzer/Sachs*, Das parlamentarische Regierungssystem und der Bundesrat, VVDStRL 48 (1999), 7/39; *Gusy*, Das parlamentarische Regierungssystem und der Bundesrat, DVBl. 1998, 917; *Herzog*, Stellung des Bundesrates im demokratischen Bundesstaat, in: HStR III, § 57; *Klein*, Der Bundesrat im Regierungssystem der Bundesrepublik Deutschland, ZG 2002, 297; *Neunreither*, Der Bundesrat zwischen Politik und Verwaltung, 1959.

2. Zusammensetzung des Bundesrates

171 Der Bundesrat besteht aus Mitgliedern der Landesregierungen, die von der jeweiligen Landesregierung bestellt und auch von ihr abberufen werden können (Art. 51 I 1 GG). Jedes Land kann so viele Mitglieder entsenden, wie es Stimmen hat (Art. 51 III 1 GG). Wie viele Mitglieder eine **Landesregierung** in den Bundesrat **entsenden** kann, bestimmt Art. 51 II GG nach vier einwohnerbezogenen Klassen. Die **Stimmabgabe** erfolgt entsprechend dem föderativen Prinzip einheitlich (Art. 51 III 2 GG). Daraus und im Gegenschluss aus Art. 53a I 3, 77 II 3 GG, wonach die in den Gemeinsamen Ausschuss und in den Vermittlungsausschuss entsandten Mitglieder des Bundesrates weisungsfrei sind, folgt, dass die Mitglieder des Bundesrates (außer im Vermittlungsausschuss – Art. 77 II 3 GG) an die **Weisungen** ihrer jeweiligen Landesregierung **gebunden** sind.

Das unterscheidet sie von den vom Volk demokratisch gewählten Abgeordneten des Bundestages (Art. 38 I GG), die eben dieses Volk repräsentieren (Art. 38 I 2 GG).

Mit der Rechtssicherheit wäre es unvereinbar, wenn Abstimmungen eines Gesetzgebungsorgans durch die nachträgliche Mitteilung einer Landesregierung umgestoßen werden könnten. Der Landesvertreter kann aber abberufen und als Minister entlassen werden.

Gibt der über die Stimmen gemäß Art. 51 III 2 GG verfügende Stimmführer diese entgegen der Weisung seiner Landesregierung ab, so ist diese Stimmabgabe gültig. Widerspricht ein stimmberechtigtes Mitglied dem eigenen Stimmführer nach dessen Stimmabgabe in der noch laufenden Abstimmung, so liegt eine uneinheitliche, gegen Art. 51 III 2 GG verstoßende und damit unwirksame Stimmabgabe des Landes vor.[104] Der Präsident des Bundesrates darf bei eindeutig gespaltener Stimmabgabe

---

103 Zu Informationspflichten der Regierung gegenüber dem Parlament zum beabsichtigten Abstimmungsverhalten BremStGH, NVwZ-RR 2010, 547.
104 So BVerfGE 106, 310, 330 – Zuwanderungsgesetz.

nicht erneut und nur den Stimmführer befragen.[105] Aus Art. 52 III 1 – „Mehrheit seiner Stimmen" – folgt, dass Enthaltungen als Neinstimmen zählen.

Die Entscheidungen des Bundesrates werden in seinen Ausschüssen vorbereitet. Die Ausschüsse tagen anders als regelmäßig der Bundesrat (Art. 52 III, 3, 4 GG) nicht öffentlich (§ 37 II 1 Geschäftsordnung des Bundesrates). Mitglieder der Ausschüsse sind außer den Mitgliedern der Landesregierung auch **Beauftragte** der Landesregierungen. Durch die Beauftragung von Landesbeamten wird der Einfluss der Landesbürokratien gestärkt, um spezifische Fach- und Länderbelange zu wahren. Allerdings rechtfertigen die Amtsbezeichnungen der handelnden Ministerialbeamten längst nicht mehr die Titulierung des Bundesrates als „Parlament der Oberregierungsräte".

3. Aufgaben des Bundesrates

Art. 50 GG beschreibt die wichtigsten Aufgaben und Rechte des Bundesrates: Die **172** Mitwirkung an Gesetzgebung und Verwaltung des Bundes.

Die **Mitwirkung** des Bundesrates an der **Gesetzgebung** erfolgt dadurch, dass

– der Bundesrat beim Bundestag Gesetzesvorlagen einbringen kann – Gesetzesinitiativrecht, Art. 76 I GG,

– Gesetzesvorlagen der Bundesregierung vor Einbringung beim Bundestag dem Bundesrat zur Stellungnahme zuzuleiten sind (Art. 76 II GG),

– alle Gesetze nach ihrer Annahme durch den Bundestag unverzüglich dem Bundesrat zuzuleiten sind (Art. 77 I 2 GG),

– der Bundesrat gegen Einspruchsgesetze den Vermittlungsausschuss anrufen und Einspruch einlegen kann, wodurch das Inkrafttreten des Gesetzes verzögert, aber nicht verhindert werden kann (Art. 77 II, III GG),

– der Bundesrat Zustimmungsgesetzen die Zustimmung versagen kann, was letztlich trotz Einschaltung des Vermittlungsausschusses das Inkrafttreten eines Gesetzes endgültig verhindern kann (Art. 77 IIa GG). Diese Zustimmungsbedürftigkeit wird bei zahlreichen Gesetzgebungsmaterien im Grundgesetz[106] angeordnet, insbesondere bei Verwaltungskompetenzen (Art. 84 I 3, 6, II, V, 85 I 1, III 2, 87 III 2, 87b I 3, 87c, 87d II GG) und in der Finanzverfassung (Art. 104a IV, V 2, VI 4, 104b II 1, 105 III, 106 III 3, IV 2, V 2, Va 3, VI 5, 106a S. 2, 106b S. 2, 107 I 2, 4, 108 II 2, IV 1, 109 IV, 109a S. 1 GG).

– der Bundesrat die Hälfte der Mitglieder des Vermittlungsausschusses stellt (Art. 77 II 2 GG, § 1 GO Vermittlungsausschuss),

– der Bundesrat sogar das entscheidende Gesetzgebungsorgan in den Fällen des sog. Gesetzgebungsnotstandes wird (Art. 81 GG, einer besonders schweren Regierungskrise).

---

105 BVerfGE 106, 310, 332; a.A. insoweit Sondervotum *Osterloh* und *Lübbe-Wolff*, BVerfGE 106, 337; zur Neugewichtung von Stimmenthaltungen im Bundesrat s.a. *Thiele*, KritV 2010, 169, 173.
106 Zusammenstellung bei *v. Münch/Mager*, Rn. 259.

An der Exekutive des Bundes **wirkt der Bundesrat mit**, insbesondere

- an dem nach Häufigkeit und Gehalt wichtigen Rechtsetzungsverfahren der Exekutive, nämlich dem Erlass von Rechtsverordnungen gem. Art. 80 II, III GG,

- bei der Ausführung der Bundesgesetze durch die Länder als eigene Angelegenheit

  (Einrichtung der Behörden und des Verwaltungsverfahrens Art. 84 I 1–6 GG mit Abweichungsmöglichkeiten; Erlass allgem. Verwaltungsvorschriften Art. 84 II GG; Aufsicht Art. 84 III 2 GG; Mängelrüge Art. 84 IV 1 GG; Einzelzuweisungen Art. 84 V GG),

- bei der Ausführung von Bundesgesetzen im Auftrag des Bundes

  (Einrichtung von Behörden, Art. 85 I 1 GG; allgemeine Verwaltungsvorschriften, Art. 85 II 1 GG),

- bei den Gemeinschaftsaufgaben (Art. 91a II GG), nicht aber bei Art. 91b GG, bei dem statt des Bundesrates gemäß Art. 91b I 2 GG alle Länder mitwirken müssen oder bei Art. 91c GG, bei dem gemäß Abs. 2 S. 3 die Volksvertretungen der beteiligten Länder zustimmen müssen, wohl aber bei der Errichtung von Verbindungen informationstechnischer Netze (Art. 91c IV 2 GG).

- beim Bundeszwang gegenüber einem Land (Art. 37 I GG),

  (dem äußersten (Zwangs-)Mittel zur Sicherung des bundesstaatlichen Prinzips)

- durch die Vertretung des Bundespräsidenten durch den Präsidenten des Bundesrates (Art. 57 GG).

An der Wahl des Bundespräsidenten ist der Bundesrat nicht beteiligt. Stattdessen wählen die Länderparlamente die Hälfte der den Bundespräsidenten wählenden Bundesversammlung (Art. 54 III GG).

An Gesetzgebung und Verwaltung des Bundes **wirkt der Bundesrat** auch **im Notstandsfall mit**, und zwar

- bei der Bundesintervention anlässlich des inneren Notstandes (Art. 91 II 2 GG),

- durch die Stellung von einem Drittel der Mitglieder des Gemeinsamen Ausschusses (Art. 53a GG), dem obersten Verfassungsorgan im Verteidigungsfall (Legaldefinition in Art. 115a I 1 GG),

- durch weitere Mitwirkungsbefugnisse im Verteidigungsfall gem. Art. 115c I 2, III; 115d II; 115f II; 115k III; 115l II, III GG.

Im Bereich der **Judikative** obliegt dem Bundesrat die Wahl der Hälfte der Mitglieder des Bundesverfassungsgerichts (Art. 94 I 2 GG).

Im Wahlausschuss für die Richter der obersten Gerichtshöfe des Bundes (Bundesgerichtshof, Bundesverwaltungsgericht, Bundesfinanzhof, Bundessozialgericht) wirken die Länder durch ihre Minister mit (Art. 95 II GG). Das Bundesorgan Bundesrat ist nicht beteiligt.

Schließlich hat der Bundesrat weitere **Einwirkungs- und Kontrollrechte**

- in Angelegenheiten der Europäischen Union (Art. 23 Ia – Subsidiaritätsklage vor dem EuGH, II 1, IV, V 1, 2, VI 1, VII GG i.V.m. dem Gesetz über die Zusammenarbeit von Bund und Ländern in Angelegenheiten der EU (dazu Rn. 153 f.) und dem EuZBLG)

- gegenüber der Regierung das Ministerzitierrecht und Recht auf laufende Unterrichtung über die Führungen der Geschäfte der Bundesregierung, Art. 53 S. 1, 3 GG,
- gegenüber dem Bundestag in Gestalt eines Zutritts- und Rederechts – Art. 43 II GG, wodurch Ministerpräsidenten der Länder die politisch wichtige Möglichkeit haben, im Bundestag zu sprechen,
- gegenüber dem Bundespräsidenten durch das Recht der Präsidentenanklage, Art. 61 I 2, 3 GG,
- bei der Rechnungsprüfung, Art. 114 I, II 2 GG,
- zum Schutz der freiheitlich-demokratischen Grundordnung durch das Recht, den Antrag auf Entscheidung des Bundesverfassungsgerichts zu stellen, ob eine Partei verfassungswidrig ist, Art. 21 II 2 GG i.V.m. § 43 I BVerfGG.

Zur Vertiefung folgender Fall:[107]   **173**

Im Jahre 1972 erging mit Zustimmung des Bundesrates das Rentenreformgesetz, das u.a. das Verfahren der Landesverwaltung bei der Ausführung rentenrechtlicher Bestimmungen regulierte.

Im Jahre 1973 beschloss der Bundestag das 4. Rentenrechtsreformänderungsgesetz, das wegen seines materiell-rechtlichen Inhalts nicht der Zustimmung des Bundesrates bedurfte, aber das Rentenreformgesetz, also ein Zustimmungsgesetz, änderte.

Die bayerische und rheinland-pfälzische Landesregierung halten das Gesetz für verfassungswidrig, weil es ohne Zustimmung des Bundesrates erlassen worden ist und stellen gem. Art. 93 I Nr. 2 GG den Antrag, das Bundesverfassungsgericht möge feststellen, dass das 4. Rentenreformänderungsgesetz mit dem Grundgesetz nicht vereinbar und daher nichtig ist.

Das Bundesverfassungsgericht wird dem **Antrag** stattgeben, wenn er **zulässig** und begründet ist.

Da die bayerische und rheinland-pfälzische Landesregierung das 4. Rentenreformänderungsgesetz, also Bundesrecht, wegen Unvereinbarkeit mit den Artikeln 77 II, 78 GG für nichtig halten, ist der Antrag gem. Art. 93 I Nr. 2 GG, § 13 Nr. 6, § 78 S. 1 BVerfGG zulässig.

Begründet ist die **Klage,** wenn ein Gesetz, das selbst keine zustimmungspflichtigen Normen enthält, allein deshalb der Zustimmung des Bundesrates bedarf, weil es ein seinerseits zustimmungsbedürftiges Gesetz ändert.

Zur Begründung beruft sich der Bundesrat[108] auf die von ihm nach seiner Auffassung mit der Zustimmung übernommene Verantwortung für das genannte Gesetz – **Mitverantwortungstheorie.**

---

107 Nach BVerfGE 37, 363.
108 Dazu *Lerche*, in: Bundesrat (Hrsg.), 40 Jahre Bundesrat, 1989, S. 183, 194.

Die Bundesregierung hält Änderungsgesetze zu Zustimmungsgesetzen nur dann für zustimmungsbedürftig,

– wenn sie Normen betreffen, die in ihrer ursprünglichen Fassung die Zustimmungsbedürftigkeit ausgelöst haben,

– oder aber neue zustimmungsbedürftige Normen enthalten.

Das Bundesverfassungsgericht hat sich für die restriktive Auslegung des Art. 77 II GG entschieden, da der an der Gesetzgebung nur „mitwirkende" Bundesrat **ausnahmsweise** ein **Zustimmungsrecht** innehabe, nämlich dann, wenn der Interessenbereich der Länder besonders betroffen sei, also bei den Verwaltungskompetenzen, bei Eingriffen in die Verwaltungshoheit[109] und bei finanzverfassungsrechtlichen Fragen. Entgegen dem Regel-Ausnahme-Verhältnis von Art. 84 I 2 GG a.F., das in Art. 84 I 1, 2 GG n.F. fortbesteht, hat sich im Laufe der Zeit die Regelung der Verwaltungsverfahren und der Einrichtung von Behörden durch Bundesgesetz de facto zum Regelfall entwickelt. Die in der Föderalismusreform I eingeführte komplizierte Neuregelung des Art. 84 I 1–6 GG (Rn. 306) soll Verfassungsrecht und Verfassungswirklichkeit wieder zusammenführen.

Hinter dieser restriktiven Auslegung des Art. 77 II GG steht die Erwägung, dass der Standpunkt des Bundesrates im Ergebnis zur Zustimmungsbedürftigkeit von immer mehr Gesetzen und damit – unter Veränderung des Funktionssystems des Grundgesetzes – zu einem Aufrücken des Bundesrates zu einer „echten zweiten Kammer" im Gesetzgebungsverfahren führen müsse.

174 Gegen diese These, wie sie signifikant im Abstimmungsverhalten zum Zuwanderungsgesetz zu Trage getreten ist (Rn. 171), lässt sich anführen, dass der Bundesrat gerade keine direkt gewählte echte zweite Kammer ist. Nur was folgt daraus? Sicherlich ist richtig, dass der Bundesrat nicht als Obstruktionspolitik betreibende „Gegenregierung", als „Bundesoppositionsrat" auftreten darf[110]. Derartige Aufgaben weist das Grundgesetz dem Bundesrat eindeutig nicht zu. Aber soweit der Bundesrat im Einzelfall bei Zustimmungsgesetzen seine Kompetenzen ausschöpft, bleibt, abgesehen von allgemeinen Wohlverhaltensmahnungen, die auch durch die Klassifizierung als „Bundesorgantreue"[111] nicht konkreter werden, bis zur Willkürgrenze juristisch nichts Greifbares.

Weiterführend: *Posser*, Der Bundesrat und seine Bedeutung, in: HVfR, § 24; *Herzog*, Aufgaben des Bundesrates, in: HStR III, § 58; *Reuter*, Praxishandbuch Bundesrat, 2. Aufl., 2007.

---

109 BVerfGE 37, 363, 384; 75, 108, 150; zurückhaltend BVerfG, NVwZ 2010, 1146 – Luftfahrer; dazu *Papier*, NVwZ 2010, 1113; zur str. Zustimmungsbedürftigkeit der Verlängerung der KKW-Laufzeiten s.a. *Geulen/Klinger*, NVwZ 2010, 1118; *Scholz/Moench*, ZG 2011.
110 *v. Münch*, Staatsrecht I, 5. Aufl., 1993, Rn. 732.
111 *Schenke*, Die Verfassungsorgantreue, 1977, S. 70 f.

V. Finanz- und Haushaltsverfassung

Das Grundgesetz regelt das Finanzwesen als geschlossenes Sachgebiet umfassend im **175** Abschnitt X. Die Art. 104a–115 bestimmen als Finanz- und als Haushalsverfassung im Wesentlichen die

– Steuergesetzgebungshoheit,

– Steuerverwaltungshoheit, also das Recht, Steuern zu verwalten, das heißt insbesondere, Steuern zu erheben,

– Steuerertragshoheit, also das Recht, über den Ertrag der Steuer verfügen zu dürfen,

– Haushaltsautonomie, einschließlich der Schuldenbremse,

– den Bundeshaushalt, Kreditaufnahme, sowie

– Haushaltsvollzug und Haushaltskontrolle.

Zentrales bundesstaatliches Problem der Finanzverfassung ist es, die Unabhängigkeit des Bundes und aller Länder finanziell zu sichern. Dazu können zwei verschiedene Aufbauprinzipien verwendet werden:

– das Trennsystem oder

– das Verbundsystem.

Nach dem **Trennsystem** werden Bund und Ländern gesondert die Einnahmen- und Ausgabenverantwortung zugewiesen. Beim **Verbundsystem** stehen die Einnahmen Bund und Ländern gemeinsam zu und werden nach einem variablen Schlüssel verteilt. Das Trennsystem fördert die finanz- und haushaltswirtschaftliche Selbständigkeit von Bund und Ländern. Seine Starrheit kann zu unterschiedlicher Aufkommensentwicklung zwischen Bund und den einzelnen Ländern und zu sachlich nicht gerechtfertigten Unterschieden in der Ausgabenentwicklung führen. Das Verbundsystem ist elastischer, aber auch politisch konfliktanfälliger.

Während die Finanzverfassung im Kaiserreich ausgeprägt föderalistisch – das Reich als Kostgänger der Bundesstaaten –, in der Weimarer Republik hingegen unitarisch war – Länder als Kostgänger des Reiches –, war die Finanzverfassung des Grundgesetzes in ihrer ursprünglichen Fassung auf Drängen der Alliierten zum zentrifugalen Trennsystem geprägt.

Bereits in den frühen 50er Jahren bürgerte sich die Praxis ein, dass der Bund im Bereich der sog. gesetzesfreien Verwaltung aufgrund eigener Förderungsprogramme für besondere Zwecke den Ländern Finanzhilfe gewährte, z.B. Grüner Plan, Bundesjugendplan. Wegen des Gebots der getrennten Haushaltsführung wurden die Finanzhilfen in Fonds des Bundes verwaltet. Diese neben dem Grundgesetz entwickelte und daher umstrittene **Fondswirtschaft** verschaffte dem Bund erheblichen Einfluss auf die „am goldenen Zügel" geführten Länder, da die Finanzhilfen zweckgebunden, mit Bedingungen (Einvernehmens-, Zustimmungs-, Genehmigungsvorbehalten etc.) und Auflagen sachlicher und finanzieller Art (Dotationsauflagen) verbunden wurden.

Fußend auf dem Troeger-Gutachten, benannt nach dem Vorsitzenden einer Sachver- **176** ständigenkommission, brachte die Große Koalition 1969 die Finanzreform zustande und gestaltete die Finanzverfassung und das Haushaltsrecht erheblich um. Hauptziele der **Finanzreform** waren die Neuverteilung der Steuerquellen, die Stärkung der Gemeindefinanzen und die Harmonisierung von Verfassungsrecht und Verfassungswirklichkeit durch die Legalisierung der Fondswirtschaft und die Einführung der Gemeinschaftsaufgaben von Bund und Ländern.

177 Die **Föderalismusreform I** hat die Finanz- und Haushaltsverfassung im Wesentlichen ergänzt, um „Einstreuungen"[112], nämlich die Neuregelungen der Ausgabenlasten zu Gunsten der Länder (Art. 104a IV), eine Haftungsverteilung bei Verletzung supra- und international rechtlicher Verpflichtungen (Art. 104a VI, 109 V), eine Neuregelung der Finanzhilfen des Bundes (Art. 104b),[113] Modifikationen der Erhebung und der Einbeziehung der Grunderwerbssteuer in den Finanzausgleich (Art. 105 IIa, 107 I 4), die Neuregelungen der Gemeinschaftsaufgaben und der Verwaltungszusammenarbeit in Art. 81a, b und das Verbot der Aufgabenübertragung des Bundes auf die Kommunen (Art. 84 I 7, 85 I 2) sowie die Übergangsfinanzierung für die entfallene Gemeinschaftsaufgabe Hochschulbau, Bildungsplanung und der Finanzhilfen zur Verbesserung der Verkehrsverhältnisse der Gemeinden zur sozialen Wohnraumförderung (Art. 143c).

Schwerpunkt der **Föderalismusreform II**[114] war die Einführung der Schuldenbremse (Art. 109 III, 115) und des Stabilitätsrats (Art. 109a), der die Einhaltung der in Art. 109, 115 GG für Länder und Bund angeordneten Schuldenbremse überwachen soll, um Voraussetzungen und Verfahren der Feststellung einer drohenden Haushaltsnotlage und Grundsätze zur Aufstellung und Durchführung von Sanierungsprogrammen durch Bundesgesetz mit Zustimmung des Bundesrates zu regeln.

Vorausgegangen ist der Föderalismusreform II eine Änderung des Art. 106 I, II, 106b, 107 I und 108 I 1 GG[115], durch die das Aufkommen der Kfz-Steuer auf den Bund übertragen worden ist.

Der 1970 eingeführte **Art. 104a GG** bestimmt in Abs. 1 als Lastenverteilungsgrundsatz das **Prinzip der gesonderten Ausgabentragung** von Bund und Ländern nach Zuteilung der Verwaltungsaufgaben – **Konnexitätsprinzip.** Entsprechend dem Trennsystem folgt also der getrennten Aufgabenverantwortung die getrennte Ausgabenverantwortung. Gleichzeitig werden aber gewichtige Ausnahmen zugelassen[116]: Art. 104a II–IV GG – Divergenzen zwischen Aufgabenzuständigkeit und Aufgabenverantwortung, und zwar bei der Bundesauftragsverwaltung, bei Geldleistungsgesetzen, z.B. Wohnungsgeld, BAföG, Art. 104b – Finanzhilfen des Bundes für Investitionen, Art. 106 VIII – Ausgleich für Sonderbelastungen und den Konsolidierungshilfen des befristet geltenden Art. 143d GG, sowie bei den Gemeinschaftsaufgaben, Art. 91a, b GG und dem auslaufenden Fall der Besatzungskosten und Kriegsfolgekosten, Art. 120 GG. Art. 104a V GG stellt ergänzend zum Lastenverteilungsgrundsatz des Abs. 1 klar,

---

112 So *Selmer*, NVwZ 2009, 1255; positiv *Schmidt*, DVBl. 2009, 1274.
113 Zu Art. 107 II 3 GG – Ergänzungszuweisungen; zuvor restriktiv BVerfGE 116, 327 – Berlin im Vgl. zu BVerfGE 86, 148 – Bremen/Saarland.
114 Dazu skeptisch *Wernsmann*, ThürVBl. 2010, 121; *Thiele*, NdsVBl. 2010, 89.
115 Durch Gesetz vom 19.03.2009, BGBl. I 606.
116 Dazu BVerfGE 39, 96; *Häde*, JA 1994, 1, 2.

dass Bund und Länder die in ihrem Verwaltungsbereich anfallenden Verwaltungskosten selbst tragen.

Das Trennsystem setzt sich fort im Haushaltsrecht. Gemäß Art. 109 I GG sind Bund und Länder in ihrer Haushaltswirtschaft formell und materiell selbständig und voneinander unabhängig. Allerdings unterliegt die Haushaltspolitik von Bund und Ländern den überkommen gesamtwirtschaftlichen Verpflichtungen (Art. 109 II GG), den an anderer Stelle vor der Föderalismusreform II neu eingefügten europarechtlichen Stabilitätsverpflichtungen sowie gemeinsamen Haushaltsgrundsätzen (Art. 109 III GG). Der Trennungsgrundsatz sichert die Staatlichkeit der Länder.[117] Ihm entspricht auch, dass der Bundesrat beim Haushaltsgesetz nur ein Einspruchsrecht, also eine relativ schwache Stellung hat.[118]

Die umgangssprachlich als **Schuldenbremse** bezeichneten Regelungen zur Rückführung der Staatsverschuldung (Art. 109 III 1, 5, 115 II GG)[119] schränken den Trennungsgrundsatz ganz erheblich ein, so sehr, dass die Einschränkung der Finanzierungsspielräume der Länder durch das ausnahmslose Verbot struktureller Verschuldung (Art. 109 III 5 GG) als Verstoß gegen die Eigenstaatlichkeit der Länder und damit gegen Art. 79 III GG angegriffen wird,[120] zumal Art. 115 II 4, 5 für den Bund Abweichungen von der nach Art. 115 I 1–3 zulässigen Kreditobergrenze zulassen. Ein Antrag des Landes Schleswig-Holstein gemäß § 13 Nr. 6 BVerfGG ist bereits anhängig. Angesichts der Bandbreite der Ausgestaltung des finanzverfassungsrechtlichen Verhältnisses von Bund und Länder bzw. Reich und der Relativität der Unterscheidung von Ländern und Regionen mit Gesetzgebungskompetenzen und bloßen Provinzen, spricht eher mehr gegen als für diese Kritik. Fraglich ist aber, ob die überkomplizierten Haushalts- und Staatsschuldenrecht vermengenden Regelungen angesichts der langen Übergangsregelungen des Art. 143d GG eine etwaige Föderalismusreform III unverändert überstehen werden. Ein Indiz könnte insoweit die Korrektur der von der Föderalismusreform I eingeführten Art. 104b durch die länderfreundliche Neufassung der Föderalismusreform II sein. Angesichts des Schicksals der europarechtlichen Vorgaben des Art. 126 I, II AEUV, insbesondere in der Eurokrise[120a] kann die Wirkkraft der grundgesetzlichen Neuregelung auch wegen der langen Zeitachse als eher prekär bewertet werden. Vielleicht ist aber die Entscheidung des nw. VerfGH[120b] zur „nachhaltigen Schuldenpolitik" der nw. Minderheitsregierung der Beginn einer Neubewertung.

Bei der **Steuerertragshoheit** hingegen, dem politischen Kernproblem der Verteilung des Steueraufkommens, das aus bundes- oder landesgesetzlich geregelten Steuern

117 BVerfGE 116, 327, 377; 72, 330, 383; 39, 96, 108.
118 *Häde*, JA 1994, 80, 84.
119 Vgl. *Kastrop/Meister-Scheufellen/Sudhof*, Die neuen Schuldenregeln im Grundgesetz, 2010; zum Stabilitätsrat nach Art. 109a s. *Henneke*, NdsVBl. 2010, 313.
120 So *Selmer*, NVwZ 2009, 1225, 1261; *Aydin*, KJ 2010, 27; s.a. *Kloepfer*, Verfassungsrecht I, § 26 Rn. 208 f.; a.A. *Ohler*, DVBl. 2009, 1265, 1273; *Tappe*, DÖV 2009, 881, 888; *Neidhardt*, Staatsverschuldung und Verfassung, 2010; *Ryczewski*, Die Schuldenbremse im Grundgesetz, 2011.
120a Zu den Finanzhilfen an Griechenland *Polzin*, DÖV 2011, 209.
120b U. v. 15.3.2011 VerfGH 20/10; s.a. *Henneke*, DVBl. 2011, 125.

fließt, verwendet das Grundgesetz zwar **teilweise** auch das Trennsystem, und zwar in Art. 106 I GG (Steuerertragshoheit des Bundes) und Art. 106 II GG (Steuerertragshoheit der Länder).

Bedeutungsvoller ist jedoch, dass die jeweils aufkommensstarke Einkommenssteuer, Körperschaftssteuer und Umsatzsteuer Bund und Ländern gemeinsam zustehen. Entsprechend dem **Verbundsystem** werden diese Gemeinschaftssteuern quotenmäßig auf Bund und Länder verteilt (Art. 106 III–IV GG).

Die Verteilung der Gemeinschaftssteuern im Bund und in der Gesamtheit der Länder auf der Grundlage des Durchschnittsbedarfs aller Länder gem. Art. 106 III, IV GG ist Hauptteil des **vertikalen** (primären) **Finanzausgleichs**. Zum vertikalen Finanzausgleich (in seiner korrigierenden Form) zählen auch Ergänzungszuweisungen des Bundes an finanzschwache Länder (Art. 107 II GG), Finanzzuweisungen nach Art. 106 IV 2, 3 GG sowie der Sonderlastenausgleich nach Art. 106 IV, VIII GG. Art. 106 III 4 Nr. 2 GG enthält als Grundsatz für die Verteilung des vertikalen Finanzausgleich noch die „Einheitlichkeit der Lebensverhältnisse" im Bundesgebiet, ein Begriff, der in Art. 72 II GG bewusst durch den „flexibleren und angemesseneren Begriff der „Wahrung der Rechts- und Wirtschaftseinheit" ersetzt worden ist.

In einem weiteren Verfahren, dem **horizontalen** (sekundären) **Finanzausgleich** zwischen den Ländern (Art. 107 GG), werden die Anteile der einzelnen Länder individuell abgewandelt mit dem Ziel, die regionalen Finanzkraftunterschiede zu reduzieren und auch in den finanzschwächeren Ländern ein angemessenes Verhältnis von Steuerbedarf und Steuereinnahmen herzustellen. Der vom Bundesverfassungsgericht[121] als Bestandteil des mehrstufigen Systems des Finanzaufkommens im Bundesstaat bezeichnete Art. 107 GG ist mehrfach geändert worden. Das Anliegen der finanzstarken Länder den Länderfinanzausgleich in Richtung Entflechtung und Wettbewerbsföderalismus[122] umzugestalten, hat sich in der Föderalismusreform II nicht durchsetzen können, obwohl gute Gründe, z.B. auch die Schweizer Erfahrungen, für den Vorschlag sprechen, die alleinige Verantwortung für die erhobenen und verwalteten Steuern jeweils auf Bund, Länder und Gemeinden zu übertragen. So könnten die direkten Steuern z.B. die Mehrwertsteuer, allein dem Bund und die indirekten Steuern, z.B. Lohn- und Einkommenssteuern allein den Ländern zukommen, wobei letztere ihre Steuern je unterschiedlich festlegen könnten.

Das Bundesverfassungsgericht hat lange die Regelungen des Grundgesetzes zur Finanzverfassung eher zurückhaltend ausgelegt.[123] Der in der Berlin-Entscheidung[124] vollzogene Kurswechsel hat maßgeblich die Föderalismusreform II mit ausgelöst. Die dadurch eingeführte Schuldenbremse dürfte Folgewirkungen auf die Rechtsprechung zu Staatsleistungen an die Bürger haben. Die Hartz IV-Entscheidung,[125] die auf Aus-

121 BVerfGE 116, 327, 377; 72, 330, 383; 39, 96, 108.
122 Dazu *Häde*, Finanzausgleich, 1996 einerseits und *Korioth*, Der Finanzausgleich zwischen Bund und Ländern, 1997 andererseits.
123 BVerfGE 86, 148.
124 BVerfGE 116, 327.
125 BVerfG, NJW 2010, 505.

sagen zur Höhe der beanstandeten Leistungen verzichtet, dürfte ein Indiz dafür sein.[126]

Die **Steuergesetzgebungshoheit** steht schwerpunktmäßig dem Bund zu, da der Bund die ausschließliche Gesetzgebung über die Zölle und Finanzmonopole hat (Art. 105 I GG) und unter den Voraussetzungen des Art. 105 II GG die konkurrierende Kompetenz für die übrigen Steuern abzüglich der örtlichen Verbrauchs- und Aufwandsteuern, z.B. Getränkesteuer, und zur Bestimmung der Gewerbesteuer (Art. 105 II, IIa GG). Das Zustimmungserfordernis des Bundesrates für Steuergesetze des Bundes über Steuern, deren Aufkommen den Ländern oder den Gemeinden ganz oder zum Teil zufließt, soll die Steuerertragshoheit von Ländern und Gemeinden schützen. In dem vom Bund belassenen Rahmen haben die Länder ein Steuererfindungsrecht. So ist z.B. die landesgesetzlich eingeführte Zweitwohnungssteuer nicht gleichartig i.S.v. Art. 105 II GG mit der Einkommensteuer.[127]

178

Eine eigene Steuergesetzgebungshoheit (Steuersatzungshoheit) der **Gemeinden** garantiert Art. 105 GG nicht.[128] Allerdings können die Länder den Gemeinden zur eigenverantwortlichen Erfüllung der ihnen obliegenden Angelegenheiten der örtlichen Gemeinschaft (Art. 28 II GG) die Steuergesetzgebungshoheit für die örtlichen Verbrauchs- und Aufwandssteuern übertragen (Art. 105 IIa GG). Für die Deckung des kommunalen Finanzbedarfs von besonderer Bedeutung ist das Recht der Gemeinden, die Hebesätze für Gewerbe- und Grundsteuer festzusetzen (Art. 106 VI 2 GG).

179

Das Grundgesetz definiert den **Steuerbegriff** nicht. Auch die Finanzverfassung setzt den überkommenen, 1977 leicht modifizierten Steuerbegriff der Abgabenordnung voraus. Unter einer Steuer versteht man Geldleistungen, die nicht eine Gegenleistung für „eine besondere Leistung darstellen und von einem öffentlich-rechtlichen Gemeinwesen zur Erzielung von Einnahmen allen auferlegt werden, bei denen der Tatbestand zutrifft, an den das Gesetz die Leistungskraft knüpft; die Erzielung von Einnahmen kann Nebenzweck sein" (§ 3 I AO). Der zweite Halbsatz verdeutlicht, dass Steuern politisches Lenkungsmittel einer aktiven staatlichen Wirtschafts- und Gesellschaftspolitik sein dürfen.[129] Nicht an dieser Stelle, sondern im Verwaltungs- und besonders im Steuerrecht ist auf die Abgrenzung der Steuern von den beiden anderen „klassischen" Abgabenarten, nämlich **Gebühren** und **Beiträgen** einzugehen. Gebühren und Beiträge knüpfen jeweils an einen speziellen Zurechnungsgrund an und werden deshalb auch als Vorzugslasten bezeichnet. Denkbar wäre es, den Steuerstaat durch einen Entgeltstaat zu ersetzen, der seine Ausgaben über Gebühren, freiwillige Beiträge und Zwangsbeiträge deckte.[130]

Die zeitlich begrenzten und von Zeit zu Zeit zu überprüfenden Sonderabgaben sind nur in engen Grenzen zulässig.[131] Die Sonderabgabe muss einem vom Gesetzgeber verfolgten Sachzweck dienen, der über die Mittelbeschaffung hinausgeht. Es muss

---

126 S.a. *Westerhoff*, ZRP 2010, 73.
127 Dazu BVerfGE 65, 325, 351.
128 Dazu *Häde*, JA 1994, 1, 11.
129 BVerfGE 55, 274, 299; 98, 106, 117; 110, 274, 292.
130 *Grossekettler*, FAZ vom 23.04.2010, S. 14.
131 BVerfGE 91, 186, 202; 101, 141, 147; 110, 370, 389 – Klärschlammentschädigungsfond.

eine von der Allgemeinheit klar abgrenzbare homogene Gruppe belastet werden. Zwischen dem mit der Abgabenerhebung verfolgten Zweck und dieser Gruppe muss eine spezifische Sachnähe bestehen – Finanzierungsverantwortung. Schließlich muss die Sonderabgabe gruppennützig verwendet werden.[132]

180 Wegen ihrer zunehmenden Bedeutung vor allem in der Wirtschafts- und Umweltpolitik sei stattdessen hingewiesen auf die politisch und verfassungsrechtlich nicht unumstrittenen **Sonderabgaben**, z.B. Kohlepfennig, Abwasserabgabe. Die Finanzverfassung verbietet dem Gesetzgeber eine öffentliche Abgabe nach seiner Wahl im Wege der Besteuerung oder durch Erhebung einer Sonderabgabe zu finanzieren – kein Wahlrecht.[133] Nach der differenzierten, Gesamtstaat und Gliedstaaten in ihrem Anteil an der Volkswirtschaft ausbalancierenden Regelung der Finanzverfassung soll die Finanzierung der staatlichen Aufgaben grundsätzlich aus dem Ertrag der in Art. 105 ff. GG geregelten Einnahmequellen erfolgen und nur ausnahmsweise dürfen Einnahmen außerhalb der Finanzverfassung erschlossen werden.[134] Nur wenn der Gesetzgeber in dem jeweiligen Kompetenzbereich der Art. 73 ff. GG gestaltend wirkt, darf er sich über den bundesstaatlich begrenzten Ausschließlichkeitsanspruch der Finanzverfassung hinwegsetzen.

181 Die **Steuerverwaltungshoheit** regelt Art. 108 GG.

Von den Bundesfinanzbehörden werden die Verbrauchssteuern einschließlich der Einfuhrumsatzsteuer, die Kfz-Steuer und sonstige Verkehrssteuern sowie die Abgaben im Rahmen der EU verwaltet (Art. 108 I GG). Bundesfinanzbehörden sind der Bundesminister der Finanzen, die Oberfinanzdirektion (Abteilung Zölle und Verbrauchssteuern) und die Hauptzollämter mit den Zollämtern als Außenstellen. Die übrigen und damit die meisten Steuern werden durch die Landesfinanzbehörden verwaltet. Landesfinanzbehörden sind der Landesfinanzminister, die Oberfinanzdirektion (Abteilung Besitz- und Verkehrssteuern) und die Finanzämter.

Daneben können die Länder den Gemeinden oder Gemeindeverbänden ganz oder zum Teil die Verwaltung der diesen allein zufließenden Steuern übertragen (Art. 108 IV 2 GG).

182   Der Bund hat in der Föderalismusreform II sein Anliegen, die gesamte Steuerverwaltung zu übernehmen, nicht durchsetzen können, obwohl die Steuergerechtigkeit wegen des einheitlichen Vollzugs dafür spricht.

Im Zuge der Finanz- und Haushaltsreform 1967/69 wurde über die Harmonisierung von Verfassung und Verfassungswirklichkeit hinaus im Grundgesetz eine bestimmte Art der Volkswirtschaftspolitik festgeschrieben.

Durch Art. l04a IV 1 GG a.F., die Vorgängervorschrift des jetzigen Art. 104b I GG, wurden die Finanzhilfen eingebunden in das Instrumentarium der wirtschaftlichen **Globalsteuerung**, wodurch der Bund verpflichtet wird, im einheitlichen Wirtschaftsraum Bundesgebiet durch Struktur- und Konjunkturpolitik Wachstumsvorsorge

---

132 Letzteres verneint in BVerfGE 113, 128, 131.
133 BVerfGE 55, 274, 300; dazu *Walther*, JA 1998, 373.
134 BVerfGE 55, 274, 298; 67, 256, 274; 75, 108, 174; w.N. *Kloepfer*, Verfassungsrecht I § 26 Rn. 30 f.

zu betreiben. Ausgelöst durch die Rezession von 1966 wurde die vom englischen Wirtschaftswissenschaftler Keynes (1883–1946) propagierte Politik der Globalsteuerung bereits 1967 durch die haushalts- und konjunkturpolitischen Regelungen von Art. 109 II–IV GG a.f. installiert, um bundesweit eine einheitliche, zum Konjunkturverlauf antizyklische Geld- und Kreditpolitik aller „öffentlichen Hände" zu ermöglichen. Bekanntestes Ausführungsgesetz zu Art. 109 IV GG (= Art. 109 III a.f.) ist das Stabilitätsgesetz mit seinem in Rechtssatzform gekleideten magischen Viereck: Stabilität des Preisniveaus, hoher Beschäftigungsstand, außenwirtschaftliches Gleichgewicht bei stetigem und angemessenem Wirtschaftswachstum.

Ein wichtiges Instrument staatlicher Haushaltsdeckung und insbesondere einer antizyklischen Wirtschaftspolitik im keynsianischen Sinne ist die **Kreditaufnahme**. Um Missbrauch zu vermeiden, setzt Art. 115 I GG der Kreditaufnahme Grenzen, die durch die Föderalismusreform II nach Streichung des ineffektiven Abs. 1 S. 2[135] für den Bund in Abs. 2 äußert detailliert verschärft worden sind – sog. Schuldenbremse.

Die Gewährung von Finanzhilfen des Bundes an die Länder regelte Art. 104a GG a.f. ebenfalls auf der Basis von wirtschaftspolitischen Vorstellungen, die zwischenzeitlich an Überzeugungskraft verloren, was sich nicht zuletzt in der Regelung der Schuldenbremse niederschlägt. Finanzhilfen hatten aber im Zuge der Weltfinanzkrise seit 2008 gegenüber den wirtschafts- und finanzpolitischen Vorstellungen der Chicago Schule (Milton Friedman, 1912–2006) wieder an Renommé gewonnen. Gemäß Art. 104b I 1 Nr. 1 können sie zur Abwehr einer Störung des gesamtwirtschaftlichen Gleichgewichts oder zum Ausgleich unterschiedlicher Wirtschaftskraft im Bundesgebiet oder zur Förderung des wirtschaftlichen Wachstums gewährt werden, sofern sie darin erforderlich sind. Die Wechselhaftigkeit der finanzverfassungsrechtlichen Gesetzgebung zeigt sich auch darin, dass die Föderalismusreform II nun die in der Föderalismusreform I neu positionierte Regelung des Art. 104b um einen Absatz II erweitert hat.

Die grundlegende zu einem der Programme nach Art. 104a IV GG a.f. ergangene Entscheidung[136] betont die **Grenzen des Bundes** bei den Voraussetzungen, Bedingungen und der Abwicklung von **Finanzhilfen** an die Länder. **183**

> „Finanzleistungen aus dem Bundeshaushalt an die Länder [...] schaffen die Gefahr von Abhängigkeiten der Länder vom Bund. Sie gefährden damit die verfassungsrechtlich garantierte Eigenständigkeit der Länder, denen das Grundgesetz die volle Sach- und Finanzverantwortung für die ihnen obliegenden Aufgaben eingeräumt hat. In einem System, das darauf angelegt ist, eine der Aufgabenverteilung gerecht werdende Finanzausstattung zu erreichen, dürfen deshalb nach dem bundesstaatlichen Grundverhältnis zwischen Bund und Ländern Bundeszuschüsse in Form von Finanzhilfen für Landesaufgaben nur eine Ausnahme sein."

Die Aussagen zur Bedeutung einer der Aufgabenverteilung nicht gerecht werdenden Finanzausstattung für die Eigenständigkeit (= Staatlichkeit) der Länder sind angesichts des Streits um die Verfassungsmäßigkeit der Verschuldensverbote der Länder (Art. 109 III 1, 5 GG) durchaus aktuell.

---

135 Dazu BVerfGE 79, 311, 399; 119, 96; *Waldhoff*, JZ 2008, 200.
136 BVerfGE 39, 96; s.a. BVerfGE 41, 291; m.N. *Kloepfer*, Verfassungsrecht I, § 26 Rn. 53 f.

Bei der Streitentscheidung spielte auch der in beinahe allen Bund-Länder-Streitigkeiten bemühte Grundsatz des bundesfreundlichen Verhaltens – **Bundestreue** – eine Rolle, und zwar bei der Verteilung der Finanzhilfen auf die Länderprogramme. Der Grundsatz verpflichtet Bund und Länder (diese auch untereinander), und zwar nicht nur zur bloß korrekten Erfüllung der jeweiligen staatsrechtlichen Pflichten, sondern vor allem zu einem bestimmten politischen Stil, bei notwendigen Entscheidungen gemeinsam, einvernehmlich und rücksichtsvoll zu verfahren. Das Bundesverfassungsgericht leitet aus dem Grundsatz konkret über die ausdrücklich normierten Pflichten hinausgehende Wohlverhaltens-, Informations- und Mitwirkungspflichten ab. Ein Verstoß gegen den Grundsatz des bundesfreundlichen Verhaltens führt zur Verfassungswidrigkeit des staatlichen Verhaltens. Der Grundsatz des bundesfreundlichen Verhaltens fungiert als umfassend einsetzbare Generalklausel.

Die Weite und Unbestimmtheit des Grundsatzes impliziert die Gefahr, dass er zur Verhüllungsformel richterlicher Dezision wird, insbesondere in den Fällen, in denen gar nicht bundesstaatliche Fragen im Streit sind.[137] Jedoch kann u.E. die Instrumentalisierung eines nur äußerlich bundesstaatlichen Streitverfahrens für eine eigentlich parteipolitische und als solche durchaus legitime Auseinandersetzung in Grenzfällen durchaus als mit dem Grundsatz der Bundestreue unvereinbar gewertet werden. Keineswegs darf jedoch der vorschnelle Rückgriff auf die bequeme Generalklausel die genaue Prüfung spezieller geschriebener Rechtsnormen ersetzen.

184 Ein weiterer verfassungsrechtlicher Nachfolgetyp der früheren Fondsverwaltung sind die durch Gesetz vom 12.5.1969 eingeführten Gemeinschaftsaufgaben, die Art. 91a, b GG außerhalb der Finanzverfassung in einem eigenen Abschnitt VIIIa regeln. Obwohl die Gemeinschaftsaufgaben von Beginn an umstritten waren, sind die Versuche sie abzuschaffen in der Föderalismusreform I weitgehend gescheitert. Die Föderalismusreform II hat zudem den Abschnitt VIIIa durch weitere Formen der Verwaltungszusammenarbeit von Bund und Ländern erweitert (Art. 91c, d GG), was auch wegen der Erweiterung von Art. 104b GG zu Recht als „Rolle rückwärts" bei der intendierten Entflechtung der Aufgabenverantwortung kritisiert worden ist.[138]

Bei den Gemeinschaftsaufgaben gem. **Art. 91a GG** wird die Zusammenarbeit von Bund und Ländern, insbesondere die Mitwirkung des Bundes, durch ein Bundesgesetz geregelt, soweit nicht das Grundgesetz selbst Bestimmungen trifft. Nach Art. 91a GG werden Bund und Länder gemeinsam tätig

– bei der Verbesserung der regionalen Wirtschaftsstruktur,

– bei der Verbesserung der Agrarstruktur und des Küstenschutzes.

Die Föderalismusreform I hat außer dem Ausbau der Hochschulen (Art. 91a I 1 Nr. 1 a.F.) die Pflicht zur Rahmenplanung (Art. 91a III a.F.) gestrichen.

Art. 91b ermächtigt seit der Föderalismusreform I zur Förderung von Einrichtungen und Vorhaben der wissenschaftlichen Forschung außerhalb der Hochschulen, z.B. Max-Planck-Gesellschaft, DFG (I Nr. 1), von Vorhaben (nicht Einrichtungen) der Wissen-

---

137 *Hesse*, Grundzüge, Rn. 269 f.
138 So *Selmer*, NVwZ 2009, 1255, 1260; zu Art. 91e GG s. Rn. 165.

schaft und Forschung an Hochschulen (I Nr. 2) und von Hochschulbauten und Großgeräten (I Nr. 3). Alle Länder müssen der jeweiligen Vereinbarung zustimmen.

Art. 91b II erlaubt zudem Evaluationen und Empfehlungen zur Leistungsfähigkeit des Bildungswesens. Die Bildungsplanung hat die Föderalismusreform I gestrichen. Die von der Föderalismusreform II eingefügten Art. 91c (Zusammenarbeit von Bund und Ländern bei Planung und Errichtung und dem Betrieb von informationstechnischen Systemen) und Art. 91d (Vergleichsstudien zur Leistungsfähigkeit der Verwaltung von Bund und Ländern[139]) sind überflüssig. Auf beiden Feldern gab es die Zusammenarbeit zulässigerweise schon.

Der durch die Entscheidung des BVerfG zur unzulässigen Mischfinanzierung[139a] ausgelöste neue Art. 91e ordnet zur Organisation der Grundsicherung für Arbeitsuchende genau das an, was das BVerfG zuvor als einfachgesetzliche Regelung verworfen hatte.

Die Gemeinschaftsaufgaben nach Art. 91a, b GG wurden deshalb von Anfang an wegen der impliziten Entmachtung der Parlamente, und zwar der Landesparlamente, aber auch des Bundestages kritisiert. Die **Planungen** wurden in der Bund-Länder-Kommission von Verwaltungsfachleuten ausgehandelt. Kein Landtag kann es wagen, durch Änderungswünsche bei der Bewilligung des anteiligen Länderanteils das Gesamtpaket und damit auch die seinem Land zugedachten Bundesmittel zu gefährden. **185**

Die spezifisch bundesstaatlich begründete Kritik sieht die Eigenstaatlichkeit der Länder (und die Selbstverwaltung der Gemeinden) ausgehöhlt durch die Angebotsdiktatur des Bundes, deren Verlockungen sich niemand zu entziehen vermag. Projekte werden „durchgezogen", weil es Geld gibt, nicht weil sie notwendig sind.

Aufgrund empirischer verwaltungswissenschaftlicher Untersuchungen[140] ist schon früh bezweifelt worden, ob Art und Ausmaß der Kooperation nicht längst zu Lasten der Handlungsfähigkeit des politischen Gesamtsystems gehen, so dass beide Seiten ihre Politikfähigkeit beeinträchtigen – **Überverflechtung.** Vertikale Fachverbundsysteme, z.B. Bundes- und Landesbaubürokratie, wegen des Bund und Länder übergreifenden Korpsgeistes auch vertikale Fachbruderschaften genannt, führten zu nicht mehr kontrollierbaren eigenständigen Entscheidungsstrukturen, da sich die Fachressorts von Bund und Ländern zur Wahrung und Mehrung ihres Besitzstandes gegenseitig verstärkten. Diese verfestigten, auf dem kleinsten gemeinsamen Nenner oder auf der Basis fester Quoten beruhenden Strukturen dienten notfalls auch als Alibi zur Abwehr von Änderungswünschen[141]. Die Gemeinschaftsaufgaben können daher als die Erscheinungsform des Exekutivföderalismus bezeichnet werden. Föderalismusreform I und II haben sie nicht beseitigt. Der in den Beratungen beteiligte gelernte Jurist und Soziologe Fritz Scharpf[142] hat dazu zuvor schon das auf die Finanz-

---

139 S. dazu: *Seckelmann,* DVBl. 2010, 1284.
139a E 119, 331.
140 *Scharpf/Reissert/Schnabel,* Politikverflechtung, 1976.
141 *Wagener,* VVDStRL 37, 238.
142 In: Bundesrat (Hrsg.), 40 Jahre Bundesrat, 1989, S. 121, 152.

verfassung bezogene, aber auch für die Gemeinschaftsaufgaben geltende „Gesetz der antizipierenden Reaktion" aufgestellt,

„das intelligente Leute daran hindert, Vorhaben ernsthaft zu betreiben, die bei notwendigen anderen Beteiligten auf Ablehnung stoßen müssen. Jede Änderung der Finanzverfassung erfordert ja die Zustimmung der großen und der kleinen, der wirtschaftsstarken und der strukturschwachen Länder. Selbst wenn also alle Länder mit dem Status quo der Politikverpflichtung unzufrieden sein sollten (was der Fall zu sein scheint), wären sie sich doch nicht einig über die Richtung der anzustrebenden institutionellen Reform. Mehr noch: Die für eine Seite optimale Lösung (etwa die Neugliederung des Bundesgebietes oder der großzügige Finanzausgleich) wäre für die andere Seite besonders unattraktiv. In diesem Sinne also erweist sich die deutsche Politikverflechtung in der Tat als institutionelle Falle: Das gegenwärtige Gleichgewicht ist zwar für alle Beteiligten höchst unkomfortabel, aber für jeden einzelnen von ihnen erscheint sie als das kleinere Übel. Im Vergleich zu den Bedingungen, unter denen die anderen einer Änderung allenfalls zustimmen könnten."

Weiterführend: *v. Arnim*, Finanzzuständigkeit, HStR VI, § 138; *Henneke*, Was sind notwendige Aufgaben?, ZG 2010, 51; *Hofmann/Schlief* (Hrsg.), Grundgesetz mit Begleitgesetz 2009 – Föderalismusreform II; *Meyer*, Föderalismusreform 2006, 2008; *Pünder*, Staatsverschuldung, HStR V, § 123; *Wendt*, Finanzhoheit und Finanzausgleich, HStR VI, § 139.

§ 5 Sozialstaat

„Sozial heißt heute weltweit einer der wichtigsten Maßstäbe staatlicher Herrschaft. **186**
Mit dem ‚sozialen‘ Charakter kann nur noch die ‚demokratische‘ Rechtfertigung der
Herrschaft an Bedeutung wetteifern. Zwischen beiden besteht ein dichter Zusammen-
hang.“[1]

Art. 20 1 GG spricht vom sozialen Bundesstaat und Art. 28 I GG vom sozialen
Rechtsstaat. Es ist heute unstreitig, dass die adjektivistische Verwendung des Wortes
der Bedeutung des Sozialstaatsprinzips keinen Abbruch tut; vielmehr steht das Sozialstaatsprinzip neben den anderen tragenden Verfassungsgrundsätzen Republik,
Demokratie, Bundesstaat, Rechtsstaat und wird wie diese durch die „Ewigkeitsgarantie“ des Art. 79 III GG geschützt.

Von allen Staatsformbestimmungen ist das Sozialstaatsprinzip das offenste. Es ist in
besonderem Maße abhängig von den jeweiligen tatsächlichen Verhältnissen eines Gemeinwesens, wie sie sich manifest in Institutionen niederschlagen, z.B. Sozialversiche-
rungssysteme durch kaiserliches Edikt vom 17.11.1881 oder der Bewältigung der
Kriegsfolgen (nach dem Ersten Weltkrieg), der Entwicklung des Arbeitsrechts (Weimarer Republik), der auf Ausgleich und Umverteilung in der sozialen Marktwirtschaft zielende Renten- und Gesundheitspolitik der alten und der neuen Bundesrepublik oder der Antidiskriminierungs- und Verbraucherschutzpolitik der EU in Zeiten
einer fortgeschrittenen Globalisierung des Wirtschafts- und Soziallebens (z.B. Richtlinie 2004/113/EG). Die EU-Politiken können sich auch auf die Rechtsprechung des
EuGH zu einem sozialen Europa und den Titel IV der Europäischen Grundrechtscharta „Solidarität“ berufen (Art. 18–38), u.a. Arbeitnehmerrechte, Gesundheits-
schutz, Verbraucherschutz.[2]

Das Grundgesetz konkretisiert das Sozialstaatsprinzip einerseits im Grundrechtsteil:
Art. 14 II (Sozialbindung des Eigentums), Art. 15 (Sozialisierung), Art. 6 IV (Mutter-
schutz), 6 V (nichteheliche Kinder), Art. 7 IV 3 (Anforderungen an eine Privatschule),
Art. 9 III (Koalitionsfreiheit) und andererseits am ausführlichsten in den Kompetenzti-
teln für die Gesetzgebung: Art. 73 I Nr. 13 (Versorgung der Kriegsbeschädigten und
Kriegshinterbliebenen, Fürsorge für ehemalige Kriegsgefangene), Art. 74 I Nr. 6
(Flüchtlinge und Vertriebene), Nr. 7 (öffentliche Fürsorge), Nr. 9 (Kriegsschäden und
Wiedergutmachung), Nr. 10 (Kriegsgräber und Opfer von Gewaltherrschaft), Nr. 12
(Arbeitsrecht, Sozialversicherung), Nr. 13 (Ausbildungsbeihilfen), Nr. 15 (Sozialisie-

---

1 So *Zacher*, in: FS Ipsen, 1977, S. 207, 221.
2 Dazu BVerfGE 123, 267, 426–431.

rung), Nr. 16 (Verhütung des Missbrauchs wirtschaftlicher Macht), Nr. 19a (Krankenhäuser), Nr. 30 (Bodenverteilung), Nr. 33 (Hochschulzulassung).

187 Daneben finden sich in einigen **Landesverfassungen** der alten Länder außer einer allgemeinen Sozialstaatsklausel ausgedehntere Sozialstaatsprogramme (Bayern, Bremen, Saarland, Rheinland-Pfalz)[3], ohne dass deshalb in der staatlichen Praxis in diesen Ländern signifikante Unterschiede zu anderen Ländern festzustellen wären.

Das Verdikt von der „Irrelevanz der Sozialverfassungen"[4] bietet sich als Erklärung für diesen Befund an. Eine andere ist die, dass der Schwerpunkt der Sozial- und Wirtschaftspolitik, die das Sozialstaatsprinzip verwirklicht, beim Bund liegt. Den Löwenanteil am Bundeshaushalt halten gemeinsam das Bundesministerium für Arbeit und Sozialordnung, das für Familie, Frauen, Jugend und Senioren und das für Gesundheit. In diesem Zusammenhang sind auch die Ministerien zu nennen, die zur Förderung sozialer Zwecke, z.B. sozialverträglicher Anpassungsmaßnahmen, die meisten Subventionen verteilen, nämlich die für Bildung und Wissenschaft, für Landwirtschaft und Verbraucherschutz, für Verkehr, Bau- und Stadtentwicklung sowie für Wirtschaft.

Die politische Bedeutung des Sozialstaatsprinzips veranschaulichte während der deutschen Wiedervereinigung der Titel des „ersten bedeutsamen Schritts in Richtung auf die Herstellung der staatlichen Einheit" des Vertrages über die Schaffung einer Währungs-, Wirtschafts- und **Sozialunion**.[5]

188 Die Wirkkraft des sozialen Prinzips zeigt sich auch darin, dass die als Europäische Wirtschaftsgemeinschaft gegründete Europäische Union in ihrer Zielbestimmung (Art. 2 III EU) sozialer Marktwirtschaft, dem sozialen Fortschritt (s.a. Präambel EU), sozialer Gerechtigkeit, sozialem Schutz und Solidarität zwischen den Generationen verpflichtet ist und in der Grundrechtscharta auf den sozialen Zusammenhalt (s.a. Art. 4 IIc AEUV, 8, 10, 12) sowie in Art. 9 AEUV über eine soziale Querschnittsklausel und einen eigenen Abschnitt IV „Solidarität" verfügt. Dem entspricht die Verpflichtung der Bundesrepublik Deutschland bei der Entwicklung der Europäischen Union mitzuwirken, die sozialen Grundsätzen verpflichtet ist (Art. 23 I 1 GG). Im Urteil zum Lissabon-Vertrag hat das Bundesverfassungsgericht[6] ausdrücklich die europäische Politik gegen den Vorwurf einer reinen Marktpolitik ohne sozialpolitische Ausrichtung in Schutz genommen und die Zunahme des Sozialen im europäischen Primärrecht bestätigt, mit Hinweis auf den Titel IV der Grundrechtscharta. Zudem hat das Bundesverfassungsgericht dem EuGH bescheinigt, durch seine Rechtsprechung eine soziale Identität anzustreben.[7] Diese positive Würdigung ist umso bemerkenswerter als eine den Kündigungsschutz, also das soziale Prinzip, konkretisierende Entscheidung des EuGH[8] die Spannungen im Kooperationsverhältnis von EuGH und Bundesverfassungsgericht verstärkt hat. Damit nicht genug, die Recht-

---

3 Art. 124 ff. BayVerf; Art. 21 ff. BremVerf; Art. 23 ff. Rh-PfVerf; Art. 22 ff. SaarlVerf.
4 *Wiederin*, VVDStRL 64 (2005), 53, 79.
5 18.05.1990, BGBl. II, S. 537; *Rupp*, HStR IX, 1997, § 203 Rn. 2.
6 BVerfGE 123, 267, 426–431.
7 Zu weiteren sozialen Regelungen siehe BVerfGE 123, 267, 428.
8 EUGH Rs. C 144, 04 – Mangold.

sprechung des EuGH zur „marktfähigen Erbringung verschiedener Dienste von allgemeinen wirtschaftlichen Interesse", die in Deutschland unter dem Begriff Daseinsvorsorge beschrieben werden, z.b. Öffentlicher Personennahverkehr, Energie- und Wasserversorgung,[9] vor allem aber die zu Tariftreueklauseln im Vergaberecht[10] und zum kollektiven Arbeitsrecht[11] haben in der politischen und juristischen Debatte die Frage nach dem EuGH als „Feind" eines sozialen Europas aufkommen lassen.[12]

Gleichwohl blieben, trotz manchen Rückgriffs auf das Sozialstaatsprinzip, die Aussagen des Bundesverfassungsgerichts zum Sozialstaatsprinzip nicht selten eher blass. In einem Sondervotum kann sich die Richterin Rupp von Brünneck auf renommierte Stimmen berufen, wenn sie dem Gericht vorhält:

189

> „Obwohl das Sozialstaatsprinzip zu den tragenden Verfassungsgrundsätzen gehört, kennzeichnet die Rechtsprechung des Bundesverfassungsgerichts eine gewisse Scheu, diesen Grundsatz für die verfassungsrechtliche Prüfung fruchtbar zu machen. Dies liegt – neben möglichen anderen Gründen – nicht unwesentlich an der vergleichsweisen Unbestimmtheit dieses Prinzips, wobei freilich Ursache und Wirkung umkehrbar sind: Gerade diese mangelnde Berücksichtigung verhindert, daß das Sozialstaatsprinzip verfassungsrechtlich näher erfaßt und deutlicher konturiert wird".[13]

> In dem vom Bundesverfassungsgericht zu entscheidenden Fall kommt die Richterin, anders als die Senatsmehrheit, zur Verfassungswidrigkeit der Beschränkung der Beitragsnachentrichtungsbefugnis für berufstätige Frauen, indem sie „das Sozialstaatsprinzip seiner Bedeutung entsprechend […] schon unmittelbar bei der Prüfung an Art. 3 Abs. 1 GG zum Zuge kommen" lässt.

Bezeichnend ist, dass im Urteil zur angemessenen Höhe der Hartz-IV-Leistungen die Menschenwürde (Art. 1 I GG) und nicht das Sozialstaatsprinzip den Angelpunkt der Argumentation des Gerichts bildet.[14]

In einer seiner ersten Entscheidungen hat das Bundesverfassungsgericht[15] seine Interpretation des Sozialstaatsprinzips formuliert:

> „Damit ist zwar nicht gesagt, daß der einzelne überhaupt kein verfassungsmäßiges Recht auf Fürsorge hat, wenn auch die Wendung vom ‚sozialen Bundesstaat' nicht in den Grundrechten, sondern in Art. 20 GG des Grundgesetzes (Bund und Länder) zu finden ist, so enthält sie doch ein Bekenntnis zum Sozialstaat, welches bei der Auslegung des Grundgesetzes wie auch anderer Gesetze von entscheidender Bedeutung sein kann. Das Wesentliche zur Verwirklichung des Sozialstaates aber kann nur der Gesetzgeber tun; er ist gewiß verfassungsrechtlich zu sozialer Aktivität, insbesondere dazu verpflichtet, sich um einen erträglichen Ausgleich der widerstreitenden Interessen und um die Herstellung erträglicher Lebensbedingungen für alle die zu bemühen, die durch die Folgen des Hitler-Regimes in Not geraten sind. Aber nur, wenn der Gesetzgeber diese Pflicht willkürlich,

---

9 EuGH Slg. 2003 I-7747 – Altmark Trans.
10 EuGH Rs. C 319/06 Slg. 2008 I-4323.
11 EuGH Rs. C 438/05 Slg. 2007 I-10779; Rs. C 341/05 – Laval; Slg. I-11767.
12 *Mayer*, Integration 2009, 246 m.w.N.; *Joerges/Rödl*, KJ 2008, 149; *Broß*, JZ 2003, 874; *Scharpf*, Journal of Common Market Studies 2002, 645.
13 BVerfGE 36, 248.
14 BVerfG, Urt. v. 09.02.2010.
15 BVerfGE 1, 97, 105.

das heißt ohne sachlichen Grund versäumte, könnte möglicherweise dem einzelnen hieraus ein mit der Verfassungsbeschwerde verfolgbarer Anspruch erwachsen."

Die drei Hauptaussagen des Bundesverfassungsgerichts lauten:

1. Das Sozialstaatsprinzip wendet sich in erster Linie an **den Gesetzgeber** und **verpflichtet** ihn zu sozialer Aktivität.

2. Nur wenn der Gesetzgeber seine Pflicht ohne sachlichen Grund versäumt, kann aus dem Sozialstaatsprinzip ausnahmsweise ein **Anspruch** des Bürgers **auf** ein entsprechendes **Handeln des Gesetzgebers** entstehen, häufig unter der zusätzlichen Berufung auf Grundrechte wie Art. 3, 12 GG[16].

3. Das Sozialstaatsprinzip ist als **Auslegungsregel** bei der Anwendung von Gesetzen durch Verwaltung und Rechtsprechung zu beachten, z.B. richterliche Korrektur völlig ungleichgewichtiger Verträge[17].

Aus der Aussage Nr. 2 folgt nicht, dass das Sozialstaatsprinzip dem Bürger bereits als alleinige (oder als eine mit Grundrechten kombinierte) Anspruchsgrundlage dient für Ansprüche auf Leistungen, insbesondere finanzieller Art, gegenüber der Verwaltung, wie dies teilweise vertreten wird. Das Gericht spricht von der Pflicht des (demokratisch gewählten und legitimierten) Gesetzgebers, nicht von der der Verwaltung. Für die Verwaltungstätigkeit fehlt dem Sozialstaatsprinzip in der Regel die zielkonkretisierende Kraft.[18]

190 Nicht an dieser Stelle, sondern im Grundrechtsteil ist zu behandeln die schon im Abschnitt über die Verfassungstheorie kurz angesprochene Ableitung von Leistungsansprüchen aus Grundrechten i.V.m. dem Sozialstaatsprinzip. Das Verhältnis von **Sozialstaatsprinzip und Grundrechten** wird wesentlich dadurch bestimmt, dass die als Abwehrrechte verstandenen Grundrechte dem zu sozialer Aktivität verpflichteten Gesetzgeber die wichtigste, im Einzelfall sorgfältig zu bestimmende Schranke setzen. Die Grundrechte verhindern, dass aus dem Sozialstaat ein sozialistischer, die prinzipielle Scheidung von Staat und Gesellschaft negierender totalitärer Staat wird. Wie schwierig die Grenzziehung im Einzelfall sein kann, belegt die Rechtsprechung des Verfassungsgerichts. Zwar hat das Gericht festgestellt, das Sozialstaatsprinzip vermöge den Grundrechten keine unmittelbaren Schranken zu ziehen[19], aber es besteht kein Zweifel mehr, dass die Unternehmensmitbestimmung als Eingriff in das Unternehmenseigentum auch sozialstaatlich gerechtfertigt werden kann[20].

191 Im KPD-Urteil[21] hat das BVerfG die erste der drei Hauptaussagen des Sozialstaatsprinzips konkretisiert, und zwar hinsichtlich des Prozesses der Verwirklichung des Prinzips und hinsichtlich seiner Stellung zu anderen Staatsformbestimmungen.

„Das Grundgesetz bezeichnet die von ihm geschaffene Staatsordnung als eine freiheitliche Demokratie. Es knüpft damit an die Tradition des ,liberalen bürgerlichen Rechts-

---

16 BVerfGE 33, 303, 331 – Hochschulzugang.
17 BVerfGE 89, 214, 232 – Bürgschaft.
18 Dazu m.w.N. *Haverkate*, Rechtsfragen des Leistungsstaates, 1983.
19 BVerfGE 59, 231, 262.
20 BVerfGE 50, 290; s.a. *Degenhart*, Rn. 577.
21 BVerfGE 5, 85, 197.

staates' an, wie er sich im 19. Jahrhundert allmählich herausgebildet hat und wie er in Deutschland schließlich in der Weimarer Verfassung verwirklicht worden ist.

Diese freiheitliche demokratische Ordnung nimmt die bestehenden, historisch geworde- nen staatlichen und gesellschaftlichen Verhältnisse und die Denk- und Verhaltensweisen der Menschen zunächst als gegeben hin. Sie sanktioniert sie weder schlechthin noch lehnt sie sie grundsätzlich und im Ganzen ab; sie geht vielmehr davon aus, daß sie verbesse- rungsfähig und -bedürftig sind. Damit ist eine nie endende, sich immer wieder in neuen Formen und unter neuen Aspekten stellende Aufgabe gegeben; sie muß in Anpassung an die sich wandelnden Tatbestände und Fragen des sozialen und politischen Lebens durch stets erneute Willensentschließungen gelöst werden [...]

Wenn als ein leitendes Prinzip aller staatlichen Maßnahmen der Fortschritt zu ,sozialer Gerechtigkeit' aufgestellt wird, eine Forderung, die im Grundgesetz mit seiner starken Betonung des ,Sozialstaats' noch einen besonderen Akzent erhalten hat so ist auch das ein der konkreten Ausgestaltung im hohem Maße fähiges und bedürftiges Prinzip. Was jeweils praktisch zu geschehen hat, wird also in ständiger Auseinandersetzung aller an der Gestaltung des sozialen Lebens beteiligten Menschen und Gruppen ermittelt. Dieses Rin- gen spitzt sich zu einem Kampf um die politische Macht im Staate zu. Aber er erschöpft sich nicht darin. Im Ringen um die Macht spielt sich gleichzeitig ein Prozeß der Klärung und Wandlung dieser Vorstellungen ab. Die schließlich erreichten Entscheidungen werden gewiß stets mehr den Wünschen und Interessen der einen oder anderen Gruppe oder sozialen Schicht entsprechen: Die Tendenz der Ordnung und die in ihr angelegte Mög- lichkeit der freien Auseinandersetzung zwischen allen realen und geistigen Kräften wirkt aber [...] in Richtung auf Ausgleich und Schonung der Interessen aller. Das Gesamtwohl wird eben nicht von vornherein gleichgesetzt mit den Interessen oder Wünschen einer bestimmten Klasse; annähernd gleichmäßige Förderung des Wohles aller Bürger und annähernd gleichmäßige Verteilung der Lasten wird grundsätzlich erstrebt. Es besteht das Ideal der ,sozialen Demokratie in den Formen des Rechtsstaates'."

Inhaltlich legt das Bundesverfassungsgericht das Sozialstaatsprinzip fest auf den Fort- schritt aller staatlichen Maßnahmen zu sozialer Gerechtigkeit. Daraus wird man fol- gern können, dass der Gesetzgeber verpflichtet ist, bestehende Ungleichheiten in wirt- schaftlicher, sozialer und kultureller Hinsicht zu verringern, „die richtige Befindlichkeit der Gesellschaft" herzustellen (Zacher) – Sozialstaatsprinzip als **Staatszielbestimmung**.

Die Klassifikation des Sozialstaatsprinzips als Staatszielbestimmung verdeutlicht seine „Aufgegebenheit" an den Gesetzgeber und verdeutlicht seine Eigenart besser als die in der Zielrichtung gleichartigen sozialen Grundrechte, wie sie das Grundgesetz anders als manche Landesverfassungen, die Weimarer Reichsverfassung, die europäische Grund- rechtscharta oder auch der Verfassungsentwurf des Runden Tischs nicht enthält.

Mit der inhaltlichen Ausrichtung trifft das Bundesverfassungsgericht zugleich verfah- rensmäßige Vorgaben für die Verwirklichung des Sozialstaatsprinzips. Die jeweilige verbindliche Entscheidung des Gesetzgebers wird vom konfliktgeladenen politischen Willensbildungsprozess in der Gesellschaft beeinflusst. Das Sozialstaatsprinzip kann dem demokratisch und bundesstaatlich verfassten Gesetzgeber lediglich Bahnen wei- sen, die jeweils möglichen Wege sind politisch zu entscheiden.[22]

---

[22] *Frank*, Sozialstaatsprinzip und Gesundheitssystem, 1983, der gleichwohl eine ziemlich weit- gehende staatliche Regulierungspflicht im Gesundheitswesen aus dem Sozialstaatsprinzip ableitet.

Schließlich enthält die Entscheidung eine Aussage zur Stellung des Sozialstaatsprinzips in der Verfassung. Durch die Schlussformel vom „Ideal der sozialen Demokratie in den Formen des Rechtsstaates" wird die Herrschaft nach dem Grundgesetz durch das demokratische und das soziale Prinzip inhaltlich ausgerichtet, und zwar auf die Bürger bezogen und für sie bestimmt. Gleichzeitig wird der den staatlichen Gewalten aufgegebene Gestaltungsauftrag rechtsstaatlich „in Form gebracht".[23] Auch das sozialstaatliche Handeln muss begrenzt, berechenbar und kontrollierbar sein.

192 Letzteres verweist auf die wechselseitige Verwiesenheit von **Sozialstaat und Rechtsstaat**, ein Thema, das insbesondere in den 50er und 60er Jahren Gegenstand der Auseinandersetzung zwischen einem spezifisch rechtsstaatlichen und einem dezidiert sozialstaatlichen Verfassungsverständnis war.

Auf der einen Seite stand die von Ernst Forsthoff (1902–1974) vertretene Position, die Rechtsstaats- und Sozialstaatlichkeit auf die Verwaltungsebene reduziert – Daseinsvorsorge.[24] Nach der z.B. vom Juristen und Politologen W. Abendroth[25] (1906–1985) vertretenen Gegenposition ist dem Staat durch das Sozialstaatsgebot von Verfassungs wegen aufgegeben, die privaten Besitzstände ökonomischer und politischer Macht einer öffentlichen Kontrolle zu unterwerfen. In Verbindung mit dem **Demokratieprinzip** wird daraus die Überführung privater Verfügungsreservate in demokratische Selbstbestimmung gefordert.

Unzweifelhaft kann es im Einzelfall zu Konflikten zwischen dem Sozialstaats- und dem Rechtsstaatsgebot kommen, z.B. dürfen gesetzliche Formen der Mietpreisbindungen nicht so vage sein, dass sie zu einem verkappten Mietstopp führen[26]. Aber auch der Rechtsstaat ist nicht auf formelle Prinzipien beschränkt, sondern beinhaltet auch das Gebot materieller Gerechtigkeit.

Im Übrigen ist, im Anschluss an Zacher, zu obigen Interpretationen zu sagen, dass Verfassungsinterpretationen den Sozialstaat nicht schaffen. „Den Sozialstaat zu definieren ist ein politisches Geschäft."[27]

193 Die Ergebnisse des politischen Geschäfts des Ringens um die Verwirklichung sozialer Gerechtigkeit finden sich in den unterschiedlichsten Rechtsgebieten, z.B. im Zivilrecht (Verbraucherschutz bei allgemeinen Geschäftsbedingungen, bei Abzahlungskäufen), im Prozessrecht (Prozesskostenhilfe), im Arbeitsrecht (Ausgestaltungen des Kündigungsschutzgesetzes), vor allem aber im SGB, dessen § 2 SGB-AT soziale Rechte einräumt, die in den elf Büchern des SGB ausgestaltet werden (z.B. Arbeitsförderung – SGB III; gesetzliche Krankenversicherung – SGB V, gesetzliche Rentenversicherung – SGB VI, gesetzliche Unfallversicherung – SGB VII, Kinder- und Jugendhilfe – SGB VIII, soziale Pflegeversicherung – SGB XI).

---

23 *Hesse*, Grundzüge, Rn. 214.
24 *Forsthoff*, Verwaltungsrecht I, 10 Aufl., 1973, S. 4; ders., VVDStRL 12 (1954), S. 19.
25 *Abendroth*, Zum Begriff des demokratischen und sozialen Rechtsstaates im GG der BRD, in: Rechtsstaatlichkeit und Sozialstaatlichkeit, hrsg. v. E. Forsthoff, 1968, S. 114 f.
26 BVerfGE 37, 132.
27 *Zacher*, Festschrift Ipsen, S. 237, 266.

Die kaum überschaubaren gesetzlichen Regelungen dessen, was heute als „soziales Netz" bezeichnet wird, können als Ausgestaltungen des Sozialstaatsprinzips verstanden werden. Deshalb sind sie aber nicht unveränderlich festgeschrieben.[27a]

Das Grundgesetz schreibt keine bestimmte sozialrechtliche Wirklichkeit vor. Gemäß dem aus Art. 1 I GG i.V.m. dem Sozialstaatsprinzip abgeleiteten „Grundrecht auf Gewährleistung eines menschenwürdigen Existenzminimums [...] stehen jedem Hilfebedürftigen diejenigen materiellen Voraussetzungen zu, die für seine physische Existenz und für ein Mindestmaß an Teilhabe am gesellschaftlichen und politischen Leben unerlässlich sind. Dieses unverfügbare Grundrecht [...] bedarf aber der Konkretisierung und stetigen Aktualisierung durch den Gesetzgeber, der die zu erbringenden Leistungen an den jeweiligen Entwicklungsstand des Gemeinwesens und den bestehenden Lebensbedingungen auszurichten hat. Dabei steht ihm ein Gestaltungsspielraum zu, bei dessen Ausübung er „alle existenznotwendigen Aufwendungen in einem transparenten und sachgerechten Verfahren realitätsgerecht und nachvollziehbar auf Grundlage verlässlicher Zahlen und schlüssiger Verfahren zu bemessen" hat.[28]

Die Forderung nach einem nachvollziehbaren Verfahren sollte nicht mit einer etwa aus Art. 13, 20 I GG, dem Rechtsstaatsprinzip oder dem Verhältnismäßigkeitsprinzip abgeleiteten Verfassungspflicht des Gesetzgebers zur (optimalen) Begründung verwechselt werden. Diese kann nur ein rechtspolitisches Desiderat sein (str.).[29]

Im Bereich des Wirtschaftsrechts ist der Gestaltungsspielraum eher noch größer. Es steht auch nach Europarecht[30] dem Gesetzgeber frei, gem. Art. 15 GG bestimmte Wirtschaftszweige zu sozialisieren oder aber zur Steuerung des Eigentums in der Bevölkerung staatliche Unternehmen zu privatisieren – Volksaktien[31]. Sozialstaatliche Teilhaberechte stehen unter dem Vorbehalt des Möglichen. Bestandsschutz gegenüber Änderungen gewährt mit Maßen am ehesten der rechtsstaatliche Vertrauensschutz und soweit z.B. sozialrechtliche Anwartschaften der Existenzsicherung des Berechtigten zu dienen bestimmt sind – Art. 14 GG[32].

Weiterführend: *Kingreen*, Das Sozialstaatsprinzip im europäischen Verfassungsverbund 2003; *Schnapp*, „Was können wir über das Sozialstaatsprinzip wissen?", JuS 1998, 873; *Suhr*, Rechtsstaatlichkeit und Sozialstaatlichkeit, Der Staat 1970, 67; *Wiederin*, Sozialstaatlichkeit im Spannungsverhältnis von Eigenverantwortung und Fürsorge, VVDStRL 64 (2004), 53; *Zacher*, in: HStR I, § 28, „Das soziale Staatsziel".

27a S. BVerfG, NJW 2011, 1058 – Abschaffung der Arbeitslosenhilfe.

28 BVerfGE 125, 175 – Hartz IV.

29 S. *Hebeler*, DÖV 2010, 754; tendenziell gegenläufig *G. Kirchhof*, Die Allgemeinheit des Gesetzes, 2009.

30 *V. Danwitz*, in: v. Danwitz/Depenheuer/Engel, Bericht zur Lage des Eigentums, 2002, S. 215; *Ress*, FS Wildhaber, 2007, S. 625.

31 BVerfGE 12, 354, 363.

32 S. BVerfGE 64, 87; 69, 272.

§ 6 Rechtsstaat

194 Das Rechtsstaatsprinzip zählt zu den elementaren Prinzipien des Grundgesetzes.[1] Es gilt als allgemeiner Rechtsgrundsatz. Aber seine Positivierung im Grundgesetz ist nicht ganz einfach zu bestimmen. Eine juristische Habilitationsschrift[2] stellt zunehmend eine „atomisierende Verteilung des Rechtsstaatsprinzips auf Dutzende von Verfassungsvorschriften" fest. Art. 20 I GG verwendet den Begriff nicht; Art. 28 I GG verpflichtet die Bundesländer auf den „Rechtsstaat im Sinne dieses Grundgesetzes", sagt also über die Rechtsstaatlichkeit für den Bund nichts. Art. 23 I 1 GG verpflichtet die Bundesrepublik Deutschland dazu, bei der Entwicklung einer EU mitzuwirken, die u.a. rechtsstaatlichen Grundsätzen verpflichtet ist. Das Bundesverfassungsgericht, in dessen Entscheidungspraxis das Rechtsstaatsprinzip eine zentrale Bedeutung erlangt, führt hierzu aus,

> „daß das Verfassungsrecht nicht nur aus den einzelnen Sätzen der geschriebenen Verfassung besteht, sondern auch aus gewissen sie verbindenden, innerlich zusammenhaltenden allgemeinen Grundsätzen und Leitideen, die der Verfassungsgesetzgeber, weil sie das verfassungsmäßige Gesamtbild geprägt haben, von dem er ausgegangen ist, nicht in einem besonderen Rechtssatz konkretisiert hat. Zu diesen Leitideen […] gehört das Rechtsstaatsprinzip; es ergibt sich aus einer Zusammenschau der Bestimmungen der Art. 20 Abs. 3 GG über die Bindung der Einzelgewalten und der Art. 1 Abs. 3, 19 Abs. 4, 28 Abs 1 S. 1 GG sowie aus der Gesamtkonzeption des Grundgesetzes."[3]

Der Rechtsstaat liegt demnach dem Grundgesetz als Prinzip voraus und zugrunde; er ist nicht auf eine einzige eigenständige Verfassungsnorm radiziert, z.B. nicht auf Art. 20 III GG, der nur Teilelemente des Rechtsstaatsprinzips enthält. Demgemäß gehen Rechtsprechung und Rechtswissenschaft in ständiger Praxis davon aus, dass

– das Rechtsstaatsprinzip einen Bestandteil des geltenden Rechts darstellt und als solcher Verbindlichkeit besitzt;

– dem Rechtsstaatsprinzip ein von den einzelnen Normen des Grundgesetzes verschiedener Inhalt zukommt, es also inhaltlich mit den Bestimmungen, aus denen es hergeleitet wird, nicht zusammenfällt;

– das Rechtsstaatsprinzip **Verfassungsrang** besitzt, so dass es gem. Art. 20 III GG Gesetzgebung, vollziehende Gewalt und Rechtsprechung verpflichtet.

---

1 BVerfGE 20, 323, 331.
2 *Sobota*, Das Prinzip Rechtsstaat, 1997, S. 408.
3 BVerfGE 1, 280, 403.

Als seine wichtigsten Elemente gelten:

– Die Bindung des Gesetzgebers an die verfassungsmäßige Ordnung, Art. 20 III GG,

– Die Bindung der vollziehenden Gewalt und der Rechtsprechung an Gesetz und Recht, Art. 20 III GG,

– Der Vorbehalt des Gesetzes, demzufolge bestimmte Maßnahmen der Exekutive einer ausreichenden gesetzlichen Grundlage bedürfen,

– die Grundrechtsbindung nach Art. 1 III GG mit den Gesetzesvorbehalten in den Grundrechten, z.B. Art. 2 I GG,

– die Gewaltenteilung, Art. 20 II 2 GG,

– das Bestimmtheitsgebot,

– das Gebot der Rechtssicherheit und des Vertrauensschutzes, einschließlich des Rückwirkungsverbots von Gesetzen,

– der Grundsatz der Verhältnismäßigkeit,

– das Staatshaftungsrecht, Art. 34 GG,

– die Rechtsschutzgarantie, Art. 19 IV GG und

– die Justizgrundrechte, Art. 100, 101, 103, 104 GG.[4]

Der Rechtsstaatsbegriff ist mit Eigenheiten der deutschen Verfassungsgeschichte, ins- **195** besondere des vordemokratischen 19. Jahrhunderts, eng verknüpft. Gleichwohl hat er in jüngster Zeit zunehmend auf die europäische und außereuropäische Rechtsent- wicklung Einfluss genommen, und zwar immer dann, wenn totalitäre Systeme über- wunden wurden, z.B. in Portugal, Spanien und Griechenland in den 70 er Jahren oder in Polen, Ungarn und Südafrika Ende der 80er Jahre. Diese Länder haben sich bei der Einführung einer Verfassungsgerichtsbarkeit nicht unwesentlich am Bundesver- fassungsgericht orientiert. Obwohl die Installation des Bundesverfassungsgerichts in Reaktion auf den Unrechtsstaat in Deutschland primär US-amerikanisch, also west- lich und nicht von deutscher oder bestenfalls mitteleuropäischer Rechtsstaatstradi- tion geprägt war, so haben doch die genannten Reformstaaten mit dem Rückgriff auf das Bundesverfassungsgericht ein Gutteil seiner auf das Rechtsstaatsprinzip gestütz- ten Judikatur näher kennengelernt.

Art. 2 EUV bezeichnet die Rechtsstaatlichkeit als einen der Werte, auf die sich die EU gründet. Zuvor schon hat der EuGH den Grundsatz der Verhältnismäßigkeit, aber auch die Grundsätze des Vertrauensschutzes, der Rechtssicherheit, des Rechts- schutzes durch unabhängige Gerichte als rechtsstaatliche Elemente des Gemein- schaftsrechts verwendet.[5] Dem entspricht die Verpflichtung des Art. 23 I 1 GG, bei der Entwicklung der europäischen Union mitzuwirken, die auch rechtsstaatlichen

---

4 Zusammenstellungen z.B. bei *Schmidt-Aßmann*, in: HStR I, § 26 Rn. 69–89; *Jarass/Pieroth*, GG, Art. 20 Rn. 20–71a; *Sobota*, Das Prinzip Rechtsstaat, S. 517 ff.; *Görisch*, JuS 1997, 988.
5 Dazu *Zuleeg*, in: Battis/Mahrenholz/Tsatsos, Das Grundgesetz im internationalen Wirkungs- zusammenhang der Verfassungen, 1990, S. 227, 240; *Skouris*, in: Stern (Hrsg.), 60 Jahre Grundgesetz 2010, 37.

Grundsätzen entspricht. Die Entfaltung rechtsstaatlicher Elemente im Unionsrecht wirkt zurück auf das deutsche Recht, z.T. aber auch in der Weise, dass hochentwickelte Formen des rechtsstaatlichen Vertrauensschutzes, wie § 48 II VwVfG wegen Unvereinbarkeit mit dem Unionsrecht abgebaut werden[6]. Die in einem politischen Mehrebenensystem unvermeidlich zunehmende Kooperation von Verwaltungen sind nicht nur föderale, sondern auch rechtstaatliche Herausforderungen, außer beim Vertrauensschutz z.B. auch bei der Haftung und dem rechtzeitigen und effektiven Rechtschutz.

I. Materieller Rechtsstaat

196 Rechtsstaat ist ein spezifisch deutscher Begriff, an den eine Vielzahl von Eigenheiten der deutschen Verfassungsgeschichte anknüpfen.[7] Nachdem das Scheitern der Französischen Revolution dem Bürgertum vor Augen geführt hatte, dass es die Staatsgewalt in absehbarer Zeit dem Monarchen und dem Adel nicht werde entreißen können, konzentrierten sich die Bemühungen fortan weitgehend darauf, dem bestehenden monarchischen Staat rechtliche Bindungen aufzuerlegen. Der Staat sollte den Landesherren überlassen bleiben, allerdings in seinen Befugnissen gegenüber den Bürgern beschränkt werden. In der Theorie entstand hier die **Entgegensetzung von Staat und Gesellschaft**: Staat ist die Handlungseinheit im Gemeinwesen, welche nicht Angelegenheit des Volkes ist; Gesellschaft ist das Volk, auf das der Staat wegen seiner rechtlichen Beschränkungen nicht zugreifen darf, das also nicht Angelegenheit des Staates ist.

Sollte das Recht die Freiheit der Gesellschaft sichern, so musste ihr primäres Anliegen in „Ideen zu einem Versuch, die Grenzen der Wirksamkeit des Staates zu bestimmen".[8] Bei diesem Versuch erschienen die Grundrechte als zentrale Instrumente für die Sicherung der „freien" Gesellschaft gegen staatlichen Zwang. Solche Grundrechte konnten keine demokratischen Rechte sein. Sie wurden als Abwehrrechte zum Schutz von Freiheit und Eigentum der Bürger gedacht. In Freiheit und Eigentum sollte der Staat grundsätzlich nicht eingreifen dürfen. Ob hingegen die Gesellschaft tatsächlich frei oder nur als frei postuliert war, ging den Staat nichts an.

197 Die Forderung nach Grenzen des Staates sagte noch nichts darüber, wie solche Grenzen begründet werden sollten und welches ihr genauer Inhalt sei. Hier unterscheiden sich zumindest in den praktischen Konsequenzen **materieller Rechtsstaat** und **formel-**

---

6 S. EuGH, DÖV 1998, 287; BVerwG, NJW 1998, 3728; *Frowein*, DÖV 1998, 806.

7 Zur Geschichte *Böckenförde*, Staat – Gesellschaft – Freiheit, 1976, S. 65 ff; *Scheuner*, in: Forsthoff, Rechtsstaatlichkeit und Sozialstaatlichkeit, 1968, S. 461 ff.; *Stolleis*, in: Erler/ Kaufmann (Hrsg.), Handwörterbuch zur deutschen Rechtsgeschichte, „Rechtsstaat" 1986, 367.

8 So der Titel der programmatischen Schrift von *W. v. Humboldt*, 1792; zur Ideengeschichte *v. Mohl*, Enzyklopädie der Staatswissenschaften, 1859, S. 18 ff., 324 ff.; *Sarcevic*, Der Rechtsstaat, 1996.

ler Rechtsstaat. Die Lehre vom materiellen Rechtsstaat nahm spätestens seit Immanuel Kant ihren Ausgangspunkt in der historischen **Staatszwecklehre:** Der Staat darf nur solche Zwecke verfolgen, welche ihm zulässigerweise aufgegeben worden sind. Welche Zwecke dies sein sollten, wurde von den materiellen Rechtsstaatslehren aus dem „**Rechtszweck**" bestimmt. Staatszwecke und Rechtszwecke fielen zusammen: Der Staat soll die Rechte der Bürger und der Gemeinschaft ausformen, gegeneinander abgrenzen und sichern. Diese Formulierung nimmt Art. 20 III GG auf, wenn er formuliert, Exekutive und Justiz seien an Gesetz „und Recht" gebunden. Rechtsquellen jenes Rechtszwecks konnten allerdings nicht die positiven Gesetze sein. Der Rechtszweck soll dem Staat vorgegeben, nicht erst aufgegeben sein.

Damit gerät die Diskussion um den materiellen Rechtsstaat in notwendige Abhängigkeit von der **Naturrecht**sdiskussion. Dabei stellt sich zunächst die Frage, woher jenes „Recht" kommt, wie es zu definieren ist und wer es definieren darf. Dieses Dilemma beschreiben Formulierungen wie: Materieller Rechtsstaat ist der „Gerechtigkeitsstaat", der „vernünftige Staat", der Staat „des richtigen Rechts", der „bürgerliche Staat" oder der „freie Staat". Derartige Umschreibungen können allerdings aus dem Grundproblem nicht herausführen, nämlich der Frage: Wann ist das Recht gerecht? Wann ist das Recht richtig, vernünftig? Mangels plausibler Antworten sind in jüngster Zeit unterschiedliche Theorien wegen ihres überzogenen Geltungsanspruches zunehmend ersetzt worden durch normative Theorien, die auf den Rahmen positiver Rechtsordnungen abstellen (Dwarkin). Davon zu unterscheiden ist der auf der strikten Trennung von Recht und Moral beruhende rechtspositivistische Ansatz.[9]

Das Grundgesetz enthält vielfältige Einzelbestimmungen, welche mit historischen **198** Rechtsstaatsideen übereinstimmen: Man kann sie als „Ausprägungen des Rechtsstaatsprinzips" bezeichnen. Darin erschöpft sich jedoch nach Ansicht des Bundesverfassungsgerichts das grundgesetzliche Rechtsstaatsprinzip nicht: Vielmehr steht es „hinter" den einzelnen grundgesetzlichen Bestimmungen und geht somit über sie hinaus. Insbesondere ist es in der Lage, eigenständige Rechtsfolgen zu begründen, die von konkreten Verfassungsnormen verschieden sind. Als solche sind insbesondere genannt:

– Das Gebot der **Bestimmtheit** und der **Rechtsklarheit**: Die Rechtsordnung muss eindeutig erkennbar, insbesondere ausreichend publiziert, hinreichend bestimmt[10] und inhaltlich möglichst widerspruchsfrei[11] sein.

– Das Prinzip des **Vertrauensschutzes**: Gesetze dürfen grundsätzlich nicht rückwirkend in Kraft treten und müssen auch für die Zukunft das schutzwürdige Vertrauen des Bürgers grundsätzlich wahren.[12]

---

9 W.N. bei *Sieckmann*, Naturrecht, in: Evangelisches Staatslexikon, Neuaufl. 2006, Sp. 1608.
10 Dazu *Papier/Müller*, AöR 122 (1997), 177.
11 Dazu BVerfGE 89, 83, 97; 98, 265, 301; krit. *Sendler*, NJW 1998, 366; *Jarass*, AuR 2001, 599.
12 BVerfGE 105, 48, 57; 108, 370, 398; zur echten Rückwirkung; BVerfGE 114, 258, 300; 95, 64, 86; zur unechten Rückwirkung; BVerfGE 101, 239, 263; 69, 272, 309; zusammenfassend *Jarass/Pieroth*, Art. 20 Rn. 67–76.

- Das Prinzip der **Rechtssicherheit**: Jedes Verfahren muss einmal sein Ende finden und unabhängig von der materiellen Rechtslage eine stabile Entscheidung hervorbringen. Daher müssen durch Fristablauf Gerichtsentscheidungen rechtskräftig und Verwaltungsentscheidungen bestandskräftig werden.

- Das **Übermaßverbot**, also das Prinzip, dass freiheitseinschränkende Gesetze einen legitimen öffentlichen Zweck verfolgen und zu dieser Zweckverfolgung geeignet, erforderlich und verhältnismäßig sein müssen.

- Die **Funktionsfähigkeit der Rechtspflege**: Gerichte müssen zur rechtzeitigen Entscheidung wirksam in der Lage sein, eine Forderung, die der EGMR gegenüber dem „instanzenseligen" deutschen Rechtschutz in mehr als vierzig Entscheidungen angemahnt hat[13]; zur rechtsstaatlichen Rechtspflege zählen insbesondere auch das **faire Verfahren**, die **„Waffengleichheit"** im Prozess und die **freie Wahl des Verteidigers**.

Diese Grundsätze werden, obwohl sie als wesentliche Elemente des Rechtsstaatsprinzips gelten, an dieser Stelle nicht näher behandelt. Stattdessen sind sie dort zu erörtern, wo sie anhand konkreter Verfassungsnormen, insbesondere anhand von Grundrechten, z.B. Art. 14 GG und Vertrauensschutz, oder anhand von Normen des Verwaltungsrechts, z.B. §§ 48–50 VwVfG – Aufhebung von Verwaltungsakten –, erörtert werden können. Dahinter steht das Anliegen, die Berufung auf das Rechtsstaatsprinzip nicht zur beliebigen Argumentationsfigur verkommen zu lassen.[14] Soweit normierte Einzelausprägungen vorhanden sind, gewinnt der juristische Diskurs an Disziplin und Verständlichkeit.

199 Der Zwiespalt zwischen einem als Gerechtigkeitsstaat verstandenen materiellen Rechtsstaat und dem formellen, auf Rechtssicherheit, Regeln und Fristen angewiesenen Rechtsstaat ist im Verlauf der deutschen Wiedervereinigung virulent geworden. Gemeint ist die Klage der DDR-Bürgerrechtlerin Bärbel Bohley, man habe Gerechtigkeit erwartet und stattdessen den Rechtsstaat erhalten.[15] Soweit „damit bürokratische Auswüchse des instanzenseligen Rechtswegestaates" und seines „Wohlstandsrechts" gemeint sind, ist die Kritik zutreffend. Gegenüber der mit revolutionärem Pathos eingeforderten vollkommenen Gerechtigkeit sollten gerade Juristen eingedenk sein, dass alles staatliche Handeln menschliches Handeln und damit unvollkommen ist. Spezifisch rechtsstaatliche Probleme der deutschen Einigung[16], wie strafrechtliche Ahndung von Systemunrecht, Übernahme Systembelasteter in den öffentlichen Dienst, Rückgabe von Eigentum, DDR als Unrechtsstaat und viele andere Fragen der „Vergangenheitsbewältigung durch Recht"[17] zeigen dies überdeutlich. „Aus Sehnsucht

---

13 EGMR, Entsch. v. 24.06.2010 – dazu: *Steinbeiß-Winkemann*, ZRP 2010, 205; EGMR NJW 2001, 213.
14 Dazu prinzipiell *Kunig*, Das Rechtsstaatsprinzip, 1986, einerseits und *Sobota*, Das Prinzip Rechtsstaat, S. 399 andererseits.
15 Dazu *Isensee*, in: HStR IX, § 202 Rn. 23.
16 Dazu *Sendler*, DÖV 1998, 768; *Eisenhardt*, Journal der Juristischen Zeitgeschichte 2009, 45.
17 So *Isensee*, (Hrsg.), 1992.

nach dem Unbedingten" sollte aber nicht der Wert formaler rechtsstaatlicher Verfahrensstrategien übersehen werden.[18]

II. Formeller Rechtsstaat

Der formelle Rechtsstaat war ursprünglich eine einzelne Ausprägung der Rechtsstaatsideen, die sich erst später relativ verselbständigt hat. Wenn dem Staat Grenzen gezogen werden und diese Grenzen durch das Recht begründet werden sollten, so musste dieses Recht den Staat binden. Dementsprechend sagt das formelle Rechtsstaatsprinzip: **Der Staat ist an das geltende Recht gebunden.** **200**

Die Rechtsbindung der Staatsgewalt ist in Art. 20 III GG positiviert. Dieser verpflichtet die Gesetzgebung auf die „verfassungsmäßige Ordnung", vollziehende Gewalt und Rechtsprechung auf „Gesetz und Recht". Die formelle Rechtsstaatlichkeit findet somit ihre verfassungsrechtliche Grundlage in dieser Bestimmung, die von der Rechtsprechung bisweilen auch als – eine – Ausprägung des materiellen Rechtsstaatsprinzips bezeichnet wird. So erscheint dann häufig Art. 20 III GG pauschal als Positivierung „des" Rechtsstaats in der Verfassung.

Art. 20 III GG begründet die Bindung aller Staatsgewalt an das geltende Recht einschließlich des unmittelbar anwendbaren Unionsrechts. **Bindung** bedeutet **einseitige Bewertung nach den Maßstäben rechtmäßig oder rechtswidrig**, zulässig oder unzulässig, gesollt oder nicht gesollt. Daraus folgen **201**

– **die Verselbständigung des bindenden Rechts**: Bewertungsmaßstab und bewertetes Verhalten müssen ihrer Herkunft nach verschieden sein. Wer das bewertete Verhalten vornimmt, darf nicht zugleich über den Bewertungsmaßstab disponieren.

  Exekutive und Justiz dürfen keine Gesetze erlassen.

– **Die Einseitigkeit der Bindung**: Der Bewertungsmaßstab bewertet unabhängig davon, ob sein Adressat dieses akzeptiert oder anerkennt. Bindung ist Fremdbestimmung.

  Die gebundenen Organe müssen das sie bindende Recht anwenden (**Anwendungsgebot**) und dürfen nicht davon abweichen (**Abweichungsverbot**). Richterrecht contra legem darf es nach dem Grundgesetz nicht geben.[19]

– Die **inhaltliche Eigenständigkeit des gebundenen Rechts**: Das bindende Recht ist aus sich heraus und nicht aus dem Handeln heraus auszulegen, welches an das Recht gebunden ist.

  Was das Grundgesetz unter „Versammlung" oder „Parteien" versteht, ist durch dieses und nicht durch das einfache Gesetz zu ermitteln.

– Die **Kontrolle der Bindung**: Rechtsbindung reicht nur so weit, wie die Organe zu ihrer Umsetzung reichen. Dementsprechend kann es nicht dem Adressaten eines

---

18 Dazu *Schuller*, in: Gedächtnisschrift für Roman Schnur, 1997, S. 117, 131.
19 Näher *Ipsen*, Richterrecht und Verfassung, 1975; *Müller*, Richterrecht, 1986; *Sendler*, DVBl. 1988, 828; s. BVerfGE 95, 48, 92.

Rechtssatzes alleine überlassen bleiben, verbindlich zu beurteilen, ob er sich an das für ihn geltende Recht hält oder nicht.

Die Rechtmäßigkeitskontrolle ist primär Aufgabe der Gerichte. Dies bedeutet aber nicht, dass notwendig stets gerichtliche Kontrolle stattfinden muss. Die Gesetze binden auch die Gerichte; trotzdem entscheidet über die Vereinbarkeit einer Gerichtsentscheidung mit dem Gesetz letztinstanzlich ein Gericht.

1. Verfassungsbindung

a) Vorrang der Verfassung

202   Nach Art. 20 III GG ist die Gesetzgebung an die „verfassungsmäßige Ordnung" gebunden. Damit ist der **„Vorrang der Verfassung"** normiert.[20] Daraus folgt, dass im Falle einer Kollision zwischen Verfassung und Gesetz das Verfassungsrecht vorgeht. Das Verfassungsrecht bindet den Gesetzgeber in formeller und materieller Hinsicht: Die Legislative ist an die grundgesetzliche Zuständigkeits- und Verfahrensordnung ebenso gebunden wie an die inhaltlichen Vorgaben für Gesetze. Für die Grundrechte ist diese Bindung in Art. 1 III GG noch einmal ausgeführt. Ausnahmen erlaubte (I, II) und erlaubt (III) der vereinigungsbezogene Art. 143 GG.

Unklar sind allerdings die Konsequenzen jenes Vorrangs der Verfassung. Eindeutig ist, dass er seine Effektivität durch die Entscheidungstätigkeit des Bundesverfassungsgerichts gewinnt. Dieses prüft und entscheidet allein, ob ein Gesetz mit dem Grundgesetz vereinbar ist. In Ausübung dieser Aufgaben kann es gemäß § 31 II BVerfGG ein Gesetz für nichtig erklären. Umstritten ist aber, ob das verfassungswidrige Gesetz vor der Entscheidung des Bundesverfassungsgerichts bereits *nichtig* ist, also der Verfassungsverstoß automatisch zur Nichtigkeit führt, die vom Gericht nur noch festgestellt zu werden braucht[21], oder aber ob es trotz Verfassungswidrigkeit wirksam bleibt und nur vom Bundesverfassungsgericht **vernichtbar** ist, indem es mit konstitutiver Wirkung für nichtig erklärt werden kann.[22] Der Streit hat wegen § 79 BVerfGG kaum praktische Bedeutung. Umstritten ist auch, ob die Exekutive eine für verfassungswidrig gehaltene Norm nach Ausschöpfung verwaltungsinterner Normenkontrollen nicht anwenden darf.[23]

b) Das Grundgesetz als rechtlicher Maßstab für die Staatsgewalt

203   Das Grundgesetz bindet gem. Art. 20 III GG Gesetzgebung, vollziehende Gewalt und Rechtsprechung; von einer Bindung der verfassungsändernden Gewalt ist dort demgegenüber nicht die Rede. Eine solche ist vielmehr in Art. 79 GG thematisiert, welcher formelle und materielle Rechtmäßigkeitsbedingungen für Verfassungsände-

---

20 Zum Vorrang der Verfassung *Wahl*, DSt 1981, 485; ders., NVwZ 1984, 401; *Wolff*, Ungeschriebenes Verfassungsrecht unter dem Grundgesetz, 2000, S. 279.

21 *Ipsen*, Rechtsfolgen und Verfassungswidrigkeit von Norm und Einzelakt, 1980, S. 145 ff. m.w.N.

22 So erstmals *Böckenförde*, Die sogenannte Nichtigkeit verfassungswidriger Gesetze, 1966; w.N. bei *Battis*, HStR VII, 1. Aufl., 1992, § 165.

23 *Sachs*, in: Sachs, Art. 20 Rn. 97.

rungen enthält. Daraus folgt kein Vorrang dieser Bestimmung vor dem übrigen Grundgesetz, vielmehr stellt sie eine Bindung der verfassunggebenden für die verfassungsändernde Gewalt dar.

Art. 79 I 1 GG begründet eine formelle Bedingung für Grundgesetzänderungen: Jede Änderung muss den „Wortlaut des Grundgesetzes" ändern oder ergänzen. Er untersagt somit die „Verfassungsdurchbrechung", also die Setzung von Verfassungsrecht außerhalb des Grundgesetzes in anderen Gesetzen, wie sie insbesondere in der Weimarer Republik nicht selten war. Dementsprechend begründet jene Vorschrift die Vollständigkeit und Abgeschlossenheit des geltenden Verfassungsrechts im Grundgesetz: **Es gibt kein positives Verfassungsrecht außerhalb des Grundgesetzes.** Eine Ausnahme für bestimmte völkerrechtliche Verträge nach Art. 79 I 2 GG ist bisher nur einmal zeitweilig in Kraft getreten.[24]

Wenn das Grundgesetz vollständig und abschließend ist, kann und darf es kein **ungeschriebenes Verfassungsrecht** geben. Wie fließend die Grenzen des Verbots ungeschriebenen Verfassungsrechts sind, zeigt die Existenz ungeschriebener Gesetzgebungskompetenzen (Rn. 162). Sie werden im Wege der Auslegung der geschriebenen Verfassung entnommen. Noch deutlicher zeigt dies die US-amerikanische Doktrin der *implied powers*, die jede in der geschriebenen Verfassung ausdrücklich vorgesehene oder ableitbare Kompetenz mit einschließt, um alle notwendigen Mittel zu deren Durchsetzung zu ergreifen.[25]

Umstritten ist auch die Anerkennung von **Verfassungsgewohnheitsrecht**[26], wozu zum Beispiel der Grundsatz der Diskontinuität gezählt wird. Neben dem ungeschriebenen Charakter des Gewohnheitsrechts ist zugleich dessen Verfassungsrang problematisch: Warum soll Gewohnheitsrecht gerade den Rang des Grundgesetzes und nicht denjenigen eines einfachen Rechts oder gar einer Geschäftsordnung aufweisen? Wenn Art. 79 I 1 GG formelle Anforderungen an das geltende Verfassungsrecht stellt, so liegt gerade hierin die Anerkennung der **Lückenhaftigkeit und Offenheit des GG**[27]. Prekär ist zudem die Abgrenzung zu verfassungsrechtlicher Rechtsfortbildung.

Art. 79 II GG begründet das formelle Erfordernis der **Zwei-Drittel-Mehrheit** bei der **204** Abstimmung über Verfassungsänderungen und die Notwendigkeit der **Zustimmung des Bundesrates** zu solchen Änderungsgesetzen. Die Mehrheit des Bundestages soll nicht durch Änderungen des Grundgesetzes diejenigen Regelungen, welche gerade für die Grundordnung des staatlichen Lebens und die Stellung der Minderheiten in ihm von Bedeutung sind, ändern können. Daher ist hier die Entscheidung dem Konsensprinzip angenähert.[28]

---

24 Dazu BVerfGE 126, 174.
25 Supreme Court, 17 U.S. 316 (1819) – McCulloch vs. Maryland; *Badura*, HStR II, 1. Aufl., 1992, § 160 Rn. 9.
26 BVerfGE 11, 78, 87; 45, 1, 33; *Voigt*, VVDStRL 10, 33 ff.; *Tomuschat*, Verfassungsgewohnheitsrecht?, 1972; *Maurer*, StR, § 1 Rn. 45.
27 Dazu näher *Böckenförde*, NJW 1976, 2089 f.; *Gusy*, JöR 1984, 105.
28 *Blankenagel*, Tradition und Verfassung, 1987, S. 129.

Der Begriff der Zweidrittel-Mehrheit i.S.v. Art. 97 II GG wird durch Art. 121 GG präzisiert. Danach ist Mehrheit der Mitglieder des Bundestages die Mehrheit der gesetzlichen Mitglieder wie sie § 1 I S. 1 BWahlG festlegt (598).

> Der Bundestag könnte also ein verfassungsänderndes Gesetz nicht mit 80 zu 30 Stimmen verabschieden. Eine derartige Abstimmung reichte aber für eine einfache Gesetzesvorlage aus, sofern niemand nach § 45 GO-BT die Beschlussfähigkeit in Frage stellt.[29]

205 Art. 79 III GG normiert die materiellen Anforderungen an die Zulässigkeit von Verfassungsänderungen. Die sog. „**Ewigkeitsklausel**" schließt Änderungsgesetze aus, welche

– die Gliederung des Bundes in Länder, nicht hingegen den konkreten Bestand der einzelnen Bundesländer (s. dazu Art. 29 GG),

– die grundsätzliche Mitwirkung der Länder bei der Gesetzgebung oder

– die in Art. 1 und 20 GG niedergelegten Grundsätze; nicht hingegen die in Art. 1 bis 20 GG genannten Bestimmungen; Art. 2–19 GG sind nur insoweit umfasst, als sie zugleich in Art. 1 oder 20 GG mitgarantiert sind,

„berühren". Umstritten ist, ob Art. 79 III GG auch für eine nach Art. 146 GG zustande gekommene Verfassung gilt.[30]

206 In einer der ersten von vielen Entscheidungen, die das ambivalente Verhältnis von Sicherheit und Freiheit austarieren, der Abhör-Entscheidung zur Neufassung von Art. 10 II GG[31], hat das Bundesverfassungsgericht die Kompetenz zur Prüfung von Verfassungsänderungen am Maßstab des Art. 79 GG in Anspruch genommen. Es prüft zunächst einen Verstoß gegen das – materielle – **Rechtsstaatsprinzip** und führt dazu aus:

> „Auch in Art. 20 GG sind mehrere Grundsätze niedergelegt, nicht jedoch ist dort ‚niedergelegt' das ‚Rechtsstaatsprinzip', sondern nur ganz bestimmte Grundsätze des Rechtsstaatsprinzips: in Abs. 2 der Grundsatz der Gewaltenteilung und in Abs. 3 der Grundsatz der Bindung der Gesetzgebung an die verfassungsmäßige Ordnung, der vollziehenden Gewalt und der Rechtsprechung an Gesetz und Recht. Aus dem Rechtsstaatsprinzip lassen sich mehr als die in Art. 79 Abs. 3 GG in Bezug genommenen Rechtsgrundsätze des Art. 20 GG entwickeln. Das Bundesverfassungsgericht hat solche Rechtsgrundsätze entwickelt [...]. Die mit der Formulierung des Art. 79 Abs. 3 GG verbundene Einschränkung der Bindung des verfassungsändernden Gesetzgebers muß bei der Auslegung um so ernster genommen werden, als es sich um eine Ausnahmevorschrift handelt, die jedenfalls nicht dazu führen darf, daß der Gesetzgeber gehindert wird, durch verfassungsänderndes Gesetz auch elementare Verfassungsgrundsätze systemimmanent zu modifizieren. In dieser Sicht gehört der aus dem Rechtsstaatsprinzip ableitbare Grundsatz, daß dem Bürger ein möglichst umfassender Gerichtsschutz zur Verfügung stehen muß, nicht zu den in Art. 20 GG ‚niedergelegten Grundsätzen'; er ist in Art. 20 GG an keiner Stelle genannt. Art. 19 Abs. 4 GG, der eine Rechtsweggarantie in diesem Sinne enthält, ist also durch Art. 79 Abs. 3 GG einer Einschränkung und Modifizierung durch verfassungsänderndes Gesetz nicht entzogen."

29 BVerfGE 44, 308, 318 f.
30 S. Rn. 14, 143.
31 Dazu BVerfGE 30, 1, 24 f.

Damit ist allerdings noch nicht entschieden, ob ein Verstoß gegen eine in Art. 20 GG **207**
niedergelegte Dimension des Rechtsstaatsprinzips vorliegen könnte. Hier kommt der
Grundsatz der Rechtsbindung aller Staatsgewalt nach Art. 20 III GG in Betracht:

> „Jedenfalls enthält Art. 20 GG ausdrücklich den Gesetzmäßigkeitsgrundsatz und den
> Grundsatz der Dreiteilung der Gewalten; beides sind rechtsstaatliche Prinzipien. Schon
> aus ihnen ergibt sich, daß die Verfassung in ihrer Wertordnung dem Menschen nicht nur
> einen bevorzugten Platz einräumt, sondern ihm auch Schutz gewährt. In der Tat wären
> die Freiheit und die verbürgten Rechte des einzelnen ohne einen verfassungsrechtlich ge-
> sicherten wirksamen Rechtsschutz wesenlos. Der in Art. 20 Abs. 3 GG verankerte Grund-
> satz der Gesetzmäßigkeit bindet die Organe der Staatsgewalt an die verfassungsmäßige
> Ordnung, an Gesetz und Recht und bietet damit einen objektiven Schutz. Dem Bürger
> muß es, wenn der Schutz wirksam sein soll, darüber hinaus auch möglich sein, sich selbst
> gegen den Eingriff der Staatsgewalt zu wehren und ihn auf seine Rechtmäßigkeit prüfen
> zu lassen. Dies wird durch das nach Art. 20 Abs. 2 GG von der Legislative und Exekutive
> getrennte Organ der Rechtsprechung gewährleistet; der Gewaltenteilungsgrundsatz, des-
> sen Sinn in der wechselseitigen Begrenzung und Kontrolle öffentlicher Macht liegt,
> kommt damit auch dem einzelnen zugute. Schon Art. 20 Abs. 2 GG enthält infolgedessen
> das rechtsstaatliche Prinzip individuellen Rechtsschutzes."[32]

Trotz dieser ausführlichen Herleitung des Rechtsschutzes durch Gerichte erklärt das
BVerfG mehrheitlich den Ausschluss des Rechtsweges und seine Ersetzung durch die
Nachprüfung mittels anderer unabhängiger, durch keine Weisungen gebundener staatliche Organe[33] gemäß dem Gesetz zur Beschränkung des Brief-, Post- und Fernmeldegeheimnisses – G 10-Gesetz[34] – im Wege der verfassungskonformen Auslegung für
mit dem Grundgesetz vereinbar.

Eine verfassungskonforme Auslegung setzt voraus:[35] **208**

– Ein Gesetz muss mehrere Auslegungsalternativen zulassen. Die Auslegung hat sich
  auf Wortlaut, Systematik, Geschichte, Sinn und Zweck zu erstrecken. Die Orientierung am Wortlaut allein reicht nicht aus. Sofern eine grammatisch denkbare,
  aber durch Auslegung falsifizierbare Alternative zur Diskussion steht, stellt sich
  das Problem der verfassungskonformen Auslegung nicht.

– Von den mehreren Auslegungsalternativen muss mindestens eine verfassungsgemäß, andere hingegen verfassungswidrig sein.

– Die verfassungsgemäße Auslegung darf den Sinn der ursprünglichen Vorschrift
  nicht verfälschen. Insbesondere ist es unzulässig, verfassungskonform in eine Vorschrift ein „nicht" hineinzuinterpretieren oder hinwegzudiskutieren. Der Sinn der
  Vorschrift darf nicht in sein Gegenteil verkehrt werden; die Praxis geht hier allerdings sehr weit. Verfassungskonforme Auslegung dient der „Erhaltung" des Willens des Gesetzgebers, nicht seiner Umdeutung oder Verkehrung. Sie darf nicht der
  Umdeutung verfassungswidriger in verfassungsgemäße Normen dienen.

---

32 BVerfGE 30, 1, 40 f.
33 BVerfGE 67, 157, 185.
34 BGBl. I 2001, 1254; krit. *Schafranek*, DÖV 2002, 846; s. auch BVerfGE 100, 313, 360.
35 Dazu *Schlaich/Korioth*, Das Bundesverfassungsgericht, Rn. 440–451.

„Was schließlich den ‚Ausschluß des Rechtswegs‘ anlangt, so kommt im Lichte des Ver-
fassungsprinzips der Rechtsstaatlichkeit bei der Auslegung des Art. 10 Abs. 2 S. 2 GG
dem Umstand besondere Bedeutung zu, daß die Nachprüfung durch von der Volksvertretung bestellte Organe und Hilfsorgane ‚anstelle des Rechtsweges‘ treten soll. Das bedeutet, daß in Ausführung dieser Vorschrift das Gesetz eine Nachprüfung vorsehen muß, die
materiell und verfahrensmäßig der gerichtlichen Kontrolle gleichwertig, insbesondere
mindestens ebenso wirkungsvoll ist, auch wenn der Betroffene keine Gelegenheit hat, in
diesem ‚Ersatzverfahren‘ mitzuwirken. Bei dieser Auslegung verlangt Art. 10 Abs. 2 S. 2
GG, daß das zu seiner Ausführung ergehende Gesetz unter den von der Volksvertretung
zu bestellenden Organen und Hilfsorganen ein Organ vorsehen muß, das in richterlicher
Unabhängigkeit und für alle an der Vorbereitung, verwaltungsmäßigen Entscheidung
und Durchführung der Überwachung Beteiligten verbindlich über die Zulässigkeit der
Überwachungsmaßnahme und über die Frage, ob der Betroffene zu benachrichtigen ist,
entscheidet und die Überwachungsmaßnahmen untersagt, wenn es an den rechtlichen
Voraussetzungen dazu fehlt. Dieses Organ kann innerhalb und außerhalb des Parlaments
gebildet werden. Es muß jedoch über die notwendige Sach- und Rechtskunde verfügen; es
muß weisungsfrei sein; seine Mitglieder müssen auf eine bestimmte Zeit fest berufen werden. Es muß kompetent sein, alle Organe, die mit der Vorbereitung, Entscheidung,
Durchführung und Überwachung des Eingriffs in das Brief-, Post- und Fernmeldegeheimnis befaßt sind, und alle Maßnahmen dieser Organe zu überwachen. Diese Kontrolle
muß laufend ausgeübt werden können. Zu diesem Zweck müssen dem Kontrollorgan alle
für die Entscheidung erheblichen Unterlagen des Falles zugänglich gemacht werden.
Diese Kontrolle muß Rechtskontrolle sein.“[36]

Dass Sondervotum dreier Richter[37] sowie die überwiegende Literatur[38] lehnen die
verfassungskonforme Auslegung des Art. 10 II 2 GG ab. Die „systemimmanente Um-
gestaltung“ der in Art. 79 III GG genannten Grundsätze führt dazu, dass ein Verstoß
gegen jene Bestimmungen nur noch dann vorliegt, wenn der Grundsatz nicht nur
„berührt“, sondern grundsätzlich „beeinträchtigt“ wird. Die Grundsätze des Art. 79
III GG sind somit nur noch grundsätzlich geschützt. Zudem wird in der zunächst
zitierten Stelle das Rechtsstaatsprinzip als Entscheidungsmaßstab abgelehnt, sodann
aber in der danach zitierten Stelle als Grundlage der „verfassungskonformen Auslegung“ herangezogen. Zudem ist es höchst fragwürdig, eine Verfassungsbestimmung
selbst verfassungskonform auszulegen, da sie nach ihrem Erlass selbst auf den Aus-
legungsrahmen, die Verfassung, einwirkt: Jede Norm des Grundgesetzes ist Teil der
Verfassung und somit auch selbst mitkonstituierend für die Prinzipien jeglicher verfassungskonformer Auslegung. Nicht nur Art. 10 II GG ist i.S.d. Rechtsstaatsprinzips
und der Menschenwürde auszulegen, sondern umgekehrt auch Menschenwürde und
Rechtsstaat i.S.d. Art. 10 II GG.

209   Die durch das erste Abhör-Urteil ausgelöste Debatte um das richtige Verhältnis von
Sicherheit und Freiheit[39] hat sich im Zuge der Entwicklung der elektronischen Me-

---

36 BVerfGE 30, 1, 23 f.
37 *Bettermann*, AöR 1971, 562; *Schlink*, DSt 1973, 85; *Schwan*, NJW 1980, 1992 m.w.N.; zust.
 Rasenack, DSt 1970, 272.
38 *Pagenkopf*, in: Sachs, Art. 10 Rn. 50; *Gusy*, NJW 1981, 1581.
39 Dazu grundsätzlich einerseits *Depenheuer*, in: Schuppert/Merkel/Nolte/Zürn (Hrsg.), Der
 Rechtsstaat unter Bewährungsdruck, 2010, S. 9; andererseits *Lepsius*, ebd., S. 23.

dien und ihrer Nutzung durch Terroristen und Staatsorgane fortlaufend intensiviert. Das Urteil des BVerfG zur Vorratsdatenspeicherung[40] hat außer dem angesichts der technischen Entwicklung reformbedürftigen Art. 10 GG und dem Grundrecht der informationellen Selbstbestimmung[41] auch die europäische Dimension, konkret die Richtlinie 2006/24/EG, thematisiert.

2.   Bindung an „Gesetz und Recht"

Art. 20 III GG bindet vollziehende Gewalt und Rechtsprechung an „Gesetz und Recht". Er regelt, was diese Zweige der Staatsgewalt dürfen, wenn eine Materie von einer Rechtsnorm geregelt ist. Dieses Phänomen wird oftmals als **„Gesetzmäßigkeit der Verwaltung"** bezeichnet. **210**

Die Formel von der „Gesetzmäßigkeit der Verwaltung" legt die unzutreffende Annahme nahe, die Verwaltung dürfe nur aufgrund eines Gesetzes handeln. Ob dem jedoch so ist, wird in Art. 20 III GG nicht thematisiert. Er setzt vielmehr das Gesetz voraus und regelt nicht, wann ein Gesetz vorliegen muss.

Bindung an Gesetz und Recht begründet für Exekutive und Justiz

– das **Anwendungsgebot**.

> Über die Anwendung des geltenden Rechts dürfen die gebundenen Staatsorgane nicht disponieren. Weder dürfen sie Rechtsnormen völlig außer Betracht lassen noch ältere, außer Kraft getretene Vorschriften anwenden. Bedeutung erlangt dies insbesondere im Bundesstaat: Die Länder sind gem. Art. 83 ff. GG verpflichtet und nicht nur berechtigt, das Bundesrecht im Rahmen ihrer Verwaltungskompetenz auszuführen.

– das **Abweichungsverbot**.

> Liegen die Tatbestandsvoraussetzungen einer Norm im Einzelfall vor, so darf das gebundene Staatsorgan keine anderen Rechtsfolgen anwenden. Probleme bereitet hier insbesondere die Rechtsprechung contra legem im Falle der Rechtsfortbildung (s.a. Rn. 28).

Die Auslegung der Begriffe „Gesetz" und „Recht" ist eng miteinander verquickt. Partiell wird „Gesetz" als positives Recht, „Recht" hingegen als „überpositives" oder Naturrecht begriffen. Demgegenüber findet sich auch das Verständnis von „Gesetz" als förmlichem Parlamentsgesetz i.S.d. Art. 78 I GG und dem aufgrund gesetzlicher Delegation (Art. 80 GG) gesetzten Recht, während das „Recht" als das Grundgesetz begriffen wird. Der Streit ist einerseits nur schwer zu klären, weil der Gesetzesbegriff des Grundgesetzes höchst unterschiedlich verwendet wird[42]; andererseits erlangen die Unterschiede praktisch selten, in diesen Fällen allerdings höchste Relevanz. **211**

Die Auslegung des Art. 20 III GG hat in engem Kontext zur Gewaltenteilung zu stehen, die in Art. 20 II 2 GG angeordnet und in Art. 20 III GG aufgenommen wird. Beide Bestimmungen unterscheiden zwischen einer gesetzgebenden, einer vollziehen-

---

40 NJW 2010, 833; dazu *Roßnagel*, NJW 2010, 1238.
41 S. Rn. 545, 550
42 Zum Gesetzesbegriff des Grundgesetzes *Ossenbühl*, in: HStR V, § 100 Rn. 5; *Roellecke*, Der Begriff des positiven Gesetzes und das Grundgesetz, 1969; *Starck*, Der Gesetzesbegriff des Grundgesetzes, 1970.

den und einer rechtsprechenden Gewalt, von denen das Grundgesetz als „verfassungs-mäßige Ordnung" in Art. 20 III GG abgegrenzt ist. In diesem Sinne regelt Art. 20 III GG insbesondere das Verhältnis der drei Gewalten zueinander. „Gesetz" i.S.d. Art. 20 III GG ist dann die Norm, die von der „Gesetzgebung" i.S.d. Art. 20 II GG her-stammt. Insoweit ordnet jene Vorschrift den **Vorrang des Gesetzes** an: Maßnahmen von Verwaltung und Justiz, die in inhaltlichem Widerspruch zum Gesetz stehen, sind nachrangig und wegen jenes Widerspruchs aufhebbar. In diesem Sinne bedeutet Bin-dung an das „Gesetz" Bindung an förmliche Parlamentsgesetze i.S.d. Art. 78 I GG und die aufgrund gesetzlicher Delegation erlassenen Normen. Diese Gesetzesbindung wird für die Justiz in Art. 97 I GG wiederholt.[43]

Dazu ein BVerfGE 34, 269 nachgebildeter Fall:

> Nach § 253 BGB kann Schadensersatz in Geld für immateriellen Schaden nur insoweit verlangt werden, als dies gesetzlich ausdrücklich bestimmt ist. A ist in sei-nem „Allgemeinen Persönlichkeitsrecht" verletzt und verlangt, obwohl dafür kein gesetzlicher Sondertatbestand vorliegt, vom Schädiger Geldersatz.

Damit stellt sich die Frage, ob Verwaltung und Gerichte von den Gesetzen abweichen dürfen. Dies richtet sich nach der Antwort auf eine doppelte Fragestellung:

– Wie ist der Begriff des „**Rechts**" in Art. 20 III GG inhaltlich zu konkretisieren?

– Wie ist das Rangverhältnis zwischen Gesetz und Recht im Falle einer inhaltlichen Kollision?

212   „Die traditionelle Bindung des Richters an das Gesetz, ein tragender Bestandteil des Ge-waltentrennungsgrundsatzes und damit der Rechtsstaatlichkeit, ist im Grundgesetz jeden-falls der Formulierung nach dahin abgewandelt, daß die Rechtsprechung an ‚Gesetz und Recht' gebunden ist (Art. 20 Abs. 3). Damit wird nach allgemeiner Meinung ein enger Gesetzespositivismus abgelehnt. Die Formel hält das Bewußtsein aufrecht, daß sich Ge-setz und Recht zwar faktisch im Allgemeinen, aber nicht notwendig und immer decken. Das Recht ist nicht mit der Gesamtheit der geschriebenen Gesetze identisch. Gegenüber den positiven Satzungen der Staatsgewalt kann u.U. ein Mehr an Rechten bestehen, das seine Quelle in der verfassungsmäßigen Rechtsordnung als einem Sinnganzen besitzt und dem geschriebenen Gesetz gegenüber als Korrektiv zu wirken vermag; es zu finden und in Entscheidungen zu verwirklichen, ist Aufgabe der Rechtsprechung. Der Richter ist nach dem Grundgesetz nicht darauf verwiesen, gesetzgeberische Weisungen in den Grenzen des möglichen Wortsinns auf den Einzelfall anzuwenden. Eine solche Auffassung würde die grundsätzliche Lückenlosigkeit der positiven staatlichen Rechtsordnung voraussetzen; ein Zustand, der als prinzipielles Postulat der Rechtssicherheit vertretbar, aber praktisch unerreichbar ist. Richterliche Tätigkeit besteht nicht nur im Erkennen und Aussprechen von Entscheidungen des Gesetzgebers. Die Aufgabe der Rechtsprechung kann es insbe-sondere erfordern, Wertvorstellungen, die der verfassungsmäßigen Rechtsordnung imma-nent, aber in den Texten der geschriebenen Gesetze nicht oder nur unvollkommen zum Ausdruck gelangt sind, in einem Akt des bewertenden Erkennens, dem auch willenhafte Elemente nicht fehlen, ans Licht zu bringen und in Entscheidungen zu realisieren. Der

---

43 Dazu *Ossenbühl*, HStR V, § 101 Rn. 1; *Gusy*, JuS 1983, S. 189.

Richter muß sich dabei von Willkür freihalten; seine Entscheidung muß auf rationaler Argumentation beruhen. Es muß einsichtig gemacht werden können, daß das geschriebene Gesetz seine Funktion, ein Rechtsproblem gerecht zu lösen, nicht erfüllt. Die richterliche Entscheidung schließt dann diese Lücke nach den Maßstäben der praktischen Vernunft und den fundierten allgemeinen Gerechtigkeitsvorstellungen der Gemeinschaft'."[44]

Das Recht nimmt nach dieser Passage eine schwankende Doppelstellung ein. Einerseits ist es vom positiven Recht, insbesondere dem positiven Gesetz, verschieden; andererseits spricht das Gericht von der „verfassungsgemäßen Rechtsordnung". Zudem ist zwar der Fall thematisiert, dass das Gesetz das postulierte „Mehr an Recht" „nicht oder nur unvollkommen zum Ausdruck" bringt, also die Gesetzeslücke. Der inhaltliche Widerspruch zwischen Gesetz und Recht ist dadurch noch nicht angesprochen. Vor dem Hintergrund dieser offenen Fragen entschied das Gericht den Beispielsfall so:

„Die Beschränkungen des Geldersatzes für immateriellen Schaden auf die wenigen ausdrücklich – und zudem mit einer gewissen ‚Konzeptionslosigkeit' – geregelten Sonderfälle wurde als eine ‚legislative Fehlleistung' gekennzeichnet […]. Die Kritik mußte sich verschärfen, nachdem die Zivilgerichte unter dem Einfluß der ‚privatrechtsgestaltenden Kraft des Grundgesetzes' den Schritt zur Anerkennung des allgemeinen Persönlichkeitsrechts getan hatten. Damit wurde eine Lücke im Blick auf die Sanktionen, die bei einer Verletzung dieses Persönlichkeitsrechts zu verhängen waren, sichtbar; ein Problem, dessen Bedeutung z.Z. der Entstehung des Bürgerlichen Gesetzbuches noch nicht abzusehen war, verlangte unter dem Einfluß eines geänderten Rechtsbewußtseins und der Wertvorstellungen einer neuen Verfassung dringlich nach einer Regelung, die dem Gesetz infolge der Enumerationsklausel des § 253 nicht zu entnehmen war. Die Rechtsprechung stand vor der Frage, ob sie diese Lücke mit den ihr zu Gebote stehenden Mitteln schließen solle oder aber das Eingreifen des Gesetzgebers abwarten solle […]. Ein Ergebnis aber, das auf einem zivilrechtlich zumindest diskutablen, jedenfalls den Regeln zivilrechtlicher Hermeneutik nicht offensichtlich widersprechenden Weg gewonnen wurde, kann von der Verfassung her nicht beanstandet werden, wenn es gerade der Durchsetzung und dem wirksamen Schutz eines Rechtsgutes dient, das diese Verfassung selbst als Mittelpunkt ihres Wertsystems ansieht. Dieses Ergebnis ist ‚Recht' i.S.d. Art. 20 III GG – nicht im Gegensatz, sondern als Ergänzung und Weiterführung des geschriebenen Gesetzes. Die Alternative, eine Regelung durch den Gesetzgeber abzuwarten, kann nach Lage der Dinge nicht als verfassungsrechtlich geboten erachtet werden."[45]

Die Formulierung von „Gesetz und Recht" wird vielfach dahin verstanden, dass sie vor dem Hintergrund der Erfahrungen aus der nationalsozialistischen Zeit das Bewusstsein wach halten solle, dass auch das Gesetz zu „Unrecht" werden könne.[46] In derartigen Fällen müsse Recht vor Gesetz gehen. Mit „Recht" werde die Idee der Gerechtigkeit angesprochen.[47] So zutreffend dieser Ausgangspunkt sein mag, so vermag er doch keine konkreten Antworten auf die hier anstehenden Fragen zu geben:

213

---

44 BVerfGE 34, 269, 286 f.
45 BVerfGE 34, 269, 289 f., 291.
46 S. etwa BVerfGE 3, 225, 232; zur Verurteilung von Mauerschützen s. BVerfGE 95, 96; NJW 1998, 2585, 2586; methodisch anders, im Ergebnis aber ebenso: EGMR NJW 2001, 3035, 3037; dazu: *Werle*, NJW 2001, 301; *Starck*, JA 2001, 1102.
47 *Sobota*, Das Prinzip Rechtsstaat, S. 91; *Hoffmann*, Das Verhältnis von Gesetz und Recht, 2003.

– Welches sind die staatlichen Vorkehrungen gegen extrem ungerechte Gesetze?

Die Bundesrepublik hat für derartige Gesetze ein adäquates Reaktionsinstrument: Ein extrem ungerechtes Gesetz kann vom Bundesverfassungsgericht für nichtig erklärt werden, soweit es gegen das Grundgesetz verstößt. Eine inhaltliche Differenz zwischen dem Grundgesetz einerseits und dem überpositiven Recht andererseits ist kaum feststellbar.[48]

– Welchen Stellenwert nimmt neben der Rechtsbindung die Gesetzesbindung ein?

Wenn in der zuerst zitierten Stelle die rechtsschöpfende Aufgabe der Gerichte mit der Unvollständigkeit des Gesetzes begründet wird, so stellt sich das Problem der contra-legem-Rechtsprechung gerade für den Fall, dass ein Gesetz auf den vorliegenden Fall anwendbar ist. Warum soll eine für eine unvollkommene Situation begründete Rechtsbindung auch in vollkommenen Situationen gelten?

– Wie können rechtstheoretische und rechtspolitische Postulate geltendes Recht werden?

Wenn eingangs der zweiten zitierten Passage der Umstand, dass eine Norm rechtspolitisch umstritten ist, als Medium dafür verwendet wird, die „gewandelten Rechtsvorstellungen" als geltendes Recht zu qualifizieren, so wird hier jener Teil des Grundgesetzes ignoriert, der genau regelt, wann ein Rechtsbewusstsein in geltendes Recht umschlägt. Nicht Rechtsphilosophie, sondern der demokratische Gesetzgeber erlässt das Recht.

– Warum wird der postulierte Widerspruch zwischen der „privatrechtsgestaltenden Kraft des Grundgesetzes" und dem BGB nicht auf die dafür vorgesehene Weise bereinigt?

Hier hätte § 253 BGB partiell für verfassungswidrig und nichtig erklärt werden können, um sodann aufgrund einer Analogie zu § 847 BGB a.F., der ausdrücklich Schmerzensgeld bei unerlaubter Handlung regelte, Schadensersatz zuzusprechen. Der verfassungsrechtlich vorgezeichnete Weg wurde im vorliegenden Fall aber überhaupt nicht beschritten.

– Wie kann ein „Auslegungsergebnis", welches dem eindeutigen Wortlaut, Sinn und Zweck des ausgelegten Gesetzes unzweifelhaft widerspricht, nach „den Regeln zivilrechtlicher Hermeneutik" „zumindest diskutabel" sein?

214 Als Ergebnis der dargestellten Kritik ist demnach festzustellen, dass das Grundgesetz selbst Verstöße gegen die elementaren Mindestgarantien verhindert. Eine Rechtsetzung, wie sie für den Nationalsozialismus charakteristisch war, ist durch das positive Verfassungsrecht rechtlich ausgeschlossen, was in Art. 123 I, II, 139 GG unzweifelhaft zum Ausdruck gebracht ist. Derartige Verfassungsverstöße können auch in der für solche Fälle vorgesehenen Weise (Art. 100 GG) vom Bundesverfassungsgericht bereinigt werden. Ist insoweit das Verwerfungsmonopol bei einer Instanz konzentriert, so dürfen die anderen Gerichte nicht das Gesetz unter Berufung auf das „Recht" umgehen. Die Rechtsprechung contra legem unter Berufung auf das „Recht" in Art. 20 III GG ist aus Kompetenzgründen nicht zulässig.

Dem hat das Bundesverfassungsgericht in einem jüngeren Fall[49] Rechnung getragen, in welchem die Sicherstellung einer Finanzierung der Sozialpläne im Konkurs – also eine Maßnahme, die die soziale Stellung vieler Menschen in erheblicher Weise betrifft – entgegen

---

48 So schon BVerfGE 3, 225, 232; s.a. BVerfGE 62, 1, 43: „Nach dem GG bedeutet verfassungsgemäße Legalität zugleich demokratische Legitimität."
49 BVerfGE 65, 182, 194 f.; s.a. BVerfGE, JZ 1990, 811, m. abl. Anm. *Roellecke*.

den Bestimmungen der Konkursordnung (inzwischen durch die Insolvenzordnung abgelöst) unter Berufung auf das „Recht" abgelehnt wurde. Das Gesetz habe eindeutig entschieden und sei nicht verfassungswidrig. Es dürfe daher nicht von der Rechtsprechung „korrigiert" werden. Den Unterschied zum Beispielsfall begründete das Gericht damit, bei der Konkursordnung sei – im Gegensatz zu § 253 BGB – ein Konsens über den Widerspruch zwischen Gesetz und Recht in der Wissenschaft und Praxis nicht feststellbar. Dieses Argument ist umso aufschlussreicher, als im Beispielsfall die kritischen Stimmen ignoriert worden waren. Mit § 123 InsO hat der Gesetzgeber das Problem inzwischen gelöst.

Positiv gewendet folgt aus der dargestellten Kritik:

– Das „**Recht**", einschließlich des unmittelbar anwendbaren Europarechts und des innerstaatlich geltenden Völkerrechts[50], in Art. 20 III GG **ist mit dem Grundgesetz identisch** – Verfassungsbindung von Exekutive und Judikative[51].

– Jegliche „Rechtsfortbildung" ist stets an Verfassung und Gesetz gebunden. Verwaltung und Gerichte dürfen praeter legem nur entscheiden, wenn auf den vorliegenden Fall kein Gesetz anwendbar ist (Anwendungsgebot); bei der Entscheidung praeter legem sind sie an das Grundgesetz gebunden.

– Entscheidungen contra legem oder contra constitutionem sind nach Art. 20 III GG wie auch der grundgesetzlichen Kompetenzordnung unzulässig.

Grundsätzlich **darf kein Gesetz von einer niederrangigen Vorschrift verdrängt oder durchbrochen werden**.[52] Es kann allerdings anordnen, dass seine eigenen Bestimmungen nur subsidiär gelten, sofern nicht durch Rechtsverordnung oder Verwaltungsvorschrift aufgrund gesetzlicher Delegation anderes normiert worden ist.[53] Eine solche Subsidiarität stößt allerdings auf Grenzen, sofern die Materie dem Gesetzesvorbehalt unterliegt; ferner aus den Grundsätzen der Rechtsklarheit und Rechtssicherheit.

Art. 20 III GG bindet die Gerichte an die Verfassung und die einfachen Gesetze. Das **215** Bundesverfassungsgericht hingegen prüft im Regelfall allein anhand des Grundgesetzes. Ausnahme ist die Prüfung von Landesrecht an Bundesrecht bei der abstrakten Normenkontrolle gem. Art. 93 I Nr. 2 GG. In den Fällen der konkreten Normenkontrolle aufgrund einer Richtervorlage (Art. 100 I GG), und denen einer gegen ein Urteil, z.B. des Bundesverwaltungsgerichts[54] gerichteten Verfassungsbeschwerde (Art. 93 I Nr. 4a GG), stellt sich die Frage nach der Arbeitsteilung zwischen Bundesverfassungsgericht und den sogenannten Fachgerichten. Die Verfassungsbeschwerde macht das Bundesverfassungsgericht nicht zur „Superrevisionsinstanz". Es ist darauf beschränkt spezifische Grundrechtsverletzungen zu beanstanden. Ob das Bundesverfassungsgericht die richtige Balance für die Arbeitsteilung jeweils gefunden hat, ist häufig umstritten.[55]

---

50 BVerfGE 112, 1, 24.
51 Grundlegend dazu *Roellecke/Starck*, VVDStRL 34, 7, 43.
52 BVerfGE 8, 169 f.; 40, 247.
53 BVerfGE 8, 169 ff.; zu den Grenzen BVerfGE 40, 248 ff.; *Schenke*, DÖV 1977, 27.
54 BVerfG DVBl. 2010, 250 – Effektiver Rechtsschutz.
55 Siehe Sondervotum *Grimm*, S. 35, zu BVerfGE 81, 29; Sondervotum dreier Richter in BVerfGE 122, 248, 282 zur großen Zurückhaltung des Bundesverfassungsgerichts gegenüber dem BGH; weiterführend *Alexy/Kunig/Heun/Hermes*, VVDStRL 61 (2002), 8 ff.

3. Normenhierarchie

216 Rechtsetzung ist im gewaltenteilenden Bundesstaat, der zudem Mitglied der EU ist, eine überaus differenzierte, vielschichtige Aufgabe. Innerstaatliche Rechtsnormen können vom Bund oder den Ländern herstammen; sie können auf Bundes- und Landesebene mit unterschiedlichem Rang erlassen werden. Im Falle eines Widerspruches zwischen mehreren Normen beantwortet das *Vorrangprinzip* (Art. 20 III GG) die Frage, welche Vorschrift vorgeht, welche also sich im Kollisionsfalle durchsetzt. Aus dem Vorrang und Nachrang aller Vorschriften untereinander ergibt sich sodann die bundesstaatliche Normenhierarchie. Das geltende Recht kennt dabei folgende Arten von Rechtsnormen:

– Die **Verfassung** als Summe von Rechtssätzen, die in einer **besonderen Urkunde** zusammengefasst sind und denen in der Rechtsordnung ein besonderer Rang zukommt;

Für den Bund ist dies das Grundgesetz, für die Länder ihre jeweiligen Landesverfassungen.[56]

– Das **förmliche Gesetz** als regelmäßig **abstrakt-generelle Norm**, die vom **parlamentarischen Gesetzgeber** in einem besonderen Verfahren erlassen worden ist.

Diese – auch Parlamentsgesetze oder „förmliche Gesetze" genannten – Gesetze werden für den Bund im Verfahren des Art. 78 GG, für die Länder nach ihrem jeweiligen Landesverfassungsrecht (gem. Art. 59 II, 62 VvB auch im Wege von Volksbegehren und Volksentscheid) beschlossen.

– Die **Rechtsverordnungen**[57] als regelmäßig **abstrakt-generelle Normen**, die aufgrund besonderer **gesetzlicher Delegation** von den zuständigen Organen erlassen worden sind.

Die dafür maßgebliche Delegationsnorm ist im Bund Art. 80 GG, der in Abs. 1 strenge Formerfordernisse an das delegierende Gesetz und die Rechtsverordnung stellt und in Abs. 2 besondere Verfahrenserfordernisse für den Erlass von Rechtsverordnungen vorsieht. Die Länder haben – zumeist in den Landesverfassungen – eigene Bestimmungen über Rechtsverordnungen erlassen. Rechtsverordnungen dienen dazu, den **parlamentarischen Gesetzgeber von den Detailaufgaben zu entlasten**. Die wahrscheinlich bekannteste Rechtsverordnung ist die Straßenverkehrsordnung (Schönfelder 35a), die aufgrund der Ermächtigung des § 6 I StVG (Schönfelder 35) ergangen ist. Rechtsverordnungen sind zu unterscheiden von Verordnungen der EU (Art. 288 AEUV), die in allen ihren Teilen verbindlich ist und unmittelbar in jedem Mitgliedstaat gilt und vom Europäischen Parlament und Rat erlassen werden (Art. 289 I, II AEUV).

217 – Die **Satzung**[58] **als Norm autonomer Selbstverwaltung** aufgrund ihres **gesetzlich begründeten Selbstverwaltungsrechts**.

Satzungen sind somit nicht von den Staatsorganen (Parlament, Regierung) erlassen, sondern von Selbstverwaltungskörperschaften, denen durch Gesetz Autonomie verliehen worden ist.

---

56 Zum Landesverfassungsrecht Überblick bei *Vitzthum*, VVDStRL 46, 7; *Starck*, HStR IX, 1. Aufl., 1997, § 208.

57 Zur Rechtsverordnung *Ossenbühl* in HStR V, § 103; *Saurer*, Die Funktion der Rechtsverordnung, 2005.

58 Zum Satzungsrecht grundlegend BVerfGE 33, 125; 76, 171; 196; Darstellung bei *Ossenbühl*, in: HStR V, § 105.

Hierzu zählen insbesondere die Gemeinden (Art. 28 II GG), Universitäten, Kammern und Sozialversicherungsträger. Sie regeln ihre Angelegenheiten im Rahmen der Gesetze selbst und erlassen daher Normen, die für ihre Mitglieder – nicht für Dritte – verbindlich sind. Das Verfahren ist in den jeweiligen Gesetzen, welche das Selbstverwaltungsrecht begründen, vorgeschrieben oder selbst durch Satzung geregelt.

Verfassungsrecht, Gesetze und Rechtsverordnungen werden von Bund und Ländern **218** erlassen. Das Rangverhältnis dieser Normen untereinander regeln verfassungsrechtliche Vorrangregelungen. Maßgebliche Rechtsgrundlage für die Prinzipien vom Vorrang und Nachrang der einzelnen Normen sind für den Bund Art. 20 III, 80 GG; für die Länder die parallelen Vorschriften in ihren Landesverfassungen. Das Verhältnis von Bundesrecht und Landesrecht ist in Art. 31 GG i.S. eines Vorrangs des Bundesrechts geregelt. **Rechtsfolgen des Vorrangprinzips** sind:

– **Pflicht zur Aufhebung entgegenstehenden niederrangigen Rechts;**

   Wird eine vorrangige Rechtsnorm erlassen und sind zu diesem Zeitpunkt entgegenstehende niederrangige in Kraft, so hat die Instanz, die das niederrangige Recht gesetzt hat, dieses aufzuheben. Wird das niederrangige Recht nicht entsprechend außer Kraft gesetzt oder geändert, so entscheidet für den Bund das Bundesverfassungsgericht nach Art. 93, 100 GG; für das Land bei Verstößen gegen das Landesrecht das Landesverfassungsgericht nach Art. 99, 100 I GG.

– **Sperrwirkung für entgegenstehendes niederrangiges Recht.**

   Nachträglich darf kein nachrangiges Recht erlassen werden, das dem vorrangigen widerspricht.

Aus den genannten Regeln ergibt sich die folgende Normenhierarchie: **219**

Bundesverfassungsrecht (GG)
Bundesgesetze
Bundesrechtsverordnungen

Landesverfassungsrecht
Landesgesetze
Landesrechtsverordnungen

Autonomes Recht (Satzungen)

Politisch betrachtet ist das Vorrangprinzip Ausdruck für eine bestimmte Machtverteilung zwischen den verschiedenen Zweigen und Organen der Staatsgewalt. Weil das Parlament durch seine Gesetze das Handeln von Verwaltung und Rechtsprechung steuern kann, kommt ihm in der parlamentarischen Demokratie der Primat vor den Organen der vollziehenden und rechtsprechenden Gewalt zu. Das Parlament hat kraft seiner Befugnis, vorrangiges Recht zu setzen, eine Steuerungskompetenz und damit eine Spitzenstellung inne. Vorrang des parlamentarischen Gesetzes ist zugleich Vorrang des Parlaments im Staat.

220 Die dargestellte Normenhierarchie wird durch die Mitgliedschaft der Bundesrepublik Deutschland in der EU überlagert. Rechtsakte i.S.v. Art. 288 AEUV gehen nationalem Recht vor. Dieser **Anwendungsvorrang des Unionsrechts**[59] gilt auch gegenüber deutschem Verfassungsrecht. Das dem Gemeinschaftsrecht widersprechende nationale Recht ist zwar nicht nichtig, aber nicht anwendbar. Vom Anwendungsvorrang des Unionsrechts ist zu unterscheiden die Frage, ob das Unionsrecht selbst wirksam ist und ob außer dem EuGH gemäß der der ultra-vires-Lehre auch das Bundesverfassungsgericht ausbrechende Rechtsakte der EU überprüfen darf[60]. Insoweit ist insbesondere die Wirkkraft der Grundrechte des Grundgesetzes im Europäischen Einigungsprozess noch weitgehend ungeklärt.[61]

Bis zum Erlass des Europaartikels 23 GG n.F. wurde der Anwendungsvorrang des Unionsrechts durch Art. 24 GG gerechtfertigt. **Rechtsakte zwischenstaatlicher Einrichtungen**, denen wirksam deutsche Hoheitsrechte übertragen worden sind[62], gehen ebenfalls innerstaatlichem Recht vor, z.B. Einsatzfreigabe durch die NATO[63].

Allgemeine Regeln des Völkerrechts nach Art. 25 GG sind universal – nicht bloß regional – anerkannte Rechtsgrundsätze des Völkerrechts ohne Rücksicht darauf, ob die Bundesrepublik sie anerkennt oder nicht. Sie gehen den Gesetzen vor; ihr Rang ist gegenüber dem Grundgesetz umstritten, wobei überwiegend eine Zwischenstellung zwischen Grundgesetz und Gesetz angenommen wird.[64]

Verwaltungsvorschriften nach Art. 84 II, 85 II, 86 S. 1, 108 VII, 129 GG sind nach h.M. nur Innenrechtssätze. Sie binden als solche – anders als die Außenrechtssätze der dargestellten Normenhierarchie – nur nachgeordnete Behörden, nicht aber den Bürger und Gerichte. Darauf ist im Allgemeinen Verwaltungsrecht einzugehen.

Weiterführend: *Benda*, Der soziale Rechtsstaat, in: Benda/Maihofer/Vogel, HVfR, § 17; *v. Bogdandy*, Gubernative Rechtsetzung, 2000; *Forsthoff/Bachof*, Begriff und Wesen des sozialen Rechtsstaats, VVDStRL 12, 1/37; *Gusy*, Sicherheitskultur – Sicherheitspolitik – Sicherheitsrecht, KritV 2010, 111; *Huster/Rudolph* (Hrsg.), Vom Rechtsstaat zum Präventionsstaat, 2008; *Isensee*, Rechtsstaat – Vorgabe und Aufgabe der Einigung Deutschlands, in: HStR IX, § 202; *Kunig*, Das Rechtsstaatsprinzip, 1986; *Sarcevic*, Der Rechtsstaat, 1996; *Schmidt-Aßmann*, Der Rechtsstaat, in: HStR I, § 24; *Sendler*, Wiedervereinigung und Rechtsstaat, DÖV 1998, 768; *Sobota*, Das Prinzip Rechtsstaat, 1997.

---

59 EuGHE 1968, 373 – Costa, st. Rspr.
60 Dazu BVerfGE 89, 145 – Maastricht; BVerfGE 123, 267.
61 Dazu BVerfG, EuZW 1997, 734 – Raucherwarnung; VG Frankfurt, EuZW 1997, 165 – Bananenordnung; *Stein*, EuZW 1998, 261; *Hirsch*, RdA 1998, 194, 199; *Streinz u.a.*, „Mangold" als ausbrechender Rechtsakt, 2009; restriktiv BVerfG NZA 2010, 995 – Honeywell; dazu Rn. 20.
62 Dazu BVerfGE 37, 271, 280; 58, 1, 40.
63 BVerfGE 68, 1, 93 – Pershing; BVerfGE 90, 286, 350 – Somalia (str.); s. *Streinz*, in: Sachs, Art. 24, Rn. 34 f.
64 Eingehend hierzu *Bleckmann*, Grundgesetz und Völkerrecht, 1975, S. 291 ff.

§ 7 Gewaltenteilung

I. Einführung

Die Idee der Gewaltenteilung ist historisch älter als diejenige des Rechtsstaates. Beide **221** Vorstellungen stammen aber aus vergleichbaren Wurzeln: Dem Ziel, das Volk an der Staatsgewalt zu beteiligen bei gleichzeitig fehlendem Willen oder der fehlenden Macht, die Staatsgewalt dem Monarchen zu entreißen. Hier stellte sich Gewaltenteilung als Kompromiss dar: Wenn Adel und Bürgertum die Herrschaft schon nicht selbst übernahmen, so wollten sie wenigstens an deren Ausübung beteiligt sein. In diesem Sinne war Gewaltenteilung die Forderung nach Teilung der Staatsgewalt und eigener Beteiligung daran.

> In der Diskussion um die Gewaltenteilung forderte **John Locke** die Beteiligung des – reichen – Bürgertums, **Charles de Montesquieu** insbesondere diejenige des Adels an der Herrschaft. Während sie die Staatsgewalt „teilen" wollten, war die Rechtsstaatsidee gerade nicht auf innere Teilung, sondern auf äußere Begrenzung der Staatsgewalt aus. Gewaltenteilung forderte inneren Übergang der Staatsgewalt, Rechtsstaat äußere Begrenzung. Deutlich zeigt sich dies an den Vertretungskörperschaften: Während die „Parlamente" im Konzept der Gewaltenteilung Staatsgewalt ausüben sollten, sind sie für die Rechtsstaatsdiskussion **Vertretungen der Gesellschaft gegen den Staat**.

Die historische Diskussion erscheint gegenwärtig schwer nachvollziehbar, weil der **222** **Begriff der Gewalten** in einem doppelten Sinne verwendet wurde:

- als **Anteil an der staatlichen Herrschaft**, also als Gesetzgebungs-, Vollziehungs- oder Rechtsprechungsfunktion;
- als **Stand innerhalb der Bevölkerung**, also Monarch, Adel, Klerus, Bürgertum.

> Den historischen Gewaltenteilungslehren ging es darum, möglichst die einzelnen Staatsfunktionen auf die einzelnen Stände zu verteilen. **Gewalt ist dann ein Stand, der einen Teil der staatlichen Herrschaft ausübt**. Die Voraussetzungen dieser Gewaltenteilungsidee sind in nahezu jeglicher Hinsicht historisch fortgefallen. Gegenwärtig geht es nicht mehr um die Alternative „Gewaltenteilung oder Demokratie", sondern um die **Gewaltenteilung in der Demokratie**. Dies bedingt die Zuordnung von demokratischer und gewaltenteilender Staatsform nach dem Grundgesetz. Zudem ist das Gemeinwesen seit dem Übergang zur Demokratie nicht mehr ständisch gegliedert, so dass auch die Aufteilung der Staatsfunktionen auf bestimmte soziale Mächte gegenwärtig kein politisches Anliegen mehr ist. Vielmehr geht es heute um die organisatorische Trennung der unterschiedlichen Staatsfunktionen, weshalb Gewaltenteilung gegenwärtig auch als **Funktionentrennung** bezeichnet wird.

Grundlage des grundgesetzlichen Gewaltenteilungskonzepts ist Art. 20 II 2 GG. Da- **223** nach wird „alle" Staatsgewalt im Sinne des Art. 20 II 1 GG durch „besondere Organe" ausgeübt. „**Staatsgewalt**" ist alles, was der Staat tut. Dabei kommt es weder auf die Rechtsform einer Maßnahme (zivilrechtlich oder öffentlich-rechtlich), ihren Inhalt (eingreifend oder nicht eingreifend) noch auf ihre Wirkung gegenüber dem Bürger (Außenwirkung oder Innenwirkung) an.

Gewaltenteilung ist demnach gegenwärtig **die Ausübung der Staatsgewalt durch verschiedene Organe** der Gesetzgebung, Vollziehung und Rechtsprechung. Die verschiedenen Organe üben nicht verschiedene Staatsgewalten, sondern die eine Staatsgewalt aus, die gem. Art. 20 II 1 GG vom Volke ausgeht.

Der vielfach betonte Grundsatz der „**Einheit der Staatsgewalt**"[1] bedeutet demgegenüber nicht organisatorische oder politische Einheit, sondern Zurechnungseinheit: Alle Handlungen der Staatsorgane werden dem Staat zugerechnet und unterliegen damit den rechtlichen Bindungen, die für den Staat gelten.

224 Gewaltenteilung lässt sich in drei Dimensionen beschreiben, die kumulativ erst einen gewaltenteilenden Staat begründen:[2]

- **Sachliche Gewaltenteilung** als Unterscheidung verschiedener Aufgaben. Gewaltenteilung ist nicht möglich, wenn alle Organe dasselbe tun: Differenzierung der Aufgabenerfüllung setzt insoweit Differenzierung der Aufgaben voraus. Dabei ist das Grundgesetz allerdings bei der Aufgabendifferenzierung sehr zurückhaltend. Es bestimmt nicht, was gesetzgebende oder vollziehende Gewalt tun soll. Einzige Ausnahme ist Art. 92 GG, welcher der Justiz die Rechtsprechung zuweist, ohne allerdings zu erklären was Rechtsprechung ist.

- **Organisatorische Gewaltenteilung** als Differenzierung der Staatsorgane. „Besonders" i.S.d. Art. 20 II 2 GG ist ein Organ nur, wenn es von den anderen „**besonderen Organen**" verschieden ist. Dem trägt das Grundgesetz Rechnung, indem es in einzelnen Abschnitten die Organe der Gesetzgebung, der Vollziehung und der Rechtsprechung näher bestimmt.

- **Funktionale Gewaltenteilung** als Verteilung der Aufgaben auf die Organe. Jedes besondere Organ hat seine besonderen Aufgaben zu erfüllen. Idealtypisch hätten demnach die Organe der Gesetzgebung die Aufgabe der Gesetzgebung, die Organe der Vollziehung die Aufgabe der Vollziehung und die Organe der Rechtsprechung die Aufgabe der Rechtsprechung wahrzunehmen. So einfach stellt sich das grundgesetzliche Schema aber nicht dar, was insbesondere durch Zweckmäßigkeitserwägungen und die fehlende exakte Aufgabendifferenzierung begründet ist.

225 **Sinn und Zweck der Gewaltenteilung** sind für das Grundgesetz unter den besonderen Bedingungen der demokratischen Staatsform zu bestimmen. In der grundgesetzlichen Kompetenzordnung lassen sich ihre Anliegen in dem Bestreben nach Optimierung der Zuordnung von Legitimation, Kompetenz und Verantwortung beschreiben:

- Legitimation der Staatsgewalt durch organ- und funktionsgerechte **Verfahren, welche sicherstellen, dass die von den jeweiligen Organen ausgeübte Staatsgewalt tatsächlich noch auf das Volk rückführbar ist;**

- **Rationalisierung der Staatsgewalt** durch funktionsgerechte Zuordnung von Kompetenzen. Die Staatsaufgaben und Entscheidungen sind von solchen **Organen** zu erledigen, **die nach ihrer Legitimation, ihrer organisatorischen und personellen Ausstattung und ihrem Verfahren geeignet sind**, die Aufgaben in zweck- und rechtmäßiger Weise zu erfüllen.

---

1 Dazu *Brydel/Haverkate*, VVDStRL 46, S. 181/217.
2 Grundlegend *Möllers*, Gewaltengliederung, 2005.

– **Kontrolle der Staatsgewalt** durch organisatorisches Gegeneinander der verschiedenen Organe. Aus dem differenzierten Kontrollsystem im Grundgesetz ergibt sich insbesondere die **freiheitssichernde Funktion der Gewaltenteilung**. Dabei ist die politische Kontrolle insbesondere dem Parlament (Art. 42 ff. GG), die Rechtskontrolle den Gerichten zugewiesen (Art. 19 IV, 92 GG). Dabei kommt dem Gedanken einer klaren und transparenten Verantwortlichkeitszuordnung mit dem Ziel der Ermöglichung von Verantwortlichkeitszuweisung und Sanktionierbarkeit des Organhandelns steigende Bedeutung zu: Wenn man nicht weiß, wer eine Entscheidung getroffen hat, kann man die Verantwortlichen weder verklagen noch abwählen.

Das Grundgesetz teilt die Ausübung aller Staatsgewalt auf drei Zweige auf, welche als **Gesetzgebung, vollziehende Gewalt und Rechtsprechung** bezeichnet werden. Diese Aufzählung ist **abschließend**; weitere Zweige gibt es nicht. Wenn alle Staatsgewalt durch jene drei Organe ausgeübt wird, bleibt für weitere Zweige kein Anteil mehr übrig. Zugleich indiziert Art. 20 II 2 GG, dass alles was jene Organe tun, Ausübung von Staatsgewalt darstellt und somit dem Staat zugerechnet wird. Anderes als Staatsgewalt können und dürfen jene Organe nicht ausüben. **226**

Das **Verhältnis der drei Gewalten zueinander** wird neben dem Gewaltenteilungsprinzip vor allem vom Demokratiegebot des Grundgesetzes bestimmt. Insbesondere besteht zwischen ihnen keine Gleichrangigkeit: Sie sind rechtlich weder gleichwertig noch gleichberechtigt. Unter allen Zweigen der Staatsgewalt kommt dem parlamentarischen Gesetzgeber der Primat zu. Der Vorrang des Gesetzes aus Art. 20 III GG ist zugleich der Vorrang des Gesetzgebers. Zwingend folgt daraus die Bindung von Verwaltung und Justiz an die Gesetze. **Das Parlament als unmittelbar demokratisch legitimiertes Staatsorgan ist zugleich das oberste Organ** nach dem Staatsvolk als Souverän. Ein System der „checks and balances" ist so nicht in reiner Form durchsetzbar, sondern stets nur unter den besonderen Modifikationen des demokratischen Prinzips. **227**

Zur Vertiefung:
Classen, Demokratische Legitimation im offenen Rechtsstaat, 2010; *Di Fabio*, Gewaltenteilung, in: HStR II, § 27; *Joerden*, Staatswesen und rechtsstaatlicher Anspruch, 2008; *Möllers*, Die drei Gewalten, 2008; *Voßkuhle/Kaufhold*, Grundwissen – Öffentliches Recht: Das Rechtsstaatsprinzip, JuS 2010, S. 116.

II. Durchführung der Gewaltenteilung im Grundgesetz

Das Grundgesetz beschränkt sich nicht auf die bloße Anordnung der Gewaltenteilung in Art. 20 II 2 GG; vielmehr führt es diese durch konkrete Normen in vielfältiger Weise aus. **228**

1. Trennung und Verschränkung der Gewalten

Der Bund will ein neues Bundespersonalvertretungsgesetz einführen. Danach soll bei der Ernennung, Beförderung und Versetzung der Beamten ein paritätisch von Bundesregierung, Bundestag und Personalvertretung der Beschäftigten besetzter Ausschuss („Einigungsstelle") entscheiden, um die Mitbestimmung der Bediensteten sicherzustellen. Ist dieses Gesetz verfassungsgemäß? (nach: BVerfGE 9, 268; s.a. BVerfGE 93, 37; zum Fall Rn. 235)

229 Das Grundgesetz geht von der **organisatorischen Trennung der einzelnen Zweige der Staatsgewalt** aus. Deutlich wird dies schon durch die Formulierung von den „besonderen" Organen der Gesetzgebung, Vollziehung und Rechtsprechung. Grundsätzlich ordnet es die Gesetzgebung dem Bundestag (und Bundesrat) zu (Art. 76 I GG), die Vollziehung den „Behörden" (Art. 84 I, 85 I, 86 S. 2 GG), die Rechtsprechung den Gerichten (Art. 92 GG). Diese sind untereinander institutionell verselbständigt: Sie nehmen ihre Aufgaben selbst, unabhängig voneinander und mit eigenen Mitteln wahr.[3] Dabei handelt die Legislative durch die Abgeordneten (Art. 38 GG), die Exekutive durch öffentliche Bedienstete (Art. 33 GG), die Justiz durch die Richter (Art. 92 GG). Diese Verselbstständigung bezieht sich insbesondere auf die

- **Trennung der Organisation.** Jeder Zweig der Staatsgewalt hat seine eigenen Einrichtungen, die auf spezifische Weise ihre Aufgaben wahrnehmen. Sie sind voneinander verschieden; ein Organ der Staatsgewalt darf grundsätzlich keine Aufgabe eines anderen Zweiges erfüllen, sofern dies nicht eigens angeordnet ist.

- **Trennung der Handlungsformen und Befugnisse.** Jeder Zweig der Staatsgewalt hat ausschließlich die Befugnisse, die gerade ihm zugewiesen sind. Das gilt insbesondere für eingreifende Maßnahmen gegenüber den Bürgern. Daraus folgt die Trennung der Information: Die Gewaltenteilung ist auch **informationelle Gewaltenteilung**. Nicht der „Staat" hat Informationen, sondern eine bestimmte Stelle zu einem bestimmten Zweck.[4] Innerhalb der Verwaltung ist die Gewaltenteilung durch interne Funktionsdifferenzierungen in Landesverfassungen und Organisationsgesetzen weiter ausgeführt, so dass sich daraus die „Gewaltenteilung innerhalb der Verwaltung" ergibt.

- **Trennung des Personals.** Wer als Organwalter Aufgaben einer Staatsgewalt wahrnimmt, kann nicht zugleich Aufgaben einer anderen Gewalt erfüllen. Andernfalls würde die Gewaltenteilung leerlaufen, wenn sie von denselben Personen in Personalunion wahrgenommen würde.[5]

230 Die Trennung der Gewalten i.S. ihrer wechselseitigen Verselbstständigung ist aber nur eine Dimension dieser Staatsform, denn die Erfüllung der Staatsaufgaben ist auf vielfältige Formen der **Überschneidung und Verflechtung der Gewalten** angewiesen. Elementarste Verflechtungsformen sind solche, die sich aus der fehlenden exakten Abgrenzung der sachlichen Bedeutung der Begriffe „Gesetzgebung", „Vollziehung" und „Rechtsprechung" ergeben. Weil diese sachliche Bedeutung nicht eindeutig ermittelbar ist, lässt sich aus dem Grundgesetz jedenfalls nicht vollständig herleiten, welche Aufgaben den einzelnen Zweigen der Staatsgewalt zustehen. Dabei sind zwei Fragenkomplexe zu unterscheiden: (1) Welche Aufgabe steht einem Zweig der Staatsgewalt offen? Dies ist die Frage nach ihrem **Zugriffsbereich,** also demjenigen Bereich der Staatsgewalt, welcher einem Zweig der Staatsgewalt maximal zugeordnet werden kann; dieser darf nicht überschritten werden.[6] (2) Sein Gegenstück ist der **Vorbehalts-**

---

3 BVerfGE 63, 141; 119, 331/367.

4 Zur informationellen Gewaltenteilung grundsätzlich *Schlink*, Die Amtshilfe, 1982, S. 169 ff.; aus neuerer Zeit *Orantek*, Datenschutz im Informationszeitalter, 2008, S. 140; *Tinnefeld*, MMR 2006, 23.

5 Dazu Rn. 237 ff.

6 Beispiel: *A. Janssen*, Über die Grenzen des legislativen Zugriffsrechts, 1990; *Roth*, Bundeskanzlerermessen im Verfassungsstaat, 2009, S. 177 ff.

bereich oder Kernbereich. Er bezeichnet die Summe derjenigen Aufgaben, welche einem Zweig der Staatsgewalt mindestens zugewiesen sind. Diese vorbehaltenen Aufgaben dürfen ihm in ihrer Substanz nicht entzogen werden; sie bilden demnach die Untergrenze des Aufgabenbestandes jedes Zweiges.[7] So bezeichnen etwa Art. 92; 13 II–V; 104 GG den grundsätzlichen Vorbehaltsbereich der Rechtsprechung. Dagegen sind etwa Art. 28 II, 59 I, 60, 65, 80 I, 84 II, 85 II, 110 I i.V.m. III GG Quellen des Vorbehaltsbereichs der Vollziehung. Bezeichnet jener Vorbehalts- oder Kernbereich das grundgesetzlich garantierte Minimum der Aufgaben jedes Zweiges der Staatsgewalt, so gilt zugleich: **Der Vorbehaltsbereich einer Gewalt ist zugleich die Grenze des Zugriffsbereichs der anderen Gewalten.**

Innerhalb des weiten Rahmens zwischen Zugriffs- und Vorbehaltsbereich ist der Gesetzgeber berechtigt, Aufgaben, die materiell einer Staatsgewalt zuzurechnen sind, Organen eines anderen Zweiges zuzuweisen, wenn nur der Kernbereich aller Gewalten unberührt bleibt. Worin allerdings dieser „**Kernbereich**" liegen soll, ist nicht nach abstrakten Formeln, sondern lediglich aus dem Grundgesetz zu klären. Dabei kennt das Verfassungsrecht **keine exakte Abgrenzung der einzelnen Gewalten** von- und gegeneinander. Vielmehr sind in ihm zahlreiche Überschneidungs- bzw. Verflechtungsformen zwischen jenen Zweigen angelegt. Die vier wesentlichen Verflechtungsformen sind **231**

– Die **Erfüllung von materiellen Aufgaben einer Staatsgewalt durch Organe eines anderen Zweiges.** Hierzu zählt insbesondere die Mitwirkung der Exekutive an der Rechtssetzung durch Bundesregierung und Landesregierungen beim Rechtsverordnungserlass (Art. 80 I GG), die Ausfertigung der Bundesgesetze durch den Bundespräsidenten (Art. 82 I GG) oder das Vetorecht der Bundesregierung bei bestimmten Bundesgesetzen (Art. 113 GG). Auch zählt hierzu die Erfüllung von Verwaltungsaufgaben durch die Justiz bei der freiwilligen Gerichtsbarkeit.[8]

– Die Verflechtung durch **Kooperationspflichten verschiedener Organe bei einer Maßnahme.** Hierzu zählen etwa: Zwischen Legislative und Exekutive die Zustimmungsbedürftigkeit gewisser völkerrechtlicher Verträge nach Art. 59 II GG, der Erlass von Verwaltungsvorschriften mit Zustimmung des Bundesrates (Art. 84 II, 85 II GG) oder die Vorbereitung und Einbringung von Gesetzen durch die Bundesregierung (Art. 76 I GG) sowie die Richterwahl nach Art. 95 II GG; zwischen verschiedenen Stellen der Exekutive die Gegenzeichnung für Maßnahmen des Bundespräsidenten (Art. 58 GG). **232**

– Die wechselseitige **Kontrolle der Gewalten durch Wahlen und Rechenschaftspflichten.** Hierzu zählt die Wahl der Abgeordneten durch das Volk (Art. 38 I 1 GG), des Bundeskanzlers durch den Bundestag (Art. 63 GG), der Bundesverfassungsrichter durch Bundestag und Bundesrat (Art. 94 I GG), der sonstigen Bundesrichter durch Richterwahlausschüsse. Umgekehrt zählen hierzu die politische Kontrolle durch den Bundestag, sofern ein Organ nicht ausdrücklich davon ausgenommen ist (s. etwa Art. 114 II GG für den Bundesrechnungshof) und die Rechtskontrolle durch die Gerichte.

– Die **Rechts- und Amtshilfe** (Art. 35 I GG)[9] begründet für alle staatlichen Stellen untereinander Anspruch auf wechselseitige Unterstützung bei der Erfüllung ihrer Aufgaben. Hierbei geht es nicht um eine dauerhafte Übernahme der Aufgaben (auch) in **233**

---

7 Zum Kernbereich BVerfGE 9, 268, 280; 67, 100, 139; 110, 199, 214; am Beispiel des Vorbehalts der Verwaltung *Maurer/Schnapp*, VVDStRL 43, S. 135/172.
8 Dazu BVerfGE 21, 244.
9 Umfassend hierzu *Schlink*, Die Amtshilfe, 1982.

den Zuständigkeitsbereich einer anderen Behörde, sondern um die Mithilfe bei der Wahrnehmung insoweit fremder Aufgaben. Es kommt nicht zu einer Aufgabenverlagerung oder -erweiterung der Sache nach. **Insbesondere darf Amtshilfe nicht zu einer Erweiterung der staatlichen Eingriffsrechte zu Lasten des Bürgers führen.**

234 **Verflechtungen zwischen den Gewalten sind demnach zulässig,** sofern

– **das Grundgesetz diese** selbst **anordnet** oder

– **ein Gesetz sie im Rahmen der verfassungsrechtlichen Grenzen vorsieht.** Die Grenze des Kernbereichs ist überschritten, wenn ein Gesetz einem Zweig eine Aufgabe zuweist, welche nach dem Grundgesetz ausschließlich einer anderen Gewalt zufällt.

*Bitte beurteilen Sie nun den **Beispielsfall (Rn. 228)!***

235 Da Gewaltenverschränkungen aufgrund Gesetzes grundsätzlich zulässig sind, stellt sich hier lediglich die Frage nach den dafür gezogenen Grenzen. Ein Verstoß gegen das Grundgesetz kann zunächst darin liegen, dass ein Ausschuss aus Gesetzgebung und Vollziehung in Beamtenangelegenheiten tätig wird.

> „Wie das Bundesverfassungsgericht schon wiederholt ausgeführt hat, [...] liegt deren Sinn (der Gewaltenteilung) nicht darin, dass die Funktionen der Staatsgewalt scharf getrennt werden, sondern dass die Organe der Legislative, Exekutive und Justiz sich gegenseitig kontrollieren und begrenzen, damit die Staatsmacht gemäßigt und die Freiheit des Einzelnen geschützt wird. Die in der Verfassung vorgenommene Verteilung der Gewichte zwischen den drei Gewalten muss aufrechterhalten bleiben, keine Gewalt darf ein von der Verfassung nicht vorgesehenes Übergewicht über die andere Gewalt erhalten, eine Gewalt darf der für die Erfüllung ihrer verfassungsmäßigen Aufgaben erforderlichen Zuständigkeiten beraubt werden. Nicht jede Einflussnahme des Parlaments auf die Verwaltung bedeutet schon einen Verstoß gegen die Gewaltenteilung. Selbst eine gewisse Gewichtsverlagerung auf Kosten der Exekutive zugunsten des Parlaments ist in der parlamentarischen Demokratie unbedenklich. Erst wenn zugunsten des Parlaments ein Einbruch in den Kernbereich der Exekutive erfolgt, ist das Gewaltenteilungsprinzip verletzt." (BVerfGE 9, 268, 279 f.)

236 Das **Zusammenwirken zwischen Parlament, Regierung und Personalvertretung** könnte allerdings dazu führen, dass die demokratisch notwendige parlamentarische Kontrolle der Regierung nicht mehr sichergestellt ist, wenn einerseits das Parlament und andererseits auch die Personalvertretung mitentschieden hat, wobei die Regierung an die Beschlüsse der Einigungsstelle gebunden ist. Wenn die Regierung wesentliche Aufgaben nicht mehr selbständig erfüllen kann, weil sie insoweit „intern" Verantwortlichkeiten abgegeben hat, kann sie dafür auch nicht mehr „extern", mithin dem Bürger gegenüber, verantwortlich gemacht werden.

> „Die Regierung ist das oberste Organ der vollziehenden Gewalt [...]. Damit ist nicht gesagt, dass es keinerlei ‚ministerialfreien Raum' auf dem Gebiet der Verwaltung geben dürfe und dass von der Regierung unabhängige Ausschüsse für bestimmte Verwaltungsaufgaben in jedem Fall unzulässig seien. Wohl aber gibt es Regierungsaufgaben, die wegen ihrer politischen Tragweite nicht generell der Regierungsverantwortung entzogen und auf Stellen übertragen werden dürfen, die von Regierung und Parlament unabhängig sind; andernfalls würde es der Regierung unmöglich gemacht, die von ihr geforderte Verantwortung zu tragen, da auf diese Weise unkontrollierte und niemand verantwortliche Stellen Einfluss auf die Staatsverwaltung gewinnen würden. [...] Müsste sich die Regie-

rung im Konfliktfall der Entscheidung einer unabhängigen Schiedsstelle beugen, so würde eine wesentliche Regierungsfunktion in Wirklichkeit von dieser anderen Instanz wahrgenommen und die Regierung der Entscheidungsgewalt und Verantwortlichkeit enthoben, die ihr im demokratischen Rechtsstaat zukommt (Art. 28 I 1 GG). [...] Die generelle Übertragung der Entscheidungsgewalt in allen personellen Fragen der Beamten an einen Ausschuss, dessen Mitglieder der Regierung nicht verantwortlich sind, ist daher mit dem Prinzip des demokratischen Rechtsstaates wegen des Art. 28 I S. 1 GG nicht vereinbar." (BVerfGE 9, 268, 282 ff.)

237 Die Entscheidung ist von zentraler Bedeutung für die Konkretisierung der Gewaltenteilung im demokratischen Staat.[10] Beide Staatsformen stehen nicht unverbunden nebeneinander, sondern sie sind einander zugeordnet. Der Primat des Parlaments als oberstes Staatsorgan, der im Vorrang des Gesetzes zum Ausdruck kommt, bezieht sich auch auf die demokratische Kontrolle aller Staatsgewalt durch die Volksvertretung. **Gewaltenteilung entbindet nicht von demokratischer Verantwortung der Regierung oder Exekutive.** Ausnahmen hiervon sind nur in engen Grenzen zulässig, soweit das Grundgesetz dies selbst vorsieht oder zulässt (Art. 88 S. 1 GG für Bundes- und Europäische Zentralbank, Art. 97 I GG für die Richter, Art. 114 II 1 GG für den Bundesrechnungshof).[11]

2. Personelle Gewaltenteilung

238 Zur Entlastung der Justiz soll im Bundesland B für kleinere Rechtsstreitigkeiten eine Friedensgerichtsbarkeit eingeführt werden. Friedensrichter ist der oberste Verwaltungsbeamte der Gemeinde, der zugleich Vorgesetzter des örtlichen Ordnungsamtes und der Ortspolizei ist (nach BVerfGE 10, 200; zum Fall Rn. 241).

Gewaltenteilung wird illusorisch, wenn zwar die Staatsorgane differenziert organisiert sind, die Ämter in diesen Organen jedoch stets mit denselben Personen besetzt sind. Ist eine Person morgens Abgeordneter, nachmittags Verwaltungsbeamter und abends Richter, kann von einer funktionierenden Gewaltenteilung nicht mehr die Rede sein. Zwar fehlt nicht die organisatorische Dimension, wohl aber deren Durchführung auf der Ebene des staatlichen Personals. Diese Ausformung der Funktionentrennung ist die **personelle Gewaltenteilung.** Das Grundgesetz kennt nur wenige Vorschriften, welche diese Dimension ausdrücklich anordnen:

- Art. 55 I GG verbietet die Ämterkumulation in der Person des Bundespräsidenten;
- Art. 66 GG begründet ein Berufsverbot für Mitglieder der Bundesregierung;
- Art. 94 I 3 GG wiederholt Art. 55 I GG für Mitglieder des Bundesverfassungsgerichts.

239 Die genannten Vorschriften betonen **obligatorisch** die personelle Gewaltenteilung. Hinzu tritt die **fakultative Ämtertrennung** in Art. 137 I GG. Er lässt Beschränkungen des allgemeinen passiven Wahlrechts nach Art. 38 I 1 GG für Angehörige des öffent-

---

10 S. aus jüngerer Zeit noch BVerfGE 93, 37, 66 ff.; 107, 59, 87 ff.
11 Näher dazu *Waechter*, Geminderte demokratische Legitimation staatlicher Institutionen im parlamentarischen Regierungssystem, 1994, S. 182 ff.

lichen Dienstes durch Gesetz zu. Danach kann gesetzlich die Unvereinbarkeit von Abgeordnetenmandat und anderen Staatsämtern, die **Inkompatibilität**, angeordnet werden. Zuständig für das Gesetz ist diejenige Körperschaft, welche das jeweilige Wahlrecht regeln darf, also der Bund für den Bundestag (Art. 38 III GG) und die Länder für die Landtage und Gemeindevertretungen. Derartige Bestimmungen sind eingeführt in §§ 5 ff. AbgG für Angehörige des öffentlichen Dienstes[12] sowie in § 2 GOBR für die Unvereinbarkeit von Bundestags- und Bundesratsmandat. Nicht ausgeschlossen ist demgegenüber die Vereinbarkeit von parlamentarischem Mandat und Regierungsamt. **Sinn und Zweck** der – in ähnlicher Weise von den Ländern durchgeführten – **personellen Gewaltenteilung** sind seit Schaffung des Grundgesetzes in immer stärkerem Maße in das Bewusstsein von Wissenschaft und Praxis eingedrungen. Sie werden gesehen

- in der *Aufrechterhaltung des Systems der Gewaltenteilung*. Wenn der Sinn der Gewaltenteilung in wechselseitiger Differenzierung, Mäßigung und Kontrolle besteht, so ist diese nicht mehr aufrechtzuerhalten, wenn ein und dieselbe Person sich selbst in verschiedenen Ämtern kontrolliert.
- in der *Aufrechterhaltung des repräsentativen Prinzips* (Art. 38 I 2 GG). Wenn die Abgeordneten „Vertreter des ganzen Volkes" sein sollen, so widerspricht dem die Bevorzugung einzelner sozialer Gruppen im Parlament. Daraus resultiert die Berechtigung des **Zurückdrängens der Verbeamtung der Parlamente.**

240 Dieses Anliegen soll in §§ 5 ff. AbgG verwirklicht werden. Während das Grundgesetz für den privatwirtschaftlich Tätigen in Art. 48 II GG lediglich das Behinderungsverbot statuiert und sein soziales und berufliches Schicksal – insbesondere nach dem Ablauf der Mandatszeit – diesem selbst überlässt, sucht hier das Abgeordnetengesetz einen **Kompromiss zwischen der Wahrung der Beamtenrechte öffentlich Bediensteter einerseits und dem freien Mandat andererseits**. Dass schon darin eine Bevorzugung des öffentlichen Dienstes liegt, zeigt die reale Größe der „Beamtenfraktionen" in den Parlamenten augenfällig. Das Bundesverfassungsgericht hat hierfür mehrere Grundsätze aufgestellt, die im Abgeordnetengesetz ansatzweise Berücksichtigung erfahren haben[13].

- Die Abgeordneten sollen nach Art. 38 I 2 GG unabhängig sein und bedürfen daher der wirtschaftlichen Sicherung ihrer Unabhängigkeit durch den Staat für die Dauer des Mandats. Daraus entsteht der Anspruch auf **Diäten**, welche den Lebensunterhalt angemessen sichern müssen (Art. 48 III GG). Die Diäten sind – wie jedes Einkommen – zu versteuern.

- Während der Dauer des Mandats darf der Abgeordnete nicht zugleich einem anderen Zweig der Staatsgewalt als Organwalter angehören. Soweit er nicht aus dem öffentlichen Dienst ausscheidet – was nicht zwingend vorgesehen ist, aber nach dem Wortlaut des Art. 137 I GG zulässig wäre –, ist er zu beurlauben. Während

---

12 Zur Inkompatibilität *Morlok/Krüper*, NVwZ 2003, 573; *Schlaich*, AöR 106 (1980), 188; *Tsatsos*, in: Schneider/Zeh (Hrsg.), Parlamentsrecht und Parlamentspraxis, 1989, § 23.
13 BVerfGE 40, 296, 310 ff.; krit. *v. Arnim*, Das neue AbgG, 2. Aufl., 1997; *ders.*, Die Partei, der Abgeordnete und das Geld, 1996.

der *Beurlaubung* ruhen alle Rechte und Pflichten aus dem Beamtenverhältnis, insbesondere der Anspruch auf Besoldung.

– Zeiten der Beurlaubung begründen für den Abgeordneten als Angehöriger des öffentlichen Dienstes keine beruflichen Rechte. Insbesondere sind sie nicht bei Beförderungen oder für die Berechnung des Ruhegehaltes anzurechnen.

Abgeordnetengesetze und Beamtengesetze füllen diesen Rahmen relativ beamtenfreundlich aus. Wahlrechtsbeschränkungen gelten nicht für die Wahl von Bundes- oder Landesbeamten in – allerdings ehrenamtliche – Gemeindevertretungen; hier sind nur Beschäftigte derselben Gemeinde ausgeschlossen.[14] Daher ähnelt manche Gemeinderatssitzung einer Lehrerkonferenz.

*Bitte diskutieren Sie nun den **Beispielsfall** (Rn. 238)!*

Die personelle Gewaltenteilung zwischen Exekutive und Justiz findet für Richter und Beamte keine ausdrückliche verfassungsrechtliche Regelung. Das Bundesverfassungsgericht geht bei der Beurteilung des **Beispielsfalles** allerdings von dem Grundsatz der Gewaltenteilung aus: **241**

„Die Aufgaben des Bürgermeisters als Ortspolizeibehörde und seine Befugnis, auch dem staatlichen Polizeivollzugsdienst fachliche Weisungen zu erteilen, müssen immer wieder zu Kollisionen mit seinen Pflichten als Friedensrichter führen. Selbst in den Fällen, in denen er noch nicht als Verwaltungsbehörde tätig war und infolgedessen nicht als Richter gesetzlich ausgeschlossen ist, muss schon seine Eigenschaft als Leiter der Gemeindeverwaltung und besonders als Ortspolizeibehörde eine objektive, spezifisch richterliche Einstellung erschweren, wenn nicht unmöglich machen. [...] Besonders schwerwiegend sind jene Pflichtenkollisionen, wenn vom Bürgermeister als Friedensrichter eine objektive Auslegung oder gar eine Prüfung der Rechtmäßigkeit einer von ihm selbst erlassenen Anordnungen verlangt werden muss. Unter dem Gesichtspunkt der Gewaltenteilung verfassungsrechtlich unbedenklich sind nur Gemeindefriedensgerichte, die ausschließlich mit Bürgern besetzt sind, die an der Gemeindeverwaltung nicht beteiligt sind oder die mit einem hauptamtlichen Friedensrichter besetzt sind, dem auch keine ins Gewicht fallende Nebentätigkeit in der Verwaltung übertragen ist." (BVerfGE 10, 200, 217)

Demnach erstreckt sich wegen der Möglichkeit der Pflichtenkollision die personelle Gewaltenteilung auch auf die Amtswalter von Exekutive und Justiz. Dieser Grundsatz findet sich gegenwärtig in § 4 DRiG, wonach einem Richter nicht zugleich Aufgaben der vollziehenden und der rechtsprechenden Gewalt übertragen werden dürfen, während ein Beamter wegen Art. 92 GG nicht als Rechtsprechungsorgan fungieren darf.

3. Gewaltenteilung im Parteienstaat

Die dominierende Rolle der Parteien im politischen Leben[15] hat dazu geführt, dass die Konflikt- und Konsenslinien regelmäßig nicht zwischen der ersten und zweiten Gewalt verlaufen. Die über die Parlamentsmehrheit verfügende Partei bzw. Koalition stellt die Regierung und stützt sie, kontrolliert sie hingegen eher intern. Handlungszentren sind nicht Parlament einerseits und Regierung andererseits. Mehrheitsfrak- **242**

---

14 Dazu *Bettermann*, FS Ule, 1977, S. 265 ff.
15 S. dazu o. Rn. 86 ff.

tion(en) und Regierung sitzen vielmehr „in einem Boot" und sehen sich der Opposition gegenüber. Die **Grenzlinie verläuft** insoweit nicht zwischen den vom Grundgesetz unterschiedenen Staatsfunktionen und -organen, sondern primär **zwischen Koalition und Opposition**. Dabei handelt es sich nicht etwa um eine verfassungswidrige Aushöhlung der grundgesetzlichen Gewaltenbalance, sondern um eine Ausprägung der parlamentarischen Demokratie. Für diese Entwicklung ist die zunehmende Verlagerung politischer Entscheidungen vom Parlament in Parteigremien kennzeichnend. Häufig fällt die Entscheidung nicht mehr nach „offener" Diskussion im Parlament bzw. seinen Ausschüssen, sondern bereits innerhalb der Regierungspartei(en). Die **parlamentarische Auseinandersetzung** mit der Opposition **dient** primär **der Darstellung und Begründung der bereits gefestigten Meinungen gegenüber der Öffentlichkeit** („Fensterreden"). Aus der Sicht der Parteien bedient sich der partei- bzw. koalitionsintern gebildete politische Wille zur Verwirklichung seiner Ziele der von den Parteien „beherrschten" Staatsorgane. Die Parlamentsmehrheit schafft die gesetzliche Grundlage, damit die Regierung und die Verwaltungsbehörden diesen politischen Gestaltungswillen in die Tat umsetzen können.[16]

243   So ist **im parlamentarischen Regierungssystem** eine strenge Funktionentrennung und ausgeprägte **Gewaltenhemmung zwischen den Staatsorganen Parlament und Regierung weder möglich noch beabsichtigt**. Beiden Organen bleibt zwar ein Kernbereich eigener Funktionen, der verfassungsrechtlich gewährleistet ist, doch bewirkt die Durchdringung des gesamten Staatswesens durch die politischen Parteien, dass – typisierend formuliert – eine deutlich gewaltenhemmende Bipolarität nur zwischen der Opposition einerseits und dem Regierungslager andererseits besteht. Die im Sozialstaat umfangreiche sozialgestaltende Tätigkeit zwingt, da seine Gestaltung zumeist hochspezifische gesetzliche Regelungen erfordern, zu einer engen Kooperation zwischen der Regierung mit ihrer sachkundigen Bürokratie und dem Parlament. Dabei wird die Funktionsverschränkung der beiden Staatsorgane weitgehend parteipolitisch überspielt. Von besonderer Bedeutung sind deshalb heute andere gewaltenhemmende Faktoren der Rechtsordnung, die nicht an der in Art. 20 II 2 GG genannten Funktionsdreiteilung anknüpfen, z.B. **Föderalismus, Selbstverwaltung** von Kommunen und anderen Selbstverwaltungsträgern, öffentliche Berichterstattung durch freie **Medien, Tarifautonomie**. In personeller Hinsicht ordnen die auf Art. 137 GG gestützten Bundes- und Landesabgeordnetengesetze weitgehend eine Inkompatibilität von Verwaltungsamt und Mandat an. Grundgesetzlich konsequent durchgeführt ist die Teilung der Gewalten in funktionaler und personeller Hinsicht nur bei der Rechtsprechung. Die im Grundgesetz normierte Unabhängigkeit der Richter (Art. 97 GG) verbietet jedes Zusammentreffen von Richteramt und einer anderen Staatsfunktion, bei der auch nur die Gefahr einer Pflichtenkollision entstehen kann.

III. Gesetzgebung

244   „Der **Gesetzesbegriff des Grundgesetzes**"[17] ist inhaltlich diffus, weil das Grundgesetz in unterschiedlichen historischen Traditionen steht, die in seine Terminologie eingeflossen sind. So wird der Gesetzesbegriff etwa in Art. 12 I 2; 77 I, 79 I, 83 I, 100 I GG

---

16 Krit. *v. Arnim*, Demokratie ohne Volk, 1993; *ders.*, Staat ohne Diener, 1993.
17 Dazu *Kirchhoff*, Die Allgemeinheit des Gesetzes, 2009; *Roellecke*, Der Begriff des positiven Gesetzes und das Grundgesetz, 1969; *Starck*, Der Gesetzesbegriff des Grundgesetzes, 1970.

in durchaus unterschiedlichem Sinne verwendet. Dementsprechend fasst der 7. Abschnitt des Grundgesetzes höchst heterogene Phänomene zusammen und bezeichnet diese als „Die Gesetzgebung des Bundes".

Der Grund für diese Inkonsistenz liegt in der Geschichte des Gesetzesbegriffs seit dem Konstitutionalismus. Ausgangspunkt war die Abgrenzung zwischen zustimmungsbedürftigen allgemeinen Regelungen und solchen, welche der Monarch allein erlassen konnte. Erstere wurden als Gesetz, letztere später als Verordnungen bezeichnet. Mit Zustimmung der Kammern wurden „formelle", ohne sie lediglich „materielle" Gesetze erlassen. Die daraus resultierende, äußerst vielschichtige Systembildung hatte im damaligen Verfassungsrecht ihren Sinn; gegenwärtig ist er weitgehend fortgefallen.[18]

Gesetz ist jede Willensäußerung des Parlaments, die im Gesetzgebungsverfahren erlassen und als Gesetz verkündet **ist**. Dieser Begriff des „förmlichen Gesetzes"[19] stellt ausschließlich darauf ab, von welchem Zweig der Staatsgewalt die Maßnahme stammt. Damit hat der Gesetzesbegriff seine materielle Bedeutung verloren. Insbesondere ist nicht jedes Gesetz notwendig generell-abstrakt: Wäre dies schon per definitionem der Fall, so brauchte dies nicht erst für bestimmte Fälle in Art. 19 I 1 GG ausdrücklich geregelt zu werden. Auch ist keineswegs jedes Gesetz an den Bürger gerichtet, wie insbesondere Organisationsgesetze gem. Art. 87 I 2; 87 III GG oder das Haushaltsgesetz gem. Art. 110 II GG zeigen. Was die einzelnen Bestimmungen des Grundgesetzes jeweils unter dem Begriff des Gesetzes verstehen, ist wegen der historisch bedingten Diffusität nicht aus einem allgemeinen Gesetzesbegriff, sondern im Einzelfall im Wege der Auslegung zu ermitteln. Der siebte Abschnitt des Grundgesetzes umfasst drei Arten von Rechtsnormen:

– die **verfassungsändernden Gesetze** nach Art. 79 GG,[20]

– die förmlichen **Parlamentsgesetze** nach Art. 78 GG,

– die **Rechtsverordnungen** nach Art. 80 GG, die keine förmlichen Gesetze darstellen.[21]

Zentrales Mittel der Gesetzgebung ist demnach das förmliche Parlamentsgesetz. Es wird vom Bundestag gem. Art. 77 I GG beschlossen. Infolge der unmittelbaren demokratischen Legitimation der Abgeordneten im Bundestag einerseits und der Öffentlichkeit des Verfahrens nach Art. 42 GG andererseits kommt dem förmlichen Gesetz ein besonderes Maß an demokratischer Legitimation zu[22], welches die Gesetzgebung als primäres Gestaltungsmittel des demokratischen Staates überhaupt erscheinen lässt. Nach dem Grundgesetz ist das Gesetz die ranghöchste Rechtsquelle überhaupt. Exekutive und Justiz sind gem. Art. 20 III GG an die Gesetze gebunden. Daraus ergibt sich der „**Vorrang des Gesetzes**".[23]

245

---

18 Überblick bei *Böckenförde*, Gesetz und gesetzgebende Gewalt, 2. Aufl., 1981.

19 Seit *Heller*, VVDStRL 4, S. 98; s. dazu etwa *Franz*, ZG 2008, 140, 147; *Hesse*, Grundzüge des Verfassungsrechts der Bundesrepublik Deutschland, 20. Aufl., 1999, Rn. 502.

20 S. dazu o. Rn. 203 ff.

21 Zu den Rechtsverordnungen s. Rn. 261 ff.

22 BVerfGE 40, 276, 289.

23 Zum Vorrang des Gesetzes o. Rn. 216 ff.

1. Teil. Staatsform und Staatsorganisation

1. Vorbehalt des Gesetzes

a)   Der Umfang des Vorbehaltes

246   Nach den Vorschriften des Landesbeamtengesetzes und des Schulgesetzes des Bundeslandes B besteht für Lehrer die allgemeine Pflicht zur politischen und weltanschaulichen Mäßigung und Zurückhaltung. Die zuständige Schulbehörde des Landes verweigerte auf dieser Grundlage der Lehrerin L die Verbeamtung, weil sie (auch) während des Unterrichts aus religiösen Gründen ein Kopftuch tragen wollte und bislang trug. Zu Recht? (nach: BVerfGE 108, 282; zum Fall Rn. 256)

Der **Vorbehalt des Gesetzes** umschreibt Materien, welche **ausschließlich durch den Gesetzgeber gestaltet** werden dürfen. Zwar begründet er nicht stets eine Handlungspflicht der Legislative, doch dürfen Verwaltung und Justiz hier keine gestaltenden Maßnahmen ohne gesetzliche Grundlage vornehmen. Deutlich wird dies etwa an der Formulierung des Art. 12 I 2 GG, wonach Regelungen der Berufsausübung nur „durch Gesetz" oder aufgrund eines Gesetzes erfolgen dürfen. Daraus ergibt sich folgende Abgrenzung:

– Der **Vorrang des Gesetzes** beschreibt, was Verwaltung und Justiz **aufgrund Gesetzes** dürfen;

– der Vorbehalt thematisiert, was Verwaltung und Justiz **ohne Gesetz** dürfen.

Das **Grundgesetz** kennt eine **Vielzahl von Gesetzesvorbehalten**:

– Art. 23 I 2; 24 I, 59 II GG für die internationalen Beziehungen;
– Art. 109 III, 110 II, 106 III 3 GG im **Haushaltsrecht**;
– Art. 38 III, 41 III, 45b S. 2, 45c II, 48 III 3 GG für das Parlamentsrecht;
– Art. 80 I GG als Ermächtigungsgrundlage für Rechtsverordnungen;
– Art. 28 II GG als Regelungsvorbehalt für die kommunale Selbstverwaltung;
– Art. 84 I 2; 85 I 1; 87 III GG für die Staatsorganisation;
– Art. 4 III 2; 5 II, 6 III, 8 II, 10 II 1; 11 II, 12 I 2; 13 II, VII, 14 I 2, III 2; 15, 16 I, 16a II 2, III 1, IV 2; 17a, 101 I 2; 103 II, 104 I GG für die **Grenzen der Grundrechte**.

247   Diese – keineswegs abschließende – Aufzählung zeigt insbesondere, dass das Grundgesetz in einer Vielzahl von Einzelfällen relativ unsystematisch bestimmte Materien dem Gesetzgeber zur Regelung vorbehält. Die genannten Maßnahmen dürfen nur von der Legislative geregelt werden. Dabei verfolgen die überaus heterogenen Bestimmungen auch überaus heterogene Zwecke.

Partiell will das Grundgesetz einzelne Materien nicht selbst regeln, sondern sie dem politischen Ausgleich im Parlament überlassen, da im Parlamentarischen Rat keine Einigung zustande kam. In anderen Fällen sollen etwa die Entscheidungen des Bundestages über die Aufgabe eigener Kompetenzen (Art. 23 I 2; 24 I GG), die Mitwirkung des Bundesrates bei der Entscheidungsfindung (Art. 87 III GG), die besondere politische Kontrolle der Regierung (Art. 110 GG) oder die Mitwirkung der Repräsentanten des Volkes bei der Einschränkung der Grundrechte der Bürger garantiert werden.

Diese Systemlosigkeit wie auch der Wandel der Staatsformen haben das Bedürfnis nach **Systematisierung und Überprüfung der Vorbehaltslehren** begründet. Die Diskussion ist gegenwärtig nicht abgeschlossen.

Ausgangspunkt auch der Lehre vom Gesetzesvorbehalt war das Staatsrecht des Konstitutionalismus. Dieses begründete in seiner rechtsstaatlichen Tradition die Trennung von **Staat und Gesellschaft,** wobei der **Staat die Sphäre des Zwangs, die Gesellschaft die Sphäre der Freiheit** sein sollte.[24] Grundsätzlich bedeutete dies: Der Staat durfte nicht in die Gesellschaft „hineinregieren", wenn seine Maßnahmen mit Zwang verbunden waren. Ein solches Konzept war allerdings undurchführbar, wenn der Staat seiner Ordnungsfunktion im Gemeinwesen überhaupt noch gerecht werden wollte. Diese bedingt Polizei- und Justizzwang. Aus jenem Dilemma zog das Rechtsstaatskonzept die Konsequenz: **Staatliche Maßnahmen in der Gesellschaft mussten zulässig sein; aber nur, wenn und soweit die Gesellschaft zustimmte.** Damit waren einerseits staatliche Zwangsmaßnahmen möglich, andererseits die vorausgesetzte „Freiheit der Gesellschaft" gewahrt. Dabei sollte es allerdings nicht auf die Zustimmung jedes Einzelnen ankommen, sondern vielmehr auf diejenige der Gesellschaft insgesamt durch ihre Vertreter, die Kammern. Die **Kammern** waren damals demnach keine Organe des Staates, sondern Organe der Gesellschaft gegen den Staat.

248

Maßnahmen, die mit Zwang verbunden waren, bedurften der Zustimmung der Gesellschaft durch die Kammern in Gesetzesform. Das Gesetz erging im Wege der Zustimmung zwischen dem Monarchen als Repräsentanten des Staates und den Kammern als Repräsentanten der Gesellschaft.[25] Der Umfang des Gesetzesvorbehaltes bestimmte sich demnach auf folgende Weise:

249

– Staatliche **Eingriffe** in „**Freiheit und Eigentum**" der Bürger unterlagen dem **Gesetzesvorbehalt.** Hierzu zählten insbesondere Gesetze über die Wehr- und die Steuerpflicht, den Staatshaushalt sowie Straf- und Polizeigesetze.

– Staatliche Maßnahmen, die keine Eingriffe darstellten, sondern **Leistungen** gewährten, bedurften konsequent **keiner gesetzlichen Grundlage.**

– Staatliche Maßnahmen, welche die Gesellschaft überhaupt nicht betrafen, sondern nur „**Innenwirkung**" hatten, ergingen gesetzesfrei. Dazu sollten auch Personen zählen, welche in einem **Sonderverhältnis** zum Staat standen, sei es freiwillig (Beamte), sei es unfreiwillig (Schüler, Strafgefangene).

Konsequent wurde der so umschriebene Vorbehalt des Gesetzes als „**Eingriffsvorbehalt**" bezeichnet. Er ist die unumstrittene Grundlage der Lehre vom Gesetzesvorbehalt auch in der Gegenwart, da er auch im demokratischen Staat seine Berechtigung behalten hat. Wenn es das Anliegen der Demokratie ist, Herrschaft auf das Volk zurückzuführen („No taxation without representation"), dann ist es das elementarste Anliegen der im Volke zusammengeschlossenen Bürger, ihre eigenen Rechte im Staat durch demokratische Herrschaft und Kontrolle gesichert zu wissen. In der Demokratie nehmen so die Bürger als Träger der Staatsgewalt ihre eigenen Rechte im Staat der Idee nach selbst in die Hand. **Der Eingriffsvorbehalt gilt so gegenwärtig als ungeschriebener Gesetzesvorbehalt fort:** Grundrechtseingriffe sind – auch bei Grundrechten, de-

250

---

24 S.o. Rn. 196.

25 Eingehend hierzu *Wahl,* Der Staat 1979, 321; *ders.,* in: Böckenförde (Hrsg.), Moderne deutsche Verfassungsgeschichte, 2. Aufl., 1981, S. 346.

ren Text ihn nicht enthält (s. etwa Art. 4 II; 5 III GG) – stets nur aufgrund Gesetzes zulässig[26].

251 Gegenstand der neueren Diskussion ist somit, ob und inwieweit der Gesetzesvorbehalt über den Eingriffsvorbehalt hinausreicht. Mit der steigenden Bedeutung des Parlaments im demokratischen Staat müsse auch dem Bereich von Gesetz und Gesetzesvorbehalt steigende Bedeutung zukommen. Als zentrale Diskussionsfelder erweisen sich insbesondere

- der **Bereich der staatlichen Leistungen:** Hier wird zwar nicht (unmittelbar) in die Freiheit der Bürger eingegriffen, wohl aber über den Staatshaushalt disponiert, der durch staatliche Leistungen wesentlich präjudiziert wird. Können die Vergabe staatlicher Mittel, deren Voraussetzungen das Verfahren und die Bedingungen durch die Exekutive selbständig geregelt werden?
- der **staatliche Innenbereich:** Verwaltungsvorschriften, die im Grundgesetz etwa in Art. 84 II, 85 II, 86 S. 1 GG anerkannt sind, betreffen vielfach – aber nicht stets – auch Bürger, wenn etwa der Staat Verfahrensvorschriften einführt, technische Grenzwerte festlegt u.ä. Das gilt erst recht, wenn die Verwaltungsvorschrift ein Gesetz ersetzt oder vertritt.

252 Die ältere Lehre vom **Totalvorbehalt**[27] hat sich in der Bundesrepublik – anders als in Österreich (Art. 18 B-VG) – nicht durchgesetzt. Danach sollen alle staatlichen Maßnahmen nur aufgrund eines Gesetzes ergehen dürfen. Begründet wurde diese Lehre mit dem Primat des Parlaments in der Demokratie einerseits und Art. 80 I GG andererseits: Wenn schon der Erlass jeder Rechtsverordnung einer gesetzlichen Ermächtigungsgrundlage bedürfe, so müsse das erst recht für alle sonstigen Verwaltungsmaßnahmen gelten. Jene Lehre ignoriert einerseits den Umstand, dass aus dem Primat des Gesetzgebers sicher das Recht folgt, auf die Sozialgestaltung in weitem Umfang zuzugreifen. Der Gesetzgeber darf – nahezu – alles regeln; aber dürfen deshalb die anderen Staatsgewalten – nahezu – nichts regeln? Art. 80 I GG ist insoweit als allgemeine Grundlage des Gesetzesvorbehaltes wenig geeignet, da Rechtsverordnungen mit anderen Verwaltungsmaßnahmen kaum vergleichbar sind.

253 Das Bundesverfassungsgericht leitet den **Umfang des Gesetzesvorbehaltes** gegenwärtig nicht allein aus Grundrechten, sondern **auch aus dem Demokratieprinzip** her:

„Die von der konstitutionellen, bürgerlich-liberalen Staatsauffassung des 19. Jh. geprägte Formel, ein Gesetz sei nur dort erforderlich, wo ‚Eingriffe in Freiheit und Eigentum' in Rede stehen, wird dem heutigen Verfassungsverständnis nicht mehr voll gerecht. Im Rahmen einer demokratisch-parlamentarischen Staatsverfassung, wie sie das Grundgesetz ist, liegt es näher, anzunehmen, dass die Entscheidung aller grundsätzlichen Fragen, die den Bürger unmittelbar betreffen, durch Gesetz erfolgen muss, und zwar losgelöst von dem in der Praxis fließenden Abgrenzungsmerkmal des ‚Eingriffs'. Staatliches Handeln, durch das dem Einzelnen Leistungen und Chancen gewährt und angeboten werden, ist für eine Existenz in Freiheit oft nicht weniger bedeutungsvoll als das Unterbleiben eines direkten ‚Eingriffs'. Hier wie dort kommt dem vom Parlament beschlossenen Gesetz gegenüber

---

26 So grundsätzlich BVerfGE 47, 46, 79; s. weiter BVerfGE 83, 130, 142; 108, 282, 297.
27 Insbesondere *Hölscheidt*, JA 2001, 409, 410 ff.; *Jesch*, Gesetz und Verwaltung, 2. Aufl., 1968, S. 205, 227.

dem bloßen Verwaltungshandeln die unmittelbare demokratische Legitimation zu, und das parlamentarische Verfahren gewährleistet ein höheres Maß an Öffentlichkeit der Auseinandersetzung und Entscheidungssuche und daher auch größere Möglichkeiten eines Ausgleichs widerstreitender Interessen." (BVerfGE 40, 237, 249)

Spätestens seit dieser Entscheidung hat sich die (im Zitat noch „grundsätzlich" ge- **254** nannte) **Wesentlichkeitsformel**[28] durchgesetzt: Wesentliche Entscheidungen unterliegen dem Gesetzesvorbehalt, „unwesentliche" können von Exekutive und Justiz ohne Gesetz getroffen werden. Zentrales Problem dieser Formel ist weniger ihre dogmatische Fundierung als ihre rechtliche Abgrenzung: Was wesentlich und was unwesentlich ist, lässt sich aufgrund rechtlicher Kriterien kaum entscheiden. Die Formeln des Bundesverfassungsgerichts bleiben demnach auch recht abstrakt. Kriterien der „Wesentlichkeit" sind etwa

- **jeder Eingriff in Grundrechte**: Hier wird das Eingriffskriterium als Teil der neuen Lehre fortgeführt;
- die Eigenarten des jeweiligen Sachbereichs sowie die Intensität der Regelung;
- das Charakteristikum eines Gesetzes als Langzeit- oder Grundsatzregelung für eine Materie, die Zahl der von einer Regelung Betroffenen;
- die Verwirklichung von „tragenden Prinzipien" der Verfassung oder die Bedeutung des Gesetzes für die Staatsorganisation;
- Regelungen im „grundrechtsrelevanten Bereich" von Freiheit und Gleichheit.[29]

Auf diese Weise werden auch Maßnahmen, die bislang als Staatsinterna galten, grundrechtlich erschlossen. Das gilt insbesondere für das staatliche Organisationsgefüge, welches die Gesellschaft im Konstitutionalismus nicht tangierte und daher als grundrechtsfrei galt. Hierzu zählten nach konstitutionellem Verständnis das Beamtenrecht ebenso wie die Rechtsstellung von Schülern, Strafgefangenen und den Benutzern staatlicher Einrichtungen, die in einem „besonderen Näheverhältnis" zum Staat standen („**Sonderstatusverhältnis**")[30]. Die rechtliche Erschließung dieser besonderen Gewaltverhältnisse, insbesondere des Schulverhältnisses, war ein wesentlicher Motor der neuen Entwicklung um den Gesetzesvorbehalt[31].

Ingesamt sind die getroffenen Aussagen jedoch **wenig konkret** und gelangen oft über **255** die Umschreibung der „Betroffenheit" oder „Grundrechtsrelevanz" nicht hinaus. Dementsprechend werden partiell typisierende Differenzierungen vorgenommen, die in die Aufzählung von Einzelfällen einmünden[32]. Ungeachtet diffiziler Einzel- und Folgeprobleme ist die Position des Bundesverfassungsgerichts so zu umschreiben:

---

28 BVerfGE 47, 46, 78 ff.; 48, 210, 221; 49, 89, 126 ff.; 53, 30, 56 f.; 57, 295, 320 f.; 58, 257, 268 f.; 68, 1, 87, 116, 24, 58; *Böckenförde*, Gesetz und gesetzgebende Gewalt, 2. Aufl., 1981, S. 338 ff.; *Ossenbühl*, in: HStR V, § 101 Rn. 49.
29 Zur „Grundrechtsrelevanz" als Kriterium des Gesetzesvorbehaltes etwa *Horn*, Die grundrechtsunmittelbare Verwaltung, 1999; *Krebs*, Vorbehalt des Gesetzes und Grundrechte, 1977.
30 BVerfGE 85, 386, 403; 102, 282, 306 ff.; vormals besonderes Gewaltverhältnis, dazu BVerfGE 33, 1, 11 f.; 40, 276, 283; *Erichsen*, FS Wolff, 1973, S. 238; *Ronellenfitsch*, DÖV 1984, 781; zum Jugendvollzug: BVerfGE 116, 69, 80 ff.; *Ostendorf*, NJW, 2006, 2073.
31 Zum Schulrecht: BVerfGE 41, 251, 260; 45, 400, 418; *Staupe*, Parlamentsvorbehalt und Delegationsbefugnis, 1986.
32 Überblick bei *Stern*, Staatsrecht I, 2. Aufl., 1984, § 20, S. 808 f.

- **Wesentliche Regelungen darf ausschließlich der Gesetzgeber treffen.**
- **Er hat alle wesentlichen Regelungen selbst zu treffen**[33].
- **Das Gesetz hat alles Wesentlich selbst zu regeln.** Hierin liegt eine neue Begründung für das **Bestimmtheitsgebot.** Gesetze müssen hinreichend bestimmt sein. Je intensiver staatliche Maßnahmen in Grundrechte eingreifen, desto bestimmter muss die Eingriffsermächtigung sein.[34]

*Bitte diskutieren Sie nun den **Beispielsfall** (o. Rn. 246)!*

256 Das Bundesverfassungsgericht geht davon aus, dass es sich beim Schulrecht um einen besonders grundrechtssensiblen Bereich handelt, in welchem – auch konflikthaft – grundrechtlich geschützte Freiheiten von Schülern, Lehrern und Eltern aufeinander treffen. Die vorhandenen allgemeinen Regelungen im Schul- und Beamtengesetz zur Zurückhaltung und Mäßigung der Lehrer reichten nicht aus, um jener Gemengelage hinreichend eindeutig zu begegnen.

„Insbesondere im Schulwesen verpflichten Rechtsstaatsgebot und Demokratieprinzip des Grundgesetzes den Gesetzgeber, die wesentlichen Entscheidungen selbst zu treffen und nicht der Schulverwaltung zu überlassen [...]. Das gilt auch und gerade dann, wenn und soweit auf gewandelte gesellschaftliche Verhältnisse und zunehmende weltanschaulich-religiöse Vielfalt in der Schule mit einer strikteren Zurückdrängung jeglicher religiöser Bezüge geantwortet und damit die staatliche Neutralitätspflicht innerhalb der von der Verfassung gezogenen Grenzen neu abgesteckt werden soll. Eine solche Entscheidung hat erhebliche Bedeutung für die Verwirklichung von Grundrechten im Verhältnis zwischen Lehrern, Eltern und Kindern sowie dem Staat. [...] Eine Regelung, nach der es zu den Dienstpflichten einer Lehrerin gehört, im Unterricht auf das Tragen eines Kopftuchs oder anderer Erkennungsmerkmale der religiösen Überzeugung zu verzichten, ist eine im Sinne der Rechtsprechung zum Parlamentsvorbehalt wesentliche. Sie greift in erheblichem Maße in die Glaubensfreiheit der Betroffenen ein. Sie betrifft außerdem Menschen verschiedener Religionszugehörigkeit unterschiedlich intensiv, je nachdem, ob sie die Befolgung bestimmter Bekleidungssitten als zur Ausübung ihrer Religion gehörig ansehen oder nicht. Dementsprechend hat sie besondere Ausschlusswirkungen für bestimmte Gruppen. Wegen dieses Gruppenbezuges kommt der Begründung einer solchen Dienstpflicht für Lehrkräfte über ihre Bedeutung für die individuelle Grundrechtsausübung hinaus auch hinsichtlich der gesellschaftlichen Ordnungsfunktion der Glaubensfreiheit wesentliche Bedeutung zu." (BVerfGE 108, 282, 312 f.)

257 Das elementare **Problem der Wesentlichkeitsformel** besteht in seiner **inhaltlichen Unbestimmtheit.** „Wesentlich" heißt nicht allein „rechtlich wesentlich", sondern „politisch wesentlich". Damit gerät die Diskussion in den Sog der Politik und damit des subjektiven Meinens, nicht der objektiven Begründung aus der Verfassung[35]. Deutlich wird dies an der Frage, was im Schulrecht oder Subventionsrecht „wesentlich" ist und wie weit demnach der Gesetzesvorbehalt reicht[36]. Hier entscheidet das

---

33 Zusammenfassend BVerfGE 57, 295, 319 ff.
34 BVerfGE 33, 125, 160; 109, 133, 188; 110, 33, 55; zum Bestimmtheitsgebot näher *Papier/Möller*, AöR 22 (1997), 177 ff.
35 *Kisker*, NJW 1977, 1313.
36 Zum Gesetzesvorbehalt im Subventionsrecht *Hömig*, BVerwG – Festschrift 2003, S. 273 ff.; *Lübbe-Wolff*, Grundrechte als Eingriffsabwehrrechte, 1988, S. 217 ff., 233 ff., 309 f.; *Stober*, AöR 113 (1988), 497, 500 ff.

Bundesverfassungsgericht politische Wertungsfragen anhand rechtlich ungeklärter Kriterien.

Die **Wesentlichkeitsformel führt faktisch zur Gesetzgebungspflicht** für alle wesentlichen Bereiche, da andernfalls zentrale Sachbereiche staatlicher Einwirkung vollständig entzogen sind, und zwar unabhängig vom Merkmal des Eingriffs. Wenn der Staat Wesentliches nicht mehr tun kann, muss der Gesetzgeber handeln. So wird der Gesetzesvorbehalt nicht mehr nur zu einer Kompetenzsperre für Exekutive und Justiz, sondern vielmehr zu einer Handlungspflicht für den Gesetzgeber.

Die **Wesentlichkeitsformel lässt konkrete Verfassungsbestimmungen außer Betracht**, wenn etwa die Selbstverwaltungsgarantie ausgehöhlt und auf „Unwesentliches" zurückgedrängt wird.[37] Damit verliert die neue Auslegung ihren Sinn, wenn der Gesetzgeber „alles" Wesentliche selbst regeln muss. Vielmehr geht das Grundgesetz durchaus von differenzierten Vorstellungen aus, wenn es partiell die Delegation der Gesetzgebungsbefugnisse zulässt (Art. 80 I GG), partiell Selbstverwaltung anerkennt (Art. 28 II GG) und im Übrigen die Verwaltung an die Gesetze, Rechtsverordnungen und Satzungen bindet. Dass hier qualitative Unterschiede vorliegen, die nicht einfach aplaniert werden dürfen, liegt nahe.

> „Wann es einer Regelung durch den parlamentarischen Gesetzgeber bedarf, lässt sich nur im Blick auf den jeweiligen Sachbereich und die Eigenart des betroffenen Regelungsgegenstandes beurteilen. Die verfassungsrechtlichen Wertungskriterien sind dabei den tragenden Prinzipien des Grundgesetzes, insbesondere den dort verbürgten Grundrechten zu entnehmen [...]. Zwar führt allein der Umstand, dass eine Regelung politisch umstritten ist, nicht dazu, dass diese als wesentlich verstanden werden müsste [...]. Nach der Verfassung sind die Einschränkung von grundrechtlichen Freiheiten und der Ausgleich zwischen kollidierenden Grundrechten aber dem Parlament vorbehalten, um sicherzustellen, dass Entscheidungen von solcher Tragweite aus einem Verfahren hervorgehen, das der Öffentlichkeit Gelegenheit bietet, ihre Auffassungen auszubilden und zu vertreten, und die Volksvertretung dazu anhält, Notwendigkeit und Ausmaß von Grundrechtseingriffen in öffentlicher Debatte zu klären." (BVerfGE 108, 282, 311 f.)

Die Wesentlichkeitstheorie ist gegenwärtig der Stand der Rechtsprechung und Literatur.[38] Die Entwicklung ist aber durchaus noch in Bewegung. In jedem Falle ist von folgenden Grundlagen auszugehen:

258

– Zunächst sind die **im Grundgesetz geschriebenen Gesetzesvorbehalte** heranzuziehen.
– Sodann ist der **allgemeine Eingriffsvorbehalt** zu untersuchen.
– Schließlich ist die **Wesentlichkeit** zu thematisieren: Dabei sind rechtliche Aspekte maßgeblich; politische Postulate sind einer gerichtlichen Kontrolle nicht zugänglich. Dementsprechend ist – auch insoweit mit dem Bundesverfassungsgericht – Zurückhaltung

---

37 Zur Selbstverwaltung nach der Wesentlichkeitslehre BVerfGE 33, 125; *Emde*, Die demokratische Legitimation der funktionalen Selbstverwaltung, 1991, S. 49 ff.; *Henneke*, ZG 1994, 212; *Köller*, Funktionale Selbstverwaltung und ihre demokratische Legitimation, 2009 S. 181 ff.; *Schmidt-Aßmann*, FS Sendler, 1991, S. 121.

38 Kritisch gegenüber der Wesentlichkeitslehre etwa *Frankenberg*, AK-GG, 3. Aufl., 2001, Art. 20 I–III, IV, Rn. 41; *Kloepfer*, JZ 1984, 685.

bei der Begründung des Gesetzesvorbehalts im Einzelfall aufgrund der Wesentlichkeit angezeigt.

259 Im Ergebnis zeigt sich immer mehr die Tendenz, den Bereich des „Wesentlichen" **in Anlehnung an die geschriebenen Gesetzesvorbehalte im Grundgesetz auszulegen.** Sie werden allerdings inzwischen im Kontext des Grundgesetzes, nicht mehr hingegen in demjenigen überkommener Theoriebildung aus älteren Verfassungen oder der vorkonstitutionellen Staatsrechtswissenschaft gebildet. In den vergangenen zehn Jahren ist aus der Formel von der „Wesentlichkeit" nahezu kein neuer Gesetzesvorbehalt mehr begründet worden.[39] Darin liegt insbesondere ein Gewinn an Rechtsklarheit und Vorhersehbarkeit.

Zur Vertiefung:

Bogdandy, Gubernative Rechtssetzung, 2000; *Seiler*, Der einheitliche Parlamentsvorbehalt, 2000; *Gusy*, Gesetzesvorbehalt im Grundgesetz, JA 2002, S. 610; *Kielmannsegg*, Grundfälle zu den allgemeinen Grundrechtslehren, JuS 2009, S. 118; *Ohler*, Der institutionelle Vorbehalt des Gesetzes, AöR 2006, 336.

b) *Sicherung des Gesetzesvorbehaltes: Grenzen der Rechtssetzungsdelegation und Bestimmtheitsgebote*

260 Die Gesetzesvorbehalte des Grundgesetzes könnten auf unterschiedliche Weise umgangen werden und so inhaltsleer bleiben, wenn etwa der Bundestag seine **Rechtssetzungsbefugnisse** pauschal auf andere Staatsorgane **delegieren** könnte oder er nur ganz vage, **inhaltsleere Normen** erlassen könnte, die dann von den anderen Staatsgewalten ohne konkrete Anhaltspunkte „ausgelegt" und „angewendet" würden oder wenn die Exekutive selbst anstelle des Gesetzgebers tätig werden könnte (**selbstständiges Verordnungsrecht**). Gegen solche Umgehungsmechanismen hält das Grundgesetz eine Vielzahl von normativen Vorkehrungen bereit, die allerdings keinen sonderlich aufeinander abgestimmten Eindruck erwecken.

aa) *Begrenzung der Delegation von Rechtssetzungskompetenzen*

Das Preisgesetz aus dem Jahre 1948 diente der Bewirtschaftung nach dem 2. Weltkrieg und zur Bewältigung der Folgen der Währungsreform. Sein § 2 ermächtigte zum Erlass von Rechtsverordnungen zur „Aufrechterhaltung des Preisstandards". Auf dieser Grundlage erließ die Bundesregierung im Jahre 1969 die Preisauszeichnungsverordnung, nach welcher „Preisklarheit und Preiswahrheit" dadurch gefördert werden sollten, dass die ausgestellten Waren in Geschäften mit Preisangaben zu versehen waren. War diese Verordnung zulässig? (nach: BVerfGE 65, 248; zum Fall Rn. 269)

---

39 Anklänge finden sich noch in BVerfGE 111, 191, 216; zu Bundeswehr-Einsätzen im Ausland BVerfGE 90, 286, 391 ff.; 121, 135, 153 ff.; dazu *Sachs*, JuS 2008, 829.

Das **Parlament** kann nicht alles selbst regeln. Hierzu ist es **nicht ausreichend fach-** **261** **kundig**, weil es generalisiert auf allen Gebieten tätig wird und so mit Detailfragen überlastet wäre. Auch würde sein Verfahren **nicht rasch und flexibel genug** sein, um Einzelfragen hinreichend schnell zu entscheiden. Daher kann der Gesetzgeber Aufgaben der Rechtssetzung gem. Art. 80 GG delegieren.

Zentrale Handlungsform der rechtsetzenden Exekutive sind die Rechtsverordnungen. **Rechtsverordnungen** sind **Rechtsnormen, die von der staatlichen Exekutive erlassen** sind und an den Bürger gerichtet sein können.[40] Die Bürger können durch sie unmittelbar berechtigt und verpflichtet werden.

Voraussetzung des Erlasses von Rechtsverordnungen gem. Art. 80 GG ist die Ermächtigung durch ein **förmliches Bundesgesetz**.[41] Sie unterliegen inzwischen einem strikten Gesetzesvorbehalt: Ohne gesetzliche Ermächtigung darf keine Rechtsverordnung ergehen. Insoweit kommt der Exekutive kein selbständiges Verordnungsrecht zu. Die gesetzliche Ermächtigungsgrundlage unterliegt nach Art. 80 I 2 GG spezifischen materiellen Anforderungen.[42] Sie muss nach **Inhalt, Zweck und Ausmaß**[43] bestimmt sein.

- „Inhalt" bezieht sich auf den Gegenstand der Rechtsverordnungen, also ihren **Tatbestand**. Die ermächtigende Norm muss den möglichen Tatbestand bestimmt angeben. Der Satz: „Das Nähere regelt die Bundesregierung durch Rechtsverordnung" reicht nicht aus.
- „Ausmaß" bezeichnet die Grenzen der Regierungsbefugnis, bezieht sich also auf die **Rechtsfolgen**.
- „Zweck" ist die Intention der Rechtsverordnungen, also die Regelungsabsicht und ihr generalisierter Sinn. Unter den genannten Bedingungen ist die Zweckbindung die bedeutsamste. Mehrfach ist bereits erwogen worden, die Inhalts- und Ausmaßbegrenzung in Art. 80 I 2 GG zu streichen.

Der Kreis der **Delegatare** ist in Art. 80 I 1 GG abschließend aufgezählt. Nur Bundes- **262** regierung, ein oder mehrere Bundesminister oder die Landesregierungen dürfen Rechtsverordnungen erlassen. Die Delegation an einen Landesminister ist unzulässig.

---

40 Zu den Rechtsverordnungen *Ossenbühl*, in: HStR V, § 103; *Saurer*, Die Funktionen der Rechtsverordnung, 2005, S. 209 ff.; *Lepa*, AöR 105 (1980), 337; *Nolte*, AöR 118 (1993), 378, 393 ff.

41 Zulässigkeit und Grenzen von Rechtsverordnungen in Landesgesetze richten sich nach dem jeweiligen Landesrecht, z.B. nach Art. 70 LVerfNRW.

42 Diese Anforderungen werden inzwischen entsprechend auch auf vorkonstitutionelle Verordnungsermächtigungen angewandt; s. BVerfGE 22, 180, 214 f.; 78, 179, 197 f.; zuletzt BVerfG, NJW-RR 2001, 1203.

43 Eingehend hierzu *Busch*, Das Verhältnis von Art. 80 I 2 GG zum Gesetzes- und Parlamentsvorbehalt, 1992; *Badura*, GS Martens, 1987, S. 25; *Cremer*, AöR 122 (1997), 248; *Mößle*, Inhalt, Zweck und Ausmaß, 1990; *v. Danwitz*, Die Gestaltungsfreiheit des Verordnungsgebers, 1989; Diese Grenzen der Verordnungsermächtigung können nur für nachkonstitutionelle Gesetze gelten. Vorkonstitutionelle Ermächtigungen konnten daher weiter und unbestimmter sein. Inzwischen ist der Gesetzgeber aber verpflichtet, sie an die Anforderungen des GG anzupassen.

Die Delegation kann auch an mehrere Organe alternativ erfolgen, die dann jeweils allein tätig werden dürfen. Kumulative Delegation, wonach Rechtsverordnungen nur durch mehrere Delegatare im Zusammenwirken erlassen werden dürfen, ist nur für mehrere Bundesminister gemeinsam zulässig, im Übrigen aber unzulässig. Zum Normerlass ist nur der Delegatar ermächtigt, auf den die Kompetenz gesetzlich delegiert wurde. So darf nicht etwa einfach die Bundesregierung für einen Bundesminister oder umgekehrt tätig werden.[44] Die Befugnis zum Verordnungserlass kann allerdings weiter übertragen werden **(Subdelegation)**, sofern dies im ermächtigenden Gesetz ausdrücklich vorgesehen ist (Art. 80 I 4 GG). Die Subdelegation erfolgt durch Rechtsverordnung.

263   Bundesregierung und Bundesminister dürfen, soweit dies im Grundgesetz vorgeschrieben ist, nur mit **Zustimmung des Bundesrates** Verordnungen erlassen (Art. 80 II GG). Auch das ermächtigende Gesetz kann die Zustimmung des Bundesrates oder gar des Bundestages oder eines seiner Ausschüsse vorsehen.[45] Unzulässig ist es demgegenüber, die Zustimmungspflicht anderer Stellen anzuordnen, die ihrerseits nicht zum Rechtsverordnungserlass ermächtigt sind, etwa sozialer Gruppen oder der Personalvertretung der Beschäftigten von Behörden.

264   Die **Rechtsverordnung hat ihre gesetzliche Ermächtigung anzugeben** (Art. 80 I 3 GG). Gibt sie eine Vorschrift an, die nicht zum Verordnungserlass ermächtigt, so ist die Verordnung selbst nichtig.[46] Das gilt auch, wenn die angegebene Vorschrift noch nicht in Kraft getreten ist oder außer Kraft gesetzt ist. Die Ermächtigungsnorm muss spätestens zum selben Zeitpunkt in Kraft treten wie die Rechtsverordnung.[47] Tritt die Ermächtigungsnorm vor der Rechtsverordnung außer Kraft, so soll letztere bis zu ihrer eigenen Aufhebung fortgelten. Dies wird damit begründet, dass alle Rechtsverordnungen nur für ihren Erlass, nicht hingegen für ihre gesamte Geltung(sdauer) einer gesetzlichen Grundlage bedürfen.[48]

Rechtsverordnungen sind gem. Art. 82 I 2 GG im **Bundesgesetzblatt** oder nach dem Gesetz zur Verkündung von Rechtsverordnungen (BGBl. I 1960, 23) im Bundesanzeiger zu verkünden. Auf eine anderweitige **Verkündung** muss im Bundesgesetzblatt hingewiesen werden.

Art. 80 GG verfolgt demnach einen doppelten Zweck: Er soll einerseits den **Gesetzgeber entlasten** und andererseits die **Delegation von Rechtssetzungskompetenz begrenzen**, indem sich der Gesetzgeber nicht seinen Aufgaben entziehen kann.

265   Dieses System darf nicht durch den Erlass von **Verwaltungsvorschriften** i.S.d. Art. 84 II, 85 II, 86 S. 1 GG umgangen werden. Diese sind **Normen, die** nicht an den Bürger, sondern **von vorgeordneten Behörden an nachgeordnete Stellen oder Amtswalter gerichtet sind**. Verwaltungsvorschriften können wie Rechtsverordnungen wirken. Eine sol-

---

44 Zum Verfahren des Erlasses von Rechtsverordnungen durch die Bundesregierung BVerfGE 91, 148, 165 ff.; VGH Kassel, NJW 1990, 2704.
45 Krit. Überblick hierzu bei *Sommermann*, JZ 1997, 434 f.
46 BVerfGE 101, 1, 43.
47 BVerfGE 3, 255, 259.
48 BVerfGE 14, 245, 249; 44, 216, 226; 78, 179, 198.

che Unterscheidung ist allerdings ausschließlich formaler Natur: Für Betroffene ist es gleichgültig, ob aufgrund Gesetzes durch Rechtsverordnung etwa die Bedingungen für eine Leistung festgelegt werden oder aber durch Verwaltungsvorschrift bestimmt wird, dass eine Leistung nur erhält, wer bestimmte Bedingungen erfüllt.

> Deutlich zeigt sich dies etwa im Subventionsrecht, wo Voraussetzungen, Verfahren und Modalitäten der Subventionsvergabe in Verwaltungsvorschriften geregelt werden, die hier an die Stelle des Gesetzesrechts treten; bei „außenwirksamen" Verwaltungsvorschriften findet sich kein struktureller Unterschied zu Rechtsverordnungen.[49]

Die **Problematik der Verwaltungsvorschriften** wird inzwischen schon traditionell von zwei Richtungen her angegangen: Einerseits finden sich Tendenzen, den Anwendungsbereich von Verwaltungsvorschriften einzugrenzen, um so einer Umgehung der Rechtssetzungsgrenzen der Exekutive aus Art. 80 GG vorzubeugen; andererseits werden rechtsstaatliche Mindestbedingungen für den Erlass von Verwaltungsvorschriften gesucht. Dabei gelten gegenwärtig folgende Grundsätze: **266**

> – Verwaltungsvorschriften können gem. Art. 84 II, 85 II, 86 S. 1 GG **ohne gesetzliche Ermächtigung** erlassen werden. Verwaltungsvorschriften dürfen nur an Behörden adressiert sein. Rechte und Pflichten der Bürger begründen sie selbst nicht; derartige Wirkungen kommen ihnen lediglich nach Art. 3 GG zu.[50] Aus dieser „mittelbaren Außenwirkung" folgt die Fragestellung, inwieweit die Kompetenz zum Erlass gesetzesfreier Verwaltungsvorschriften nach Art. 84 II, 85 II, 86 S. 1 GG gegenständlich beschränkt ist. Hier ist eine Klärung der Zweifelsfragen noch nicht ansatzweise in Sicht.
>
> – Die **Zuständigkeit zum Erlass** von Verwaltungsvorschriften kann gesetzlich geregelt werden. Ist sie gesetzlich geregelt, ist nur die ermächtigte Stelle zu ihrem Erlass befugt, nicht hingegen auch sonstige Stellen.
>
> – Umstritten ist auch, ob und inwieweit Verwaltungsvorschriften **veröffentlicht** werden müssen. Verwaltungsvorschriften, welche „mittelbar" Rechte und Pflichten der Bürger begründen können, müssen veröffentlicht werden.[51]

Satzungen sind **Rechtsnormen, welche von Trägern der Selbstverwaltung in Ausübung ihres Selbstverwaltungsrechts erlassen werden.** Sie sind nur zulässig, soweit das Selbstverwaltungsrecht der erlassenden Körperschaft reicht, binden nur deren Mitglieder und die Benutzer ihrer Einrichtungen. Auch dürfen sie den Wesentlichkeitsbereich des Gesetzgebers nicht tangieren.[52] Art. 80 GG ist auf Satzungen nicht anwendbar. **267**

> **Rechtsverordnungen, Verwaltungsvorschriften und Satzungen unterliegen dem Vorrang des Gesetzes**, sie gehen dem Gesetz nach. Dementsprechend vermögen sie Gesetze auch nicht zu ändern. Ein solches Änderungsverbot enthält Art. 129 III GG für vorkonstitutionelle **268**

---

49 Grundlegend *Gusy*, in: Koch/Lechelt (Hrsg.), 20 Jahre BImSchG, 1994, S. 185 ff.; *Ossenbühl*, in: HStR V, § 104 Rn. 41 ff.; *Selmer*, VerwArch 1968, 114.
50 Zur Selbstbindung der Verwaltung *Erichsen*, VerwArch 1980, 329; *Hellriegel*, NVwZ 2009, 571; *Wallerath*, Die Selbstbindung der Verwaltung, 1968.
51 BVerwG, 122, 264, 269; s.a. BVerfGE 40, 237, 253; *Gusy*, DVBl. 1979, 720; *Lübbe-Wolff*, DÖV 1980, 594; anders noch BVerwGE 61, 15, 40.
52 Sehr weit zulasten der Selbstverwaltungskörperschaften BVerfGE 33, 125; s.a. BVerfGE 79, 127, 143 ff.; 91, 228, 238 ff.; 107, 1, 13 ff.; 111, 191, 216 f.; einschränkend BVerfGE 119, 331 363; *Selmer/Hummel*, NVwZ 2006, 14, 18 ff.; *Weber*, BayVBl. 1998, 327 m.w.N.

Gesetze ausdrücklich. Demgegenüber ermächtigen nachkonstitutionelle Gesetze bisweilen zu Gesetzesänderungen durch Rechtsverordnungen (etwa: § 10 LadenschlussG). Solche Vorschriften sind mit Vorrang und Vorbehalt des Gesetzes schlechterdings unvereinbar: **Änderungen und Aufhebung von Gesetzen unterliegen stets dem Gesetzesvorbehalt.** Demgegenüber hat das Bundesverfassungsgericht jene Vorschriften für verfassungsgemäß erklärt, da die Rechtsverordnungen auf einer gesetzlichen Ermächtigung beruhten und auf Ausnahmefälle beschränkt sind.[53] Umgekehrt soll der Gesetzgeber berechtigt sein, (bestimmte) Rechtsverordnungen zu ändern oder aufzuheben.[54] Doch wird dies unter Berufung auf die Grundsätze der Gewaltenteilung und der Verantwortungsklarheit kritisiert.

269   *Bitte diskutieren Sie nun den **Beispielsfall** (Rn. 260)!*

„Zweck der Ermächtigung, das ‚Programm‘, das mit Hilfe des § 2 PreisG verwirklicht werden soll, ist danach die ‚Aufrechterhaltung des Preisstandes‘. Die Ermächtigung zielt darauf ab, den Preisstand insgesamt zu halten, also das allgemeine Preisniveau zu stabilisieren. Es soll eine gesunde Relation der Preise untereinander gewahrt bleiben. [...] Die hier maßgeblichen Vorschriften der Preisangabenverordnung überschreiten die Grenzen der gesetzlichen Ermächtigung. Der Zweck dieser Bestimmung entspricht nicht demjenigen der gesetzlichen Ermächtigung. Wie sich aus der amtlichen Begründung ergibt, [...] soll die Preisauszeichnung in erster Linie der Information und dem Schutz des Verbrauchers dienen. Sie soll zur Preisklarheit und Preiswahrheit beitragen und die Position des Verbrauchers durch Gewährleistung optimaler Preisauszeichnungsmöglichkeiten stärken. Daneben soll die Preisauszeichnung mittelbar zu einer Intensivierung des Wettbewerbs mit dem Ziel einer dämpfenden Einflussnahme auf die Preise beitragen; dabei geht der Verordnungsgeber davon aus, dass der informierte Verbraucher das jeweils preisgünstigste Angebot will und durch seine Entscheidung zur Stabilisierung des Preisniveaus beiträgt. Die Verpflichtung zur Preisauszeichnung zielte mithin weder darauf ab, die Auswirkungen von Störungen und Krisen des wirtschaftlichen Lebens in Grenzen zu halten, noch darauf, durch Einwirkung auf die Preise Gefahren abzuwehren, die dem gesamten wirtschaftlichen, sozialen und politischen Leben durch eine ungestüme Preisentwicklung drohen." (BVerfGE 65, 249, 259 ff.)

bb)   Bestimmtheitsgebot

270   Vorrang und Vorbehalt des Gesetzes würden ausgehöhlt, wenn die Legislative sich auf vage Normen beschränken und deren Konkretisierung der Exekutive überlassen könnte. Dem steht jedoch das verfassungsrechtliche Bestimmtheitsgebot entgegen. Dieses gebietet, dass **Gesetze ihren Regelungsinhalt selbst festlegen und für Verwaltung, Justiz und Bürger hinreichend klare Anordnungen enthalten müssen.**[55] Rechtsgrundlagen dieses Bestimmtheitsgebots im Grundgesetz sind Art. 80 I 2; 103 II GG sowie die Grundsätze vom Vorrang und Vorbehalt des Gesetzes. Der Vorbehalt des Gesetzes würde ausgehöhlt, wenn das Gesetz zwar die „wesentlichen" Fragen thematisiert, diese allerdings nicht „regelt". Umgekehrt wird auch der Vorrang des Gesetzes illusorisch, wenn dem Gesetz kein konkretisierbarer Inhalt mehr zukommt.

---

53 BVerfGE 7, 282, 291; 8, 274, 306; 15, 151, 160; 20, 180, 214; BVerfG, NJW 1998, 669, 670; ablehnend *Uhle*, DÖV 2001, 241, 245 ff.
54 Ausführlich dazu *Studenroth*, DÖV 1995, 525, 535.
55 BVerfGE 8, 274, 325 f.; 56, 1, 12 f.; 108, 282, 311 ff. m.w.N.

Problematischer als die Begründung des Bestimmtheitsgebotes ist seine inhaltliche Konkretisierung. Weder braucht die Legislative jedes Detail zu regeln, noch kann das Bestimmtheitsgebot für jeden Fall das Gebot der Eindeutigkeit begründen. Rechtsnormen müssen demnach auch nicht umfassend bestimmt, sondern lediglich „**hinreichend bestimmt**" sein. Das Bundesverfassungsgericht stellt dabei auf die Eigenheiten der zu regelnden Lebensverhältnisse ab und lässt großzügige Regelungen zu.[56] Da die Realität aber nahezu stets auf längere Sicht vielschichtig und wenig überschaubar ist, ist mehr auf den notwendigen Mindestinhalt eines Gesetzes abzustellen und nicht auf die Eigenheiten des Sachbereichs. So kann einerseits überspannten Anforderungen, andererseits aber einer Aushöhlung des Bestimmtheitsgebots entgegengewirkt werden. Diese Mindestanforderungen sind:

– Die Voraussetzungen von Handlungsermächtigungen an Behörden und Handlungspflichten des Bürgers müssen im Gesetz enthalten sein; der **Tatbestand darf nicht völlig fehlen**. Dabei ist nicht auf die einzelne Vorschrift, sondern auf den systematischen Gesetzeskontext abzustellen.

– Wird einer staatlichen Stelle Ermessen eingeräumt, so müssen die **Grenzen des Ermessens** deutlich werden. Insbesondere muss eine Ermessensausübung nach Maßgabe der Ermächtigung überhaupt möglich sein, indem Sinn und Zweck der Ermächtigung rahmenartig angegeben werden.

– Die **Rechtsfolgen** einer Norm müssen wenigstens **rahmenartig erkennbar** sein.

– Verweisungen auf Rechtsnormen anderer Träger öffentlicher Gewalt müssen ein Mindestmaß an Transparenz aufweisen und dürfen nicht nur für wenige Experten überschaubar sein.[57]

2. Das Gesetzgebungsverfahren des Bundes

Art. 76 ff. GG unterteilen das Gesetzgebungsverfahren in drei Phasen: Die Vorbereitungs- und Einbringungsphase, die Diskussions- und Beschlussphase im Bundestag sowie die Mitwirkung sonstiger Organe nach dem Gesetzesbeschluss. Sie unterliegen jeweils unterschiedlichen rechtlichen Regelungen. **271**

a) Einbringungsverfahren

Die Einbringung von Gesetzentwürfen ist in Art. 76 GG geregelt. Danach werden Gesetzesvorlagen durch die **Bundesregierung**, aus der **Mitte des Bundestages** oder durch den **Bundesrat** eingebracht (s. Schaubild 1). Die Einbringung setzt eine fertige Vorlage voraus. Wo und wie diese zustande kommt, ist im Grundgesetz nicht geregelt. Regelmäßig werden die Vorlagen von den Einbringenden ausgearbeitet (s. dazu insbesondere §§ 75 ff. GO BT, 15 ff. GO BReg.)[58] Während der Vorbereitungsphase fallen bereits wichtige praktische Vorentscheidungen. Das im Grundgesetz normierte Gesetzgebungsverfahren setzt also erst relativ spät ein. Im Parlament werden die Gesetze nicht gemacht, sondern nur verbindlich gemacht.

---

56 Insbesondere BVerfGE 49, 168, 181.
57 S. dazu *Danwitz*, Jura 2002, 93; *Saurer*, Die Funktion der Rechtsverordnung, 2005, S. 268 ff.
58 Zur Beiziehung privaten Sachverstandes – etwa von Anwaltskanzleien – bei der Gesetzesvorbereitung *Battis*, ZRP 2009, 201 f.; *Mandelartz*, DÖV 2008, 261 ff.

Schaubild 1: Einbringung von Gesetzesvorlagen im Bundestag

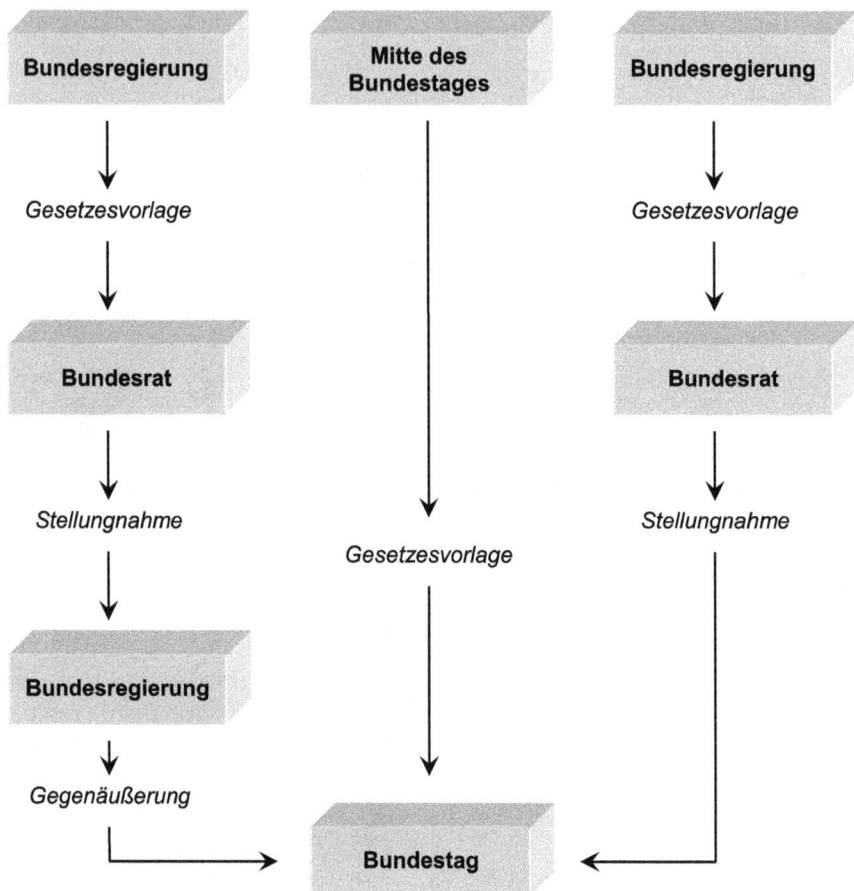

272   Aus der „**Mitte des Bundestages**" steht das Initiativrecht Abgeordneten in Fraktionsstärke, derzeit also mindestens 32 Parlamentariern, zu (§ 76 GO BT).[59] In der Praxis werden Gesetzesvorlagen zu über 70 % von der Bundesregierung eingebracht, welche die Entwürfe von den Ministerien ausarbeiten lässt.

Die Gesetzesvorlagen sind „**beim Bundestag**" einzubringen. Dabei sind Entwürfe der Bundesregierung auf dem Umweg über den Bundesrat (Art. 76 II GG), solche des Bundesrates über die Bundesregierung dem Bundestag zuzuleiten (Art. 76 III GG). Dadurch sollen die zwischengeschalteten Organe in die Lage versetzt werden, zu dem Entwurf frühzeitig Stellung nehmen zu können.

Um dieses umständliche **Verfahren abzukürzen**, werden deshalb von der Regierung stammende Entwürfe bisweilen durch Abgeordnete der Mehrheitsfraktionen direkt beim Bun-

---

59 Dazu BVerfGE 84, 304, 323.

destag eingebracht. Eine solche Praxis mag schlechter politischer Stil sein, sie ist aber verfassungsrechtlich zulässig.[60]

b) Beschlussverfahren

Ist der Gesetzentwurf eingebracht, so kommt ein Gesetz unter den Bedingungen des **273** Art. 78 GG zustande. Dieser sieht für einfache Gesetze fünf verschiedene Verfahrensweisen vor.

aa) Das Beschlussverfahren im Bundestag

Die Bundesgesetze werden gem. Art. 77 I 1 GG vom Bundestag **beschlossen.** Der Beschlussfassung geht eine **Beratung** des Entwurfs nach Art. 42 GG voraus.

> Wie diese Beratung zu gestalten ist, ist vom Grundgesetz nicht festgelegt. § 78 I GO BT sieht für Gesetzentwürfe drei „Lesungen“, für Gesetze nach Art. 59 II GG regelmäßig zwei „Lesungen“ vor. Hier handelt das Parlament im Rahmen seiner Geschäftsordnungsautonomie (Art. 40 I 2 GG) frei.[61]

In jüngerer Zeit werden an das Beratungsverfahren des Parlaments immer höhere **274** Anforderungen gestellt, die teils aus dem Übermaßverbot, teils aus Art. 3 GG hergeleitet werden. Danach soll das Parlament verpflichtet sein,

- alle erforderlichen **Tatsachen zu ermitteln**, insbesondere Sachverständige heranzuziehen und beteiligte Kreise zu hören;
- **Prognosen anzustellen** über die möglichen Wirkungen des Gesetzesbeschlusses auf die Wirklichkeit;
- **Abwägungen** zu treffen hinsichtlich möglicher Regelungsalternativen;
- nachträglich die Wirkungen des Gesetzes zu beobachten und seine Wirkungen festzustellen;
- im Falle von Defiziten das Gesetz politisch „**nachzubessern**“.[62]

Solche Verfahrenspflichten kontrastieren nicht nur in auffälliger Weise der grundgesetzlichen Zurückhaltung in Art. 77 I GG. Sie sind vom Bundestag auch gar nicht einlösbar, da die Abgeordneten weder über besonderen Sachverstand zu verfügen brauchen, noch diesen in allen Gebieten haben können. Zudem ist der Bundestag als generalisiert arbeitendes Organ nicht in der Lage, auf allen Gebieten institutionalisierten Sachverstand heranzuziehen, eigene Kenntnisse zu erwerben und in der Entscheidung umzusetzen. Auch ist das parlamentarische Verfahren kein Erkenntnis-, sondern politisches Entscheidungs- und Darstellungsverfahren. Abgesehen davon lässt der generell-abstrakte Charakter von Gesetzen kaum je zuverlässige, geschweige denn optimale Informationen über die möglichen Gesetzeswirkungen zu.[63]

---

60 S. dazu BVerfGE 30, 250, 261.
61 Näher *Schwerin*, Der deutsche Bundestag als Geschäftsordnungsgeber, 1998.
62 In dieser Richtung insbesondere BVerfGE 50, 290, 333 ff.; 65, 1, 55 ff.; 88, 203, 265 ff.; 90, 145, 171 ff.; *Hoffmann*, ZG 1990, 97; *Mengel*, ZG 1990, 193; zurückhaltend: *Huster*, ZfRSoz 2003, 3.
63 So *Gusy*, ZRP 1985, 291; *Schlaich*, VVDStRL 39, S. 99 ff.; zur Gesetzesfolgenabschätzung *Karpen* ZRP 2002, 443; zum Normenkontrollrat *Schröder*, DÖV 2007, 45.

275 Der **Gesetzesbeschluss** des Bundestages ergeht mit einfacher Mehrheit (Art. 42 II 1 GG). Eine qualifizierte Mehrheit ist nur insoweit erforderlich, als sie im Grundgesetz ausdrücklich vorgeschrieben ist (etwa: Art. 79 II GG). Nicht erforderlich ist die Anwesenheit einer bestimmten Zahl von Abgeordneten im Plenum bei der Abstimmung oder gar die positive Feststellung der Beschlussfähigkeit: Die **Beschlussfähigkeit** des Parlaments besteht, solange nicht ausdrücklich auf Antrag das Fehlen der Beschlussfähigkeit festgestellt ist (§ 45 GO BT).[64]

> So kann durchaus ein Bundesgesetz mit 42:24 Stimmen beschlossen werden. Darin liegt der Unterschied zwischen der einfachen und der absoluten Mehrheit (Art. 121 GG).

bb) Das Beschlussverfahren im Bundesrat

276 Im Jahre 1972 war mit Zustimmung des Bundesrates das Rentenreformgesetz erlassen worden. Im Jahre 1973 änderte der Bundestag allein einige Bestimmungen jenes Gesetzes, ohne dass diese geänderten Bestimmungen ihrerseits verfassungsrechtliche Zustimmungserfordernisse begründet hätten. Konnte der Bundestag allein ein – mit Zustimmung des Bundesrates beschlossenes – Gesetz ändern oder bedurfte er auch dazu der Mitwirkung des Bundesrates? (nach: BVerfGE 37, 363; s. dazu Rn. 280)

Gesetzesbeschlüsse des Bundestages sind unverzüglich dem Bundesrat zuzuleiten (Art. 77 I 2 GG). Dieser wirkt bei der Gesetzgebung nach Maßgabe der Art. 77 II–IV GG mit. Dabei kennt das Grundgesetz zwei unterschiedliche Mitwirkungsformen.

277 (1) **Zustimmungsgesetze** sind gem. Art. 77 II 4 GG solche, welche aufgrund verfassungsrechtlicher Bestimmungen dem Zustimmungsrecht des Bundesrates unterliegen. Solche Zustimmungsrechte finden sich im Grundgesetz an zahlreichen Stellen. Sinn und Zweck der Zustimmungserfordernisse im Grundgesetz ist, die Kompetenzen der Länder gegen Einbrüche des Bundes zu sichern. Das gilt insbesondere für die Verwaltungs- und die Finanzhoheit der Länder. Dementsprechend finden sich Zustimmungserfordernisse insbesondere in

– Art. 84 I, V; 85 I; 87 III 2; 87b II; 87c; 87d II; 87e V; 87f I; 91a II GG zum **Schutz der Länderkompetenzen,** insbesondere in der Exekutive;

  Umstritten ist dabei das vom Bundesverfassungsgericht postulierte Zustimmungserfordernis, wenn – ohne förmliche Änderungen des Verwaltungsverfahrens oder der Verwaltungsorganisation – Aufgaben der Bundesverwaltung sich wesentlich vermehren oder in einem „gewandelten Licht" erscheinen.[65]

– 104a IV, V; 104b II; 105 III; 106 III 3; IV 2; V 2; Va 3; VI 5; 106a S. 2; 107 I 2; 108 II, IV, V; 109 III, IV, V; 134 IV; 135 V GG zum **Schutz der Länderfinanzen;**

– Art. 29 VII GG zum **Schutz des (Gebiets-)Bestandes der Länder.**

---

64 BVerfGE 44, 308, 318 f.; s.a. oben Rn. 202.
65 BVerfGE 37, 363, 379 ff.; 48, 127, 177 ff.; dagegen: *Achterberg*, DÖV 1975, 160; *Bull*, AK-GG, 3. Aufl. 2001, Art. 84 Rn. 29; *Gusy*, JuS 1979, 257; *Menger*, VerwArch 1975, 296; *Weides*, JuS 1973, 341.

Zustimmungsgesetze bedürfen eines eigenen Beschlusses des Bundesrates, durch wel- **278**
chen dieser zum Ausdruck bringt, dass er den Gesetzentwurf billigt. Die Zustimmung
bezieht sich auf das ganze Gesetz, selbst wenn nur einzelne Vorschriften aus dem Gesetz das Zustimmungsrecht begründen. Daraus resultiert bisweilen das Bestreben, bei
Differenzen zwischen Bundestag und Bundesrat Gesetzentwürfe in ein zustimmungsbedürftiges und ein zustimmungsfreies Gesetz aufzuteilen. Solche Aufteilungen sind
vom Grundgesetz nicht untersagt.

> Ursprünglich sollte das **Zustimmungsgesetz** unter allen Gesetzen **die Ausnahme** sein. In
> der Staatspraxis verkehrte sich indes das Verhältnis alsbald und bis zu 60 % der Gesetze
> wurden mit Zustimmung des Bundesrates erlassen.[66] Angesichts bisweilen entgegen ge-
> setzter Mehrheiten in Bundestag und Bundesrat wurde unter den Stichworten der **Hand-
> lungsunfähigkeit** und **Blockademöglichkeiten** Reformbedarf in dieser Hinsicht attestiert.[67]
> Zentrale Vorschrift, welche die Zustimmungspflicht auslöste war Art. 84 I GG a.F. Hier-
> nach bedurfte jedes Gesetz der Zustimmung des Bundesrats, welches Regelungen über
> das Verwaltungsverfahren oder die Behördeneinrichtung in den Ländern enthielt.

Mit dem Ziel der Reduzierung der Zustimmungsquote auf etwa 30 % wurde jene Vor- **279**
schrift 2006 im Rahmen der Föderalismusreform I grundlegend verändert.[68] Nunmehr stehen dem Bund zwei alternative Verfahrenswege zur Verfügung.

> – Entweder kann er – wie bislang – die Zustimmung des Bundesrates einholen (Art. 84 I
>   5, 6 GG).
> – Er kann aber auch das Modell der sog. **Abweichungsgesetzgebung** (Art. 84 I 3 GG)
>   wählen.[69] Danach kann der Bundestag Gesetze mit Regelungen über das Verwaltungs-
>   verfahren oder die Behördeneinrichtung ohne Zustimmung des Bundesrates versehen.
>   Die Länder können ihrerseits durch Gesetz von diesen Regelungen (Verwaltungsver-
>   fahren/Behördeneinrichtung) abweichen. Der Bundestag hat allerdings ebenso die
>   Möglichkeit von diesen Abweichungen abzuweichen, was (zumindest theoretisch) zu
>   einer Art „Pingpong-Gesetzgebung" führen kann.[70]

> Tatsächlich deutet sich an, dass die Reduzierung der Zustimmungsquote nicht in ange-
> strebtem Maße eingetreten ist. Allenfalls eine Reduzierung auf etwa 45 % kann angenom-
> men werden.[71]

*Bitte diskutieren Sie nun den **Beispielsfall** (Rn. 276)!*

Das Änderungsgesetz selbst erfüllt keine der Voraussetzungen einer Verfassungs- **280**
bestimmung, die ein Zustimmungserfordernis begründet. Danach könnte hier allein
deshalb eine **Zustimmungspflicht bestehen, weil das ursprüngliche Reformgesetz mit
Zustimmung des Bundesrats beschlossen worden ist.** Ein solches Zustimmungserfordernis wird insbesondere mit dem Argument postuliert, der Zustimmungsbeschluss des

---

66 BR-Drucks. 178/06, S. 34; *Isensee*, FS Schmitt-Glaeser, 2003, S. 179 f.
67 Vgl. *Kahl*, NVwZ 2008, 710 ff.; schon früher *Dolzer*, VVDStRL 58, S. 7, 28; *Sachs*, VVD-
   StRL 58, S. 41, 48 f.
68 Gesetz zur Änderung des Grundgesetzes v. 28.8.2006 (BGBl. I S. 2034).
69 Dazu Überblick bei *Degenhart*, DÖV 2010, 422.
70 Begriff von *Grimm/Schneider*, in: Bundestag/Bundesrat (Hrsg.), Zur Sache 1/2005, Ausschuss-
   unterlagen 0086, S. 1 (3). Zum Abweichungsmodell außerdem *Kahl*, NVwZ 2008, 710, 712 ff.
71 Dazu *Münch*, Informationen zur politischen Bildung 2008, Föderalismus, S. 30 ff.

Bundesrates beziehe sich auf alle Bestimmungen des ursprünglichen Reformgesetzes; und was mit Zustimmung des Bundesrats beschlossen worden sei, könne nicht ohne seine Zustimmung wieder aufgehoben werden.

> „Daraus, dass sich die Zustimmung des Bundesrates auf das ganze Gesetz als eine gesetzgebungstechnische Einheit bezieht, folgt aber nicht, dass jedes Änderungsgesetz wiederum der Zustimmung des Bundesrates bedarf. Die Auffassung vom Zustimmungsgesetz als einer gesetzgebungstechnischen Einheit spricht vielmehr gegen die Zustimmungsbedürftigkeit von Änderungsgesetzen [...]. Auch das Änderungsgesetz ist eine gesetzgebungstechnische Einheit, bei dessen Erlass, ebenso wie bei jedem anderen Gesetz, sämtliche Voraussetzungen der Gesetzgebung erneut und selbständig zu prüfen sind: Es muss festgestellt werden, ob der Bundesgesetzgeber für den Erlass eines Gesetzes mit diesem Inhalt zuständig ist und ob das Gesetz seinem Inhalt nach zustimmungsbedürftig ist. Enthält das Gesetz nicht selbst auch zustimmungsbedürftige Vorschriften und ändert es auch keine solchen Vorschriften ab, so ist es nicht zustimmungsbedürftig[...]. Die These, dass die Zustimmungsbedürftigkeit das Gesetz, durch dessen Inhalt sie ausgelöst worden ist, gewissermaßen ‚überlebt‘, dass sie also eine Fern- und Dauerwirkung haben soll mit der Folge, dass jedes Änderungsgesetz erneut der Zustimmung des Bundesrats bedarf, findet im Grundgesetz keine Stütze." (BVerfGE 37, 363, 381 f.)

Deutlich werden so die **Grenzen des Zustimmungsrechts bei Bundesgesetzen**. Es entsteht nicht,

– soweit aus einem zustimmungsbedürftigen Gesetz **nur Vorschriften geändert werden, die ihrerseits nicht zustimmungsbedürftig sind**;

– wenn ein **Zustimmungsgesetz vollständig aufgehoben** wird, weil dadurch kein neuer Eingriff in die Verwaltungs- oder Finanzhoheit der Länder eintritt.[72]

281   Das **Verfahren des Bundesrates** bei Zustimmungsgesetzen richtet sich nach Art. 77 II GG (Schaubild 2). Er kann

– dem Gesetz **zustimmen**, dann kommt das Gesetz gem. Art. 78 GG zustande.

– den **Vermittlungsausschuss** gem. Art. 77 II 1, 2 GG **anrufen**. Der **Vermittlungsausschuss** wird je hälftig aus Vertretern des Bundestages und des Bundesrates besetzt. In ihm wirken regelmäßig hochrangige Politiker beider Häuser, die weisungsfrei und unabhängig unter Ausschluss der Öffentlichkeit den Kompromiss suchen sollen. Er kann nur Vorschläge an den Bundestag und Bundesrat machen, hingegen nicht selbst beschließen. Umgekehrt ersetzt die Beratung im Vermittlungsausschuss auch kein parlamentarisches Verfahren.[73]

– die **Zustimmung verweigern**; in diesem Fall können Bundesregierung und Bundestag den Vermittlungsausschuss anrufen. In jedem Fall hat der Bundesrat in angemessener Frist über die Zustimmung Beschluss zu fassen (Art. 77 IIa GG). Er darf das Zustandekommen eines Gesetzes nicht durch Untätigkeit blockieren.

282   (2) **Einspruchsgesetze** sind alle Bundesgesetze, **die nicht Zustimmungsgesetze sind** (Art. 77 III GG). Einer besonderen, verfassungsrechtlichen Anordnung des Einspruchsrechts bedarf es nicht; es gibt also im Bund nur Zustimmungs- oder Ein-

---

72 BVerfGE 10, 20, 49; 14, 197, 219 f.
73 BVerfGE 120, 56, 73 ff.; *Desenz*, NJW 2008, 2892. Zum Vermittlungsausschuss näher *Dietlein*, in: Schneider/Zeh (Hrsg.), Parlamentsrecht und Parlamentspraxis, 1989, § 57; *Ossenbühl*, in: HStR V, § 102 Rn. 57 ff.

spruchsgesetze. Das Gesetzgebungsverfahren für diese richtet sich nach Art. 77 III, IV GG (Schaubild 3). Danach kann der Bundesrat entweder

– **untätig bleiben**; nach drei Wochen kommt das Bundesgesetz gem. Art. 77 II 1 GG zustande. Demgegenüber kann ein Zustimmungsgesetz im Falle der Untätigkeit des Bundesrats niemals zustande kommen, da dessen Stillschweigen keine ausdrückliche Zustimmung darstellt (Art. 77 IIa GG) oder

– den **Vermittlungsausschuss anrufen** (Art. 77 II 1 GG): Dieser kann dann versuchen, einen Kompromiss mit dem Bundestag zu erzielen.

Eine Zustimmung zum Einspruchsgesetz ist im Grundgesetz nicht vorgesehen; sie wäre ebenso wie Stillschweigen zu bewerten. In einem solchen Fall kommt das Bundesgesetz zustande. Ist unklar, ob ein Gesetz ein Zustimmungs- oder Einspruchsgesetz darstellt, so legt der Bundesrat „vorsorglich" Einspruch ein. Oftmals behauptet der Bundesrat, dass Gesetze Zustimmungsgesetze seien, während Bundesregierung und Bundestag nur ein Einspruchsrecht des Bundesrates sehen.

Nach Abschluss des Vermittlungsverfahrens – und ggf. erneuter Beschlussfassung des Bundestages gem. Art. 77 II 5 GG – kann der Bundesrat entweder

– **untätig bleiben**; zwei Wochen danach kommt dann das Bundesgesetz zustande (Art. 77 III 1 GG), oder

– **Einspruch einlegen** (Art. 77 III 2 GG). Der Einspruch muss binnen zwei Wochen nach Abschluss des Vermittlungsverfahrens eingelegt sein. Der Einspruch kann zurückgenommen werden (Art. 78 GG); das Gesetz kommt dann mit der Rücknahme zustande.

Nach Einlegung des Einspruchs kann der **Bundestag**   **283**

– **untätig bleiben**; das Bundesgesetz ist dann gescheitert;

oder

– den **Einspruch zurückweisen** (Art. 77 IV GG); in einem solchen Fall kommt das Bundesgesetz zustande. Scheitert die Zurückweisung, so ist das Gesetz gescheitert.

Wichtig für die Zurückweisung ist das **Mehrheitsquorum** im Bundestag (Art. 77 IV GG): Der Bundesrat legt stets mit absoluter Mehrheit Einspruch ein, so dass auch zu dessen Zurückweisung die absolute Mehrheit im Bundestag (Art. 121 GG) erforderlich ist. Wurde der Einspruch des Bundesrates mit Zwei-Drittel-Mehrheit beschlossen, so bedarf es zu seiner Zurückweisung einer Zwei-Drittel-Mehrheit im Bundestag. Mit einer Zwei-Drittel-Mehrheit der Opposition im Bundesrat kann dieser also sämtliche Bundesgesetze zu Fall bringen, wenn nicht die Mehrheitsparteien im Bundestag über eine Zwei-Drittel-Mehrheit verfügen.

Das Einspruchsrecht des Bundesrates ist wegen des Zurückweisungsrechts des Bundestages i.d.R. nicht mehr als ein **aufschiebendes Veto**; es verlängert lediglich das Gesetzgebungsverfahren. Daher ist die Bereitschaft des Bundestages zum Kompromiss im Vermittlungsausschuss i.d.R. bei Zustimmungsgesetzen wesentlich höher als bei Einspruchsgesetzen.

Zur Vertiefung:

Ossenbühl, Verfahren der Gesetzgebung, in: HStR V, § 102; *Heyer/Liening*, Gesetzgebung, 2005; *Bryde*, Stationen, Entscheidungen und Beteiligte im Gesetzgebungsverfahren, in: Schneider/Zeh, Parlamentsrecht und Parlamentspraxis, 1989, § 30; *Bergkämper*, Das Vermittlungsverfahren nach Art. 77 II GG, 2008; *Möllers*, Vermittlungsausschuss und Vermittlungsverfahren, Jura 2010, 401; *Frenzel*, Das Gesetzgebungsverfahren – Grundlagen, Problemfälle und neuere Entwicklungen, JuS 2010, 119.

Schaubild 2: Die Beteiligung des Bundesrates bei Zustimmungsgesetzen

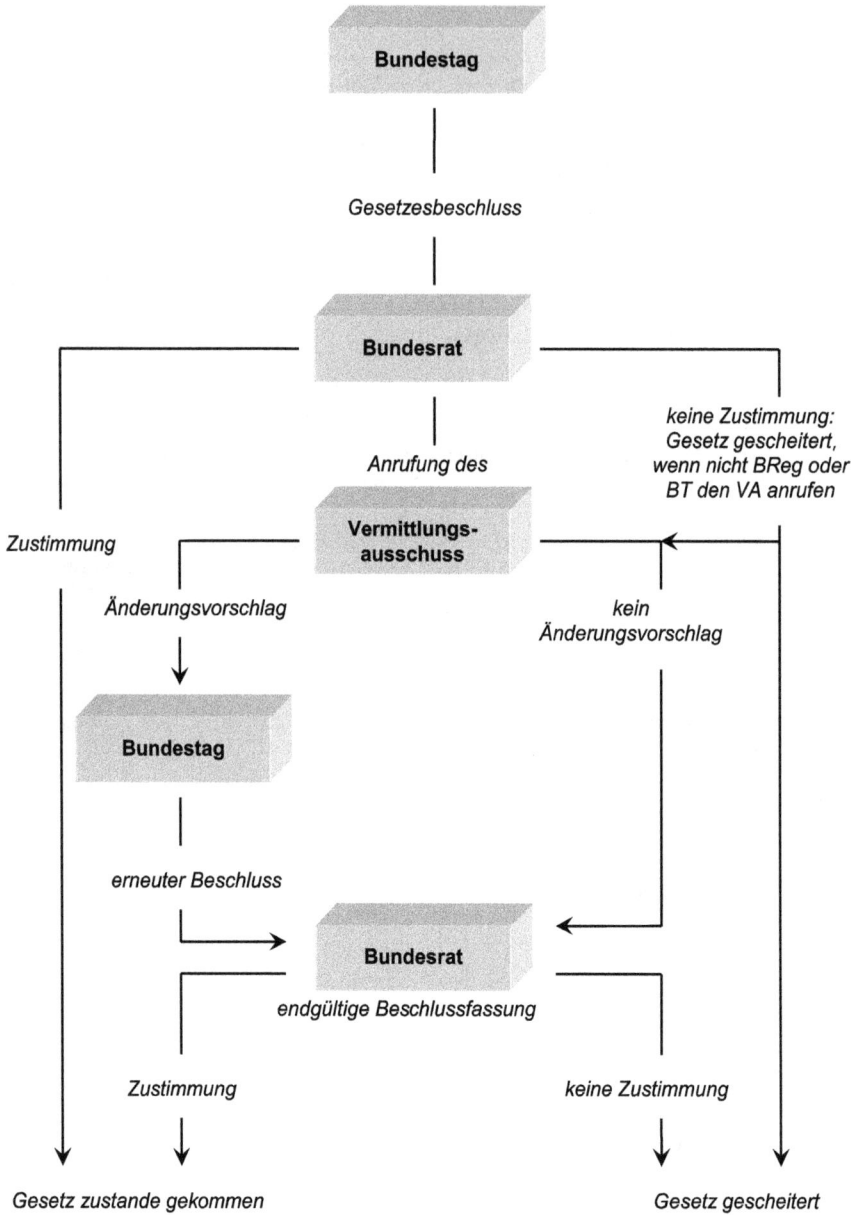

Schaubild 3: Die Beteiligung des Bundesrates bei Einspruchsgesetzen

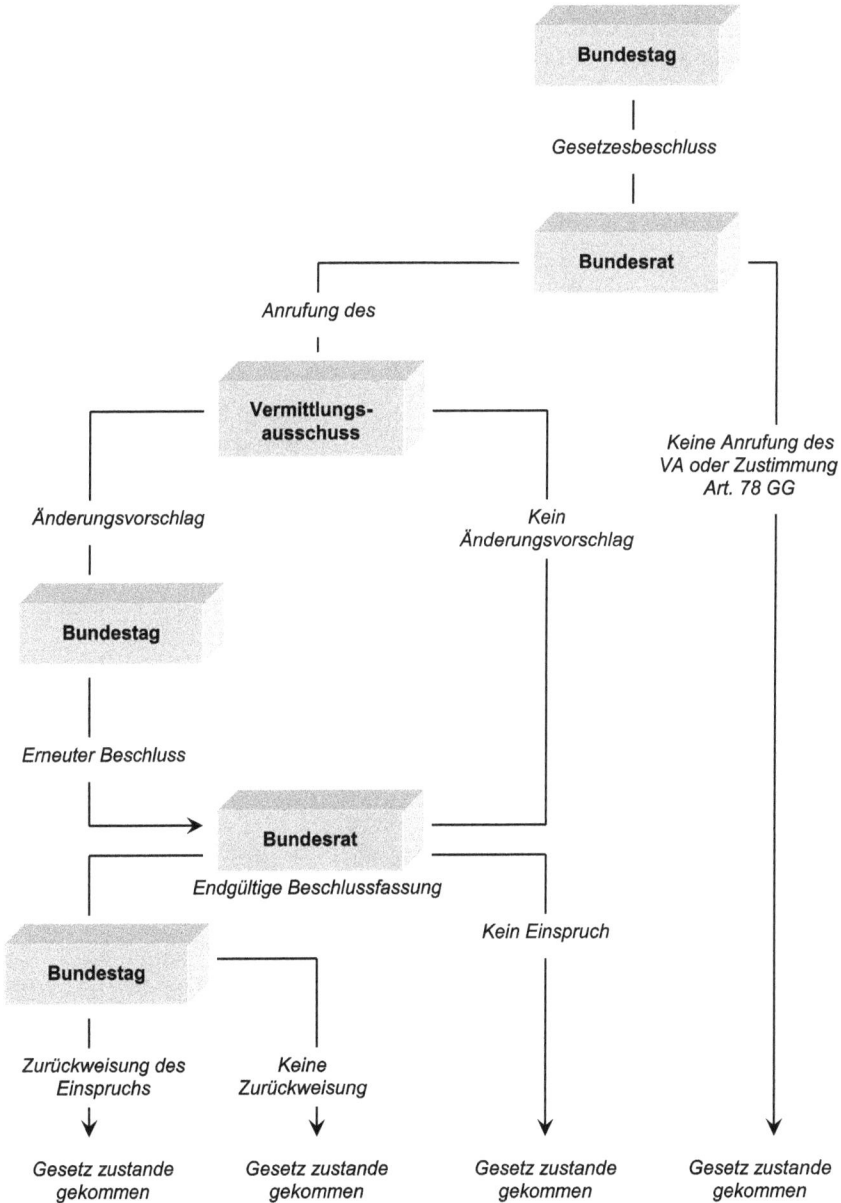

c) Das Ausfertigungsverfahren

284 Bundestag und Bundesrat haben ein neues Volkszählungsgesetz beschlossen. Die dabei anfallenden Daten sollen insbesondere zu statistischen Zwecken, zur Verbesserung der amtlichen Melderegister, zur Aktualisierung der Fahndungsliste und zur Ermittlung von Personen dienen, die ohne Anmeldung ein Rundfunk- oder Fernsehgerät bereithalten. Der Bundespräsident meint, ein solches Gesetz verstoße gegen die Grundrechte der Bürger.[74] Er will es daher nicht ausfertigen. (dazu BVerfGE 65, 1; zum Fall Rn. 287)

Ist ein Bundesgesetz gem. Art. 78 GG zustande gekommen, so wird es dem Bundespräsidenten zur Ausfertigung zugeleitet (Art. 82 I 1 GG). Durch die **Ausfertigung** stellt der Bundespräsident mit seiner Unterschrift fest, dass das **Gesetzgebungsverfahren abgeschlossen** ist, der vorliegende Text vom Bundestag beschlossen ist und dem Bundesrat vorgelegen hat und dass er mit deren Beschlüssen inhaltlich identisch ist. Diese Prüfung der Authentizität des Gesetzes bestätigt er durch seine Unterschrift unter dem Gesetz. Die Ausfertigung unterliegt der Gegenzeichnung durch den Bundeskanzler oder zuständigen Bundesminister (Art. 58 S. 1 GG); i.d.R. unterzeichnen beide – oder alle zuständigen Bundesminister – das Gesetz.

285 Noch immer nicht ausdiskutiert ist, ob der Bundespräsident sich bei der Ausfertigung auf die bloße Authentizitätsprüfung zu beschränken hat, oder ob er daneben noch **sonstige Prüfungsrechte** ausüben darf.[75] Diskutiert werden dabei

– das **formelle Prüfungsrecht**: Ist das Gesetz in Übereinstimmung mit den Kompetenz- und Verfahrensvorschriften des Grundgesetzes zustande gekommen?

– das **materielle Prüfungsrecht**: Steht das Gesetz inhaltlich mit dem Grundgesetz in Widerspruch?

– das **politische Prüfungsrecht**: Ist das vorliegende Gesetz politisch opportun oder ausgereift?

Das **politische Prüfungsrecht** des Bundespräsidenten wird gegenwärtig einhellig abgelehnt. In der parlamentarischen Demokratie fällt die politische Entscheidung über Gesetze dem demokratisch unmittelbar legitimierten Parlament zu (Art. 77 I GG), dessen Beschlüsse vom Bundespräsidenten jedenfalls politisch nicht konterkariert werden dürfen.

Das **formelle Prüfungsrecht** ist aus Art. 82 I 1 GG unmittelbar herzuleiten. Fertigt der Bundespräsident die Gesetze aus, die „nach diesem Grundgesetz zustande gekommen" sind, kann er diese Aufgabe gar nicht wahrnehmen, ohne festzustellen, ob ein Gesetz derart zustande gekommen ist. Zu einer entsprechenden Prüfung ist er demnach berechtigt und verpflichtet. Ist das Gesetz formell verfassungswidrig, darf er es nach Art. 82 I GG nicht ausfertigen.

---

74 Zu den grundgesetzlichen Anforderungen an Volkszählungen BVerfGE 65, 1, 41 ff.; *Schoch*, Jura 2008, 352; *Simitis*, 2000, 359.

75 Zum Streitstand *Epping*, JZ 1991, 1102; *Friauf*, FS Carstens, 1984, S. 545; *Linke*, DÖV 2009, 434; *Nettesheim*, in: HStR III, § 62 Rn. 36 ff.; *Schnapp*, JuS 1995, 286; *Schoch*, ZG 2008, 209.

Demgegenüber ist das **materielle Prüfungsrecht,** also die Überprüfung der inhalt-lichen Vereinbarkeit eines Gesetzes mit dem Grundgesetz, aus dem Wortlaut dieser Bestimmungen nicht herzuleiten. Es ist daher auch besonders umstritten. **286**

> Partiell wird es aus Art. 56, 20 III, 1 III GG hergeleitet: Wenn der Bundespräsident bei seiner Amtsführung an das Grundgesetz gebunden sei und dessen Wahrung in Art. 56 GG besonders beschwöre, so müsse er auch prüfen, ob seine Maßnahmen mit dem Grundgesetz in Übereinstimmung stehen. Jene Argumentation ist systematisch vertretbar. Die Pflicht zur Wahrung des Grundgesetzes bedeutet, seine Kompetenzen verfassungsgemäß auszuüben. Demgegenüber verleihen Art. 1 III, 20 III, 56 GG **keine zusätzlichen Kompetenzen.** Unter Berufung auf solche Bestimmungen darf sich der Bundespräsident insbesondere nicht in die Zuständigkeiten anderer Staatsorgane einmischen. Er darf also **nur die Zuständigkeiten verfassungsgemäß ausüben, die ihm nach dem Grundgesetz zustehen.** Ob ihm aber das Prüfungsrecht zusteht, ist gerade die Frage, die sich aus Art. 20 III, 1 III, 56 GG nicht beantworten lässt.

Eine Auffassung leitet das Prüfungsrecht aus Art. 79 I 1 GG her. Materiell verfassungswidrige Gesetze könnten demnach formell nur zulässig sein, wenn sie in der Form des Art. 79 I 1 GG ergingen. Da dies aber nicht der Fall sei, sei der inhaltliche Mangel zugleich ein Formmangel. Materiell verfassungswidrige Gesetze „ändern" allerdings gerade das Grundgesetz nicht und brauchen daher auch nicht in der Form des Art. 79 I 1 GG zu ergehen. Sie sind keine „versteckten Verfassungsänderungen", sondern materiell verfassungswidrige Gesetze.

Das materielle Prüfungsrecht ergibt sich am ehesten aus **Sinn und Zweck der Mitwirkung des Bundespräsidenten bei der Gesetzgebung** durch die Ausfertigung. Während im Konstitutionalismus das Mitwirkungsrecht des Monarchen bei der Gesetzgebung noch eine echte politische Mitwirkung war, wäre es für den Bundespräsidenten zur nahezu vollständigen Formalie herabgesunken, wenn er nur noch Authentizitäts- und formelles Prüfungsrecht ausüben dürfte.

> Doch ist auch dieses Argument nicht unumstritten. Ihm wird die allgemein reduzierte Bedeutung des Bundespräsidenten gegenüber Kaiser und Reichspräsident entgegen gehalten. Auch das (verfassungsgeschichtlich neue) Verwerfungsrecht und Verwerfungsmonopol des Bundesverfassungsgerichts steht dem Prüfungsrecht möglicherweise entgegen: Fragen der Vereinbarkeit von Grundgesetz und Gesetz sollen dort und nicht vom Staatsoberhaupt geklärt werden. Ein Unterschied besteht aber immerhin darin, dass verfassungsgerichtliche Urteile und Beschlüsse sich auf geltende Gesetze beziehen, der Bundespräsident aber im Gesetzgebungsverfahren tätig wird und beide Aufgaben unvergleichbar sind. Trotz des Alters der Kontroverse ist die Frage bislang dogmatisch nicht eindeutig beantwortet.

*Stand dem Bundespräsidenten demnach im **Beispielsfall** (Rn. 285) ein Prüfungsrecht zu?*

In der **Praxis** übt der Bundespräsident das formelle und materielle Prüfungsrecht aus, beschränkt sich aber darauf, bei eindeutigen Verfassungsverstößen die Ausfertigung zu verweigern. Bislang war dies mindestens acht Mal der Fall, allein drei Mal davon in der Zeit von 2002 bis 2006.[76] Die Bundesregierung und die Gesetzgebungsorgane **287**

---

76 Zuletzt verweigerte der Bundespräsident die Ausfertigung der Gesetze zur Neuregelung der Verbraucherinformation und über die Privatisierung der Flugsicherung. Siehe dazu *Kirchhoff/Boewe*, ZLW 2007, 17 ff.

sind im Weigerungsfalle berechtigt, das Verhalten des Bundespräsidenten im Wege der Organklage nach Art. 93 I Nr. 1 GG vom Bundesverfassungsgericht überprüfen zu lassen. Davor sind sie aber in der Praxis noch in jedem Weigerungsfalle zurückgeschreckt. Im **Beispiel** übt der Bundespräsident das materielle Prüfungsrecht aus und kann sich dazu auf mehrere offensichtliche Verfassungsverletzungen berufen.[77]

d)   Das Verkündungsverfahren

288 Nach § 144 KostO des Bundes in Angelegenheiten der freiwilligen Gerichtsbarkeit von 1970 dürfen Notare nur ermäßigte Gebühren berechnen, wenn der Klient von der Zahlung von Gerichtsgebühren durch Bundes- oder Landesrecht ganz oder teilweise befreit ist. Seit 1970 nahmen die landesrechtlichen Befreiungstatbestände für Gerichtsgebühren erheblich zu. Dürfen auch die nach 1970 neu befreiten Rechtsträger von den Notaren eine Herabsetzung ihrer Gebühren verlangen? (nach: BVerfGE 47, 285; zum Fall Rn. 291)

Ist ein Bundesgesetz ausgefertigt, so wird es gem. Art. 82 I 1 GG im **Bundesgesetzblatt** verkündet. Das Gesetzblatt wird beim Bundesminister der Justiz herausgegeben. Verkündungsorgan ist also nicht der Bundespräsident. Soweit und solange ein Gesetz nicht verkündet ist, kann ihm keinerlei Geltung zukommen.

Das **Inkrafttreten** des Gesetzes ist im Gesetz selbst zu regeln. Geschieht dies nicht, so tritt das Gesetz 14 Tage nach Ablauf des Tages, an welchem das Bundesgesetzblatt ausgegeben worden ist, in Kraft. Rückwirkend kann das Gesetz nur in Kraft treten, wenn dies ausdrücklich bestimmt ist und ein verfassungsrechtlicher Zulässigkeitsgrund für die Rückwirkung vorliegt.[78] Die Regelung des Inkrafttretens darf nicht auf andere Instanzen delegiert werden.[79]

289 Die Verkündung dient der Herstellung von Publizität und damit der **Rechtsklarheit.** Dieser rechtsstaatliche Grundsatz besagt nicht nur, dass ein Gesetz verkündet werden muss. Vielmehr lassen sich ihm auch Grundsätze dafür entnehmen, wie es zu verkünden ist. Zunächst entsteht dabei das Problem der **Verweisung.** Darf ein Gesetz einen Teil seines Inhalts von der Verkündung dadurch ausnehmen, dass es auf eine andere Rechtsnorm verweist?

Genau dies geschieht im **Beispielsfall:** Die Kostenordnung des Bundes regelt die Ermäßigung der Notargebühren nicht selbst, sondern verweist auf die Tatbestände der Befreiung von den Gerichtsgebühren, die ihrerseits wiederum in anderen Gesetzen als der Kostenordnung – etwa auch im Landesrecht – geregelt sind. Im Bundesgesetzblatt verkündet wird hier nur die Verweisungsnorm, nicht hingegen die Norm, auf welche verwiesen wird.

---

77 BVerfGE 65, 1, 41 ff.
78 S. zur Rückwirkung Rn. 524 ff.
79 Anders BVerfGE 42, 263, 285 ff.; enger dagegen BVerfGE 78, 249, 272 f.; wie hier *de Lazzar*, JZ 1977, 80.

Verweisungen sind nur eingeschränkt zulässig unter dem Aspekt der Publikation: **Eine Verweisung in einem verkündeten Gesetz auf anderes Recht, das nicht verkündet worden ist, ist unzulässig.** Stets müssen demnach Verweisungsnorm und die Norm, auf welche verwiesen wird (Verweisungsobjekt), verkündet sein, wenn der Verweisungstatbestand wirksam sein soll. **Das Verkündungsorgan für das Recht, auf welches verwiesen wird, ist im Bundesgesetzblatt mit Fundstelle anzugeben.** Nicht ausreichend ist,

- wenn die Norm, auf welche verwiesen wird, **überhaupt nicht verkündet worden ist.** Das **290** gilt insbesondere für Verwaltungsvorschriften, deren Verkündung oft unterbleibt. Ausreichend soll hier sein, dass die Verwaltungsvorschriften den „beteiligten Kreisen" zugänglich sind, also etwa in Amtsblättern verkündet werden, die nur intern umlaufen, sofern diejenigen, auf welche die Verweisungsnorm angewendet werden soll, zu jenen Blättern Zugang hatten.[80] Eine Verkündung durch die **EG/EU** in ihren Amtsblättern reicht als öffentliche Verkündung aus, soweit das Verweisungsobjekt dort hinreichend eindeutig und nicht nur wenigen Spezialisten erkennbar ist.[81] Dies kann insbesondere der Fall sein, wenn das Verweisungsobjekt dort selbst weitere Verweisungen enthält („Kettenverweisung").

- wenn die Norm, auf welche verwiesen wird, **nicht mehr oder noch nicht in Kraft getreten ist.** Sonderregeln gelten bei Verweisungen auf nichtstaatliche Normen. Sie sind häufig anzutreffen und auch nicht generell unzulässig. Das BVerfG sieht die Grenzen bei gesetzlichen Verweisungen auf Tarifverträge aber als erreicht an, wenn der Bürger dadurch „schrankenlos einer normsetzenden Gewalt nichtstaatlicher Einrichtungen ausgeliefert" wird, die ihm gegenüber weder staatlich-demokratisch noch mitgliedschaftlich legitimiert sind.[82] Damit scheint jedenfalls die dynamische Verweisung auf Normen Privater verfassungsrechtlich ausgeschlossen.

Daneben stellt sich die Verweisung auch als **Kompetenzproblem** dar: Verweist Bundesrecht auf Landesrecht, so kann der Landesgesetzgeber durch Änderung des Landesgesetzes zugleich den Inhalt eines Bundesgesetzes ändern. Dies ist problematisch bei sogenannten „**dynamischen Verweisungen**", welche auf das jeweils geltende Landesrecht mit allen zukünftigen Änderungen verweisen; nicht hingegen bei **statischen Bezugnahmen**, die lediglich das Landesrecht einbeziehen, welches zum Zeitpunkt des Erlasses des verweisenden Bundesrechts galt. Die hier anzuwendenden Grundsätze gelten analog auch für den umgekehrten Fall, wenn Landesrecht auf Bundesrecht verweist. Dabei stellen sich folgende Probleme:

- Hat das Land für die jeweilige Materie überhaupt die **Gesetzgebungskompetenz?** Diese fehlt dem Land, wenn dem Bund die Materie zur ausschließlichen Gesetzgebung überwiesen ist (Art. 71 GG); für Fälle der konkurrierenden Gesetzgebungskompetenz kommt sie dem Land nur nach Art. 72 I GG zu.

- Wie kann bei einer nachträglichen Änderung des Landesrechts, auf welches verwiesen wird, das notwendige **parlamentarische Verfahren** auch für die Änderung der Verweisungsnorm sichergestellt werden?

---

80 BVerfGE 40, 237, 255 f.
81 BVerfGE 110, 33, 62 ff.
82 BVerfGE 64, 208, 214. Zu Verweisungen auf Regelwerke Privater *Battis/Gusy*, Technische Normen im Baurecht, 1988, Rn. 208 ff.; *Gusy*, NVwZ 1995, 105.

291   *Bitte diskutieren Sie nun den **Beispielsfall** (Rn. 288)!*

„Im vorliegenden Fall [...] besteht nicht nur keine Identität des Gesetzgebers; vielmehr betreffen darüber hinaus die bundesrechtliche Verweisungsnorm des § 144 III KostO und das in Bezug genommene Landesrecht Materien, die zu verschiedenen Rechtsbereichen gehören und nach verschiedenen Maßstäben zu beurteilen sind [...]. Hier hätte eine dynamische Verweisung zur Folge, dass die Gebührenermäßigung der Notare zugunsten der Gemeinden erweitert würde, ohne dass *irgendeine* gesetzgeberische Prüfung dieser Beschränkung der Berufsfreiheit gewährleistet wäre. [...] Als nämlich der Bundesgesetzgeber in Wahrnehmung seiner Gesetzgebungskompetenz für die Regelung der Notariatsgebühren die Verweisungsnorm des § 144 III KostO schuf, konnte er den Umfang künftiger landesrechtlicher Gebührenbefreiungen nicht vorhersehen; er hatte daher auch keinen Anlass zu der ihm obliegenden Prüfung, ob es gerechtfertigt ist, den Notaren eine erweiterte Gebührenermäßigungspflicht zugunsten der Gemeinden aufzuerlegen. Der Landesgesetzgeber seinerseits, der im Rahmen seiner Gesetzgebungskompetenz lediglich die Befreiung von gerichtlichen Gebühren zu regeln hatte, konnte sich bei der Erweiterung der Gebührenbefreiungstatbestände auf die Gründe konzentrieren, die für einen Gebührenverzicht des Staates sprachen, die aber keineswegs ohne weiteres auf die Notare zutrafen." (BVerfGE 47, 285, 316)

Wie kann nachträglich die **Verkündung** der „stillschweigenden" Änderung von Bundesrecht durch Landesrecht sichergestellt werden?

„Vor allem obliegt (dem Gesetzgeber) die Aufgabe, den Inhalt dieser Gesetze in eigener Verantwortung und im Wege der parlamentarischen Willensbildung selbst zu bestimmen und dabei auch die Verfassungsmäßigkeit zu überprüfen; soweit die Verfassung eine Delegation von Normgebungsbefugnissen an andere erlaubt, darf der zuständige Gesetzgeber sich seiner Verantwortung für den Inhalt der Normierung jedenfalls nicht völlig entäußern [...]. Beides wäre nicht sichergestellt, wenn § 144 III KostO im Wege einer dynamischen Verweisung auf die landesrechtlichen Vorschriften in ihrer jeweiligen Gestalt Bezug nähme. Denn damit würde dem Landesgesetzgeber die Möglichkeit überlassen, das Außerkrafttreten der im Wege der Verweisung zum Bundesrecht gewordenen Regelung sowie das Inkrafttreten einer geänderten Neuregelung zu bestimmen, ohne dass dies im Bundesgesetzblatt verkündet würde." (BVerfGE 47, 285, 315)

292   **Dynamische Verweisungen zwischen verschiedenen Gesetzgebern sind** demnach aus Gründen der Publikation, der bundesstaatlichen und der demokratischen Kompetenzordnung grundsätzlich **unzulässig**.

Ist das Gesetz verkündet, so stellt sich bisweilen die Notwendigkeit der **Berichtigung** von publiziertem Recht.[83] Offensichtliche Schreib-, Rechen- oder Redaktionsfehler werden vor der Verkündung vom Bundestagspräsidenten im Einvernehmen mit dem federführenden Ausschuss, nach der Verkündung vom federführenden Minister im Einvernehmen mit dem Bundespräsidenten und dem Bundeskanzleramt berichtigt. Andere als die genannten Irrtümer dürfen nicht korrigiert werden; insbesondere darf der materielle Inhalt des Parlamentsbeschlusses nicht angetastet werden.

Zur Vertiefung:

Debus, Die Verweisung in deutschen Rechtsnormen, 2008; *Haratsch*, Die normative Bezugnahme auf Rechtsnormen, ZG 1999, 34; *Clemens*, Die Verweisung von einer Rechtsnorm auf andere Vorschriften, AöR 111 (1986), 63; *Oldenburg*, Die Öffentlichkeit von Rechtsnormen, 2009.

---

83 Zur Berichtigung BVerfGE 48, 1; *Kirn*, ZRP 1973, 49; *Reich*, DÖV 1973, 846; *Schiffer*, FS H. Schäfer, 1975, S. 39; *Staats*, ZRP 1974, 183.

3. Übergangsbestimmungen: Alte Gesetze und neues Verfassungsrecht

Die Bundesrepublik begann rechtlich nicht in einer Stunde Null. Vielmehr fand sie **293** 1949 und 1990 einen Bestand von Rechtsnormen vor, die aus Kaiserzeit, Weimarer Republik, Nationalsozialismus und DDR stammten. Umgekehrt war sie selbst nicht willens und in der Lage alle wesentlichen Materien neu zu regeln. Die Brücke zwischen dem Recht, das vor dem 23.5.1949 in Kraft trat („**vorkonstitutionelles Recht**"), und dem staatsrechtlichen Neuanfang durch das Grundgesetz schlägt Art. 123 GG. Danach **gilt vorkonstitutionelles Recht fort, soweit es dem Grundgesetz nicht widerspricht.**

> Außer Betracht bleibt dabei das Recht der Besatzungsmächte, das weder am Grundgesetz gemessen noch seinerseits als Maßstab für das Landesrecht herangezogen wird. Besatzungsrecht gilt also ohne Rücksicht auf seine Vereinbarkeit mit der gegenwärtigen Rechtsordnung fort. Das BVerfG fordert allerdings die Anpassung durch den Gesetzgeber.[84]

Nach Art. 123 GG bleiben für die Vereinbarkeitsprüfung der alten Rechtsordnung mit dem Grundgesetz kompetenz- und verfahrensrechtliche Fragen außer Betracht. Weder kannte das alte Reichsrecht die Kompetenzverteilung des Grundgesetzes, noch wusste es um das Gesetzgebungsverfahren des Bundes. Die **Vereinbarkeitsfrage stellt sich demnach insbesondere in materieller Hinsicht.** Dabei gilt das Recht aus nationalsozialistischer Zeit fort, soweit es nicht „spezifische nationalsozialistische" Gedanken positiviert.[85] Die hierzu von der Rechtsprechung getroffenen Unterscheidungen wirken mitunter etwas künstlich.

> Grundsätzlich entscheidet über Meinungsverschiedenheiten das Bundesverfassungsgericht (Art. 126 GG); es überlässt allerdings die Prüfung der Fortgeltung alten Rechts – und damit auch seiner Vereinbarkeit mit dem Grundgesetz – grundsätzlich den Fachgerichten. Das **Verwerfungsmonopol des Bundesverfassungsgerichts gilt hier nicht.**

Der **Rang des fortgeltenden Rechts** ist in Art. 124 f. GG teils nach der Verteilung der **294** Gesetzgebungskompetenzen im Grundgesetz, teils nach dem Geltungsbereich des alten Rechts geregelt. Für Staatsverträge gilt die Sonderregelung des Art. 123 II GG. Soweit altes Recht Verordnungsermächtigungen enthält, richten sich die Zuständigkeiten nunmehr nach Art. 129 GG.

> Ganz ähnlich regelt **Art. 9 Einigungsvertrag** das Fortgelten des „vorkonstitutionellen" Rechts der ehemaligen DDR; d.h. desjenigen Rechts, das dort vor dem Beitritt erlassen wurde. Dieses Recht gilt entweder als Landes- (Art. 9 I Einigungsvertrag) oder als Bundesrecht gem. Art. 9 II Einigungsvertrag fort, wenn es (1) weder durch die Anlagen zum Einigungsvertrag aufgehoben ist noch (2) dem Grundgesetz widerspricht, sofern es (3) nicht ausnahmsweise nach Art. 143 GG in Abweichung vom GG seine Geltung behält.[86]

---

84 BVerfGE 15, 337, 350; 62, 169, 181 f.
85 BVerfGE 6, 389, 418 f.
86 Näher *Brunner*, in: HStR IX, § 210 m.w.N.

295 **Übergangsprobleme** stellen sich aber nicht nur für vorkonstitutionelle, sondern auch **für bestimmte nachkonstitutionelle Regelungen namentlich seit der** Verfassungsreform 1994, aber insbesondere im Rahmen der Föderalismusreform I (2006). **Art. 125a ff. GG** beantworten die Frage nach der Fortgeltung von Gesetzen, deren verfassungsrechtliche Kompetenzgrundlagen sich verändert haben.

> Wurde bspw. ein Bundesgesetz vor 2006 auf der Grundlage der früheren **Rahmengesetzgebungskompetenz** des Art. 75 GG a.F. erlassen, ist sein Schicksal seitdem zu klären, da es eine solche Kompetenz nicht länger gibt. Für das Hochschulrahmengesetz ist dies ebenso relevant geworden, wie bspw. für das Beamtenrechtsrahmengesetz.

Nach **Wegfall der Gesetzgebungskompetenz des Bundes** geht diese, soweit keine anderweitige Zuweisung erfolgt, auf die Länder über (Art. 70 I GG). Im Übrigen ordnen die Art. 125a ff. GG regelmäßig an, dass das Bundesrecht **als Bundesrecht** fort gilt, bis es durch Landesrecht ersetzt wurde. Der alte Rang bleibt ungeachtet der neuen Regelungs- und Ersetzungskompetenz erhalten.

> Schwierigkeiten tauchen allerdings immer dann auf, wenn **Änderungen** an dem fortgeltenden Gesetz vorgenommen werden sollen. Dafür steht dem Bund keine geschriebene Kompetenz mehr zur Verfügung. Doch soll er dazu im Einzelfall – nicht allerdings für grundsätzliche Änderungen – berechtigt sein.[87] Da das alte Recht als Bundesrecht fortgilt, sodass eine Änderung durch die Landesparlamente jedenfalls dann nicht in Betracht, wenn man die Länder auf die (vollständige) Ersetzungsbefugnis beschränkt und dadurch von der punktuellen Änderungsregelung ausschließt.[88]

> **Zur Vertiefung:**
> *Ossenbühl*, Rechtsetzen, in: HStR V, §§ 102–105; *H. Schneider*, Gesetzgebung, 3. Aufl., 2002; *Mengel*, Gesetzgebung und Verfahren, 1997; *Frenz*, Gesetzgebungskompetenzen nach der Föderalismusreform, Jura 2007, 165.

IV. Regierung und Verwaltung

1. Grundfragen

296 **Verwaltung ist hierarchisch organisiertes, gesetzesgebundenes staatliches Handeln.**[89] Die in Art. 20 III GG angeordnete Gesetzesbindung unterscheidet die zweite von der ersten Gewalt. Dies bedeutet nicht, dass Verwaltung stets Gesetzesausführung ist, sondern lediglich, dass sie bei ihrer Aufgabenerfüllung an Gesetze gebunden ist. In der hierarchischen Organisation und den daraus resultierenden Prinzipien der einheitlichen Verantwortung, Weisung und Aufsicht unterscheidet sie sich von der Rechtsprechung (s. Art. 97 I GG).

Einen materiellen Begriff der **Verwaltungsaufgaben** gibt es nicht. Wird die Gesetzgebung gegenwärtig vielfach als Erfüllung „wesentlicher" Staatsaufgaben angesehen, so bleibt für die Verwaltung der „unwesentliche" Teil. Ebenso wie die „Wesentlich-

---

87 BVerfGE 111, 10, 30; 111, 226, 269; 112, 226, 250.
88 So *Degenhart*, NVwZ 2006, 1209, 1215.
89 Grundlegend *Dreier*, Hierarchische Verwaltung im demokratischen Staat, 1991.

keit" ist diese aber inhaltlich völlig ungeklärt. In der Literatur wird vielfach die „Eigenständigkeit der Verwaltung" bzw. der „**eigenständige Gestaltungsauftrag der Verwaltung**" postuliert, ohne allerdings deren Reichweite angeben zu können.

> So soll der Erlass von Verwaltungsvorschriften aufgrund des „eigenständigen Gestaltungsauftrages" zulässig sein. Tatsächlich ist das schon nach Art. 84, 85, 86 S. 1 GG zulässig. Was durch Verwaltungsvorschriften allerdings geregelt werden darf, wird durch diese Verfassungsnormen ebenso wenig geklärt wie durch jenen allgemeinen Begriff. Für die Begründung der Verwaltungskompetenz ist jene Formel daher überflüssig, für die Klärung des Umfanges unergiebig.

Die Stellung der Exekutive im Gewaltengefüge ist vielmehr aus dem Grundgesetz zu bestimmen. Dieses weist der vollziehenden Gewalt einige Aufgaben zwingend zu: **297**

– Die **Richtlinien der Politik** bestimmt der Bundeskanzler (Art. 65 S. 1 GG);
– **Rechtsverordnungen** werden nur von Regierung oder Ministern erlassen (Art. 80 I 1 GG);
– **Verwaltungsvorschriften** ergehen durch die Exekutive (Art. 84 II, 85 II, 86 S. 1 GG);
– Der **Haushaltsplan** ist von der Bundesregierung zu erstellen und einzubringen (Art. 110 GG), provisorisch durchzuführen (Art. 111 II GG) und zu überwachen (Art. 113 GG);
– Die **Ausgabenpolitik** des Bundes überwacht der Bundesminister der Finanzen (Art. 112 GG);
– Den **Oberbefehl über die Streitkräfte** führt der Bundesminister der Verteidigung (Art. 65a GG).

Solche Aufgaben sind der Exekutive verfassungsrechtlich überantwortet, sie sind daher **durch einfaches Gesetz unentziehbar**. Sonstige Aufgaben werden aufgrund einfachen Gesetzes oder ohne Gesetz wahrgenommen; sie können daher von der Legislative wieder entzogen werden. Von prägender Bedeutung ist dabei das **Zugriffsrecht des Gesetzgebers:** Er kann Aufgaben, die bislang von der vollziehenden Gewalt wahrgenommen wurden, an sich ziehen, solange keine Norm des GG entgegensteht.

> Faktisch hat die Vollziehung allerdings einen erheblichen Anteil an der Erfüllung von Staatsaufgaben, die sie allein deshalb wahrnimmt, weil sie kein anderer erfüllt oder weil sie dazu am besten in der Lage ist. Daraus folgt allerdings kein verfassungsrechtlicher Schutz solcher Aufgaben.

Bei der Wahrnehmung ihrer Aufgaben unterliegt die Exekutive in vollem Umfang der Bindung an das Gesetz (Art. 20 III GG). Maßnahmen der Legislative gehen ihren eigenen Maßnahmen vor. Soweit rechtliche Maßstäbe vorhanden sind, wird die Vollziehung von der Justiz kontrolliert (Art. 92, 19 IV GG), um so die Wirksamkeit der Gesetzesbindung sicherzustellen. **Handlungskompetenzen der gesetzesgebundenen Verwaltung** und **Kontrollkompetenzen der gesetzesgebundenen Justiz** gehören so untrennbar zusammen, ohne dass die Einzelheiten bereits weitgehend geklärt wären. Aus einer angeblich ausufernden „richterlichen Sozialgestaltung" erwächst der Verwaltung mindestens ebenso große Gestaltungskonkurrenz wie durch den „motorisierten Gesetzgeber". Die richterlichen Kontrollaufgaben stoßen an ihre Grenzen, soweit rechtliche Maßstäbe fehlen. Insoweit kommt der **Begrenzung der Justiz auf die Rechtmäßigkeitskontrolle und der Verpflichtung der Verwaltung auf Zweck- und Rechtmäßigkeit** auch ein gewaltenteilender Aspekt zu. **298**

2. Bundesregierung

299 Die **Bundesregierung** ist – mangels Zuordnung zu einem anderen Zweig der Staatsgewalt i.S.d. Art. 20 II 2 GG – **Element der vollziehenden Gewalt.** Diese grundsätzliche Zuordnung ändert nichts daran, dass sie aufgrund Verfassungsrechts eine Sonderstellung einnehmen kann, welche ihr besondere Kompetenzen zuweist, die den
Verwaltungsbehörden nicht zustehen. Dies gilt insbesondere für die Kompetenzen
nach Art. 65, 76 I, 110 ff. GG. Solche besonderen Rechte entbinden sie jedoch nicht
von der Beachtung des Grundgesetzes sowie der einfachen Gesetze.

Grundlage der Kompetenzen der Bundesregierung und der Kompetenzverteilung in
ihr ist Art. 65 GG, nicht hingegen Art. 83 ff. GG. Das Schwergewicht der Regierungs-
kompetenzen liegt in ihrer politischen Steuerungsfunktion: Sie prägen den politischen
Prozess, ohne allerdings rechtliche Verbindlichkeit zu begründen. In der Regierung
wird Politik gemacht, im Parlament wird sie kontrolliert und in verbindliche Beschlüsse gegenüber den Bürgern umgesetzt. Art. 65 GG kennt nebeneinander:

300
- Das **Kanzlerprinzip** (Art. 65 S. 1 GG). Hierzu zählen insbesondere die Bestimmung der
Richtlinien der Politik (Art. 65 S. 1 GG), die Organisationsgewalt innerhalb der Bundesregierung, also die Ordnung und Zuordnung der Geschäftsverteilung unter den
Ministern, das Vorschlagsrecht für die Ministerernennung (Art. 64 I GG) und die Leitung der Geschäfte der Bundesregierung (Art. 65 S. 4 GG). Richtlinien der Politik sind
alle wesentlichen politischen Gestaltungsmaßnahmen. Was wesentlich ist, bestimmt
hier der Bundeskanzler. Er unterliegt dabei – zumindest faktisch – politischen Bindungen durch Koalitionsvereinbarungen[90] und Parteibindungen.

- Das **Ressortprinzip** (Art. 65 S. 2 GG). Hierzu zählen insbesondere die administrative
Leitung der Ministerien durch die einzelnen Bundesminister, ferner die Ausführung
von Richtlinien der Politik und Kabinettsbeschlüssen sowie die Detailbestimmung,
-konkretisierung und -verantwortung der Politik. Ausgeprägt sind diese Prinzipien in
Art. 65a GG – s. aber auch Art. 115b GG –, Art. 95 II GG sowie Art. 112, 114 I GG,
die einzelnen Ministern eine Sonderstellung einräumen. Der Bundeskanzler kann allerdings Minister, die von ihren grundgesetzlichen Rechten politisch untunlichen Gebrauch machen, dem Bundespräsidenten zur Entlassung vorschlagen (Art. 64 I GG).

- Das **Kollegialprinzip** (Art. 65 S. 3 GG). Dieses gilt für die Entscheidung von Meinungsverschiedenheiten innerhalb der Bundesregierung (Art. 65 S. 3 GG), die Einbringung von Bundesgesetzen (Art. 76 I GG), den Erlass bestimmter Rechtsverordnungen
(Art. 80 I GG) und Verwaltungsvorschriften (Art. 84 II, 85 II, 86 S. 1 GG). Es tritt dabei allerdings in Konkurrenz zur Richtlinienkompetenz des Bundeskanzlers. Politisch
wird das Kollegialprinzip insbesondere von Koalitionsvereinbarungen aufgewertet.

Verwaltungskompetenzen der Bundesregierung bestehen insbesondere hinsichtlich
grundsätzlicher Fragen beim Erlass von Rechtsverordnungen (Art. 80 I 1 GG) oder
Verwaltungsvorschriften (Art. 84 II, 85 II, 86 S. 2 GG). Ferner wird die Bundesregierung tätig bei der Aufsicht über die Aufgabenerfüllung der Länder im administrativen
Bereich (Art. 84 III, IV, 85 III, IV GG). Ein Weisungsrecht steht ihnen ausnahmsweise zu (Art. 84 V, 85 III GG).[91]

---

90 Zu ihnen näher *Roth*, Bundeskanzlerermessen im Verfassungsstaat, 2009, S. 147 ff.
91 Dazu BVerfGE 81, 310, 331 ff.

Soweit Bundesregierung, Bundeskanzler oder Bundesminister Verwaltungsaufgaben **301** wahrnehmen, sind sie – wie jede andere Behörde – an die Gesetze gebunden. Das Grundgesetz weist Exekutivkompetenzen nahezu allein dem Bundeskabinett insgesamt oder aber den einzelnen Bundesministern zu; der Bundeskanzler wird demgegenüber nahezu ausschließlich in Regierungsfunktionen tätig.

Die **Bundesminister** sind zugleich Leiter der Ministerien als Behörden. In diesem Rahmen **302** kommt ihnen die **Organisationsgewalt**[92] und die **Sachleitungsgewalt** zu.[93] Erstere begründet das Recht, organisatorisch die Zuständigkeitsverteilung, die Behördeneinrichtung und die Arbeitsabläufe zu regeln; sie betrifft also die Frage, auf welche Weise die Behördenaufgaben wahrgenommen werden sollen. Letztere ist das Recht, auf die einzelnen Maßnahmen der Behörde Einfluss zu nehmen; sie betrifft also die Frage, mit welchem Inhalt die Behördenaufgaben wahrgenommen werden. Mittel hierzu sind das dienstliche **Weisungsrecht**, also das Recht, den Mitarbeitern vorzuschreiben, welche Maßnahmen sie auf welche Weise und mit welchem Inhalt vorzunehmen haben. Das Weisungsrecht kann entweder für den Einzelfall durch Einzelanweisungen oder für allgemeine Grundsätze in Form von allgemeinen Weisungen oder Verwaltungsvorschriften ausgeübt werden. Dem Weisungsrecht korrespondiert die Aufsicht, also die Nachprüfung, ob die Maßnahmen der Bediensteten in Übereinstimmung mit dem geltenden Recht (**Rechtsaufsicht**) oder zweckmäßig (**Fachaufsicht**) sind. Als Leiter der hierarchisch geordneten Behörde „Ministerium" steht den jeweiligen Ministern das oberste Weisungs- und Aufsichtsrecht zu.

Diese Rechte korrespondieren mit der **politischen Verantwortlichkeit,** welche den Mi- **303** nister für sämtliche Maßnahmen in seinem Zuständigkeitsbereich betrifft. Die Verantwortlichkeit trifft ihn nicht nur für Handlungen des Ministeriums selbst, sondern auch für Maßnahmen aller nachgeordneten Stellen. Der Verantwortungszusammenhang wird durch das genannte **Hierarchieprinzip** und die dadurch begründeten Leistungs- und Kontrollrechte begründet und konkretisiert.[94] Das Bundesverfassungsgericht fordert eine lückenlose Kette von Weisungs- und Aufsichtsrechten zur Begründung der Verantwortung der rechtlichen und politischen Vorgesetzten und ggf. der Ministeriumsspitze. Dieser Zurechnungszusammenhang soll vom Demokratieprinzip des GG geboten sein.[95] Politische Verantwortlichkeit des Ministers ist so ein zentrales Instrument auch des Parlaments zur Kontrolle der Exekutive. Daher ist es unzulässig, durch gesetzliche oder organisatorische Maßnahmen einen Bereich der Verwaltung dem Aufsichtsrecht des Ministers zu entziehen und so die parlamentarische Kontrolle leerlaufen zu lassen. **Ministerialfreie Räume darf es in der Zuständigkeits- und Verantwortungsverteilung nach dem Grundgesetz prinzipiell nicht geben.**[96] Die

---

92 Grundlegend *Böckenförde*, Die Organisationsgewalt im Bereich der Regierung, 1964; s.a. *Maurer*, FS Thieme, 1993, S. 123.
93 Hierzu näher *Wißmann*, in: Hoffmann-Riem/Schmidt-Aßmann/Voßkuhle, GVwR I, § 15 Rn. 33 ff.; s.a. *Detterbeck*, in: HStR III, § 66 Rn. 30 ff.
94 *Dreier*, Hierarchische Verwaltung im demokratischen Staat, 1991.
95 Zur Personalratsmitwirkung BVerfGE 93, 37, 68; 107, 59, 92.
96 Zum ministerialfreien Raum *Böhme*, Personalvertretungsrecht zwischen Demokratie- und Rechtsstaatsprinzip, 2002; *Jestaedt*, Demokratieprinzip und Kondominialverwaltung, 1993;

Fälle, in welchen das Grundgesetz ministerialfreie und damit unabhängige Aufgabenerfüllung fordert, sind ausdrücklich geregelt (Art. 97 I GG für die Richter; Art. 114 II 1 für den Bundesrechnungshof). Umgekehrt bedeutet das Verbot des ministerialfreien Raums aber nicht, dass der Minister auf jede einzelne Entscheidung in vollem Umfang Einfluss nehmen können muss; dass also jede nachgeordnete Verwaltungsmaßnahme so organisiert sein muss, als könnte sie theoretisch auch vom Minister selbst durchgeführt werden.

304 Dies zeigt sich insbesondere bei dem „fachlichen Einschlag" vieler Maßnahmen. Der Wirtschaftsminister kann nicht die unter seiner Verantwortung ablaufende große Zahl von Prüfungen in allen möglichen Berufssparten selbst durchführen, da er nicht bei jeder Prüfung anwesend sein kann. Auch fehlt dem Minister regelmäßig das Detailwissen, wenn zu entscheiden ist, welche technischen Anforderungen zur Vermeidung „erheblicher Belästigungen" „wirtschaftlich vertretbar" sind. Hier verdünnt sich die Möglichkeit der ministeriellen Einflussnahme auf allgemeine Weisungs- und Aufsichtsangelegenheiten sowie die adäquate Organisation des Arbeitsablaufs. Derartige, zurückgenommene Einflussmöglichkeiten verstoßen allerdings nicht gegen das Verbot des ministerialfreien Raumes.

Zur Vertiefung:

Schröder, Die Bereiche der Regierung und Verwaltung, in: HStR V, § 106; *Schewerda*, Die Verteilung der Verwaltungskompetenzen zwischen Bund und Ländern nach dem Grundgesetz, 2008; *Busse*, Bundeskanzleramt und Bundesregierung, 2005; *Spiegel*, Personalvertretungsmacht und Demokratieprinzip, 2002; *Köller*, Funktionale Selbstverwaltung und ihre demokratische Legitimation, 2009.

3. Öffentlicher Dienst

305 Die Aufgaben der Exekutive werden von den Angehörigen des öffentlichen Dienstes wahrgenommen. Diese können beruflich oder ehrenamtlich tätig sein. Öffentlicher Dienst bezeichnet die **Gesamtheit derjenigen Personen, die zu einer juristischen Person des öffentlichen Rechts in einem Beschäftigungsverhältnis stehen**. Zum öffentlichen Dienst zählen insbesondere die Beamten (Art. 33 IV GG), Angestellten und Arbeiter im öffentlichen Dienst, ferner die Soldaten und die Richter (Art. 98 I, III GG). Untereinander ist die Rechtsstellung dieser Personen überaus verschieden.

Der Zugang zum öffentlichen Dienst – und zwar zu allen genannten Gruppen – ist in Art. 33 I–III GG geregelt. Diese begründen das **Recht auf gleichen Zugang zum öffentlichen Dienst.**

Dieses Recht ist in verschiedenen Dimensionen besonders gesichert. Art. 33 II GG begründet einen abschließenden Positivkatalog. Art. 33 I, III GG einen – durch Art. 3 GG und die Einzelgrundrechte zu ergänzenden – Negativkatalog. „**Befähigung**" und „**fachliche Leistungen**" betreffen Vorbildung und Berufserfahrungen des Bewerbers und begründen somit das **Leistungsprinzip**; die „**Eignung**" umfasst in einem weiteren Sinne diejenigen Persönlichkeitsmerkmale, die **für das entsprechende Amt** gefordert werden dürfen.[97]

Oebbecke, Weisungs- und unterrichtsfreie Räume in der Verwaltung, 1986; *Schuppert*, Die Erfüllung öffentlicher Aufgaben durch verselbständigte Verwaltungseinheiten, 1981.

97 Dazu *Kämmerling*, DöD 2007, 149; *Laubinger*, VerwArch 1992, 246; zum Leistungsprinzip auch bei politischen Beamten *Franz*, DÖV 2009, 1141; zur Beschäftigung politischer Extremisten im öffentlichen Dienst s.o. Rn. 108 f.

Art. 33 I GG verbietet die länderspezifische Differenzierung, also die Bevorzugung eigener „Landeskinder";[98] Art. 33 III GG lässt das religiöse Bekenntnis als Kriterium ausscheiden. Die genannten Grundsätze gehören zu den am meisten missachteten des GG: Ämterpatronage durch Parteien und Personalvertretungen werden durch sie nicht wirksam verhindert.

Demgegenüber betrifft Art. 33 IV GG nur eine besondere Gruppe des öffentlichen Dienstes, nämlich die **Beamten** (im staatsrechtlichen Sinne). Dies sind Personen, die **in einem öffentlich-rechtlichen Dienst- und Treueverhältnis** stehen. Diesen ist die Ausübung hoheitlicher Befugnisse „als ständige Aufgabe" „in der Regel" zu übertragen. Demnach kann die Ausübung solcher Befugnisse als ständige Aufgabe ausnahmsweise auch anderen Personen übertragen werden; die Übertragung zur gelegentlichen Ausübung wird durch Art. 33 IV GG nicht untersagt. Für diejenigen, denen ein solches Amt übertragen worden ist, begründet Art. 33 IV GG eine besondere Treuepflicht, die für die Ausgestaltung des Dienstverhältnisses nicht ohne Bedeutung bleiben kann. Bei der Ausübung hoheitlicher Befugnisse ist das Dienstverhältnis vom staatlichen Funktionsgefüge und nicht von den Grundrechten der Beamten dirigiert.[99]

306

Ebenso wie Art. 33 IV GG betrifft auch Art. **33 V GG** das Recht der Beamten i.S.d. Art. 33 IV GG; ob und inwieweit er daneben auch für Soldaten gilt, bedarf weiterer Klärung.[100] Art. 33 V GG gebietet

307

– die **gesetzliche Regelung des öffentlichen Dienstes.** Dieser **Gesetzesvorbehalt** führt das besondere „Dienst- und Treueverhältnis" des Art. 33 IV GG aus. Wie sich angesichts dieser ausdrücklichen Verfassungsbestimmung die Auffassung halten konnte, das öffentliche Dienstrecht begründe ein „besonderes Gewaltverhältnis", das seinerseits „gesetzesfrei" sei,[101] erscheint rückblickend nahezu unerklärlich.

– die **Berücksichtigung der hergebrachten Grundsätze des Berufsbeamtentums.** Das Grundgesetz normiert hier ausdrücklich keine Beachtungspflicht, sondern lediglich diejenige zur Berücksichtigung. Der Gesetzgeber hat sie zu erwägen, kann allerdings aus guten Gründen von jenen Grundsätzen abweichen. Ein Grundsatz ist berücksichtigungsfähig, wenn er (1) historisch überkommen, (2) aus einer verfassungsrechtlich vergleichbaren Zeit stammt, insbesondere kein spezifisch monarchisches oder nationalsozialistisches Gedankengut widerspiegelt und (3) mit den verfassungsrechtlichen Rahmenbedingungen des Grundgesetzes übereinstimmt.[102]

– die **Fortentwicklung der hergebrachten Grundsätze des Berufsbeamtentums** durch Gesetz.

98 BVerwG, DVBl. 1980, 56; *Menger*, VerwArch 1982, 86, 88 ff.
99 Zu Art. 33 IV GG *Balzer*, Republikprinzip und Berufsbeamtentum, 2009; *Günther*, VerwArch 2008, 538; s.a. *Badura*, ZBR 1996, 321; *Böhm*, DÖV 2006, 665; *Huber*, DV 1996, 437; *Kutscha*, NVwZ 2002, 942.
100 Ablehnend BVerfGE 3, 288, 334; 16, 94, 110 f.; 31, 212, 221. Ob dies tatsächlich pauschal gelten kann, ist zu bezweifeln, wobei funktionsspezifische Differenzierungen vom geltenden Recht nicht nur zugelassen, sondern geboten werden.
101 Dagegen grundlegend BVerfGE 33, 1, 17 ff.
102 Eingehend *Rottmann*, Der Beamte als Staatsbürger, 1981; s.a. *Budjarek*, Das Recht des öffentlichen Dienstes und die Fortentwicklungsklausel, 2009.

Die Rechtsprechung des Bundesverfassungsgerichts[103] ist über diese Grundsätze allerdings wesentlich hinausgegangen. Nach ihr gibt es – entgegen dem ausdrücklichen Willen des Verfassungsgebers – **elementare Grundsätze, die vom Gesetzgeber zwingend zu beachten sind,** und weniger elementare, die bloß zu berücksichtigen sind. Aus der Berücksichtigungspflicht wurde so partiell eine Befolgungspflicht. Aus Art. 33 V GG i.V.m. der deutschen Rechtsgeschichte folgte in jener Rechtsprechung des Bundesverfassungsgerichts ein umfassender Kanon von Grundsätzen, welchen der Gesetzgeber im Beamtenrecht nachzuvollziehen hat.[104]

> Die Grundsätze des Beamtenrechts, welche der Gesetzgeber normiert, dürfen jedoch zu anderen grundgesetzlichen Bestimmungen nicht in Widerspruch stehen. Zwar ist es durchaus zulässig, für Beamte besondere Grundrechtsschranken zu normieren, soweit diese aus Art. 33 IV, V GG legitimiert sind – wie etwa das Verbot des Arbeitskampfes[105] –, umgekehrt ist die paritätische Mitbestimmung im öffentlichen Dienst unzulässig, da andernfalls die demokratische Kontrolle der Ausübung von Staatsgewalt nicht mehr gewährleistet ist.[106]

> **Zur Vertiefung:**

> *Voßkuhle*, Personal, in: Hoffmann-Riem/Schmidt-Aßmann/Voßkuhle (Hrsg.), GVwR III, § 43; *Lecheler*, Der öffentliche Dienst, in: HStR V, § 110; *Battis*, Beamtenrecht, in: Achterberg/Püttner, Besonderes Verwaltungsrecht 1, 2. Aufl., 2000, S. 899; *Kenntner*, Aktuelle Rechtsprechung des Bundesverfassungsgerichts zum Beamtenrecht, JZ 2008, S. 340; *Panzer*, Die aktuelle Rechtsprechung des Bundesverfassungsgerichts zum öffentlichen Dienstrecht zwischen Bewahrung und Fortentwicklung, DÖV 2008, S. 707.

4. Umfang der Staatsaufgaben

308 Der oben[107] dargestellte Verwaltungsbegriff nimmt nicht auf bestimmte Aufgaben des Staates Bezug. Dabei regelt das GG nicht nur das „**Wie**" des staatlichen Handelns, es thematisiert auch an zahlreichen Stellen, „**was**" der Staat und seine Verwaltung tun. Wenn etwa Art. 87 I 2 GG bestimmt, dass der Bund Bundesgrenzschutzbehörden einrichten kann, so lässt sich daraus zumindest schließen, dass der Staat die Bundesgrenzen schützen darf. Offen bleiben dabei aber zwei Fragen: Muss er Grenzschutzaufgaben wahrnehmen? Wie nimmt er diese Aufgabe wahr?

a) Arten der Staatsaufgaben

Die erste Frage richtet ihren Fokus auf den Komplex zulässiger Staatsaufgaben. Hier lassen sich mehrere Formen von Staatsaufgaben unterscheiden. Das GG kann den Staat verpflichten, bestimmte Aufgaben wahrzunehmen. Solche **notwendigen Staatsaufgaben** sind jedenfalls dann gegeben, wenn das GG dies ausdrücklich festschreibt.

---

103 Zuletzt: BVerfGE 117, 372, 380.
104 Extrem etwa BVerfGE 44, 249, 262 ff.
105 BVerfGE 8, 1, 17; 44, 249, 264; 119, 247, 264; BVerwGE 63, 158, 293; 69, 208; BAG, NJW 1986, 210.
106 BVerfGE 9, 268; 93, 37; VerfGH NRW, JZ 1987, 242.
107 Rn. 296.

Das GG enthält nur wenige ausdrücklich genannte Staatsaufgaben. Neben der Rechtsprechung (Art. 92 GG) fallen hierunter insbesondere einige der in Art. 87 ff. GG genannten Materien der Bundesverwaltung wie z.B. das Aufstellen von Streitkräften zur Verteidigung (Art. 87a GG). Darüber hinaus ergeben sich einige weitere notwendige Staatsaufgaben durch Auslegung. So ist anerkannt, dass das Sozialstaatsprinzip den Staat verpflichtet, jedem ein mit der Menschenwürde vereinbares Existenzminimum zu gewährleisten.[108] Des Weiteren muss der Staat ein – zumeist staatstheoretisch und verfassungshistorisch begründetes – Mindestniveau an Sicherheit durch Bereitstellung einer Polizei gewährleisten.[109]

Häufiger sind im GG Bestimmungen, welche eine Aufgabe thematisieren, ohne den **309** Staat zu ihrer Erfüllung ausdrücklich zu verpflichten. Diese Aufgaben darf der Staat wahrnehmen, er muss es aber nicht. Neben den notwendigen Staatsaufgaben bestehen somit **fakultative Staatsaufgaben**. Hierunter fällt die oben erwähnte Grenzschutzaufgabe des Bundes aus Art. 87 I 2 GG, weil der Bund Grenzschutzbehörden einrichten „kann". Des Weiteren thematisieren die Kataloge der Gesetzgebungskompetenzen zahlreiche Materien in denen der Staat tätig werden kann, ohne dies deshalb zu müssen. Einen abschließenden Katalog von Staatsaufgaben enthält das Grundgesetz jedoch nicht. Vielmehr darf sich der Staat aufgrund seiner demokratischen Legitimation grundsätzlich jeder beliebigen Aufgabe annehmen, sofern ihm dies nicht durch das GG verwehrt ist. Damit gerät eine weitere Kategorie von Aufgaben in den Blick, die **verbotenen Staatsaufgaben**. So darf der Bund etwa gem. Art. 26 I GG keinen Angriffskrieg vorbereiten. Praktisch wichtiger sind hier jedoch die **Grundrechte**. Beschreiben die Grundrechte Freiheitsräume Privater in die der Staat grundsätzlich nicht eingreifen darf, verbieten die Grundrechte bestimmte staatliche Handlungen. So darf es sich der Staat zum Beispiel nach Art. 4 I, II GG nicht zur Aufgabe machen, ein bestimmtes religiöses Bekenntnis durchzusetzen; nach Art. 5 III GG darf er weder die Kunst noch die Wissenschaft inhaltlich festlegen oder sich nach Art. 5 I, II GG gegen einzelne Meinungen wenden.[110]

> Insgesamt ergibt sich damit aus dem Grundgesetz **kein Staatsaufgabenkatalog**; was der Staat tut, ist in erster Linie eine Frage der politischen Entscheidung.

b) Privatisierung von Staatsaufgaben

Vor diesem Hintergrund wird der Spielraum der Diskussion um den „schlanken **310** Staat" sichtbar. Nicht alle Aufgaben, die der Staat zurzeit wahrnimmt, muss er auch wahrnehmen.[111] Dementsprechend kann er sich aus der Erfüllung fakultativer Staatsaufgaben vollständig zurückziehen und sie Privaten überlassen oder übertragen. Dieser Vorgang wird **materielle Privatisierung** genannt. Daneben steht insbesondere die **formelle Privatisierung**. Hier erfüllt der Staat eine Aufgabe grundsätzlich weiterhin

---

108 BVerfGE, 82, 60, 80; BVerfG, NJW 2010, 505, 507.
109 Näher *di Fabio*, NJW 2008, 412; *Gramm*, Privatisierung und notwendige Staatsaufgabe, 2001; *Gusy*, DÖV 1996, 573; *Nitz*, Private und öffentliche Sicherheit, 2000.
110 Vgl. dazu BVerfGE 102, 370; 105, 279.
111 Näher zu Privatisierungsformen und -tendenzen v. *Hagemeister*, Die Privatisierung öffentlicher Aufgaben, 1992; *Lämmerzahl*, Die Beteiligung Privater an der Erledigung öffentlicher Aufgaben, 2007; *Schoch*, DVBl. 1994, 962; *Schuppert*, DÖV 1995, 761; *Stober*, NJW 2008, 2301.

selbst, nur wechselt er die Rechts- oder Organisationsform seines Handelns. An die Stelle der öffentlich-rechtlichen Aufgabenerfüllung tritt eine privatrechtliche. Diese Form der Privatisierung sichert dem Staat einerseits einen größeren Einfluss auf die Aufgabenerfüllung als bei materieller Privatisierung, andererseits kann er sich in bestimmten Grenzen öffentlich-rechtlicher Bindungen entledigen, welche als uneffizient oder uneffektiv angesehen werden.

Das GG enthält für einzelne Staatsaufgaben konkrete Aussagen über Privatisierungen. So ermächtigt Art. 87d I 2 GG zu einer formellen Organisationsprivatisierung der Luftverkehrsverwaltung. Nach Art. 87e GG besteht die notwendige Staatsaufgabe der Bundeseisenbahnverkehrsverwaltung; der Betrieb der Bundeseisenbahnen wird gemäß Art. 87e III 1 GG demgegenüber in privat-rechtlicher Form durchgeführt. Art. 87f GG ermöglicht zusammen mit Art. 143b GG die Privatisierung der ehemaligen Bundespost.[112]

Schwieriger ist die Beantwortung der Frage nach weiteren Privatisierungsgrenzen des GG. Diskutiert wird hier insbesondere Art. 33 IV GG. Muss danach die Ausübung hoheitsrechtlicher Befugnisse als ständige Aufgabe in der Regel Beamten übertragen werden, so können die hierunter fallenden Tätigkeiten nur ausnahmsweise von Privaten erfüllt werden. Begreift man jedoch unter der Ausübung hoheitsrechtlicher Befugnisse nur die klassische Eingriffsverwaltung, dann begrenzt Art. 33 IV GG die Privatisierungsmöglichkeiten nicht in praktisch relevantem Umfang. Legt man den Begriff hingegen weit aus, so lassen sich zahlreiche Privatisierungsbemühungen als Ausnahme vom Regel-Erfordernis des Art. 33 IV GG ansehen.[113]

Die neuere Diskussion konzentriert sich dementsprechend weniger auf einzelne verfassungsrechtliche Privatisierungsge- oder -verbote, sondern bemüht sich **staatliche Verantwortlichkeiten für die Erfüllung bestimmter Aufgaben** zu konkretisieren.[114] So kann der Staat sich aus der Erfüllung einer Aufgabe zwar möglicherweise zurückziehen, er behält dann aber unter Umständen näher zu bestimmende **Regulierungs-, Überwachungs- und Einstandspflichten**. Zur Herausarbeitung dieser gestuften Verantwortlichkeiten lassen sich zahlreiche Verfassungsbestimmungen fruchtbar machen, insbesondere etwa die Lehre von den grundrechtlichen Schutzpflichten.[115]

Zur Vertiefung:

Baer, Verwaltungsaufgaben, in: Hoffmann-Riem/Schmidt-Aßmann/Voßkuhle (Hrsg.), GVwR I, § 11; *Osterloh/Bauer*, Privatisierung von Verwaltungsaufgaben, VVDStRL 54, S. 204/243; *Kämmerer*, Privatisierung und Staatsaufgaben – Versuch einer Zwischenbilanz, DVBl. 2008, S. 1005; *Gusy* (Hrsg.), Privatisierung von Staatsaufgaben, 1998; *Grimm* (Hrsg.), Staatsaufgaben, 1994.

---

112 Dazu *Battis*, FS Raisch, 1995, 355; *Kutscha*, NVwZ 2002, 942; *Wieland*, DV 1995, 315; Hintergrund bei: *Jarass*, MMR 2009, 223; zur Flugsicherung: *Tams*, NVwZ 2006, 1226.
113 Überblick über den Auslegungsstreit zu Art. 33 IV GG bei *Battis/Schlenga*, ZBR 1995, 253; *Huber*, DV 1996, 437; *Mösinger*, BayVbl. 2007, 417; *Peine*, DV 1984, 415; Fallbeispiele zur Privatisierung bei *Schoch*, Jura 2008, 672.
114 Grundlegend *Schmidt-Aßmann*, in: Hoffmann-Riem/Schmidt-Aßmann/Schuppert, Reform des Allgemeinen Verwaltungsrechts, Bd. I, 1993, S. 13; s.a. *Schuppert*, DÖV 1995, 761, 766 ff.; für den Strafvollzug *Willenbruch/Bischoff*, NJW 2006, 1776; für das Gerichtsvollzieherwesen: *Pilz*, DGVZ 2010, 65.
115 Dazu u. Rn. 368 ff.

V. Rechtsprechung

1. Rechtsprechende Gewalt

Nach § 57 OWiG kann u.a. für bestimmte Verkehrsverstöße (§ 49 StVO) eine ge- **311**
bührenpflichtige Verwarnung vom Polizeibeamten verhängt werden. Ist diese Vorschrift mit dem Gewaltenteilungsgrundsatz vereinbar? (nach: BVerfGE 22, 125;
zum Fall Rn. 315)

Nach Art. 92 GG ist die „rechtsprechende Gewalt" den Richtern vorbehalten. **Rechtsprechung ist die verbindliche, verselbstständigte Entscheidung in Fällen bestrittenen
oder verletzten Rechts in einem besonderen Verfahren.**[116] Sie ist charakterisiert durch
ihren **Einzelfallbezug** im Gegensatz zur planmäßig handelnden Verwaltung, ihre **Un-
beteiligtheit**, da sie im jeweiligen Rechtsstreit als verselbstständigter, unabhängiger
Dritter entscheidet und ihre **Entlastung von der Folgenverantwortung** für die Entscheidung, die sie allein auf das geltende Recht verpflichtet.

Die „rechtsprechende Gewalt" i.S.d. Art. 92 GG ist materiell kaum zu qualifizieren.
Das Grundgesetz selbst enthält einzelne **Richtervorbehalte** (etwa in Art. 104 II 1, III 1,
13 II GG), welche den Rechtsschutz der Bürger sicherstellen und ihre Rechte vor
übereilten Eingriffen schützen sollen. Über diese geht aber Art. 92 GG hinaus, indem
er die gesamte Rechtsprechung den Gerichten zuweist. Dazu werden traditionell die
Bereiche der Zivil- und Strafrechtspflege, aber auch die Verwaltungsgerichtsbarkeit
gezählt. Nicht hierher gehören demgegenüber Angelegenheiten der sog. „freiwilligen
Gerichtsbarkeit", soweit sie Verwaltungsaufgaben durchführt (Grundbücher, amtliche Register u.a.) sowie Aufgaben der Zwangsvollstreckung. Das Bundesverfassungsgericht geht bei der Zuordnung typisierend vor, ohne eine Definition zu versuchen. Deutlich lässt sich feststellen, dass

- der Bereich des „**traditionellen Strafrechts**" dem Richtervorbehalt unterliegen soll. Der **312**
  Gesetzgeber ist allerdings in Grenzen berechtigt, Straftatbestände in Ordnungswidrigkeiten umzuwandeln und so den Richtervorbehalt einzuengen. „Der Senat hat [...]
  ausgesprochen, dass im Kernbereich des Strafrechts, zu dem alle bedeutsamen Unrechtstatbestände gehören, die Richter ausnahmslos und ausschließlich zur präventiven Rechtskontrolle berufen sind, dass der Gesetzgeber aber andererseits minderge-
  wichtige strafrechtliche Unrechtstatbestände in Ordnungswidrigkeiten umwandeln
  kann, bei deren Ahndung repressive richterliche Kontrolle genügt. Zu der letzten
  Gruppe gehören die in § 22 StVO genannten leichteren Übertretungen."[117]
- in anderen Fällen der Wirkungsbereich der Justiz auf die **Kontrollfunktion** begrenzt
  werden kann. Die Richter handeln dann nicht mehr – wie insbesondere im Strafverfahren – selbst, sondern prüfen Maßnahmen der Behörden – Ordnungsbehörden,
  Polizei, Staatsanwaltschaft – nur noch nach. Ein solches „Abwandern" überkommener
  Justizfunktionen ist sowohl im Strafrecht zugunsten der Staatsanwaltschaft als auch

---

116 *Hesse*, Grundzüge des Verfassungsrechts der Bundesrepublik Deutschland, 20. Aufl., 1999,
Rn. 548.
117 BVerfGE 22, 125, 132 f.

im Verwaltungsrecht zugunsten der Behörden im Bereich „feststellender Verwaltungsakte" zu diagnostizieren.

– insoweit der Vorbehalt der Rechtsprechung weitgehend mit dem **freien Zugang zu Gericht** konvergiert. Ist der Wirkungsbereich der Justiz gewahrt, wenn ein Verfahren einer anderen Stelle gerichtlicher Kontrolle unterliegt, so genügt die Möglichkeit der Überprüfung dem Richtervorbehalt. Art. 92 GG hält dann eine solche Überprüfungsmöglichkeit nur noch offen. Von selbständiger Bedeutung bleibt so insbesondere die **Zivilgerichtsbarkeit,** der kein **Staatshandeln** vorausgeht, und der Kern der **Strafgerichtsbarkeit.**

313 Art. 92 GG begreift die **Rechtsprechung** nicht nur in materiellem, sondern auch **in organisatorischem Sinne** als verselbstständigten Zweig der Staatsgewalt. Richter üben somit Staatsgewalt in völliger organisatorischer Verselbstständigung gegenüber der Legislative und der Exekutive aus. Insbesondere darf kein Gericht einer Verwaltungsbehörde in dem Sinne angegliedert sein, dass die Richter einem Verwaltungsbeamten organisatorisch unterstehen. Jedes Weisungs- oder Auftragsverhältnis einer Stelle der Legislative oder Exekutive gegenüber der Justiz ist dadurch verfassungsrechtlich ausgeschlossen (Art. 97 I GG).

„Spruchkammern" oder „Spruchkörper" bei einer Behörde sind demnach niemals Gerichte, sondern Verwaltungsbehörden; und zwar auch dann, wenn ihnen für bestimmte Aufgaben Weisungsfreiheit garantiert ist (etwa: § 83 AsylVfG). Solche verselbständigten Einheiten sind zwar zulässig, aber keine Organe der Justiz. Sie üben keine Rechtsprechung aus, sondern unterliegen der Kontrolle durch diese. Auch dürfen richterliche Befugnisse nur vom Richter, nicht von Beamten „nebenbei" wahrgenommen werden.[118]

Art. 92 GG gilt nur für **staatliche Gerichte**, also Gerichte, die aufgrund staatlicher Gesetze vom Staat eingerichtet worden sind. Grundsätzlich ist die Justiz Ländersache, Art. 95 f GG nennen alle (zulässigen) Bundesgerichte abschließend. Andere „Gerichte" sind private Schiedsinstanzen, die zwar zulässig sind, aber den Aufgabenbereich der staatlichen Gerichte nicht begrenzen können; sie unterliegen also in vollem Umfang staatlicher Nachprüfung. Abgrenzungsprobleme können bei der Ehrengerichtsbarkeit auftreten, die bei den Kammern eingerichtet ist. Sie sind Gerichte i.S.d. Art. 92 GG, wenn sie gesetzlich vorgesehen sind und von staatlichen Stellen besetzt werden, wobei den Kammern ein Mitwirkungsrecht zukommen kann.[119]

314 Von prägender Bedeutung für die Justizorganisation sind das Grundrecht des Art. 101 GG[120] und die Garantie der **richterlichen Unabhängigkeit** in Art. 97 I GG. **Sachliche Unabhängigkeit** ist die Weisungsfreiheit des Richters in Angelegenheiten der richterlichen Aufgabenerfüllung. **Persönliche Unabhängigkeit** ist die Unabsetzbarkeit und grundsätzliche Unversetzbarkeit des Richters aus seinem Amt. Sie ist in Art. 97 II GG modifiziert.

Damit ist die Richterwahl im Bund (Art. 95 II GG) und – soweit landesrechtlich vorgeschrieben – den Ländern schon wegen des Demokratieprinzips grundsätzlich vereinbar.[121]

---

118 S.o. Rn. 241.
119 Einzelheiten in BVerfGE 26, 186, 195; 48, 300, 315 ff.
120 Dazu Rn. 428 ff.
121 Dazu nach wie vor grundlegend *Böckenförde*, Verfassungsfragen der Richterwahl, 1998.

Die richterliche Unabhängigkeit ist gefährdet, wenn absetzbare **Proberichter** an einer Entscheidung mitwirken. Da dies jedoch zur Richterausbildung erforderlich ist, können solche Proberichter mitwirken, sofern sie in einem Spruchkörper nicht die Mehrheit haben.[122] So ist pro Spruchkörper nur ein Proberichter zulässig (§ 29 DRiG); als Amtsrichter entscheiden diese aber auch allein.

Sinn und Zweck der Unabhängigkeit ist die Verpflichtung der Richter auf das Gesetz. **315**
Daher sind beide Grundsätze einander in Art. 97 I GG zugeordnet. Die Unabhängigkeit soll gerade die ausschließliche Gesetzesbindung der richterlichen Entscheidung gegenüber sachfremden Erwägungen sicherstellen. Die richterliche Gewalt soll von anderen Einflüssen als denen des Gesetzes freigehalten werden; deshalb ist die Unabhängigkeit die Freiheit von Einflüssen Dritter, insbesondere der Exekutive, nicht hingegen des Gesetzes. Der Richter darf insbesondere seine Gesetzesbindung nicht unter Hinweis auf seine Unabhängigkeit oder seine eigene Rechtsüberzeugung beiseite schieben.[123] Gesetzesbindung und Unabhängigkeit bedingen einander. Dadurch erhält die Justiz erst ihre demokratische Legitimation, die in Art. 20 II 1 GG angeordnet und in Art. 97 I GG konkretisiert wird.

Unabhängig sind die Gerichte aber nicht nur gegenüber der Exekutive, sondern auch gegenüber anderen Gerichten. Das gilt grundsätzlich auch gegenüber Gerichten höherer Instanzen, da die Justiz grundsätzlich einzelfallbezogen entscheidet. Einzelne Ausnahmen bedürfen der besonderen gesetzlichen Regelung. Soweit die Gerichte für bestimmte Fallgruppen stabile Entscheidungsgrundsätze gebildet haben, kann daraus das sog. „**Richterrecht**"[124] entstehen, welches zur Gleichbehandlung auch zukünftiger Fälle verpflichtet, soweit kein Abweichungsrecht entsteht. Aber auch das Richterrecht ist an den Vorrang und den Vorbehalt des Gesetzes gebunden.

*Bitte beurteilen Sie nun den **Beispielsfall** (Rn. 311)!*

„Wie der Gesetzgeber diese Tatbestände generell aus dem Strafrecht herausnehmen durfte, so darf er bei ihnen, solange sie zum Strafrecht gehören, statt des Legalitätsprinzips das Opportunitätsprinzip anwenden, unter Wahrung des Gleichheitssatzes in bestimmten Fällen von Strafverfolgung absehen und sie durch eine gebührenpflichtige Verwarnung beilegen lassen. Das gehört nicht zur Rechtsprechung, weil der Polizeibeamte nicht über eine Verkehrsübertretung urteilt, sondern diese nur zum Anlass einer Verwarnung nimmt. Der präventive Charakter der gebührenpflichtigen Verwarnung legt ohnehin nahe, sie in den traditionellen Aufgabenbereich der Polizei einzuordnen." (BVerfGE 22, 125, 133)

Hier wird demnach die richterliche Kontrolle als ausreichend angesehen, da die Ordnungswidrigkeit nicht zu dem „traditionellen Strafrecht" zählt.

„Geldstrafe und Verwarnungsgebühr wirken präventiv. Die Prävention ist aber kein Wesensmerkmal der Strafe, sondern eine Nebenwirkung, die auch anderen staatlichen Maßnahmen, z.B. der Geldbuße ähnelt. Jede Kriminalstrafe ist ihrem Wesen nach Vergeltung

---

122 BVerfGE 14, 156, 162.
123 Zur Rechtsbindung der Justiz o. Rn. 210 ff.; wie hier *Eichenberger*, Die richterliche Unabhängigkeit als staatsrechtliches Problem, 1960, S. 95 ff.
124 Dazu schon o. Rn. 201, 212; Dazu BVerfGE, 111, 54, 81; 118, 212, 243; *Gusy*, DÖV 1992, 461; differenzierend jetzt zur Rügeverkümmerung BVerfGE, 122, 248; dazu *Möllers*, JZ 2009, 668.

durch Zufügung des Strafübels. Die gebührenpflichtige Verwarnung bezweckt und bewirkt keine Vergeltung und unterscheidet sich vor allem dadurch wesensmäßig von der Strafe. Der Unrechtsgehalt leichter Verstöße gegen die Verkehrsregeln ist vielfach so gering, dass auf eine Vergeltung gegenüber einem Einsichtigen, auf frischer Tat betroffenen Täter ganz verzichtet werden kann. Die gebührenpflichtige Verwarnung enthält auch keinen ethischen Schuldvorwurf. Sie kann deshalb in ihrer Auswirkung auf den Betroffenen jedenfalls nicht als Kriminalstrafe angesehen werden." (BVerfGE 22, 125, 132)

Zur Vertiefung:

Papier, Die richterliche Unabhängigkeit und ihre Schranken, NJW 2001, S. 1089; *Sodan*, Der Status des Richters, in: HStR V, § 113; *Wilke*, Die rechtsprechende Gewalt, ebd., § 112; *Schilken*, Die Sicherung der Unabhängigkeit der Dritten Gewalt, JZ 2006, S. 860.

2. Bundesverfassungsgericht

a) Stellung des Bundesverfassungsgerichts

316 Dem Bundesverfassungsgericht ist neben den im Grundgesetz vorgesehenen Bundesgerichten und den Gerichten der Länder die Rechtsprechung anvertraut (Art. 92 GG). Schon hieraus ergibt sich die Eigenschaft der Tätigkeit des Bundesverfassungsgerichts als Rechtsprechung, und zugleich verdeutlicht diese Parallele von Bundesverfassungsgericht und obersten Bundesgerichten bei der Wahrnehmung von Rechtsprechungsaufgaben die **Eigenschaft des Bundesverfassungsgerichts als Gericht.**[125]

> Demgegenüber kommt der Frage, ob das Bundesverfassungsgericht ein „Verfassungsorgan" der Bundesrepublik sei oder nicht, nahezu allein protokollarische Bedeutung zu.

Das Bundesverfassungsgericht ist die letzte Instanz in **Verfassungsstreitigkeiten.** Es misst Maßnahmen aller Staatsgewalt nahezu allein am Grundgesetz, nur ausnahmsweise an einfachen Gesetzen. Daraus resultiert ein zentraler Unterschied zu allen anderen Gerichten, deren Prüfungsmaßstab auch die einfachen Gesetze sind. Alle Gerichte prüfen demnach, ob Handlungen oder Unterlassungen mit dem Grundgesetz und dem einfachen Gesetzen vereinbar sind; das **Bundesverfassungsgericht prüft grundsätzlich nur, ob sie mit dem Grundgesetz vereinbar** sind. Ausnahmen ergeben sich insbesondere aus Art. 93 I Nr. 2 GG, nach welchem das Bundesverfassungsgericht auch die Vereinbarkeit von Landesrecht mit einfachem Bundesrecht prüft. Die Prüfung von Landesrecht am Landesverfassungsrecht obliegt demgegenüber den **Landesverfassungsgerichten,** die nach Landesrecht eingerichtet werden.[126] Gemäß Art. 99 GG können die Länder das Bundesverfassungsgericht als Landesverfassungsgericht bestimmen.

317 Die Bindung der Rechtsprechung an das Gesetz gem. Art. 97 I GG gilt für das Bundesverfassungsgericht somit – bis auf die bundesstaatliche Normenkontrolle – jedenfalls bezüglich der Prüfungsmaßstäbe nicht, wohl aber hinsichtlich des Verfahrens. Damit nimmt es innerhalb der drei Gewalten eine Sonderstellung ein. Da das Verfassungsrecht überwiegend das Verhalten von Verfassungsorganen, ihre Kompetenzen und deren Abgrenzung gegeneinander regelt und so die rechtliche Rahmenordnung des politischen Prozesses dar-

---

125 Dazu eingehend *Roellecke*, in: HStR III, § 67 Rn. 15 ff.
126 Zur Prüfung von Bundesrecht durch Landesverfassungsgerichte BVerfG, NJW 1998, 1296.

stellt, entscheidet das Bundesverfassungsgericht über Streitfälle, die ihren Ausgangspunkt und zumeist auch ihre zentralen Auswirkungen im Politischen haben. **Wenn das Grundgesetz das Recht des Politischen ist, so ist das Bundesverfassungsgericht das Gericht für das Politische.** Daraus ergibt sich die Bedeutung des **Bundesverfassungsgerichts als politischer Faktor.**[127] Das Gericht entscheidet aber keine politischen Fragen, sondern Rechtsfragen. Alleiniger Prüfungsmaßstab ist das Grundgesetz, nicht das Politische. Das Gericht reicht demnach so weit, wie das Grundgesetz reicht. In diesem Sinne setzt das Bundesverfassungsgericht das Grundgesetz durch. Es ist als allein auf die Verfassung verpflichtete Gerichtsinstanz ein wesentlicher Mechanismus bei der Wahrung des Grundgesetzes: Die Verfassung ist – wie alles Recht – nur so wirksam, wie es die Mechanismen zu ihrer Durchsetzung sind. Umgekehrt erfährt allerdings das Gericht seine Legitimation nur durch seine Verfassungsbindung: Nur was aus dem Grundgesetz herleitbar ist, kann die Rechtsgrundlage von Entscheidungen des Gerichts sein.[128]

Die **Richterwahl** der Richter am Bundesverfassungsgericht wird im Verfahren des **318** Art. 94 I GG durchgeführt. Wahlorgane sind für je die Hälfte der Richter der Bundesrat und der Bundestag, welcher diese Aufgabe durch ein paritätisch besetztes **Verfassungsrichterwahlausschuss** wahrnehmen lässt.[129] Mindestens vier Richter müssen Bundesrichter sein, also aus anderen Bundesgerichten an das Bundesverfassungsgericht gewählt werden. Im Gericht bildet die Gesamtheit der Richter zwei Senate, die je getrennt voneinander und in wechselseitiger Unabhängigkeit die Rechtsprechungsaufgaben wahrnehmen. Jedem Senat gehören acht Richter an.

Organisation und Verfahren des Bundesverfassungsgerichts sind im Bundesverfas- **319** sungsgerichtsgesetz näher geregelt, welches auf der Grundlage des Art. 94 II 1 GG erlassen worden ist. § 13 BVerfGG zählt die einzelnen Aufgaben auf, welche dem Gericht zukommen. Dies sind im Wesentlichen die im Grundgesetz verstreuten Einzelaufgaben, ferner die Zuständigkeiten nach Art. 93, 99, 100 GG. Da das Bundesverfassungsgericht **keine Generalklausel für seine Zuständigkeit** kennt, ist es die primäre Aufgabe jeder Prüfung eines Antrags, im Einzelfall die Gerichtszuständigkeit und das konkrete Streitverfahren festzustellen, in welchem dieser Antrag geltend gemacht werden kann. Beide hängen unmittelbar miteinander zusammen. Die drei wichtigsten Verfahrensarten werden in den folgenden Abschnitten einzeln dargestellt. Die Zulässigkeitsprüfung erfolgt sodann nach folgendem Muster:

– **Statthafte Rechtsschutzform.** Hier ist in § 13 BVerfGG dasjenige Streitverfahren zu suchen, welches vom gestellten Antrag ausgefüllt werden könnte. **Der Antrag bestimmt demnach das Streitverfahren.** Ist das maßgebliche Streitverfahren bestimmt, können im BVerfGG jeweils die für die konkrete Verfahrensart anwendbaren Bestimmungen aufgesucht werden.

– **Beteiligungsfähigkeit.** Hier ist festzustellen, ob nach den maßgeblichen Bestimmungen des GG und des BVerfGG für die konkrete Verfahrensart der **Antragsteller** überhaupt einen solchen Antrag stellen darf und ob er ihn gerade gegen diesen **Antragsgegner** stellen kann.

---

127 Dazu *Böckenförde*, NJW 1999, 9, 13; *Ebsen*, Das BVerfG als Element gesellschaftlicher Selbstregulierung, 1985; *Gusy*, EuGRZ 1982, 93; *Hassemer*, JZ 2008, 1.

128 Ausführlich dazu *Gusy*, Parlamentarischer Gesetzgeber und BVerfG, 1985, S. 135 ff.

129 Ausführlich *Gusy*, in: Schneider/Zeh, Parlamentsrecht und Parlamentspraxis, 1989, § 60 Rn. 6 ff.; *Kischel*, HStR III, § 69; *Scholz*, BVerwG – Festschrift, 2003, S. 151.

- **Antragsrecht.** Dieses Erfordernis ist von Bedeutung, wenn der Antragsteller mit seinem Antrag ein bestimmtes Recht geltend zu machen hat. So muss er etwa nach Art. 93 I Nr. 1 GG ein eigenes Recht als Staatsorgan geltend machen; nach Art. 93 I Nr. 4a GG muss er behaupten, in einem Grundrecht oder grundrechtsgleichen Recht verletzt zu sein. Derartige Antragsrechte müssen ausdrücklich im Grundgesetz vorgesehen sein.
- **Antragsform und -frist.** Für Anträge ist grundsätzlich Schriftform vorgesehen (§ 23 BVerfGG); Antragsfristen sind in einzelnen Fällen gesetzlich angeordnet (etwa: § 93 BVerfGG). Im Übrigen gelten keine Fristbestimmungen.
- **Sonstige Zulässigkeitsvoraussetzungen.** Diese gelten insbesondere im Verfassungsbeschwerdeverfahren.

b) Organstreit

320 Die X-Vereinigung hat sich an den Bundestagswahlen beteiligt und 0,6 % der Zweitstimmen erlangt. Auf ihren Antrag, an der Wahlkampfkostenerstattung teilzunehmen, erklärt der Bundestagspräsident, sie sei keine „Partei" und daher nicht erstattungsberechtigt. Kann die X-Vereinigung dagegen vorgehen? (nach: BVerfGE 28, 97; 41, 399; zum Fall Rn. 321)

Der Organstreit[130] nach Art. 93 I Nr. 1 GG betrifft den **Inhalt und Umfang der Kompetenzen, welche vom Grundgesetz einzelnen Organen oder sonstigen Berechtigten verliehen worden sind.** Greift ein Berechtigter in den Aufgabenkreis eines anderen Berechtigten ein, so kann dieser den Streit gegen jenen vor das Bundesverfassungsgericht tragen; das Gericht ist so Schiedsrichter zwischen den Staatsorganen nach Maßgabe der Verfassung.

Auf diese Weise sichert das Gericht die Funktionsdifferenzierung zwischen den verschiedenen Handlungseinheiten des Bundes. Ähnliche Aufgaben nimmt es für die vertikale Gewaltenteilung im **Bund-Länder-Streitverfahren** nach Art. 93 I Nr. 3 GG wahr. Hier geht es um die Sicherung des Föderalismus.

Die Einzelheiten des Organstreits sind in §§ 63 ff. BVerfGG geregelt. Sie regeln die Zulässigkeitsvoraussetzungen und die besonderen Verfahrensanordnungen für dieses Streitverfahren. Dazu zählen

- die **Antragsberechtigten** (§ 63 BVerfGG). Dies sind – seit der Aufhebung des alten Art. 45 GG – nur **Verfassungsorgane,** also der Bundespräsident, der Bundestag, der Bundesrat sowie die Bundesregierung. Ferner zählen dazu diejenigen **Teile jener Organe,** die in deren Geschäftsordnungen mit eigenen Rechten ausgestattet sind. Dies ist nicht „die Opposition" und nahezu niemals die „XY-Fraktion",[131] sondern das antragsberechtigte Quorum von Abgeordneten, der Untersuchungsausschuss (Art. 44 GG) oder der Fragesteller. Hier soll der **Minderheit** die Möglichkeit eingeräumt werden, die Rechte und Aufgaben des Organs durchzusetzen. Hat etwa der Bundesrat einem Zustimmungsgesetz nicht zugestimmt, so könnte die Mehrheit aus politischen Gründen von einem Antrag an das Bundesverfassungsgericht absehen, wenn sie aus

---

130 Eingehend *Grote,* Der Verfassungsorganstreit, 2010; *Schlaich/Korioth,* Das Bundesverfassungsgericht, 8. Aufl., 2010, Rn. 79.
131 S. aber BVerfGE 2, 143, 160.

ähnlichen Parteien wie die Bundestagsmehrheit oder die Bundesregierung zusammengesetzt ist. Hier sollen die „Oppositionsländer" die Möglichkeit haben, die Rechte des Bundesrates insgesamt zu wahren.

–   der **erforderliche Antrag** (§ 64 BVerfGG). Der Antrag muss erkennen lassen, welche Maßnahme des Antragsgegners (§ 64 II BVerfGG) den Antragsteller in einem aus dem Grundgesetz fließenden Recht verletzt haben soll. Auch die nach der Geschäftsordnung antragsberechtigten Teile dürfen keine Rechte aus der Geschäftsordnung, sondern nur solche aus dem Grundgesetz geltend machen.

–   die **Antragsfrist** (§ 64 III BVerfGG). Sie ist sechs Monate nach dem Zeitpunkt, zu welchem die angegriffene Maßnahme dem Antragsteller bekanntgeworden ist, abgelaufen.

–   die **Entscheidung** (§ 67 BVerfGG). Entgegen dem Wortlaut des Art. 93 I Nr. 1 GG entscheidet das BVerfG nicht nur „über die Auslegung des Grundgesetzes", sondern den Streit zwischen den Organen. Die Entscheidung lautet etwa: „Die Weigerung des Bundespräsidenten, das XY Gesetz zu unterzeichnen, verstößt gegen Art. 82 I 1 GG."

*Bitte beurteilen Sie nun den **Beispielsfall** (Rn. 320)! Bei welcher Zulässigkeitsvoraussetzung können hier Bedenken entstehen?*   **321**

Die X-Vereinigung könnte in ihren Rechten aus Art. 3, 21 GG beeinträchtigt sein. Äußerst problematisch ist allerdings ihre Antragsberechtigung, ob sie also ein „oberstes Bundesorgan oder anderer Beteiligter, die durch dieses Grundgesetz oder in der Geschäftsordnung eines obersten Bundesorgans mit eigenen Rechten ausgestattet sind", ist. Hier setzt sich der allgemeine **Streit um die Rechtsnatur der Parteien im „Parteienstaat"**[132] fort: Wirken sie einerseits bei der „politischen Willensbildung des Volkes" mit und nehmen sie andererseits Vorbereitungsaufgaben bei den „Wahlen und Abstimmungen" wahr, so stehen sie in einer Doppelfunktion: Ihre Existenz und Tätigkeit ist nicht staatlich, konstituiert aber den Staat mit.

Das Bundesverfassungsgericht hat die Antragsberechtigung der Parteien im Organstreitverfahren unter eingeschränkten Voraussetzungen zumindest dann begründet,[133] soweit es um den **verfassungsrechtlichen Status der Partei bei der Teilnahme an Parlamentswahlen geht.**[134] Diese Rechtsprechung des Bundesverfassungsgerichts stößt auf systematische Schwierigkeiten:

–   An keiner Stelle ist begründet, dass die Parteien ein oberstes Bundesorgan oder ein Teil davon seien. Wenn die Parteien ihnen nur „gleichzustellen" sind, so steht dies im Widerspruch zur sonstigen Rechtsprechung: In anderen Fällen werden die Regeln über die Beteiligtenfähigkeit durchaus als abschließend angesehen.

–   Dass die Parteien die Bundesrepublik als Parteienstaat mitkonstituieren, sagt über deren Charakter als Staatsorgan nichts aus: Die Bundesrepublik als Verfassungsstaat wird auch durch die Grundrechte konstituiert, ohne dass deren Träger damit Staatsorgane wären.

–   Die **systematischen Abgrenzungsschwierigkeiten zur Verfassungsbeschwerde** werden unlösbar. So wurde im Beispiel der Organstreit für unzulässig gehalten, da der Bundestagspräsident als Verwaltungsbehörde handelt und das Rechtsverhältnis zu ihm sich

---

132 S. dazu o. Rn. 86 ff.
133 Seit BVerfGE 4, 27, 30.
134 Zum Verhältnis dieser Rechtsprechung zum Wahlprüfungsverfahren (Art. 41 GG) BVerfGE 34, 81, 94; zuletzt BVerfG, BayVbl. 2009, 750 ff.

nach §§ 18 ff. Parteiengesetz richtet.[135] In jüngerer Zeit geht das BVerfG bisweilen von einer Subsidiarität der Verfassungsbeschwerde gegenüber dem Organstreit aus: Was nicht mit letzterem geltend gemacht werden kann, kann in ersterer eingeklagt werden.[136] Praktisch erheben Parteien gegenwärtig bei dem Bundesverfassungsgericht stets nebeneinander Organklage und Verfassungsbeschwerde, da nicht mehr übersehbar ist, welche Streitigkeiten im konkreten Fall anzuwenden wären. Richtigerweise sind Parteien keine Verfassungsorgane und dürfen daher nur Verfassungsbeschwerde erheben.

c) Normenkontrolle

322 Die Normenkontrolle überprüft die **formelle und materielle Vereinbarkeit eines Gesetzes mit dem Grundgesetz.** Ihr Charakteristikum besteht darin, dass das Bundesverfassungsgericht im Falle einer festgestellten Kollision den Vorrang der Verfassung dadurch durchsetzen kann, dass es das Gesetz für nichtig erklärt. Diese Abweichung von dem Grundsatz, dass nur der Gesetzgeber seine eigenen Anordnungen aufheben kann, ist in §§ 78 S. 1; 82 I; 95 III 1 BVerfGG ausdrücklich niedergelegt. Das Bundesverfassungsgericht hat somit das Kassationsrecht im Unterschied zu jeglichem anderen Gericht. Ihm kommt das Verwerfungsmonopol zu.

323 Die **abstrakte Normenkontrolle**[137] gem. Art. 93 I Nr. 2 GG, §§ 76 ff. BVerfGG ist zulässig

– auf **Antrag.** Antragsberechtigt sind nur die in Art. 93 I Nr. 2 GG genannten Organe, insbesondere also keine Fraktionen oder Parteien.

– indem der Antragsteller die **Unvereinbarkeit** einer Norm mit dem Grundgesetz rügt oder

– die **Gültigkeit behauptet,** nachdem eine staatliche Stelle eine Vorschrift als unvereinbar mit dem Grundgesetz nicht angewandt hat.

Sonderformen sind das **Kompetenzkontrollverfahren** nach Art. 93 I Nr. 2a GG und das **Kompetenzfreigabeverfahren** nach Art. 93 II GG. **Prüfungsmaßstab** des Bundesverfassungsgerichts ist gegenüber Bundesrecht allein das Grundgesetz, gegenüber Landesrecht alles Bundesrecht. Die Prüfung der Vereinbarkeit einer Rechtsverordnung an einem Bundesgesetz ist demnach nicht zulässig. Das Bundesverfassungsgericht prüft formelle Gesetze, Rechtsverordnungen und Satzungen.

324 Die **konkrete Normenkontrolle**[138] gem. Art. 100 GG unterscheidet sich in nahezu allen Zulässigkeitsvoraussetzungen von dem abstrakten Prüfungsverfahren. Während die abstrakte Normenkontrolle den politischen Motiven der Antragsteller überlassen bleibt, setzt Art. 100 GG eine konkrete Rechtsanwendungssituation voraus: Ein Ge-

---

135 S. etwa BVerfGE 7, 99, 103 zur Zuteilung von Sendezeiten im Rundfunk; BVerfGE 47, 285; BVerfG, NJW 1981, 1359 f. zum Verfassungsschutzbericht; *Dissmann*, Rechtsschutz für politische Parteien, 1997; *Clemens*, GS Zeidler II, 1987, S. 1261; *Umbach*, ebd., S. 1235.

136 BVerfGE 82, 322, 335 f.

137 Dazu eingehend *Söhn*, in: Starck u.a. (Hrsg.), BVerfG und GG I, 1976, S. 292; *Heun*, FS 50 BVerfG I, S. 615 ff.; *Löwer*, in: HStR III, § 70 Rn. 55 ff.; *Mückl*, Jura 2005, 467.

138 Ausführlich *Bettermann*, in: Starck u.a. (Hrsg.), BVerfG und GG I, 1976, S. 323; *Heun*, AöR 122 (1997), 610; *Löwer*, in: HStR III, § 70 Rn. 79 ff.

richt hat auf einen Rechtsstreit eine Norm anzuwenden (Art. 20 III; 97 I GG), hält diese aber für verfassungswidrig. Der daraus resultierende Streit, der in dieser Form seit dem Beginn des 19. Jh. in seinen Vorformen weit darüber hinaus zu den zentralen Auseinandersetzungen über das „**richterliche Prüfungsrecht**" führte, ist in Art. 100 GG positivrechtlich entschieden. Alle Gerichte dürfen die Vereinbarkeit des geltenden Rechts mit dem Grundgesetz prüfen, aber allein das Bundesverfassungsgericht darf ein verfassungswidriges Gesetz verwerfen. Gerade dies ist der Inhalt des **Verwerfungsmonopols.** Art. 100 GG klärt die Frage, wie das Verfahren vom prüfenden Richter zum entscheidungsbefugten Bundesverfassungsgericht gelangen kann, im Sinne eines **Vorlageverfahrens.** Dessen Voraussetzungen sind:

– Vorliegen eines nachkonstitutionellen **Gesetzes.** Hier ist – im Gegensatz zur abstrakten Normenkontrolle – nur das förmliche Gesetz gemeint, da das Verwerfungsmonopol des Bundesverfassungsgerichts nur den Gesetzgeber schützen soll. Niederrangige Normen prüft das Gericht selbst.[139] Geschützt ist nur der **nachkonstitutionelle Gesetzgeber;** vorkonstitutionelle Gesetze können von allen Gerichten selbst überprüft und verworfen werden.

– **Überzeugung des Gerichts von einem Verstoß gegen das Grundgesetz.** Das Gericht muss das Gesetz für verfassungswidrig halten; bloße Zweifel genügen nicht. Das Gesetz muss gerade gegen das Grundgesetz verstoßen; bei Verstößen gegen Landesverfassungen ist die Vorlage zum Landesverfassungsgericht zulässig (Art. 100 I 1. Alt. GG). Die Überzeugung muss vom vorliegenden Gericht begründet werden (§ 80 II BVerfGG).

– **Entscheidungserheblichkeit des Gesetzes.** Die Entscheidung des Rechtsstreits muss von der Gültigkeit oder Ungültigkeit des Gesetzes abhängen. Dies ist nur der Fall, wenn im konkreten Fall bei Gültigkeit eine andere Rechtsfolge als bei Ungültigkeit auszusprechen wäre. Daran scheitert – mangels Außenwirkung – die Vorlage des Haushaltsgesetzes.[140] Von dem Erheblichkeitserfordernis ist das Bundesverfassungsgericht nur einmal abgewichen, um die Gefahr der Überflüssigkeit ungewöhnlich aufwendiger Beweisverfahren zu umgehen.[141]

Kommt das Bundesverfassungsgericht zu dem Ergebnis, dass ein Gesetz verfassungswidrig ist, so erklärt es dies gemäß §§ 78 S. 1; 82 I, 95 III BVerfGG für nichtig. Davon weicht das Gericht ab, wenn es **325**

– ein Gesetz **verfassungskonform auslegen** kann. Sie ist zulässig, wenn ein Gesetz mehrere Auslegungsmöglichkeiten eröffnet, von denen nur einzelne grundgesetzkonform sind und diese dem Sinn des Gesetzes nicht widersprechen.

– ein Gesetz nicht für nichtig erklären kann; in diesem Fall greift es zur **Verfassungswidrigerklärung.**[142] Das gilt insbesondere bei Verstößen gegen den Gleichheitssatz: Regeln verschiedene Normen vergleichbare Sachverhalte in verfassungswidriger Weise unterschiedlich, so ist damit noch nicht entschieden, welche der Normen verfassungswidrig ist. Diese Rechtsprechung wird allerdings überaus weit ausgedehnt, ohne dass dafür Rechts- oder Sachgründe vorliegen.

---

139 BVerfGE 1, 184 ff.
140 BVerfGE 38, 121, 125 f.
141 BVerfGE 47, 146, 151 ff.
142 Zur Praxis *Graßhof,* in: Umbach/Clemes/Dollinger, BVerfGG, 2. Aufl., 2005, § 78 Rn. 32 ff.

Die Wirkung der Nichtigerklärung auf bereits abgeschlossene Anwendungsfälle verfassungswidriger Gesetze wird in § 79 BVerfGG umschrieben. Grundsätzlich wirkt danach die Nichtigerklärung nicht zurück.[143]

d) Verfassungsbeschwerde

326 Im Fall o. Rn. 320 hat die X-Vereinigung in Kenntnis der Rechtsprechung des Bundesverfassungsgerichts neben der Organklage auch Verfassungsbeschwerde erhoben. Mit Aussicht auf Erfolg? (nach: BVerfGE 28, 97; dazu Rn. 329)

Die Verfassungsbeschwerde[144] ist das **Recht des Bürgers, seine Grundrechte prozessual in einem gesonderten Verfahren geltend zu machen.** Rügefähig sind alle Grundrechte des ersten Abschnitts des Grundgesetzes sowie die in Art. 93 I Nr. 4a GG genannten „**grundrechtsgleichen Rechte**". Zu deren Schutz ist mit der Verfassungsbeschwerde eine zusätzliche Instanz eingerichtet worden. Grundsätzlich binden die Grundrechte alle Staatsgewalt, gegen die gem. Art. 19 IV GG Rechtsschutz gewährleistet ist. Dementsprechend sind die Grundrechte in jedem Verfahren vor jedem Gericht anzuwenden, soweit sie einschlägig sind. Jener gerichtliche Grundrechtsschutz ist durch Art. 93 I Nr. 4a GG ergänzt und erweitert durch ein besonderes Verfahren.

> Nicht rügefähig sind diejenigen Verfassungsbestimmungen, die in Art. 93 I Nr. 4a GG fehlen. Dazu zählt etwa Art. 21 GG für die politischen Parteien, Art. 34 GG als Garantie der Staatshaftung und Art. 102 (Abschaffung der Todesstrafe). Für die Garantie der kommunalen Selbstverwaltung in Art. 28 II GG ist eigens die **kommunale Verfassungsbeschwerde** eingeführt worden (Art. 93 I Nr. 4b GG), die in § 91 BVerfGG eigenen Zulässigkeitsvoraussetzungen unterliegt.

Die hohe Zahl von Verfassungsbeschwerden – ca. 96,5 % aller Anträge zum Bundesverfassungsgericht[145] – und ihre geringen Erfolgsaussichten – kaum 2 %[146] – haben zu einer erheblichen Überlastung des Gerichts geführt, welche auf der Grundlage des Art. 94 II 2 GG zu immer neuen Entlastungsvorkehrungen geführt hat.[147]

327 **Zulässigkeitsvoraussetzungen der Verfassungsbeschwerde** sind nach §§ 90 ff. BVerfGG:

> – **Beschwerdegegenstand:** Maßnahme der öffentlichen Gewalt. Dies sind gem. Art. 20 II 2 GG alle Maßnahmen der deutschen Staatsgewalt. Nicht hierzu zählt Recht aus der Besatzungszeit. Unterlassungen können zwar gerügt werden, werden allerdings regelmäßig nicht gegen rügefähige Rechte verstoßen.

---

143 Zu Einzelheiten und Ausnahmen *Bethge*, in Maunz/Schmidt-Bleibtreu/Klein/Bethge, BVerfGG, § 79 Rn. 22 ff.

144 Zur Verfassungsbeschwerde *Zuck*, Das Recht der Verfassungsbeschwerde, 3. Aufl., 2006; *Hain*, Die Individualverfassungsbeschwerde nach Bundesrecht, 2002; *Dörr*, Die Verfassungsbeschwerde in der Prozesspraxis, 2. Aufl., 1997; *Gusy*, Die Verfassungsbeschwerde, BVerfG – FS, Bd. I, 2001, S. 641.

145 http://www.bundesverfassungsgericht.de/organisation/gb2009/A-I-4.html.

146 http://www.bundesverfassungsgericht.de/organisation/gb2009/A-IV-2.html.

147 Dazu bspw. *Albers*, ZRP 1997, 198; *Böckenförde*, ZRP 1996, 281; *Wahl/Wieland*, JZ 1996, 1137; *BMJ*, Entlastung des BVerfG-Kommissionsbericht, 1998.

- **Beteiligtenfähigkeit des Beschwerdeführers.** Diese Fähigkeit, in einem Rechtsstreit als Partei auftreten zu können, fällt mit der **Grundrechtsfähigkeit** zusammen.[148] Parteifähig sind nur „Grundrechtsträger". Zwar nennt § 90 BVerfGG hier „jedermann", doch können bei natürlichen Personen Ausländer keine „Deutschen-Rechte" rügen. Juristische Personen sind nur nach Maßgabe des Art. 19 III GG grundrechtsfähig; juristische Personen des öffentlichen Rechts regelmäßig überhaupt nicht.[149]

- **Prozessfähigkeit.** Hierzu zählt die Frage, wer berechtigt ist, Grundrechtsverletzungen in eigenem Namen geltend zu machen. Für juristische Personen handeln ihre Organe.

- **Beschwerdebefugnis.** Der Beschwerdeführer muss behaupten, in seinen Rechten verletzt zu sein. Gemäß § 92 BVerfGG muss er dabei die Maßnahme und das Recht, das verletzt sein soll, angeben. Dabei muss geltend gemacht werden, dass der Beschwerdeführer **328**

    - **selbst** und nicht ein Dritter (wer für eine juristische Person handelt, muss eine Rechtsverletzung der juristischen Person und nicht seiner selbst behaupten),

    - **gegenwärtig** und nicht erst in der Zukunft (es genügt allerdings, dass die angegriffene Maßnahme beschlossen und ausgefertigt, aber noch nicht in Kraft getreten ist, wenn das Inkrafttreten nur noch eine Frage der Zeit ist; außer Kraft getretene Maßnahmen können grundsätzlich nicht gerügt werden),

    - **unmittelbar** und nicht erst durch spätere Vollzugsakte (Völkerrechtliche Verträge berühren Rechte der Bürger ebenso wenig wie Haushaltsgesetze ohne Außenwirkung, vollzugsbedürftige Maßnahmen erst durch ihren Vollzug; Strafgesetze und Ordnungswidrigkeitsnormen können allerdings ohne vorausgegangene Verurteilung angegriffen werden; Dies muss der Beschwerdeführer darlegen, es darf nach seinem Vortrag nicht ausgeschlossen sein).

    betroffen ist.

- **Rechtsschutzbedürfnis.** Der Beschwerdeführer darf keine Möglichkeit haben, ohne Anrufung des Bundesverfassungsgerichts sein Ziel zu erreichen. Hat oder hätte er die Möglichkeit, gegen die angegriffene Maßnahme den Rechtsweg zu den Fachgerichten zu beschreiten und hat er dies nicht getan, so ist die Verfassungsbeschwerde unzulässig. Zentraler Ausdruck dieses Grundsatzes der **Subsidiarität der Verfassungsbeschwerde** ist das in § 90 II BVerfGG näher ausgestaltete Gebot der Rechtswegerschöpfung.[150] Bei Verfassungsbeschwerden gegen Gesetze gibt es keinen solchen Rechtsweg.

- **Form** der Verfassungsbeschwerde. Sie ist schriftlich zu erheben (§ 23 BVerfGG).

- **Fristen.** Für Maßnahmen der Exekutive und Gerichte gilt grundsätzlich die Monatsfrist (§ 93 I BVerfGG); Verfassungsbeschwerden gegen Gesetze sind binnen eines Jahres nach deren Inkrafttreten zulässig (§ 93 II BVerfGG). Problematisch ist hier der Fall, wenn der Beschwerdeführer erst über ein Jahr nach dem Inkrafttreten einen Tatbestand erfüllte, wonach er dem Gesetz unterliegt. Wer gegen Bestimmungen des Straßenverkehrsgesetzes oder der Straßenverkehrsordnung Verfassungsbeschwerde einlegen will, kann dies zumeist erst, wenn er ein Kfz besitzt, da ihm vorher die Antragsbefugnis mangels gegenwärtiger Verletzung fehlte. Hat er dies Fahrzeug erst über ein Jahr nach Inkrafttreten jener Normen erworben, so ist die Verfassungsbeschwerdefrist verstrichen. Hier kann verfassungsgerichtlicher Rechtsschutz nur noch in einem Straf- oder Bußgeldverfahren erlangt werden. **329**

---

148 S. dazu näher Rn. 378 ff.
149 BVerfGE 61, 82, 100 ff.
150 Dazu *Lübbe-Wolf*, EuGRZ 2004, 669; *Posser*, Die Subsidiarität der Verfassungsbeschwerde, 1993; *Warmke*, Die Subsidiarität der Verfassungsbeschwerde, 1993; konkretisierend BVerfGE 112, 50; *Linke*, NJW 2005, 2190.

> Wie ist nach den genannten Bedingungen die Zulässigkeit der Verfassungsbeschwerde im **Beispielsfall** (Rn. 326) zu beurteilen?

Die X-Vereinigung kann sich gem. Art. 19 III GG auf Grundrechte berufen. Zwar ist das Recht aus Art. 21 GG nicht rügefähig, wohl aber dasjenige aus Art. 3 GG. Da aber die X den Rechtsweg gegen den Bescheid des Bundestagspräsidenten zum Verwaltungsgericht gem. § 40 VwGO nicht beschritten hat, ist die Verfassungsbeschwerde nach § 90 II 1 BVerfGG unzulässig.

In Aufgabenstellungen ist i.d.R. davon auszugehen, dass Zulässigkeitsvoraussetzungen erfüllt sind, wenn darüber nichts ausgesagt wird. Bei der Erschöpfung des Rechtsweges ist auf dieses Erfordernis hinzuweisen: Die Verfassungsbeschwerde ist – nach Erschöpfung des Rechtsweges – zulässig.

330 Über eine zulässige Verfassungsbeschwerde muss das Gericht allerdings nicht zwingend entscheiden. Vielmehr bedarf die Verfassungsbeschwerde nach §§ 93a ff. BVerfGG aus Entlastungsgründen einer ausdrücklichen **Annahme zur Entscheidung** durch die zuständige Kammern oder den Senat, wobei die Annahme nur in zwei Fällen vorgeschrieben ist:[151]

– Soweit der Verfassungsbeschwerden grundsätzlich verfassungsrechtliche Bedeutung zukommt;

– Wenn die Annahme zur Grundrechtsdurchsetzung angezeigt ist, was auch dann der Fall sein kann, wenn dem Beschwerdeführer ansonsten ein schwerer Nachteil entsteht.

Die Ablehnung der Verfassungsbeschwerde ist nach § 93d I BVerfGG weder anfechtbar, noch bedarf sie einer Begründung. Eine solche Nichtannahmeentscheidung ergeht in ca. 98 % der Fälle. Die Verfassungsbeschwerde ist so zu einem nahezu aussichtslosen Unterfangen geworden.

Ein Schema zu Zulässigkeit und Begründetheit der Verfassungsbeschwerde finden Sie im Anhang dieses Buches.

Zur Vertiefung:

Schlaich/Korioth, Das BVerfG, 8. Aufl., 2010; *Benda/Klein*, Verfassungsprozessrecht, 2. Aufl., 2001; *Pestalozza*, Verfassungsprozessrecht, 3. Aufl., 1991; *Gersdorf*, Verfassungsprozessrecht und Verfassungsmäßigkeitsprüfung, 3. Aufl., 2010; *Lechner/Zuck*, BVerfGG, 5. Aufl., 2006; *Maunz/Schmidt-Bleibtreu/Klein/Bethge*, BVerfGG, Losebl.; *Umbach/Clemens/Dollinger*, BVerfGG, 2. Aufl., 2005.

---

151 Näher BVerfGE 90, 22, 25; *Kreuder*, NJW 2001, 1243, 1247; ausführlich: *Klein/Sennekamp*, NJW 2007, 945.

2. Teil. Die Grundrechte

Das Grundgesetz überschreibt seinen einleitenden Abschnitt „Die Grundrechte". Es **331** stellt so die Menschen und ihre Rechte an die Spitze und statuiert erst danach die Bestimmungen über Aufbau, Ausgestaltung und Wirken des Staates. In dieser nicht zufällig gewählten Reihenfolge liegt das Bekenntnis zu den Menschenrechten als Grundlage und Ziel der staatlichen Ordnung. Ganz in diesem Sinne sollte Art. 1 Abs. 1 GG ursprünglich lauten: „Der Staat ist um des Menschen willen da, nicht der Mensch um des Staates willen." (Art. 1 I HChE). **Grundrechte sind subjektive Rechte der Menschen gegen den Staat mit Verfassungsrang.** Sie sind daher auch nicht nur – wie alle anderen staatsgerichteten Rechte – mithilfe des Rechtswegs durchsetzbar. Vielmehr steht zu ihrer Geltendmachung zusätzlich die nur auf sie erstreckte Verfassungsbeschwerde (Art. 93 I Nr. 4a GG)[1] offen. Charakteristika dieser Grundrechte sind demnach

– ihre Eigenschaft als subjektive Rechte der Menschen im Staat,

– ihr besonderer Rang in der Rechtsordnung als Elemente des Grundgesetzes und

– ihre besondere prozessuale Durchsetzbarkeit beim Bundesverfassungsgericht.

> Grundrechte finden sich nicht nur im Grundgesetz. Die **Landesverfassungen** statuieren gleichfalls eigenständige Grundrechte oder verweisen auf die Grundrechte des GG. Sie binden jedoch allein die jeweiligen Länder; zudem kommt ihnen wegen ihrer Nachrangigkeit gegenüber dem Bundesrecht gem. Art. 31, 142 GG und des partiellen Fehlens von Verfassungsbeschwerdeverfahren in den Ländern nur eine sehr begrenzte Bedeutung zu.[2]

Auch das supra- und internationale Recht kennt zahlreiche Menschenrechtsgaran- **332** tien. Aus derselben Zeit wie das GG stammen die – allerdings rechtlich unverbindliche – **Allgemeine Erklärung der Menschenrechte** der UN vom 10.12.1948, welcher der 1. Abschnitt des GG manche Formulierungen verdankt,[3] und die **Europäische Konvention zum Schutze der Menschenrechte und Grundfreiheiten** des Europarates (EMRK vom 4.11.1950)[4] und ihrer zahlreichen Zusatzprotokolle, welche gem. Art. 59 II GG in Deutschland mit Gesetzesrang gelten. Da Grundgesetz und EMRK derselben Zeit und denselben Ideen entstammen, sind die Überschneidungen vergleichsweise weit. Die Konvention bindet also in Deutschland alle Behörden und Gerichte (Art. 20

---

1 Zu ihr Rn. 326 ff.
2 Dazu grundlegend BVerfGE 96, 345, 364 ff.; hierzu *Dietlein*, Jura 2000, 19.
3 Zum universellen Internationalen Pakt über Bürgerliche und Politische Rechte vom 19.12. 1966 (BGBl. II S. 1570) *Nowak*, UNO-Pakt über bürgerliche und politische Rechte und Fakultativprotokoll, 1989.
4 BGBl. II 1952 S. 686, 953; dazu *Frowein/Peukert*, EMRK, 2009; *Meyer-Ladewig*, EMRK, 2006.

III GG). Das Bundesverfassungsgericht betont das Nebeneinander der nationalen und internationalen Schutzsysteme: Einerseits sei eine Verfassungsbeschwerde unter Berufung allein auf Konventionsrechte unzulässig. Wo sich beide jedoch überschnitten, seien die deutschen Garantien auch im Sinne des europäischen Rechts auszulegen.[5] Andererseits sei in diesem Überschneidungsbereich das BVerfG nicht nur Hüter der deutschen, sondern auch der internationalen Grundrechte und ihrer Auslegung durch den **Europäischen Gerichtshof für Menschenrechte** (EGMR).[6] Daher nähert sich ihre Auslegung durch BVerfG und EMRK einander vielfach an.[7] Nur vereinzelt zeigen sich Differenzen zwischen dem – ausschließlich zur Durchsetzung der EMRK bestehenden – EGMR und dem BVerfG.[8]

> Neuere Grundrechtsdokumente des internationalen Rechts, namentlich die Sozialchartas,[9] enthalten keine eigenen gerichtlichen Durchsetzungsmechanismen. Ihre Einhaltung wird durch besondere Monitoringverfahren und in politischen Verfahren überwacht.[10] Die **Europäische Grundrechtecharta**[11] der EU enthält auch politische, wirtschaftliche und soziale Grundrechte und ist daher ein moderneres Dokument als das GG. Doch gilt sie unmittelbar ganz überwiegend für den Bereich der EU, nicht in den Einzelstaaten.

333 Deutlich zurückhaltender als bei den Grundrechten ist das GG bei den **Grundpflichten**,[12] die jedenfalls nirgends explizit statuiert, sondern allenfalls vorausgesetzt sind. Solche Pflichten wie etwa Steuer-, Wehr- oder Schulpflicht bedürfen daher in jedem Falle einer Statuierung durch besondere Gesetze.

§ 8 Zentralfragen der Grundrechtsdogmatik – Die Menschenwürde

334 Abschnitt I enthält zentrale Grundrechtsgarantien des GG. Sie sind **rechtliche Mindeststandards der Menschen**; also Verbürgungen, die nicht unterschritten werden dürfen. Demgegenüber steht es allen Staatsorganen rechtlich frei, weitere Rechte und Freiheiten über den Rahmen des Grundgesetzes hinaus zu garantieren und so aktive Freiheits- bzw. Gleichheitspolitik zu betreiben. Der bisweilen öffentlich verbreitete Eindruck, Grundrechte und Bundesverfassungsgericht seien für Freiheit und Gleichheit, der Gesetzgeber im Gegensatz dazu für die Verwirklichung anderer Belange, insbesondere denen des Gemeinwohls, zuständig, entspricht jedenfalls nicht der verfassungsrechtlich vorgesehen Lage. Auch die Grundrechte denken, namentlich in ihren

---

5 BVerfGE 111, 307, 317 ff.; NVwZ 2007, 808, 811.
6 BVerfGE 111, 307, 319 ff.; NVwZ 2007, 808, 811.
7 Dazu *Cremer*, in: Grote/Marauhn, EMRK, Kap. 4 Rn. 11 ff., 18 ff.
8 Insbesondere EGMR, NJW 1997, 2809; NJW 2004, 2647; 3397.
9 Internationaler Pakt über wirtschaftliche, soziale und kulturelle Rechte v. 19.12.1966; Europäische Sozialcharta v. 18.10.1963.
10 Dazu *Gusy* (Hrsg.), Grundrechtsmonitoring, 2011.
11 Dazu *Franzius*, DÖV 2008, 933; *Pache/Rösch*, EuR 2009, 769; *Schulte-Herbrüggen*, ZEuS 2009, 343.
12 Dazu *Dühr*, Prinzip und System der Grundpflichten, 2001; *Hofmann/Götz*, VVDStRL 41, S. 42/7; *Rill* (Hrsg.) Grundrechte – Grundpflichten – eine untrennbare Verbindung, 2001.

Schrankenbestimmungen, das Gemeinwohl mit; und alle Staatsorgane, nicht nur das Bundesverfassungsgericht, sind auch zur Durchsetzung der Grund- und Menschenrechte da. Die Besonderheit der Grundrechte als subjektive Rechte besteht im Wesentlichen darin, das für ihren Schutz eine zusätzliche Instanz, nämlich die Gerichte, berufen sind. Sie sind also **auch ein zentrales Element der Gewaltenteilung**: Wo es um Grundrechtsschutz geht, ist regelmäßig auch die Justiz zuständig.[13] Wo hingegen kein subjektives Recht ist, ist regelmäßig auch kein Richter.

> Die Aufnahme einer Bestimmung in Abschnitt I begründet eine **Vermutung zugunsten ihrer Eigenschaft als Grundrecht**. Doch nicht alle Bestimmungen dieses Abschnitts enthalten solche Garantien. Namentlich Art. 7 I, III; 12a I; 15 S. 1; 17a, 18 GG sind keine Rechte im genannten Sinne. Sie finden sich hier lediglich aufgrund des Sachzusammenhangs mit Grundrechtsbestimmungen.

Umgekehrt enthält das Grundgesetz Garantien, die zwar nicht im Abschnitt I stehen, wohl aber gem. Art. 93 I Nr. 4a GG mit der Verfassungsbeschwerde geltend gemacht werden können. Die dort ausdrücklich genannten Garantien – und nur sie! – sind also den Grundrechten gleichgestellt und werden daher als **grundrechtsgleiche Rechte** bezeichnet. Aus der unterschiedlichen Bezeichnung folgen keine rechtlichen Unterschiede. Auch dies zeigt: Die Überschrift zu Abschnitt I bedeutet nicht, dass der dortige Rechtekatalog als abschließend angesehen werden könnte. **335**

Nicht nach ihrem systematischen Standort, sondern nach dem Inhalt der einzelnen Rechte erfolgt die Differenzierung zwischen **Freiheitsrechten** und **Gleichheitsrechten**.[14] Die bereits in Art. 2 und 3 GG vorausgesetzte und zum Ausdruck gebrachte Differenzierung ist ihrerseits nicht abschließend. Vielmehr finden sich daneben **Verfahrensgarantien**,[15] also Mitwirkungsrechte an staatlichen Verfahren (s. etwa Art. 19 IV; 38 I; 103 I GG), vereinzelt auch **soziale Grundrechte** (s. etwa Art. 6 IV; V GG).[16] Namentlich letztere sind im Grundgesetz nur äußerst spärlich aufgenommen; sie fanden sich in weitaus größerem Umfang in der Weimarer Verfassung (s. etwa Art 119 I, III; 145; 161; 162; 163 II WRV), in vielen Landesverfassungen (s. etwa Art. 11 I BWLV; 106 I, 168 III BayLV; 18 BerlLV; 45 BbgLV; 14 I 1, 58 HBLV; 28 HeLV; 4 I NdsLV; 24 I 3 NRWLV; 53 III RPLV; 45 S. 2 SlLV; 25 I LSALV; 20 S. 1 ThürLV) und in neueren Verfassungsdokumenten, insbesondere der überwiegend für die EU geschaffenen EU-Grundrechtecharta (s. etwa Art. 14 I, II; 15 I EU-GRCharta). Der Parlamentarische Rat hat auf ihre Aufnahme in das GG weitgehend verzichtet. Maßgeblich dafür waren wohl der offenkundige Widerspruch zwischen sozialen Verheißungen einerseits und der wirtschaften und sozialen Lage des Jahres 1949 andererseits, sowie der Umstand, dass soziale Rechte im Wesentlichen vom Gesetzgeber, nicht hingegen von den Gerichten durchgesetzt werden könnten. Die Rechtsprechung könne im Unterschied zur Rechtssetzung eben nicht konjunkturabhängig sein. Die Berechtigung dieser Ar- **336**

---

13 Dazu schon o. Rn. 311 ff.
14 Dazu näher u. Rn. 381 ff.
15 Dazu näher *Schmidt-Aßmann*, in: HGRe II, § 45.
16 Zu diesen näher *Calliess*, in: HGRe II, § 40. Zum Recht auf Arbeit exemplarisch *Wank*, Recht auf Arbeit, 1980. S.a. *Papier*, RdA 2000, 1.

gumente wird in neuerer Zeit unter Hinweis auf ausländische und europarechtliche Vorbilder in Zweifel gezogen.

337   Das Grundgesetz hat soziale Anliegen also ganz überwiegend nicht dem Grundrechtsabschnitt, sondern anderen Verfassungsnormen zugewiesen. Im Zentrum steht das **Sozialstaatsprinzip**,[17] welches nicht nur staatliche Handlungspflichten begründen, sondern auch ggf. entgegenstehende Grundrechte begrenzen kann. Auch die Verpflichtung auf das gesamtwirtschaftliche Gleichgewicht (Art. 109 II GG) enthält soziale Dimensionen, insbesondere eine auf Vollbeschäftigung gerichtete Wirtschaftspolitik.[18] Rechtsprechung und Rechtswissenschaft sind zunehmend dazu übergegangen, einzelnen Grundrechten nicht mehr allein klassische Freiheits- oder Gleichheitsrechte, sondern daneben auch Verfahrens- oder soziale Mindestgarantien zu entnehmen. So wird schon Art. 1 I GG auch ein **Anspruch auf das Existenzminimum** entnommen.[19] Andere Garantien werden auch als politische Handlungs- (z.B. Art. 8 I GG: Versammlungsfreiheit) oder verfahrensrechtliche Mitwirkungsrechte verstanden. Nach gegenwärtigem Grundrechtsverständnis verliert demnach die exklusive Einteilung in Freiheits- und Gleichheitsrechte ihren Erklärungswert: Zahlreiche, wenn nicht alle Grundrechte enthalten nebeneinander ganz unterschiedliche Dimensionen rechtlicher Garantien zugunsten der Menschen.

338 Am Anfang der grundgesetzlichen Freiheits- und Gleichheitsverbürgungen steht die Garantie der **Menschenwürde** (Art. 1 I GG). Ihre Nennung zu Beginn des Grundgesetzes stellt die Antithese zur nationalsozialistischen Unrechts- und Gewaltherrschaft, ihrer Vernichtung „lebensunwerten Lebens" oder „minderwertiger Rassen" dar. Doch darf die Bestimmung nicht auf diesen Gehalt reduziert werden. Sie soll ein menschenwürdiges Leben gerade unter den Rahmenbedingungen des Grundgesetzes gewährleisten. Ihr geht es um die Eigenwertigkeit des Menschen als Person in der Gemeinschaft. Der Staat ist um der Menschen und ihrer Würde willen da. Ihnen kommt ein sozialer Wert und Achtungsanspruch zu.[20] Dies schließt es aus, Menschenwürde allein auf den Bereich zu begrenzen, wo die Einzelnen mit sich allein sind. Sie hat vielmehr auch ihre kommunikative und soziale Dimension. Um der Menschenwürde willen bekennt sich das deutsche Volk gem. Art. 1 II GG zu unverletzlichen und unveräußerlichen Menschenrechten. Die **Statuierung von Grundrechten im Grundgesetz erfolgt somit wesentlich zur Sicherung der Menschenwürde.** Sie ist die oberste Maxime und der primäre Zweck staatlichen Handelns.

> Nicht unumstritten ist demgegenüber die Frage, **ob Art. 1 I GG selbst ein Grundrecht darstellt.** Dagegen wird die Formulierung des Art. 1 III von den „nachfolgenden Grundrechten" herangezogen: Was vorangehe, könne demnach kein Grundrecht sein. Für die Grundrechtseigenschaft des Art. 1 I GG wird neben der Abschnittsüberschrift („Die Grundrechte"), die direkt vor der Menschenwürdegarantie steht, deren unmittelbare Bindungswirkung nach Art. 1 I 2 GG angeführt: Was Art. 1 III GG für die „nachfolgenden Grundrechte" anordne, sei für dessen 1. Absatz bereits zuvor festgestellt, so dass sich eine weitere Geltungsanordnung erübrige. So weitreichend die Unterschiede in der Begründung, so gering sind hingegen diejenigen im Ergebnis. Auch wer den Grundrechtscharakter verneint, sieht **Art. 1 I GG als Präambel, als Interpretationsleitlinie und als Zweck der**

---

17 Dazu o. Rn. 186 ff.
18 Dazu o. Rn. 175 ff., 182.
19 BVerfG, NJW 2010, 505, 507. Schon früher BVerfGE 1, 97, 104 f.
20 BVerfGE 27, 1, 6 ff.

Grundrechte: Alle folgenden Einzelnormen sind wesentlich im Blick auf die Menschenwürdegarantie und ihre Verwirklichung in allen Bereichen des Rechts auszulegen. In diesem Sinne wirkt Art. 1 I GG also weniger neben als vielmehr in den systematisch verstandenen Einzelgrundrechten. In einem ähnlichen Sinne wendet auch das BVerfG die Bestimmung an. Es stützt also einzelne Rechte nicht allein auf die Menschenwürde, sondern immer „in Verbindung mit" anderen Garantien (z.B. Art. 1 i.V.m. Art. 2 I GG: „Recht der informationellen Selbstbestimmung"). So bleibt der Streit um den Grundrechtscharakter des Art. 1 I GG von geringer praktischer Bedeutung.

So unbestritten Rang und Bedeutung der Menschenwürde sind, so schwierig ist doch **339** ihre inhaltliche Konkretisierung. Sie ist nicht primär aus einzelnen älteren oder jüngeren rechtsphilosophischen Begriffsverwendungen – etwa bei Kant –, sondern eher aus dem Kontext des Grundgesetzes selbst zu verstehen. Gegenwärtig hat sich ein **eher enges Begriffsverständnis** durchgesetzt, weil nur so den „nachfolgenden Grundrechten" eigenständiger Raum für die konkrete Verwirklichung konkreter Freiheits- und Gleichheitsrechte gelassen wird. Bei einem weiten Konzept von Menschenwürde wären die Einzelgrundrechte wahrscheinlich überwiegend entbehrlich. Hier muss die prägnante **Objekt-Formel**,[21] wonach der Einzelne nicht zum bloßen Objekt staatlichen Handelns gemacht werden dürfe, am ehesten als ein ebenso plakativer wie zugleich unzulänglicher Appell verstanden werden. Sie geht zu weit, weil Verpflichtungen auch gegen den Willen Betroffener und ggf. mit Zwang und Gewalt durchgesetzt werden müssen.[22] Sie bleibt aber auch zu eng, weil sie etwa wichtige politische und soziale Dimensionen der Menschenwürde ausklammert. Rechtlich anerkannt sind gegenwärtig insbesondere folgende **Dimensionen**:

– **Verbot unmenschlicher Behandlung,** insbesondere das Verbot der Folter, der Zer- **340** störung der Persönlichkeit – etwa durch überlange Haftdauer[23] – oder sonstige erniedrigende Behandlung oder Strafe. Dieses Verbot wird auch in Anlehnung an Art. 3 EMRK[24] konkretisiert. Das Folterverbot findet sich auch in Art. 104 I 2 GG; vor Auslieferung an einen Staat, in dem der Betroffene gefoltert würde, schützt am ehesten Art. 1 i.V.m. Art. 2 II GG.[25]

– **Recht auf Anerkennung als Rechtssubjekt:** Sklaverei, Leibeigenschaft u.ä. sind unzulässig. Jeder Mensch ist Träger von subjektiven öffentlichen und privaten Rechten, die er selbst geltend machen kann. Entmündigung, Betreuung oder sonstige Maßnahmen, welche die Rechtsträgerschaft oder deren Ausübbarkeit wesentlich beeinträchtigen, sind nur zum Schutz des Betroffenen selbst zulässig. Am Verfahren ist er selbst zu beteiligen, seine Ersetzung durch einen amtlich bestellten Betreuer reicht nicht aus.[26]

---

21 Dazu grundlegend *Dürig*, AöR 81 (1956), 117. S.a. etwa BVerfGE 87, 209, 228; BVerwGE 64, 274, 278.
22 So z.B. BVerfGE 30, 1, 25 f.
23 BVerfGE 45, 187, 245 ff.
24 Dazu EGMR, NStZ 2008, 699, 700 f. S.a. EGMR, NJW 2007, 246; EGMR, NJW-Spezial 2010, 472. Überblick bei *Bank*, in: Grote/Marauhn, EMRK, Kap. 11; *Lenzen*, Ist Folter erlaubt?, 2006. Einschränkend für die Bundesrepublik etwa *Brugger*, Der Staat 1996, 67.
25 Dazu BVerfG, NVwZ 1990, 453; 1992, 660; 2008, 71; BVerwGE 67, 184 ff.
26 BVerfGE 10, 302, 317 ff.; 63, 340 ff.; 83, 24 ff.

- **unantastbarer Kernbereich der Privatsphäre:**[27] In ihm sind staatliche Ausforschungs- oder Überwachungseingriffe unzulässig. Seine Konkretisierung ist aber wenig geklärt; hierzu zählt etwa das Verbot der Verabreichung von Wahrheitsdrogen oder der Anwendung von Lügendetektoren.[28] Der Bereich umfasst insbesondere nicht die Kommunikation über (die Vorbereitung von) Straftaten.

- **Recht auf gleiche soziale Achtung:** Der Staat darf Niemanden herabwürdigen, indem er ihm einen unzutreffenden oder lächerlichen Namen verleiht, der etwa das Geschlecht falsch wiedergibt,[29] oder ihn nötigt, einen solchen Namen beizubehalten. Hierzu zählt auch das Verbot der Diskriminierung im Aussehen durch Kleidung oder Veränderungen der Frisur oder des Bartes.

- **Recht auf sozialen Kontakt:** Eine vollständige Isolierung ist auch in der Haft unzulässig, sofern sie länger als nur kurze Zeit dauert. Ein „Verschwindenlassen" der Bürger durch den Staat ist ebenso unzulässig (s.a. Art. 104 IV GG)[30] wie der völlige Ausschluss der Kommunikation mit den eigenen Angehörigen.[31]

- **Recht auf Selbstdarstellung:** Hierzu zählt neben dem Verbot, den Einzelnen durch staatliche Datenerhebung vollständig zu erfassen, insbesondere die Garantie, dass jedermann in ihn betreffenden staatlichen Verfahren das Recht haben muss, sich selbst zu beteiligen und nicht durch seinen Datenschatten verdrängt oder ersetzt zu werden. Diese Garantie ist für das Gerichtsverfahren in Art. 103 I GG näher ausgeformt, für das Verwaltungsverfahren in den Verfahrensgesetzen anerkannt.

- **Recht auf eine ausreichende materielle Lebensgrundlage:** Hierfür ist der notwendige Bedarf wenigstens typisierend realitätsnah zu berücksichtigen.[32] Die Unterbringung einer siebenköpfigen Familie in einem einzigen Raum ist unzulässig.[33] Ein unmittelbarer Zahlungsanspruch ergibt sich aus Art 1 I GG aber nicht.[34]

341 Die **Menschenwürde garantiert so nicht nur ein Sein, sondern auch elementares Handeln** der Menschen. Einzelne ihrer genannten Dimensionen werden nicht allein aus Art. 1 I GG, sondern daneben auch aus anderen Verfassungsnormen hergeleitet. Doch gilt für sie alle: „Alle staatliche Gewalt" ist verpflichtet, sie zu achten und zu schützen (Art. 1 I 2 GG); d.h. **selbst Beeinträchtigen zu unterlassen wie auch Beeinträchtigungen durch Dritte zu verhindern.** Die Würde des Menschen liegt dem Staat nicht bloß voraus, sondern ist ihm zu besonderer Für- und Vorsorge aufgegeben.

---

27 Seit BVerfGE 109, 279, 313 ff.; s. etwa BVerfGE 119, 1, 29; NJW 2009, 3357, 3359.

28 BVerfG, NJW 1982, 375. Zuletzt *Seiterle*, Hirnbild und „Lügendetektion", 2010. Für Zulässigkeit bei Einverständnis des Betroffenen: *Dreier*, in: Dreier, GG, Art. 1 I Rn. 142 (allerdings Beweismitteltauglichkeit verneinend); *Herdegen*, in: MD, GG, Art. 1 Rn. 85.

29 BVerfGE 49, 286 ff.; 115, 1, 14 ff.; BayObLG, NJW 1996, 791, 792. S.a. BVerfGE 121, 175.

30 *Bröhmer*, Transparenz als Verfassungsprinzip, 2004, S. 247 f.; *Degenhart*, in: Sachs, GG, Art. 104 Rn. 25 f.; *Dürig*, in: MD, GG, Art. 104 Rn. 43; *Schulze-Fielitz*, in: Dreier, GG, Art. 104 Rn. 56.

31 Vgl. BVerfGE 35, 35; 57, 170; KG Berlin, NStZ 1992, 558.

32 BVerfG, NJW 2010, 505, 516.

33 OVG Berlin, NJW 1980, 2482 f.

34 BVerfGE 1, 97, 104 f.

Daraus können nicht nur Unterlassungs-, sondern auch Handlungspflichten entstehen. Eingriffe in die „unantastbare" Menschenwürde sind stets unzulässig; der eng verstandene Schutzbereich ist weder abwägungs- noch einschränkungsoffen.[35] Das gilt auch dann, wenn der Staat mit dem Eingriff in die Menschenwürde des einen diejenige eines anderen schützen will. Erst recht ist **Art. 1 I GG ein Grundrecht, aber keine Grundpflicht**: Eine Pflicht der Menschen, sich menschenwürdig zu verhalten, lässt sich dieser Verfassungsnorm nicht entnehmen.[36]

Die einzelnen **Grundrechte und grundrechtsgleichen Rechte** werden zumeist **als Ausprägungen der Menschenwürde** angesehen, welche diese für unterschiedliche soziale Bereiche näher konkretisieren. Bei deren Auslegung stellen sich der Grundrechtsdogmatik insbesondere vier Zentralfragen:

(1) **Wer ist Grundrechtsberechtigter?** Damit ist die Frage nach dem **Träger der Grundrechte** angesprochen.[37] Sie findet ihre ansatzweise Beantwortung in Art. 19 III GG. Dieser gilt jedoch nur für juristische, nicht hingegen für natürliche Personen.   **342**

(2) **Wer ist Grundrechtsverpflichteter?** Diese Frage nach den **Grundrechtsadressaten**[38] beantwortet sich ansatzweise aus Art. 1 III GG. Danach binden die Grundrechte alle Staatsgewalt. Offen bleibt hingegen, ob und welche Rechtsbeziehungen sie zwischen Privaten begründen können.   **343**

(3) **Was ist der Grundrechtstatbestand?** Hier geht es um die persönlichen und sachlichen Voraussetzungen des Grundrechtsschutzes; namentlich die Frage, welche Sachbereiche von ihnen geregelt sind. Was also bedeutet „Versammlung", „Beruf" oder „Religionsausübung"? Solche **Grundrechtsschutzbereiche**[39] stehen prinzipiell nebeneinander. Im Falle tatbestandlicher Überschneidungen kann sich die Frage nach den Grundrechtskonkurrenzen stellen. Greift etwa die Schließung eines Betriebs in Art. 12 GG oder in Art. 14 GG oder in beide Grundrechte ein?   **344**

(4) **Was sind die Rechtsfolgen der Grundrechte?** Hier kann es einerseits um die Frage gehen, was „Freiheit" oder „Gleichheit" eigentlich ist. Daneben stellt sich die Frage nach den Ansprüchen, welche aus den Grundrechten hergeleitet werden können.[40]   **345**

> Zur Beantwortung dieser Fragen hat die Grundrechtsdogmatik mehrere **Grundrechtstheorien** entwickelt, welche für alle oder zumindest für mehrere Rechte Anwendbarkeit beanspruchen. Sie stehen gleichsam „hinter" den einzelnen Garantien. Aus ihnen werden sodann Rückschlüsse auf Inhalte und Wirkungsweisen der jeweiligen Garantien gezogen. Solche Schlüsse erfolgen teils explizit, teils implizit. Hier sollen zunächst die wichtigsten Theorien mit Beispielen vorgestellt und sodann ihre Auswirkungen auf die Beantwortung der oben genannten Zentralfragen verdeutlicht werden.

---

35 *Anders* z.B. auf der Basis eines weiteren Schutzbereichskonzepts *Herdegen*, in: MD, GG, Art. 1 I Rn. 43 ff., der einen Menschenwürdekern und einen darüber hinausgehenden Schutzbereich unterscheiden will.

36 *Gusy*, DVBl. 1982, 984; *Olshausen*, NJW 1982, 2221, 2222 ff.; vgl. BVerwGE 84, 314; anders noch BVerwGE 64, 274, 279.

37 Dazu Rn. 384 ff.

38 Dazu Rn. 400 ff.

39 Dazu Rn. 449 ff.

40 Dazu Rn. 375 ff.

2. Teil. Die Grundrechte

Zur Vertiefung (zur Menschenwürde):

Böckenförde, Menschenwürde als normatives Prinzip, JZ 2003, 809; *Classen*, Die Menschenwürde ist – und bleibt – unantastbar, DÖV 2009, 689; *Enders*, Die Menschenwürde in der Verfassungsordnung, 1997; *Feest*, Menschenwürde im Strafvollzug, Betrifft Justiz 2008, 276; *Höfling*, Die Unantastbarkeit der Menschenwürde – Annäherungen an einen schwierigen Verfassungsrechtssatz, JuS 1995, 857; *Hömig*, Die Menschenwürdegarantie des Grundgesetzes in der Rechtsprechung der Bundesrepublik Deutschland, EuGRZ 2007, 633; *Hufen*, Die Menschenwürde, Art. 1 I GG, JuS 2010, 1; *Hufen*, Erosion der Menschenwürde?, JZ 2004, 313; *Meyer-Ladewig*, Menschenwürde und Europäische Menschenrechtskonvention, NJW 2004, 981; *Nettesheim*, Die Garantie der Menschenwürde zwischen metaphysischer Überhöhung und bloßem Abwägungstopos, AöR 130 (2005), 71; *Wallau*, Die Menschenwürde in der Grundrechtsordnung der Europäischen Union, 2010.

§ 9 Der Freiheitsschutz der Grundrechte

Die meisten Grundrechtstheorien betreffen nicht alle Grundrechtsbestimmungen des **346** 1. Abschnitts gleichermaßen, sondern ganz überwiegend die Freiheitsrechte. **Grundrechtstheorie ist maßgeblich Freiheitsrechtstheorie.** Deren Ausgangspunkte bilden regelmäßig zwei Fragen:

– **Was ist Freiheit?** Freiheit wird gegenwärtig ganz überwiegend als **Abwesenheit von Fremdbestimmung** verstanden. Schon problematischer ist dagegen, ob als unerwünschte Fremdbestimmung nur diejenige durch staatlichen Zwang oder aber auch diejenige durch andere Akteure – etwa Unternehmen, Monopole, Verbände – zu verstehen ist. Die ältere Auffassung, wonach Freiheit als Einsicht in das Richtige, Notwendige oder Vernünftige zu qualifizieren sei, spielt in der Grundrechtsdiskussion keine Rolle mehr.

– **Wie kann Freiheit rechtlich gesichert werden?** Ist das Recht (auch) eine Zwangsordnung, so stellt sich die Frage, auf welche Weise es Abwesenheit von Zwang und damit Freiheit sichern kann. Ist Abwesenheit von Fremdbestimmung identisch mit Abwesenheit von Recht, Freiheit also nur in rechtsfreien Räumen möglich? Oder kann das Recht Freiheit auch herstellen, verwirklichen oder sichern? Die Frage wird auch so gestellt: Sichern die Grundrechte rechtliche oder aber reale Freiheit?[1]

I. Freiheitsrechte als Eingriffsabwehr – Unverletzlichkeit der Wohnung

Der V-Verein hat Vereinsräume und betreibt einen daran angrenzenden Aufent- **347** haltsraum, in welchem eine öffentlich zugängliche Teestube betrieben wird. Nach Hinweisen auf möglichen Rauschgifthandel führt die Polizei in der Teestube Personenkontrollen durch, bei denen die Ausweise mehrerer Personen überprüft und einzelne von ihnen in Gewahrsam genommen werden. V beruft sich gegen diese Maßnahmen auf den Schutz des Art. 13 GG. Zu Recht? (nach: BVerfGE 121, 345; zum Fall u. Rn. 353)

Die Besichtigung soll in den Betriebsräumen des V stattfinden. Daher könnte der Schutzbereich des Art. 13 GG tangiert sein. Dessen **Grundrechtstatbestand** nennt die **Unverletzlichkeit der Wohnung als räumlichen Schutz der Privatsphäre.** Hierzu zählen

---

1 Dazu grundlegend *Krebs*, in: HGRe II, § 31 Rn. 1 ff.

alle Räume, in welchen sich Privatheit entfalten kann, weil der Inhaber sich dahin zurückziehen („Rückzugsraum") und zugleich über die Zugangsmöglichkeit Dritter zu ihnen und deren Aufenthaltsmöglichkeit in ihnen disponieren kann. Nicht maßgeblich ist, dass er dort allein ist, maßgeblich ist vielmehr, dass er berechtigt ist, allein zu sein bzw. andere zuzulassen oder ihnen den Zutritt zu verwehren. Dazu zählen die **klassische Wohnung**, ihre Nebenräume (Treppenhäuser, Keller), Hotel- und Krankenzimmer, nicht hingegen Räume, in denen sich der Inhaber unfreiwillig aufhält (Gefängniszellen) oder aber eingefriedete Grundstücke ohne Wohnbauten.

348 **Grundrechtsträger** sind alle Menschen. Konkret geschützt ist der **Inhaber des Nutzungsrechts**, also nicht nur der Eigentümer, sondern auch der Mieter, Untermieter oder sonstige Nutzer unabhängig davon, ob er dieses (noch) berechtigt ausübt oder nicht (z.B. der gekündigte Mieter). Bei mehreren Nutzern sind alle grundrechtsberechtigt. Nach vorherrschender Auffassung soll dies auch für juristische Personen i.S.d. Art. 19 III GG gelten.

Darüber hinaus werden auch gewerblich genutzte Räume dem Grundrechtsschutz unterstellt. Ursprünglich wohl am ehesten für mit der Wohnung unmittelbar zusammenhängende Gewerberäume gedacht, werden nunmehr **auch Arbeits-, Betriebs- und Geschäftsräume einbezogen, soweit sie nicht generell der Öffentlichkeit zugänglich sind.** Auf den Zusammenhang mit einer „Wohnung" im klassischen Sinne kommt es dabei nicht mehr an. Vielmehr ist allein maßgeblich, ob der Zutritt begrenzt ist oder nicht. Soweit und solange sie für die Allgemeinheit geöffnet sind (z.B. Geschäfte, Gaststätten), ist die Rechtslage umstritten: Teils werden sie dem Schutz des Art. 13 GG, teils hingegen demjenigen des Art. 2 I GG unterstellt.[2] Diese letztere Lösung wird nicht nur dem Zweck des Wohnungsschutzes zur Verwirklichung der Privatsphäre, sondern auch den Schrankenbestimmungen des Art. 13 II–VII GG besser gerecht.

349 Soweit Räume grundrechtlich geschützt sind, ist dieser Schutz allerdings nicht absolut. Die weiteren Absätze des Art. 13 GG deuten an, dass unter bestimmten Voraussetzungen Beschränkungen zulässig sind. Die garantierte „Unverletzlichkeit" gilt nur grundsätzlich und ist relativ. Das **Grundrecht untersagt also nicht jegliche staatliche Maßnahmen, sondern nur solche, welche nicht durch die Schrankenbestimmungen des GG gerechtfertigt werden können.** Diese Bestimmungen sind allerdings in Art. 13 GG recht kompliziert. Welche von ihnen einschlägig sein könnte, hängt von der Qualifikation der jeweiligen staatlichen Handlung ab. Danach gilt

– für **Durchsuchungen** der Art. 13 II GG,

– für die (heimliche) **Überwachung von Wohnungen mit technischen Mitteln** der Art. 13 III–VI GG und

– für **Eingriffe und Beschränkungen im Übrigen** der Art. 13 VII GG.

350 **Durchsuchung** i.S.d. Art. 13 II GG ist das **ziel- und zweckgerichtete Suchen staatlicher Organe nach Personen oder Sachen** oder zur Ermittlung eines Sachverhalts, um etwas aufzufinden, was der Inhaber der Wohnung nicht von sich aus offenlegen oder herausgeben will.[3] Die Suche muss in einer Wohnung stattfinden, demnach setzt die

---

2 Einerseits BVerfGE 97, 228, 265; andererseits BVerfG, NJW 2003, 2669.
3 BVerfGE 51, 97, 106 ff.

Maßnahme das Betreten der Wohnung voraus. Aufnahmen von außerhalb, etwa mit Hilfe von Infrarot- oder Wärmebildkameras, zählen auch dann nicht dazu, wenn sie Gegenstände sichtbar machen, welche in der Wohnung nicht unmittelbar sichtbar wären, etwa den Inhalt von Schränken. Umgekehrt reicht bloßes Betreten allein nicht aus, um die Maßnahme als Durchsuchung zu qualifizieren. Wer nur den Inhaber verhaften oder offen erkennbare Gegenstände abtransportieren will, durchsucht nicht. Indizien können etwa das Öffnen oder Wegräumen von Möbeln, das Abklopfen von Wänden oder die Einsichtnahme in Behältnisse sein. Unmaßgeblich ist demgegenüber der Zweck oder Rechtsgrund der Maßnahme: Der Anwendungsbereich des Art. 13 II GG ist insbesondere nicht auf das Strafverfahren begrenzt.

Eine Durchsuchung bedarf grundsätzlich eines vorherigen richterlichen Beschlusses. Dieser **Richtervorbehalt** soll angesichts der Schwere des Eingriffs einerseits und der Unmöglichkeit rechtzeitigen Rechtsschutz zu erlangen andererseits, eine vorherige Berücksichtigung der Rechte der Betroffenen ermöglichen. Dies ist bei der Durchsuchung wichtig, weil die Maßnahme für Betroffene überraschend stattfinden muss, damit diese nicht die Möglichkeit erlangen, Gegenstände vorab zu verbergen oder zu vernichten. Der Richter muss die Zulässigkeit der Maßnahme prüfen und genehmigen.[4] Die vorherige richterliche Mitwirkung schließt nachträglichen Rechtsschutz Betroffener schon deshalb nicht aus, weil diese vorab kein rechtliches Gehör (Art. 103 I GG) erlangen konnten.

Ist die Einschaltung des Richters wegen besonderer Eilbedürftigkeit nicht möglich, so liegt **Gefahr im Verzug** vor. In solchen Fällen dürfen ausnahmsweise gesetzlich ermächtigte Organe (etwa die Staatsanwaltschaft und ihre polizeilichen Ermittlungspersonen, § 105 I StPO) eine Durchsuchung auch ohne richterlichen Beschluss vornehmen. Doch ist diese Regelung auf Ausnahmefälle zu begrenzen und darf – im Unterschied zur älteren Praxis – nicht der Regelfall werden. Die Gefahr im Verzug ist von der Behörde im Einzelfall zu prüfen und zu dokumentieren.[5] Kann die Maßnahme auch in zwei Stunden noch durchgeführt werden, muss die Anrufung des Richters jedenfalls versucht werden.[6] Auch nach Feierabend und am Wochenende ist regelmäßig ein Bereitschaftsdienst geboten.[7]

Die **elektronische Wohnraumüberwachung** mit Minispionen, Richtmikrophonen oder Kameras (sog. „Lausch-" oder „Spähangriff") stellt einen besonders schwerwiegenden Grundrechtseingriff dar. Dies bezieht sich nicht allein auf das Betreten der Räume, um die Geräte anzubringen und abzubauen. Vielmehr werden durch die Geräte Handlungen und Vorgänge in der Wohnung aufgezeichnet, welche einen hohen Grad an Privatheit aufweisen. Die Wohnung als Rückzugsraum und Ort der Entfaltung von Privatheit wird so in hohem Maße entprivatisiert. Darin liegt ein Eingriff nicht nur in Art. 13 GG, sondern auch in sonstige Garantien der Privatsphäre, etwa die informationelle Selbstbestimmung[8] und im Extremfall die Garantie der Menschenwürde.[9] Sofern man dies überhaupt

351

---

4 Zu den Einzelheiten *Gusy*, NStZ 2010, 353.
5 BVerfGE 103, 142, 159 ff.
6 BVerfG, NJW 2005, 1637, 1639.
7 Zum Umfang einerseits OLG Hamm, NStZ 2010, 165; andererseits VfGH SL, Beschl. vom 15.4.2010, Lv 5/09.
8 Dazu näher BVerfGE 65, 1.
9 Dazu näher *Stern*, in: ders., Staatsrecht IV/1, § 97, S. 1–118.

2. Teil. Die Grundrechte

für zulässig hält,[10] ist der **unantastbare Kernbereich der Privatsphäre** zu respektieren. Dafür und für den Schutz besonderer Vertrauensverhältnisse (Beichtgeheimnis, Strafverteidigung usw.) sind hinreichende gesetzliche und technische Vorkehrungen zu treffen. Zu Zwecken der Aufklärung begangener Straftaten ist die Maßnahme im Rahmen des Art. 13 III GG, für Zwecke der Verhinderung zukünftiger Straftaten und Gefahren nach Art. 13 IV GG zulässig. Deren Tatbestandsvoraussetzungen sind durch Gesetzgeber und Vollzugsbehörden strikt einzuhalten. Auch hier gilt ein – in Abs. 3 näher qualifizierter – **Richtervorbehalt**. Ausnahmen gelten nur im Rahmen des Art. 13 V GG. Ein besonderes Kontrollinstrument ist die Berichtspflicht nach Art. 13 VI GG.[11]

352 **Sonstige Eingriffe und Beschränkungen** i.S.d. Art. 13 VII GG sind solche, welche weder „Durchsuchungen" noch technische Überwachungsmaßnahmen darstellen. Dazu zählt namentlich das (bloße) **Betreten** der Wohnung. Solche Maßnahmen dürfen allein auf der Grundlage eines Gesetzes und nur zu einem der dort genannten Zwecke erfolgen. Auch hier sind demnach die Grundsätze über den **Vorbehalt des Gesetzes** anwendbar und zwar ungeachtet des insoweit missverständlichen Wortlauts des Art. 13 II GG auch für die beiden ersten Alternativen. Auch hier gilt also der allgemeine Satz: **Kein Grundrechtseingriff ohne Gesetz.** Die von der Eingriffsermächtigung zugelassenen Zwecke sind eng formuliert, sie gelten allein für die Bekämpfung gemeiner Gefahren, von Lebens- und bestimmten **dringenden Gefahren**. Dieses letzte Merkmal kombiniert Ausmaß und Wahrscheinlichkeit des Schadens: Je höher der drohende Schaden oder je wahrscheinlicher sein Eintritt, desto eher sind Beschränkungen aufgrund Gesetzes[12] zulässig.

> Für routinemäßige Betriebsbesichtigungen oder -besuche (sog. „Nachschau") während der Öffnungszeit lässt namentlich das BVerfG weitere Einschränkungen zu: Je mehr die Räume für die Aufnahme sozialer bzw. geschäftlicher Kontakte für Dritte bestimmt seien und je größer der Kontakt nach außen sei, desto schwächer werde der grundrechtliche Schutz.[13] Diese mit Text und Systematik des Art. 13 GG nicht vereinbare Rechtsprechung findet ihre Grundlage in der dargestellten weiten Erstreckung des Schutzbereichs: Wo Räume nicht allein der Entfaltung von Privatheit dienen, sondern auch die Öffentlichkeit zugelassen ist, soll diese Öffentlichkeit in den Räumen vor den ihr drohenden typischen Gefahren – etwa durch Mängel bei der Ausübung eines Gewerbes – geschützt werden. Im Ergebnis nähern sich hier der Inhalt und Umfang des Schutzes demjenigen aus Art. 2 I GG an,[14] es läge daher näher, den Schutz auch aus diesem Grundrecht herzuleiten.[15] Sofern Räume auch privat genutzt werden, ist Art. 13 VII GG strikt anzuwenden. Bloße Auskunftpflichten über die Räume oder deren Nutzung – ohne Betreten – greifen nicht in die Unverletzlichkeit der Wohnung ein.

---

10 Dagegen BVerfGE 109, 279, 182; s.a. *Gusy/Ziegler*, Journal für Rechtspolitik 1996, 193. Dafür aber mit Einschränkungen BVerfGE 109, 279, 313 ff.

11 Siehe etwa Bericht der Bundesregierung, zuletzt BT-Drucks. 16/14116.

12 Dazu können auch verfassungssystematisch einschränkend ausgelegte Generalklauseln zählen, sofern die sonstigen Voraussetzungen des Art. 13 GG wie auch des GG insgesamt beachtet werden. S. etwa BVerwGE 47, 31, 38 f.; *Jarass/Pieroth*, GG, Art. 13 Rn. 36 ff. (Nachw.).

13 Seit BVerfGE 32, 54, 76; s.a. BVerfGE 97, 228, 266.

14 Dazu *Stein/Frank*, Staatsrecht, 20. Aufl., 2007, S. 285 f.; dahingehend auch *Kühne*, in: Sachs, GG, Art. 13 Rn. 4.

15 Zur insoweit vergleichbaren Rechtsprechung des EGMR *Marauhn/Meljnik*, in: Grote/Marauhn, EMRK, Kap. 16 Rn. 56 f., 67.

*Bitte beurteilen Sie nun den **Beispielsfall** (o. Rn. 347)!*

Die Anwendbarkeit des **Tatbestandes** des Art. 13 GG wirft mehrere Probleme auf. Der V **353** betreibt eine öffentlich zugängliche Teestube als Teil seiner Vereinsräume. Jedenfalls wegen dieses Zusammenhangs öffentlicher und nicht-öffentlicher Räume wird der sachliche Schutzbereich des Art. 13 GG für einschlägig gehalten (BVerwGE 121, 345, 348). Von der Rechtsprechung würde dies wohl auch dann angenommen, wenn alle Vereinsräume öffentlich wären. Dass der V eine juristische Person ist, soll einer Grundrechtsträgerschaft gleichfalls nicht entgegen stehen (s.o. Rn. 392 ff.). Einschlägiger **Schrankentatbestand** ist dann nicht Art. 13 II GG – durchsucht werden nicht die Räume, sondern allenfalls betroffene Personen, also nicht „Wohnungen" (BVerfGE 121, 345, 349 f.) –, sondern Art. 13 VII GG, weil zu diesem Zweck die geschützten Räume betreten werden. Da dies während der Öffnungszeiten geschah, ist hier die weite Auslegung der Schrankenbestimmungen einschlägig: Es muss eine besondere gesetzliche Bestimmung zum Betreten der Räume ermächtigen, das Betreten der Räume und die Vornahme der Besichtigungen und Prüfungen müssen einem erlaubten Zweck dienen und für dessen Erreichung erforderlich sein, das Gesetz muss den Zweck des Betretens, des Gegenstands und Umfangs der zugelassenen Besichtigung und Prüfung deutlich erkennen lassen und das Betreten der Räume sowie die Vornahme der Besichtigung und Prüfung ist nur in den Zeiten gestattet, zu denen die Räume für die jeweilige geschäftliche und betriebliche Nutzung zur Verfügung stehen (BVerfGE 32, 54, 77; BVerfGE 121, 345, 352). Soweit die Hinweise auf möglichen Rauschgifthandel also hinreichend konkret waren, sind diese Voraussetzungen auch dann erfüllt, wenn die Maßnahme aufgrund generalklauselartiger gesetzlicher Grundlagen erfolgte.

Die Unverletzlichkeit der Wohnung begründet somit eine **Verbotsnorm**: Durch- **354** suchungen und sonstige Einschränkungen dürfen nicht durchgeführt werden, sofern sie nicht im Einzelfall durch einen Einschränkungstatbestand gerechtfertigt werden können. Dieser Verbotsnorm entspricht ein Abwehranspruch des Grundrechtsträgers: Er hat gegenüber den Grundrechtsadressaten, namentlich Gesetzgebung, Vollziehung und Rechtsprechung (Art. 1 III GG), einen Anspruch auf Beachtung des Verbots, also einen **Unterlassungsanspruch** gegenüber verbotenen Eingriffen und Beschränkungen. Der Charakter des Grundrechts als Abwehrrecht gegen rechtswidrige Eingriffe wird schon durch den Text des Art. 13 I GG deutlich, in welchem die Wohnung als „unverletzlich" und somit als gegen die in Art. 13 II–VII GG genannten Maßnahmen geschützt bezeichnet wird.

Ähnliche Formulierungen finden sich auch in anderen Freiheitsrechten. Art. 2 II 2 GG qualifiziert die „Freiheit der Person", Art. 4 I GG die Glaubens- und Gewissensfreiheit, Art. 10 I GG das Brief-, Post- und Fernmeldegeheimnis als „unverletzlich". Andere Grundrechte schützen gegen staatliche Einschränkungen (Art. 11 GG), „Zwang" (Art. 7 III 3 GG) oder bestimmte Zwangsmaßnahmen (Art. 6 III; 16 II 1 GG).

In diesem Sinne erscheint der Grundrechtsschutzbereich als eine bestimmte Sphäre **355** der Menschen, in welche der Staat nicht eingreifen darf. Diese Sphäre wird als „frei" bezeichnet, wenn sie eingriffsfrei ist. Unfrei wird sie in dem Moment, in welchem der Staat hineinregiert. Der zugrunde liegende **negative Freiheitsbegriff**[16] konkretisiert

---

16 Dazu o. Rn. 248 f.

sich in dem Sinne: **Freiheit ist Abwesenheit von Fremdbestimmung durch den Staat.** Aus jenem Gegensatz von Freiheit und Staat wird weitergehend ein Gegensatz von Freiheit und Recht hergeleitet: Freiheit ist Selbstbestimmung, Recht ist Fremdbestimmung. Den Grundrechten kommt konsequent im Wesentlichen die Funktion zu, einzelne individuelle oder soziale Sphären (Leben, Gewissen, Beruf, Versammlung u.a.) zu benennen, zu umschreiben und sie zugleich gegen staatliche Einwirkung zu sichern. Umgekehrt darf die öffentliche Hand in jene Bereiche nur hineinwirken, soweit sie dazu durch konkrete Einschränkungstatbestände ermächtigt ist. Als Kriterium grundsätzlich unzulässiger und daher im Einzelfall rechtfertigungsbedürftiger Einwirkung der öffentlichen Hand gilt das Kriterium des **Grundrechtseingriffs**: Er bezeichnet **jede dem Staat zurechenbare Maßnahme, welche die Ausübung eines Rechts erschwert oder unmöglich macht.** Elemente jenes Grundrechtskonzepts sind demnach

– die rechtliche Anerkennung einer grundrechtlich geschützten Sphäre,

– deren Schutz allein gegen den Staat und gegen von ihm ausgehende Eingriffe besteht,

– deren Verbürgung durch Verbotsnormen und Unterlassungsansprüche,

– sowie deren Effektivierung durch besondere Verfahren bzw. Verfahrensanforderungen, namentlich an Gesetzgebung und Rechtsprechung.

356 „Freiheit" in jenem Sinne zeichnet sich also durch Abwesenheit bestimmter staatlicher Maßnahmen aus, sie erscheint als „**Freiheit vom Staat**". Tatsächlich ist die Lehre von den Grundrechten als Eingriffsabwehr die älteste und völlig unumstrittene Grundrechtstheorie. Sie entspricht nicht nur dem Wortlaut zahlreicher Einzelgrundrechte. Sie entspricht zudem der maßgeblichen Interessenlage zur Zeit der Grundrechtsentstehung, als das wohlhabende und durch Steuern staatstragend gewordene Bürgertum Freiheit und Mitspracherechte beanspruchte. Sie entsprach auch der Interessenlage der vordemokratischen Grundrechtslehre, welche die Bereiche des Einzelnen, des Staates und der Mitwirkung der Volksvertretungen am Staat eindeutig – und eher einschränkend – abgrenzen wollte. Aus dieser Gleichsetzung von Freiheit und Staatsfreiheit folgt aber auch die relative Blindheit dieser Theorie für nicht-staatliche Freiheitsbedrohungen durch „Private" bzw. gesellschaftliche Monopole, Verbände oder Institutionen („die Börse").

Zur Vertiefung:

Zu Art. 13 GG:

Ennuschat, Behördliche Nachschau in Geschäftsräume und die Unverletzlichkeit der Wohnung gem. Art 13 GG, AöR 127 (2002), 252; *Gusy*, Lauschangriff und Grundgesetz, JuS 2004, 457; *Lepsius*, Die Unverletzlichkeit der Wohnung bei Gefahr im Verzug, Jura 2002, 259; *Wißmann*, Grundfälle zu Art. 13 GG, JuS 2007, 324; 426.

Zum Grundrechtseingriff:

Lübbe-Wolff, Die Grundrechte als Eingriffsabwehrrechte, 1988; *Poscher*, Grundrechte als Abwehrrechte, 2003; *Sachs*, Grundrechtseingriff und Grundrechtsbetroffenheit, in: Stern, Staatsrecht, III/2, § 78, S. 75–224; *von Kielmannsegg*, Grundfälle zu den allgemeinen Grundrechtslehren, JuS 2009, 19; 118; *Voßkuhle/Kaiser*, Der Grundrechtseingriff, JuS 2009, 313.

II. Neuere Grundrechtsdimensionen: Freiheit als Voraussetzung, Auftrag und Ziel der Grundrechte

1. Defizite des Freiheitsschutzes als Eingriffsabwehr – Grundrechtsschutz des Lebens

§§ 218 ff. StGB lassen die Abtreibung unter bestimmten Voraussetzungen straffrei. Ist dies mit dem Grundgesetz vereinbar? (nach: BVerfGE 39, 1; 88, 203; zum Fall u. Rn. 374)

Der Grundrechtstatbestand des Art. 2 II 1 GG garantiert das **Recht auf Leben und** **357** **körperliche Unversehrtheit**. Der Staat darf weder töten noch die Gesundheit oder körperliche Integrität beeinträchtigen. Daran muss sich ein polizeilicher Todesschuss[17] ebenso messen lassen wie körperliche Untersuchungen oder Impfpflichten, welche die Gesundheit gefährden oder (auch kleinere) operative Eingriffe notwendig machen.[18] Je schwerwiegender der Eingriff ist, desto höhere Anforderungen sind an seine Zulässigkeit zu stellen. Eher niedrig sind demnach die Anforderungen an die Abnahme einzelner Haare oder Speichelproben für Zwecke der DNA-Analyse, welche kaum in Art. 2 II 1 GG, stärker hingegen in andere Grundrechte eingreifen kann.[19] Einschränkungen sind nach Art. 2 II 3 GG nur aufgrund eines Gesetzes zulässig. Dieses kann und muss auch regeln, inwieweit die Einwilligung des Grundrechtsträgers Eingriffe, Beschränkungen und Gefährdungen zu rechtfertigen vermag.[20] Art. 2 II 1 GG wird jedenfalls nicht als Autonomieprinzip, also als uneinschränkbares Verfügungsrecht des Einzelnen über sein Leben oder seine Gesundheit begriffen: Ein Recht auf (freiwillige) Selbsttötung wird ihm ebenso wenig entnommen wie ein Recht auf Sterbehilfe. Solche Garantien können sich jedoch ansatzweise aus anderen Freiheitsrechten ergeben, jedenfalls umfasst Art. 1 I GG auch das **Recht auf einen menschenwürdigen Tod**. Der Staat ist nicht verpflichtet, das Leben um jeden Preis zu erhalten; Verfügungen des Einzelnen („Patientenverfügungen") müssen insoweit anerkannt werden. Umfang und Reichweite dieser Anerkennung können gesetzlich ausgestaltet werden.[21]

> Eingriffe in das Recht auf Leben sind nur ganz ausnahmsweise zulässig. Da man nicht mehr oder weniger leben, sondern nur leben oder nicht leben kann, ist hier ein Eingriff mit einer Vernichtung des Schutzgutes gegenüber dem Betroffenen verbunden. Dies zeigt

---

17 Dazu *Arzt*, DÖV 2007, 230; *Beisel*, JA 1998, 721; *Pausch*, Die Rechtmäßigkeit der vorhandenen gesetzlichen Regelungen des Todesschusses in den Polizeigesetzen des Bundes und der Länder, 1996; *Westenberger*, DÖV 2003, 627.

18 Zu Untersuchungen im Rahmen strafrechtlicher Ermittlungen BVerfGE 16, 194, 198 ff.; 17, 108, 117.

19 Dazu näher BVerfGE 103, 21; s.a. BVerfGE 47, 239, 246 ff.

20 Zu Gefährdungen etwa BVerfGE 49, 89, 142 (Nutzung der Kernenergie); 66, 39, 58 ff. (militärische Aktivitäten); 77, 170, 220 f.

21 Zu den Patientenverfügungen § 1901a BGB; zum Problem *Reus*, JZ 2010, 80.

sich etwa beim **polizeilichen Todesschuss**. Für den Sonderfall der **Todesstrafe** findet sich eine Regelung in Art. 102 GG: Dieser schließt Tötungen durch deutsche Staatsorgane als strafrechtliche Sanktion gänzlich aus. Auslieferungen, Abschieben oder sonstige Überstellungen an andere Staaten sind nicht zulässig, sofern dem Betroffenen dort die Hinrichtung droht.[22]

358 **Grundrechtsträger** ist „**Jeder**", also „jeder Lebende (und) daher auch das noch ungeborene Leben".[23] Dies wird aus der Entstehungsgeschichte sowie Sinn und Zweck des Grundrechts hergeleitet. Ein solcher Grundrechtsschutz ab der Nidation, aber vor der Geburt, kann etwa vorgeburtlicher Diagnostik und Therapie entgegenstehen.[24] Insoweit können Unterlassungsansprüche gegen die Grundrechtsadressaten, also den Staat, entstehen. Der Grundrechtsschutz endet mit dem Tod.

Die strafrechtlichen Regelungen des Schwangerschaftsabbruchs gehen allerdings darüber hinaus. Sie betreffen nicht nur staatliche Stellen, sondern auch Privatpersonen, etwa Ärzte oder (private) Kliniken. Dies ist keine Frage des Grundrechtstatbestands, sondern der **Adressaten und der Rechtsfolgen des Grundrechts.** Wenn die Garantie ausschließlich staatsgerichtet ist, so ist ihr Anwendungsbereich sehr reduziert: Durch das Gesetz, also §§ 218 ff. StGB (allein) wird keine Schwangerschaft abgebrochen. Der Grundrechtsschutz betrifft dann allein Abtreibungen durch die öffentliche Hand, also etwa in staatlichen oder kommunalen Kliniken. Begründen sie aber ausschließlich Unterlassungsansprüche, so kann aus ihnen auch keine Pflicht des Staates zum Schutz gegen Schwangerschaftsabbrüche durch andere Personen hergeleitet werden, denn ein solcher Schutz ist durch bloßes Unterlassen nicht möglich, sondern bedingt ein aktives Handeln: etwa den Erlass und die Durchsetzung von Rechtsnormen des Sozial-, des Arzt- und zuletzt möglicherweise auch des Strafrechts.[25] Ein bloßer Unterlassungsanspruch reicht dazu also nicht aus.

Hier gilt nochmals festzuhalten: Auch wenn **Grundrechte** allein staatsgerichtete Freiheitsrechte wären, enthielten sie doch nur **verfassungsrechtliche Minimalgarantien.** Der Gesetzgeber wäre also berechtigt, auch über diesen Minimalstandard hinauszugehen. Dies zeigt ein Vergleich mit dem **Lebensschutz der Menschen nach der Geburt:** Sie sind in §§ 211 ff. StGB nicht allein gegen den Staat, sondern gegen jeden Dritten geschützt. Insoweit besteht ein umfassender strafrechtlicher Schutz. Auch zugunsten Ungeborener darf der Gesetzgeber über die Minimalstandards der Verfassung hinausgehen. Er ist also dazu berechtigt, aber (aus abwehrrechtlich gedeuteten Grundrechten) nicht verpflichtet. Doch genau um eine mögliche Verpflichtung geht es in der Diskussion um den Schwangerschaftsabbruch. Konkret geht es um die Frage, ob die gesetzlichen Ausnahmen von der Strafdrohung hinter den verfassungsrechtlichen Pflichten zurückbleiben.

359 Für die Verfassungsdogmatik geht es um die Frage: **Sind die Grundrechte nur Abwehrrechte gegen den Staat oder enthalten sie auch weitergehende Garantien?** Dabei ist da-

---

22 Dazu *Gusy*, in: vMKS, GG, Art. 102 Rn. 23 ff. m.w.N.

23 BVerfGE 39, 1, 36 ff.

24 Dazu etwa *Frommel*, KJ 2002, 411; *Middel*, Verfassungsrechtliche Fragen der Präimplantationsdiagnostik und des therapeutischen Klonens, 2006; *Ratzel*, GesR 2004, 77.

25 Zu diesen Regelungsebenen einerseits BVerfGE 88, 203, 315 ff.; andererseits *Böckenförde*, abw. Votum ebd., S. 359 ff.

rauf hinzuweisen: Als bloß Abwehrrechte gegen den Staat stellen sie die Freiheit in mehrfacher Hinsicht schutzlos:

- Freiheitseingriffe durch Privatpersonen bleiben grundrechtslos, dies thematisiert den **Drittwirkungsaspekt des Freiheitsschutzes.**

- Fehlt bestimmten Menschen die wirtschaftliche Grundlage der Freiheitsausübung, wird der Grundrechtsschutz für sie illusorisch: Wer keinen Ausbildungslatz bekommt, hat nichts von der freien Wahl der Ausbildungsstätte (Art. 12 I 1 GG), dies thematisiert den **Leistungsaspekt der Freiheitsschutzes.**

- Wer umgekehrt über besonders viele Ressourcen verfügt, kann die Freiheit anderer leerlaufen lassen. Wenn nach einer bekannten Metapher die Pressefreiheit die Freiheit von 200 reichen Leuten ist, ihre Meinung zu verbreiten, so entsteht die Frage nach dem **Verteilungsaspekt des Freiheitsschutzes.**

Jene Schutzlücken resultieren aus folgendem Umstand: **Freiheitsschutz gegen staatliche Eingriffe setzt voraus, dass überhaupt Freiheit vorhanden ist.** Wo nichts ist, ist jeder Schutz gegen Eingriffe und Beschränkungen zwar nicht rechtlich, wohl aber faktisch sinnlos. Ganz ohne staatliches Zutun kann eine Freiheit fehlen, wenn entweder die erforderlichen Mittel nicht vorhanden sind (fehlende Ausbildung) oder aber private Unternehmen, Verbände oder Personen die Freiheit anderer beschränken oder ausschließen können (z.B. durch Oligopole, Allgemeine Geschäftsbedingungen u.ä.). Die zivilrechtliche Diskussion etwa über die Vertragsfreiheit kennt viele Beispiele.[26]

2. Historische und rechtliche Grundlagen des Konzepts der Abwehrrechte

Seit Beginn des zwanzigsten Jahrhunderts war die Frage, ob Freiheitsrechte allein Abwehrrechte gegen den Staat sein sollten, umstritten. Ein solches Konzept kommt zwar im Text einzelner, aber jedenfalls nicht aller Grundrechtsgarantien zum Ausdruck. Es ist vielmehr eine Folge historischer Grundrechtstheorien. Sie entstammen dem staatsrechtlichen Konstitutionalismus. Die Abwendung vom Absolutismus erfolgt in Deutschland nicht durch eine revolutionäre Ablösung der Monarchie etwa durch eine Republik, sondern durch einen Kompromiss: Konnte und wollte man die Monarchie nicht abschaffen, so suchte das aufsteigende Bürgertum **Mitsprache am und Schutz vor dem Staat.** Es ging also um Beschränkung des Staates, weil er in der Hand des Monarchen war und blieb. Seine Herrschaftsaufgaben und -befugnisse sollten begrenzt werden. Genau dies konnten und sollten Freiheitsrechte, verstanden als Abwehrrechte, bieten. Sie richteten sich gegen den Staat, insbesondere die monarchische Exekutive, und sie waren auf Unterlassung von Freiheitsbeschränkungen gerichtet. Sie sollten den Staat nicht begründen, sondern begrenzen. Dies war das Konzept der **Freiheitsrechte als staatszentrierte Abwehrrechte.**[27]

360

---

26 Zu ihr in jüngerer Zeit BVerfGE 89, 214; *Bäuerle*, Vertragsfreiheit und Grundgesetz, 2001; *Höfling*, Vertragsfreiheit, 1991; *Singer*, JZ 1995, 1133 ff.

27 Dazu, aber auch zu anderen Traditionen der Grundrechtsdogmatik, *Hermes*, Das Grundrecht auf Schutz von Leben und Gesundheit, 1987, S. 168 ff.; *Kühne*, Die Reichsverfassung der Paulskirche, 2. Aufl., 1998, S. 159 ff.

Die philosophisch angeleitete Grundrechtstheorie differenzierte damals zwischen der Gesellschaft als Hort der Freiheit, namentlich der Vertragsfreiheit, und dem Staat als Ort der Herrschaft. Beide waren aufeinander angewiesen: Der Staat erhielt von der Gesellschaft Einnahmen und damit die finanziellen Mitteln, die ihn überhaupt handlungsfähig machten; die Gesellschaft erhielt vom Staat Regeln, Sicherheit und Ordnung. Wegen seiner Herrschaftsrechte müsse der Zugriff des Staates auf die freie Gesellschaft aber begrenzt werden. Diese Grenzen seien die Grundrechte, welche der Staat zwar beschränken, die er aber nicht verletzen dürfe. Die Grenze zwischen Beschränkung und Verletzung wurde durch das Gesetz gezogen, welches aber nicht vom Staat allein, sondern nur mit Zustimmung der Betroffenen ergehen dürfe. Diese Zustimmung erteilten sie nicht persönlich, sondern durch die Kammern: **Kein Grundrechtseingriff ohne Zustimmung der Kammern.** Form und Verfahren dieser Zustimmung bildeten das Gesetz, welches im Konsens von Herrschern und Volksvertretungen ergehen musste. Hier trafen sich Grundrechtsschutz, Gesetzesvorbehalt[28] und Gesetzgebungsverfahren: Maßgebliches Instrument zum Schutz der Grundrechte war damals weniger die Justiz als vielmehr die Legislative.

361 Das dem zugrunde liegende Freiheitskonzept basierte auf zwei Prämissen: **Freiheit wurde definiert als Abwesenheit von Staat und Recht,** namentlich polizeilicher und jutizieller Machtmittel. Diesem folgte die Vorstellung von **Freiheit der Gesellschaft, wenn und weil sie frei vom Staat, also staatsfrei, sei.** Dem entsprach

– die **Gleichsetzung von Freiheit der Gesellschaft und Freiheit**: Wenn die Gesellschaft insgesamt frei sei, habe auch der Einzelne die besten Chancen frei zu sein.

– der **negative Freiheitsbegriff**: Freiheit sei Abwesenheit von Fremdbestimmung, genauer: von Staat und Herrschaft, nicht hingegen von freiwillig begründeter oder übernommener Fremdbestimmung, sei es durch Vertrag, sei es durch vereinbartes Gesetz.

– das Verständnis der **Grundrechte als Abwehrrechte**: Fernhaltung des Staates geschieht am besten durch staatsgerichtete Verbotsnormen und Unterlassungsansprüche, also Abwehrrechte.

Diese Konzepte entsprachen der politischen Situation des 19. Jh. und der Staatsform des Konstitutionalismus jedenfalls in Deutschland. Dabei waren die Defizite und Blindstellen jener Lehren schon damals unübersehbar. **Freiheit der Gesellschaft war schon damals nicht identisch mit Freiheit der Menschen.** In jener reichen die Freiheiten der Einzelnen nur so weit, wie andere bereit sind, ihnen diese einzuräumen. Wesentliche Entwicklungen der Zeit – namentlich die Industrialisierung, Maßstabsvergrößerung durch den Deutschen Zollverein und später die Reichseinigung sowie die dadurch begünstigte Herausbildung von Oligopolen bzw. Monopolen und Kartellen indizierten nicht nur ein eklatantes Gleichheits-, sondern auch ein mindestens ebenso großes Freiheitsproblem. Dem entsprach auch die Zusammensetzung der Kammern: Sie waren praktisch überall durch Zensus- oder Klassenwahlrechte auf die Vertretung von Eliteninteressen festgelegt. Hätte man die Lehre von der freien Gesellschaft wörtlich genommen, so hätten die im Wettbewerb Unterlegenen keine Änderung herbeiführen können, weil sie dies nicht konnten und der Staat hätte nichts für sie tun können, weil er dies nicht durfte. Das Modell der freien Gesellschaft als Hort der Freiheit erscheint so tendenziell als Ort der Freiheit Weniger und der Unfreiheit Vieler. Wir wissen längst: Freier Wettbewerb ist nicht die Folge der Abwesenheit von Recht, sondern Ergebnis seiner Herstellung, Förderung und Erhaltung durch Recht.

---

28 Dazu o. Rn. 246 ff.

Freiheit entsteht erst durch Recht, Rechtlosigkeit bringt Unfreiheit hervor. Die Grund- **362** lagen dieser Einsichten entstammten gleichfalls dem 19. Jh. Dementsprechend war das zuvor skizzierte Modell der Freiheit als Abwesenheit von Staat und Recht nicht das konsentierte Modell der zeitgenössischen Verfassungen und Verfassungsgeber, wohl aber das Vorherrschende der damaligen Verfassungsrechtsdogmatik. Und sie war eine spezifisch deutsche Richtung: Begriffen wie „Grundrechtseingriff" kommt in anderen europäischen Rechtsordnungen eine unterschiedliche und zumeist geringere Bedeutung zu als in Deutschland. So lag die Notwendigkeit einer Neujustierung von Verfassungstheorie und Verfassungsdogmatik jedenfalls nahe. Die Bedeutung von **Grundrechten im demokratischen Sozialstaat** ist durchaus komplexer als diejenige in der Monarchie. Gewiss: Nach wie vor ist der Staat mit seiner Staatsgewalt und den durch sie begründeten Herrschaftsansprüchen und -chancen immer noch eine Quelle von Freiheitsbeschränkungen und -gefährdungen. Das gilt erst recht, wenn man das demokratische Mehrheitsprinzip in Rechnung stellt: Hier geht es um den Schutz von Minderheiten gegen Mehrheiten.[29] Insoweit ist es richtig, dass der **Freiheitsschutz durch Abwehrrechte nach wie vor den Ausgangspunkt der Grundrechtsdogmatik** darstellt. Es geht nicht darum diesen abzulösen, sondern vielmehr darum, ihn durch weitere Dimensionen zu ergänzen.

> **Grundrechte sind nicht nur Grenze, sondern auch Grundlage der Demokratie.** Eine freie, **363** grundrechtlich begründete Gesellschaft ist die beste Grundlage und Voraussetzung von Demokratie, Mehrheitsbildung und Minderheitenschutz. Demokratie ist die Staatsform der Freiheit und Gleichheit, des sozialen Ausgleichs und des gesellschaftlichen Wettbewerbs, aber auch der Konsensbildung durch Mehrheitsbildung. Hierfür sind die Grundrechte zwar nicht die einzige, wohl aber eine wesentliche rechtliche Basis. **Indem der Staat die von ihnen geforderte Freiheit und Gleichheit herstellt, sichert und schützt, fördert er zugleich sich selbst in seiner vom Grundgesetz vorgesehenen Form.** Staat, Staatsform und Grundrechtsschutz sind somit nicht stets und überall ein Widerspruch, sondern immer auch ein Verhältnis wechselseitiger Hervorbringung, Ergänzung und Förderung.

> **Grundrechte sind nicht nur Grenze, sondern auch Grundlage des Sozialstaats.** Dieser tritt seinen Bürgern nicht allein als nehmender Steuerstaat, sondern ebenso als Erbringer von Leistungen entgegen, welche eine wesentliche Grundlage und Voraussetzung der Freiheitsausübung sind. Herstellung von Infrastruktur, Bildungseinrichtungen und Kultur, Gewährleistung sozialer Rechte auch über das Existenzminimum hinaus, Förderung von Arbeitsplätzen, Existenzgründungen und Schaffung der Regeln für einen annähernd fairen Wettbewerb setzen einen Staat voraus, der sich gerade nicht von der Gesellschaft fernhält, sondern mit den Mitteln des Rechts interveniert. Auch die Gesellschaft ist nicht rechtsfrei. Solche Regeln können aber nicht nur Grenzen, sondern auch Chancen der Freiheit und der Gleichheit eröffnen. Auch Freiheit und Recht sind also keine notwendigen Gegensätze.

Das so formulierte Zielbündel erfordert also zugleich **364**

– **Freiheit vom Recht** und vom Staat durch Unterlassung nicht gerechtfertigter Beschränkungen,

– **Freiheit durch Recht** und den Staat durch Schaffung und Durchsetzung freiheitsermöglichender und -fördernder Regeln, sowie

---

29 S. dazu *Kutscha*, JuS 1998, 673.

- **Freiheit im Recht** und im Staat durch ein grundrechtskonformes Verhältnis von Freiheitsherstellung, -sicherung und -beschränkung.

> Jenen drei Funktionen entsprechen aber nicht einfach drei Grundrechtskategorien, wie etwa die traditionellen Statuslehren[30] (status negativus: Freiheitsschutz durch Abwehrrechte; status positivus: Freiheitsschutz durch Leistungsrechte; status activus: Freiheitsschutz durch politische Mitwirkungsrechte). Vielmehr können einzelne Grundrechte durchaus unterschiedliche Funktionen nebeneinander verwirklichen. Sie sind in jener Terminologie dann nicht bloß einer, sondern unterschiedlichen Status zuzuordnen.

Der heute zumeist zugrunde gelegte „**positive Freiheitsbegriff**" ist mehr als die Abwesenheit von Fremdbestimmung durch Staat und Recht. Er enthält das anspruchsvolle Ziel nicht nur rechtlicher, sondern auch tatsächlicher Chancen der Selbstdarstellung, Selbstgestaltung und -verwirklichung der eigenen Lebensentwürfe. Ein solches Ziel ist nach seinem Inhalt wie seiner Erreichbarkeit im Gemeinwesen keineswegs homogen, sondern durchaus spannungsvoll und bisweilen widersprüchlich. Es mutet den Staatsorganen nichts weniger zu, als einerseits Recht zu setzen und durchzusetzen, um grundrechtliche Freiheit dort zu verwirklichen, wo sie sich andererseits gerade im Interesse der Freiheit als Abwesenheit von Fremdbestimmung fernhalten sollten. Hierfür angemessene Maßstäbe zu finden ist die **Aufgabe einer zeitgemäßen Grundrechtsdogmatik**, welche auf diesem Weg im Einzelnen unterschiedliche Richtungen geht. Eine Richtung geht davon aus, die zusätzlichen Dimensionen der Freiheit durch das Grundgesetz insgesamt, nicht hingegen allein durch die Freiheitsrechte sichern zu wollen. Über die Staatsfreiheit hinaus sollen zu diesem Zweck das Demokratie-, das Sozialstaatsprinzip, die Gewaltenteilung und andere Verfassungsnormen herangezogen werden. Auf ihrer Grundlage soll im Rahmen der Schrankentatbestände der Einzelgrundrechte Freiheit nicht nur eingeschränkt, sondern auch ausgestaltet werden können. Dieser Ansatz ist gewiss richtig und wichtig sowie geeignet, Defizite des Grundrechtsschutzes zu kompensieren bzw. Lücken zu schließen.[31]

Die heute vorherrschende Richtung ist hingegen bestrebt, die zusätzlichen Bedürfnisse und Dimensionen der Freiheitssicherung gerade durch die Grundrechte zu realisieren. Dabei geht es darum, **über die überkommene Sicherung negativer Freiheit durch Abwehrrechte hinaus neue Grundrechtsdimensionen zu begründen**. Im Ergebnis sollen so die Freiheitsrechte nicht mehr bloß Freiheit gegen den Staat, sondern zugleich Freiheit im Staat und Freiheit durch den Staat garantieren.

3. Begründungsansätze: Grundrechte als Werte und Prinzipien

365
> „Ohne Zweifel sind die Grundrechte in erster Linie dazu bestimmt, die Freiheitssphäre des Einzelnen gegen Eingriffe der öffentlichen Gewalt zu sichern; sie sind Abwehrrecht des Bürgers gegen den Staat [...]. Ebenso richtig ist es aber, dass das Grundgesetz, das keine wertneutrale Ordnung sein will [...], in seinem Grundrechtabschnitt auch eine objektive Wertordnung aufgerichtet hat [...]. Dieses Wertsystem, das seinen Mittelpunkt in

---

30 Dazu *Jarass*, AöR 120 (1995), 345; *Jellinek*, System der subjektiven öffentlichen Rechte, 2. Aufl., 1905.
31 Dazu noch näher Rn. 375 ff.

der innerhalb der sozialen Gemeinschaft sich frei entfaltenden Persönlichkeit und ihrer Würde findet, muss als verfassungsrechtliche Grundentscheidung für alle Bereiche des Rechts gelten: Gesetzgebung, Verwaltung und Rechtsprechung empfangen von ihm Richtlinien und Impulse [...]. Keine Vorschrift darf in Widerspruch zu ihm stehen, jede muss in seinem Geiste ausgelegt werden."[32]

In diesem wegweisenden Zitat sind **zwei Grundrechtsdimensionen** nebeneinander gestellt: Die Bedeutung als **Abwehrrechte** und daneben diejenige als Teil einer „**objektiven Wertordnung**". Die Rechtsprechung begreift Freiheitsrechte seitdem nicht bloß als individuelle Abwehransprüche, sondern daneben auch als objektive Ordnungselemente. Sie verpflichten alle Staatsorgane, wirksamen Freiheitsschutz nicht nur zu respektieren, sondern auch herzustellen, zu sichern und auszugleichen. Objektiver und subjektiver Gehalt der Freiheitsrechte treten so auseinander und nebeneinander, Freiheit ist nicht allein ein individueller, sondern zugleich ein gesellschaftlicher Zustand. Ganz in diesem Sinne sollen die **Grundrechte in alle Bereiche des Rechts ausstrahlen**, ihnen kommen insoweit zwei Grundfunktionen zu:

- die **Auftragsfunktion,** also die Verpflichtung aller Staatsorgane, Freiheit nicht nur **366** durch Unterlassen zu respektieren, sondern sie auch durch aktive Maßnahmen aller Zweige der Staatsgewalt herzustellen und zu garantieren. Staat und Freiheit kommen so in ein positives Verhältnis wechselseitiger Konstituierung und Ausgestaltung: So wie die Freiheit den demokratischen Staat mitbegründet, begründet der Staat die individuelle und gesellschaftliche Freiheit mit.

- die **Ausstrahlungsfunktion,** also die Pflicht namentlich von Exekutive und Justiz, im Rahmen ihrer Gesetzesbindung (Art. 20 III GG) alles Recht im Lichte des Grundgesetzes und der Grundrechte freiheitskonform auszulegen und anzuwenden. Alle Gesetzesauslegung – längst nicht mehr nur diejenige der Generalklauseln des einfachen Rechts – ist so je nach Materie teils mehr, teils weniger auch Grundgesetzauslegung. Zugleich wird diese Auslegung auch durch die Rechtsprechung des Bundesverfassungsgerichts dirigiert.

Im Extremfall könnte dies die **Konstitutionalisierung der gesamten Rechtsordnung** bewirken: Alles Recht ist grundgesetzgeleitet zu erlassen und auszulegen. Im – allerdings völlig unrealistischen – Idealzustand wäre dann alles Recht Verfassungsanwendung und -auslegung, Gesetzgebung und Fachrechtsprechung wäre dann überflüssig. Doch ist dieses Szenario zwar Gegenstand mancher Kritik, aber von der Wirklichkeit sowohl der Verfassungs- wie auch der fachgerichtlichen Rechtsprechung weit entfernt. Insbesondere hat sie nicht vermocht, der Rechtsprechung des Bundesverfassungsgerichts eine neue Richtung zu geben.

In diesem Sinne sind **Grundrechte nicht nur Verbotsnormen**, Unterlassungs- und Ab- **367** wehransprüche, sondern enthalten auch positive Handlungsaufträge an alle Staatsorgane. Sie **können also auch Gebotsnormen, Handlungs- und Vornahmeansprüche begründen**. Die früher sehr verbreitete, aber auch viel kritisierte Wertordnungslehre bil-

---

32 BVerfGE 7, 198, 204 f. Wichtige Überblicke über den Stand von Rechtsprechung und Rechtswissenschaft bei *Böckenförde*, NJW 1974, 1529; *ders.*, Der Staat 1990, 1; Der Staat 2009, 387.

det zwar die theoretische Voraussetzung, aber gegenwärtig wohl nicht mehr die dogmatische Grundlage der neueren Ansätze.

Eher in der Formulierung als in der Sache neu ist demgegenüber die Deutung der **Grundrechte als Prinzipien.** Hierunter versteht man Normen, welche – wie etwa das Sozialstaatsprinzip[33] – auf Optimierung, Ausgestaltung und Abwägung angelegt sind. Hierzu zählen auch die genannten Auftrags- und Ausstrahlungswirkungen. Als solche sollen sie im Gegensatz zu „deontischen Normen" stehen, welche nur die eindimensionale Abgrenzung von zulässigem und unzulässigem Verhalten enthalten (z.B. Art. 102 GG).

a) *Grundrechtliche Schutzpflichten und Pflichtenkollisionen*

368   „Die Pflicht des Staates, jedes menschliche Leben zu schützen, lässt sich bereits unmittelbar aus Art. 2 II 1 GG herleiten. Sie ergibt sich darüber hinaus auch aus der ausdrücklichen Vorschrift des Art. 1 Abs. 1 S. 2 GG. [...]. Die Schutzpflicht des Staates ist umfassend, sie verbietet nicht nur selbstverständlich – unmittelbare staatliche Eingriffe in das sich entwickelnde Leben, sondern gebietet dem Staat auch, sich schützend und fördernd vor dieses Leben zu stellen, d.h. vor allem es auch vor rechtswidrigen Eingriffen von Seiten anderer zu bewahren. Die Schutzpflicht des Staates muss umso ernster genommen werden, je höher der Rang des infrage stehenden Rechtsgutes innerhalb der Wertordnung des Grundgesetzes anzusetzen ist."[34]

Was hier vom BVerfG für Art. 2 II 1 GG ausgeführt worden ist, ist inzwischen für sämtliche Freiheitsrechte anerkannt. Sie begründen **über ihren Charakter als Abwehrrechte hinaus auch Schutzansprüche** gegen den Staat. Der maßgebliche Unterschied liegt darin, dass erstere sich gegen staatliche Eingriffe richten, letztere hingegen staatliche Vorkehrungen gegen Übergriffe Privater oder sonstiger Dritter fordern. Die Anwendbarkeit der einen oder anderen Dimension hängt also von der Frage ab, von wem die Schmälerung eines grundrechtlich geschützten Rechtsgutes erwartet wird, also dem **Urheber der Beeinträchtigung.** Dieser Umstand prägt allerdings zugleich den Inhalt des Anspruchs.

– Ist der **Urheber der Staat, erfolgt der Grundrechtsschutz durch Unterlassenspflichten und Abwehransprüchen.** Aus ihnen können auch bestimmte Folgeansprüche hergeleitet werden, wenn etwa ein Eingriff schon geschehen ist oder zusätzliche Sicherungen formeller oder materieller Art im Staat gegen Grundrechtsbeeinträchtigungen begründet werden sollen.[35]

– Sind die **Urheber Dritte, so erfolgt der Grundrechtsschutz durch aktives staatliches Tun,** etwa durch Gesetzgebung, Gesetzesdurchsetzung, Rechtsprechung u.a. Hier fallen also Grundrechtsbeeinträchtigender einerseits und Grundrechtsadressat bzw. Grundrechtsschützer andererseits auseinander. Daher kann zum wirksamen Grundrechtsschutz ein bloßes Unterlassen der öffentlichen Hände allein nicht ausreichen. Der Gesetzgeber kann allerdings ggf. Dritte dazu verpflichten, selbst

---

33 Dazu o. Rn. 186 ff.

34 BVerfGE 39, 1, 41 ff.

35 Dazu näher *Lübbe-Wolff*, Die Grundrechte als Eingriffsabwehrrechte, 1988; *Poscher*, Grundrechte als Abwehrrechte, 2003.

Übergriffe in Grundrechte anderer zu unterlassen oder sonstige eigene Maßnahmen zum Schutz der Grundrechte potentiell Betroffener zu treffen.

So sind alle Menschen verpflichtet, Tötungen oder Körperverletzungen gegenüber Dritten zu unterlassen (§§ 211 ff., 223 ff. StGB). Auch können datenverarbeitende Unternehmen verpflichtet werden, wirksame Datenschutzvorkehrungen zugunsten ihrer Nutzer oder Dritter zu treffen. Versammlungen können verpflichtet werden, andere Versammlungen nicht zu stören (§§ 2 I 2; 21 VersG), die Presse darf Ehre und Privatsphäre Dritter nicht grenzenlos herabwürdigen.

Das zuletzt genannte Beispiel deutet aber bereits an: Nimmt der Staat seine Schutzpflicht zugunsten eines Grundrechts wahr, so kann dies zugleich zu Lasten von Grundrechten Dritter geschehen. Eine solche **Grundrechtskollision** tritt ein, wenn die Freiheitsausübung eines Menschen diejenige eines anderen beeinträchtigen kann. Ein solcher Fall ist keineswegs selten: Wo eine Versammlung stattfindet, kann nicht zeitgleich eine andere Veranstaltung durchgeführt werden, wo Kirchenglocken läuten, können sich andere Menschen in ihrer Ruhe gestört fühlen und wenn einer ein knappes Gut kauft, kann es ein anderer nicht mehr kaufen. Wo einer Vielzahl von Personen eine Vielzahl von Freiheitsrechten garantiert wird, sind solche Kollisionen nahezu unvermeidlich. Sie sind eine Folge der Freiheit, die jedenfalls nicht überall grenzenlos sein und auf unbegrenzte Ressourcen stoßen kann.

369

Grundsätzlich gilt: Freiheit des einen ist primär Chance und Medium anderer. **Freiheit ist auch und in hohem Maße kooperativ**, nicht immer und nur konfrontativ. Wer etwas verkaufen will, braucht immer jemanden der kaufen will. Hingegen kann bei der Frage, wer bei dem Kauf den anderen übervorteilt oder unangemessen benachteiligt, rasch die Grenze der Kooperation und der kooperativen Freiheit erreicht sein. Hier können dann Grundrechtskollisionen entstehen.

Soweit solche Kollisionen die normale Folge normaler Freiheitsbetätigung sind, entstehen für die öffentlichen Hände keine besonderen Schutzpflichten. Notwendig sind am ehesten rechtliche Rahmenregelungen: Kaufen und verkaufen kann man regelmäßig nur, wenn es ein Kaufrecht gibt. Im Übrigen **fallen Risiken und Lasten der Freiheitsausübung den Beteiligten selbst zur Last**. Anderes kann aber gelten, wenn ein Fall der Grundrechtskollision vorliegt, welcher unvertretbare Nachteile für Beteiligte, betroffene Dritte oder die Allgemeinheit begründet. Wer Eigentumsgegenstände besitzt, welche etwa Emissionen auslösen und daher die Umwelt und das Eigentum Dritter schädigen, kann dadurch staatliche Schutzrechte und -pflichten auslösen.

Rechtspositionen Dritter können also

370

- **staatliche Grundrechtsbeschränkungsrechte** begründen: Die öffentliche Hand ist dann berechtigt, bestimmte Freiheitsausübungen ganz oder teilweise zu untersagen. Dies gilt immer dann, wenn ein Belang der Allgemeinheit oder Dritter geeignet ist, Grundrechtseinschränkungen zu rechtfertigen.[36]

- **staatliche Grundrechtseinschränkungspflichten** begründen: Eine solche Pflicht setzt das Einschränkungsrecht voraus. Nicht immer wenn ein Schutzrecht entsteht, ent-

---

36 Dazu u. Rn. 523 ff.

steht gleichermaßen schon eine Schutzpflicht. Der Kreis der **Schutzpflichten** ist daher notwendig enger als der Kreis der Schutzrechte.

Schutzpflichten können insbesondere entstehen, wenn

- die **Freiheitsbetätigung des einen die Freiheit des anderen** nicht nur beschränkt, sondern ganz oder in wesentlichen Teilen **vernichtet** (Beispiel: Raser im Straßenverkehr können die Gesundheit anderer Verkehrsteilnehmer unwiederbringlich beeinträchtigen).
- die **Freiheitsbetätigung des einen die Freiheit von Personen beeinträchtigen, die sich nicht angemessen wehren können** (etwa: Minderjährige; Behinderte; Personen, die von dem Eingriff gar nichts erfahren).
- die Freiheitsbetätigung des einen die Rechte anderer **aufgrund einer erheblich überlegenen wirtschaftlichen oder sozialen Machtstellung unangemessen benachteiligen** kann (Beispiele: Monopole; Kartelle; Verbände; Eigentümer knapper wirtschaftlicher oder sozialer Ressourcen, wie etwa Arbeits- und Ausbildungsplätzen).
- die öffentliche Hand durch Beteiligungen, Genehmigungen oder Förderung bestimmter Grundrechtsausübung erhebliche Gefährdungs- oder Nachteilspotentiale für Dritte mitbegründet hat (Beispiele: Genehmigung von Flugverkehr und Fluglärm; Zulassung von Konditionenkartellen und Verbraucherschutz).

371 In solchen und vergleichbaren Fällen können die Grundrechtsadressaten nicht nur berechtigt, sondern sogar verpflichtet sein, die Freiheit Betroffener gegen Folgen der Freiheitsbetätigung anderer zu schützen. Diese Schutzpflicht schützt dann das eine Grundrecht zu Lasten des anderen. Ob und inwieweit dies zulässig ist, wird hierbei im Wege der **Abwägung** festgestellt. Sie setzt voraus, zunächst (1) den Rang der kollidierenden Freiheiten zu bestimmen und sodann (2) festzulegen, ob und in welchem Umfang der zu schützende Belang überwiegt und daher einen besonderen Schutz auf Kosten des anderen erfordert und rechtfertigt. Während die Frage (1) die Bedeutung der betroffenen Rechte in der Rechtsordnung betrifft, um so **Vorrang und Nachrang** im Einzelfall feststellen zu können, betrifft die Frage (2) die davon zu unterscheidende Suche nach den **Abwägungsmaßstäben**.

372 (1) Die **Rangfrage** stellt sich insbesondere als Frage nach der „**Wertordnung des Grundgesetzes**". Inzwischen hat sich gezeigt: Weder die Wertphilosophie noch die Rechtswissenschaft haben es vermocht, eine rationale Begründung für eine solche Rangordnung konkreter Werte aufzustellen.[37] Offenkundig wird dies in der Praxis. So hat das BVerfG zwar schon zahlreichen Grundrechten einen „hohen Rang" oder gar „Höchstrang" zugesprochen, aber noch keinem einen solchen abgesprochen. So lassen sich Vor- und Nachrangverhältnisse kaum klären. So musste das Gericht in Einzelfällen schon zwei Werte gegeneinander abwägen, welche beide für die Verfassungsordnung des Grundgesetzes „von höchstem Rang" bzw. „schlechthin konstituierend" waren.[38]

---

37 Nach wie vor grundlegend *Goerlich*, Wertordnung und Grundgesetz, 1973; *Grabitz*, Freiheit und Verfassungsrecht, 1976, S. 217 ff.; *Podlech*, AöR 95 (1970), 185.
38 S. etwa BVerfGE 35, 221 f. Zur Praxis *Schneider*, Die Güterabwägung des BVerfG bei Grundrechtskonflikten, 1979.

Vor- und Nachrangfragen lassen sich so nicht hinreichend begründen: Die Argumente können nur diejenigen überzeugen, welche dem Ergebnis ohnehin zustimmen, nicht aber Personen, welche ihm nicht zustimmen wollen: Damit kann jene Formel aber einen zentralen Anspruch juristischer Begründungen nicht einlösen, nämlich den Versuch einer objektivierbaren Begründung im Konfliktfall. Begründungen sollen nach Möglichkeit nicht nur den Prozessgewinner, sondern auch die Öffentlichkeit und – wenn möglich – den Verlierer überzeugen. Dieses aber vermag eine Wertbegründung nicht. So bleibt die **Rangfrage die Achillesferse** jener Lehre. Sie soll einerseits abstrakt (Welches Recht geht vor?), andererseits aber auch konkret (Welches Recht ist im Einzelfall stärker betroffen?) entschieden werden.

(2) Hinsichtlich der **Abwägungsmaßstäbe** sind die älteren Formeln nach „**praktischer**   **373** **Konkordanz**" bzw. einem wechselseitigen **schonenden Ausgleich der kollidierenden Grundrechte** in eine Heranziehung des Übermaßverbots eingemündet. Die Wertkollision wird danach entsprechend den Grundsätzen der Geeignetheit, Erforderlichkeit und Verhältnismäßigkeit[39] vorgenommen. Hier kommt namentlich den Kriterien der Intensität des Eingriffs und der Möglichkeit weniger beeinträchtigender und daher grundrechtsschonenderer Maßnahmen eigenständige Bedeutung zu. Dabei ist deren Wirkungsweise bei Grundrechtskollisionen eine zweiseitige: Beide kollidierenden Rechte

– müssen einerseits im Mindestmaß hinreichend geschützt werden (sog. **Untermaßverbot**)[40] und

– dürfen andererseits nicht einseitig zulasten des jeweils anderen Belangs durchgesetzt werden (**Übermaßverbot**).

Die dabei vorzunehmende Abwägung kann im Einzelfall schon wegen der offenen Rangfrage methodisch wenig gesteuert werden und kann den Gestaltungsfreiraum des Gesetzgebers erheblich beschränken. Für Standardkonstellationen (z.B. die sog. Drittwirkung der Grundrechte[41] oder die Kollision von Meinungsfreiheit und Allgemeinem Persönlichkeitsrecht[42]) haben sich partiell Sonderdogmatiken etabliert, welche die überaus vagen allgemeinen Grundsätze näher zu konkretisieren suchen.

*Bitte diskutieren Sie nun den **Beispielsfall** (s.o. Rn. 357)!*   **374**

Der Schwangerschaftsabbruch begründet nach der Rechtsprechung eine Grundrechtskollision zwischen dem Lebensrecht des ungeborenen Kindes einerseits und dem Selbstbestimmungsrecht der Frau über sehr intime Vorgänge in ihrem Körper andererseits. Dabei sieht das BVerfG abstrakt den Rang des Grundrechts auf Leben als „Höchstwert" im System des Grundgesetzes. Konkret stellt es weiter darauf ab, dass das Leben eigentlich nicht eingeschränkt, sondern nur „vernichtet" werden kann. Ein solcher vollständiger Grundrechtsverlust sei schon wegen Art. 19 II GG grundsätzlich nicht hinnehmbar. Eine Kollisionslösung durch einen beiderseits grundrechtsschonenden Ausgleich sei daher nicht möglich. Der Vorrang des Grundrechts auf Leben schließe die Rechtmäßigkeit des Schwangerschaftsabbruchs regelmäßig aus, nur in besonderen Ausnahmefällen und unter besonderen materiellen und prozeduralen Vorkehrungen könne dieser im Einzelfall straflos sein. Den Gesetzgeber treffe insoweit eine Schutzpflicht (und nicht nur ein Schutz-

---

39 Dazu näher u. Rn. 552 ff.
40 *Klein*, JuS 2006, 960.
41 Dazu näher Rn. 406 ff.; *Guckelberger*, JuS 2003, 1151.
42 Dazu Rn. 499 ff.

recht); diese könne durch unterschiedliche gesetzliche Vorkehrungen erfüllt werden. Äußerstenfalls bestehe auch eine Pflicht zur Strafandrohung. Eine strafrechtliche Freigabe des Schwangerschaftsabbruchs auch nur innerhalb bestimmter Fristen sei damit grundsätzlich unvereinbar (BVerfGE 39, 1, 58; 88, 203, 262; krit. dazu abw. Votum BVerfGE 39, 1, 68; BVerfGE 88, 203, 343 ff.).

Zur Vertiefung (zum Grundrecht auf Leben)

Müller-Terpitz, Recht auf Leben und körperliche Unversehrtheit, in: HStR VII, § 147; *Dreier*, Grenzen des Tötungsverbotes, JZ 2007, 261; 317; *Lorenz*, Aktuelle Verfassungsfragen der Euthanasie, JZ 2009, 57; *Steiner*, Der Schutz des Lebens durch das Grundgesetz, 1992.

b) *Grundrechtliche Ausgestaltungs-, Verfahrens- und Teilhaberegeln*

375 Grundrechte können demnach nicht nur Unterlassungs-, sondern auch Handlungspflichten begründen. Sie gehen über die geschilderten Vorkehrungen zum Schutz gegen Freiheitsbeeinträchtigungen Dritter hinaus und können weitere Dimensionen der Freiheitsherstellung und -sicherung im Staat erfassen. Hierzu zählen primär **Ausgestaltungsansprüche**, welche die rechtlichen Vor- und Rahmenbedingungen der Freiheit herstellen und sichern.

Einzelne Ausgestaltungsaufträge enthält bereits der **Text der Freiheitsrechte**. So werden „Inhalt und Schranken" des Eigentum durch Gesetze bestimmt (Art. 14 I 2 GG): Ohne ein gesetzliches Eigentumsrecht gibt es also weder Schranken des Eigentums noch das Eigentum selbst. Die Gesetze stellen also das Schutzgut des Grundrechts überhaupt erst her. Der früher behauptete Gegensatz von Freiheit und Recht erscheint hier geradezu in sein Gegenteil verkehrt: Das **Grundrecht schützt nicht Freiheit vom Recht, sondern um Freiheit durch Recht**. Ähnliches gilt etwa für den Schutz von Ehe und Familie (Art. 6 GG), der Vereinigungs- und Koalitionsfreiheit (Art. 9 I, III GG) und des Berufsbeamtentums (Art. 33 V GG). In einem weiteren Sinne kann dies aber auch für weitere Garantien gelten, welche zu ihrer Wahrnehmung, Durchsetzung und Abgrenzung der Gesetze bedürfen, wie etwa die Freiheit der Presse und des Rundfunks (Art. 5 I 2 GG), die Berufsfreiheit (Art. 12 I GG) und erst recht die zahlreichen Justizgrundrechte, welche ohne gesetzliche Ausgestaltung ganz undenkbar sind (Art. 19 IV, 101, 103, 104 GG).

376 Grundrechtsausgestaltung ist schon wegen der Lehre vom **Vorbehalt des Gesetzes**[43] primär Aufgabe der Legislative, innerhalb des gesetzlichen Rahmens aber auch von Vollziehung und Rechtsprechung. Sie haben die Aufgabe, den Grundrechtsschutz wesentlich erst herzustellen. Dabei entsteht ein methodisches Problem: Wie kann die öffentliche Hand eine Freiheit sichern, wenn ihr diese Freiheit vom Grundrecht noch nicht konkret vorgegeben ist, sondern von den Grundrechtsadressaten erst hergestellt werden soll? Ist hier nicht letztlich die Gesetzgebung an sich selbst gebunden; ein Zustand, der mit Art. 1 III; 20 III GG unvereinbar wäre? Daraus entsteht ein **Zentralproblem der Grundrechtsinterpretation,** welches auf der Basis von Wertordnungslehre und Prinzipientheorie allein nicht gelöst werden kann. Der in den Grundrechten anerkannte „hohe Wert" bzw. der in ihnen angelegte Optimierungsauftrag kann nur erfüllt werden, wenn man weiß was anerkannt, was optimiert werden soll; konkret: wel-

---

43 Dazu o. Rn. 246 ff.

chen Inhalt jene Werte und Prinzipien also haben. Darauf geben die genannten Ansätze aber keine Antwort. Hier haben sich zwei unterschiedliche Antwortrichtungen herausgebildet.

Die **Lehre von den institutionellen Garantien**[44] sucht die Antwort in einer allgemeinen Grundrechtstheorie. Danach vollzieht sich Freiheit in unterschiedlichen sozialen Lebensbereichen, welche nicht allein durch tatsächliche Verhältnisse, sondern auch durch soziale Normen, Zwänge und Regeln (sog. „Institutionen") geprägt sind. Nach dieser eher soziologisch geleiteten Beobachtung ist etwa der Beruf durch Handelsbräuche, technisch und ökonomisch motivierte Arbeitsabläufe, Zulieferer und Abnehmerkonditionen, Markt- und Konkurrenzverhältnisse strukturiert. Der einzelne Berufstätige kann diese regelmäßig allenfalls marginal beeinflussen. Sie sind im Einzelnen und für die Einzelnen mehr oder weniger freiheitskonform oder aber freiheitsbeschränkend. Hier setzt der grundrechtliche Auftrag an, die geltenden Regeln freiheitsfördernd aus- und umzugestalten. Dazu sollen sie die immanenten **Leitbilder der Grundrechte und Freiheiten** in konkretes Handeln umsetzen, um so mit den Mitteln des Rechts den Lebensbereich als Freiheitsbereich auszugestalten. In diesem Sinne sind die Freiheitsrechte zentrale nicht Unterlassungs-, sondern Handlungsansprüche an den Staat. Sie bedingen die Erkenntnis der maßgeblichen Leitbilder, die Auswahl der für ihre Wirkung notwendigen Instrumente und deren ziel- und zweckgerichteten Einsatz zum Zweck der Freiheitsherstellung, -sicherung und -erhaltung. Dass diese ihrerseits in den vorgefundenen Institutionen wirken und ihnen daher funktionsgerecht angepasst sein müssen, ist eine weitere zentrale Einsicht jener Lehre.

Hier nun trifft sich jene allgemeine grundrechtstheoretische Lehre mit der **anderen** **377** **Antwortrichtung**, welche auf die **Dogmatik der Einzelgrundrechte** abstellt. Ihr jeweiliger Schutzbereich – und nicht allgemeine Theorien – prägt die konkreten Freiheitsgarantien nach Inhalt, Ausmaß und Schranken. Ihre Dogmatik ist demnach prinzipiell aus ihnen selbst heraus zu entwickeln. Maßgeblich dafür ist zunächst das **Menschenbild des Grundgesetzes**, welches die Menschen und ihre Freiheit nicht als jeweils isolierte Monaden, sondern als soziale, interaktive, kooperative wie auch konkurrierende Subjekte begreift.[45] Darin ist sowohl die jeweils eigene Freiheit wie auch die Freiheit der anderen bereits mit bedacht. Freiheit ist dann immer auch die Freiheit der anderen, die Freiheit nicht nur der Menschen, sondern auch der Gesellschaft als Medium individueller Freiheitschancen möglichst vieler Menschen. Nicht die Maximalisierung der Entfaltung des einen auf Kosten des anderen, sondern die Maximalisierung der Freiheitschancen aller ist das Leitbild. Weitere Interpretationsmaxime ist die **Offenheit des Grundrechtsschutzes**:[46] Dieser muss sich zu unterschiedlichen Zeiten und unter ganz heterogenen wirtschaftlichen, sozialen und technischen Rahmenbedingungen realisieren lassen. Daher darf die Freiheitsverwirklichung nicht vorschnell auf ganz konkrete Situationen und Maßnahmen festgelegt werden, vielmehr müssen die Staatsorgane in der Lage sein, ausreichend flexibel zu reagieren. Das Leitbild muss also einerseits hinreichend konkret sein, um im Einzelfall erkennbare und um-

---

44 Grundlegend: *Häberle*, Die Wesensgehaltgarantie des Art. 19 Abs. 2 GG, 2. Aufl., 1972, S. 96 ff.
45 BVerfGE 4, 7, 15 f.
46 Dazu *Höfling*, Offene Grundrechtsinterpretation, 1987.

setzbare Direktiven zu ermöglichen, andererseits muss es demgegenüber aber auch hinreichend flexibel sein, um für den sozialen Wandel ausreichend offen zu bleiben.

> Beispiele dafür können etwa die **Wandlungen des Menschenwürde- oder auch des Familienkonzepts des GG** sein, welche sich aus den sozialen, rechtlichen und politischen Anschauungen der Nachkriegszeit hinaus fortentwickelt und sich so als zeitlich und inhaltlich offen erwiesen haben.

378 Als weitere, schon eher rechtsfolgenorientierte Anforderungen an die Grundrechtausgestaltungen werden das **Unter- und das Übermaßverbot** genannt.[47] Sie werden in diesem Kontext z.T. weiter konkretisiert und erscheinen sodann als Anforderungen der Sach-, System-[48] oder Funktionsgerechtigkeit. Dabei ist aber stets zu berücksichtigen: Was jeweils die konkrete Sache, Funktion oder Gerechtigkeit ausmacht, erschließt sich nicht durch allgemeine Lehren, sondern durch die Besonderheiten des Einzelgrundrechts. Schließlich sind in jedem Falle das **Bestimmtheitsgebot**,[49] die **Gleichheitsrechte**[50] und sonstige Verfassungsgarantien zu berücksichtigen.

379 Vor dem Hintergrund dieser allgemeinen Lehren haben sich insbesondere drei konkretisierbare Fallgruppen herausgebildet. Sie betreffen

- das Recht auf **Schaffung grundrechtskonformen Organisationsrechts**: Wo Grundrechte in oder durch Organisationen verwirklicht werden sollen, müssen diese Organisationen ihrerseits grundrechtskonform ausgestaltet sein. Das gilt etwa für die Rundfunkorganisation[51], die Koalitionsfreiheit[52] oder die Universitäten,[53] welche so organisiert sein müssen, dass sowohl die Freiheit der Mitglieder wie auch diejenige der Nutzer wie auch diejenige möglicher Außenseiter oder Konkurrenten angemessen verwirklicht wird.

- das Recht auf **Schaffung grundrechtskonformen Verfahrensrechts**: Wenn Grundrechte in staatlichen Verfahren, namentlich Rechtssetzungs-, Verwaltungs- und Gerichtsverfahren, geltend gemacht und durchgesetzt werden können, müssen die Verfahren dem Grundrechtsträger die Möglichkeit eröffnen seine Rechte vorzubringen, sie zum Gegenstand der Entscheidungsfindung und der Entscheidung selbst zu machen.[54]

- das Recht auf **Teilhabe an grundrechtsförderlichen staatlichen Leistungen oder Verfahren**: Was mit dem Recht auf gleichen Zugang, Kapazitätsauslastung von Hochschulen und Zugang zu nicht ausgelasteten Kapazitäten begann,[55] gilt längst nicht mehr nur für Einrichtungen der Berufsbildung und -förderung, sondern für alle staatlichen Verfahren zur Förderung aller Grundrechte. Dazu zählen etwa Schulen,

---

47 Zum Untermaßverbot o. Rn. 373; zum Übermaßverbot u. Rn. 552 ff.
48 Dazu *Peine*, Systemgerechtigkeit, 1985.
49 Dazu o. Rn. 270.
50 Dazu u. Rn. 591 ff.
51 *Alexy*, Theorie der Grundrechte, 1985, S. 451 f.
52 Dazu u. Rn. 455 ff.
53 Dazu BVerfGE 35, 109, 119 ff.
54 BVerfGE 35, 79; 53, 30; 56, 216 besonders deutlich BVerfGE 49, 220, 235 (abw. Votum).
55 BVerfGE 33, 303, 331.

Veranstaltungen der Kunst- und Kulturförderung, staatlich verwaltete Rundfunk-frequenzen oder Übertragungskapazitäten[56] oder Weihnachtsmärkte.[57]

Die Kritik an dieser Lehre setzt weniger an den Ergebnissen als vielmehr an den Prämissen jener Lehren an. Ganz allgemein erscheinen die **Leitbilder zu abstrakt**, als dass sie der Gesetzgebung wirksame Richtlinien und Impulse setzen könnten. Die traditionellen Formulierungen der Grundrechte deuteten eher auf deren Festhalten an überkommenen Auslegungen, weniger hingegen auf grundsätzliche Neuorientierungen ihrer Gehalte hin. Problematisch ist auch das **Verhältnis der Bindungen des Gesetzgebers an das Grundrecht im Verhältnis zu seinen Bindungen an eigene frühere Ausgestaltungen**: Wer einmal „a" gesagt hat, kann später nur unter hohen Kosten noch „non a" sagen. So verfestigt sich der politische Status quo, soziale Privilegien und Besitzstände unter dem Schutz wenig aussagekräftiger Grundrechtsgarantien. Schließlich wird auch das Verhältnis zwischen Grundrechtsschutz und Grundrechtsbeschränkung thematisiert: **Wer die Voraussetzungen des Grundrechtsschutzes schafft, schafft zugleich Grundrechtsschutz entsprechend diesen Voraussetzungen.** Dann aber wird das Verhältnis zwischen Grundrechtsausgestaltung, -umgestaltung und -einschränkung undeutlich – und damit auch der Anwendungsbereich der Regeln über die Grenzen der Grundrechtseinschränkung. Wo alles umgestaltet werden kann, braucht dann scheinbar nichts mehr eingeschränkt zu werden. Die Ergebnisse bleiben allerdings unter beiden Prämissen ähnlich oder gleich.

Zur Vertiefung:

Alexy, Grundrechte als subjektive Rechte und als objektive Normen, Der Staat 1990, 49; *Böckenförde*, Grundrechtstheorie und Grundrechtsinterpretation, NJW 1974, 1529; *Cornils*, Die Ausgestaltung der Grundrechte, 2005; *Gellermann*, Grundrechte im einfachgesetzlichen Gewande, 2000; *Jarass*, Funktionen und Dimensionen der Grundrechte, in: HGRe II, § 38; *Jestaedt*, Grundrechtsentfaltung im Gesetz, 1999; *Murswiek*, Grundrechte als Teilhaberechte, in: HStR V, 2. Aufl., 1992, § 112; *Schmidt-Aßmann*, Grundrechte als Organisations- und Verfahrensgarantien, in: HGRe II, § 45; *Wild*, Grundrechtseingriff durch Unterlassen staatlicher Leistungen?, DÖV 2004, 366.

III. Zusammenfassung

Die Diskussion um die Auslegung der Grundrechte hat gezeigt: Freiheit ist mehr und anderes als Freiheit vom Staat. Sie wird vielmehr durch die öffentliche Gewalt oft überhaupt erst ermöglicht. Freiheit und Recht sind keine Gegensätze, dies zeigen nicht zuletzt die neueren Grundrechtsdimensionen. Doch bleibt weiter festzuhalten: Freiheitssicherung ist nach dem Grundgesetz nicht allein Grundrechtsschutz. Dass daneben dem Demokratie-, dem Rechts- und dem Sozialstaatsprinzip wichtige Aufgaben zukommen, hat sich gleichfalls gezeigt. Umso wichtiger ist es, ein weiteres Mal das Spezifikum gerade des Grundrechtsschutzes festzuhalten. Während alle anderen Verfassungsprinzipien dem politischen Prozess zur Verwirklichung aufgegeben sind, gilt dies für die Grundrechte zwar auch, darüber hinaus begründen diese jedoch auch **subjektive öffentliche Rechte**, welche gerichtlich bis zum BVerfG einklagbar und ggf.

380

---

56 BVerfGE 83, 238, 323, *Ory*, AfP 1998, 155; *Ronellenfitsch*, VerwArch 1992, 119.
57 Dazu BVerfG, DVBl. 2003, 257; BVerwG, KommJur 2009, 424; *Herbst*, NJ 2003, 81.

durchsetzbar sind. **Die Grundrechte verleihen also eine Instanz mehr**, oder genauer: einen Instanzenzug mehr.[58]

> Dies schließt die Zuständigkeit der sonstigen öffentlichen Gewalt, also Legislative, Exekutive und Fachgerichte, für Grundrechtsverwirklichung, -ausgestaltung und -schutz nicht aus. Sie können dies oft sogar besser und effektiver als die Verfassungsgerichte. Die Justiz kann also andere Aufgabenträger und Organe am ehesten ergänzen und kontrollieren.

381 Gerichte entscheiden über Ansprüche. Aber **welche Ansprüche verleihen die Grundrechte?** „Freiheit" und „Gleichheit" sind keine Ansprüche. Hier sind zunächst die einzelnen Garantien zu befragen. Dort sind die Befunde vielfältig. Es gibt schlichte Verbotsnormen, welche allein Unterlassungsansprüche begründen (z.B. Art. 5 I 3; Art. 2 II 2 i.V.m. Art. 102 GG). Es gibt Verfahrensnormen, welche Ansprüche auf allgemeine Durchführung solcher Verfahren und auf individuelle Beteiligung an ihnen begründen können (z.B. Art. 38 I GG). Und es kann Leistungsansprüche geben, welche Ansprüche auf Zurverfügungstellung oder zumindest Teilhabe an vorhandenen Leistungen gewähren können (z.B. Art. 6 IV, V GG). Welches Recht welche Rechtsfolgen begründen kann, hängt insoweit eher von seiner konkreten Ausgestaltung und weniger von seiner Zuordnung zu „sozialen Grundrechten", dem status negativus, positivus oder activus oder vergleichbaren Kategorien[59] ab. Der Text zahlreicher Garantien enthält zudem keine derart konkretisierten Rechtsfolgen. Diese können demnach allein durch Auslegung ermittelt werden. Derart konkretisierbare Ansprüche können insbesondere sein:[60]

(1) **Unterlassungsansprüche:** Jeder Grundrechtsträger hat Anspruch darauf, dass die Staatsorgane (zukünftiges oder noch andauerndes) grundrechtswidriges Verhalten unterlassen.

(2) **Aufhebungsansprüche:** Ist ein rechtswidriger Eingriff geschehen, so hat der Grundrechtsträger einen Anspruch auf dessen Aufhebung, solange der Eingriff noch fortbesteht. Grundrechtswidrige Gesetze sind für nichtig oder jedenfalls für unanwendbar zu erklären (§§ 95 III; 78 BVerfGG); rechtswidrige Verwaltungsakte sind aufzuheben.

(3) **Beseitigungsansprüche:** Zeigt der rechtswidrige Eingriff über seine Aufhebung oder sonstige Erledigung hinaus weitere rechtswidrige Folgen, so begründen die Grundrechte einen Anspruch auf deren Beseitigung. Das rechtswidrige Steuergesetz ist aufzuheben (Aufhebung); rechtswidrig erhobene Steuern sind zurückzuzahlen (Beseitigung).

(4) **Berücksichtigungsansprüche:** Bei allen grundrechtsbezogenen Maßnahmen haben die zuständigen Staatsorgane die Grundrechte potentiell Betroffener zu ermitteln, zu berücksichtigen und abzuwägen. Dabei handelt es sich sowohl um verfahrensrechtliche als auch um materiell-rechtliche Pflichten.

---

58 Dazu noch näher u. Rn. 419 ff.
59 Dazu o. Rn. 336 f.
60 Überblick und Einzelheiten bei *Gusy*, ZJS 2008, 233.

(5) **Organisations-, Verfahrens- und Teilhabeansprüche:** Sind zur Verwirklichung eines Grundrechts besondere Organisationsformen, Verfahren oder Leistungen notwendig, so hat der Grundrechtsträger einen Anspruch auf deren Schaffung und (im Rahmen der verfügbaren Kapazitäten) Teilhabe an ihnen.[61]

(6) **Schutzansprüche:** Grundrechte begründen Ansprüche auf staatlichen Schutz gegen rechtswidrige und daher nicht hinzunehmenden Freiheitsbeeinträchtigungen durch Dritte.[62]

Dagegen begründen Freiheitsrechte **keine unmittelbaren Leistungs- und Zahlungs-** **382** **ansprüche.**[63] Ihre Verletzung begründet als solche auch **keine Schadensersatz- oder Entschädigungsansprüche.** Solche können allein durch Gesetze geschaffen werden, wie schon der Wortlaut des Art. 14 II 1 GG zeigt.[64] Eine derartige Norm ist Art. 50 EMRK, die Ansprüche im Falle der Verletzung von Konventionsrechten ermöglicht, aber auch nicht zwingend vorsieht.[65]

Zur Vertiefung:

Rüfner, Leistungsrechte, in: HGRe II, § 40; *Sachs*, Abwehrrechte, in: HGRe II, § 39; *Starck*, Teilnahmerechte, in: HGRe II, § 41.

---

61 S.o. Rn. 379.
62 Beispiel o. Rn. 357 ff., 374. Zur wichtigen „Drittwirkungskonstellation" der Grundrechte u. Rn. 406 ff.
63 Zuletzt BVerfG, NJW 2010, 505; s.a. *Heintschel von Heinegg/Haltern*, JA 1995, 333.
64 Zum Meinungsstand und seiner Fortentwicklung *Axer*, DVBl. 2001, 1322; *Höfling*, VVD-StRL 61, S. 260 ff.; *Stern*, DÖV 2010, 241 ff.
65 So in jüngerer Zeit EGMR, NStZ 2008, 699.

§ 10 Die Bindungswirkung der Grundrechte

383 Die Bindungswirkung der Grundrechte sucht Antworten auf zwei Fragen: Wer ist Berechtigter der Garantien des GG, also **Grundrechtsträger?** Und wer ist Verpflichteter jener Rechte, also **Grundrechtsadressat?**

I. Grundrechtsträger – Schutz der deutschen Staatsangehörigkeit

Grundrechtsträger ist, wer aus den Grundrechten eigene subjektive Rechte herleiten kann. Die dabei entstehenden Fragen sind im Grundgesetz selbst nur ansatzweise geregelt.

1. Natürliche Personen

384 A hat bei seiner Einbürgerung in Deutschland falsche Angaben gemacht, aufgrund derer er die deutsche Staatsangehörigkeit erlangt hat. Darf diese nachträglich entzogen werden, wenn A keine andere Nationalität besitzt? (nach: BVerfGE 116, 24, 69; s. dazu Rn. 388)

Grundrechte sind subjektive Rechte der Menschen im Staat mit Verfassungsrang. Daher berechtigen sie natürliche Personen und zwar grundsätzlich alle Menschen (s. etwa Art. 3 I GG) oder „Jeden" (s. etwa Art. 2 I GG). Diese **Menschen- oder Jedermannrechte** berechtigen **alle natürlichen Personen.** Ihre Grundrechtsträgerschaft beginnt mit der Geburt und endet mit dem Tod.

> Ausnahmen davon sind bisweilen anerkannt, wenn und soweit sich aus dem konkret anwendbaren Grundrecht solche herleiten lassen. In Einzelfällen wurde auch die Grundrechtsträgerschaft Ungeborener (insbesondere. Art. 2 II,[1] 14 I GG[2]), in anderen Entscheidungen der Ehrschutz Verstorbener bejaht.[3] Solche Ausnahmen sind jedoch weder unumstritten noch verallgemeinerungsfähig.

385 Demgegenüber gelten **einzelne Grundrechte nur für Deutsche.** Derartige Grundrechte werden „Deutschen-Rechte" oder – weniger eindeutig – „Bürgerrechte" genannt. Sie

---

1 BVerfGE 39, 1, 37; 88, 203, 251 ff.; s.o. Rn. 357 ff.
2 BVerfGE 112, 332, 346.
3 BVerfGE 30, 173, 194; BVerfG, NJW 2001, 594; zum Ganzen *Klinge*, Todesbegriff, Totenschutz und Verfassung, 1996.

finden sich in Art. 8, 9, 11, 12, 16, 33 I–III, 38 GG.[4] Ob ein Grundrecht als Menschen- oder Deutschenrecht ausgestaltet werden sollte, ist im Parlamentarischen Rat stets eingehend diskutiert worden. Grundsätzlich gilt: **Grundrechte sind Menschenrechte, soweit sich aus ihrem Wortlaut oder ihrer sonstigen Auslegung nicht eindeutig das Gegenteil ergibt.** Insoweit gilt ein striktes Regel-Ausnahme-Verhältnis zugunsten der Grundrechtsträgerschaft aller Menschen.

Die Eigenschaft als **Deutscher** ist in Art. 116 GG thematisiert, der drei Gruppen nennt: **386**

- deutsche **Staatsangehörige**;
- deutsche **Volkszugehörige**, sobald sie als Flüchtlinge oder Vertriebene, deren Ehegatte oder Abkömmling in dem Gebiet des ehemaligen Deutschen Reichs Aufnahme gefunden haben;[5]
- ausgebürgerte ehemalige deutsche Staatsangehörige, soweit sie einen Antrag auf Einbürgerung gestellt haben oder in die Bundesrepublik zurückgekehrt sind (Art. 116 II GG).

Die Materie steht gem. Art. 116 I GG der gesetzlichen Regelung offen. Das **Staatsangehörigkeitsgesetz** von 2000 hat sie auf eine neue Grundlage gestellt und, entsprechend dem Übergangscharakter der beiden letzten Gruppen, staatsangehörigkeitsrechtlich geregelt. Sie sind entweder Staatsangehörige geworden oder haben einen Anspruch auf die deutsche Staatsangehörigkeit.

Die deutsche Staatsangehörigkeit ist in Art. 16 I GG geschützt. Dieser verbietet die **387** „Entziehung", lässt aber den „Verlust" der Staatsangehörigkeit zu. Beide Maßnahmen können nicht danach unterschieden werden, ob sie durch Gesetz oder durch die Exekutive vorgenommen werden. Denn auch der „Verlust auf Antrag" (Entlassung) wird durch die Exekutive auf gesetzlicher Grundlage vollzogen. „Verlust" ist das **Ende der deutschen Staatsangehörigkeit aus staatsangehörigkeitsrechtlichen Gründen**, insbesondere wegen Erwerbs einer neuen Staatsangehörigkeit durch einen Deutschen. Die **Entziehung ist das Ende der Staatsangehörigkeit aus anderen als staatsangehörigkeitsrechtlichen Gründen**, insbesondere politischen Motiven. Ein Verlust der Staatsangehörigkeit darf gem. Art. 16 I GG nur eintreten:

- **aufgrund gesetzlicher Bestimmungen** ohne Zustimmung des Betroffenen; dieser darf dadurch nicht staatenlos werden.
- aufgrund gesetzlicher Bestimmungen **mit Zustimmung des Betroffenen**, insbesondere auf seinen Antrag.

Umgekehrt ist Art. 16 I GG kein Grundrecht auf Wechsel der Staatsangehörigkeit. Der Gesetzgeber ist berechtigt, die Verlusttatbestände einzuschränken. Dies geschieht insbesondere zur **Verhinderung der Staatenlosigkeit**,[6] die auch mit Zustimmung des Betroffenen nicht mehr eintreten kann.

---

4 Nach BVerfGE 60, 71; 83, 37, 50 ff.; zu diesen Rechten näher *Siehr*, Die Deutschenrechte des Grundgesetzes, 2001.

5 *Renner/Maaßen*, in: Hailbronner/Renner/Maaßen, Staatsangehörigkeitsrecht, 5. Aufl., 2010, Art. 116 Rn. 5 ff.

6 Zur Vermeidung der Staatenlosigkeit näher *Hailbronner*, in: Hailbronner/Renner/Maaßen, Staatsangehörigkeitsrecht, 5. Aufl., 2010, Einleitung Rn. 42 ff.

*Bitte diskutieren Sie nun den **Beispielsfall** (o. Rn. 384)!*

388 Ein problematischer Fall ist die **nachträgliche Aufhebung der Einbürgerung**. War sie rechtmäßig, so ist der Widerruf nur nach Maßgabe des Art. 16 I GG zulässig. War sie nichtig, so war der Betroffene nicht Deutscher und genießt daher nicht den Schutz des Art. 16 I GG. War sie rechtswidrig, aber wirksam, so ist die Anwendung des Art. 16 I GG umstritten. Die Rechtsprechung lässt eine nachträgliche Rücknahme der Einbürgerung zu, wenn die Gründe für die Rechtswidrigkeit in der Person des Eingebürgerten lagen, z.B. durch Beibringung falscher Unterlagen oder Täuschung.[7] In solchen Fällen soll der Verlust sogar eintreten, wenn der Betroffene dadurch staatenlos wird. Faktisch wird dadurch der Schutz des Art. 16 I GG auf die „fehlerfrei erworbene deutsche Staatsangehörigkeit" reduziert. Der Optionszwang für in Deutschland geborene Migrantenkinder gem. § 29 StAG ist mit Art. 16 I GG vereinbar.

389 Soweit Deutsche allein Grundrechtsträger sind, ist umstritten, ob Ausländer sich insoweit auf andere, thematisch gleichfalls einschlägige Grundrechte berufen können, ob also Ausländer im Schutzbereich der Art. 8, 9, 11, 12 GG Grundrechtsschutz aus Art. 2 I GG genießen.[8] Während das Bundesverfassungsgericht die **personelle Subsidiarität des Art. 2 I GG** bejaht,[9] nimmt eine Gegenauffassung die Exklusivität der Spezialgrundrechte für ihren jeweiligen Anwendungsbereich an und schließt die subsidiäre Anwendung anderer Garantien grundsätzlich aus.[10] Dagegen dürfen **EU-Bürger** gem. Art. 18 AEUV gegenüber Deutschen wegen ihrer anderen Staatsangehörigkeit nicht diskriminiert werden. Während für sie überwiegend ein europarechtlicher Gleichbehandlungsanspruch auch im Schutzbereich der Deutschen-Rechte angenommen wird, mehren sich die Stimmen, welche eine Auslegung des „Deutschen-Vorbehalts" bei der Grundrechtsträgerschaft im Sinne einer Erstreckung auf alle EU-Bürger bejahen. Sie wären insoweit nicht nur europarechtlich, sondern schon kraft Grundgesetzes als Grundrechtsträger anzusehen.[11]

Der Unterschied liegt darin, dass im ersten Falle die Gleichbehandlungsansprüche nur vor deutschen Fachgerichten und den Instanzen der EU, im zweiten Falle hingegen auch beim BVerfG geltend gemacht werden könnten. Ein Sonderfall ist das Asylrecht: **Träger des Grundrechts aus Art. 16a GG können nur Ausländer sein.**

390 Inzwischen weitgehend geklärt sind die Folgeprobleme der Grundrechtsgeltung in Sonderverbindungen zwischen Bürger und Staat, die früher als **„besondere Gewaltverhältnisse"** bezeichnet wurden. Hierzu zählen gegenwärtig insbesondere das Beamtenverhältnis, aber auch Benutzungsverhältnisse staatlicher Einrichtungen, wie etwa das Schulverhältnis.

Die Figur der „besonderen Gewaltverhältnisse" entstammt dem konstitutionellen Staatsrecht. Waren dort die Grundrechte Vorschriften zum Schutz der Gesellschaft vor dem Staat, so blieben sie unanwendbar, wenn die Gesellschaft von einer staatlichen Maßnahme überhaupt nicht betroffen war. Dies wurde immer dann angenommen, wenn der

7 BVerfGE 116, 24, 44 f.; BVerwGE 118, 216, 218 f.; 119, 17, 19.
8 Zum Schutzbereich des Art. 2 I GG s. Rn. 491 ff.
9 BVerfGE 35, 382, 399; 38, 52, 57; 49, 168, 180 f.; 78, 179, 196.
10 Etwa *Bleckmann*, in: Staatsrecht II, 4. Aufl., 1997, § 9 Rn. 134 ff.; *Menger*, VerwArch 1974, 329, 332.
11 Hierzu näher *Bauer*, JBl 2000, 750; *Bauer/Kahl*, JZ 1995, 1077.

Einzelne aus der Gesellschaft herausgetreten war und sich in ein **besonderes staatliches Rechts- und Pflichtenverhältnis** ("Innenrecht") begeben hat. Dessen Prototyp war das Beamtenverhältnis, in welchem der Einzelne als Teil der Staatsorganisation, nicht hingegen der Gesellschaft, erschien. Dazu kamen Strafgefangenen-, Schul- und Benutzungsverhältnisse. Hier galten die Grundrechte nicht, da der Einzelne nicht als Teil der Gesellschaft erschien.

Jene Rechtsfigur ist erst unter dem Grundgesetz aufgegeben worden.[12] Inzwischen ist anerkannt: Die Grundrechte bleiben auch im „Sonderstatus" anwendbar, sind aber auf besondere Weise regelbar. Der Beamte im Dienst (sog. „Betriebsverhältnis") unterliegt weitergehenden Pflichten als außerhalb des Dienstes (sog. „Grundverhältnis"). Dies zeigt schon Art. 33 IV GG. Gegenwärtig geht es also nicht mehr um das Ob, sondern das Wie des Grundrechtsschutzes. Rechtsgrundlage von Sonderregelungen ist und bleibt das Gesetz. Insoweit gilt auch hier die Lehre vom **Vorbehalt des Gesetzes**, welcher dem Gesetzgeber die Regelung des „Wesentlichen" beim Ob und Wie der Grundrechtbeschränkungen zuweist.[13] Aufgrund Gesetzes können dann weitere Einzelheiten durch Rechtsverordnung, Satzung und ggf. weitere „Ordnungen" (Schulordnung u.ä.) geregelt werden. Die Einzelheiten sind in den unterschiedlichen Rechtsgebieten partiell noch umstritten.[14] Die prinzipielle Anerkennung der Grundrechtsgeltung schließt auch die Möglichkeit der gerichtlichen Überprüfung (Art. 19 IV GG) ein.

Kein Problem der Grundrechtsträgerschaft ist die **Grundrechtsmündigkeit**.[15] Die   **391** Grundrechtsträgerschaft beginnt mit der Geburt und ist unabhängig vom Lebensalter. Die Frage nach der Grundrechtsmündigkeit erlangt praktische Bedeutung vornehmlich in zwei Fällen: Bei der – im BVerfGG nicht näher geregelten – **Beteiligtenfähigkeit im Verfassungsrechtsstreit** und bei der **Abwägung von Grundrechten der Kinder mit denjenigen der Eltern** im Rahmen des Erziehungsrechts (Art. 6 II GG). Schwierige Abwägungsprobleme bereitet hier insbesondere die religiöse Kindererziehung.

2. Juristische Personen

In der Gemeinde A ist ein Kraftwerk an der Grenze zur Gemeinde G errichtet   **392** worden. Die G befürchtet erhebliche Immissionen, welche die Gesundheit ihrer Bürger, den Bestand der gemeindeeigenen Wälder und ihres historischen Rathauses gefährden. Nachdem sie den Rechtsweg erschöpft hat, will sie unter Berufung auf ihre Grundrechte Verfassungsbeschwerde gegen die Genehmigung erheben. (nach: BVerfGE 61, 82; s. dazu Rn. 399)

---

12 Seit BVerfGE 33, 1; 116, 69; *Kokott*, in: HGRe I, § 22 Rn. 22.

13 S. dazu o. Rn. 254.

14 Zum Strafvollzugsrecht *Lübbe-Wolff*, NStZ 2009, 616; 677; zum Schulrecht *Niehues*, Prüfungsrecht, 4. Aufl., 2004, Rn. 33 ff.

15 Dazu näher *Brüser*, Die Bedeutung der Grundrechte im Kindesalter für das Elternrecht, 2010; *Roth*, Die Grundrechte Minderjähriger im Spannungsfeld selbstständiger Grundrechtsausübung, elterlichen Erziehungsrechten und staatlicher Grundrechtsausübung, 2003.

Grundrechte sind subjektive Rechte des Menschen, also der natürlichen Personen. Art. 19 III GG erstreckt ihre Geltung darüber hinaus auf inländische juristische Personen. Juristische Person ist jeder Personenzusammenschluss, der grundrechtsfähig sein kann. Dies sind zunächst alle **rechtsfähigen Vereinigungen i.S.d. Zivilrechts.** Für sie begründet Art. 19 III GG eine **eigene Grundrechtsfähigkeit.** Diese reicht jedoch partiell über das Bürgerliche Recht hinaus. Grundrechtsfähig können daher auch nichtrechtsfähige Personenmehrheiten sein, sofern ihnen ein Grundrecht zustehen kann, etwa Gewerkschaften oder Arbeitgeberverbände i.S.d. Art. 9 III GG, Parteien nach Art. 21 GG, Vereine oder Gesellschaften nach Art. 9 I GG. Maßgeblich für die Grundrechtsfähigkeit ist, **dass die „juristische Person" nach ihrem eigenen Ziel in der Lage ist, unabhängig von der Person ihrer einzelnen Mitglieder ein Grundrecht auszuüben.** Dies setzt ein Mindestmaß an organisierter Willensbildung und Verselbstständigung voraus. Im Einzelfall können dies auch BGB-Gesellschaften oder OHGs sein. Hier hat sich die Rechtsprechung in jüngerer Zeit erheblich differenziert.[16]

393   **Inländisch** ist eine juristische Person, die ihren Sitz im Inland i.S.d. Präambel des GG hat. Die Grundrechtsträgerschaft korrespondiert so mit dem Organisationsstatut. Nur wer nach deutschem Recht organisiert ist und tätig wird, kann sich auf die Grundrechte berufen. Dadurch wird der Konnex zwischen Grundrechtsträgerschaft einerseits und staatlicher Rechtsetzungsbefugnis andererseits hergestellt.[17] **Ausländische juristische Personen sind keine Grundrechtsträger.** Davon macht das Bundesverfassungsgericht aber inkonsequenterweise Ausnahmen für Art. 101, 103 GG, da diese Garantien wesentliche Elemente des Rechtsstaats seien[18] – was sicherlich für die anderen Grundrechte gleichermaßen gilt. Auch hier gilt: Juristischen Personen aus anderen EU-Staaten steht der **Gleichbehandlungsanspruch des Art. 18 AEUV** zu. Auf sie ist Art. 19 III GG entsprechend anzuwenden.

394   Juristische Personen sind Grundrechtsträger nur, soweit die Rechte der Art. 1–19 GG auf sie **„ihrem Wesen nach" anwendbar** sind. Das – auch in Art. 19 II GG erwähnte – „Wesen" der Grundrechte ist allerdings theoretisch nicht zu klären, da es sich hierbei um eine Leerformel handelt. Gesichert ist, dass

- nicht alle Grundrechte pauschal für juristische Personen gelten.
- solche Grundrechte nicht anwendbar sind, die an einen **Tatbestand** anknüpfen, welcher von juristischen Personen nicht erfüllt werden kann. Hierzu zählen etwa das Recht auf Leben und die persönliche Freiheit (Art. 2 II GG), der Schutz von Ehe und Familie (Art. 6 GG) sowie die Testierfreiheit (Art. 14 I GG).
- Art. 19 III GG **Regelungen nicht ausschließt, welche die juristische Person ausgestalten, insbesondere die Rechtsstellung der Mitglieder in ihnen stärken.**[19]

Praktische Bedeutung erlangen für juristische Personen überwiegend die Eigentumsgarantie (Art. 14 GG), die Berufsfreiheit (Art. 12 GG) und die wirtschaftlichen Dimen-

---

16 Z.B. BVerfGE 97, 67, 76 (KG); BVerfG, JZ 2003, 43 (BGB-Gesellschaft).
17 BVerfGE 12, 8; 18, 447; 21, 209; 23, 236; möglicherweise einschränkend BVerfG, NVwZ 2010, 373.
18 BVerfGE 3, 359, 363; 12, 6, 8; 21, 362, 373; dagegen *Bettermann*, NJW 1969, 1321.
19 Dazu *Dietmair*, Die juristische Grundrechtsperson des Art. 19 Abs. 3 GG im Lichte der geschichtlichen Entwicklung, 1988; *Suhr*, Entfaltung der Menschen durch die Menschen, 1976, 175 ff.

sionen des Art. 2 I GG, ferner für religiöse Vereinigungen und Kirchen Art. 4 GG, für Presseunternehmen Art. 5 GG. Diese stehen den genannten juristischen Personen unstreitig zu.

Keine Grundrechtsträger sind die juristischen Personen des öffentlichen Rechts, also **395 der Staat, seine Organe oder Einrichtungen.** Das Rederecht des Abgeordneten im Bundestag ist demnach nicht Ausprägung seiner Meinungsfreiheit aus Art. 5 GG, sondern vielmehr seines Rederechts, welches ihm aus seinem verfassungsrechtlichen Status als Mitglied des Bundestages (Art. 38 GG)[20] erwächst.

Überaus umstritten ist demgegenüber, ob andere **juristische Personen des öffentlichen 396 Rechts** ihrem Wesen nach überhaupt Grundrechtsträger sein können. Das zentrale Argument ist das sog. „Konfusionsargument", wonach niemand aus einer Norm zugleich berechtigt und verpflichtet sein kann. Konkret lautet es also, dass **der Staat Verpflichteter, nicht hingegen Berechtigter der Grundrechte sei.**[21] Richtig ist, dass im Verhältnis zum Bürger der Staat Grundrechtsadressat ist (Art. 1 III GG). **Gegen den Bürger stehen dem Staat keine Grundrechte zu;** er hat weder Handlungs- noch Vertragsfreiheit. Staatswillensbildung und -betätigung sind ausschließlich durch das Staatsorganisationsrecht und das Demokratiegebot geregelt. Hierdurch ist aber noch nichts darüber gesagt, ob eine staatliche Unterorganisation gegenüber einer anderen Grundrechtsträger sein kann, wie etwa die Gemeinde gegen das Land oder etwa ein Land gegen den Bund, wenn ein Grundstück des Landes für militärische Zwecke enteignet wird. Hier geht es um die Frage, ob in solchen Fällen die betreffende juristische Person des öffentlichen Rechts in einer vergleichbaren Lage wie der betroffene Bürger sein würde.

> „Die Gemeinde befindet sich auch bei Wahrnehmung nicht-hoheitlicher Tätigkeit in keiner „grundrechtstypischen Gefährdungslage"; sie wird auch in diesem Raum ihres Wirkens durch einen staatlichen Hoheitsakt in gleicher Weise wie eine Privatperson „gefährdet" und ist mithin auch insoweit nicht „grundrechtsschutzbedürftig". […] Verfehlt ist schon, undifferenziert davon auszugehen, juristische Personen des öffentlichen Rechts seien bei ihrer Betätigung außerhalb dieses Bereichs in jedem Fall hoheitlichen Eingriffen ebenso unterworfen wie private Personen. Öffentliche Körperschaften genießen bei ihrer wirtschaftlichen Betätigung oder als Vermögensträger verschiedene „Vorrechte" […], die Privaten nicht zustehen […] und die – wenn auch verfassungsrechtlich nicht gewährleistet – ihre Stellung von der Privater abhebt. Diese Privilegien können bei der Beurteilung ihrer Schutzbedürftigkeit nicht außer Betracht gelassen werden." (BVerfGE 61, 82, 105–107).

Mit dieser zutreffenden, aber nicht unumstrittenen Begründung verneinte das Bun- **397** desverfassungsgericht die Grundrechtsträgerschaft der juristischen Personen des öffentlichen Rechts, einschließlich öffentlicher Unternehmen, aus eigenem Recht.[22] Gemeinden können also ihr Eigentum nicht mit der Verfassungsbeschwerde geltend machen. Sie können sich allenfalls auf ihre Rechtsstellung aus Art. 28 II GG berufen,

---

20 Vgl. dazu o. Rn. 110.
21 BVerfGE 15, 256, 262; 21, 362, 369 f.; 45, 63.
22 S. aus jüngerer Zeit ebenso BVerfGE 68, 193, 206; 75, 192, 196; 107, 299, 309 ff.

soweit diese einschlägig ist, und ggf. eine Kommunalverfassungsbeschwerde (Art. 93 I Nr. 4b GG)[23] erheben.

398 Demnach ist bei der **Grundrechtsträgerschaft inländischer juristischer Personen** von folgenden Grundsätzen auszugehen:

(1) **Juristische Personen des Privatrechts sind prinzipiell Grundrechtsträger.** Sie können sich insbesondere auf die Rechte aus Art. 2 I; 3; 5 I (Pressefreiheit), 9 III; 12 I; 14; 19 IV; 101; 103 GG berufen.

(2) **Juristische Personen des öffentlichen Rechts sind prinzipiell keine Grundrechtsträger.** Dies gilt für Bund, Länder und Gemeinden, die allerdings aus Art. 28 II GG eigene Rechte herleiten können, ebenso wie für sonstige Selbstverwaltungskörperschaften.[24]

(3) Ausnahmsweise wird die **Grundrechtsträgerschaft juristischer Personen** des öffentlichen Rechts aber bejaht für die **Justizgrundrechte** aus Art. 101, 103 GG als „Ausprägungen des Rechtsstaatsprinzips". Weitere Ausnahmen sind anerkannt für staatliche Einrichtungen, die im Garantiebereich von Grundrechten errichtet wurden. Dazu zählen die **Universitäten im Schutzbereich des Art. 5 III GG** und die **Rundfunkanstalten im Schutzbereich des Art. 5 I 2 GG.** Sie genießen aber nur diese jeweiligen Spezialrechte, nicht etwa darüber hinaus auch alle anderen Grundrechte. Schließlich wird die Grundrechtsträgerschaft juristischer Personen des öffentlichen Rechts ausnahmsweise bejaht, soweit sie nicht bei der Wahrnehmung gesetzlich geregelter öffentlicher Aufgaben betroffen sind und insoweit auch keine rechtliche Sonderstellung gegenüber Privaten genießen.[25]

(4) **Religionsgemeinschaften** sind grundrechtsfähig unabhängig von ihrer Anerkennung als Körperschaften des öffentlichen Rechts, weil mit diesem Status keine Teilhabe an der Staatsgewalt verbunden ist.[26]

399 Was für die juristische Person des öffentlichen Rechts gilt, wird auch für solche privatrechtlichen Kapitalgesellschaften angenommen, derer sich Träger öffentlicher Gewalt zur Erfüllung ihrer Aufgaben bedienen (etwa: Stadtwerke-AG; Verkehrsbetriebe-GmbH). Obwohl solche **öffentliche Unternehmen** „formell" dem Art. 19 III GG unterfallen, wird ihre Grundrechtsträgerschaft jedenfalls dann verneint, wenn sie zu wesentlichen Teilen im Eigentum der öffentlichen Hand stehen und der Erfüllung öffentlich-rechtlicher Aufgaben zu dienen bestimmt sind.[27]

*Bitte diskutieren Sie nun den **Beispielsfall** (Rn. 392)!*

Demnach darf sich die Gemeinde nicht auf Art. 14 GG berufen. Auch der Umstand, dass eine juristische Person des öffentlichen Rechts öffentliche Aufgaben, also Aufgaben

---

23 Dazu o. Rn. 326.
24 BVerfGE 21, 362, 377 (für Rentenversicherungsträger); 39, 302, 314 ff. (für AOKs); 77, 340, 344 (für Sozialversicherungsträger allgemein); 70, 1, 18 (für kassenärztliche Vereinigungen und Innungen).
25 BVerfGE 68, 193; 70, 15, 21.
26 BVerfGE 19, 129, 139; 53, 366, 387; 102, 370, 387.
27 BVerfG, NJW 1990, 1783.

im Interesse der Allgemeinheit, wahrnimmt, macht sie nicht zum grundrechtsgeschützten „Sachwalter" des Einzelnen bei der Wahrnehmung seiner Grundrechte, mag die Erfüllung der öffentlichen Aufgaben auch der Verwirklichung seiner Grundrechte (möglicherweise mittelbar) förderlich sein, wie dies etwa bei der Daseinsvorsorge möglich ist. Verlässt die juristische Person des öffentlichen Rechts den Bereich der Wahrnehmung öffentlicher Aufgaben, so besteht noch weniger Grund, sie als „Sachwalterin" des privaten Einzelnen anzusehen. Grundsätzlich ist davon auszugehen, dass der Bürger selbst seine Grundrechte wahrnimmt und etwaige Verletzungen geltend macht (nach: BVerfGE 61, 82, 103 f.).

Zur Vertiefung:

Rüfner, Grundrechtsträger, in: HStR V, 2. Aufl., 1992, § 116; *Huber*, Natürliche Personen als Grundrechtsträger, in: HGRe II, § 49; *Brüser*, Die Bedeutung der Grundrechte im Kindesalter für das Elternrecht, 2010; *Siehr*, Die Deutschenrechte des Grundgesetzes, 2001; *Heintzen*, Ausländer als Grundrechtsträger, in: HGRe II, § 50; *Krausnick*, Grundfälle zu Artikel 19 III GG, JuS 2008, 869, 965.

Tettinger, Zur Grundrechtsberechtigung juristischer Personen des Privatrechts, in: HGRe II, § 51; *Schnapp*, Die Grundrechtsberechtigung juristischer Personen des öffentlichen Rechts, in: HGRe II, § 52; *Selmer*, Die Grundrechtsberechtigung von Mischunternehmen, in: HGRe II, § 53; *Schoch*, Grundrechtsfähigkeit juristischer Personen, Jura 2001, 201.

II. Grundrechtsadressaten

1. Grundrechtsbindung der öffentlichen Hand

Art. 1 III GG nennt die Grundrechtsadressaten, also diejenigen, die aus den Grundrechten verpflichtet sind. Danach **binden die Grundrechte** Gesetzgebung, Vollziehung und Rechtsprechung, also „**alle Staatsgewalt**" der Bundesrepublik Deutschland i.S.d. Art. 20 II 2 GG. **400**

Als umstritten erwies sich die Grundrechtsbindung für den Fall der **Begnadigung von Strafgefangenen**. Auch sie – vom Bundespräsidenten (Art. 60 II GG) und den Ministerpräsidenten der Länder vorgenommen – ist Ausübung von Staatsgewalt und daher an Grundrechte gebunden. Dagegen wandte sich zunächst das Bundesverfassungsgericht unter Rückgriff auf „System und Gesamtgefüge des Grundgesetzes"[28], wobei vier von acht Richtern der Entscheidung nicht zustimmten. Später wurde demgegenüber der Widerruf einer Begnadigung als grundrechtlich gebundene Staatsgewalt qualifiziert[29] und schließlich, unter Rückgriff auf die **Wesentlichkeitsformel**, wegen der „existenziellen Bedeutung" der Entscheidung für den Einzelnen, jedenfalls bei einer lebenslänglichen Freiheitsstrafe, eine gesetzliche Regelung gefordert,[30] die sich ihrerseits an den Grundrechten orientieren muss.

Staatsgewalt i.S.d. Art. 1 III GG wird von **Bund, Ländern, Gemeinden und sonstigen Einrichtungen**, welche mit der Ausübung von Gesetzgebung, Vollziehung oder Rechtsprechung betraut sind, ausgeübt. Die Grundrechte gelten gegenüber dem Staat, egal wo, wie und wann auch immer er handelt. Da praktisch alles, was Gesetzgebung, **401**

---

28 BVerfGE 25, 352.
29 BVerfGE 30, 108.
30 BVerfGE 45, 246; s.a.a. BVerfG, NJW 1995, 3244.

Vollziehung und Rechtsprechung tun, Ausübung von Staatsgewalt ist[31], kann es für sie keine grundrechtsfreien Bereiche geben. Wo ein Grundrecht seinem Schutzbereich nach einschlägig ist, bindet es den Staat. Insbesondere kann sich kein Zweig der Staatsgewalt darauf berufen, er habe nur leistend und nicht eingreifend gehandelt, da namentlich der Gleichheitsschutz nicht auf Eingriffe beschränkt ist.[32] Auch wenn der Staat nach Zivilrecht und nicht nach öffentlichem Recht handelt, ist Grundrechtsbindung nicht ausgeschlossen. **Staatsgewalt kann auch zivilrechtlich ausgeübt werden:** auch in Zivilrechtsform bleibt der Staat immer der Staat. Die Grundrechte gelten auch, wenn die öffentliche Hand eine Aufgabe auf eine zivilrechtlich organisierte juristische Person delegiert,[33] denn der Staat darf sich seiner Aufgaben, Befugnisse und Rechtsbindungen nicht einfach entziehen: Wenn die Aufgaben der Gemeinden, welche den Grundrechten unterliegen, von privatrechtlich organisierten Stadtwerken erfüllt werden, so gelten die Grundrechte auch für diese. Die hier genannten Fragestellungen, die früher als **„Fiskalgeltung"** der Grundrechte thematisiert wurden, sind gegenwärtig weitgehend geklärt.[34]

402 Umstritten war und ist demgegenüber die **Grundrechtsbindung der Europäischen Union.**[35] Sie ist unstreitig an die Garantien des Europarechts gebunden, welche sich teils in Art. 17 ff. AEUV, teils in der Europäischen Grundrechtecharta und teils in der Europäischen Menschenrechtskonvention finden, welche nach der Rechtsprechung des EGMR schon gegenwärtig auch die Gemeinschaftsgewalt bindet.[36] Ob daneben bzw. darüber hinaus auch die Grundrechte des GG rechtliche Bindungen für die Union erzeugen, ist vom BVerfG mehrfach unterschiedlich entschieden worden.

> Die Gemeinschaft übt unmittelbare Hoheitsrechte in der Bundesrepublik aus, welche ihr durch den zuständigen deutschen Gesetzgeber übertragen sind. Sie können sowohl gegenüber der Bundesrepublik wie gegenüber ihren Bürgern verbindliche Maßnahmen erlassen, selbst wenn diese mit dem aktuellen politischen Willen der deutschen Staatsorgane nicht übereinstimmen. Nach Art. 288 AEUV kann die Gemeinschaft **Verordnungen** erlassen, die für und gegen jedermann unmittelbar gelten; an einzelne Bürger oder Staaten können **Beschlüsse** ergehen; und die Staaten – regelmäßig nicht die Bürger – sind an **Richtlinien** der Gemeinschaft gebunden.

403 Grundsätzlich gilt: **Die Grundrechte binden nur deutsche Staatsgewalt.** Aber ist die EU in diesem Sinne wirklich „ausländisch"? Kann sich der Staat, durch Übertragung von Kompetenzen an Körperschaften des Zivilrechts, seinen Grundrechtsbindungen entziehen? Wenn Staatsgewalt, welche an Grundrechte gebunden ist, nur in diesem Rahmen – also einschließlich Grundrechtsbindung – „übertragen" werden kann, würde dies für eine Bindung auch der EU an die Grundrechte des GG sprechen. Gegen

---

31 Vgl. o. Rn. 223.
32 Vgl. dazu Rn. 590.
33 S. dazu BVerfG, Urt. v. 22.2.2011, Az.: 1 BvR 699/06, Rn. 49 ff.
34 BGHZ 52, 325, 327 ff.; 91, 84, 98; differenzierend dagegen noch BGHZ 36, 91, 95; 97, 312, 316.
35 Überblick bei *Haltern*, Europarecht, 2. Aufl., 2007, Rn. 41 ff.; *Mayer*, in: Schwarz, Der Reformvertrag von Lissabon, 2009, S. 87 ff.
36 EGMR, EuR 2006, 72.

diese Erwägung des nationalen Rechts spricht umgekehrt ein Argument aus dem Europarecht: Die EU kann nur dann selbst Hoheitsgewalt ausüben, wenn sie diese in allen Mitgliedstaaten gleichermaßen wahrnehmen kann. Dies gelingt aber nur, wenn die Gemeinschaft dazu die rechtlichen Möglichkeiten hat. Dies ist auch der politische Sinn des Zusammenschlusses, der zwischen den beteiligten Staaten gerade deshalb erfolgt ist, um einen gemeinsamen Rechtsstandard durch EU-Recht zu erlangen. Jene politische Absicht findet ihren Ausdruck etwa in Art. 288–292 AEUV. Eine solche Vereinheitlichung ist allerdings unmöglich, wenn in allen Mitgliedstaaten unterschiedliche Grundrechtskataloge existieren und die Gemeinschaft an jedes Grundrecht jedes Staates gebunden wäre.

> Deutlich zeigt dies etwa ein Vergleich im deutschen Recht. Für Grundrechtseingriffe kann die EU kein förmliches „Gesetz" i.S.d. Art. 78 I GG erlassen, so dass Eingriffe von vornherein nicht verfassungsgemäß wären. Wie müsste zudem eine EU-Norm aussehen, die Vorschriften wie Art. 19 I 2 GG beachten muss oder gar Grundrechtsschranken wie die des Art. 11 II GG? Die Gemeinschaft müsste wohl für jeden Staat Sonderrecht schaffen.

404 Einheitlichkeit des EU-Rechts und Verschiedenheit des nationalen Rechts stehen so in einem Widerspruch. **Europarecht will dem nationalen Recht vorgehen.** Für das deutsche Verfassungsrecht stellt sich die Frage, ob es dies auch darf. Hier hat die Auslegung des Art. 23 I GG einzusetzen. Das BVerfG stellte anfangs maßgeblich darauf ab, dass durch die Übertragung von Hoheitsgewalt die Grundrechte des GG nicht wesentlich beeinträchtigt werden dürften.[37] Dies sei jedenfalls **solange** der Fall, wie das Gemeinschaftsrecht noch über keinen dem GG vergleichbaren Grundrechtskatalog verfüge. Damit war Raum eröffnet für den **Kompensationsgedanken**: Kein Grundrechtsverlust wäre zu befürchten, wenn die EU hinreichende eigene Grundrechte hätte. **Soweit** also die EU einen vergleichbaren Grundrechtsstandard wie das GG aufweist, ist sie nicht an die deutschen Grundrechte gebunden. Inzwischen weist die Gemeinschaft einen Grundrechtsstandard auf, welcher dem deutschen Recht im Wesentlichen vergleichbar ist.[38] Dies bedeutet konkret: Die Organe der EU sind an die europäischen Grundrechte; die deutschen Staatsorgane an diejenigen des deutschen Rechts gebunden.

405 Die jüngste Rechtsprechung wählt einen zweifachen Ausgangspunkt: Sie knüpft einerseits an den Akt der Übertragung von Hoheitsgewalt und andererseits an den Akt ihrer Ausübung durch die EU an. Sie bindet beide folgerichtig lediglich an die **unantastbaren Kerngehalte des Art. 79 III GG**, also namentlich an die Garantie der Menschenwürde und die Staatsstrukturprinzipien.[39] Über deren Einhaltung wacht nach wie vor das BVerfG.

> „Eine ins Gewicht fallende Minderung des Grundrechtsstandards ist damit nicht verbunden. Das BVerfG gewährleistet durch seine Zuständigkeit, dass ein wirksamer Schutz der Grundrechte für die Einwohner Deutschlands auch gegenüber der Hoheitsgewalt der

---

37 BVerfGE 37, 271, 277 ff.
38 BVerfGE 52, 187; 73, 339, 374 ff.; BVerfG, NJW 1990, 974.
39 BVerfGE 89, 155, 184; 123, 267, 334.

Gemeinschaften generell sichergestellt und dieser dem vom Grundgesetz als unabdingbar gebotenen Grundrechtsschutz im Wesentlichen gleich zu achten ist, zumal dem Wesensgehalt der Grundrechte generell verbürgt. Das BVerfG sichert so diesen Wesensgehalt gegenüber der Hoheitsgewalt der Gemeinschaft." (BVerfGE 89, 155, 174 f.).

Das BVerfG sieht sich hier offenbar am ehesten als Hüter des Verfassungsauftrags aus Art. 23 I 1 GG. Er verpflichtet die Bundesrepublik ausdrücklich, an einem vereinten Europa mitzuwirken, welches „einen diesem Grundgesetz im Wesentlichen vergleichbaren Grundrechtsschutz gewährleistet". Soweit Europa dies tut, ist allein Europarecht anwendbar und der EuGH zuständig. Soweit deutsche Staatsorgane bei der Umsetzung und Anwendung des vorrangigen EU-Rechts eigene Entscheidungsfreiräume haben, sind sie bei deren Ausfüllung an die Grundrechte des GG gebunden.[40] Insoweit ist die **Grundrechtsbindung zweistufig:**

- **Europarecht und die Umsetzung seiner zwingenden Vorgaben folgen den EU-Grundrechten;**
- **im Übrigen gelten auch im Anwendungsbereich des EU-Rechts die deutschen Freiheits- und Gleichheitsrechte.**

2. Grundrechtsbindung Privater – Religionsfreiheit – Rechtsstellung der Religionsgemeinschaften

406 Im Betrieb des A verrichten Frau F und Mann M die gleiche Arbeit. F erhält dafür weniger Lohn als M. Kann die F sich auf Art. 3 II, III 1 GG berufen? (nach: BAGE 1, 258; dazu Rn. 412)

Die **„Drittwirkung der Grundrechte",** also deren Geltung in Rechtsbeziehungen zwischen Privaten, ist lediglich in Art. 9 III 2 GG für das Grundrecht der Koalitionsfreiheit ausdrücklich angeordnet, in Art. 1 III GG für alle Grundrechte hingegen nicht festgeschrieben. Daraus ließe sich der Schluss ziehen: Art. 9 III GG gilt unter Privaten, alle anderen Grundrechte nicht.

Dieser Satz erwies sich als Problem, wenn unter Privaten Freiheitsbeeinträchtigungen stattfanden, die denen durch den Staat nicht nachstanden, etwa bei extremem Machtungleichgewicht zwischen den Beteiligten eines Rechtsverhältnisses. So ist es nicht verwunderlich, dass das Arbeitsrecht der Motor der Rechtsprechung war. Ähnliche Fragen stellen sich aber auch im Wirtschaftsrecht bei ungleichem Wettbewerb und im Bürgerlichen Recht, wenn Allgemeine Geschäftsbedingungen das Vertragsverhältnis extrem ungleich ausgestalten.

407 Die elementarste Begründung der Drittwirkung geht dahin, dass die **Gerichte** stets **Staatsgewalt** ausüben. Dies gelte auch, wenn sie Streitigkeiten nach Zivilrecht entschieden. Daher seien sie auch bei solchen Entscheidungen an die Grundrechte gebunden, die so zwangsläufig in die Entscheidung und damit auch in das entschiedene Rechtsverhältnis einfließen.[41]

---

40 BVerfGE 113, 273, 321; BVerfG, NJW 2010, 833, 834 f.
41 *Schwabe*, Die sog. Drittwirkung der Grundrechte, 1971, S. 105 ff.; *ders.*, AöR 100 (1975), 442.

Jene Auffassung zieht den Schluss von der Bindung des Gerichts auf die Rechtsgrundlagen seiner Entscheidung. Damit kehrt es die maßgebliche Fragestellung um. Die streitentscheidende Tätigkeit der Gerichte ist darauf beschränkt, das geltende Recht auf den entscheidungserheblichen Sachverhalt anzuwenden. Welches Recht dies ist, ergibt sich aus den auf das Rechtsverhältnis anwendbaren Normen des materiellen Rechts. Nur diese können daher die Entscheidung determinieren. Ob die Grundrechte auf einen privatrechtlich zu beurteilenden Sachverhalt anwendbar sind, ist aber gerade die Frage. Davon zu unterscheiden ist, dass die Gerichte bei prozessualen Maßnahmen (Ladung, Haft, Anhörung der Parteien) an die Grundrechte gebunden sind. Dies hat zwar mit der Entscheidungsfindung, aber nichts mit den materiellen Rechtsgrundlagen der Entscheidung selbst zu tun.

Das Bundesarbeitsgericht begründet die **„unmittelbare Drittwirkung"** der Grundrechte so: **408**

„Zwar nicht alle, aber doch eine Reihe bedeutsamer Grundrechte der Verfassung sollen nicht nur Freiheitsrechte gegenüber der Staatsgewalt garantieren, sie sind vielmehr Ordnungsgrundsätze für das soziale Leben, die in einem aus dem Grundrecht näher zu entwickelndem Umfang unmittelbare Bedeutung auch für den Rechtsverkehr der Bürger untereinander haben. So dürfen sich privatrechtliche Abmachungen, Rechtsgeschäfte und Handlungen nicht in Widerspruch setzen zu dem, was man das Ordnungsgefüge, den ordre public einer konkreten Staatsordnung nennen kann [...] Solche Grundrechte berühren also nicht nur das Verhältnis des einzelnen Bürgers zum Staat, sondern auch das der Bürger dieses Staates als Rechtsgenossen untereinander. Auch das normative Bekenntnis des GG zum sozialen Rechtsstaat (Art. 20, 28 GG), das für die Auslegung des GG und anderer Gesetze von grundlegender Bedeutung ist, spricht für die unmittelbare privatrechtliche Wirkung der Grundrechtsbestimmungen." (BAGE 1, 185, 192 f.).

Diese vom BAG in ständiger Rechtsprechung vertretene Auffassung[42] ist möglicherweise Ausdruck eines praktischen Bedürfnisses im Arbeitsrecht, doch fehlt eine Auseinandersetzung mit den einschlägigen Normen des GG, namentlich dem Art. 1 III GG, welcher eine Drittwirkung gerade nicht vorsieht. Darüber hinaus ist auch unklar, wieso die Grundrechte, die gerade rechtliche Reaktionen auf die staatliche Herrschaft sein sollen, im Arbeitsrecht überhaupt einschlägig sind. Während sich nach Art. 1 III GG Grundrechtsträger und Staatsgewalt mit ihren besonderen Aufgaben und Befugnissen gegenüberstehen, passt im Privatrecht der Grundrechtsschutz schlecht: Wie soll bei zwei Vertragsparteien die Vertragsfreiheit des einen diejenige des anderen einschränken oder ausschließen? Das Bundesverfassungsgericht ist daher der Auffassung des BAG nicht gefolgt. Vielmehr begründete das Bundesverfassungsgericht seine Lehre von der **„mittelbaren Drittwirkung"**.

„Ohne Zweifel sind die Grundrechte in erster Linie dazu bestimmt, die Freiheitssphäre **409** des Einzelnen vor Eingriffen der öffentlichen Gewalt zu sichern; sie sind Abwehrrechte des Bürgers gegen den Staat. [...] Ebenso richtig ist aber, dass das Grundgesetz, das keine wertneutrale Ordnung sein will, in seinem Grundrechtsabschnitt auch eine objektive Wertordnung aufgerichtet hat, und dass gerade hierin eine prinzipielle Verstärkung der Geltungskraft der Grundrechte zum Ausdruck kommt. Dieses Wertsystem, das seinen Mittelpunkt in der innerhalb der sozialen Gemeinschaft sich frei entfaltenden menschlichen Persönlichkeit und ihrer Würde findet, muss als verfassungsrechtliche Grundent-

---

42 Bericht bei *Heither*, JöR 1984, 315.

scheidung für alle Bereiche des Rechts gelten; Gesetzgebung, Verwaltung und Rechtsprechung empfangen von ihm Richtlinien und Impulse. So beeinflusst es selbstverständlich auch das Bürgerliche Recht; keine bürgerlichrechtliche Vorschrift darf im Widerspruch zu ihm stehen, jede muss in seinem Geiste ausgelegt werden." (BVerfGE 7, 198, 204 f.).

Diese Begründung[43] gelangt über die Wertordnung des Grundgesetzes[44] dazu, die Generalklauseln des Zivilrechts als Einfallstor der Grundrechte zu benutzen. Maßgeblich hierfür sind etwa die §§ 134, 138, 242, 315, 826 BGB. Inzwischen hat sich die Lehre von der **„mittelbaren Drittwirkung"** der Grundrechte weitgehend durchgesetzt. Sie hat sogar eine naheliegende Ausweitung erfahren. Inzwischen werden nicht mehr nur die Generalklauseln, sondern alle Normen des Zivilrechts „im Lichte der Grundrechte" ausgelegt. Diese Rechtsprechung teilt die Schwächen der Wertordnungsrechtsprechung. Sind an einem Zivilrechtsverhältnis mehrere Private beteiligt, so sind die Grundrechte aller Beteiligten zu berücksichtigen. Diese geraten dann aber in einen Widerspruch, wie ihn der Beispielsfall (Rn. 406) zeigt: Soll sich hier der Gleichbehandlungsanspruch des Arbeitnehmers oder die Vertragsfreiheit des Arbeitgebers durchsetzen? Derartige Widersprüche, sog. **„Grundrechtskollisionen"**,[45] sind aber nicht mit Anspruch auf Wahrheitsfähigkeit auflösbar, da es keine objektive Wertordnung des GG gibt, die angeben könnte, welchem Recht generell der Vorzug einzuräumen wäre. Im Gegenteil: Je mehr Werten das BVerfG im Grundgesetz den „höchsten Rang" zuspricht, desto mehr höchstrangige Werte können untereinander in Kollision geraten. Und welcher Wert nimmt dann den Vorrang ein?

> Aber auch die konkrete, fallbezogene Abwägung hilft nicht weiter. Denn sie bedarf der Kriterien, die überhaupt erst entwickelt werden müssen. Diese Kriterien sind aber derart zahlreich und flexibel, dass schon ihr Inhalt, in jedem Falle aber die Auswahl unter ihnen beliebig wird. Manche Entscheidungen sind schwer nachvollziehbar.[46]

410 Das BVerfG hat seine Rechtsprechung inzwischen weiterentwickelt und präzisiert.

> „Selbst wenn der Gesetzgeber davon absieht, zwingendes Vertragsrecht für bestimmte Lebensbereiche oder für spezielle Vertragsformen zu schaffen, bedeutet das keineswegs, dass die Vertragspraxis dem freien Spiel der Kräfte unbegrenzt ausgesetzt wäre. Vielmehr greifen dann ergänzend solche zivilrechtlichen Generalklauseln ein [...]. Gerade bei der Konkretisierung und Anwendung dieser Generalklauseln sind die Grundrechte zu beachten. Der entsprechende Schutzauftrag der Verfassung richtet sich hier an den Richter, der den objektiven Grundentscheidungen der Grundrechte in Fällen gestörter Vertragsparität mit den Mitteln des Zivilrechts Geltung zu verschaffen hat und diese Aufgabe auch auf vielfältige Weise wahrnimmt." (BVerfGE 81, 242, 255 f.)

411 Hier werden also die **grundrechtlichen Schutzpflichten** als Begründung herangezogen. Danach ist der Staat verpflichtet, die Schutzgüter der Grundrechte auch gegen Beeinträchtigungen durch Dritte zu schützen.[47] Es geht also weniger um Grundrechtsbin-

---

43 Grundlegend *Dürig*, FS Nawiasky, 1956, S. 157.
44 S.o. Rn. 368 ff.
45 Dazu *Britz*, Der Staat 2003, 33; *Martins*, Die Grundrechtskollision, 2001; *Winkler*, Kollision verfassungsrechtliche Schutznormen, 2000.
46 S. nur im Vergleich BVerfGE 42, 143 mit BVerfGE 42, 163; BVerfGE 54, 148 mit BVerfGE 54, 208.
47 S. dazu o. Rn. 370.

dung Privater, als vielmehr um die Verpflichtungen des Staates als Grundrechtsadressat zur Ausgestaltung der Grundrechtswirkungen unter Privaten. Hierzu erwähnt das BVerfG zwei Dimensionen:

- Schutzpflichten für den Gesetzgeber, also einen **Regelungsauftrag**, und
- Schutzpflichten für die Rechtsprechung, also einen **Rechtsanwendungs- und -auslegungsauftrag**.

Zugleich hat das BVerfG seine Rechtsprechung präzisiert. Zwar sind alle Staatsorgane berechtigt, die Grundrechte gegen Grundrechtsausübung Anderer zu schützen. Eine gerichtlich durchsetzbare **Schutzpflicht** hierzu ergibt sich aber nur **unter eher engen Voraussetzungen**. Diese sind:

(1) hoher Rang eines Rechts im Grundgesetz,

(2) ein eklatantes Machtungleichgewicht zwischen Privaten, welches rechtliche Selbstbestimmung in faktische Fremdbestimmung umschlagen lässt,

(3) schließlich die daraus resultierende Unmöglichkeit der schwächeren Seite, eine Freiheit auch wirklich auszuüben. Die Schutzpflicht besteht also, wenn grundrechtlich verbürgte Selbstbestimmung in wirtschaftlich bedingte Fremdbestimmung umschlägt.[48]

*Bitte diskutieren Sie nun den **Beispielsfall** (o. Rn. 406)!*   **412**

> Im **Beispiel** hat das BAG den Satz „Gleicher Lohn für gleiche Arbeit", aufgrund seiner Rechtsprechung zur unmittelbaren Drittwirkung der Grundrechte, aus Art. 3 GG hergeleitet. Auch das BVerfG würde hier eine Schutzpflicht bejahen: Das Arbeitsrecht ist durch ein besonderes Machtungleichgewicht der Beteiligten geprägt, die Arbeitnehmer sind – gerade in Zeiten hoher Arbeitslosigkeit – besonders schutzbedürftig. Die Gleichbehandlung von Mann und Frau im Arbeitsrecht ist durch Art. 157 AEUV und das dazu geltende sekundäre Gemeinschaftsrecht[49] sowie durch §§ 7 i.V.m. 1; 2 I Nr. 2 AGG zwingend vorgeschrieben.

Sonderprobleme im Drittwirkungsbereich stellen sich bei Sachverhalten, an welchen   **413**
die Kirchen beteiligt sind. Die **Rechtsstellung der Kirchen**[50] findet ihre Grundlage in
Art. 4 i.V.m. Art. 140 GG/Art. 136 ff. WRV. Art. 4 GG unterscheidet die Grundrechte der

- **Gewissensfreiheit**; also der Freiheit der ernsten sittlichen, an den Kategorien von gut und böse orientierten Entscheidung, welche der Einzelne als für sich verbindlich ansieht.[51] Daraus können im Einzelfall Weigerungsrechte gegenüber generellen gesetzlichen Ge- oder Verboten entstehen. Bekanntester Fall ist das Grundrecht

---

48 Dazu BVerfGE 39, 1, 42; 46, 120, 164 f.; 49, 89, 140 ff.; 53, 30, 65 f.; 79, 174, 202; 81, 242, 254 ff.; 88, 203, 251.
49 Grundlegend: EuGH, NJW 1984, 202; EuGRZ 1986, 28, 30; EuZW 1994, 729; EuZW 2000, 211.
50 Dazu näher: *v. Campenhausen/de Wall*, Staatskirchenrecht, 4. Aufl., 2006; *Jeand'Heur/Korioth*, Grundzüge des Staatskirchenrechts, 2000; *Unruh*, Religionsverfassungsrecht, 2009; s.a. *Heinig*, Öffentlich-rechtliche Religionsgesellschaften, 2003; *Classen*, Religionsrecht, 2006.
51 BVerfGE 12, 45, 55; 48, 127, 173; BVerwGE 127, 302, 325.

der Kriegsdienstverweigerung (Art. 4 III GG; s.a. Art. 12a GG).[52] Das Grundrecht kann auch das Direktionsrecht staatlicher und privater Arbeitgeber einschränken.[53]

– **Glaubensfreiheit**, also der Überzeugung vom Ursprung bzw. Sinn der Welt bzw. des menschlichen Lebens ohne Rücksicht darauf, ob sie religiösen, areligiösen oder antireligiösen Ideen entstammen.[54] Der Grundrechtsschutz umfasst die Überzeugungsfreiheit („Haben" einer Auffassung), deren Mitteilung und die Handlungsfreiheit (Art. 4 II GG). Dazu gehört insbesondere das Recht, sich zu Glaubensgemeinschaften zusammenzuschließen und sich als solche zu betätigen. Geschützt sind **spezifisch glaubensgemäße Handlungen** (Glockenläuten, Gottesdienst, Umzüge); bei neutralen Handlungen wird am ehesten auf eine nach außen erkennbare glaubensmäßige Motivation abgestellt (soziale Einrichtungen u.a.).[55]

414 Kollisionen bereiten am ehesten **religiöse Handlungen bei staatlichen Pflichtveranstaltungen** wegen der Teilnahmepflicht der Betroffenen (etwa: Schüler) einerseits und ihrer fehlenden Möglichkeit, sich den Einwirkungen der Veranstaltung (etwa: Unterricht) zu entziehen andererseits. Hier kommt es auf die Zumutbarkeit von Alternativverhalten an: Kreuze im Gerichtssaal,[56] Kruzifixe[57] und Schleier[58] im Klassenzimmer und Schulgebete in staatlichen Pflichtschulen[59] lassen sich – im Unterschied zur freien Schulwahl, Privatschulen und Kindergärten[60] – nicht umgehen. Dabei muss aber auch eine mögliche Grundrechtsstellung derjenigen, welche diese Handlungen vornehmen oder Symbole tragen, beachtet werden. Eine generelle Verweigerung des Schulbesuchs aus religiösen Gründen ist auch dann unzulässig, wenn Eltern stattdessen die Kinder zuhause unterrichten.[61] Sonderreglungen über den Schulunterricht enthalten auch die Art. 7 II–IV GG.[62]

415 Danach nehmen die Kirchen eine eigenartige Doppelstellung ein: Sie sind vom Staat prinzipiell getrennt (Art. 137 I WRV) und können unter bestimmten Voraussetzungen[63] zugleich Körperschaften des öffentlichen Rechts werden (Art. 137 V WRV). Während so materiell Staatsferne vorgesehen ist, kann als Organisationsform ein öffentlich-rechtlicher Status gewählt werden, der sonst nur für Träger von Staatsgewalt vorgesehen ist. Anders ausgedrückt: **Kirchen können zwar wie Träger von**

---

52 Dazu näher BVerfGE 12, 45, 53; 28, 243, 259; 32, 40, 45; 48, 117, 163; Dagegen kennt das GG kein Recht auf Verweigerung des Zivildienstes; s. BVerfGE 78, 391, 395; 80, 354, 359.
53 BAGE 47, 363, 376 ff. jedenfalls für den Fall einer zumutbaren Alternative.
54 BVerfGE 41, 29, 50; BVerwGE 90, 112, 115; BAGE 79, 319, 338.
55 BVerfGE 24, 236, 247; 53, 366, 392 f.; 790, 138, 163.
56 Dazu BVerfGE 35, 366.
57 Dazu BVerfGE 93, 1, 16 f.; BVerwGE 109, 40, 59; ablehnend *Hollerbach*, JZ 1997, 1114; zustimmend *Schmitt-Kammler*, FS Friauf, 1996, S. 343 f.
58 Dazu BVerfGE 108, 282.
59 Für deren grundrechtliche Zulässigkeit BVerfGE 52, 223. Zum islamischen Gebet auf dem Pausenhof VG Berlin, NVwZ-RR 2010, 189; anders OVG Berlin-Brandenburg, Urt. v. 27.05.2010, Az.: 3 B 29.09.
60 Für Zulässigkeit des Gebets im Kindergarten vgl. BVerfG, NJW 2003, 3468.
61 BVerfG, NVwZ 2008, 72; NJW 2009, 3151; BVerwG, NVwZ 2010, 525.
62 Zur Zulässigkeit eines Ethik-Unterrichts als Alternative zum Religionsunterricht BVerfGK 10, 423.
63 Dazu BVerfGE 102, 370, 400.

Staatsgewalt organisiert sein; sind aber grundsätzlich keine solchen Träger. Staat und Kirche sind prinzipiell getrennt, es gibt keine Staatskirche (Art. 140 GG/Art. 137 I WRV). Der Staat hat zwischen den Religionsgemeinschaften prinzipiell **Neutralität**[64] zu wahren; zwischen den Religionsgemeinschaften gilt grundsätzlich das Recht der **Parität**. Aus diesem organisatorischen Sonderrecht werden auch grundrechtliche Besonderheiten abgeleitet:

(1) **Kirchen sind** – anders als sonstige Körperschaften des öffentlichen Rechts – **Grundrechtsträger**.[65]

(2) **Kirchen sind keine Grundrechtsadressaten** gem. Art. 1 III GG.[66]

> Kirchen können demnach Körperschaften des öffentlichen Rechts sein. Grundrechtlich werden sie jedoch wie Private behandelt. Daraus folgt insbesondere: Alle **Religionsgemeinschaften** – Körperschaften und sonstige „Religionsgesellschaften" (Art. 137 II WRV) – **genießen gegenüber dem Staat den vollen Grundrechtsschutz.** Im Einzelfall wird zwischen der Rechtsstellung der Kirchen einerseits und den entgegenstehenden Belangen des Staates und Dritter andererseits abgewogen.[67] Staatliche **Warnungen** vor Glaubens- oder Religionsgemeinschaften sind nur bei objektiv nachweisbaren Gefahren für vorrangige Rechtsgüter Dritter oder der Allgemeinheit zulässig.[68]

Umgekehrt ist das Recht aus Art. 137 III WRV, die eigenen Angelegenheiten selbstständig, innerhalb des für alle geltenden Gesetzes, zu ordnen und zu verwalten, nicht an die Grundrechte der Kirchenmitglieder gebunden. **Sofern in einem Rechtsstreit zwischen Kirche und Kirchenmitgliedern überhaupt Grundrechte Anwendung finden können, können dies demnach nur Drittwirkungsfälle sein.** Rechtsstreitigkeiten entstehen hierbei am ehesten im Bereich des Arbeitsrechts.[69]   **416**

> Das Kirchenrecht erlegt kirchlichen Arbeitnehmern besondere Loyalitätspflichten gegenüber ihrem Arbeitgeber auch außerhalb des Dienstes auf. Verstöße können zur Kündigung des Arbeitsverhältnisses führen. Grundrechtsfragen entstehen daraus, wenn die Pflichtverletzung des Arbeitnehmers in einer Handlung besteht, die ihrerseits grundrechtlichen Schutz genießt. Äußert der Arbeitnehmer außerdienstlich eine kirchenkritische Meinung oder verstößt er gegen das kirchliche Eherecht – etwa durch Heirat mit Konfessionsverschiedenen oder Geschiedenen –, so entstehen Drittwirkungsfälle: Die – weit verstandene – Glaubensfreiheit der Kirche kollidiert mit der Meinungs- oder Eheschließungsfreiheit des Arbeitnehmers. Das **BAG** sieht die Kirchen arbeitsrechtlich als „Tendenzbetriebe" und prüft im Einzelfall, inwieweit das Verhalten des Arbeitnehmers geeignet war, den besonderen rechtlichen Schutz des Arbeitgebers zu beeinträchtigen.[70] Dabei werden die Bedeutung des konkreten Arbeitnehmers für den kirchlichen Verkündungs-

---

64 Zu ihr umfassend *Huster*, Der Grundsatz der religiös-weltanschaulichen Neutralität des Staates – Gehalt und Grenzen, 2004, S. 27 ff.; *ders.*, Die ethische Neutralität des Staates, 2002.
65 BVerfGE 19, 1, 5; 57, 220, 240 f.; 70, 138, 161.
66 BVerfGE 18, 385, 387.
67 BVerfG, DVBl. 2010, 108, 114.
68 BVerfGE 105, 279.
69 Zum kirchlichen Arbeitsrecht und seinen Besonderheiten *Richardi*, Arbeitsrecht in der Kirche, 5. Aufl., 2009.
70 BAGE 30, 247; 47, 144; 292; s.a. BAGE 58, 92; in der Sache ähnlich EGMR, Urt. v. 23.09.2010, Az.: 425/03; 1620/03

auftrag, die Beeinträchtigung des Verkündungsauftrages im Einzelfall und das Gewicht des Rechtsverstoßes in Abwägung zu den Rechten der Kirche einbezogen. Hier erlangt das Verhalten des Pfarrers anderes Gewicht, als dasjenige der Registraturangestellten; der öffentlich bekanntgemachte Aufruf gegen die Kirche andere Bedeutung, als heimlich geschlossene Ehen mit Geschiedenen.

417 Das BVerfG beurteilt vergleichbare Fälle vom **kirchlichen Selbstbestimmungsrecht** her.[71] Danach sei es das freie Recht der Kirchen, ihre „eigenen Angelegenheiten" selbst zu regeln (Art. 137 III WRV). Dieses Recht schließe die einseitige Gestaltung des kirchlichen Dienstes durch den Arbeitgeber ein; und zwar sowohl hinsichtlich des inner- als auch des außerdienstlichen Verhaltens. Prägend hierfür sei das Selbstverständnis der Kirchen, das bei der Interpretation des Arbeitsvertrages besonders zu beachten sei. Praktisch bedeutet dies: Angesichts des einseitigen Selbstbestimmungsrechts der Kirche und ihrer fehlenden Grundrechtsbindung, kann den Rechtspositionen der Arbeitnehmer nur periphere Bedeutung zukommen. Sie werden in die Abwägung nur eingestellt, soweit das „Willkürverbot" (Art. 3 GG), die „guten Sitten" oder der ordre public entgegenstehen.

Der Unterschied zwischen beiden Positionen zeigt sich in einem divergierenden Verständnis der grundrechtsfreien „eigenen Angelegenheiten" der Kirchen. Wenn das BVerfG hierzu erhebliche Teile des Arbeitsrechts zählt, stellt sich die weitere Frage, warum der Verkauf des Kirchengrundstücks, die Haftpflicht bei Unfällen des Dienstwagens des Bischofs oder die Streupflicht auf dem Bürgersteig vor dem Gemeindehaus nicht gleichfalls dem Kirchenrecht unterliegen.[72] Dass dieses nicht der Fall ist, zeigt die Grenze des kirchlichen Selbstbestimmungsrechts, nämlich das **„für alle geltende Gesetz"**.[73] Kauf-, Verkehrssicherungs-, Haftpflicht- und Arbeitsrecht sind staatliche Normen, die gegenüber dem kirchlichen Auftrag neutral sind und für jedermann gelten. Sie sind daher in der Lage, das kirchliche Selbstbestimmungsrecht einzuschränken. Das gilt erst recht, wenn die Kirche aufgrund freiwilliger Rechtswahl das staatliche Recht einem Vertrag zugrunde legt, wie dies beim Arbeitsvertrag – im Unterschied zum kirchlichen Amtsrecht der Geistlichen – der Fall ist. Vor diesem Hintergrund ist die Rechtsprechung des BAG konsequenter. Sie erkennt den Konflikt als dasjenige, was er nach der sonstigen Judikatur des BVerfG tatsächlich ist, nämlich ein Fall von Grundrechtskollision und -drittwirkung.

Zur Vertiefung:

Zu Art. 4/140 GG:

Bielefeldt, Religionsfreiheit, 2008; *Czermak*, Religions- und Weltanschauungsrecht, 2008; *Walther*, Religionsverfassungsrecht, 2006; *v. Campenhausen*, Religionsfreiheit, in: HStR VII, § 157; *Fischer/Groß*, Die Schrankendogmatik der Religionsfreiheit, DÖV 2003, 932; *Fülbier*, Die Religionsfreiheit in der Bundesrepublik Deutschland und in den Vereinten Staaten von Amerika unter spezieller Berücksichtigung der jeweiligen Verfassungsinterpretation, 2003; *Grote*, Religionsfreiheit zwischen individueller Selbstbestimmung, Minderheitenschutz und Staatskirchenrecht, 2001; *Hofmann*, Religiöse Symbole in Schule und Öffentlichkeit – Stand der Entwicklung der Landesgesetzgebung und Rechtspre-

---

71 BVerfGE 70, 138, 162 ff.
72 BVerfGE 72, 278, 288 ff., verneinte sogar die Pflicht zur Bildung von Berufsbildungsausschüssen für kirchliche Ausbildungsverhältnisse. Zur kirchlichen Sonderstellung im Insolvenzrecht noch BVerfGE 66, 1, 19 ff.
73 Zur Reichweite des Gesetzesvorbehalts aus Art. 137 III WRV *Wieland*, Der Staat 1986, 321.

chung nach der Richtungsentscheidung des BVerfG von 2003, NVwZ 2009, 74; *Mückl*, Grundlagen des Staatskirchenrechts, in: HStR VII, § 159; *Vosgerau*, Freiheit des Glaubens und Systematik des GG, 2007; *Neureither*, Grundfälle zu Art. 4 I, II GG, JuS 2006, 1067.

Zur Gewissensfreiheit:

Bethge, Gewissensfreiheit, in: HStR VII, § 158; *Borowski*, Glaubens- und Gewissensfreiheit des Grundgesetzes, 2006; *Filmer*, Das Gewissen als Argument im Recht, 2000; *Freihalter*, Gewissensfreiheit – Aspekte eines Grundrechts, 1973; *Grochtmann*, Justitiabilität der Gewissensfreiheit, 2009; *Kohlhofer*, Gewissensfreiheit und Militärdienst, 2000; *Rupp*, Verfassungsprobleme der Gewissensfreiheit, NVwZ, 1991, 1033; *Vosgerau*, Freiheit des Glaubens und Systematik des Grundgesetzes – Zum Gewährleistungsgehalt schrankenvorbehaltloser Grundrechte am Beispiel der Glaubens- und Gewissensfreiheit, 2007.

Zu den Grundrechtsadressaten:

Kempen, Grundrechtsverpflichtete, in: HGRe II, § 54; *Papier*, Drittwirkung, in: HGRe II, § 55; *Jarass*, Die Grundrechte: Abwehrrechte und objektive Grundsatznormen, in: 50 Jahre BVerfG II, 2001, S. 35; *Classen*, Die Drittwirkung der Grundrechte in der Rechtsprechung des BVerfG, AöR 122 (1997), 65; *Guckelberger*, Die Drittwirkung der Grundrechte, JuS 2003, 1151.

§ 11 Der Schutz der Grundrechte

418 Grundrechtlicher Freiheits- und Gleichheitsschutz stellt sich nicht von selbst ein. Seine Herstellung, Sicherung und Durchsetzung bedarf vielfältiger Maßnahmen aller Zweige der Staatsgewalt. Grundrechtsschutz ist so viel wert wie diejenigen Mechanismen von Legislative, Exekutive und Justiz, welche zu seiner Realisierung vorhanden sind. Zugleich gilt aber auch: **Freiheitsschutz ist mehr als Grundrechtsschutz:** Garantieren die Freiheitsrechte unmittelbar nur einzelne Dimensionen der Freiheit, so kann Grundrechtsschutz auch nur einzelne Dimensionen der Freiheit sichern. Dies ist hier am Beispiel der Schutzpflichten und der Grundrechtsausgestaltung deutlich gemacht worden.[1] In diesem Sinne stellt Grundrechtsschutz Freiheit nur selten von selbst her, sondern sichert nur einzelne ihrer Mindestbedingungen. Insbesondere ist der **Gesetzgeber berechtigt, über das grundrechtlich vorgesehene Schutzniveau hinauszugehen** und mehr Freiheit oder Gleichheit einzuräumen, als es die Verfassung selbst vorsieht. Dies gilt für die Rechtsprechung allerdings nicht: Wegen ihrer Verfassungs- und Gesetzesbindung (Art. 20 III; 97 I GG) ist sie an das formelle und materielle Recht gebunden und darf daher nur so viel Freiheit und Gleichheit gewähren, wie dies durch Grundgesetz oder verfassungskonformes Gesetz eingeräumt ist.

I. Grundrechtsschutz durch Rechtsschutz – Rechtsschutzgarantie

419 A, der vor dem Amtsgericht einen Prozess verloren hat, ist der Auffassung, ihm sei vom Gericht rechtliches Gehör versagt worden. Das – im Übrigen zulässige – Rechtsmittel wird mit der Begründung abgewiesen, für die Behebung von Grundrechtsverstößen sei nicht das Landgericht, sondern das Bundesverfassungsgericht zuständig. (nach: BVerfGE 49, 252; dazu Rn. 426)

Art. 19 IV GG statuiert die Garantie des gerichtlichen Schutzes aller Rechte, nicht nur der Grundrechte. Soweit dem Bürger subjektive Rechte zustehen, soll er berechtigt sein, diese bei Bedarf gerichtlich durchzusetzen. In diesem Sinne begründet Art. 19 IV GG die **Rechtsschutzgarantie.** Diese Garantie ist ein Menschenrecht; sie gilt auch für Ausländer, soweit ihnen in der Bundesrepublik Rechte zustehen. Rügefähig sind nur Rechtsverletzungen, also Verletzungen bestehender **subjektiver Rechte unabhängig davon,** ob diese im Grundgesetz oder in der sonstigen Rechtsordnung ver-

---

1 Dazu o. Rn. 368 ff., 375 ff.

bürgt sind. Ein solches Recht setzt voraus, dass eine Rechtsnorm Interessen eines abgrenzbaren Personenkreises – nicht der Allgemeinheit – tatsächlich schützt und zu schützen bestimmt ist. Dazu zählen alle **Grundrechte und grundrechtsgleichen Rechte**. Abgrenzungsschwierigkeiten finden sich namentlich im Bau-, Planungs- und Umweltrecht. Das Bestehen solcher Rechte setzt die Rechtsschutzgarantie voraus: Die Rechtsschutzgarantie richtet sich gegen **Rechtsverletzungen**,[2] also gegen rechtswidrige Eingriffe in jene Rechte. **Art. 19 IV GG gewährt keine materiellen Rechte, sondern nur prozessuale Rechte.**

420 Die Rechtsschutzgarantie richtet sich gegen „**Maßnahmen der öffentlichen Gewalt**". Diese sind sowohl in Art. 19 IV GG als auch in Art. 93 I Nr. 4a GG genannt. Die Auslegung jenes Begriffs ist allerdings nicht einheitlich. Im Kontext des erst 1968 in das Grundgesetz eingefügten Art. 93 GG umfasst jener Begriff „alle Staatsgewalt" i.S.d. Art. 20 II 2 GG.[3] Dagegen wird seine Bestimmung in der Rechtsschutzgarantie enger vorgenommen. **Öffentliche Gewalt i.S.d. Art. 19 IV GG sind jedenfalls alle Maßnahmen der Exekutive.** Alles Verwaltungshandeln, das Rechte der Bürger verletzen kann, ist demnach justiziabel. Das gilt für die rechtsetzende ebenso wie für die rechtsvollziehende wie auch die planende Verwaltung. „Justizfreie Hoheitsakte" kann es daher nicht geben. Alle Maßnahmen im Anwendungsbereich geltenden Rechts können zum Gegenstand gerichtlicher Überprüfung gemacht werden. Der Umfang der gerichtlichen Nachprüfbarkeit folgt dem Umfang der Rechtsbindung.

> Strittig ist dies gegenwärtig allenfalls für **Gnadenentscheidungen**: Folgt der Umfang des Gerichtsschutzes dem Umfang der Rechtsbindung, so sind auch Gnadenentscheidungen gerichtlich überprüfbar, soweit sie an die Grundrechte – und ggf. einfaches Recht – gebunden sind[4].

421 Dass die **Gesetzgebung** zur öffentlichen Gewalt i.S.d. Art. 19 IV GG zählt, wird vom Bundesverfassungsgericht regelmäßig verneint;[5] und zwar am ehesten mit dem Argument, Art. 19 IV GG gewährleiste Rechtsschutz nach Maßgabe der Gesetze, nicht Rechtsschutz gegen Gesetze. Diese Argumentation ist allerdings systematisch bedenklich, soweit Art. 19 IV GG den Schutz der Grundrechte betrifft, die gem. Art. 1 III GG aber auch den Gesetzgeber binden.

> Näher liegend ist es insoweit, auf das in Art. 100 GG begründete **Verwerfungsmonopol des Bundesverfassungsgerichts** abzustellen. Lässt dieses eine Entscheidung der Fachgerichte über die Vereinbarkeit eines förmlichen Gesetzes mit dem Grundgesetz nicht zu, so ist der Rechtsweg zum Bundesverfassungsgericht der sachnähere und daher vorrangige Rechtsbehelf.[6] Insoweit geht die Verfassungsbeschwerde nach Art. 93 I Nr. 4a GG dem Rechtsschutz nach Art. 19 IV GG vor, zumal deren Subsidiarität nach Art. 94 II GG Verfassungsbeschwerden gegen Gesetze nicht erfasst.

---

2 Dazu schon o. Rn. 529.
3 S.o. Rn. 223.
4 BVerfGE 30, 108 (zum Widerruf von Gnadenakten); 45, 187; anders aber BVerfGE 25, 352, 358 ff.; BVerfG, NJW 2001, 3771.
5 Seit BVerfGE 24, 33, 49; 367, 401; 25, 352, 365; 31, 364, 367 f.
6 Zum Rechtsschutz gegen Normen umfassend *Schenke*, Rechtsschutz bei normativem Unrecht, 1979; s.a. *Kuntz*, Der Rechtsschutz gegen unmittelbar wirkende Rechtsverordnungen des Bundes, 2001; *Lapp*, Vorbeugender Rechtsschutz gegen Normen, 1994.

422 **Gerichtsentscheidungen** sollen gleichfalls nicht dem Anwendungsbereich der Rechtsweggarantie unterfallen, da Art. 19 IV GG Rechtsschutz durch Gerichte, nicht gegen Gerichte einräumt.[7] Dieser Ausschluss wird aber nur angewandt, wenn die Rechtsverletzung durch „spezifisch richterliches Handeln", genauer im Rahmen eines gerichtlichen Verfahrens i.S.d. Art. 92 ff. GG erfolgt ist. Rechtsschutz gegen sonstiges Handeln der Gerichte ohne vorheriges justizielles Verfahren – etwa bei Maßnahmen der Gerichtsverwaltung oder der Ausübung von Richtervorbehalten im Kontext der Art. 13 Abs. 2; 104 GG[8] – zählen dazu nicht und unterfallen der Rechtsschutzgarantie. Im Übrigen aber gilt: **Art. 19 IV GG eröffnet keinen Rechtsweg gegen Urteile oder Beschlüsse von Gerichten.** Rechtsbehelfe können allerdings vom Gesetzgeber eingeführt werden und sind im Rahmen der Prozessordnungen auch in weitem Umfang statuiert.

> Indem Art. 19 IV GG nur gegen Rechtsverletzungen „durch die öffentliche Gewalt" schützt, erfasst er nicht privatrechtliche Streitigkeiten zwischen Privatpersonen. Für diese besteht aber ebenfalls eine **allgemeine Justizgewährungspflicht**, die überwiegend aus dem Rechtsstaatsprinzip i.V.m. Art. 92 GG hergeleitet wird.[9]

423 Rechtsschutz ist von allen Gerichten im Rahmen der Zuständigkeitsordnungen zu gewähren: Art. 19 IV 1 GG begründet keine Zuständigkeit, sondern setzt ein nach Maßgabe des Art. 101 I 2 GG aufgrund Gesetzes zuständiges Gericht voraus. Kein Gericht darf also unter Hinweis auf Art. 19 IV GG seine Zuständigkeit überschreiten. Ist im Einzelfall kein zuständiges Gericht vorhanden, so gilt gem. Art. 19 IV 2 GG die ordentliche Gerichtsbarkeit als zuständig. Besondere Zuständigkeitsgarantien finden sich auch in Art. 14 III 4; 34 S. 3 GG.

424 Nach Art. 19 IV GG steht „der Rechtsweg offen". Dies begründet eine Vielzahl von Ansprüchen:

> – Für die Rechtskontrolle muss überhaupt ein **Gericht zur Verfügung stehen**. Das Gericht muss den Anforderungen der Art. 92, 97 GG genügen.[10] Es muss ferner sachlich zuständig sein; die Unzuständigkeit darf – und kann gem. Art. 19 IV 2 GG – nicht für alle vorhandenen Gerichte gelten. Insbesondere genügt es nicht, dass für einzelne Eingriffe kein Rechtsweg zur Verfügung steht, wenn für andere Eingriffe ein solcher vorhanden ist;[11] das gilt auch, wenn in einem Rechtsstaat von den Staatsorganen regelmäßig rechtmäßiges Handeln erwartet werden können sollte.[12]
>
> – Der **Zugang zum Gericht** darf nicht durch übermäßige Barrieren verhindert werden. Zumutbare Gerichtskosten und Anwaltszwang sind allerdings zulässig. Zulässig ist auch die Obliegenheit, Rechtsverletzungen vor der gerichtlichen Geltendmachung bei

---

7 BVerfGE 15, 275, 280; kritisch *Voßkuhle*, Rechtsschutz gegen den Richter, 1993.
8 Dazu Rn. 424.
9 BVerfGE 54, 277, 292; 80, 103, 107; 85, 337, 345.
10 BVerfGE 4, 343 ff.; 6, 63; 11, 233; 49, 257, 340 (zu „Rechtsweg" zum „Gericht"). Zum Rechtsschutz durch den EuGH BVerfGE 73, 339, 373 f.; 89, 155, 174 f.
11 Zur Notwendigkeit eines Rechtsschutzes gegen selbstständige Grundrechtseingriffe im Strafverfahren BVerfGE 112, 304; das gilt auch dann, wenn gegen das Strafurteil ein Rechtsweg zur Verfügung steht, da beide Eingriffe – Verfahrenseingriff – etwa: Wohnungsdurchsuchung – und Strafurteil – unterschiedliche Maßnahmen und unterschiedliche Garantien betreffen.
12 Anders OLG Frankfurt, GA 1984, 26.

der Verwaltung innerhalb einer bestimmten Frist zu rügen und an die Unterlassung der Rüge den Verlust des Rechtsschutzanspruchs zu knüpfen **(Präklusion)**.[13]

– Das Gericht darf die **Annahme eines Rechtsbehelfs** nicht einfach ablehnen. Insbesondere darf das Gericht nicht willkürlich seine Zuständigkeit verneinen oder den Zugang durch eine dem Rechtsmittelführer ungünstige, fernliegende Interpretation des Verfahrensrechts erschweren[14]. Rechtsmittelfristen gelten grundsätzlich bis zum Ablauf des Tages, an welchem die Frist abläuft, nicht etwa nur bis Dienstschluss.[15]

– **Verzögerungen der Briefbeförderung** und Zustellung durch die Post dürfen dem Bürger nicht als Verschulden zugerechnet werden, wenn die normale Postlaufzeit die Frist gewahrt hätte.[16] Das gilt auch für Verzögerungen bei der Annahme des Rechtsbehelfs bei Gericht, etwa Störungen des internen Postablaufs[17].

– **Ausländern** ohne Deutschkenntnisse ist **Wiedereinsetzung** in den vorigen Stand zu gewähren, wenn sie eine deutschsprachige Rechtsmittelbelehrung nicht verstanden haben und deshalb die Rechtsmittelfrist versäumt haben,[18] sofern sie sich hinreichend um Übersetzung bemüht haben.

– Der **Rechtsschutz** muss **rechtzeitig** sein, darf also nicht erst so spät kommen, dass er auf vollendete Tatsachen stößt.[19] Dies ist insbesondere der Fall, wenn die Verwaltung vollendete Tatsachen schafft, die durch nachträgliche Rechtskontrolle nicht mehr behoben werden können (etwa: Abschiebung von Ausländern in einen anderen Staat). Hier ist zumindest vorläufiger Rechtsschutz geboten. Der Rechtsschutz muss schließlich binnen angemessener Zeit stattfinden: Wirksamer Rechtsschutz ist nur zeitgerechter Rechtsschutz (s.a. Art. 6 EMRK).[20] **425**

– In Fällen tiefgreifender, aber bereits **erledigter Grundrechtseingriffe** muss deren Rechtmäßigkeit überprüft werden können.[21]

– Die Rechtsschutzgarantie gebietet nur eine gerichtliche Instanz; ein **„Rechtsweg" mit mehreren Instanzen ist grundgesetzlich** – im Unterschied zu zahlreichen Regelungen des einfachen Rechts – **nicht vorgesehen**[22]. Sind gesetzlich Rechtsbehelfe gegen Gerichtsurteile eingeräumt, so darf deren Einlegung nicht durch unzumutbare Erschwerung behindert oder unmöglich gemacht werden.

Die einzelnen Dimensionen werden gegenwärtig bisweilen unter der Sammelbezeichnung „Anspruch auf effektiven Rechtsschutz"[23] zusammengefasst. Darüber hinaus

---

13 Zur Zulässigkeit des Widerspruchsverfahrens BVerfGE 40, 237, 256 f.; es gibt aber keine Pflicht des Gesetzgebers, gegen Verwaltungshandeln ein Widerspruchsverfahren zu garantieren, BVerfGE 60, 253, 291; 69, 1, 48. Zur Präklusion BVerfGE 32, 305, 309 f.; 36, 98; 55, 72, 93 ff.; *Röhl/Ladenburger*, Die materielle Präklusion im raumbezogenen Verwaltungsrecht, 1997.
14 BVerfGE 40, 272, 274 ff.; vgl. *Gusy*, JuS 1992, 28.
15 BVerfGE 41, 323, 327 ff.
16 BVerfGE 51, 354 f.; 62, 334; BVerfG, NJW 1995, 2546.
17 BVerfGE 62, 216, 221 ff.; BVerfG, NJW 1997, 1770.
18 BVerfGE 40, 95; 42, 120. Art. 19 IV GG gilt auch für Ausländer, BVerfGE 35, 401; 67, 58; 78, 99. Zum Anspruch auf einen Dolmetscher im Prozess BVerfGE 64, 144 f.; BVerfG, NJW 1990, 3072; Rechtsschutz darf auch vom Ausland her betrieben werden, setzt also keinen Aufenthalt im Inland voraus, BVerfGE 69, 220, 228 f.
19 BVerfGE 35, 274; 51, 284; 53, 67 f.; 65, 70; 67, 58.
20 BVerfG, StV 2008, 198; BVerfG, EuGRZ 2009, 699.
21 BVerfGE 96, 27, 41 f.
22 BVerfGE 11, 233; 54, 143; 87, 48, 61; 92, 365, 410.
23 BVerfGE 35, 274; 401; 41, 26; 326; 42, 130; 310; 44, 305; 46, 178; 49, 341; 51, 284; 53, 127 f.; 54, 41; 77, 284; 78, 99; 96, 27, 39.

wird aus den Grundrechten der Anspruch auf ein faires Gerichtsverfahren (s.a. Art. 6 EMRK) hergeleitet. Die **„verfahrensrechtliche Dimension der Grundrechte"** gebietet insbesondere anwendbare Grundrechte in der Entscheidung zu berücksichtigen und abzuwägen, den Grundrechtsschutz gegenüber allen öffentlichen Stellen zu effektivieren und zu optimieren sowie alles zu unterlassen, was die Grundrechte im Einzelfall leerlaufen lassen würden.[24]

426　*Bitte beurteilen Sie nun den **Beispielsfall** (Rn. 419)!*

> „Die Verfassungsbeschwerde ist ein außerordentlicher Rechtsbehelf, dem nicht die Funktion zukommt, Rechtsmittel, die nach anderen Prozessordnungen gegeben sind, zu ersetzen [...] Die Verfassungsbeschwerde ist dem Bürger grundsätzlich erst und nur gegeben, wenn alle anderen prozessualen Möglichkeiten zur Beseitigung der gerügten Grundrechtsbeschwer erschöpft sind. Sie ist ein letzter und subsidiärer Rechtsbehelf. Dem Subsidiaritätsprinzip, das in § 90 II BVerfGG seinen Ausdruck gefunden hat und in Art. 94 II 2 GG verankert ist, liegt eine doppelte Erwägung zugrunde: Der Beschwerdeführer muss zunächst selbst alles tun, damit eine etwaige Grundrechtsverletzung im Instanzenzug beseitigt wird. Er ist grundsätzlich zur Ausschöpfung der Rechtsmittel gezwungen; erst dann kann er sich an das Bundesverfassungsgericht wenden. Andererseits ist die Erschöpfung des Rechtsweges nicht nur Prozessvoraussetzung; das Subsidiaritätsprinzip enthält zugleich eine grundsätzliche Aussage über das Verhältnis der Fachgerichte zum Bundesverfassungsgericht. Nach der grundgesetzlichen Kompetenzverteilung obliegt zunächst den Instanzgerichten die Aufgabe, die Grundrechte zu wahren und durchzusetzen. [...] Dem Gebot der Erschöpfung des Rechtswegs entspricht die Pflicht der Gerichte, etwaige im Instanzenzug eingetretene Grundrechtsverstöße selbst zu beseitigen [...].“ (BVerfGE 49, 252, 258 ff., s. a. BVerfG, NJW 2002, 3388.)

> **Zur Vertiefung:**
>
> *Papier*, Rechtsschutzgarantie gegen die öffentliche Gewalt, in: HStR VI, 1. Aufl., 1989, § 154; *Schoch*, in: Hoffmann-Riem/Schmidt-Aßmann/Voßkuhle (Hrsg.), GVwR III, 2009, § 54; Vergleichend Ehlers/Schoch (Hrsg.), Rechtsschutz im öffentlichen Recht, 2009; *Oster*, Grundrechtsschutz in Deutschland im Lichte des Europarechts, JA 2008, 96; *Bickenbach*, Grundfälle zu Art. 19 IV GG, JuS 2007, 813; 910.

II.　Justizgrundrechte

427　Das gerichtliche Verfahren, welches den in Art. 19 IV GG gewährleisteten Rechtsschutz sichern soll, kann nicht irgendeines sein. Vielmehr hält das Grundgesetz eine Vielzahl von Justizgrundrechten bereit, um das Verfahren zu organisieren. Sie werden vom Bundesverfassungsgericht auch neben dem Rechtsstaatsprinzip hergeleitet und bisweilen als **„Anspruch auf ein faires Verfahren"** bezeichnet.

1.　Anspruch auf den gesetzlichen Richter

428　Gegen welches Grundrecht hat die Entscheidung des Landgerichts im **Beispielsfall** (u. Rn. 419) verstoßen?

---

24 Dazu etwa BVerfGE 57, 250, 275; 86, 288, 317; *Starck*, in: HStR III, § 33 Rn. 18 ff.

Für die Organisation der Justiz von prägender Bedeutung ist das **Grundrecht auf den gesetzlichen Richter** (Art. 101 I 2 GG). Es steht an der Spitze jener Justizgrundrechte, die in Art. 101, 103, 104 GG – ergänzt um das Verbot der Todesstrafe in Art. 102 GG – niedergelegt sind. Danach muss der **zuständige Richter gesetzlich bestimmt** sein: Durch Auslegung und Anwendung der förmlichen Gesetze und der auf ihrer Grundlage erlassenen sonstigen Normen muss der im Einzelfall zuständige Richter zu ermitteln sein. Damit begründet Art. 101 GG den Gesetzesvorbehalt für Justizzuständigkeiten. Die auf den ersten Blick formalistisch anmutende Bestimmung erschließt ihren Sinngehalt aus ihrer inneren Systematik: Ausnahme- oder Sondergerichte, die für bestimmte Fälle früher eventuell sogar nachträglich begründet wurden, sind unzulässig (Art. 101 I 1 GG).

> **Ausnahmegerichte** sind Gerichte, die unter willkürlicher Abweichung von der gesetzlichen Zuständigkeit besonders gebildet und zur Entscheidung von **konkret** und **individuell bestimmten** Fällen berufen sind.[25] „Gericht" in diesem Sinne ist nicht nur ein Gericht im organisatorischen Sinne, sondern auch ein besonderer Spruchkörper innerhalb bestehender anderer Gerichte. Derartige Ausnahmegerichte sind unzulässig (Art. 101 I 1 GG). **Sondergerichte** sind Gerichte, die für besondere Sachgebiete nach **abstrakten** und **generellen Kriterien** eingerichtet worden sind. Sie sind nach Art. 101 II GG nur durch Gesetz zulässig. Abgrenzungskriterium ist die Norm, welche die Zuständigkeitsordnung regelt. Ist sie abstrakt, also sachlich allgemein gefasst und generell, indem sie alle Personen umfasst, welche jene Voraussetzungen erfüllen, so liegt kein Ausnahmegericht vor. Nicht ganz einfach ist allerdings Umgehungsversuchen zu begegnen, die im Nachhinein „im Hinblick auf bestimmte Fälle" abstrakte Regeln schaffen, welche ihren tatsächlichen Anwendungsbereich überwiegend oder ausschließlich in jenen konkreten Fällen finden.

Unabhängig von der Bestimmung über Sondergerichte muss die Zuständigkeit jedes **429** Richters gesetzlich bestimmt sein. „**Richter**" i.d.S. ist der zuständige Einzelrichter, Spruchkörper sowie die personelle Besetzung, in welcher dieser entscheidet. Das Gebot des gesetzlichen Richters dient zur Verhinderung von Willkür oder Manipulation bei der Richterauswahl im Einzelfall. Nicht nur solche Missbräuche, sondern schon der Anschein bzw. Verdacht soll verhindert werden. Dadurch sollen **Unabhängigkeit, Neutralität und Unparteilichkeit** sowohl **der Justiz** insgesamt wie auch der im Einzelfall handelnden Richter gestärkt werden. Zur Erreichung dieses Ziels begründet Art. 101 I 2 GG das Erfordernis strikter Förmlichkeit. Dieser Zweck bestimmt dann auch die Rechtsprechung des Bundesverfassungsgerichts, welches die Bestimmung allein als **Willkürverbot** deutet: Art. 101 I 2 GG untersagt willkürliche Eingriffe in die gerichtliche Kompetenzordnung.[26] Demnach wird weniger auf die Notwendigkeit eines Gesetzes als vielmehr auf die Verhinderung von Willkür abgestellt. Willkürliche Eingriffe können von Gesetzgebung, Vollziehung und Rechtsprechung ausgehen. Art. 101 I 2 GG gebietet demnach:

---

25 BVerfGE 3, 223; 8, 182; 10, 212 ff.
26 BVerfGE 3, 364; etwas strenger jetzt BVerfGE 95, 322. Überblick bei *Roth*, Das Grundrecht auf den gesetzlichen Richter, 2000; *Voßen*, Die Rechtsprechung des Bundesverfassungsgerichts zu […] den Verfahrensgarantien nach Art. 101 Abs. 1 Satz 2 GG […], 2002; *Wipfelder*, VBlBW 1982, 33.

– die **gesetzliche Ordnung der Gerichtszuständigkeit**. Dies gilt für alle Gerichte einschließlich des EuGH,[27] dessen Zuständigkeit durch Normen des deutschen wie des Europarechts begründet werden kann. Die Zuständigkeit wird grundsätzlich durch förmliche Gesetze für die einzelnen Sachgebiete, innerhalb des Gerichts durch Geschäftsverteilungspläne geregelt, die insoweit den gesetzlichen Richter konkretisieren.

– das **Verbot der nachträglichen Zuständigkeitsänderung**. Zuständigkeitsänderungen sind nur für die Zukunft, nicht für die Vergangenheit zulässig. Jede Sache hat bei dem Gericht zu verbleiben, bei welchem sie ursprünglich aufgrund Gesetzes anhängig war. Die nachträgliche Begründung von Zuständigkeiten ist – auch durch Gesetz – nicht zulässig.[28] Die Annahme, dass zunächst das erstzuständige, nach der gesetzlichen Änderung das zweitzuständige Gericht das „gesetzliche" war, geht an dem Umstand vorbei, dass aufgrund Gesetzes andernfalls nachträgliche oder gar rückwirkende Manipulationen denkbar wären. **Gesetzlicher Richter ist der Richter, der im Zeitpunkt des Eingangs der Sache bei Gericht zuständig war.** Das Bundesverfassungsgericht nimmt diese Aussage auf das Willkürverbot zurück: Danach sind nachträgliche Zuständigkeitsänderungen zulässig, soweit sie sachlich notwendig und nicht willkürlich sind.[29]

– die **Anklage bei dem zuständigen Gericht**. Das zuständige Gericht darf nicht durch die Exekutive ausgewählt werden. Das Recht der Staatsanwaltschaft, in bestimmten Fällen selbst auszuwählen, ist nur insoweit unzweifelhaft, als die „Auswahl" selbst durch das Gesetz determiniert ist.[30]

– die **Annahme durch den zuständigen Richter**. Das zuständige Gericht darf weder seine eigene Zuständigkeit rechtswidrig verneinen noch eine Sache, für die es gesetzlich zuständig ist, an ein anderes Gericht abgeben. Sofern ein anderes Gericht zuständig ist, hat das unzuständige Gericht die Sache zu verweisen (§§ 17a ff. GVG). Sofern gesetzlich begründete **Vorlagepflichten – etwa an das Bundesverfassungsgericht oder den EuGH** – bestehen, unterfallen auch diese dem Anwendungsbereich des Art. 101 I 2 GG.[31]

– die **Mitwirkung der zuständigen Richter**. In Spruchkörpern dürfen nur die gesetzlich bestimmten Richter mitwirken. Unzuständige Richter sind ausgeschlossen. Befangene Richter dürfen gleichfalls nicht mitwirken, da sie gesetzlich ausgeschlossen sind.

*Bitte diskutieren Sie nun den **Beispielsfall** (Rn. 428)!*

430

Zur Überprüfung der Wahrung des gesetzlichen Richters sind primär die Fachgerichte berufen. Jedes Gericht hat zu prüfen, ob es ordnungsgemäß besetzt und für die Entscheidung zuständig ist. Rechtsmittelgerichte haben – jedenfalls auf Antrag eines Beteiligten – die ordnungsgemäße Besetzung des Gerichts zu prüfen, welches die angegriffene Entscheidung erlassen hat. Dabei hat es die gesetzliche Zuständigkeitsordnung anzuwenden. Hat das unzuständige Gericht gehandelt, so war das Urteil formell fehlerhaft. Gegen die erste Dimension hat das Landgericht im **Beispiel** verstoßen, als es seine Zuständigkeit rechtswidrig verneinte. Das BVerfG beschränkt seine Überprüfungskompetenz auf willkürliche Verstöße gegen die gesetzlichen Zuständigkeitsregelungen. Darin liegt allerdings keine Rücknahme der materiellen Prüfungsmaßstäbe, sondern vielmehr ein Ausdruck der Zuständigkeitsdifferenzierung zwischen Fachgerichten und Verfassungsgerichtsbarkeit.

---

27 Zum EuGH als gesetzlichem Richter BVerfGE 73, 339, 366 ff.; 82, 159, 192 ff.
28 Beispiel: BVerwG, NJW 1984, 2961.
29 BVerfGE 17, 294, 299 f.; 20, 336, 344; 22, 254, 258 f.; BVerfG, NJW 2001, 3533; BVerfG, Beschl. v. 24.03.2010, Az.: 2 BvR 2092/09, 2 BvR 2523/09.
30 BVerfGE 9, 223, 226 ff.; s.a. BVerfG, wistra 2002, 118.
31 BVerfGE 82, 159; s.a. BVerfG, NVwZ 2007, 197; BVerfG, NJW 2010, 1268.

2.   Rechtliches Gehör

A ist wegen einer Straftat angeklagt. Das Gericht hat den Zeugen V, einen V-Mann   **431**
der Polizei, geladen. Im Prozess erscheint statt V der Polizeipräsident P und erklärt,
der V könne nicht erscheinen, da andernfalls seine Identität und damit die Arbeitsfähigkeit der Polizei gefährdet seien. P sagt aus, was er von V über die Tatbeteili-
gung des A gehört habe und versichert, V sei glaubwürdig. Darf das Gericht dieses
Vorbringen gegen A verwerten? (nach: BVerfGE 57, 250; dazu Fall Rn. 435)

Gemäß Art. 103 I GG hat jedermann vor Gericht Anspruch auf rechtliches Gehör.
Der Anspruch steht allen Menschen in allen Verfahren zu, in denen ihre Rechte Verfahrensgegenstand sind oder werden können. Dort steht es Parteien und sonstigen
Beteiligten zu, für und gegen die das Urteil Wirkungen begründen kann. **Keine gerichtliche Entscheidung darf auf einen Umstand gestützt werden, ohne dass die Betroffenen zuvor Gelegenheit hatten, sich dazu zu äußern.**

Der Anspruch entsteht vor Gericht, d.h. in **jedem Verfahren, das vor einer gericht-**   **432**
lichen Instanz stattfindet. Dies gilt nicht nur im Strafverfahren, sondern in jeglichem
Verfahren unabhängig davon, welche Maßnahme an seinem Ende stehen kann. Wo
der Richter handelt, entsteht der Anspruch auf rechtliches Gehör. Die Anhörungs-
pflicht folgt den Regeln des jeweiligen Prozessrechts. Soweit dieses keine näheren Aussagen trifft, folgt sie unmittelbar aus Art. 103 I GG. Der Anspruch entsteht lediglich
vor Gerichten i.S.d. Art. 92 GG; für private Schiedsgerichte gilt er ebenso wenig wie
für Behörden, für welche allerdings das einfache Gesetz (etwa: § 28 VwVfG) die Anhörung vorschreibt. Darf die Entscheidung nur auf Aspekte gestützt werden, zu welchen die Beteiligten sich äußern konnten, so ist das rechtliche Gehör **vor der Entscheidung** zu gewähren. Dieser Grundsatz der Vorherigkeit des rechtlichen Gehörs gilt nur
dann nicht, wenn durch das rechtliche Gehör der Zweck der Maßnahmen vereitelt
würde.

> Solche Fälle liegen etwa vor, wenn der Schuldner vor Erlass des Durchsuchungsbeschlus-
> ses angehört würde und dadurch die Möglichkeit erhielte, pfändbare Sachen beiseite zu
> schaffen. Ähnliches gilt etwa vor Erlass des Haftbefehls. Solche ausnahmsweisen Hinder-
> nisse aus verfahrensexternen Gründen können die Nachträglichkeit des rechtlichen Ge-
> hörs begründen. In diesen Fällen sind allerdings vor dem rechtlichen Gehör nur Siche-
> rungsmaßnahmen zulässig, die revidierbar sein müssen. Der Betroffene ist auf die Mög-
> lichkeit des nachträglichen Gehörs, das auch in der Erhebung einer Beschwerde, Gegen-
> vorstellung oder der Einlegung eines Rechtsbehelfs liegen kann, ausdrücklich hinzuwei-
> sen. **Ein Verfahren ohne rechtliches Gehör schließt eine Instanz niemals ab.** Nachträgliches
> Gehör ist von der Instanz zu gewähren, welche die ursprüngliche Maßnahme angeordnet
> hat.

Nach vorherrschender Auffassung bezieht sich der Anspruch auf rechtliches Gehör   **433**
nur auf **Tatsachenfragen, nicht** hingegen auf **Rechtsfragen.**[32] Diese aus dem überkommenen Prozessrecht herrührende Auffassung gerät bereits in erhebliche Kollision mit

---

32 BVerfGE 31, 370; 54, 100, 117.

dem Wortlaut des Art. 103 I GG, wo gerade vom „rechtlichen" Gehör gesprochen wird. Zudem sind die Tatsachen- und Rechtsfragen oft untrennbar verquickt. Erst **aus den anwendbaren Vorschriften lässt sich der entscheidungserhebliche Sachverhalt erschließen.** Wendet das Gericht Vorschriften an, die vorher nicht in Betracht kamen, so kann es einen Sachverhalt zugrunde legen, der zuvor gar nicht erörtert worden ist oder stillschweigend undiskutiert blieb, da es darauf nicht „ankam". Zumindest zu solchen Rechtsfragen ist dem Beteiligten Gelegenheit zum Gehör zu geben.[33]

434 Im gerichtlichen Verfahren gebietet der Grundsatz des rechtlichen Gehörs insbesondere:

- den **Beteiligten Gelegenheit zum Gehör zu gewähren.** Die Beteiligten müssen Gelegenheit haben, sich mündlich oder schriftlich zu den erheblichen Fragen zu äußern. Insbesondere ist es unzulässig, die Entscheidung ganz oder teilweise vor der Anhörung zu fällen. Hat das Gericht eine Äußerungsfrist gesetzt, so muss es sich daran halten und darf nicht vor deren Ende entscheiden. Nach ständiger Rechtsprechung gewährt Art. 103 I GG nicht das Recht auf Beiziehung eines Rechtsanwalts,[34] wohl aber auf Äußerung durch einen beigezogenen Anwalt.

- den **Beteiligten das Wort zu erteilen.** Die Beteiligten sind auf den Zeitpunkt, zu welchem sie gehört werden können, hinzuweisen. Zur mündlichen Verhandlung sind sie in zumutbarer Weise zu laden. Bei Gericht ist ihr Erscheinen festzustellen, Erschienenen ist das Wort zu erteilen; ein bloßes Abwarten des Gerichts auf Äußerungen der Beteiligten reicht jedenfalls dann nicht, wenn diese keine Kenntnis von ihrer Äußerungsmöglichkeit haben. Notwendig ist insbesondere der hinreichend eindeutige und verständliche Aufruf einer Sache.[35]

- den **Beteiligten den Verfahrensgegenstand bekanntzugeben.** Wozu sich die Beteiligten äußern dürfen, hängt vom Gegenstand des Verfahrens ab. Hierzu ist ihnen der Gegenstand, der für sie maßgebliche Tatsachenstoff und – soweit erforderlich – die Rechtsfrage mitzuteilen, die entscheidungserheblich ist. Diese Gelegenheit ist ihnen zu „geben"; bloße Verhandlung in Anwesenheit stumm Dabeisitzender reicht nicht. Insbesondere sind die Beteiligten darauf hinzuweisen, dass sie sich äußern können, wozu sie sich äußern können und dass sie ggf. im Verfahren Anträge stellen können[36]. Zu dieser **Hinweispflicht** tritt die Pflicht zur Gewährung von **Akteneinsicht**[37], die nicht allein mit der Begründung versagt werden darf, dass in einem anderen Verfahren erst später Einsicht gewährt werden dürfe oder könne.

- das **Vorbringen entgegenzunehmen.** Das Gericht hat das Vorbringen der Betroffenen entgegenzunehmen, insbesondere Vorträge anzuhören, Schriftstücke anzunehmen und Beweismittel zu empfangen. Weder dürfen sie zurückgewiesen noch einfach "zu den Akten genommen" werden. Schriftstücke dürfen nicht in der Geschäftsstelle liegen bleiben oder abgelegt werden, sie müssen vielmehr dem entscheidenden Gericht zur Kenntnis gegeben werden. Insbesondere darf das Gericht eine Entscheidung nicht damit begründen, dass der Betroffene seiner Vortragsobliegenheit nicht oder nicht frist-

---

33 BVerfGE 84, 188, 190. Zum Verbot von Überraschungsentscheidungen durch fehlerhafte oder unvorhersehbare Auslegung von Rechtsnormen BVerfGE 107, 395, 410; Beschl. v. 27.11.2008, Az. 2 BvR 1012/08.
34 BVerfGE 9, 124, 132, s.a. BVerfGE 39, 156, 168.
35 BVerfGE 42, 371 f.
36 BVerfGE 42, 72; 46, 325; 49, 220; 252; 51, 150, s.a. BVerfG, NJW 1996, 3202.
37 BVerfGE 18, 405; 63, 45, 60 ff.

gerecht nachgekommen sei, wenn er genau dies vorgetragen hat[38]. Der Richter darf während der Verhandlung weder den Saal verlassen noch schlafen.[39]

– das **Urteil auf den verhandelten Tatsachenstoff einschließlich des Vorbringens zu stützen.** Dazu zählt insbesondere, das Vorbringen „in Erwägung zu ziehen"[40] also bei der Entscheidungsfindung zu berücksichtigen. Ein Vorbringen, das unzulässig (etwa verspätet), nicht zur Sache oder abwegig war, braucht nicht berücksichtigt zu werden. Erhebliches Vorbringen muss in der Entscheidung grundsätzlich erwogen und beschieden werden.

Die genannten Dimensionen ergänzen die Erwägungen aus Art. 19 IV GG zum **Gebot des effektiven Rechtsschutzes.** Das rechtliche Gehör kann von der Rechtsmittelinstanz nachgeholt werden, sofern der Entscheidungsgegenstand unverändert ist und der Betroffene dadurch keine verfahrensrechtlichen Rechtsverschlechterungen erleidet[41].

Bitte beurteilen Sie nun den Beispielsfall (Rn. 431)! **435**

Das **Beispiel** thematisiert eine in neuerer Zeit verstärkt zu beobachtende Tendenz des „Abwanderns" von Verfahrensgegenständen aus dem Prozess. Was für die Verwaltungsgerichte feststellende Verwaltungsakte und für die Amtsgerichte die Ordnungsbehörden erledigen, geht im Strafverfahren zunehmend auf Staatsanwaltschaften über, die dabei nur in geringem und zudem erst allmählich geklärtem Ausmaß der richterlichen Kontrolle unterliegen. Im vorliegenden Falle lautet die Frage: Wie weit kann die Beweiserhebung auf Polizeibehörden delegiert werden?

Findet eine mündliche Verhandlung statt, so hat jeder Beteiligte ein **Recht auf Anwesenheit** bei dieser Verhandlung. Solche formellen Verfahrensvorschriften, die nicht überflüssige Förmlichkeiten sind, sondern das rechtsstaatliche Verfahren erst begründen, werden inhaltsleer, wenn die für den Prozessausgang maßgeblichen Aspekte in der mündlichen Verhandlung nicht mehr zum Gegenstand gemacht werden. Das gilt im **Beispiel** für folgende Fragen: Stimmt die Aussage des P mit der des V inhaltlich überein oder nicht? Wie ist die Glaubwürdigkeit des V vom Gericht zu beurteilen? Hat der V in Übereinstimmung mit der Rechtsordnung gehandelt oder etwa gegen Rechtsvorschriften verstoßen, die ein Verwertungsverbot begründen? Die Fragen werden mit einem Rückgriff auf die Äußerungen des P nicht nur der Beurteilung des Gerichts, sondern zugleich dem rechtlichen Gehör – und damit der Möglichkeit des A, Gegenargumente, -beweise oder -beweisanträge zu stellen – entzogen. Dabei können sie für den Verfahrensausgang von maßgeblicher Bedeutung sein. Darf also der Richter das rechtliche Gehör insoweit verkürzen, als er die Abwanderung derart zentraler Fragen aus dem Prozess zulässt? Am allerwenigsten ist hier mit der bloß verbalen Umbenennung als „Zeuge vom Hören-Sagen" gewonnen: Er ist nur Zeuge für das, was er gehört hat, nicht für das, worüber er gehört hat. **436**

---

38 BVerfGE 42, 364; 83, 24, 35.
39 Zum blinden Richter BVerfG, NJW 1992, 2075. Zum Anwesenheitsgebot *Gusy*, JuS 1990, 712.
40 Seit BVerfGE 11, 218, 220.
41 BVerfGE 42, 243, 259; dazu *Goerlich*, JZ 1977, 23.

> „Art. 103 Abs. 1 GG gewährleistet, dass der Angeklagte im Strafverfahren Gelegenheit erhält, sich zu dem einer Entscheidung zugrundeliegenden Sachverhalt grundsätzlich vor deren Erlass zu äußern und damit das Gericht in seiner Willensbildung zu beeinflussen. Es dürfen also einer gerichtlichen Entscheidung regelmäßig nur solche Tatsachen und Beweisergebnisse zugrunde gelegt werden, zu denen die Beteiligten Stellung nehmen konnten [...] Der Anspruch auf rechtliches Gehör gewährleistet indessen weder ein Recht auf ein bestimmtes Beweismittel noch auf bestimmte Arten von Beweismitteln [...] Die Anhörung (des P statt des V) in der Hauptverhandlung [...] verletzt das Grundrecht auf rechtliches Gehör daher nicht [...]. Es liegt indessen auf der Hand, dass es verfassungsmäßig legitimierte staatliche Aufgaben gibt, die zu ihrer Erfüllung der Geheimhaltung bedürfen, ohne dass dagegen verfassungsrechtliche Bedenken zu erheben wären. Die Wahrnehmung derartiger – in ihrer rechtlichen Gebundenheit nicht außerhalb des Rechtsstaates stehender – Aufgaben würde erheblich erschwert und in weiten Teilen unmöglich gemacht, wenn die Aufdeckung geheimhaltungsbedürftiger Vorgänge im Strafverfahren ausnahmslos geboten wäre. [...]. (Dies kann) deshalb nur dadurch gerechtfertigt werden, dass es unabweisbare, zwingende Sachgründe verbieten, das Gericht selbst darüber entscheiden zu lassen, ob ein bestimmter Beweis erhoben werden kann." (BVerfGE 57, 250, 273 f., 284, 287 f.)

437 Das Bundesverfassungsgericht hat hier zwei Fragen vermengt, die sorgfältig voneinander zu trennen sind. (1) Darf der Staat geheim arbeiten? (2) Kann das Ergebnis einer derart indirekten „Beweisaufnahme" gegen A verwendet werden? Beide Fragen sind voneinander grundsätzlich zu trennen. Die Polizei hat einerseits Straftaten aufzuklären; sie sind dem Täter andererseits in einem an den Grundrechten orientierten Verfahren nachzuweisen. Dazu zählt auch das Grundrecht aus Art. 103 I GG. Ist ein solcher Nachweis – aus was für Gründen auch immer – nicht möglich, so darf der Angeklagte nicht verurteilt werden. Jedenfalls ein Urteil zu seinen Lasten kann nicht auf solche „indirekten Beweise" unter Ausschluss des rechtlichen Gehörs gestützt werden[42].

3.   Grundrechtsgarantien im Strafrecht und Strafprozessrecht

438 Als A neulich von der Polizei verhaftet wurde, kreuzte der ihn vernehmende Beamte auf einem Formular als Begründung „Flucht- bzw. Verdunkelungsgefahr" und als zu treffende Maßnahme „Untersuchungshaft für zunächst 2 Wochen" an. Dieses Formular wurde dem Richter vorgelegt und von ihm unterschrieben. A verlangt am nächsten Tag seine Freilassung (nach: BVerfGE 83, 24; dazu Fall Rn. 445).

Wirkungsweisen und Anwendungsbereiche der Justizgrundrechte, die ihren Gegenstand nahezu allein im Straf- und Strafprozessrecht haben, setzen einige Vorkenntnisse dieser Materien voraus, die hier nicht vermittelt werden können. Daher können hier nur einige Grundelemente jener Garantien aufgezeigt werden.

Art. 103 II GG begründet den Grundsatz: „nulla poena sine lege" (**keine Strafe ohne vorheriges Gesetz**). „Strafe" in diesem Sinne ist jede (nachträgliche) Sanktion eines

---

42 So grundsätzlich BGH, JZ 2004, 922 (Motassadeq). Aus neuerer Zeit BGH, StV 2007, 284.

Verhaltens aufgrund eines Schuldvorwurfs gegen den Verurteilten.[43] Das materielle Strafrecht – und darüber hinaus nach vielfach vertretener Auffassung auch das Strafverfahrensrecht – stehen demnach unter umfassendem Gesetzesvorbehalt:[44] Jedes Strafurteil muss auf ein förmliches Gesetz gestützt werden, das im Zeitpunkt der abzuurteilenden Tat bereits in Kraft war. Dies gilt für Tatbestand und Rechtsfolgenanordnung. Daraus folgen insbesondere:

- das **Rückwirkungsverbot** von Strafnormen.[45] Nur so kann das Strafrecht seine Aufgabe erfüllen, menschliches Verhalten zu steuern. Wer das Strafrecht nicht kennen konnte, konnte sich auch nicht darauf einstellen und nicht danach handeln.[46] Das Rückwirkungsverbot gilt sowohl für den Tatbestand der Strafnorm, also die Bestimmung der maßgeblichen Straftat, wie auch für ihre Rechtsfolgen, also Art und Höhe der Strafen.[47]
- das **Bestimmtheitsgebot**.[48] Jedes Strafgesetz muss seinen Anwendungsbereich hinreichend bestimmt umschreiben. Nur so kann der Inhalt der Ge- und Verbote in ausreichender Weise erkannt werden.[49]
- das **Verbot des Gewohnheits- bzw. Richterrechts** im Strafrecht. Dies gilt jedenfalls zu Lasten des Betroffenen, nicht notwendig hingegen zu seinen Gunsten, wobei allerdings bisweilen außerrechtliche Wertungen Bedeutung erlangen können (s. etwa bei § 240 II StGB). Unzulässig sind insbesondere Strafnormen aufgrund richterlicher Rechtsfortbildung[50].
- das **Analogieverbot** zu Lasten des Angeklagten. Dessen Abgrenzung von der Auslegung stellt das zentrale methodische Problem des Strafrechts bei der Anwendung des Art. 103 II GG dar.

Das **Verbot der Doppelbestrafung** (Art. 103 III GG) gilt nur für das „allgemeine Strafrecht", d.h. alle Normen des Straf- und des Ordnungswidrigkeitenrechts. Unberührt bleiben demgegenüber insbesondere das Disziplinarrecht der Beamten und der freien Berufe. Die Vorschrift wird nicht nur auf die Bestrafung selbst, sondern auch auf das Strafverfahren angewendet. Unzulässig ist demnach nicht nur eine spätere Verurteilung aufgrund einer schon früher abgeurteilten Tat, sondern auch ein erneutes Verfahren, wenn das frühere mit einem Freispruch endete. Geschützt wird hier der Gedanke der Rechtssicherheit bei abgeschlossenen Strafverfahren. Die **Rechtskraft** früherer Urteile darf zulasten des Betroffenen nur im Interesse übergeordneter Belange der materiellen Urteilsrichtigkeit, insbesondere bei nachträglich bekannt gewor- **439**

---

43 In diesem Sinne BVerfG, NJW 2008, 3205, 3206; *Appel*, Verfassung und Strafe, 1998.

44 Zu diesem o. Rn. 246 ff.

45 Zu möglichen Ausnahmen im Zusammenhang mit DDR-Unrecht BVerfGE 95, 96 m. Anm. *Starck*, JZ 1997, 142; s.a. *Erb*, ZStW 1996, 266.

46 Eine gewisse Rückwirkung lässt Art. 7 II EMRK für bestimmte schwerwiegende Straftaten zu. Dazu EGMR, NJW 2001, 3042 (Mauerschützen). Art. 103 II GG enthält eine solche Ausnahme allerdings nicht.

47 EGMR, NStZ 2010, 263; differenzierend noch BVerfGE 109, 133, 167 (für Sicherungsverwahrung als Maßregel der Sicherung und Besserung).

48 BVerfGE 85, 69; 87, 209; 92, 1 m. Anm. *Gusy*, JZ 1995, 778; BVerfGE 110, 33, 53.

49 Näher BVerfGE 110, 141 (Landeshundegesetze).

50 Daher war BVerfGE 39, 1, 2 f.; 88, 203, 209 f. nicht berechtigt, selbst eine Strafnorm zu erlassen.

denen schwerwiegenden Rechtsfehlern durchbrochen werden (s. näher § 362 StPO). Anwendungsprobleme des Art. 103 III GG können sich insbesondere bei der Bestrafung wegen Unterlassens ergeben: Wann ist ein Unterlassen einfach, wann mehrfach? Viel diskutiert war deshalb früher das Verbot der Doppelbestrafung bei Kriegsdienstverweigerung.[51] Ob eine erste „Bestrafung" ausschließlich durch Strafurteil aufgrund mündlicher Verhandlung oder aber auch aufgrund **Strafbefehls** nach einem summarischen Verfahren vorliegt, ist umstritten. Die schwankende Rechtsprechung[52] neigt inzwischen zu einer zunehmenden Anwendung des Art. 103 III GG auch auf Strafbefehle.

> Die Anwendung des Art. 103 III GG auf **Verurteilungen im Ausland** aufgrund ausländischen Rechts ist gleichfalls umstritten. Doch wird aufgrund internationaler Abkommen jedenfalls die dort verhängte Strafe auf eine spätere Verurteilung in Deutschland angerechnet.

440   Art. 104 GG regelt das **Verfahren bei Freiheitsbeschränkungen** und **Freiheitsentziehungen**. Da die Freiheitsentziehung die gravierendste Maßnahme des Staates gegen die Menschen darstellt, sind hierfür besondere verfahrensrechtliche Garantien vorgesehen. Materiell-rechtlich richtet sich die Zulässigkeit solcher Maßnahmen nach Art. 2 II 2, 3 GG: Sie schränken die „**Freiheit der Person**" im Sinne der körperlichen Bewegungsfreiheit ein: Diese garantiert das Recht, jeden Ort betreten und den Ort, das Gebäude oder Grundstück, auf dem man sich aufhält, verlassen zu dürfen.[53] Während Art. 2 II GG die Zulässigkeit des „Ob" einer Beschränkung oder Entziehung der Freiheit betrifft, bestimmt sich das „Wie" solcher Maßnahmen nach Art. 104 GG. **Art. 2 II 2 GG und Art. 104 GG gehören untrennbar zusammen.**

Freiheitsbeschränkung (Art. 104 I GG) ist jede Maßnahme, welche die Ausübung der körperlichen Bewegungsfreiheit erschwert oder unmöglich macht. **Freiheitsentziehung** sind Maßnahmen, die verhindern sollen, dass ein Mensch einen Ort verlässt. Freiheitsbeschränkung ist der umfassendere Begriff, der auch die Freiheitsentziehung einschließt. Beide Einschränkungsformen unterscheiden sich letztlich hinsichtlich ihrer Intensität.

> Ein in der Rechtsprechung vielfach herangezogenes Indiz ist die **Dauer des Festhaltens**.[54] Bloßes Anhalten zur Ausweis- oder Verkehrskontrolle ist keine Freiheitsentziehung. Die Rechtsprechung neigt dazu, Maßnahmen als Freiheitsbeschränkung zu bezeichnen, wenn sie nur „von kurzer Dauer" oder „wenig intensiv" in die Rechte des Betroffenen eingreifen. Dagegen stellt die Literatur[55] nicht selten darauf ab, ob das **Festhalten mit technischen Mitteln** („Schloss und Riegel") stattfindet oder nicht: Im ersteren Falle liege eine Freiheitsentziehung, im letzteren eine -beschränkung vor. Trennschärfer ist die Abgren-

---

51 S. BVerfGE 23, 191, 203 f. einerseits; OLG Nürnberg, NStZ 1983, 319, andererseits.

52 BVerfGE 3, 248, 254 f. einerseits; BVerfGE 65, 177 ff. andererseits. In dieser Entscheidung ist der entscheidungserhebliche Art. 103 III GG nicht einmal erwähnt; Überblick *Schroeder*, JuS 1997, 227.

53 Hierzu näher BVerfG, NVwZ 2009, 1033; BVerfG, NJW 2010, 670; *Gusy*, NJW 1992, 457.

54 S. etwa BVerfGE 105, 239, 250 (Nachw. bei *Gusy*, in: vMKS, GG, Art. 104 Rn. 17 ff.).

55 S. etwa *Hantel*, Der Begriff der Freiheitsentziehung in Art. 104 Abs. 2 GG, 1988 (Nachw. bei *Gusy* aaO.).

zung danach, ob das Festhalten die Nebenpflicht einer Handlungspflicht (etwa: Mitnahme zur Identitätsfeststellung; Schulunterricht) ist. In solchen Fällen wäre sie als Freiheitsbeschränkung zu qualifizieren. Findet es hingegen als selbstständige Maßnahme statt (etwa: Wartenlassen auf der Polizeiwache vor der Identitätsfeststellung, Einkesselung von Demonstranten), ist eine Freiheitsentziehung anzunehmen.

Prototypen der Freiheitsentziehung sind Straf- und Untersuchungshaft; die zwangs-weise Unterbringung in einer psychiatrischen Anstalt; der präventive Polizeigewahrsam sowie die Abschiebungs- und Auslieferungshaft. **Nicht hierunter** fallen demgegenüber Reisebeschränkungen an bestimmte Orte oder Ausreisebeschränkungen in das Ausland (etwa gegen Hooligans bei Sportveranstaltungen oder gegen bekannte Gewalttäter bei Demonstrationen) und Meldeauflagen bei der Polizei zu deren Durchsetzung. **441**

Für **alle Maßnahmen der Freiheitsbeschränkung und Freiheitsentziehung** gelten nach Art. 104 I GG:

– der **Vorbehalt des förmlichen Gesetzes**. Das Gesetz muss die Förmlichkeiten von Freiheitsbeschränkung und Freiheitsentziehung vorschreiben. Diese binden die handelnden Organe von Exekutive und Justiz.

– das **Misshandlungsverbot**[56] (Art. 104 I 2 GG). Es gilt absolut und würde insoweit über den Art. 1 GG noch hinausgehen, wenn dieser Misshandlungen ausnahmsweise zulassen würde.[57] Die lebenslängliche Freiheitsstrafe ist in Art. 104 I 2 GG weder verboten noch erlaubt.[58]

Darüber hinausgehend stehen alle Maßnahmen der **Freiheitsentziehung** unter **Richtervorbehalt** (Art. 104 II, III GG).[59] Über die Zulässigkeit der Freiheitsentziehung entscheidet allein der Richter. Das gilt sowohl für deren erstmalige Begründung als auch für deren spätere Fortsetzung. Art. 104 GG differenziert hier nach dem Grund der Maßnahme. Maßnahmen „wegen des Verdachts einer strafbaren Handlung" in Art. 104 II 1, 3; III GG geregelt. Maßnahmen aus sonstigen Gründen, insbesondere der Verhinderung zukünftiger Straftaten oder der Ermöglichung der Abschiebung (§§ 58, 58a AufenthaltsG) oder Auslieferung (§§ 15 ff. IRG) von Ausländern unterfallen dem Art. 104 II GG. **442**

Die richterliche Entscheidung ist entweder vor der Freiheitsentziehung oder „unverzüglich" nach ihr herbeizuführen. Die Freiheitsentziehung ohne richterliche Entscheidung darf in keinem Fall über den Tag nach ihrem Beginn hinaus fortgesetzt werden (Art. 104 II 3 GG). **„Unverzüglich" beginnt die Pflicht zur Einholung der richterlichen Mitwirkung bei der Festnahme selbst, spätestens nach zwei bis drei Stunden ist die Information des Richters zwingend geboten.** Am Ende des folgenden Tages ist für „unverzügliche" Maßnahmen keine Zeit mehr, die Festnahme ist in jedem Fall aufzuheben.

---

56 EMRK, EuGRZ 1975, 455; BVerfGE 49, 24, 64.
57 In diesem Sinne zum Misshandlungsverbot des Art. 3 EMRK EGMR, NStZ 2008, 699; EuGRZ 2010, 417, 423 ff. Zum Misshandlungsverbot aus Art. 1 GG o. Rn. 340.
58 Näher BVerfGE 45, 187; 86, 288; zur Sicherungsverwahrung BVerfGE 109, 133, 150.
59 Zu Sinn und Zweck des Richtervorbehalts o. Rn. 350.

Das Verfahren vor dem Richter hat unmittelbar stattzufinden. Der Richter hat persönlich die Sach- und Rechtsgründe der Festnahme zu prüfen und den Betroffenen dazu selbst zu hören. Stellvertretung – etwa durch einen amtlich bestellten Vormund – ist nur bei psychisch Kranken und auch bei ihnen nur insoweit zulässig, als sie nicht zu einer völligen Abwesenheit des Betroffenen führt. Das Verfahren dient der **Verwirklichung des rechtlichen Gehörs** (Art. 103 I GG). Dem Betroffenen sind daher nach den Grundsätzen jener Vorschrift die Gründe der Festnahme mitzuteilen und ihm Gelegenheit zur Stellungnahme zu geben. Dazu zählt wesentlich die Möglichkeit, zu vorhandenen Beweismitteln Stellung zu nehmen und die Akten einzusehen[60].

443 Das **Verfahren** richtet sich im Übrigen für Maßnahmen wegen Verdachts einer strafbaren Handlung nach Art. 104 III GG, für alle anderen Maßnahmen nach Art. 104 II 2 GG. Am Abend des auf die Festnahme nachfolgenden Tages ist der Betroffene zu entlassen, wenn keine richterliche Zustimmung erfolgt ist, und zwar unabhängig von den Gründen für deren Ausbleiben. Die **richterliche Entscheidung** dient dem Schutz des Betroffenen. Sie braucht und **darf** daher **nicht mehr eingeholt werden, wenn sich die Maßnahme**, zu deren Zweck die Freiheitsentziehung stattfand, **erledigt hat**. Ist die Vorführung zur Vernehmung bereits abgeschlossen, da die Vernehmung stattgefunden hat, oder der Gewahrsam eines sinnlos Betrunkenen gegenstandslos, da er wieder nüchtern ist, darf der Betroffene nicht mehr festgehalten werden, bis er dem Richter vorgeführt werden kann. In diesem Fall ist die Freiheitsentziehung sofort aufzuheben.

> Ist die richterliche Zustimmung bereits vor der Festnahme im Rahmen eines Verfahrens ergangen, das den Grundsätzen des Art. 103 I GG entspricht, so ist die nachträgliche Vorführung nicht mehr erforderlich. In diesem Fall entscheidet der Richter später über die "Fortdauer" der Freiheitsentziehung (Art. 104 II 1 GG). Daraus ergibt sich zwingend das verfassungsrechtliche **Befristungsgebot für Freiheitsentziehungen**. Mit Fristablauf ist die Freilassung des Betroffenen oder aber die notwendige richterliche Nachprüfung des Fortbestands der Gründe, welche die Freiheitsentziehung veranlasst haben, geboten.

444 Von der **richterlichen** Anordnung der Festnahme ist gem. Art. 104 IV GG eine **Person des Vertrauens des Betroffenen zu unterrichten**. Die Vorschrift dient dem Schutz des Verhafteten selbst, dessen Kontakt nach außen sichergestellt sein soll, aber auch dem Schutz der Vertrauensperson, die vor dem „Verschwinden" ihrer Angehörigen geschützt sein soll. Daher ist ein völliger Verzicht des Festgenommenen auf die Unterrichtung nicht möglich, da er für die Vertrauensperson nicht verzichten kann. Umgekehrt hat die Mitteilung **nicht die öffentliche Bloßstellung des Betroffenen** zum Gegenstand. Er hat daher grundsätzlich das Bestimmungsrecht über die zu unterrichtende Person. Übt er dies nicht aus, so geht es auf die Behörde über.

> Das Verfahren der Freiheitsentziehung ist gesetzlich zu regeln (Art. 104 I 1; II 4 GG). Dies ist durch die Vorschriften der §§ 112 ff. StPO und sonst überwiegend durch Landesrecht geschehen. Deren Garantien gehen über diejenigen des Grundgesetzes z.T. hinaus und begründen zusätzliche Rechte im Verfahren.

---

60 BVerfGE 83, 24, 33 ff.; zu Art. 104 GG eingehend *Gusy*, NJW 1992, 457; *Hantel*, JuS 1990, 865.

*Bitte erörtern Sie nun den **Beispielsfall** (Rn. 438)!*   **445**

Das Verfahren im Beispielsfall richtete sich nach Art. 104 III GG. Die danach gebotene Entscheidung des Richters setzt grundsätzlich die persönliche Anhörung des Betroffenen durch den Richter voraus. Diese wird weder durch die Lektüre des Formulars noch durch die – ggf. zusätzlichen – Äußerungen des vernehmenden Beamten ersetzt. Der Betroffene hat selbst das Recht, seine Rechte beim Richter vorzubringen und geltend zu machen. Das BVerfG hat hiervor zwar einzelne Ausnahmen zugelassen (BVerfGE 83, 24, 35), deren Anforderungen jedoch im Beispielsfall nicht erfüllt waren. Zudem hat der Richter eine einzelfallbezogene Prüfung und Begründung vorzunehmen, welche auf die besondere Situation des Falles und des A jedenfalls knapp Bezug nehmen muss. Das Ankreuzen eines Formulars, auf dem nur der generell-abstrakte Gesetzeswortlaut abgedruckt ist, ohne jede Äußerung zum Einzelfall reicht dafür nicht aus (BVerfGE 83, 24, 35). Hat der Richter offensichtlich nicht ordnungsgemäß mitgewirkt, ist A am Ende des nächsten Tages freizulassen.

III. Sonstige Garantien

Informelles, aber bisweilen wirksames Mittel der Durchsetzung eigener Rechte ist das   **446**
Petitionsrecht (Art. 17 GG)[61]. Es steht Deutschen wie Ausländern zu, die sich im In- oder Ausland aufhalten. Das Recht kann einzeln oder gemeinsam ausgeübt werden; in diesem letzten Fall garantiert Art. 17 GG auch das Recht auf Sammlung von Unterschriften für Petitionen. Bitten oder Beschwerden sind **Eingaben, die auf ein Handeln des Adressaten gerichtet sind.** Der Adressat soll Abhilfe schaffen; Meinungs- äußerungen oder Informationsübermittlung sind also keine Petitionen, da die bloße Entgegennahme solcher Erklärungen nicht als Petitionsziel ausreicht. Das Petitions- recht ist an die **Schriftform** gebunden. Zuständige Stellen sind Behörden, die eine Maßnahme getroffen haben oder treffen sollen. Daneben kann sich der Petent auch an die Volksvertretung – auch die Gemeindevertretung – wenden. Im Unterschied zu ausländischen und europäischen Vorbildern[62] kennt das deutsche Recht **nur vereinzelt besondere Bürgerbeauftragte** als Petitionsadressaten in der Exekutive.

Das Petitionsrecht dient nur mittelbar der Rechtsdurchsetzung. Es setzt nämlich keine Rechtsverletzung voraus und kann daher sogar ausgeübt werden, wenn auch der Petent eine ergangene Maßnahme für rechtmäßig hält, sie aber aus politischen oder sonstigen Gründen als inopportun ansieht. In diesem Sinne ist es auch ein de- mokratisches Instrument als „Seismograph für die Stimmungen im Volk". Rechtsfol- gen des Petitionsrechts sind:

– **Verbot von Sanktionen** für Petitionen: Diese ursprünglichste Dimension des Petitionsrechts stellt einen **Sonderfall der Meinungsfreiheit** (Art. 5 I GG) dar. Sie ist nach wie
   vor aktuell, wenn die Gegenstände, auf welche sie sich bezieht, politisch unerwünscht
   sind.

---

61 Dazu näher *Graf Vitzthum*, Petitionsausschuß und Volksvertretung, 1983; *ders.*, JZ 1985, 809.
62 Zum europäischen Bürgerbeauftragten aufgrund Art. 228 AEUV näher *Guckelberger*, Der Europäische Bürgerbeauftragte und die Petitionen zum Europäischen Parlament, 2004. Ver- gleichend *Schorkopf*, in: Grote/Marauhn, EMRK, 2006, Kap. 30 Rn. 176 f.

– **Pflicht zur Entgegennahme** der Petition: Der Adressat darf den Petenten nicht abweisen. Zur Entgegennahme zählt – jedenfalls auf Wunsch – die Ausstellung einer Eingangsbestätigung.

– **Pflicht zur Kenntnisnahme:** Ob und inwieweit darüber hinaus weitere Befassungsansprüche entstehen, ist umstritten. Ein bestimmter **Erledigungsanspruchspruch besteht nicht.**[63] Dass ein Anspruch auf Bescheidung besteht, wird in der Praxis oft bejaht[64]. Angesichts von weit über 20000 Petitionen pro Legislaturperiode allein an den Bundestag – nicht gerechnet die Sammelpetitionen – stößt dies allerdings nicht nur auf praktische Probleme. Zu Recht hat daher das Grundgesetz das Petitionsrecht einerseits und die Behandlung der Petitionen im **Petitionsausschuss** (Art. 45c GG) getrennt (s. ferner das Gesetz über die Befugnisse des Petitionsausschusses, Sartorius 5).

447 Die **Garantie der Staatshaftung**[65] im Falle von Amtspflichtverletzungen in Art. 34 GG ist selbst kein Grundrecht, dient aber wesentlich dem Grundrechtsschutz. Die Vorschrift begründet keine Ansprüche, sondern regelt lediglich den Anspruchsgegner. Für Amtspflichtverletzungen ist diejenige Körperschaft verantwortlich, welcher die Maßnahme zuzurechnen ist; also diejenige juristische Person des öffentlichen Rechts, in deren Dienst der Handelnde steht oder für die er tätig geworden ist. „In Ausübung eines öffentlichen Amtes" handelt jeder, der staatliche Aufgaben wahrnimmt, also nicht nur „Beamte" i.S.d. Art. 33 IV, V GG, sondern der gesamte öffentliche Dienst im weitesten Sinne. Die Regelungen des Art. 34 GG besagen demnach:

– **Anspruchsverpflichteter ist der Staat.** Haftungsansprüche wegen Amtspflichtverletzungen – nur solche werden von dem Artikel erfasst – finden sich im Grundgesetz allerdings nicht, sondern nur im einfachen Gesetzesrecht (insbesondere: § 839 BGB). Die konkurrierende Gesetzgebungskompetenz hierfür steht inzwischen dem Bund zu (Art. 74 I Nr. 25 GG).[66]

– **Rückgriffsvorbehalt für den Staat.** Der Staat kann, soweit er Ersatz geleistet hat, die dafür aufgewendeten Beträge unter den Voraussetzungen des Art. 34 S. 2 GG von dem Beamten zurückverlangen. Auch die Anspruchsgrundlage für diesen Rückgriff ist nicht im Grundgesetz, sondern im Beamtenrecht geregelt (s. § 48 BeamtenstatusG).

– **Garantie des ordentlichen Rechtsweges.** Der Anspruch auf Schadensersatz ist vor den Zivilgerichten – und nicht vor den sachnäheren Verwaltungsgerichten – geltend zu machen. In der Praxis treten durch die rechtspolitisch umstrittene Vorschrift eher Rechtsverschlechterungen als -verbesserungen für den Bürger ein: Verwaltungsgerichte ermitteln von Amts wegen, vor den Zivilgerichten muss der Kläger Tatsachen und Beweismittel vorbringen.

---

63 Zuletzt EuGH, EuZW 2004, 436.

64 Dazu eingehend OVG Bremen, JZ 1990, 965 m. Anm. *Lücke*; zur Begründungspflicht von Petitionsbescheiden BVerfG, DVBl. 1993, 32; *Rühl*, DVBl. 1993, 14, s.a. VGH BW, VBlBW 2009, 274.

65 Zum wenig übersichtlichen Recht der Staatshaftung in der Bundesrepublik näher *Baldus/ Grzeszick/Wienhues*, Staatshaftungsrecht, 2009; s.a. *Durner*, JuS 2005, 793.

66 Anders nach früherem Recht noch BVerfGE 61, 149.

Zur Vertiefung:

Zu den Justizgrundrechten:

Hill, Verfassungsrechtliche Gewährleistungen gegenüber der staatlichen Strafgewalt, in: HStR VI, 1. Aufl., 1989, § 156 (zu Art. 103, 104 GG); *Knemeyer*, Rechtliches Gehör im Gerichtsverfahren, in: HStR VI, 1. Aufl., 1989, § 155; *Papier*, Justizgewährungsanspruch, in: HStR VI, 1. Aufl., 1989, § 153; *Schroeder*, Die Justizgrundrechte des Grundgesetzes, JA 2010, 167; *Wittreck*, Freiheit der Person, in: HStR VII, § 151.

Zur Staatshaftung:

Osterloh, in: Hoffmann Hoffmann-Riem/Schmidt-Aßmann/Voßkuhle (Hrsg.), GVwR III, 2009, § 55; *Erbguth*, in: Hoffmann-Riem/Schmidt-Aßmann/Voßkuhle (Hrsg.), GVwR III, 2009, § 51; *Morlok*, in: Hoffmann-Riem/Schmidt-Aßmann/Voßkuhle (Hrsg.), GVwR III, 2009, §§ 52, 54; *Papier*, Justizgewähranspruch/Staatshaftung, in: HStR VI, 1. Aufl., 1989, § 157 (zu Art. 34 GG); *Schlick*, Die Rechtsprechung des BGH zu den öffentlich-rechtlichen Ersatzleistungen, NJW 2009, 3139.

§ 12 Schutzbereich und Schranken der Freiheitsrechte

448 Ein Freiheitsrecht ist lediglich anwendbar, wenn im Einzelfall seine Tatbestandsvoraussetzungen und seine Rechtsfolgen einschlägig sind. Die aus anderen Rechtsgebieten geläufige Bezeichnung von Grundrechtstatbestand und -rechtsfolgen hat sich
im Verfassungsrecht kaum durchgesetzt. Hier spricht man vom

– **Schutzbereich** oder Tatbestand der Freiheitsrechte: Er beschreibt denjenigen Sach-
  bereich, auf welchen ein Grundrecht in personeller und sachlicher Hinsicht angewandt werden soll. Hier stellt sich also neben der Grundrechtsträgerschaft[1] die
  Frage: Was heißt Freiheit der „Versammlung" (Art. 8 GG), der „Wissenschaft"
  (Art. 5 III GG), des „Berufs" (Art. 12 GG)? Während der Grundrechtsträger den
  „**persönlichen Grundrechtstatbestand**" benennt, zählen die übrigen Voraussetzungen zum sog. „**sachlichen Grundrechtstatbestand**".

– Grundrechtsschutz und **Grundrechtsschranken**: Beide zusammen begründen die
  Rechtsfolgen der Grundrechte.[2] Ist Freiheitsschutz nach wie vor zentral Schutz vor
  Eingriffen,[3] so beschreibt der Grundrechtsschutz das prinzipielle Eingriffsverbot.
  Dieses gilt aber, wie die meisten Grundrechte zeigen, nicht ohne Ausnahme. Solche
  Einschränkungsermächtigungen (Beispiel: Art. 2 II 3; 8 II; 10 II 1 GG u.ä.) sind
  die Grundrechtsschranken. Sie ermächtigen den Staat zu Eingriffen in die negative
  Freiheit, damit allerdings nicht selten zugleich zu Maßnahmen zur Herstellung po-
  sitiver Freiheit.

I.   Schutzbereich der Freiheitsrechte

449 Der sachliche **Grundrechtstatbestand** der Freiheitsrechte thematisiert die konkreten
Einzelfreiheiten, die im jeweiligen Grundrecht garantiert sind. Diese verbürgen eben
nicht allgemein Freiheit, sondern etwa „Freiheit der Versammlung" (Art. 8 GG) oder
„Freizügigkeit" (Art. 11 GG). Dementsprechend ist bei der Beurteilung eines konkreten Falles zunächst festzustellen, welches Grundrecht thematisch einschlägig ist. Dieses ist nach dem **Grundrechtsschutzbereich** zu bestimmen.

---

1   S. dazu o. Rn. 384 ff.
2   Zu ihnen o. Rn. 380 ff.
3   S.o. Rn. 354 ff.

1. Konkretisierung des Tatbestands – Vereinigungs- und Koalitionsfreiheit

A hat bei der Betriebsratswahl gegen die Liste der G-Gewerkschaft, deren Mitglied **450**
er ist, kandidiert, und ist daraufhin aus der G ausgeschlossen worden. Er fühlt
sich in seinen Grundrechten verletzt. (nach: BVerfGE 100, 214; dazu Rn. 464).

Alle Freiheitsrechte weisen eine einheitliche Struktur auf: Sie benennen einen bestimmten Bereich, der nach der grundgesetzlichen Regelungsanordnung „frei" sein
soll. Dieser Bereich stellt den **Tatbestand des Freiheitsrechts** dar. Der sachliche Tatbestand ist eine, aber nicht die einzige Tatbestandsvoraussetzung eines Freiheitsrechts.
Hierzu zählen insgesamt:

- die **Grundrechtsträgerschaft**.[4] Ist der von einer Maßnahme Betroffene Träger des
  jeweiligen Grundrechts? Diese Dimension wird bisweilen als „personales" oder
  „subjektives" Tatbestandselement bezeichnet.

- der sachliche Tatbestand.

- das **Fehlen schutzbereichsimmanenter Ausnahmeregelungen**. So gilt etwa Art. 8 I
  GG nicht für alle Versammlungen, sondern nur für solche, die „friedlich und ohne
  Waffen" stattfinden. Die Freizügigkeit gilt allein im Bundesgebiet. Das Grundrecht
  auf Kriegsdienstverweigerung (Art. 4 III GG) gilt nur für den Kriegsdienst „mit
  der Waffe" und nur aufgrund seines „Gewissens". Schutzbereich und Ausnahme-
  regelung werden bisweilen „Regelungsbereich" genannt, wobei allerdings die Terminologie fließend ist und die Bedeutung des Regelungsbereichs daher schwankt.

Die **Koalitionsfreiheit** (Art. 9 III GG) steht in engem systematischen Konnex zur **Ver-** **451**
einigungsfreiheit (Art. 9 I GG). Nach letzterer sind alle **Deutschen** berechtigt, Vereine
oder Gesellschaften zu bilden. Da **Vereine und Gesellschaften** gleichgestellt sind,
kommt es auf deren nähere Abgrenzung nicht an. Die Vereinigungsfreiheit von Ausländern folgt aus Art. 2 I GG bzw. für EU-Bürger aus Art. 12 EU-Grundrechtecharta. Sie dürfen gegenüber Deutschen nicht schlechter gestellt werden. Der Schutz
politischer Parteien, die auch „Vereinigungen" darstellen, richtet sich ganz überwiegend nach Art. 21 GG.[5] Die Vereinigungsfreiheit begründet mehrere Dimensionen:

  - das Recht, eine **Vereinigung zu gründen**. Vereinigung ist jede für längere Zeit zu einem
    gemeinsamen Zweck zusammengeschlossene Mehrheit von Personen, die sich einer ge-
    meinsamen Willensbildung unterworfen haben (s. auch § 2 VereinsG). An die Dauer-
    haftigkeit und die gemeinsame Willensbildung sind keine hohen Anforderungen zu
    stellen; sie grenzen die Vereinigung von der Versammlung ab.

  - das Recht, **einer bestehenden Vereinigung beizutreten**. Sehr umstritten ist, ob auch das **452**
    Fernbleiben geschützt ist (sog. „**negative Vereinigungsfreiheit**"). Während das Bundes-
    verfassungsgericht dies mit dem Argument ablehnt, Art. 9 I GG gelte nur für freiwil-
    lige und daher nach dem Bürgerlichen Recht gegründete Vereinigungen, er sei daher
    auf Zwangsvereine, die nur durch öffentliches Recht begründet werden können, schon

---

4 S.o. Rn. 384 ff.
5 Dazu Rn. 86 ff.

tatbestandlich nicht anwendbar.[6] Ergänzend ist auf den Zweck des Art. 9 GG abzustellen. Dieser schützt gerade gegen die besonderen Maßnahmen, die sich gegen kollektive Betätigungen richten, etwa Vereinsverbote oder Überwachungsmaßnahmen, nicht hingegen das Verbleiben in der Individualität.[7] Diese wird allein in Art. 2 I GG geschützt. Nach diesen Grundsätzen sind etwa öffentlich-rechtliche **Träger der Sozialversicherung** oder die **Kammern** der Wirtschaft zu beurteilen.

453 Die genannten Grundsätze werden als **individuelle Vereinigungsfreiheit** bezeichnet, da sie nur Einzelpersonen, nicht hingegen die Vereinigungen selbst berechtigen. Demgegenüber ist in Art. 9 I GG kein Grundrecht der Vereinigung insgesamt zu sehen.[8] Die **kollektive Vereinigungsfreiheit** umfasst hingegen zunächst den Schutz des **Bestandes,** des Namens und der grundsätzlichen Betätigungsmöglichkeit **der Vereinigung.**[9] Während diese Grundsätze bisweilen noch der Vereinigungsfreiheit selbst entnommen werden, beurteilt sich die grundrechtliche Zulässigkeit einzelner Handlungen des Zusammenschlusses, also die Frage, wie sich der Verein betätigen darf, nicht nach Art. 9 I GG, sondern aus dem jeweiligen Spezialfreiheitsrecht i.V.m. Art. 19 III GG. Die Herausgabe der Vereinszeitung ist demnach nicht in Art. 5 und 9 GG, sondern nur in Art. 5 i.V.m. Art. 19 III GG geschützt. Auch das Vereinsvermögen unterliegt dem Schutz des Art. 14 GG, nicht hingegen demjenigen des Art. 9 GG. Andernfalls wäre Art. 19 III GG schlicht überflüssig; zudem wären die Rechte juristischer Personen wesentlich stärker geschützt als diejenigen der natürlichen Personen, da Art. 9 II GG nur ganz elementare Schranken kennt. Art. 9 I GG schützt auch nicht gegen das staatliche Vereinsrecht, also gesetzliche Regelungen der Stellung der Mitglieder in der Vereinigung.

454 Die **Grenzen der Vereinigungsfreiheit** sind in Art. 9 II GG geregelt. Danach sind bestimmte Vereinigungen unzulässig, sie sind allerdings (entgegen dem Wortlaut der Norm) nicht von selbst unzulässig. Vielmehr können sie von den Landesregierungen oder vom Bundesminister des Innern verboten werden (§ 3 VereinsG).

455 Über jene Mindestgarantien geht das Grundrecht der **Koalitionsfreiheit** in mehrfacher Hinsicht hinaus. Sie ist in Art. 9 III GG als **Menschenrecht,** nicht bloß als Deutschen-Grundrecht, ausgestaltet. Sie garantiert zudem bestimmte Zwecke der Vereinigung und deren Verfolgung. Und sie unterliegt nicht der Schrankenbestimmung des Art. 9 II GG.

Faktisch sind Koalitionen gegenwärtig **Arbeitgeberverbände und Gewerkschaften.**

Der früher anders als heute verwendete Begriff der „Koalitionen" i.S.d. Art. 9 III GG wird umschrieben als **freie, gegnerfreie, auf überbetrieblicher Grundlage gebildete Ver-**

---

6 BVerfGE 10, 89, 102; 10, 354, 361 f.; 11, 105, 126; 12, 319, 323; 15, 235, 239; BVerfG, NVwZ 2002, 335, 336; ablehnend *Friauf*, FS Reinhardt, 1972, S. 389; *Jarass*, in: Jarass/Pieroth, GG, Art. 9 Rn. 7; *Merten*, in: HStR VII, § 165, Rn. 58 f.; *v. Mutius*, VerwArch 1973, 81; historisch *F. Müller*, Körperschaft und Assoziation, 1965, S. 231 ff.

7 Zum Austrittsrecht BVerfGE 38, 281, 298.

8 Anders BVerfGE 13, 174, 175; 30, 227, 241; 50, 290, 353 f.; dagegen wie hier *W. Schmidt*, FS Mallmann, 1978, S. 233; *Merten*, in: HStR VII, § 165 Rn. 28 f.

9 BVerfGE 4, 96, 102 ff.; 13, 174, 175 ff.; 30, 227, 241 ff.; 50, 290, 353 ff.

einigungen von Arbeitgebern oder Arbeitnehmern, die das geltende Tarifrecht für sich als verbindlich anerkennen und die Interessen ihrer Mitglieder in Wirtschafts- und Arbeitsfragen nachhaltig vertreten.[10] Diese wenig präzise Umschreibung ist allerdings eher eine Bestandsaufnahme der vorhandenen Vereinigungen als eine an Art. 9 III GG orientierte Definition. „Frei" gebildet sind Vereinigungen, die keine staatlichen Zwangszusammenschlüsse darstellen (etwa: Arbeitnehmerkammern)[11]. „Gegnerfrei" sind sie, wenn sie entweder ausschließlich Arbeitgeber oder aber Arbeitnehmer – und nicht beide Seiten[12] – organisieren.[13] „Überbetrieblich" müssen Koalitionen jedenfalls dann nicht verfasst sein, wenn es im ganzen Bundesgebiet nur einen Betrieb der Branche gibt (etwa: Bahn). Die „Nachhaltigkeit" der Interessenvertretung verlangt zwar nicht die Bereitschaft zum Streik, wohl aber eine gewisse Durchsetzungsmacht.

> Das früher in der Bundesrepublik anzutreffende System der „**Einheitsgewerkschaft**" (ein Betrieb – eine Gewerkschaft) ist inzwischen durch eine gewisse Konkurrenz auf Arbeitnehmerseite abgelöst worden.[14] Auf der Arbeitgeberseite ist umgekehrt die Beteiligung an den Arbeitgebervereinigungen vor allem bei kleineren und mittleren Unternehmen stark zurückgegangen.

Zur **individuellen Koalitionsfreiheit** zählen – weitgehend parallel zur Vereinigungsfreiheit des Art. 9 I GG – insbesondere: **456**

– das Recht, **Koalitionen zu gründen**, ihnen **beizutreten** oder **auszutreten**. Insoweit unterscheidet sich die Koalitionsfreiheit nicht von der Vereinigungsfreiheit. Die „**negative Koalitionsfreiheit**", also die Freiheit des Fernbleibens, wird vom Bundesverfassungsgericht gleichfalls aus Art. 9 III GG hergeleitet.[15]

– das Recht, sich als Koalitionsmitglied für die Koalition zu **betätigen**. Der Arbeitnehmer darf etwa für die Gewerkschaften werben.[16]

Im Unterschied zu Art. 9 I GG garantiert Art. 9 III GG auch die **kollektive Koalitionsfreiheit**. Sie umfasst alle Maßnahmen zur Förderung und Wahrung der Arbeits- und Wirtschaftsbedingungen. Solche Maßnahmen sind in Art. 9 III GG mitgarantiert, da bloß untätig existierende Organisationen diesen ausdrücklichen Zweck der Koalitionsfreiheit gar nicht erfüllen können. Denn die Koalitionen (selbst) sollen gerade an der Wahrung und Förderung der Arbeits- und Wirtschaftsbedingungen teilnehmen. Dies kann aber allein durch kollektives Handeln, nicht schon durch die bloße Existenz der Organisation geschehen. Zur kollektiven Koalitionsfreiheit zählen etwa: **457**

---

10 BVerfGE 4, 96, 106 f.; 50, 290, 367 f.
11 Zu ihnen BVerfG, NJW 1975, 1265 f.
12 Zur insoweit problematischen Tariffähigkeit von Handwerksinnungen BVerfGE 20, 312 f.; BGHZ 49, 209, 213.
13 BVerfGE 18, 18, 28. Zur Beurteilung der unternehmerischen Mitbestimmung unter diesem Aspekt BVerfGE 50, 290, 371 ff.
14 Dazu BAG, Urt. v. 23.6.2010, Az.: 10 AS 2/10 und 10 AS 3/10.
15 BVerfGE 31, 297, 302; 44, 322, 352; 50, 290, 354; s.a. EGMR, NJW 1982, 2717.
16 BVerfGE 57, 220, 245 f.; 93, 352, 357 f.

- die Definition der eigenen Ziele im Arbeits- und Wirtschaftsleben.
- die Werbung von Mitgliedern für die eigenen Ziele. Problematisch ist hier das Zutrittsrecht für betriebsfremde Gewerkschaftsmitglieder.[17] Werbung im Betrieb durch Betriebsangehörige ist zulässig.
- die Aushandlung und der Abschluss von **Tarifverträgen**. Diese gelten grundsätzlich nur für die Mitglieder, werden aber in der Praxis auch auf Nichtmitglieder angewandt und können nach dem Tarifvertragsgesetz für allgemeinverbindlich erklärt werden.[18] Hierzu zählt grundsätzlich auch der in Art. 9 III 3 GG ausdrücklich erwähnte **Arbeitskampf**.

Diese Garantien sind nicht auf den „Kernbereich" der Koalitionsfreiheit beschränkt, sondern umfassen **jede „spezifisch koalitionsmäßige Betätigung"**.[19] Adressaten sind gem. Art. 1 III GG Gesetzgebung, Vollziehung und Rechtsprechung, daneben gem. Art. 9 III 2 GG auch jeder Dritte. Demnach ist dieses Grundrecht das einzige mit **unmittelbarer Drittwirkung.**

> Konsequenzen kommen ihr namentlich gegenüber Koalitionen der jeweiligen Gegenseite zu. So dürfen Gewerkschaftsmitglieder weder von Arbeitgebern noch von Arbeitgeberverbänden wegen ihrer Gewerkschaftszugehörigkeit benachteiligt werden.

458   Die Gesamtheit dieser Garantien und ihr Ergebnis, nämlich eine auf Vereinbarungen zwischen den „Sozialpartnern" basierende Gestaltung der Arbeits- und Wirtschaftsbedingungen, werden von Rechtsprechung und Literatur oft als **„Tarifautonomie"** bezeichnet. Deren Elemente sind in Art. 9 III GG garantiert; und zwar nicht nur als „Kernbereich", sondern vielmehr im Hinblick auf alle zu ihrer Herstellung und Erhaltung sinnvollen und geeigneten Maßnahmen.[20] Deren Beurteilung obliegt grundsätzlich primär den Koalitionen selbst; zulässig sind insbesondere auch neuartige Formen der Verhandlung, Auseinandersetzung und Einigung. Inhalte und Themen ihrer Vereinbarungen unterliegen ihrer Selbstbestimmung. Dabei können auch neuartige Materien einbezogen werden, wenn sie auf die Arbeits- und Wirtschaftsbedingungen bezogen sind (etwa: Überstunden(-abbau), Kündigungsschutz oder Fortbildung im Betrieb). Dabei ist ein gewisser Doppelcharakter der Tarifautonomie nicht zu verkennen. Einerseits ist sie eine **Freiheit der Sozialpartner**, die sich gegen Fremdbestimmung durch den Staat richtet: Es sind in erster Linie die Koalitionen, welche die Arbeits- und Wirtschaftsbedingungen wahren und fördern dürfen. Andererseits ist sie aber zugleich eine Kompetenzzuweisung: Die Tarifverträge enthalten nämlich auch Bestandteile, welche nicht nur Arbeitgeberverbände und Sozialpartner, sondern auch Dritte – namentlich ihre Mitglieder – binden. Aus deren Sicht ist diese **Normsetzungskompetenz auch ein Recht zur Verpflichtung Dritter.** In diesem Sinne ist Tarifautonomie wie alle Autonomie[21] nicht nur Freiheit, sondern stets zugleich Recht auf Herrschaft über Dritte. Im letzteren Sinne ist sie zugleich delegierte Staatsgewalt.

---

17 Verneinend BVerfGE 57, 246 f.
18 Dazu BVerfGE 44, 322, 338 ff.
19 Zu neueren Arbeitskampfformen in diesem Kontext jüngst BAG, JZ 2010, 254, einerseits; *Rüthers/Höpfner*, JZ 2010, 254; *Säcker/Mohr*, JZ 2010, 440, andererseits.
20 BVerfGE 93, 352, 358 ff.
21 S. zur kommunalen Selbstverwaltung o. Rn. 155.

Dieses Recht ist aber kein Monopol. In jedem Falle bleibt auch der Gesetzgeber be- **459** rechtigt, von seiner Gesetzgebungskompetenz für das Arbeitsrecht (Art. 74 I Nr. 12 GG) Gebrauch zu machen. Insoweit kann es zu einer Rechtssetzungskonkurrenz zwischen Staat und Sozialpartnern kommen. Wem im Kollisionsfall der Vorrang zukommt, lässt sich jedenfalls nicht allein aus Art. 9 III GG entscheiden: Dieser begründet **kein generelles Subsidiaritätsprinzip zwischen Verbänden und Staat**. Vielmehr kommt dem Gesetzgeber ein Ausgestaltungsrecht zu, von welchem er allerdings bislang nur vereinzelt (etwa: durch das Tarifvertragsgesetz) Gebrauch gemacht hat. Das Bundesverfassungsgericht betont einerseits dieses Recht der Legislative, hält aber andererseits das Fehlen gesetzlicher Regelungen nicht für verfassungswidrig: Die Gestaltung der Beziehungen zwischen den Sozialpartnern unterliege **nicht in gleichem Umfang dem Vorbehalt des Gesetzes** wie die Regelung staatlicher Grundrechtseingriffe.[22] Maßnahmen einer Koalition haben danach für andere Koalitionen nicht dieselbe Wirkung wie Grundrechtseinschränkungen durch die öffentliche Gewalt. Die weitgehende Gestaltung des Arbeitskampfrechts durch Richterrecht ist daher nicht per se grundrechtswidrig.

Der Staatsgewalt kommt demnach gegenüber der Tarifautonomie – ebenso wie dieser **460** selbst – eine Doppelfunktion zu. Einerseits hat sie diese zu respektieren und rechtswidrige Eingriffe zu unterlassen. Andererseits muss sie diese organisieren und so den **Schutzbereich des Art. 9 III GG ausgestalten**. Dabei muss sie zugleich:

– **die Tarifvertragsparteien in die Lage versetzen, ihre Rechte im Bereich der Arbeits- und Wirtschaftsbedingungen wirksam nutzen zu können**. Diese Aufgabe wird dadurch erschwert, dass die Sozialpartner vielfach entgegengesetzte Interessen haben und daher kontrovers reden und handeln.

– das Wirken der Sozialpartner durch eigene Rechtssetzung ergänzen, unterstützen und ggf. ersetzen: So können etwa **Tarifverträge für allgemeinverbindlich erklärt**[23] oder durch staatliches Recht Mindestarbeitsbedingungen festgesetzt werden, wo Tarifverträge fehlen.

– die **Tarifautonomie vor strukturellen Defiziten** – etwa fehlende durchsetzungsfähige Arbeitgeber- oder Arbeitnehmerorganisationen in einzelnen Bezirken oder Branchen – oder einem Versagen im Einzelfall – etwa fehlender Tarifvertrag mangels Einigung – im Interesse der Mitglieder **schützen**. Nicht zuletzt um diesen Aspekt geht es in der jüngeren Debatte um die Verfassungskonformität staatlich festgesetzter **Mindestlöhne**.[24]

Traditionsreiches Diskussionsfeld im Hinblick auf staatliche Ausgestaltungsrechte **461** und -pflichten ist das **Arbeitskampfrecht**. Die bislang nahezu ausschließlich durch Richterrecht geprägte Materie hat davon auszugehen, dass das Grundgesetz einerseits sowohl Streiks als auch Aussperrungen grundrechtlich verbürgt, andererseits hierfür keine ausdrücklichen Schrankenregelungen enthält: Da Art. 9 II GG auf die Koalitionsfreiheit nicht anwendbar ist, kommen allenfalls verfassungssystematische Gren-

---

22 BVerfGE 116, 202, 228.
23 BVerfGE 55, 7, 28; BVerfG, NJW 2000, 3704, 3705.
24 Dazu *Schäfer*, in: Bieback u.a., Tarifgeschützte Mindestlöhne, 2007, S. 12 ff.; *Löwisch*, RdA 2009, 215, 236; *Thüsing/Lembke*, ZfA 2007, 87 ff.

zen aus konkurrierenden, gleichfalls grundgesetzlich geschützten Belangen in Betracht. Ein viel diskutiertes Leitbild der Ausgestaltung soll dabei dem **Sinn und Zweck der Tarifautonomie** entnommen werden, welche funktionsgerecht Arbeits- und Wirtschaftsbedingungen gestalten und nicht zerstören soll.[25] Solche eher institutionellem Verfassungsverständnis[26] entnommenen Grundgedanken münden etwa in die Lehre von der **Parität der Sozialpartner,**[27] welche auf Gleichberechtigung und faktischer „Waffengleichheit" beruhen müsse. Keine Partei darf die andere fremdbestimmen oder beherrschen. Ihre Kampfmittel müssen also wesentlich gleichwertig und gleichgewichtig sein. Dementsprechend darf der einen Seite nicht genommen werden, was der anderen gegeben wird. Sind also für die Arbeitnehmer **Streiks** zulässig,[28] so müssen demnach für die Arbeitgeber **Aussperrungen** gleichfalls grundsätzlich möglich sein.[29]

462 Der sachliche Schutzbereich der Grundrechte ist also nicht stets einfach da oder durch Verfassungsauslegung zu ermitteln. Gewiss, es gibt auch solche Fälle, etwa für Art. 2 II (Leben, Gesundheit, Freiheit), Art. 11 (Freizügigkeit) oder Art. 13 GG (Wohnung). In zahlreichen anderen Fällen ist der Grundrechtsschutzbereich hingegen rechtlich ausgestaltungsbedürftig, etwa für Art. 6 (Ehe, Familie), Art. 9 (Verein, Gesellschaft) oder Art. 14 GG (Eigentum). Diese **Grundrechtsausgestaltung** stellt den Schutzbereich eigentlich erst her und begrenzt ihn zugleich. Zumindest letzteres ist bisweilen von der Grundrechtseinschränkung im Rahmen der Schrankenbestimmungen kaum zu unterscheiden: Ist das Erfordernis einer 2/3-Mehrheit für Arbeitskämpfe innerhalb einer Koalition als Schutz der Tarifautonomie (im Sinne einer Subsidiarität der Kampfmittel gegenüber anderen „spezifisch koalitionsmäßigen Betätigungen") oder aber als Grundrechtsschranke zum Schutz der Rechtsgüter Dritter (Versorgungsleistungen, vertragliche Lieferungs- und Leistungsansprüche usw.) zu qualifizieren? Die Abgrenzung wird dort notwendig, wo die verfassungsrechtlichen Anforderungen an Ausgestaltung einerseits oder Einschränkung andererseits differieren.

> Die **Zulässigkeit der Grundrechtsausgestaltung** setzt die besondere Ausgestaltungsbedürftigkeit eines Grundrechtsschutzbereiches durch Recht, namentlich im Hinblick auf die wirksame Ausübung oder Teilhabe einzelner Grundrechtsträger an der jeweiligen Garantie, voraus. Sie unterliegt nicht denselben formellen Anforderungen wie Grundrechtseingriffe, insbesondere **gelten Gesetzesvorbehalt und Zitiergebot (Art. 19 I 2 GG) hier nicht**. In materieller Hinsicht ist sie an die inhaltlichen Ziele und Vorgaben des jeweiligen Grundrechts gebunden (etwa: „Wahrung und Förderung der Arbeits- und Wirtschaftsbedingungen") und muss insoweit für alle Grundrechtsträger geeignet, sachgerecht und zumutbar sein.[30] Dabei steht dem Gesetzgeber ein Gestaltungsspielraum zu.

---

25 Dazu *Dieterich*, in: Müller-Glöge/Preis/Schmidt, Erfurter Kommentar zum Arbeitsrecht, 10. Aufl., 2010, Art. 9 GG Rn. 72 ff.; *C. W. Hergenröder*, in: Henssler/Willensen/Kalb, Arbeitsrecht Kommentar, 4. Aufl., 2010, Art. 9 GG Rn. 107 ff.
26 Dazu o. Rn. 376.
27 BVerfGE 84, 212, 229; 92, 365, 394 f.
28 BVerfGE 88, 103, 114; 92, 365, 394.
29 BAG, NJW 1980, 1642. Überblick bei *Raiser*, Die Aussperrung nach dem GG, 1975; *Seiter*, Streikrecht und Aussperrungsrecht, 1975.
30 BVerfGE 60, 253, 295; 74, 297, 334; 88, 275, 284; *Jarass*, in: HGRe II, § 38 Rn. 56 ff.

Einschränkungen der Koalitionsfreiheit[31] können nicht auf Art. 9 II GG gestützt werden, **463** da dieser allein gegenüber Art. 9 I GG Geltung beansprucht. Sie können allenfalls gestützt werden auf:

– kollidierende Normen des GG (dazu sollen etwa die Regelungen über das Selbstbestimmungsrecht der Kirchen[32] oder des Beamtenrechts (Art. 33 V GG)[33] zählen),

– die Rechte anderer Koalitionen oder Träger der Koalitionsfreiheit,[34]

– im Notstandsfall in den besonderen Grenzen des Art. 9 III 3 GG. Diese werden vom Bundesverfassungsgericht „erst recht" außerhalb des Notstandsfalles angewandt.

*Bitte diskutieren Sie nun den **Beispielsfall** (o. Rn. 450)!*

Das Beispiel beleuchtet einen ungewöhnlichen Fall der **Kollision zweier Garantien aus** **464** **Art. 9 III GG**. Koalitionen – also auch die G – genießen ihre **kollektive Koalitionsfreiheit** zur Wahrung und Förderung der Arbeits- und Wirtschaftsbedingungen. Ihre Fähigkeit dazu hängt nicht zuletzt von der Solidarität ihrer Mitglieder und der Geschlossenheit ihres Auftretens nach außen ab. Die hierfür erforderlichen satzungsmäßigen Vorkehrungen darf die G im Rahmen ihres Selbstbestimmungsrechts als Koalition treffen. Demgegenüber steht dem A die **individuelle Koalitionsfreiheit** auf Beitritt zu einer Koalition und dem Verbleib in ihr zu. Diese ist durch den Ausschluss betroffen, jedoch nicht allzu schwer: Als Gewerkschaftsmitglied hatte A das Recht, sich in der G zu engagieren und zu versuchen, seine Ansichten dort durchzusetzen. Dass er den Weg der Konkurrenz außerhalb der G gewählt hat, schwächt deren Glaubwürdigkeit und deren Ansehen. Der Ausschluss war daher grundrechtskonform (BVerfGE 100, 214, 221 ff.). Einer gesetzlichen Ermächtigung dafür bedurfte es hier nicht.[35]

Am Anfang jeder Grundrechtsprüfung steht die Frage nach der **Anwendbarkeit einer** **465** **Garantie**. Diese bemisst sich nach der Einschlägigkeit des Schutzbereichs.

– **Ist kein Schutzbereich eröffnet, ist die zu beurteilende Maßnahme grundrechtsneutral** und kann allenfalls an anderen als grundrechtlichen Normen des geltenden Rechts gemessen werden.

– Ist hingegen der persönliche und sachliche Schutzbereich einschlägig, so ist die zu beurteilende Maßnahme an dieser Garantie zu messen. Hier stellt sich sodann die Frage nach den weiteren Kriterien für die Zulässigkeit bzw. Unzulässigkeit der Maßnahme.

Zur Vertiefung:

Zum Grundrechtstatbestand:

Höfling, Grundrechtstatbestand, Grundrechtsschranken, Grundrechtsschrankenschranken, Jura 1994, S. 169 ff.; *Lerche*, Grundrechtlicher Schutzbereich, Grundrechtsprägung und Grundrechtseingriff, in: HStR V, 2. Aufl., 1992, § 121 Rn. 11 ff.; *Merten*, Grundrechtlicher Schutzbereich, in: HGRe III, § 56 Rn. 23; *Roth*, Faktische Eingriffe in Freiheit und Eigentum, Struktur und Dogmatik des Grundrechtstatbestandes und der Eingriffsrechtfertigung, 1994, S. 126 ff.

---

31 Zur Zulässigkeit von Eingriffen in Art. 9 III GG BVerfGE 92, 365, 396; 94, 268, 284 f.

32 Dazu o. Rn. 413 ff.

33 BVerfGE 44, 249, 264; nicht hingegen für Angestellte und Arbeiter im öffentlichen Dienst; BVerfGE 88, 103, 114.

34 BVerfGE 84, 212, 228.

35 Dazu BGH, NJW 1991, 485.

Zur Vereinigungsfreiheit:

Badura, in: Staatsrecht – systematische Erläuterung des Grundgesetzes für die Bundesrepublik Deutschland, 4. Aufl., 2010, S. 217 ff.; *Murswiek*, Grundfälle zur Vereinigungsfreiheit, JuS 1992, 116; *Reichert*, Handbuch des Vereins- und Verbandsrechts, 2003; *Sauter/Schweyer/Waldner*, Der eingetragene Verein, 2006; *Schmitt Glaeser*, Die grundrechtliche Freiheit des Bürgers zur Mitwirkung an der Willensbildung, in: HStR III, § 38 Rn. 21.

Zur Koalitionsfreiheit:

Dieterich, Koalitionsfreiheit, in: ders./Müller-Glöge, Erfurter Kommentar zum Arbeitsrecht, 10. Aufl., 2010, Art. 9 GG Rn. 15 ff.; *Hensche*, Koalitionsfreiheit, in: Däubler/Hjort/Hummel/Wolmerath, Arbeitsrecht, 2. Aufl., 2010, Art. 9 GG Rn. 12 ff.; *Meisen*, Koalitionsfreiheit, Tarifvorrang und Tarifvorbehalt, 2007; *Scholz*, Koalitionsfreiheit, in: HStR VI, 2. Aufl., 1989, § 115; *Kemper*, Die Bestimmung des Schutzbereichs der Koalitionsfreiheit, 1990; *Sodan/Zimmermann*, Tarifvorrangige Mindestlöhne versus Koalitionsfreiheit – Die Neufassungen des Mindestarbeitsbedingungengesetzes und des Arbeitnehmer-Entsendegesetzes, NJW 2009, 2001.

2. Der Grundrechtseingriff – Versammlungsfreiheit

466 Im Staat S hat ein Militärputsch stattgefunden, die demokratische Regierung wurde abgesetzt. Nach ordnungsgemäßer Anmeldung versammeln sich ca. 3 000 Personen zu einer Demonstration vor dem Generalkonsulat in S. Die Bundesregierung warnt vor einer Teilnahme, weil die Versammlung die guten Beziehungen zum Staat S stören und die Sicherheit der Deutschen in S beeinträchtigen könnte. (vgl. dazu Rn. 482).

Die Anwendbarkeit eines Grundrechts hängt neben dem sachlichen auch vom persönlichen Schutzbereich ab, also davon, wer Träger der jeweiligen Garantie ist. Art. 8 I GG schützt nur Deutsche, Ausländer können sich nicht auf dieses Grundrecht berufen. Darüber geht § 1 VersG hinaus, welcher den Schutz nicht von der Staatsangehörigkeit abhängig macht.

467 Art. 8 GG garantiert das Recht auf **Versammlungsfreiheit**. Versammlung ist eine **Zusammenkunft mehrerer Menschen zur Verfolgung eines gemeinsamen Zwecks**.[36] Die bloße Zusammenkunft allein reicht als Zweck nicht aus, die Beteiligten müssen auch gemeinsam handeln. Es kommt nicht (allein) auf das Zusammenkommen an sondern darauf, was die Zusammengekommenen tun. Dieses kollektive Handeln macht die Besonderheit der Versammlungsfreiheit aus: Bloßes Stehen und Gaffen genügt nicht. Als gemeinsamer Zweck kommt namentlich die **gemeinsame Meinungsbildung und -artikulation** in Betracht.[37] In diesem Sinne garantiert Art. 8 GG die kollektive Meinungsäußerungsfreiheit und steht so im systematischen Kontext des Art. 5 I GG. Was geäußert wird, richtet sich dann nach der Meinungsfreiheit; wie es geäußert werden darf, richtet sich für Personenmehrheiten (auch) nach Art. 8 GG. Nicht zwingend er-

---

36 Näher BVerfGE 69, 315, 342 ff.; zum Folgenden *Gusy*, JuS 1986, 608.
37 So etwa *Gusy*, in: vMKS, GG, Art. 8 Rn. 15 ff.

forderlich ist demgegenüber, dass die Äußerung eine politische sei.[38] Auch wenn dies vielfach der Fall sein wird: Der Bereich des Politischen ist schwer abgrenzbar und daher wenig praktikabel. Keine Versammlungen sind demgegenüber kommerzielle oder rein unterhaltende Veranstaltungen, „die nur der bloßen Zurschaustellung eines Lebensgefühls dienen oder die als eine auf Spaß und Unterhaltung ausgerichtete Massenparty gedacht sind."[39]

> Wichtigste Erscheinungsform der Versammlung ist die **Demonstration**, welche von Art. 8 GG umfasst ist. Finden sich neben dem Kommunikationszweck noch andere Nebenzwecke, so ist dies für den Versammlungscharakter unerheblich, solange sie nicht selbst Hauptzweck werden. Besteht hingegen kein gemeinsamer Zweck, so genießt eine derartige **Ansammlung** (etwa: bloßer Zuschauer) nicht den Schutz der Versammlungsfreiheit.

So erhält das Grundrecht notwendig einen **demokratischen Charakter**: Versammlungsfreiheit ist auch die Freiheit zur Bildung und Artikulation des Willens des Volkes, von welchem gem. Art. 20 II 1 GG alle Staatsgewalt ausgeht. Hier tritt sie neben die Medien, Parteien und politischen Organisationen als politisches Ur-Grundrecht derjenigen, die sonst keine Stimme haben. Doch bleibt festzuhalten, dass auch eine noch so große Versammlung nicht das Volk ist, sondern allenfalls ein politisch aktiver Teil des Ganzen. Das **Grundrecht ist politisch neutral** und steht allen Meinungen und ihrer Kundgabe offen, keine Ansicht ist allein wegen ihres Inhalts ausgeschlossen.[40] Beschränkungen oder Eingriffe sind also nicht wegen der geäußerten Anschauungen, sondern aufgrund der für alle geltenden Gesetze und des Verhaltens der Versammelten zulässig. Beschränkbar ist also weniger das mögliche Versammlungsthema als vielmehr die Art und Weise seiner Äußerung durch die Versammelten. Umgekehrt rechtfertigt aber auch keine Anschauung kollektive Übergriffe, Bedrohungen, Einschüchterungen oder Beleidigungen Einzelner oder ganzer Bevölkerungsgruppen durch Versammlungen. Dem vorzubeugen ist ein zentrales Anliegen der Grundrechtsschranken und der auf ihrer Grundlage erlassenen Gesetze.[41]

468

Art. 8 GG begründet **keine Rechte der Versammlung als solcher,** sondern solche der Veranstalter und Teilnehmer an der Versammlung. Schutzrichtung des Art. 8 GG ist vielmehr der Schutz vor Verboten oder Behinderungen, welche sich gerade dagegen richten können, dass eine Vielzahl von Personen gemeinsam anwesend ist, handelt und dadurch Dritte ggf. behindert, einschüchtert oder verunsichert. Gerade in dieser Gemeinsamkeit liegt ein Aspekt, der oft als gefährlich angesehen wurde und wird, sobald das Handeln oder die Ziele der Beteiligten als politisch inopportun erscheinen

469

---

38 In diese Richtung wohl BVerfG, NJW 2001, 2459; *Hoffmann-Riem*, in: AK-GG I, Art. 8 Rn. 16; *ders.*, NVwZ 2002, 257.

39 BVerfGE 90, 241 ff.; BVerfG, NJW 2001, 2459 (Love-Parade); BVerwGE 129, 42 (zur Fuck-Parade); wichtig *Tschentscher*, NVwZ 2001, 1243.

40 Anders aber der Tendenz nach wohl OVG Münster, NJW 2001, 1118.

41 Dazu BVerfGE 90, 241; 111, 147; BVerfG, DVBl. 2004, 697; NVwZ 2006, 815 (Holocaustleugnung); EGMR 2004, 3691; BVerfG, NJW 2001, 1409 (Auschwitz-Gedenktag); BVerfG, NVwZ 2002, 714 und NJW 2005, 3202. In der Auseinandersetzung mit der Rechtsprechung des OVG Münster (dazu *Waechter*, VerwArch 1997, 289) trat dieser zuletzt genannte Aspekt manchmal etwas in den Hintergrund.

und weil größere Menschenmengen weniger kontrollier- und ggf. steuerbar sind als Einzelne. Diese üben als Versammlungsteilnehmer ihre Rechte selbst aus, nicht hingegen durch eine von ihnen rechtlich verschiedene Versammlung. Versammlungen sind eben keine Vereine; sie haben keine Organe, welche im Namen aller handeln und deren Handeln allen zugerechnet werden könnte. Dies begründet und begrenzt die Rechte der Beteiligten: **Versammlungen dürfen auch als Gesamtheit grundsätzlich nicht mehr, als die Beteiligten je als Einzelne dürfen.** Sie dürfen weder kollektiv fremde Sachen beschädigen noch fremde Grundstücke betreten noch den Straßenverkehr planmäßig behindern. Art. 8 GG schützt vielmehr daher das Recht,

470

– eine **Versammlung einzuberufen und abzuhalten.** Dieses Recht steht allen Deutschen – auch juristischen Personen[42] – auf jedem Grundstück zu, das dem öffentlichen Verkehr gewidmet ist. Versammlungen sind Nutzungen, die rechtlich zulässig sind. Die Versammlung darf grundsätzlich auch nicht unter Hinweis auf entgegenstehende Belange des Straßenverkehrs untersagt werden,[43] sie darf allerdings zur gleichzeitigen Ermöglichung sowohl der Versammlung als auch des gewöhnlichen Straßenverkehrs begrenzt werden.[44] Zielgerichtete Blockaden des Straßenverkehrs bzw. des Zu- oder Ausgangs von Gebäuden sind nicht per se als Nötigung (i.S.d. § 240 StGB) strafbar. Hinsichtlich sog. „Sitzblockaden" ist vielmehr abzugrenzen zwischen nicht strafbaren „symbolischen" Blockaden als Kommunikationsakt einerseits und nötigungsähnlicher Selbsthilfe andererseits, indem bestimmte Handlungen (Gestattung der Einreise, günstigere Regelungen für Speditionsunternehmen u.a.) erzwungen werden.[45]

– **Zeit, Ort und Form der Versammlung selbst zu bestimmen.** Das Bestimmungsrecht kommt Veranstaltern und ggf. Teilnehmern selbst zu; sie dürfen weder auf eine ungünstige Zeit[46] noch auf die grüne Wiese[47] abgedrängt werden. Die Versammlungsform bezieht sich etwa auf die Durchführung als Fahrradkorso, Umzug oder Sitzstreik. Ein Ausgleich ist nur mit den Bedürfnissen des Straßenverkehrs und ggf. der Anlieger zulässig.

– auf **Teilnahme an der Versammlung,** insbesondere der Anreise,[48] der Beteiligung[49] und der Abreise. Dieses Recht ist für den Ausrichter und jeden sonstigen Teilnahmewilligen geschützt. Die negative Versammlungsfreiheit, also diejenige des Fernbleibens von einer Versammlung, wird wie im Falle der Vereinigungsfreiheit[50] eher dem Art. 2 I GG zu unterstellen sein.

Art. 8 I GG enthält einen Grundrechtstatbestand, begrenzt diesen aber zugleich durch explizite **schutzbereichsimmanente Ausschlusstatbestände.**[51] Die Versammlungs-

---

42 BVerwG, NVwZ 1999, 991.
43 BVerwG, NVwZ 1989, 872; BayVGH, NJW 1984, 2116 m.w.N; s. näher *Schwerdtfeger*, Die Grenzen des Demonstrationsrechts in innerstädtischen Ballungsbereichen, 1988.
44 BVerfGE 69, 315, 353; 73, 206, 250.
45 Zur nicht immer einfachen Abgrenzung BVerfGE 73, 206, 247 ff.; 76, 211, 215; 92, 1, 14 ff.; 104, 92; *Gusy*, JZ 1995, 783.
46 BVerfG, NJW 2001, 1407, 1408.
47 BVerfGE 73, 206, 249.
48 Zur Anreisefreiheit BVerfGE 69, 315, 367 ff.; 84, 203, 209 (Anreise von Versammlungsstörern); BVerwG, NVwZ 2007, 1439, 1441 ff. (Anreise zur Versammlung im Ausland).
49 BVerfG, NVwZ 2008, 671, 672 (Skandieren von Parolen oder gemeinsames Singen); zum Tragen gemeinsamer Kleidung BVerfG, NJW 1982, 1803.
50 Dazu Rn. 450 ff.
51 Dazu allg. schon o. Rn. 450.

freiheit ist nur „**friedlich und ohne Waffen**" garantiert. Dieses Merkmal begründet keine Grundrechtsschranke, sondern begrenzt bereits den Tatbestand. Unfriedliche oder bewaffnete Versammlungen unterfallen weder dem Schutz des Art. 8 GG noch sonstiger Grundrechte, auch nicht des Art. 2 I GG.[52] Der Ausschlusstatbestand schließt also nicht nur von dem jeweiligen Grundrecht, sondern vom Grundrechtsschutz insgesamt aus.

> Vergleichbare schutzbereichsimmanente Ausschlusstatbestände finden sich etwa in Art. 4 III GG (Kriegsdienstverweigerung nur aus „Gewissensgründen") und Art. 12 III GG (Verbot der Zwangsarbeit außer bei „gerichtlich angeordneter Freiheitsentziehung"). Dagegen wird Art. 9 II GG trotz seiner Formulierung nicht als Ausschlusstatbestand, sondern als Eingriffsermächtigung verstanden.

„**Friedlich**" ist eine Versammlung, von der keine Straftaten oder unzulässige Übergriffe auf die Rechte Dritter von einigem Gewicht ausgehen (s.a. § 5 Nr. 3 VersG).[53] Dass einzelne Teilnehmer unfriedlich sind, begründet nicht die Unfriedlichkeit der gesamten Versammlung; Maßnahmen sind primär nur gegen diese Teilnehmer zulässig.[54] Anderes gilt erst, wenn die übrigen Teilnehmer sich an derartigen Taten beteiligen oder das Vorgehen der Polizei gegen die Täter behindern. „**Ohne Waffen**" finden Versammlungen statt, wenn die Teilnehmer keine gefährlichen Werkzeuge mit sich führen (s.a. § 2 III VersG). Hier gilt der Begriff der Waffe im untechnischen Sinne. Was auf gefährliche Weise eingesetzt werden kann, ist demnach eine Waffe. Dazu zählen nicht Taschentücher oder Zitronenscheiben (gegen Tränengas); problematisch sind Geräte, zu deren Mitnahme man verpflichtet ist. Sturzhelme sind jedenfalls zulässig für Personen, die mit dem Motorrad anreisen.[55]   **471**

Bezüglich der **Schranken der Versammlungsfreiheit** differenziert Art. 8 GG nach dem Ort der Versammlung. „**Unter freiem Himmel**" (Art. 8 II GG) finden sie statt, wenn sie jedermann ohne weiteres zugänglich sind und unmittelbar auf Außenstehende wirken. Typische Fälle sind Veranstaltungen auf öffentlichen Straßen, Plätzen oder Anlagen. Sie unterliegen den Schrankenregelungen des Art. 8 II GG, also dem Vorbehalt des Gesetzes.   **472**

> Die Gesetzgebungskompetenz ist seit der Verfassungsreform 2006 auf die Länder übergegangen, da das „Versammlungsrecht" aus Art. 74 I Nr. 3 GG gestrichen worden ist. Doch haben die Länder von ihrer neuen Zuständigkeit nur in Einzelfällen komplett, im Übrigen allein für Einzelfragen Gebrauch gemacht. Im Übrigen gilt das **VersG** aufgrund Art. 125a I GG fort. Es regelt die Materie weitgehend abschließend; weitere Grundrechtsschranken können sich aus den Bundes- und Landesgesetzen über befriedete Bezirke bzw. „Bannmeilen" zum Schutz von Parlamenten bzw. bestimmten Gerichten ergeben, nicht hingegen aus den allgemeinen Feiertagsgesetzen der Länder.[56] Einen Sonderfall stellen Maßnahmen dar, welche sich nicht gegen die Versammlung, sondern gegen einzelne dort geäußerte Meinungen richten. Sie greifen nicht in den Schutzbereich des Art. 8 GG, so-

---

52 BVerfGE 92, 191, 196.
53 BVerfGE 69, 315, 360; 73, 206, 250; BGH, NJW 1972, 1571, 1573.
54 BVerfGE 69, 315, 360.
55 S.a.a. OVG Münster, NVwZ 1982, 46.
56 BVerfG, NVwZ 2009, 441 ff.

fern sie nicht die Versammlung insgesamt verhindern (etwa durch das Verbot des Mottos oder des Themas insgesamt), sondern vielmehr in denjenigen des Art. 5 GG ein, wenn etwa bestimmte einzelne Reden oder Parolen untersagt werden.[57]

473   **Sonstige Versammlungen,** die nicht unter freiem Himmel stattfinden, sind solche, bei denen der Zugang und die unmittelbare Kommunikation nach außen durch bauliche Vorkehrungen, etwa Mauern, Wände und Türen limitiert sind. Es kommt also nicht auf das Vorhandensein eines Daches an. Art. 8 I GG schützt nicht davor, durch Regen nass zu werden. Maßgeblich sind vielmehr Wände nach außen; „unter freiem Himmel" findet eine Versammlung nicht statt, wenn sie in einem geschlossenen Zelt oder umbauten Innenhof abläuft.[58] §§ 5 ff. VersG nennen solche Veranstaltungen „**Versammlungen in geschlossenen Räumen**". Sie unterliegen nicht dem Einschränkungsvorbehalt des Art. 8 II GG, sondern allein den genannten schutzbereichsimmanenten Ausschlusstatbeständen und den verfassungssystematischen Schranken aus kollidierenden Grundgesetznormen, die in §§ 5 ff. VersG näher konkretisiert sind. Streitig ist dies allenfalls für Versammlungen in einem größeren Sportstadion, wo nicht nur Übergriffe auf die Rechte Anderer außerhalb des Stadions stattfinden können, sondern auch auf solche innerhalb des Stadions (etwa: „gegnerische" Sportler oder deren Anhänger). Soweit dies möglich ist, erscheint jedenfalls für Großveranstaltungen in großen Arenen die Annahme einer Veranstaltung „unter freiem Himmel" vertretbar.

474   Sämtliche Versammlungen sind nach Art. 8 I GG anmeldungs- und erlaubnisfrei. Das Recht auf Versammlung unter freiem Himmel kann nach Art. 8 II GG beschränkt werden. Dies ist im Versammlungsgesetz (VersG) geschehen. Es sieht einen **Anmeldungszwang** vor; nicht angemeldete Versammlungen sind strafbar (§ 26 Nr. 2 VersG) und können aufgelöst werden (§ 15 III VersG). Diese Einschränkung wird gegenwärtig grundsätzlich für zulässig gehalten, dagegen wäre eine Genehmigungspflicht mit Art. 8 I GG unvereinbar. Rechtsfragen entstehen allerdings hinsichtlich der **Spontanversammlung**,[59] die sich aus kurzfristigem Anlass ohne besondere vorherige Planung, öffentliche Bekanntmachung und Organisation zusammenfindet und daher gar nicht angemeldet werden kann. Für Spontanversammlungen sind Ausnahmen vom Anmeldezwang zu machen.

Spontanversammlungen „unterstehen der Gewährleistung des Art. 8 GG; versammlungsrechtliche Vorschriften sind auf sie nicht anwendbar, soweit der mit der Spontanveranstaltung verfolgte Zweck bei Einhaltung dieser Vorschriften nicht erreicht werden könnte. Ihre Anerkennung trotz Nichtbeachtung solcher Vorschriften lässt sich damit rechtfertigen, dass Art. 8 GG in seinem Absatz 1 grundsätzlich die Freiheit garantiert, sich **„ohne Anmeldung oder Erlaubnis"** zu versammeln, dass diese Freiheit zwar nach Absatz 2 für Versammlungen unter freiem Himmel auf gesetzlicher Grundlage beschränkbar ist, dass solche Beschränkungen aber die Gewährleistung des Absatzes 1 nicht gänzlich für bestimmte Typen von Veranstaltungen außer Gel-

---

57 BVerfG, NVwZ 2002, 713; zu § 130 IV StGB s. BVerfGE 124, 300.
58 §§ 5 ff. VersG nennt diese irreführend: „Versammlungen in geschlossenen Räumen". *Frowein*, NJW 1969, 1081, 1083.
59 Zur Spontanversammlung BVerfGE 69, 315, 350 ff.; *Ossenbühl*, Der Staat 1971, 53.

tung setzen dürfen, dass vielmehr diese Gewährleistung unter den genannten Voraussetzungen von der Anmeldepflicht befreit." (BVerfGE 69, 315, 350 f.).

Ist demnach die vorherige Anmeldung unmöglich, so entfällt die Anmeldepflicht. Ist **475** demgegenüber nur die Einhaltung der Anmeldefrist (48 Stunden vor der Bekanntgabe) unmöglich, so ist für eine derartige **Eilversammlung** die Anmeldung unverzüglich nachzuholen.[60]

Voraussetzung für die Anwendbarkeit der Schrankenbestimmungen ist, dass die zu **476** beurteilenden Maßnahmen eine „Beschränkung" bzw. einen **Grundrechtseingriff** darstellen. Liegen die Tatbestandsvoraussetzungen der Versammlungsfreiheit vor, so können ihre Rechtsfolgen zur Anwendung gelangen. Hier könnte sich Art. 8 GG als **Eingriffsverbot**[61] darstellen. Dieses Merkmal ist für das Verständnis der Grundrechte als Abwehrrechte von prägender Bedeutung. Dabei zählt der Begriff auch in der neueren staatsrechtlichen Dogmatik nach wie vor zu den Umstrittensten überhaupt.[62]

Dies hängt nicht zuletzt mit einer Grundfrage zusammen, die nur selten explizit gestellt wird:

– Wer der Auffassung ist, dass Grundrechtsschutz nur und ausschließlich gegen staatliche Eingriffe gewährt werden kann, wird einen weiten Eingriffsbegriff wählen, wenn er den Grundrechtsschutz effektivieren will.

– Wer demgegenüber – wie hier[63] – der Auffassung ist, dass Grundrechte auch bei anderen Maßnahmen als Eingriffen Schutz gewähren können, ist nicht notwendig auf einen weiten Eingriffsbegriff festgelegt. Hier reduziert sich die Rechtsfolge der Bejahung eines Eingriffs auf die Anwendbarkeit eines bestimmten Prüfungsschemas, welches in diesem Kapitel vorgestellt wird. Andere Grundrechtsbeeinträchtigungen sind dann nicht notwendig grundrechtsfrei, sondern unterliegen anderen rechtlichen Anforderungen.

Seine Prototypen sind staatliche **Ge- oder Verbote,** also Handlungs- bzw. Unterlas- **477** sungspflichten, welche den Menschen auferlegt werden. Dazu können generelle Verbote (etwa des Betreibens einer Lotterie durch Private), Gebote (etwa: Wehrpflicht, Schulpflicht), individuelle Untersagungen (etwa des ruhestörenden Lärms am Abend) oder aber auch die gesetzliche Unterstellung einer Handlung unter eine Genehmigungspflicht (etwa: Maklererlaubnis, Baugenehmigung) zählen. Solche Handlungen werden vom Staat durch einseitig-hoheitliche Normen (sog. „**Imperative**") angeordnet. Sie bezeichnen das engste „klassische" Eingriffskonzept, etwa i.S. eines „imperativen Eingriffsbegriffs". Aber rechtliche Pflichten können den Eingriff nicht allein ausmachen: Einzelne Grundrechtsgarantien sind schon ihrem Schutzbereich nach geradezu darauf angelegt, weniger durch Ge- bzw. Verbote als vielmehr durch faktische Handlungen beeinträchtigt zu werden.

---

60 BVerfG, NJW 1992, 890.
61 Dazu schon o. Rn. 354 ff.
62 Dazu *Bethge/Weber-Dürler*, Der Grundrechtseingriff, VVDStRL 57, S. 7/57; *Lübbe-Wolff*, Die Grundrechte als Eingriffsabwehrrechte. Struktur und Reichweite der Grundrechtsdogmatik im Bereich staatlicher Leistung, 1988, 252 ff.; *Poscher*, Grundrechte als Abwehrrechte – reflexive Regelung rechtlich geordneter Freiheit, 128 f.
63 S.o. Rn. 357 ff., 360 ff., 365 ff.

So wird das Recht auf Bewegungsfreiheit (Art. 2 II 2 GG) durch staatliche Vorladungen (= Gebot) weniger tangiert als durch die faktische Festnahme. Ähnliches gilt für die Tötung gegenüber dem Grundrecht auf Leben (Art. 2 II 1 GG), der Verletzung hinsichtlich des Rechts auf körperliche Unversehrtheit oder der faktischen Abschiebung hinsichtlich des Rechts auf Aufenthalt im Bundesgebiet (Art. 11; 2 I GG).

478 Zusammenfassend werden solche Maßnahmen so umschrieben: **Eingriffe sind staatliche Maßnahmen, welche gezielt oder unmittelbar die Beeinträchtigung einer grundrechtlich geschützten Freiheit bewirken.** Dazu zählen alle Handlungen von Trägern öffentlicher Gewalt, durch welche die Ausübung grundrechtlich garantierter Freiheiten erschwert oder unmöglich gemacht wird. Dieser **„gemischte" Eingriffsbegriff** stellt zwei Elemente nebeneinander: Das Element der Finalität, also des ziel- und zweckgerichteten Handelns, und dasjenige der „Unmittelbarkeit", also der direkten Verursachung einer Grundrechtsbeeinträchtigung durch das staatliche Handeln. Im Einzelfall muss aber nur eines der beiden Kriterien erfüllt sein.

479 **Im Vordergrund steht das Finalitätskriterium**: Findet sich eine gezielte und bezweckte Grundrechtsverkürzung, so liegt stets ein Eingriff vor. Strittig ist dies am Ehesten bei Eingriffen in den guten Ruf einer Person (Art. 2 I GG) oder eines Unternehmens durch staatliche Öffentlichkeitsarbeit. Für letztere stellt sich aber vorab die Frage, ob dieser Ruf seinerseits überhaupt grundrechtlich geschützt ist. In bestimmten Fällen reicht das Finalitätskriterium aber nicht aus und ist daher **durch das Unmittelbarkeitsmerkmal ergänzt**. Was ursprünglich am Beispiel des Art. 14 I GG entwickelt wurde, ist inzwischen auch auf andere Garantien (etwa: Grundrecht auf Leben und Gesundheit, Art. 2 II 1 GG) übertragen worden. Eingriffe müssen also grundsätzlich gezielt (= final) erfolgen. Dieses wird jedoch in bestimmten Fällen gelockert, wenn eine Maßnahme eine unmittelbare Grundrechtsbeeinträchtigung zur Folge hatte, ohne darauf gezielt zu haben. Dies kann insbesondere in zwei Fällen auftreten:

> (1) **bei in Kauf genommenen Nebenfolgen staatlicher Maßnahmen** (Beispiel: Die gesetzlich vorgeschriebene Impfung führt nicht nur zu einem Eingriff in die körperliche Integrität, sondern im Einzelfall – wie bei 0,5 Promille der Fälle zu erwarten war – zu schweren Krankheiten und damit einer Beeinträchtigung des Rechts auf Gesundheit).

> (2) im Einzelfall **bei nicht intendierten Schäden, deren Risiko bei der Durchführung zulässiger Maßnahmen begründet oder gesteigert wird**, ohne in Kauf genommen zu werden (Beispiel: Polizist P verursacht beim Streifefahren einen Unfall; trifft bei einem Warnschuss eine Fensterscheibe; zerstört bei einer zulässigen Durchsuchung versehentlich eine kostbare Vase).

Namentlich in diesen beiden Fällen wird das Unmittelbarkeitskriterium statt des Finalitätsmerkmals zur Bestimmung des Eingriffs herangezogen. Damit ist aber das Problem weniger gelöst als verschoben: Der Begriffswandel ging mit einem erheblichen Verlust an Klarheit einher. Was „unmittelbar" bzw. „mittelbar" verursacht wird, bereitet nicht nur bei Grundrechtseingriffen, sondern auch in anderen Fällen erhebliche Abgrenzungsschwierigkeiten. Hier finden sich ganz unterschiedliche, jeweils sach- bzw. grundrechtsspezifische Wertungen. Doch haben sich konkurrierende Konzepte, entweder beim Finalitätskriterium zu bleiben oder aber alle mittelbaren bzw. **„faktischen Grundrechtsbeeinträchtigungen"** in den Grundrechtsschutz einzubeziehen, nicht durchgesetzt.

Die unterschiedlichen Grundauffassungen zum Eingriffsbegriff zeigen sich in mehre- **480**
ren Fallgruppen, welche auch in jüngerer Zeit zum Teil noch umstritten sind:

(1) „**Eingriffe durch Unterlassen**" kennt das GG prinzipiell nicht. Hier kann – wenn überhaupt – nicht die grundrechtliche Abwehrdimension, sondern lediglich die aus einzelnen
Grundrechten hergeleitete **Schutzpflicht**[64] Anwendung erlangen. Ein weites Eingriffskonzept könnte hierin einen Eingriff sehen. Doch ist die Nichterfüllung einer Schutzpflicht
rechtlich von der Verletzung einer Unterlassungspflicht durchaus zu unterscheiden.

(2) Eingriffe im Zusammenhang mit staatlichen Leistungen sind in zwei Fallkonstellationen denkbar. Die **Versagung staatlicher Leistungen** kann nur dann einen Eingriff darstellen, wenn der Leistungsanspruch seinerseits grundrechtlichen Rang hat. Da Grundrechte keine Leistungsrechte sind, ist dies nach allen Auffassungen regelmäßig zu verneinen. **Bedingungen für die Vergabe staatlicher Leistungen** stellen nur dann Grundrechtseingriffe dar, wenn sie eine Freiheit beeinträchtigen, welche durch die Leistung weder begründet noch erweitert worden ist. Beispiel: Bei der Vergabe einer Subvention wurde dem
Empfänger die Auflage gemacht, dem Staat Einblick in seine Geschäftsbücher und Geschäftsräume zu ermöglichen.

(3) Die **Verletzung verfahrensrechtlicher Positionen** des Bürgers stellt nur dann einen Eingriff dar, wenn das im Einzelfall beeinträchtigte Verfahrensrecht durch ein Grundrecht
zwingend vorgeschrieben ist.[65]

(4) **Wirtschaftliche Betätigung des Staates** stellt nach Ansicht des BVerfG auch dann keinen Grundrechtseingriff dar, wenn sie zu einer Beeinträchtigung der beruflichen Chancen
privater Konkurrenten führen kann.[66] Anderes wird bisweilen bei sog. „erdrosselnder
Wirkung" der Betätigung der öffentlichen Hand diskutiert.

(5) **Staatliche Datenverarbeitung** stellt einen Grundrechtseingriff dar, wenn die Daten
personenbezogen sind,[67] wenn sie also Informationen über individualisierbare Personen
zulassen können. Dagegen fehlt allgemeinen Informationen, statistischen oder sachbezo-
genen Aussagen der Bezug zu den Rechten des Einzelnen und damit der Grundrechts-
bezug.

Äußerst umstritten ist nach wie vor die grundrechtliche Bewertung amtlicher Öffent- **481**
lichkeitsarbeit, insbesondere von behördlichen oder regierungsamtlichen **Warnungen**.[68] Grundsätzlich gilt: Auch hier liegt ein Eingriff vor, wenn die Äußerung **einzelne
Personen oder Unternehmen** in grundrechtlich geschützten Persönlichkeitsrechten **betrifft**.[69] Die amtliche Warnung vor allgemeinen Gefahren durch Produkte, Verhalten
oder Zustände ohne persönliche Nennung ihrer Urheber („Rauchen ist tödlich")
reicht dagegen nicht aus. Die Rechtsprechung bemüht sich um weitere Konkretisierung. Danach ist staatliche Öffentlichkeitsarbeit Annex ihrer allgemeinen Aufgaben:

---

64 S.o. Rn. 369 ff.
65 S. näher etwa BVerfGE 52, 380, 389 f.; 56, 216, 236; 57, 295, 320; 63, 131, 141; 78, 123, 126.
66 BVerfGE 46, 120, 137; 47, 1, 21; enger: BVerwG, NJW 1978, 1539 f.; BGH, DÖV 1974, 785
    hält hier mit Recht das UWG für eher anwendbar.
67 BVerfGE 65, 1, 41 ff.; zur Entwicklung dieser Rechtsprechung *Gusy*, VerwArch 1983, 91 ff.;
    zuletzt *Murswiek*, DVBl. 1997, 1021.
68 Neuerer Überblick bei *Gusy*, in: Hoffmann-Riem/Schmidt-Aßmann/Voßkuhle, GVwR II,
    2008, § 23 Rn. 98 ff.
69 Grundlegend *Philipp*, Staatliche Verbraucherinformationen im Umwelt- und Gesundheits-
    recht, 1989, S. 87 ff.; s.a. *Gröschner*, DVBl. 1990, 619; *Gusy*, JZ 1989, 1003, 1005.

Wer eine Aufgabe wahrnimmt, darf über sie und ihre Wahrnehmung informieren. Hinsichtlich der Grundrechtsbetroffenheit wird aber nur in Einzelfällen und dann ausschließlich bei natürlichen Personen auf eine Beeinträchtigung des Rufes oder der persönlichen Ehre abgestellt. Eher wird auf mittelbare Beeinträchtigungen von Handlungsfreiheiten oder -chancen hingewiesen: Vor wem gewarnt wird, kann weniger verkaufen (Art. 12 GG),[70] hat Nachteile bei der Religionsausübung (Art. 4 GG)[71] oder im politischen Meinungskampf (Art. 5 GG).[72] Doch ist nicht jeder Eingriff unzulässig. Vielmehr hält auch die Rechtsprechung staatliche Warnungen für zulässig, wenn

(1) die **warnende Stelle** für die Maßnahme **zuständig** war. Dabei verfährt die Rechtsprechung insbesondere zugunsten der Bundesregierung äußerst großzügig.

(2) die Warnung durch die **allgemeinen Regierungsaufgaben** (Art. 65 GG) gedeckt oder aber zum **Schutz grundrechtlicher Positionen Dritter**, insbesondere ihrer Gesundheit oder ihres Lebens, notwendig war.

(3) die Warnung inhaltlich zutraf. Dabei ist eine ex-ante-Betrachtung anzustellen.

(4) die **Warnung weder willkürlich noch inhaltlich einseitig** erging, also dem Gebot grundsätzlicher staatlicher Neutralität genügt.

482   *Bitte diskutieren Sie nun den Beispielsfall (Rn. 466).*

Im **Beispiel** stellt sich die Frage sowohl nach der Eingriffsqualität der Warnung als auch danach, in welches Grundrecht hier eingegriffen worden sein könnte. Da die Bundesregierung ihre Äußerung ausschließlich auf mögliche Verhaltensweisen der Regierung des Staates S, nicht hingegen auf das Verhalten von Veranstaltern oder Demonstranten, stützt, kommt ein Eingriff in deren persönliche Ehre oder ihren guten Ruf nicht in Betracht. Stattdessen ist eher Art. 8 GG betroffen – dass auch Deutsche an der Versammlung teilnehmen, ist im Beispiel jedenfalls nicht ausgeschlossen. Dies hängt davon ab, ob durch die Warnung die Teilnahme an der Versammlung wesentlich erschwert oder potentielle Teilnehmer von ihr abgehalten werden könnten. Dies ist im Einzelfall schwer nachzuweisen. Erscheint es im Einzelfall plausibel, wird ein Eingriff bejaht.[73]

Zur Vertiefung:

Arndt/Droege, Versammlungsfreiheit versus Sonn- und Feiertagsschutz?, NVwZ 2003, 906; *Battis/Grigoleit*, Rechtsextremistische Demonstrationen und öffentliche Ordnung – Roma locuta?, NJW 2004, 3459; *Enders*, Der Schutz der Versammlungsfreiheit, Jura 2003, 34, 103; *Geis*, Die „Eilversammlung" als Bewährungsprobe verfassungskonformer Auslegung, NVwZ 1992, 1025; *Hoffmann-Riem*, Neuere Rechtsprechung des BVerfG zur Versammlungsfreiheit, NVwZ 2002, 257; *Kersten/Meinel*, Grundrechte in privatisierten öffentlichen Räumen, JZ 2007, 1127; Dietel/Gintzel/Kniesel, Versammlungsgesetz – Gesetz über Versammlungen und Aufzüge, 16. Aufl., 2010; *Kniesel/Poscher*, Versammlungsrecht, in: Lisken/Denninger, Handbuch des Polizeirechts, 4. Aufl., 2007; *Kloepfer*, Versammlungsfreiheit, in: HStR, VII, § 164; *Laubinger/Repkewitz*, Die Versammlung in der

---

70 BVerfGE 105, 252.

71 BVerfGE 105, 279.

72 BVerfGE 113, 63, 78.

73 Zu Maßnahmen gegen Versammlungen zum Schutz außenpolitischer Belange zurückhaltend OVG Bautzen, NJ 1998, 666; Zur Warnung im Polizeirecht Überblick bei *Rachor*, in: Lisken/ Denninger, Handbuch des Polizeirechts, 4. Aufl., 2008, F 120 ff.

verfassungs- und verwaltungsgerichtlichen Rechtsprechung, VerwArch 2001, 585; *Schaefer*, Wie viel Freiheit für die Gegner der Freiheit? DÖV 2010, 379; *Waechter*, Die Vorgaben des Bundesverfassungsgerichts für das behördliche Vorgehen gegen politisch extreme Versammlungen: Maßgabe für neue Versammlungsgesetze der Länder, VerwArch 2008, 73.

II. Grundrechtsschranken

1. Überblick

Nicht jeder Grundrechtseingriff ist verfassungsrechtlich untersagt. Im Gegenteil: Schon der Text der Art. 8 II, 10 II 1, 14 I 2 GG u.a. zeigt, dass bestimmte Einschränkungen explizit zugelassen werden sollen. Das GG unterscheidet demnach zulässige von unzulässigen Eingriffen. **Unzulässige Eingriffe sind Grundrechtsverletzungen** i.S.d. Art. 19 IV; 93 I Nr. 4a GG. Nur solche Verletzungen werden durch die Freiheitsrechte als Abwehrrechte zwingend untersagt. Die Annahme jeder Grundrechtsverletzung setzt demnach eine bejahende Antwort auf zwei Fragen voraus: **483**

(1) **Liegt ein Grundrechtseingriff vor?**

(2) **Ist dieser Eingriff rechtswidrig?**

In den **Grundrechtsschranken** enthalten die Freiheitsrechte des GG Aussagen darüber, in welchen Fällen – und partiell unter welchen Voraussetzungen – ein Eingriff überhaupt zulässig sein kann.   **484**

> Die meisten Freiheitsrechte sind im Grundgesetz nicht schrankenlos normiert, vielmehr sind unterschiedliche Einschränkungsvorbehalte beigefügt. Diese begründen die Möglichkeit, individuelle Freiheit einzuschränken. Das kann etwa zu dem Zweck geschehen, Interessen der Allgemeinheit zur Geltung zu bringen[74] oder aber die Freiheit des einen zugunsten der Freiheit des anderen zu limitieren.[75] Ist Freiheit eben nicht einfach vorhanden, sondern herstellungs- und ausgestaltungsbedürftig,[76] so sind dazu auch Eingriffe in Grundrechte unumgänglich. Dazu enthalten die Schrankenbestimmungen die erforderlichen Eingriffsermächtigungen.

Jede Schrankenbestimmung steht prinzipiell im Kontext einer besonderen Freiheitsgarantie und ist auch in diesem Kontext auszulegen. **Freiheitsrecht und -schranke gehören untrennbar zusammen.** Das Grundgesetz hält demnach die Zuordnung von Grundrechtsschutz und staatlicher Sozialgestaltung, welche sich u.a. im Demokratieprinzip und in den Schrankenvorbehalten verwirklicht, selbst offen. Ob und wie der Gesetzgeber handelt, steht ihm im Rahmen der Schrankenregelungen frei. Hier ist Raum für politische Gestaltungsfreiheit. Als grundrechtsübergreifende **Sonderformen der Grundrechtsschranken** seien hier erwähnt: **485**

---

74 Etwa: BVerfGE 6, 32 ff.; 7, 198 ff.; 7, 377 ff.; 103, 293, 306.
75 Etwa: BVerfGE 7, 198 ff.; 28, 243, 264; 35, 202, 219; 88, 203, 251 ff.; 94, 1, 10 f.; 100, 271, 283.
76 S.o. Rn. 357 ff., 365 ff.

– die **Grundrechtsverwirkung** (Art. 18 GG).[77] Diese bislang nicht angewandte Bestimmung sollte ursprünglich die Aberkennung des Grundrechtsschutzes für Personen bewirken, welche die gewährten Freiheiten zum Kampf gegen die freiheitliche demokratische Grundordnung missbrauchen. Sie ist wegen ihrer restriktiven Voraussetzungen und ihres aufwendigen Verfahrens vor dem Bundesverfassungsgericht nur äußerst selten praktisch geworden und spielt in der Wirklichkeit keine Rolle.

– das **Verbot der Störung des internationalen Friedens** (Art. 26 I GG).[78] Hierzu zählen nicht nur Angriffskriege, sondern auch Vorbereitungsformen, welche auf einen Angriffskrieg gerichtet sein können. Dabei kommt Art. 26 I GG insbesondere als Schranke der Meinungs- und Versammlungsfreiheit in Betracht.[79] Bisweilen werden Maßnahmen gegen den militanten Rechtsextremismus auf diese Bestimmung gestützt. Dies entspricht auch ihrer historischen Zielsetzung.

– die **Grundrechtsschranken im Soldatenverhältnis** (Art. 17a GG). Im Soldatenverhältnis können Grundrechte eingeschränkt werden, um Zusammenleben in und Funktionsfähigkeit der Truppe zu sichern.[80] Zulässig sind nur Beschränkungen im Rahmen des Art. 17a GG und nach Maßgabe dieser Bestimmung, nicht allgemein darüber hinaus. Art. 17a GG ist nicht analog auf andere Gruppen des öffentlichen Dienstes, insbesondere Polizei oder Bundesgrenzschutz, anwendbar. Hier gilt Art. 33 V GG.

– Grundrechtsschranken im **Verteidigungsfall** (Art. 17a II GG). Sie gelten nur unter den Voraussetzungen des Art. 115a GG.

– das **Parteiverbot**[81] (Art. 21 II GG) als Spezialfall des Vereinsverbots aus Art. 9 II GG.

486   Im Übrigen sind Grundrechtsschranken den einzelnen Freiheitsbestimmungen beigefügt. Grundsätzlich können drei Typen von Freiheitseinschränkungen unterschieden werden:

– Grundrechte mit **allgemeinem Schrankenvorbehalt** (etwa: Art. 10 II 1 GG)

– Grundrechte mit **limitiertem Schrankenvorbehalt** (etwa: Art. 9 II GG)

– Grundrechte **ohne Schrankenvorbehalt** (etwa: Art. 9 III GG)

Diese Typen sollen im Folgenden näher dargestellt werden.

2.   Der allgemeine Schrankenvorbehalt – Freizügigkeit, Allgemeine Handlungsfreiheit

487   F ist als Fußballfan regelmäßiger Zuschauer bei internationalen Spielen. Bereits zweimal sind gegen ihn im Ausland Ermittlungsverfahren wegen Teilnahme an gewalttätigen Ausschreitungen eingeleitet worden. Aus einem anderen Staat wurde er nach einem Länderspiel als gefährlicher Ausländer in die Bundesrepublik abgeschoben. Vor dem nächsten Champions-League-Spiel „seines" Vereins untersagt ihm die zuständige Behörde die Ausreise in das Nachbarland, weil im Internet

---

77 Ausführlich *Dürig/Klein*, in: MD, GG, Art. 18 Rn. 1 ff.
78 Dazu *Kunze*, Der Stellenwert des Art. 26 I GG innerhalb des grundgesetzlichen Friedensgebotes, 2004.
79 Hierzu *Frank*, Abwehr völkerfriedensgefährdender Presse durch innerstaatliches Recht, 1974.
80 Dazu etwa BVerfGE 44, 197, 205.
81 S. dazu o. Rn. 103 ff.

Aufrufe zu „Kampfeinsätzen" rund um das Spiel standen. Dieses Szenario ähnelt denen vor den früheren Spielen, bei denen F aufgefallen war. F hält dies für verfassungswidrig, da er noch nie verurteilt worden sei. (nach: BVerwGE 129, 142; zum Fall Rn. 498).

Gefragt ist nach der möglichen Grundrechtsverletzung durch das Ausreiseverbot. Hier könnte gegen Art. 11 GG oder gegen Art. 2 I GG verstoßen worden sein.

> Sofern eine Maßnahme in den Schutzbereich mehrerer Grundrechte eingreifen kann, ist die Konkurrenz zwischen den jeweiligen Bestimmungen zu prüfen. Im Falle einer solchen **Grundrechtskonkurrenz** bestehen grundsätzlich zwei Möglichkeiten: Entweder ist nur ein Grundrecht anwendbar, das andere tritt zurück, oder aber alle einschlägigen Grundrechte sind nebeneinander anwendbar.

Art. 11 I GG garantiert allen **Deutschen** das Recht auf Freizügigkeit. Freizügigkeit als **Recht, den Wohn- und Aufenthaltsort frei zu bestimmen,** als die Freiheit, einen Ort (zeitweise) als Lebensmittelpunkt zu wählen oder aber an einen anderen Ort umzuziehen. Indiz dafür ist mindestens eine Übernachtung. Nicht hierzu zählt dagegen das Recht, den Aufenthaltsort zu verlassen, ohne einen anderen Lebensmittelpunkt zu wählen (s. dazu Art. 2 II GG) oder aber das Recht auf Benutzung einer bestimmten Wegstrecke oder Reiseroute (s. dazu Art. 2 I GG). Umgekehrt enthält Art. 11 I GG auch die „**negative Freizügigkeit**", also das Recht auf Verbleib am bisherigen Aufenthaltsort. Darüber hinaus garantiert er insbesondere das **Bleiberecht im Bundesgebiet.** Dies ergibt sich weniger aus allgemeinen Erwägungen über „negative Grundrechte" als vielmehr aus dem Umstand, dass Freizügigkeit auch so ausgeübt werden kann, dass man den Lebensmittelpunkt mehrfach wechselt und sodann an den ursprünglichen Aufenthaltsort zurückkehrt. Unter dieser Prämisse kann man Art. 11 I GG zugleich ein Bleiberecht entnehmen. **488**

Das Grundrecht garantiert die Freizügigkeit „im **Bundesgebiet**", welches in der Präambel des GG umschrieben ist. Wo dieses Gebiet endet, endet auch die Freizügigkeit. Daraus entnehmen Rechtsprechung und Literatur ein Recht auf freien Zug im Bundesgebiet[82] und darüber hinaus als Grundrechtsvoraussetzung die Einreise in das Bundesgebiet: Wer sich nicht in Deutschland aufhalten darf, kann hier auch keine Freizügigkeit ausüben. Art. 11 GG gewährt also den Deutschen ein **Einreiserecht, nicht** hingegen die **Auswanderungsfreiheit** oder auch nur das Ausreiserecht (s. ebenso Art. 45 EU-Grundrechtecharta). Das entspricht auch der Intention des Parlamentarischen Rates. Er wollte im Jahre 1949 unterbinden, dass ein erheblicher Teil der Bevölkerung aus der zerstörten und notleidenden Bundesrepublik auswandere. Daher beschränkte er das Freizügigkeitsrecht auf das Bundesgebiet. Somit garantiert Art. 11 I GG die Ausreisefreiheit nicht.[83] **489**

---

82 Zum Schutzbereich ausführlich *Ziekow*, Über Freizügigkeit und Aufenthalt, 1997, S. 437 ff.; *Hailbronner*, in: HStR VII, § 152 Rn. 37 ff.
83 BVerfGE 6, 32, 35; dagegen *Pernice*, in: Dreier, GG, Art. 11 Rn. 15.

Grenzüberschreitende Freizügigkeit ist hingegen für EU-Bürger in **Art. 21 AEUV** im gesamten Gemeinschaftsgebiet garantiert.[84] Die Einreise von Nicht-EU-Bürgern ist in Deutschland grundrechtlich allein unter den Voraussetzungen des Art. 16a GG geschützt,[85] im Übrigen gelten allenfalls die Garantien des Art. 2 I GG.[86]

490   Die **Schranken der Freizügigkeit** ergeben sich aus Art. 11 II GG. Die Ausweisung bzw. Abschiebung eines Deutschen aus dem Bundesgebiet würde gegen Art. 11 i.V.m. 19 II GG verstoßen. Eine Auslieferung zu Zwecken der Strafverfolgung ist allenfalls in den engen Grenzen des Art. 16 II 2 GG zulässig.[87]

491 Ist Art. 11 GG demnach auf Ausreise und Auswanderung nicht anwendbar, so kann mangels anderer, thematisch einschlägiger Spezialfreiheiten nur **Art. 2 I GG** anwendbar sein. Er garantiert allen Menschen die **freie Entfaltung der Persönlichkeit.**

> Dieser Schutzbereich war früher äußerst umstritten. Nach einer Auffassung garantiert Art. 2 I GG den „**Kernbereich der Persönlichkeit**, den der Mensch benötigt, nach seiner Wesenslage als geistig-sittliche Persönlichkeit in einer Gemeinschaft sein Menschentum im Sinne der christlich-abendländischen Kulturauffassung zu entfalten". Danach verabsolutiert das Grundrecht ein christlich-abendländisches Menschenbild, das Ziel und Rahmen der Persönlichkeitsentfaltung bestimmt. Die **Kernbereichslehre**[88] stellt also auf die Freiheit von Handlungen ab, denen persönlichkeitsprägender Gehalt oder die Bedeutung zentraler Persönlichkeitsäußerung zukommt.

Art. 2 I GG gewährleistet jedem das Recht, „seine" Persönlichkeit frei zu entfalten. Das Grundrecht normiert somit kein monistisches Menschenbild, das dem Einzelnen vorgegeben ist, sondern erkennt die Vielfalt der Persönlichkeiten an. Auch die Formulierung des Parlamentarischen Rates, nach der jeder „das Recht (hat), innerhalb der Schranken der Rechtsordnung und der guten Sitten alles zu tun, was anderen nicht schadet",[89] spricht gegen die dargestellte Auffassung, da die Wahl des endgültigen Wortlautes nur auf sprachlichen, nicht auf sachlichen Erwägungen beruhte. Daher wurde und wird der Schutzbereich des Art. 2 I GG zumeist anders verstanden.

> „Das Grundgesetz kann mit der „freien Entfaltung der Persönlichkeit" nicht nur die Entfaltung innerhalb jenes Kernbereichs der Persönlichkeit gemeint haben, der das Leben des Menschen als geistig-sittliche Person ausmacht, denn es wäre nicht verständlich, wie die Entfaltung innerhalb dieses Kernbereichs gegen das Sittengesetz, die Rechte anderer oder sogar gegen die verfassungsmäßige Ordnung seiner freiheitlichen Demokratie sollte verstoßen können. Gerade diese, dem Individuum als Mitglied der Gemeinschaft auferlegten Beschränkungen zeigen vielmehr, dass das Grundgesetz in Art. 2 I GG die Handlungsfreiheit im umfassenden Sinne meint." (BVerfGE 6, 32, 36).

---

84 Zur Gleichstellung türkischer Staatsbürger und ihrem Aufenthaltsrecht *Randelzhofer/Forsthoff*, in: Grabitz/Hilf, Das Recht der Europäischen Union, 40. EL 2009, Art. 39 EGV Rn. 85 ff.

85 Zum Begriff der „politischen Verfolgung" BVerfGE 74, 51, 54; 76, 143, 157; 80, 315, 334 f.; 91, 142, 151.

86 Dazu verneinend BVerwG, DVBl. 1986, 110 ff.; lediglich Anwendung des Verhältnismäßigkeitsprinzips und allgemeine Geltung des Rechtsstaatsprinzips BVerfGE 35, 382, 399 ff.; 87, 48, 62 ff.

87 Dazu restriktiv BVerfGE 113, 273.

88 *Peters*, Das Recht auf freie Entfaltung der Persönlichkeit, 1963, S. 49; anders, aber i.e.S. ähnlich *Grimm*, in: BVerfGE 80, 164 ff.; dagegen *Pieroth*, AöR 115 (1990), S. 33 ff.

89 Dazu JöR 1, S. 54.

Diese Lehre von der „**allgemeinen Handlungsfreiheit**" wird hier als Schutzbereich des **492**
Art. 2 I GG mit den Schranken dieses Grundrechts begründet. Neben dem Schluss
von den Schranken auf den Inhalt des Grundrechts, zieht das Gericht die zitierte Formel des Parlamentarischen Rates als Beleg für seine Auffassung heran. Als „**allgemeine Handlungsfreiheit**" schützt Art. 2 I GG demnach alle Handlungsfreiheiten im
umfassenden Sinne. **Alle Menschen dürfen im Rahmen der Gesetze tun und lassen, was
sie wollen** und wie sie es wollen. Dieses Recht wird weit verstanden. Zu ihm zählen
etwa die Vertragsfreiheit, die Teilnahme am Straßenverkehr und die Ausreise- und
Auswanderungsfreiheit, aber auch der Schutz der persönlichen Ehre, der personenbezogenen Daten und des „allgemeinen Persönlichkeitsrechts". Der Schutzbereich
reicht demnach genau so weit wie die Zahl potentieller Handlungsalternativen und
Rechtsgüter der Menschen. Folglich lässt sich der Schutzbereich des Grundrechts
positiv nicht abschließend bestimmen.[90]

Die allgemeine Handlungsfreiheit tritt in solchen Bereichen, in denen der Schutz- **493**
bereich von Spezialfreiheitsrechten tangiert wird (etwa: Versammlungen im Rahmen
des Art. 8 GG, Berufstätigkeit im Rahmen des Art. 12 GG) in **Konkurrenz** zu jenen
Grundrechtsbestimmungen. Zu dieser Konkurrenz meint das Bundesverfassungsgericht:

> „Neben der allgemeinen Handlungsfreiheit, die Art. 2 I GG gewährleistet, hat das Grund-
> gesetz die Freiheit menschlicher Betätigung für bestimmte Lebensbereiche, die nach den
> geschichtlichen Erfahrungen dem Zugriff der öffentlichen Gewalt besonders ausgesetzt
> sind, durch besondere Grundrechtsbestimmungen geschützt; bei ihnen hat die Verfassung
> durch abgestufte Gesetzesvorbehalte abgegrenzt, in welchem Umfang in den jeweiligen
> Grundrechtsbereich eingegriffen werden kann. Soweit nicht solche besonderen Lebens-
> bereiche grundrechtlich geschützt sind, kann sich der Einzelne bei Eingriffen der öffent-
> lichen Gewalt in seine Freiheit auf Art. 2 I GG berufen." (BVerfGE 6, 32, 37).

Art. 2 I GG tritt hinter die Spezialfreiheitsrechte zurück. Die **allgemeine Handlungsfreiheit ist subsidiär.** Soweit eine Maßnahme in den Schutzbereich eines besonderen
Freiheitsrechts eingreift, ist Art. 2 I GG daneben nicht anwendbar. Im Anwendungsbereich der Spezialgrundrechte kann ein Grundrecht nicht gegen die allgemeine
Handlungsfreiheit verstoßen und darf daher auch nicht an ihr geprüft werden.

> Insbesondere kann eine staatliche Freiheitsbeschränkung nicht „in jedem Falle gegen
> Art. 2 I GG verstoßen". Dies kann sie vielmehr nur in bestimmten Fällen, nämlich dann,
> wenn keine spezielleren und daher vorrangigen Grundrechtsgarantien einschlägig und da-
> her anzuwenden sind.

Nur, aber auch immer dann, wenn kein Spezialfreiheitsrecht tangiert ist, bietet Art. 2 I
GG Grundrechtsschutz. Danach statuiert das Grundgesetz ein geschlossenes „**System" der Freiheitsrechte:** Gegen jeden staatlichen Eingriff wird Grundrechtsschutz gewährt, entweder durch ein Spezialfreiheitsrecht oder durch den subsidiären Art. 2 I
GG. In diesem Grundrechtssystem ist Art. 2 I GG ein „**Auffanggrundrecht**", welches
alle Freiheiten schützt, die durch kein anderes Freiheitsrecht verbürgt werden.[91]

---

90 Systematik nach *Scholz*, AöR 100 (1975), 80, 265.
91 Dazu BVerfGE 6, 32, 37; 30, 292, 335 f.; 58, 358, 363; 83, 182, 194; 95, 173, 188; 101, 106, 121.

494 Dieser weite Schutzbereich gilt allerdings lediglich im Rahmen der **Grundrechtsschranken**, wie sie im Text des Art. 2 I GG niedergelegt sind. Art. 2 I GG normiert drei Schranken: die „Rechte anderer", die „verfassungsmäßige Ordnung" und das „Sittengesetz". Von größter praktischer Bedeutung unter ihnen ist die **„verfassungsmäßige Ordnung"**.

> „Wird [...] in Art. 2 I GG mit der freien Entfaltung der Persönlichkeit die allgemeine Handlungsfreiheit gewährleistet, die – soweit sie nicht Rechte anderer verletzt oder gegen das Sittengesetz verstößt – nur an die verfassungsmäßige Ordnung gebunden ist, so kann unter diesem Begriff nur die **allgemeine Rechtsordnung** verstanden werden, **die die materiellen und formellen Normen der Verfassung zu beachten hat,** also eine verfassungsmäßige Rechtsordnung sein muss." (BVerfGE 6, 32, 37 f.).

Zur verfassungsmäßigen Ordnung zählt somit jedes **formell und materiell verfassungsmäßige Gesetz;** also jedes Gesetz, welches die formellen und materiellen Anforderungen des Grundgesetzes für Grundrechtseinschränkungen erfüllt. Diese Anforderungen ergeben sich nicht aus Art. 2 I GG selbst, sondern aus den übrigen Normen der Verfassung. Dieses Verständnis relativiert und reduziert den Anwendungsbereich der anderen Schrankenbestimmungen des Grundrechts. Da auch die **„Rechte anderer"** stets durch Gesetz begründet sein müssen, erlangen sie als Schranke des Art. 2 I GG keine eigenständige Bedeutung. Das „Sittengesetz" hat daneben faktisch jede Relevanz verloren.

495 Grundrechtseingriffe dürfen wegen des Gesetzesvorbehaltes[92] nur durch oder aufgrund eines Gesetzes vorgenommen werden; sonstige Eingriffe sind unzulässig. Der **allgemeine Schrankenvorbehalt** des Art. 2 I GG **stellt selbst an den Inhalt oder das Ziel der einschränkenden Gesetze keine besonderen Anforderungen.** Er ist insoweit mit anderen grundgesetzlichen Schrankenbestimmungen vergleichbar, namentlich den in Art. 2 II 3; 8 II; 10 II 1 und 12 I 2 GG. Diese Bestimmungen selbst legen dem Gesetzgeber demnach keine eigenständigen Grenzen bei der Grundrechtseinschränkung auf; sie enthalten am ehesten Verweisungen auf die allgemeinen Anforderungen anderer Verfassungsnormen. Erforderlich ist also allein, dass die grundrechtsbeschränkenden Gesetze und die auf sie gestützten sonstigen Eingriffe formell wie materiell verfassungsmäßig sind. Der Einzelne hat somit ein Recht auf **Freiheit von unberechtigten, weil nicht verfassungsmäßigen staatlichen Eingriffen.**

> **Verfahrensrechtlich** bedeutet das: Jedermann kann im Wege gerichtlicher Klage (Art. 19 IV 1 GG) oder subsidiär der **Verfassungsbeschwerde** (Art. 93 I Nr. 4a GG) geltend machen, ein seine Handlungsfreiheit beschränkendes Gesetz gehöre nicht zur verfassungsmäßigen Ordnung, weil es (formell oder materiell) gegen einzelne Verfassungsbestimmungen oder allgemeine Verfassungsgrundsätze verstoße; deshalb werde sein Grundrecht aus Art. 2 I GG verletzt.

496 Diese weite Auslegung der „verfassungsmäßigen Ordnung" bedeutet keineswegs, dass jedes beliebige Gesetz Art. 2 I GG rechtmäßig einschränken könnte. Dann liefe dieses Grundrecht leer, da es vor gesetzlichen Beschränkungen keinen Schutz bieten würde.

---

92 Dazu o. Rn. 246 ff.

„Gesetze sind nicht schon dann „verfassungsmäßig", wenn sie formell ordnungsgemäß
ergangen sind. Sie müssen auch materiell in Einklang mit den obersten Grundwerten der
freiheitlichen demokratischen Grundordnung als der verfassungsrechtlichen Wertordnung stehen, aber auch den ungeschriebenen elementaren Verfassungsgrundsätzen und
den Grundentscheidungen des GG entsprechen, vornehmlich dem Prinzip der Rechtsstaatlichkeit und dem Sozialstaatsprinzip. Vor allem dürfen die Gesetze daher die Würde
des Menschen nicht verletzen, die im GG der oberste Wert ist, aber auch die geistige, politische und wirtschaftliche Freiheit des Menschen nicht so einschränken, dass sie in ihrem
Wesensgehalt angetastet würde (Art. 19 II; 1 III; 2 I GG). Hieraus ergibt sich, dass dem
einzelnen Bürger eine Sphäre privater Lebensgestaltung verfassungsmäßig vorbehalten
ist, also ein letzter unantastbarer Bereich menschlicher Freiheit besteht, der der Einwirkung der gesamten öffentlichen Gewalt entzogen ist. Ein Gesetz, das in ihn eingreifen
würde, könnte nie Bestandteil der verfassungsmäßigen Ordnung sein." (BVerfGE 6, 32,
40 f.).

Das Bundesverfassungsgericht konkretisiert hier ansatzweise die inhaltlichen Anfor- **497**
derungen an solche Gesetze, die in Art. 2 I GG eingreifen. Dabei neigt es zu einer dif-
ferenzierenden Sicht:

– **Je eher der Eingriff die „Sphäre privater Lebensgestaltung" betrifft, desto strengeren
  Bindungen unterliegt das Gesetz.** Der maßgebliche Grund hierfür liegt darin, dass
  Handlungen in der Privatsphäre nur selten rechtlich relevante Belange Anderer
  oder der Allgemeinheit berühren. Solche Belange Dritter können daher auch
  Grundrechtseinschränkungen kaum je rechtfertigen. Das gilt etwa für die Privat-
  sphäre, namentlich die Intimsphäre; das Führen von Tagebüchern und die „Inte-
  grität und Vertraulichkeit informationstechnischer Systeme". Der **„Kernbereich der
  Privatsphäre"** gilt sogar als **„unantastbar".**[93]

– **Je stärker der Eingriff Handlungen mit Sozialbezug betrifft, desto geringer sind die
  verfassungsrechtlichen Voraussetzungen.**[94] Hier, namentlich bei wirtschaftlich relevanten Tätigkeiten, können eher Belange der Allgemeinheit oder Dritter berührt
  sein. Zu deren Schutz können dann Grundrechtsbeschränkungen sinnvoll oder gar
  notwendig sein. Dies gilt etwa bei Handlungen im (wirtschaftlichen) Wettbewerb,
  bei gewerblicher Verarbeitung von Daten oder für Dritte, bei nachteiligen Folgen
  individueller Betätigung für Umwelt, Natur, Gesundheit oder die rechtlich verfasste staatliche Ordnung.

*Bitte diskutieren Sie nun den **Beispielsfall** (Rn. 487).* **498**

Das regelmäßig auf § 7 PassG gestützte Ausreiseverbot ist grundrechtlich hinsichtlich der
Ausreisefreiheit relevant und greift daher in Art. 2 I GG ein. Demnach kommt es darauf
an, ob eine hinreichend spezielle Rechtsgrundlage mit befugnisbegrenzenden Tatbe-
standselementen gilt. Dies ist für das PassG vielfach bejaht worden. Hinsichtlich der
maßgeblichen Gefahrenprognose im Einzelfall ist darauf abzustellen, ob mit hinreichender Wahrscheinlichkeit belegt ist, dass der Kläger sich bei der Veranstaltungsteilnahme
an gewalttätigen Ausschreitungen beteiligen wird. Dabei wird sowohl auf den Charakter
der Veranstaltung einschließlich ihrer öffentlichen Ankündigung im Internet wie auch auf
das Verhalten der einzelnen potentiellen Teilnehmer abgestellt. Auf die Frage einer

---

93 BVerfGE 34, 238, 245; 80, 367, 374; 109, 279, 317.
94 Grundlegend hierzu *Scholz*, AöR 100 (1975), 80, 265.

rechtskräftigen Verurteilung kommt es dafür nicht an. Im Beispiel sprechen starke Indizien für und keine gegen die Zulässigkeit des Ausreiseverbots. (BVerwGE 129, 142, 148 f.).

Zur Vertiefung:

Zu den Grundrechtsschranken:

Kube, Einzelfragen zur Rechtmäßigkeitsprüfung von Grundrechtsschranken, JuS 2003, S. 461; *Lerche*, Grundrechtsschranken, in: HStR V, 2. Aufl., 1992, § 122; *Pecher*, Verfassungsimmanente Schranken von Grundrechten, 2002; *Tiedemann*, Von den Schranken des allgemeinen Persönlichkeitsrecht, DÖV 2003, S. 74; *Winkler*, Kollision verfassungsrechtlicher Schutznormen – zur Dogmatik der „verfassungsimmanenten" Grundrechtsschranken, 2000.

Zu Art. 2 I GG:

Allgemeine Handlungsfreiheit:

Cornils, Allgemeine Handlungsfreiheit, in: HStR VII, § 168; *Scholz*, AöR 100 (1975), 80; 265; *Degenhart*, Die allgemeine Handlungsfreiheit des Art. 2 I GG, JuS 1990, 161; *Kahl*, Grundfälle zu Art. 2 I GG, JuS 2008, S. 595; *ders.*, Die Schutzergänzungsfunktion von Art. 2 Abs. 1 Grundgesetz, 2000; *Duttge*, Freiheit für alle oder allgemeine Handlungsfreiheit, NJW 1997, 3353; *Kukk*, Verfassungsgeschichtliche Aspekte zum Grundrecht der allgemeinen Handlungsfreiheit (Art. 2 Abs. 1 GG), 2000; *Poscher*, Grundrechte als Abwehrrechte, 2003.

Das Allgemeine Persönlichkeitsrecht:

Jarass, Das allgemeine Persönlichkeitsrecht im Grundgesetz, NJW 1989, 857; *Kutscha*, Mehr Datenschutz – aber wie?, ZRP, 2010, 112; *Lücke*, Die spezifischen Schranken des allgemeinen Persönlichkeitsrechts und ihre Geltung für vorbehaltlose Grundrechte, DÖV 2002, S. 93; *Placzek*, Allgemeines Persönlichkeitsrecht und privatrechtlicher Informations- und Datenschutz, 2006; *Stender-Vorwachs*, Veröffentlichung von Fotos minderjähriger Kinder von Prominenten, NJW 2010, 1414; *Zöller*, Informationssysteme und Vorfeldmaßnahmen von Polizei, Staatsanwaltschaft und Nachrichtendiensten, 2002, S. 25 ff.

3. Der limitierte Schrankenvorbehalt – Meinungsfreiheit

499 Die Z-Zeitschrift enthält überwiegend illustrierte Reportagen über das Leben der Reichen und Schönen. In ihrer letzten Ausgabe berichtete sie über eine Prominente, welche beim Shopping mit ihren Kindern gezeigt wurde. Im Text wurde berichtet, dass in Krisenzeiten auch die Reichen sparen müssen. P und ihre Kinder fühlen sich durch die Veröffentlichung in ihrer Privatsphäre verletzt und fordern unter Berufung auf die §§ 1004, 823 BGB Unterlassung. (nach: BVerfGE 120, 180; EGMR NJW 2004, 2647; zum Fall Rn. 517).

Der Unterlassungsanspruch ist begründet, wenn Z das als „sonstiges Recht" geschützte allgemeine Persönlichkeitsrecht rechtswidrig missachtet, also verletzt hat (§§ 823 I, 1004 I BGB). Die Äußerung der Z könnte jedoch rechtmäßig sein, wenn sie durch deren Grundrechte geschützt ist. Hier kommt namentlich der Schutz der **Meinungs- und Pressefreiheit** (Art. 5 I 1, 2 GG) in Betracht. Grundsätzlich verleihen Grundrechte nur subjektive Rechte gegen den Staat. Die Staatsgerichtheit der

Grundrechte findet ihre Grundlage in Art. 1 III GG. Danach binden die Grundrechte „Gesetzgebung, vollziehende Gewalt und Rechtsprechung". Von einer weitergehenden Bindung Privater findet sich dort nichts. Doch schließt die Norm umgekehrt Grundrechtswirkungen auch gegenüber Privaten nicht aus.

Nach der älteren Lehre von der **„mittelbaren Drittwirkung"** der Grundrechte wirken diese als „objektive Werte" auch gegenüber Dritten, indem sie mittelbar die Auslegung des Bürgerlichen Rechts prägen („Ausstrahlungsfunktion" der Werte).[95] Dem entspricht gegenwärtig die Auffassung von den Grundrechten als **Schutzpflichten**, welche gegenüber dem Staat Handlungspflichten zum Schutz von Grundrechten gegen Übergriffe Dritter begründen.[96] Solche Pflichten können durch Gesetzgebung, Vollziehung und Rechtsprechung – im Rahmen ihrer jeweiligen Aufgaben und des geltenden Rechts – wahrgenommen werden. **500**

Art. 5 I 1 GG garantiert die Freiheit der Meinungsäußerung. **Meinung** ist jede **Mitteilung von Tatsachen oder Werturteilen.** Während dies für Letztere unstreitig ist, soll es für Erstere jedenfalls dann gelten, wenn die Information als Grundlage oder im Zusammenhang mit Wertungen übermittelt wird oder einen Beitrag zur Bildung der öffentlichen Meinung leisten kann. Der so verstandene Schutzbereich wird weit ausgelegt und soll grundsätzlich wahre und unwahre, „wertvolle" und „wertlose", politische und unpolitische Äußerungen umfassen. Dies gilt auch unabhängig von der politischen Tendenz einer Äußerung in Übereinstimmung oder im Gegensatz zu zentralen Wertentscheidungen des Grundgesetzes (s. dazu einerseits Art. 18 GG, andererseits etwas enger Art. 17 EMRK).[97] Meinungen sind allerdings nur geschützt als Medium geistiger Wirkungen auf die Umwelt. Weder rechtfertigt Meinungsfreiheit die Anwendung oder Androhung von Gewalt noch wirtschaftlichen Boykott.[98] **501**

Faktisch ist die Meinungsfreiheit immer die Freiheit der abweichenden Meinung. Aus der so garantierten Freiheit der Vielzahl öffentlicher und privater Meinungsäußerungen ergibt sich die pluralistische **öffentliche Meinung,** die aber selbst keine eigene Meinung, sondern eine Resultante individueller Meinungen ist. Sie ist im pluralistischen Gemeinwesen regelmäßig vielschichtig und differenziert. Meinungsfreiheit und -vielfalt ist hier zugleich eine der zentralen Grundlagen der Demokratie, welche eben nicht nur staatsorganisatorisch, sondern auch grundrechtlich gesichert ist. **Freiheit und Gleichheit sind** eben nicht nur Grenzen, sondern vor allem **die rechtliche Basis der demokratischen Staatsform.** Umgekehrt ist die Demokratie mit ihrer offenen Mehrheits-, Minderheits- und Kompromisssuche sowie dem gewaltenteilenden System von checks and balances in besonderer Weise geeignet, Grundrechte zu sichern und zu beachten.

Medien der Meinungsfreiheit sind die – weit auszulegenden – Formen von **Wort, Schrift** und **Bild**. Zur Meinungsäußerung gehört so auch die „Ein-Mann-Demonstration" mit Plakaten oder sonstigen Medien. Sie ist nach Art. 5 I GG, nicht nach Art. 8 I GG geschützt. **502**

---

95 Grundlegend BVerfGE 7, 198, 204 ff.
96 S. dazu o. Rn. 370 ff.
97 Dazu am Beispiel der sog. „Auschwitz-Lüge" zur EMRK EGMR, Beschl. v. 13.12.2005 – Nr. 7485/03. Zum GG BVerfGE 90, 241, 247; s.a. BVerfGE 124, 300, 331.
98 BVerfGE 25, 256, 264 f.

503 Komplementärgarantie zur Meinungsfreiheit ist die **Informationsfreiheit.** Garantiert
die eine die Kundgabe von Meinungen, so verbürgt die andere die Kenntnisnahme
von Meinungen. Allerdings bezieht sich das Recht, sich zu informieren, nur auf „allgemein zugängliche Quellen". Dies sind Quellen, die bestimmt und technisch geeignet
sind, der Allgemeinheit Informationen zu verschaffen.[99] Voraussetzung ist also, dass
die Quelle zugänglich ist; es existiert kein Grundrecht, die Quelle erst zugänglich zu
machen. Ein Auskunfts- oder Akteneinsichtsrecht (sog. Informationszugangsrecht,
„freedom of information") wird aus dieser Garantie nur vereinzelt hergeleitet. Es findet seine Begründung und Ausgestaltung eher in den Informationsfreiheitsgesetzen
(IFG) von Bund und Ländern.[100]

> Für die öffentliche Zugänglichkeit nicht maßgeblich ist insbesondere die Herkunft der
> Quelle aus dem In- oder Ausland. Neben Zeitungen, Rundfunk, Flugblättern, Anschlä-
> gen an Plakatsäulen und Ausstellungen zählen hierzu auch ausländische Rundfunk-
> sendungen oder Zeitungen aus dem Ausland. Deren Abhören oder Import darf nicht be-
> einträchtigt werden. Dieser Ausprägung kommt durch die Satellitenkommunikation
> gesteigerte Bedeutung zu.

504 Die **Pressefreiheit** (Art. 5 I 2 GG) umfasst die **Herstellung und Verbreitung von
Druckerzeugnissen.** Nicht maßgeblich ist der Inhalt des Erzeugnisses: Geschützt sind
redaktionelle und Anzeigenteile[101] bei Zeitungen, Büchern, Flugblättern, Plakaten
und Handzetteln. Maßgebliches Kriterium zur Abgrenzung von neuen Medien ist das
Mittel der Verbreitung: Was auf elektronische Weise verbreitet wird, ist Rundfunk
oder Fernmeldeverkehr (Telekommunikation); was auf sonstige Weise verbreitet
wird, ist Presse.[102] **Träger der Pressefreiheit** sind Presseunternehmer und Journalisten.
Die Rechtsbeziehungen zwischen diesen werden durch das Arbeitsrecht geregelt, das
die dabei auftretenden Kollisionen zugunsten des Verlegers löst. Demnach sollen Direktionsrecht des Arbeitgebers und Beschränkungen der Mitbestimmung in Presseunternehmen aus Art. 5 I GG gerechtfertigt sein.[103] Art. 5 I GG schützt:

505   – die **Informationserlangung (Recherchefreiheit) durch die Presse.** Was die Presse an Informationen zu erlangen sucht, erfolgt in Wahrnehmung berechtigter Belange.[104] Diesem Schutz kommt für Pressefotos nach § 23 KUG Drittwirkung zu.[105]

 – das **Redaktionsgeheimnis.** Dieses lässt Durchsuchungen von Presseorganen oder das
Abhören der Telefone von Journalisten[106] nur in Ausnahmefällen zu.[107] Pressean-

---

99 BVerfGE 27, 71, 81 ff.; s.a. BVerfGE 15, 288, 295; 18, 310, 315; 27, 104, 109 f.; 33, 52, 65 ff.
100 Dazu *Schoch*, in: Informationsfreiheitsgesetz, 2002, § 1 Rn. 15 ff.
101 BVerfGE 21, 271, 278; 64, 108, 114.
102 *Erdemir*, in: Spindler/Schuster, Recht der elektronischen Medien, 2008, § 2 JMStV Rn. 5 f.;
    Scherer, NJW 1983, 1832 ff. m.w.N.
103 Zum „Tendenzschutz" BVerfGE 21, 271, 278; 37, 84, 91; 42, 53, 63; 48, 271, 278; 52, 283,
    301.
104 Zu den Grenzen BVerfGE 66, 116, 133 ff.: Das Einschleichen in eine Redaktion unter
    falscher Identität ist unzulässig.
105 Dazu BVerfGE 120, 180, 213.
106 Dazu BVerfGE 20, 162, 176; 64, 108, 114 f.; 66, 116, 131 ff.; BVerfG, NJW 1990, 701, 702.
107 BVerfGE 20, 162, 176 ff.; BVerfG, NJW 1992, 815 f.

gehörigen steht vor Gericht grundsätzlich ein Zeugnisverweigerungsrecht über Vorgänge zu, die dem Redaktionsgeheimnis unterliegen.[108]

– die **Freiheit der Berichterstattung**, Kommentierung und Aufmachung der Artikel durch die Presse. Dazu zählen namentlich die Auswahl der Nachrichten, die Meinungsfreiheit hinsichtlich ihrer Bewertung und die Form der Präsentation (Schlagzeile, Innenteil) durch Wort, Schrift und Bild.

– die **Herstellung, Verbreitung und der Vertrieb von Presseerzeugnissen**. Nicht hierzu zählt allerdings das Recht auf ermäßigte Postgebühren.[109]

– die **Eröffnung und den Betrieb von Presseunternehmen**. Der Betrieb ist frei, ein Anspruch auf staatliche Hilfe besteht nicht. Die Subventionierung von Presseunternehmen unterliegt dem Gesetzesvorbehalt.[110] Ob wegen der zunehmenden Pressekonzentration Maßnahmen zur Erhaltung der Pressevielfalt erfolgen können, ist überaus umstritten. Unzulässig sind Auflagenlimitierungen für Presseorgane; die Unterstellung der Presse unter das geltende Wettbewerbsrecht einschließlich der Wettbewerbsaufsicht ist zulässig.

– den freien Zugang zu Presseberufen.

Neben der Pressefreiheit garantiert Art. 5 I 2 GG die **Freiheit der Berichterstattung durch Rundfunk**. Diese sog. „Rundfunkfreiheit"[111] betrifft die **Verbreitung von Kommunikation an einen unbestimmten Personenkreis in elektronischer Form**, also wellen- oder kabelgestützt. Das Grundrecht ist zunächst aus sich selbst und nicht primär aus der „freiheitlichen Kommunikationsverfassung des Grundgesetzes" auszulegen. Danach unterscheidet es sich nicht nur textlich, sondern auch sinngemäß von der zuvor dargestellten anderen Medienfreiheit, nämlich derjenigen der Presse. Dem Wortlaut und der Entstehungsgeschichte des Rundfunkgrundrechts lässt sich jedenfalls nicht entnehmen, dass sämtliche der genannten Einzelfreiheiten des Pressegrundrechts auch auf den Rundfunk unmittelbar anwendbar sein sollen oder können. Ausgangspunkt hat dabei zu sein, dass der Parlamentarische Rat in Art. 5 I 2 GG nur die Berichterstattung, nicht den Betrieb von Rundfunkanstalten geregelt hat und regeln wollte. Weder gebietet noch verbietet Art. 5 I 2 GG den öffentlich-rechtlichen oder den Privatrundfunk. Die Entscheidung sollte vielmehr dem Gesetzgeber überantwortet bleiben.[112] Der Gesetzgeber hat sich – mit Billigung der Rechtsprechung[113] – für eine **duale Rundfunkordnung** entschieden. Sie basiert auf einem Nebeneinander von privaten und öffentlich-rechtlichen Rundfunkveranstaltern. Danach gilt:

506

– Die zugelassenen privaten Rundfunk- und Fernsehbetreiber genießen die Unternehmensfreiheit (Art. 12 GG) und die Rundfunkfreiheit im Umfang des Art. 5 I 2 GG. Ihre Zulassung und ihr Betrieb sind gesetzlich zu regeln.[114] Dabei ist darauf zu achten,

507

---

108 BVerfGE 20, 162, 176 ff.; 36, 193, 204; 77, 65, 82. Zur Beschlagnahme BVerfGE 77, 65, 78 ff.

109 BVerwGE 78, 184, 186 ff.

110 OVG Berlin, NJW 1975, 1938.

111 Zu ihr *Starck*, in: vMKS, GG, Art. 5 Rn. 94 ff.; *Thum*, DÖV 2008, 653.

112 *Wieland*, Der Staat 1981, 97, 118.

113 BVerfGE 12, 205, 226; 31, 314, 325; 74, 297, 351 ff.; 83, 238, 302; 87, 181, 201; 90, 60, 87; 91, 125, 134; 103, 44, 59.

114 BVerfGE 57, 295, 319.

dass zwischen den Anbietern Wettbewerb möglich bleibt, welcher eine Vielzahl unterschiedlicher Auffassungen in den unterschiedlichen Anstalten und Redaktionen ermöglicht. So soll Dualismus durch Konkurrenz zwischen Veranstaltern (**„Außenpluralismus"**) entstehen. Die Ausgestaltung und Einhaltung dieser Regeln wird von besonderen Behörden (Landesmedienanstalten) reguliert und beaufsichtigt.

508
– **Öffentlich-rechtliche Rundfunkanstalten**[115] sind neben den Privaten grundsätzlich zulässig. Sie haben einen eigenständigen Auftrag der rundfunkmäßigen **„Grundversorgung"** an Nachrichten, Informations-[116] und Kulturangeboten, welcher zwar nicht die Auffassungen, wohl aber einzelne Gegenstände ihrer Sendungen rahmenartig vorgibt. Doch sind die Anstalten darauf nicht beschränkt. Unterhaltung zählt auch zur Grundversorgung; es gibt für sie auch keine Pflicht zur Langeweile. Die Freiheit der Berichterstattung betrifft auch die Wahl des Mediums: Aktivitäten der Rundfunkanstalten im Internet sind also gleichfalls grundrechtlich geschützt. Die Anstalten müssen **rechtlich und politisch unabhängig sein**; dürfen insbesondere weder staats- noch parteinah sein. Die Zusammensetzung ihrer Aufsichtsgremien muss eine entsprechende Eigenständigkeit garantieren. Zudem ist sicherzustellen, dass in den einzelnen Anstalten unterschiedliche Auffassungen zu Worte kommen, um so einen internen Pluralismus (**„Binnenpluralismus"**) zu garantieren. Wegen ihrer besonderen Aufgaben haben die öffentlich-rechtlichen Anstalten Anspruch auf eine ausreichende staatliche Finanzierungsgarantie.[117]

509 Das **Zensurverbot** des Art. 5 I 3 GG ist eine verfahrensrechtliche Stärkung aller Teilfreiheiten des Art. 5 I GG, insbesondere für Druckwerke, Presse- und Rundfunk. Sie bezieht sich allein auf die **Vorzensur,**[118] enthält also ein Verbot von Genehmigungspflichten vor der Veröffentlichung.[119] Eine nachträgliche Prüfung, ob die Meinungsäußerung mit dem Grundrecht des Art. 5 I GG und seinen Schranken in Art. 5 II GG vereinbar war, ist zulässig. Andernfalls wären die Schranken des Art. 5 II GG undurchsetzbar.

510 Alle Grundrechte des Art. 5 I 1, 2 GG unterliegen nach Art. 5 II GG drei **Schranken:** den „allgemeinen Gesetzen", dem „Schutz der Jugend" und der „persönlichen Ehre". Anders als etwa in Art. 2 I und Art. 10 I GG vermag somit nicht jedes formell und materiell verfassungsmäßige Gesetz die Meinungsfreiheit einzuschränken, sondern nur ein Gesetz, das nach Inhalt oder Zweck bestimmte qualifizierte Voraussetzungen erfüllt. Da ein solcher Gesetzesvorbehalt enger ist als der allgemeine Gesetzesvorbehalt, wird er **„limitierter Gesetzesvorbehalt"** genannt. Außer in Art. 5 II GG finden sich solche Schrankenbestimmungen auch in Art. 6 III; 9 II; 13 II, VII; 16 I 2, 19 IV 3 i.V.m. 10 II 2; 104 II GG. Dabei normieren einige Bestimmungen besondere materiellrechtliche Eingriffsgrenzen (etwa: Art. 11 II, 13 VII GG), andere spezifische verfahrensrechtliche Eingriffsvoraussetzungen (etwa: Art. 13 II, 104 II GG).

---

115 Zu diesen BVerfGE 12, 205, 260 ff.; 31, 314, 322; 59, 231, 257 ff.; 73, 118, 152; 74, 297, 323.

116 Zum Recht auf Kurzinformation BVerfGE 97, 228.

117 BVerfGE 74, 297, 342. Zu den nicht immer unumstrittenen Einzelheiten BVerfGE 90, 60, 87 ff. Die Begründung relativiert allerdings in zu hohem Maße die besondere Legitimation und den daraus folgenden Gestaltungsauftrag des Parlaments.

118 BVerfGE 33, 52, 71 ff.; näher *Nessel*, Das grundgesetzliche Zensurverbot, 2003.

119 Zum Jugendschutz und der Indizierung BVerfGE 7, 320 ff.; 83, 130, 152 f.; 87, 209; 90, 1, 16 ff.

Die Schranke des **Jugendschutzes**[120] betrifft in der Gegenwart weniger die früher besonders umstrittenen Publikationen über Themen mit sexuellem Inhalt oder Bezug als vielmehr die Verherrlichung, Verharmlosung oder Beschönigung von Gewalt. Sie rechtfertigt eher bestimmte Verbreitungs- oder Vertriebsbeschränkungen – eben nicht an Kinder und Jugendliche – und nur im äußersten Fall das Verbot von Meinungsäußerungen oder Publikationen.

511

Die Schranke der **persönlichen Ehre**[121] – sie ist grundrechtlich sowohl in Art. 5 II GG als auch in Art. 2 I GG als Ausprägung des Allgemeinen Persönlichkeitsrechts geschützt – ist ungeachtet der langen Tradition des straf- und zivilrechtlichen Schutzes vor Beleidigung, übler Nachrede und Verleumdung (§§ 185 ff. StGB, 823 BGB) keineswegs geklärt. Im Gegenteil: Seit die Meinungs- und Pressefreiheit in der Praxis der Rechtsprechung angekommen und angenommen ist, hat sich eine gewisse Ambivalenz eingestellt. Der Grund hierfür liegt in dem Umstand, dass zwar einerseits die Ehre durch Meinungsäußerungen beeinträchtigt werden kann. Andererseits ist sie aber – namentlich, aber nicht nur bei „Prominenten" und Personen von öffentlichem Interesse – ganz wesentlich auch durch die Meinungsfreiheit konstituiert: **Guter Ruf und Ehre sind im sozialen Kontext nichts anderes als Folge der Ansichten Anderer über eine Person.** Die Bildung und Artikulation dieser Ansichten steht aber in der Freiheit derer, die sie haben; nicht in derjenigen der Person, auf welche sie sich beziehen. Am Beispiel: Wer als Politiker in der Öffentlichkeit das Bild als Familienmensch pflegt, muss damit rechnen, dass die Presse über sein Familienleben einschließlich dessen Vor- und Nachteile recherchiert und ggf. berichtet. Ähnliches gilt für andere Inszenierungen (als Bischof und Hüter der Moral; als Filmstar mit prominenter Freundin; als empathischer Lehrer usw.). Wo beginnt hier die – grundrechtsneutrale – Herstellung des Rufes bzw. der Ehre? Und wie grenzt sie sich ab von der Ehrabschneidung?

512

Dabei ist einerseits der Inhalt der einschränkenden Gesetze maßgeblich. Sie schützen zu Recht nur die **Individualehre** einzeln erkennbarer Personen, **nicht** hingegen die **Kollektivehre** großer Personenmehrheiten oder aller ihrer Mitglieder. Behauptungen wie „Abgeordnete sind überbezahlt", „Beamte sind faul" oder „Soldaten sind Mörder"[122] sind zulässig, soweit sie nicht erkennbar einzelne bestimmte Mitglieder des Personenkreises treffen oder gegen sie gerichtet sein sollen. Umstritten ist auch der Ehrenschutz des Staates, der eben keine „persönliche Ehre" hat. Andererseits kommt es wesentlich auf die Wahrung und Anerkennung der Meinungs- und Pressefreiheit an, deren Ausübung sich ganz wesentlich auf Informationen, Belange und den Ruf dritter Personen bezieht. Hier geht es darum, nicht nur ein Grundrecht, sondern beide Garantien zur Entfaltung zu bringen. Maßgeblich wird daher vielfach eher die Form der Veröffentlichung als ihr Inhalt sein. Dieser bedarf in jedem Falle der **grundrechtskonformen Auslegung**: Wenn aus der Sicht Dritter auch eine ehrschutzneutrale Auslegung möglich ist, so ist der Meinungsfreiheit der Vorzug einzuräumen.[123]

---

120 Dazu BVerfG zum Jugendschutz BVerfGE 30, 336, 347 f.; 77, 346, 356; 83, 130, 139 ff.; 90, 1, 16; *Starck*, in: vMKS, GG, Art. 5 Rn. 204 ff.
121 Zum Ehrenschutz BVerfGE 33, 1, 16 f.; 42, 143, 152 ff.; 47, 130, 143; 54, 129, 136 ff.; 69, 257, 269; 93, 266, 294; 93, 265, 294; 114, 339, 352.
122 Dazu BVerfGE 93, 266, 293 ff., mit abweichendem Votum. Zur Entwicklung BVerfGE 90, 241, 248 f.; 255, 259; 82, 43, 51; 272, 281 ff.; 66, 116, 151.
123 Wie das BVerfGE *Grimm*, NJW 1995, 1697; kritisch etwa *Schmitt Glaeser*, NJW 1996, 873.

513   Die meistdiskutierte Schrankenbestimmung ist diejenige der „allgemeinen Gesetze". Die Vorschrift wird in der Praxis weit ausgelegt und hat den Ehrenschutz partiell in den Hintergrund gedrängt: „Allgemeine" Gesetze können danach eben auch die Ehre schützen. Doch wann ist ein Gesetz „allgemein"? Es besteht weitgehend Einigkeit, dass diese Formulierung nicht anhand des Art. 19 I 1 GG ausgelegt werden darf. Die Frage, unter welchen Voraussetzungen ein Gesetz „allgemein" i.S.d. Art. 5 II GG ist, wurde unter der Geltung des insoweit gleichlautenden Art. 118 I 1 WRV unterschiedlich beantwortet.[124] Allgemeine Gesetze waren danach entweder

- **Gesetze, die** sich nicht gegen die Äußerung bestimmter Meinungen richten, also **nicht einzelne Meinungen wegen ihres Inhalts verbieten.** Diese Meinung wurde damals als problematisch angesehen, wenn nicht einzelne, sondern alle Meinungsäußerungen verboten würden, da dann jene Formel nicht passt. Eine solche Maßnahme wäre allerdings mit Art. 19 II GG unvereinbar.

- oder **Gesetze, die** ohne Rücksicht auf die gerade herrschenden geistigen Strömungen, Anschauungen und Erkenntnisse das menschliche Leben in seiner Allgemeinheit regeln, also **sich nicht spezifisch gegen Meinungsäußerungen** überhaupt – unabhängig von ihrem Inhalt – **richten.** Dies wurde als problematisch angesehen, weil dann Defizite hinsichtlich des Ehrenschutzes auftreten könnten. Jenes Bedenken ist in Art. 5 II GG ausgeräumt, da hier die persönliche Ehre neben die allgemeinen Gesetze als zusätzliche Schranke gestellt wird.

- oder **Gesetze, die zum Schutz anderer, höherwertiger Rechtsgüter als der Meinungsfreiheit erlassen worden sind,** unabhängig von ihrem Inhalt. Diese Meinung ist problematisch, weil hier das allgemeine Übermaßverbot[125] in Art. 5 II GG hineininterpretiert wird und so das besondere Kriterium des „allgemeinen" Gesetzes keinen spezifischen Gehalt mehr aufweist.

Das Bundesverfassungsgericht entschied sich für folgende Auffassung:

514   „Der Begriff des „allgemeinen" Gesetzes war von Anfang an umstritten [...] Jedenfalls ist (er) dahin ausgelegt worden, dass darunter alle Gesetze zu verstehen sind, die „nicht eine Meinung als solche verbieten, die sich nicht gegen die Äußerung der Meinung als solche richten", die vielmehr „dem Schutze eines schlechthin, ohne Rücksicht auf eine bestimmte Meinung zu schützenden Rechtsguts dienen", dem Schutze eines „Gemeinschaftswerts", der gegenüber der Betätigung der Meinungsfreiheit den Vorrang hat." (BVerfGE 7, 198, 209 f.).

Hier werden alle Auffassungen kombiniert, ohne sich für eine Auslegung zu entscheiden. Diese klassische Formel hat das Bundesverfassungsgericht verbal stets aufrechterhalten, ohne sie allerdings in jedem Falle konsequent anzuwenden.[126] Zeitweise bestand eine starke Tendenz, der Pressefreiheit wegen ihrer „schlechthin konstituierenden Bedeutung für die Demokratie"[127] einen gewissen Vorrang vor kollidierenden Belangen des Persönlichkeitsschutzes einzuräumen. Daher war in jedem Einzelfall der Nachweis erforderlich, dass ungeachtet des allgemein hohen Ranges der

---

124 Überblick in BVerfGE 7, 198, 209 f. m.w.N.
125 Dazu Rn. 553 ff.
126 S. etwa BVerfGE 28, 199 ff.; 71, 206, 214 ff. Zum Folgenden grundlegend und zusammenfassend *Hochhuth*, Die Meinungsfreiheit im System des Grundgesetzes, 2007.
127 So schon BVerfGE 7, 198, 208.

Kommunikationsgrundrechte ausnahmsweise ein Persönlichkeitsrecht überwog. Die Grundlagen dieser Rechtsprechung wurden aber namentlich durch die Praxis der yellow press, der Papparazzi und anderer Übergriffe gegen Dritte (u.a. „Versteckte Kamera") modifiziert. Namentlich der EGMR mahnte eine differenzierte Sichtweise, weniger der Funktion der Presse insgesamt als vielmehr der einzelnen Veröffentlichung, an und stärkte zugleich die Rechtspositionen Betroffener. Als gesichert kann gegenwärtig gelten:

- Die Behauptung **falscher Tatsachen** zum Nachteil der persönlichen Ehre Anderer oder **515** ihrer Eigentumsrechte ist unzulässig.[128] Die Veröffentlichung wahrer Tatsachen ist dagegen zulässig.

- Die Äußerung extrem herabsetzender Wertungen ist zulässig, sofern sie nicht die Grenze zur Formalbeleidigung (etwa: „Gestapo-Methode") überschreitet. Sie kann eher zulässig sein, wenn der Betroffene die Möglichkeit des **„Gegenschlages"** hat, indem er mit ähnlich publizistischer Wirkung auftreten kann.[129] Wer andere kritisiert, muss mit einem Angriff vergleichbarer Schärfe rechnen. Das gilt etwa für den Wahlkampf, konkurrierende Werbekampagnen oder Presseorgane.

- Veröffentlichungen sind unzulässig, wenn sie die **Privatsphäre Anderer „unberechtigt an die Öffentlichkeit zerren"**[130]. Dies ist der Fall, wenn die Betroffenen weder selbst in die Presse gegangen sind noch ein überwiegendes öffentliches Interesse gerade an der Berichterstattung über sie besteht.[131] Dies gilt keineswegs für jede „relative Person der Zeitgeschichte" (etwa: Unfallopfer, trauernde Angehörige nach einem Attentat). Bei Prominenten wird darauf abgestellt, ob sie selbst die Öffentlichkeit suchten („Roter Teppich") oder ob die Veröffentlichung im Zusammenhang mit einer öffentlichen Funktion (Politiker) stand. Erheblich gestärkt ist namentlich der Schutz von Familienangehörigen, Begleitpersonen und minderjährigen Kindern Prominenter, die nur ganz ausnahmsweise in die Öffentlichkeit gezerrt werden dürfen.[132]

Das Bundesverfassungsgericht geht grundsätzlich von der **Wechselwirkung** der betei- **516** ligten Rechtsgüter aus: Ein Recht, welches die Meinungsfreiheit einschränkt, wird seinerseits gleichfalls durch die Meinungsfreiheit eingeschränkt. Trotz dieser ausdrücklichen Betonung der Bedeutung der Meinungsfreiheit bereitet die Bestimmung des Rangverhältnisses und somit die Abwägung nach wie vor erhebliche Schwierigkeiten.

Der Grund hierfür liegt nicht zuletzt darin, dass hier zwei potentiell besonders hochrangige Rechtsgüter (Demokratie einerseits, Menschenwürde und Allgemeines Persönlichkeitsrecht andererseits) kollidieren, zwischen denen kein abstraktes Vor- oder Nachrangverhältnis besteht. Daher bedarf es einer Bestimmung des Rangverhältnisses im Einzelfall, welches wesentlich an der Schwere des Eingriffs einerseits und der Gewichtung der sie rechtfertigenden Umstände andererseits zu bemessen ist. Aus

---

128 BVerfGE 54, 148 ff.; 208, 219 ff.; 71, 206, 216.
129 BVerfGE 12, 113, 126 ff.; 24, 278, 282 ff.; 54, 129, 138; 61, 1, 13; Überblick über die Rechtsprechung des BVerfG bei *Kübler*, NJW 1999, 1281; *Schmitt Glaeser*, NJW 1996, 873; krit.: *Seitz*, NJW 2003, 3523.
130 BVerfGE 34, 269, 282 ff.
131 BVerfGE 97, 391, 403 ff.; 99, 185, 196 f.
132 EGMR, NJW 2004, 2647; BGH, NJW 2010, 1454; 2009, 1502; 2008, 3134; 3138; Überblick bei *Stender-Vorwachs*, NJW 2009, 334.

einer solchen Praxis lassen sich nur unter Schwierigkeiten verallgemeinerungsfähige Grundsätze entnehmen. Als Mindestgehalt des Art. 5 I GG kann aber festgehalten werden: **Eingriffe in die Meinungs- und Pressefreiheit dürfen nicht erfolgen wegen der allein geistigen Wirkungen der Äußerung.**[133] Diese Formel könnte auch zur Konkretisierung des Art. 5 II GG insgesamt noch weiter ausgebaut werden.

517   *Bitte diskutieren Sie nun den **Beispielsfall** (Rn. 499)!*

> Das Beispiel thematisiert das Spannungsverhältnis zwischen Pressefreiheit einerseits und der rechtlich geschützten Privatsphäre andererseits. Die Freiheit der Presse schützt die Fragen des „Ob" und „Wie" der Berichterstattung einschließlich Fragen der Illustration. Hier geht es um eine Prominente, die als solche zwar in der Öffentlichkeit steht, diese aber bei ihrem Einkaufsbummel nicht gesucht hat.[134] Ihre Darstellung hat auch keinen zwingenden Zusammenhang mit dem Text: Dass gerade sie sparen muss oder spart, ist nicht ausgesagt. Da auch kein Bezug zu einem öffentlichen Amt vorhanden ist,[135] ist die Veröffentlichung der Aufnahme durch die Pressefreiheit kaum zu rechtfertigen. Das gilt erst recht für die Veröffentlichung des Kindes.

Zur Vertiefung:

Zur Meinungsfreiheit:

Bull, Freiheit und Grenzen des politischen Meinungskampfes, in: 50 Jahre BVerfG II, 2001, S. 163; *Epping/Lenz*, Das Grundrecht der Meinungsfreiheit, Jura 2007, 881; *Gosche*, Das Spannungsverhältnis zwischen Meinungsfreiheit und Ehrenschutz in der fragmentierten Öffentlichkeit, 2008; *Grimm*, Die Meinungsfreiheit in der Rechtsprechung des Bundesverfassungsgerichts, NJW 1995, 1697; *Hochhuth*, Die Meinungsfreiheit im System des Grundgesetzes, 2007; *Schmidt-Jortzig*, Meinungs- und Informationsfreiheit, in: HStR VII, § 162.

Zur Informationsfreiheit:

Gallwas, Der allgemeine Konflikt zwischen dem Recht auf informationelle Selbstbestimmung und der Informationsfreiheit, NJW 1992, S. 2785; *Kugelmann*, Informationsfreiheit als Element moderner Staatlichkeit, DÖV 2005, S. 851; *Lerche*, Grundfragen der Informationsfreiheit, Jura 1995, 561; *Rossi*, Informationszugangsfreiheit und Verfassungsrecht – zu den Wechselwirkungen zwischen Informationsfreiheitsgrenzen und der Verfassungsordnung in Deutschland, 2004; *Roßnagel*, Konflikt zwischen Informationsfreiheit und Datenschutz, MMR 2007, 16; *Schoch*, Aktuelle Fragen des Informationsfreiheitsrechts, NJW 2009, 2987; *ders.*, Das Recht auf informationelle Selbstbestimmung, Jura 2008, 325; *ders.*, IFG, 2009.

Zur Presse- und Rundfunkfreiheit:

Degenhart, Verfassungswidrige Zusammensetzung der Gremien des ZDF? Anmerkung zum aktuellen Verfassungskonflikt, NVwZ 2010, S. 877; *Fiedler*, Zunehmende Einschränkung der Pressefreiheit, ZUM 2010, S. 18; *Herrmann*, Rundfunkrecht, 1994; *Hoffmann-Riem*, Kommunikations- und Medienfreiheit, in: HVerfR § 7; *derselbe*, Regulierung der dualen Rundfunkordnung; *Pomorin*, Rundfunkstrukturen im Wandel, ZUM 2010, S. 573; *Thum*, Das Grundrecht der Rundfunkfreiheit nach deutschem und europäischen Recht, DÖV 2008, S. 653; *Gornig*, Die Schrankentrias des Art. 5 II GG, JuS 1988, 274.

---

133 Zuletzt BVerfGE 124, 300, 345 ff. zu § 130 IV StGB.
134 BGH, NJW 2009, 1502 f.
135 Ein solcher kann auch kurze Zeit nach dem Amtsverlust noch bestehen; s. BGH 177, 119.

4. Die Grenzen der Freiheitsrechte ohne Schrankenvorbehalt – Kunstfreiheit

Schriftsteller S hat in einem Schlüsselroman das Leben der Kunst- und Kultur- **518**
boheme in München zum Thema gemacht. Darin beschreibt er u.a. auch seine intimen Beziehungen, namentlich zu der Künstlerin K, die trotz Pseudonym aufgrund zahlreicher Angaben aus ihrem wahren Leben für viele Leser erkennbar ist.
Das gilt ebenso für deren Mutter (M), die als drogenabhängige Alkoholikerin und
psychisch gestört charakterisiert wird. K und M verlangen Unterlassung und
Schmerzensgeld. (nach: BVerfGE 119, 1; dazu Rn. 528).

Ansprüche aus den §§ 823, 1004 BGB können nur bestehen, wenn die angegriffene
Handlung rechtswidrig war. Rechtswidrig ist eine Tat (u.a. entsprechend § 193 StGB)
nicht, wenn sie in Wahrnehmung berechtigter Interessen erfolgte. Ein typischer Fall
berechtigter Interessen ist die Ausübung grundrechtlich garantierter Freiheiten. Die
in Art. 5 GG garantierten Kommunikationsgrundrechte erfahren eine zusätzliche
Ausprägung in Art. 5 III GG. Dessen Konkretisierung bereitet besondere Schwierigkeiten, da die in ihm verwandten Begriffe „Wissenschaft" und „Kunst" einer inhaltlichen Konkretisierung kaum zugänglich sind, ohne dass die Konkretisierungen ihrerseits Leerformeln darstellen.

Wissenschaft ist nach Ansicht des Bundesverfassungsgerichts alles, „was nach Inhalt **519**
und Form als ernsthafter planmäßiger Versuch zur Ermittlung der Wahrheit anzusehen ist".[136] Knapper lässt sich Wissenschaft umschreiben als das Streben, Aussagen
als wahr oder unwahr zu erweisen. **Forschung** ist der auf Hervorbringung wissen-
schaftlicher Erkenntnisse gerichtete Prozess.[137] **Lehre** ist die Vermittlung wissenschaft-
licher Erkenntnisse. In diesem Sinne gibt es keine Wissenschaft außerhalb von Forschung und Lehre. Die – daher als Oberbegriff verwendete – „Wissenschaftsfreiheit"
ist nicht auf Hochschulen beschränkt, sondern gilt auch in privaten Einrichtungen.
Dimensionen der Wissenschaftsfreiheit sind:

- die freie **Auswahl der eigenen Forschungsgegenstände.** Was der Wissenschaftler er-
forscht, steht ihm selbst frei. Er hat auch das Recht auf Auswahl der eigenen wissenschaftlichen Methoden. Insoweit steht dem Staat kein Aufsichtsrecht über die Wissenschaft zu.

- die **freie inhaltliche Gestaltung der Lehre.** Was der Inhalt der Lehrveranstaltung ist, bestimmt der Lehrende selbst. Der Lehrplan ist auf die Bedürfnisse des Studienbetriebes
abzustellen. Hier – und nicht primär bei der Frage nach „Wissenschaftlichkeit" oder
„Unwissenschaftlichkeit" – unterscheiden sich Hochschule und Schule: Letztere steht
nach Art. 7 I GG unter der Aufsicht des Staates, Erstere nicht. Die Freiheit der Lehre
findet ihre Grenze in Art. 5 III 2 GG.

---

136 BVerfGE 35, 79, 113; weit BVerfGE 90, 1, 11 ff.; zum Wissenschaftsbegriff *Blankenagel*,
AöR 105 (1980), 35, 38 ff.
137 Dazu *Classen*, Wissenschaftsfreiheit außerhalb der Hochschule, 1994; *Losch*, Wissenschaftsfreiheit, Wissenschaftsschranken, Wissenschaftsverantwortung, 1993; *Trute*, Die
Forschung zwischen grundrechtlicher Freiheit und staatlicher Institutionalisierung, 1994.

– die **organisatorische Hochschulautonomie.** Diese ist allerdings für gesetzliche Ausgestaltungen offen.[138] Deren Ziel muss es sein, die sonstigen Dimensionen der Wissenschaftsfreiheit zu sichern. Ein Grundrecht auf die Errichtung von Universitäten gerade als Körperschaft gibt es nicht. In der Hochschule ist für die Wissenschaftsfreiheit der Lehrenden und Lernenden auch gegenüber Hochschulleitung und -verwaltung Sorge zu tragen.

520 Für die Hochschulorganisation soll aus Art. 5 III GG die Garantie der Mehrheit der Hochschullehrer bei der Entscheidung über Fragen von Forschung und Lehre sowie der **Anspruch des Hochschullehrers auf angemessene Teilhabe an den Arbeitsmöglichkeiten der Hochschule** folgen.[139] Während die erste Dimension das Problem des Verhältnisses von Autonomie der Hochschule einerseits und individueller Wissenschaftsfreiheit ihrer Mitglieder andererseits aufwirft, ist die zweite Dimension eher dem Beamtenrecht als der „Freiheit" der Wissenschaft zuzuordnen.

521 Neben der Wissenschaftsfreiheit ist in Art. 5 III 1 GG die **Kunstfreiheit** garantiert. Da kein Konsens über eine Definition der „Kunst" besteht, ist der Schutzbereich dieses Grundrechts schwer zu umreißen.[140] Das Meinungsspektrum reicht von der Forderung nach völliger Offenheit des Schutzbereichs in materieller Hinsicht (Was Kunst ist, bestimmt der Schaffende selbst) bis hin zur Forderung nach einer möglichst präzisen rechtlichen Umschreibung (Was der Staat garantiert, muss beschreibbar und begrenzbar sein). Die Diskussion ähnelt sehr derjenigen zur Religionsfreiheit.

> „Das Wesentliche der künstlerischen Betätigung ist die freie schöpferische Gestaltung, in der Eindrücke, Erfahrungen, Erlebnisse des Künstlers durch das Medium einer bestimmten Formensprache zu unmittelbarer Anschauung gebracht werden. Alle künstlerische Tätigkeit ist ein Ineinander von bewussten und unbewussten Vorgängen, die rational nicht aufzulösen sind. Beim künstlerischen Schaffen wirken Intuition, Phantasie und Kunstverstand zusammen. Es ist primär nicht Mitteilung, sondern Ausdruck, und zwar unmittelbarer Ausdruck der individuellen Persönlichkeit des Künstlers. Die Kunstfreiheitsgarantie betrifft in gleicher Weise den „Werkbereich" und den „Wirkbereich" des künstlerischen Schaffens. Beide Bereiche bilden eine unlösbare Einheit. Nicht nur die künstlerische Betätigung (Werkbereich), sondern darüber hinaus auch die Darbietung und Verbreitung des Kunstwerks sind sachnotwendig für die Begegnung mit dem Werk als einem ebenfalls kunstspezifischen Vorgang; dieser „Wirkbereich", in dem der Öffentlichkeit Zugang zu dem Kunstwerk verschafft wird, ist der Boden, auf dem die Freiheitsgarantie des Art. 5 III GG vor allem erwachsen ist." (BVerfGE 30, 173, 188 f.).

522 Diese Umschreibung, die subjektiven Wertungen vielfache Möglichkeiten bietet, lässt folgende Kriterien erkennen. (1) Kunst ist ein **Kommunikationsvorgang** zwischen Künstlern und Dritten. Daher sind auch nur kommunikative Wirkungen geschützt, nicht hingegen etwa die Beanspruchung fremden Eigentums für die eigene Kunst.[141]

---

138 BVerfGE 35, 79, 116; 43, 242, 268; 47, 327, 387; 93, 85, 94 ff.; zum Berufungs- („Kooptations-")recht der Hochschulen einschränkend BVerfGE 15, 256, 264 f.

139 Seit BVerfGE 35, 71, 114 ff.

140 S. zu Einzelfragen BVerfGE 30, 336, 350; 67, 213, 225 ff.; 75, 369, 377. Zur Freiheit der Kunstvermittlung BVerfGE 30, 173, 191 (Buchverleger); 36, 321, 331 f. (Schallplattenhersteller).

141 BVerfG NJW 1984, 1293 f.; *Henschel*, NJW 1990, 1937, 1942.

(2) Kunst ist eine kommunikative Äußerung des Künstlers, die in einer Handlung (Schauspiel, Musik) oder einer Sache als **Kunstwerk** (Bild, Film) besteht. Die Vornahme dieser Handlung oder die Herstellung dieses Kunstwerks ist der sog. „**Werkbereich**". Demgegenüber betrifft die öffentliche Präsentation und Wirkung des Werks auf Dritte den „**Wirkbereich**". A, B und C dürfen ein Theaterstück spielen (Werkbereich); ob sie dies allerdings dem Publikum nachts lautstark in einem Wohngebiet präsentieren dürfen, ist eine Frage des Wirkbereichs. (3) Kunst kommt ein die bloße Deskription oder Wertung **überschießender Bedeutungsgehalt** zu: Die Bedeutung des Kunstwerks muss über die bloße Existenz des Gegenstandes oder seine sinnlich wahrnehmbare Form hinaus gehen. Aussagen über Personen oder Sachen sind als solche niemals Kunst; sie werden dies erst, wenn ihnen weitere Bedeutungen bzgl. sonstiger, außerhalb ihrer selbst liegenden Gegenstände und Gehalte zukommen.[142] Sie zeichnen sich typischerweise durch eine potentielle Vielfalt, Uneindeutigkeit und daher besonders hohe Interpretationsbedürftigkeit aus. Hier ist die Problematik der Abgrenzung zwischen Kunstfreiheit und Freiheit der Meinungsäußerung thematisiert. Der **Kunstbegriff ist so eher formal charakterisiert und inhaltlich weitgehend offen.** Die dem Künstler garantierte Freiheit umschreibt das Bundesverfassungsgericht so:

> „Die Art und Weise, in der der Künstler der Wirklichkeit begegnet und die Vorgänge gestaltet, die er in dieser Begegnung erfährt, darf ihm nicht vorgeschrieben werden, wenn der künstlerische Schaffensprozess sich frei soll entwickeln können. Über die „Richtigkeit" seiner Haltung gegenüber der Wirklichkeit kann nur der Künstler selbst entscheiden. Insoweit bedeutet die Kunstfreiheitsgarantie das Verbot, auf Methoden, Inhalte und Tendenzen der künstlerischen Tätigkeiten einzuwirken, insbesondere den künstlerischen Gestaltungsraum einzuengen oder allgemeinverbindliche Regeln für diesen Schaffensprozess vorzuschreiben. Für das erzählende Kunstwerk ergibt sich daraus im Besonderen, dass die Verfassungsgarantie die freie Themenwahl und die freie Themengestaltung umfasst, indem sie dem Staat verbietet, diesen Bereich spezifischen künstlerischen Ermessens durch verbindliche Regeln oder Wertungen zu beschränken." (BVerfGE 30, 173, 190 f.).

In diese Garantie greifen staatliche Verbote oder Zensurmaßnahmen ebenso ein wie Unterlassungs- und Schadensersatzansprüche Dritter. Ein solcher **Eingriff** kann nur rechtmäßig sein, wenn er im Rahmen der Grenzen der Kunstfreiheit erfolgt. Im Gegensatz zu den bislang in diesem Abschnitt behandelten Grundrechten ist jedoch der Kunstfreiheit **kein geschriebener Einschränkungsvorbehalt beigefügt.** Art. 5 III 2 GG bezieht sich nur auf die Freiheit der Lehre. **523**

Eine Schrankenregelung im Verfassungstext findet sich auch in den Art. 4 I, II, III, 8 I (für Versammlungen in geschlossenen Räumen), 9 III, 16 II, 17 GG nicht. **Prinzipiell sollen daher diese Grundrechte uneingeschränkt gewährleistet werden.** Diese „Schrankensystematik" der Freiheitsrechte mit allgemeinen, limitierten Gesetzesvorbehalten und vorbehaltlosen Grundrechten[143] lässt eine Abstufung erkennen, die

---

142 BVerfGE 67, 213, 225 ff. Überblick bei *Würkner*, Das Bundesverfassungsgericht und die Freiheit der Kunst, 1994.
143 Dazu o. Rn. 485.

durch Verfassungsauslegung nicht hinweginterpretiert werden darf. So waren die Grenzen dieser Grundrechte eines der meistdiskutierten Themen der Staatsrechtswissenschaft.

524 Anfangs hat man partiell versucht, die Schrankenlosigkeit durch eine enge Interpretation der Schutzbereiche zu umgehen und dadurch Kollisionen der garantierten Freiheiten mit Rechtsgütern Anderer oder der Allgemeinheit zu vermeiden. Andere Autoren wollten die Schranken des Art. 2 I GG auf alle vorbehaltlos gewährleisteten Freiheitsrechte übertragen. Diese Schranken sollten allen Grundrechten angeblich „immanent" sein; man nannte sie daher **„grundrechtsimmanente Schranken"**. Gegen eine solche Übertragung spricht insbesondere, dass Art. 2 I GG gegenüber den Spezialfreiheitsrechten subsidiär ist.[144] Soweit speziellere Freiheitsgarantien einschlägig sind, ist Art. 2 I GG unanwendbar. Das gilt für Schutzbereich und Schranken.[145] Auch eine Übertragung der Schranken des Art. 5 II GG auf Art. 5 III GG verbietet sich, da dieses Grundrecht gegenüber der Meinungsfreiheit die speziellere Norm darstellt.[146]

Das Bundesverfassungsgericht verfolgt einen anderen Ansatz:

„Andererseits ist das Freiheitsrecht nicht schrankenlos gewährleistet. Die Freiheitsverbürgung in Art. 5 III 1 GG geht wie alle Grundrechte vom Menschenbild des Grundgesetzes aus, d.h. vom Menschen als eigenverantwortlicher Persönlichkeit, die sich innerhalb der sozialen Gemeinschaft frei entfaltet [...] Jedoch kommt der Vorbehaltlosigkeit des Grundrechts die Bedeutung zu, dass die Grenzen der Kunstfreiheitsgarantie nur von der Verfassung selbst zu bestimmen sind [...] (Dabei) ist ein im Rahmen der Kunstfreiheitsgarantie zu berücksichtigender Konflikt nach Maßgabe der grundgesetzlichen Wertordnung und unter Berücksichtigung der Einheit dieses grundlegenden Wertsystems durch Verfassungsauslegung zu lösen." (BVerfGE 30, 173, 193).

525 Die Grenzen der Freiheitsrechte ohne Gesetzesvorbehalt sollen danach entsprechend der „Wertordnungslehre" aus dem Grundgesetz selbst bestimmt werden. Sofern zwischen zwei Rechtsgütern, die in der Verfassung geschützt werden, eine Kollision auftritt, ist im Wege der Wertabwägung zu entscheiden, wo die Grenze der Freiheit zu ziehen ist. Das Bundesverfassungsgericht entschied sich für eine Abwägung im Einzelfall.

„Nur kollidierende Grundrechte Dritter oder andere mit Verfassungsrang ausgestattete Rechtswerte sind mit Rücksicht auf die Einheit der Verfassung und die von ihr geschützte gesamte Wertordnung ausnahmsweise imstande, auch uneinschränkbare Grundrechte in einzelnen Beziehungen zu begrenzen. Dabei auftretende Konflikte lassen sich nur lösen, indem entschieden wird, welche Verfassungsbestimmung für die konkret zu entscheidende Frage das höhere Gewicht hat. Die schwächere Norm darf nur insoweit zurückgedrängt werden, wie das logisch und systematisch zwingend erscheint; ihr sachlicher Grundwertgehalt muss in jedem Fall respektiert werden." (BVerfGE 28, 248, 260 f.).

526 Können demnach Grundrechte ohne eigenen Schrankenvorbehalt nur durch **verfassungssystematische Schranken** eingeschränkt werden, so können solche kollidierenden Verfassungs- und damit Einschränkungsnormen insbesondere sein:

---

144 S.o. Rn. 493.
145 BVerfGE 30, 173, 192 f.
146 *Ridder/Stein*, DÖV 1962, 361, 365 f. m.w.N.

– **Grundrechte Anderer**,[147]
– **Verfassungsrechtliche Staatsstrukturbestimmungen**, insbesondere die Prinzipien des Art. 20 I GG,
– **„Bestand und Funktionsfähigkeit verfassungsrechtlich geschützter Einrichtungen"** (Art. 7 GG: Schulverhältnis; Art. 12a, 17a GG: Wehrpflicht- bzw. Soldatenverhältnis; Art. 33 V GG: Beamtenverhältnis; Art. 104 GG: Strafgefangenenverhältnis u.a.).[148]

Ob daneben den **Kompetenzzuweisungen** an den (Bundes-)Gesetzgeber, insbesondere in Art. 73 f., 87 ff. GG, zugleich der Charakter von Grundrechtsschranken zukommen kann, ist umstritten.[149] Grundsätzlich weisen die Kompetenznormen den einzelnen Hoheitsträgern eigene Zuständigkeiten in Abgrenzung zu anderen Staatsorganen zu. Über deren inhaltliche Ausübung treffen sie dagegen keine Aussage. Soweit jedoch eine Kompetenznorm sinnvoll überhaupt nur ausgenutzt werden kann, indem in Grundrechte eingegriffen wird, kann die Kompetenznorm möglicherweise als Grundrechtsschranke fungieren.[150]

Solche verfassungssystematischen Grundrechtsschranken können betroffene Freiheitsrechte nicht „unmittelbar" einschränken. Jeder Grundrechtseingriff unterliegt dem Vorbehalt des Gesetzes, im Falle von Grundrechtskollisionen zwischen Privaten also demjenigen des Bürgerlichen Rechts; im Falle einer Kollision grundrechtlicher und staatlicher Belange dem Vorbehalt des öffentlichen Rechts. **Verfassungssystematische Schranken** sind also – ebenso wie verfassungstextlich limitierte oder unlimitierte Einschränkungsvorbehalte – nichts anderes als **Ermächtigungen der Legislative zur Schaffung gesetzlicher Eingriffsermächtigungen.**   **527**

Bitte diskutieren Sie nun den **Beispielsfall** *(Rn. 518).*   **528**

Das **Beispiel** illustriert den nicht ganz seltenen Fall der **Kollision zwischen Kunstfreiheit** einerseits **und Allgemeinem Persönlichkeitsrecht**[151] andererseits. Rechtswidrig ist daher die Einbeziehung von K und M in den Roman nur, wenn dem Persönlichkeitsrecht im konkreten Fall ein höherer Rang zukommt als der Kunstfreiheit. Maßgebliche Abwägungsfaktoren sind dabei einerseits das Grundrecht des Künstlers, sich mit anderen Personen auch kritisch auseinanderzusetzen; andererseits das Recht des Betroffenen, nicht durch grob entstellende, unwahre Unterstellungen „geschmäht" zu werden. Anders als bei Meinungsäußerungen kann es bei der Kunst nicht um „wahre" oder „unwahre" Inhalte gehen: Kunst verzerrt und verallgemeinert immer und ist daher notwendig „unwahr". Hier geht es vielmehr um die Frage, inwieweit die Angaben über K und M deren Diskretionsinteressen aus einer (früheren) Lebensgemeinschaft verletzen oder aber diese öffentlich in einen herabsetzenden Zusammenhang stellen.

Beim BVerfG waren die Auffassungen – wie in solchen Fällen nicht selten – gespalten: Während die Mehrheit die realistischen, z.T. sehr intimen Schilderungen als rechtswidrigen Eingriff in das Persönlichkeitsrecht sah, hat die Minderheit die künstlerische Gestal-

---

147 BVerfGE 30, 173, 179 ff.
148 Exemplarisch BVerfGE 28, 243, 260 ff.; 33, 1, 12 ff.
149 Zu Art. 22 GG als Schranke der Kunstfreiheit verneinend BVerfGE 81, 278, 293; s.a. BVerfGE 81, 298, 308 ff.
150 Instruktiv BVerfGE 12, 45, 50; 41, 205, 223 ff.
151 Dieses Recht wird aus Art. 1 i.V.m. Art. 2 GG hergeleitet. S.o. Rn. 492.

tung und die dadurch notwendige Verallgemeinerung und Entpersonalisierung dieser Eingriffe als maßgeblich angesehen. Während die Mehrheit daher Ansprüche von K und M bejahte, wollte sie die Minderheit verneinen.[152]

Zur **Vertiefung**:

Zur Kunstfreiheit:

Beisel, Die Kunstfreiheitsgarantie des Grundgesetzes und ihre strafrechtlichen Grenzen, 1997; *Henschel*, Die Kunstfreiheit in der Rechtsprechung des BVerfG, NJW 1990, 1937; *F. Müller*, Freiheit der Kunst als Problem der Grundrechtsdogmatik, 1969; *Mahrenholz*, Freiheit der Kunst, in: HVerfR, § 26; *Palm*, Öffentliche Kunstförderung zwischen Kunstfreiheitsgarantie und Kulturstaat, 1998; *Reber*, „Celebrity Impersonators" zwischen Persönlichkeitsschutz und Kunstfreiheit, GRUR Int 2010, 22; *Schneider*, Die Freiheit der Baukunst, 2002; *v. Arnauld*, Freiheit der Kunst, in: HStR VII, § 167; *Vlachopoulos*, Kunstfreiheit und Jugendschutz, 1996; *Würkner*, Das Bundesverfassungsgericht und die Freiheit der Kunst, 1994.

Zur Wissenschaftsfreiheit:

Dickert, Naturwissenschaften und Forschungsfreiheit, 1991; *Mager*, Freiheit von Forschung und Lehre, in: HStR VII, § 166; *Finger/P. Müller*, „Körperwelten" im Spannungsfeld von Wissenschaftsfreiheit und Menschenwürde, NJW 2004, 1073; *Groß*, Die Autonomie der Wissenschaft im europäischen Rechtsvergleich, 1992; *Hendler*, Die Universität im Zeichen von Ökonomisierung und Internationalisierung, VVDStRL 65, S. 148; *Schulze-Fielitz*, Freiheit der Wissenschaft, in: HVerfR, § 27; *Trute*, Die Forschung zwischen grundrechtlicher Freiheit und staatlicher Institutionalisierung, 1994.

Zur den verfassungssystematischen Grundrechtsschranken:

Losch, Verantwortung der Wissenschaft als Rechtsproblem, NVwZ 1993, 625; *ders./Radau*, Forschungsverantwortung als Verfahrensaufgabe, NVwZ 2003, 390; *Spranger*, Auswirkung einer Staatszielbestimmung „Tierschutz" auf die Forschungs- und Wissenschaftsfreiheit, ZRP 2000, 285; *Stöckli*, Forschung am Menschen – Neuer Verfassungsartikel und neues Bundesgesetz (Teil 1), PharmR 2010, 316; *Ujica/Loef*, Quod licet jovi, non licet bovi – Was darf die Kunst, was die Medien nicht dürfen?, ZUM 2010, 670; *Wagner*, Forschungsfreiheit und Regulierungsdichte, NVwZ 1998, 1235.

III. Grenzen der Einschränkbarkeit von Grundrechten

529 Die Einschränkungsvorbehalte, welche den meisten Freiheitsrechten beigefügt sind, indizieren: **Nicht jeder Grundrechtseingriff ist verfassungsrechtlich untersagt.** Vielmehr sind im Rahmen der Schrankenvorbehalte Grundrechtseingriffe prinzipiell zulässig. Dies bedeutet aber nicht, dass wegen der Schrankenbestimmungen jeglicher Eingriff durch oder aufgrund Gesetzes zulässig wäre. Vielmehr enthält das Grundgesetz mehrere Normen, welche die Zulässigkeit von Grundrechtseinschränkungen durch Gesetz ihrerseits beschränken („Schrankenschranken"). Schon die Existenz solcher Normen zeigt: **Es gibt zulässige und unzulässige Eingriffe in Freiheitsrechte.** Unzulässige Eingriffe sind Grundrechtsverletzungen.

---

152 S. BVerfGE 119, 1, 36 ff.; ferner BGH, NJW 2009, 751; schon früher BVerfGE 30, 173, 194 ff., einerseits, 200 ff. andererseits; s.a. BVerfGE 75, 369, 377 f.

Ein Grundrecht ist demnach verletzt, wenn (1) in seinen Schutzbereich eingegriffen ist und (2) dieser Eingriff rechtswidrig ist. Die Rechtswidrigkeit des Eingriffs kann folgen aus

– formellen Gründen: Formeller Art sind Rechtsverstöße, die vom Inhalt der Maßnahme unabhängig sind (etwa: Unzuständigkeit der handelnden Stelle; fehlerhaftes Verfahren u.ä.).

– materiellen Gründen: Dazu zählen Fehler, die gerade aus dem Inhalt der Maßnahme folgen.

1. Die formellen Anforderungen an freiheitseinschränkende Gesetze

530 Die wichtigste formelle Anforderung an Grundrechtseinschränkungen liegt im **Vorbehalt des Gesetzes:** Kein Grundrechtseingriff ohne Gesetz. Ein Gesetz ist nicht bloß dann erforderlich, wenn in ein Grundrecht aufgrund eines Einschränkungs- (Gesetzes-) Vorbehaltes eingegriffen werden soll; sondern auch dann, wenn der Eingriff aufgrund verfassungssystematischer Schranken erfolgt. Auch „kollidierende Rechtswerte" ermächtigen nicht jedes Staatsorgan zum Eingriff, sondern nur den Gesetzgeber zur Schaffung verfassungskonformer Eingriffsgrundlagen. Mit und ohne ausdrückliche Positivierung im einzelnen Grundrecht gilt somit der **Gesetzesvorbehalt** als allgemeiner Eingriffsvorbehalt.[153]

531 Ein Gesetz, welches zulässigerweise in ein Grundrecht eingreifen will, muss zunächst mit den formellen Anforderungen des Grundgesetzes an die Gesetzgebung vereinbar sein. Dazu zählen zunächst

– die **Gesetzgebungskompetenz** der normsetzenden Körperschaft, also des Bundes oder eines Landes;[154]

– das **ordnungsgemäße Gesetzgebungsverfahren.** Dies ist für den Bund in Art. 76 ff. GG,[155] für die Länder in den jeweiligen Landesverfassungen geregelt.

– die Anforderungen aus **Art. 19 I GG**[156].

532 Art. 19 I 1 GG enthält das **Verbot des Einzelfallgesetzes** für grundrechtseinschränkende Gesetze. Ob ein Gesetz ein Einzelfallgesetz ist, richtet sich nach der Formulierung seines Tatbestandes: Wenn sich wegen dessen abstrakter Fassung nicht genau übersehen lässt, auf wie viele und welche Fälle das Gesetz Anwendung findet, so dass also nicht nur ein einmaliger Eintritt der vorgesehenen Rechtsfolgen möglich ist, so ist das Gesetz mit Art. 19 I 1 GG vereinbar. Dabei kommt es nicht darauf an, dass die Norm im Zeitpunkt ihres Erlasses tatsächlich eine Vielzahl von Fällen erfasst – was stets voraussetzen würde, dass es mehrere zu regelnde Fälle gäbe –, sondern darauf, dass die Vorschrift ihrem Tatbestand nach potentiell eine nach einheitlichen Kriterien abgegrenzte Vielzahl von Fällen erfassen kann. Gibt es also bei Erlass des

---

153 Dazu schon o. Rn. 254.
154 Dazu Rn. 157 ff.
155 Dazu Rn. 271 ff.
156 Zu dieser Vorschrift eingehend *Menger*, GS Klein, 1977, S. 321; *Selk*, JuS 1992, 816.

Gesetzes nur einen Fall, der unter die Regelung fallen würde, so muss das Gesetz so gefasst werden, dass später eintretende gleichartige Fälle gleichfalls unter die Rechtsfolgen der erlassenen Norm fallen würden.

> So waren Regelungen für Apotheken in Bahnhöfen auch zulässig, als es nur eine Bahnhofsapotheke gab; die Ausdehnung der Mitbestimmung nach Kriterien, von denen zunächst nur ein Unternehmen betroffen war, ist mit Art. 19 I 1 GG vereinbar, da die Rechtsfolgen auch für spätere Fälle gelten sollten, die dieselben Kriterien erfüllen würden[157].

533 Art. 19 I 2 GG statuiert das „**Zitiergebot**". Es soll den Vorrang der Verfassung gegenüber der Gesetzgebung zum Ausdruck bringen, indem es verhindert, dass Gesetze die Grundrechte aushöhlen, indem sie Grundrechtseinschränkungen enthalten, die dem Gesetzgeber unbewusst bleiben. Bei jeder Freiheitseinschränkung soll Art. 19 I 2 GG sichern, dass der Gesetzgeber sich der Freiheitseinschränkung bewusst wird und eine entsprechende Klausel in das Gesetz aufnimmt.[158] Daher gilt das Zitiergebot auch nur für **nachkonstitutionelle Gesetze**.

> Die Rechtsprechung des Bundesverfassungsgerichts hat die Anwendung des Art. 19 I 2 GG allerdings eingeschränkt. Er soll nicht gelten:
> – wenn ein nachkonstitutionelles Gesetz einen vorkonstitutionellen Freiheitseingriff wiederholt, aber nicht verschärft.[159] Hingegen begründet die **Ausweitung oder Verschärfung einer schon geltenden Eingriffsermächtigung** erneut die Zitierpflicht.[160]
> – wenn eine Vorschrift nur darauf abzielt, ein Grundrecht „im Rahmen der in ihm selbst angelegten Grenzen einzuschränken". Dementsprechend wendet das Bundesverfassungsgericht Art. 19 I 2 GG nicht auf Gesetze nach Maßgabe der Art. 2 I 2. Hs., 5 II, 12 I 2 u. 14 I 2 GG an[161]; ferner nicht bei Gesetzen aufgrund verfassungssystematischer Grundrechtsschranken.
> – wenn ein Fall des Art. 14 III 2 GG vorliegt, da Art. 19 II GG hinter dieser Vorschrift zurücktritt[162].

2. Die Wesensgehaltsgarantie des Art. 19 II GG

534 § 14 Abs. 3 LuftsicherheitsG ließ zu, dass bei drohenden Gefahren durch entführte Flugzeuge diese zum Schutz von Menschenleben im Extremfall abgeschossen werden durften, auch wenn dadurch das Leben unschuldiger Passagiere oder von Menschen an der Absturzstelle nicht zu retten war. Dadurch sollten Attentate nach dem Vorbild des 11. September 2001 verhindert werden (nach: BVerfGE 115, 118; zum Fall Rn. 541).

---

157 BVerfGE 25, 371 ff.
158 BVerfGE 85, 386, 403 f.
159 BVerfGE 5, 13, 16; 15, 288, 293; 35, 185, 188 f.; 61, 82, 113; dagegen *Alberts*, JA 1986, 72, 73.
160 BVerfGE 113, 348, 366 f.
161 BVerfGE 28, 282, 288 ff.
162 BVerfGE 21, 92, 93; 24, 367, 397 f.

Maßgeblich ist hier Art. 2 II 1 GG. Danach hat jedermann ein **Recht auf Leben und körperliche Unversehrtheit**. Durch einen gezielten Schuss wird in die eine oder andere Freiheit, durch den Todesschuss in das Recht auf Leben eingegriffen. Dieses Recht steht allerdings nach Art. 2 II 3 GG unter einem allgemeinen Gesetzesvorbehalt. Aufgrund Gesetzes darf demnach in jene Rechte eingegriffen werden.

> Dagegen gilt die Spezialregelung des Art. 102 GG ohne einen solchen Gesetzesvorbehalt. Sie untersagt die **Todesstrafe**, also die Tötung als Sanktion nach einem gerichtsförmigen Verfahren[163]. Eine solche liegt hier nicht vor.

Die **Polizeigesetze** nahezu aller Bundesländer[164] enthalten Ermächtigungen für gezielte polizeiliche Schüsse, die auch tödlich wirken können (sog. „**Rettungsschuss**") in Fällen der Geiselnahme bzw. anderer akuter Gefahren für Leben, Freiheit oder Gesundheit Anderer (etwa: Amoklauf), sofern die schweren Gefahren nicht auf andere Weise abgewehrt werden können. Diese Befugnisse richten sich ausschließlich gegen Urheber der Gefahren selbst, nicht hingegen gegen Dritte. Das bloße Vorhandensein eines ermächtigenden Gesetzes reicht jedoch nicht aus, jede beliebige Grundrechtseinschränkung vorzunehmen. Vielmehr kennt das Verfassungsrecht auch materielle Grenzen der Einschränkbarkeit von Grundrechten.

Explizit statuiert Art. 19 II GG die Garantie des unantastbaren „**Wesensgehalts**" der **535** Grundrechte. Strittig ist jedoch, worin der Wesensgehalt der Grundrechte besteht.[165] Offenbar ist: Art. 19 II GG will den letzten Kernbereich der Grundrechtsgarantien schützen; also einen Bereich, der von staatlichen Eingriffen und Beschränkungen frei sein soll. Dessen Ermittlung bereitet jedoch gerade die ebenso altertümliche wie inhaltsarme Formulierung von „Wesen" zusätzliche Schwierigkeiten.

Jedes Grundrecht enthält eine objektive Grundrechtsnorm, die die jeweils garantierte Freiheit zum Bestandteil des sozialen Lebens erklärt. So verbürgt etwa Art. 2 II 2 GG „die Freiheit der Person", Art. 5 I 1 GG „die Meinungsfreiheit". Die **objektive Grundrechtsnorm** ist demnach im Wesentlichen identisch mit einer Kombination aus Schutzbereich und grundgesetzlicher Rechtsfolgenanordnung. Teilweise wird der Wesensgehalt in der objektiven Grundrechtsnorm gesehen. Er ist daher verletzt, wenn dem Grundrecht nach seiner Einschränkung für das soziale Leben im ganzen keinerlei Bedeutung mehr zukommt, wenn also **nach der Beschränkung von ihm „nichts mehr übrig bleibt"**[166].

---

163 Dazu BVerfGE 18, 112; 60, 348, 354.
164 § 54 II BWPolG; Art. 66 II 2 BayPAG; § 66 II 2 BbgPolG; § 46 II 2 HBPolG; § 25 II 1 HHSOG; § 60 II 2 HeSOG; § 76 II 2 NdsSOG; § 63 II 2 NRWPolG; § 63 II 2 RPPOG; § 57 I S. 2 SlPolG; § 34 II SachsPolG; § 65 II 2 LSASOG; § 64 II 2 ThürPAG; zum Problem: *Jakobs*, DVBl. 2006, 83; *Lerche*, FS v. d. Heydte, 1977, S. 1033; *Mußgnug*, Das Recht des polizeilichen Schusswaffengebrauchs, 2001, S. 82 ff.
165 Gute Übersicht bei *Remmert*, in: MD, GG, Art. 19 Rn. 36 ff.; s.a. *Drews*, Die Wesensgehaltsgarantie des Art 19 II GG, 2005; *Schneider*, Der Schutz des Wesensgehalts von Grundrechten nach Art. 19 Abs. 2 GG, 1983.
166 Etwa: *Stern*, Staatsrecht III/2, § 85, S. 865.

Diese Auffassung **verhindert immerhin ein völliges Leerlaufen der Grundrechte**, wie es nach älterem deutschem Verfassungsrecht angeblich zulässig war. Sie berücksichtigt jedoch nicht, dass die Grundrechte als Ausprägungen der Menschenwürde nur dann Realität besitzen, wenn sie auch ihren Trägern zugute kommen. Freiheit ist nicht anders denkbar als Freiheit der Menschen. Das Recht auf Leben wäre demnach in seinem Wesensgehalt nicht angetastet, solange überhaupt noch Menschen in der Bundesrepublik leben.

536 Dem trägt die Gegenauffassung Rechnung, die bei dem subjektiven Recht als Bestimmungsfaktor des Wesensgehalts ansetzt. Danach stellt jede Grundrechtsnorm ein **subjektives Recht jedes einzelnen** Trägers dar. Die in der „objektiven Grundrechtsnorm" verbürgte Freiheit vermag sich nur dann zu realisieren, wenn diese Freiheit auch dem Berechtigten zugute kommt. So garantiert das Grundrecht nicht abstrakt „Recht auf Leben", sondern das Recht des A, B, C usw. auf Leben. Nach der „**absoluten Theorie**" darf das dem einzelnen Grundrechtsträger verbürgte subjektive Recht nicht zunichte gemacht werden. Danach ist also maßgeblich, welche Bedeutung dem Grundrecht nach seiner Einschränkung für den konkret betroffenen Grundrechtsträger noch zukommt[167].

Wenn ein Grundrechtsträger die verbürgte Freiheit in keiner Weise mehr ausüben kann, ist das Grundrecht in seinem Wesensgehalt tangiert. Diese Auffassung vermeidet die Schwächen der Gegenauffassung, vermag jedoch ein als Grenzfall anerkanntes Problem nicht zu lösen: Die lebenslängliche Unterbringung von gefährlichen unheilbar Geisteskranken in geschlossenen Anstalten. Sie wäre als Eingriff in den Wesensgehalt des Art. 19 II GG stets unzulässig.

537 Dagegen geht die „**relative Theorie**" davon aus, dass in den Wesensgehalt eines Freiheitsrechts erst dann eingegriffen sei, wenn das geschützte Rechtsgut stärker beeinträchtigt würde, als es zum **Schutz höherwertiger Rechtsgüter** erforderlich sei[168]. Im Falle einer Kollision mit besonders hochrangigen Rechtsgütern ist daher im Extremfall der völlige Entzug einer Freiheit gegenüber einzelnen Trägern zulässig. Im Normalfall reicht dagegen diese Definition des Wesensgehalts weiter als diejenige der „absoluten Theorie".

Nach dieser Formulierung wäre Art. 19 II GG weitgehend mit dem **Übermaßverbot**[169] identisch. Ihre Problematik liegt in der Vereinbarkeit mit dem Wortlaut der Bestimmung, wonach der Wesensgehalt „in keinem Falle" – und das heißt eigentlich: auch nicht zugunsten höherwertiger Rechtsgüter – eingeschränkt werden darf.

538 Die genannten Formeln legen nahe, dass die Problematik der Wesensgehaltsgarantie nicht mit allgemeinen Formeln, sondern vom konkreten Grundrecht her zu lösen sei. Hier legt Art. 2 II 1 GG den Gedanken nahe, dass das **Grundrecht auf Leben mit seinem eigenen Wesensgehalt identisch** ist. Der Mensch kann nur leben oder nicht leben, das Leben kann nicht eingeschränkt werden. Wenn zudem oft darauf abgestellt wird, dass Art. 19 II GG den Menschenwürdegehalt eines Grundrechts garantieren soll und die Menschenwürde ihrerseits kein Abstraktum, sondern konkretes Gut jedes

---

167 *Stein*, Staatsrecht, § 29 VI.
168 *Häberle*, Die Wesensgehaltsgarantie, 3. Aufl., 1983, S. 234 ff.; *Hesse*, Grundzüge, Rn. 332 f.
169 Dazu Rn. 552.

Menschen ist[170], so erscheint jede Tötung als Eingriff in den Wesensgehalt. Dies gilt umso so mehr, wenn das Leben an anderer Stelle stets als „höchster Wert" im Grundgesetz dargestellt wird.[171] Dies ist aber nicht das Leben im Allgemeinen, sondern das konkrete, einzelne menschliche Leben. Sieht man es so, so wäre der gezielte Todesschuss mit Art. 19 II GG unvereinbar.

> Dieser Schluss wird jedoch in der Praxis von nahezu niemandem gezogen. Ihm wird regelmäßig entgegen gehalten, dass Art. 2 II 3 GG schon seinem Wortlaut nach auch Einschränkungen des Rechts auf Leben zulasse. Dann könne aber nicht jeder Eingriff in dieses Grundrecht wegen Verstoßes gegen Art. 19 II GG unzulässig sein. Vielmehr wird regelmäßig darauf abgestellt, dass hier die Konstellation „Leben gegen Leben" vorliege und daher der Staat nur die „Wahl" habe, die Tötung des Täters oder des Opfers, des A oder der Geisel, in Kauf zu nehmen. Hier könne die Abwägung nur zu Lasten des A ausgehen. Die Praxis orientiert sich so an der relativen Theorie, welche die Wesensgehaltsgarantie als Abwägungskriterium ansieht.

Hier wirkt sich erneut die Grundrechtstheorie aus. Die Lehre von den Abwehrrechten **539** untersagt staatliche Eingriffe. Das bloße Geschehenlassen eines Vorgangs, welchen der Staat nicht verhindern kann, wäre demnach kein grundrechtlich relevantes Phänomen. Die Bedrohung der Geisel durch A wäre daher grundrechtlich irrelevant, sofern nicht aus Art. 1 I 2 GG besondere Schutzpflichten zugunsten der Geisel hergeleitet werden können.[172] Das Grundrecht würde lediglich das Verhältnis zwischen A und der Polizei determinieren. Darf hier die Polizei nicht in den Wesensgehalt eingreifen, so bleibt für „Abwägungen" kein Raum. Die von der Praxis zugrunde gelegte relative Theorie im Kontext der Wertordnungslehre ist nur aus den gesteigerten Abwägungsmöglichkeiten heraus erklärbar.

Viel diskutierte Problemfälle sind neben dem Todesschuss insbesondere die lebenslange Freiheitsstrafe[173] und die Sicherungsverwahrung.[174]

> Ein zusätzliches Problem stellt sich dann, wenn in einem Notfall **keine spezielle gesetzliche** **540** **Regelung** gilt, wie es etwa im Jahre 2001 für Konstellationen wie das Attentat auf das World-Trade-Center in Deutschland der Fall war. Für diese Fälle ist erwogen worden, **§§ 32, 34 StGB als Ermächtigungsgrundlagen** heranzuziehen. Die Bestimmungen aus dem Strafgesetzbuch sind Notrechte, die Einzelnen gegen rechtswidrige Beeinträchtigungen eigener oder bestimmter fremder Rechtsgüter zuerkannt sind, wenn staatliche Hilfe nicht rechtzeitig zu erlangen ist. Sie betreffen also das Verhalten der Menschen untereinander und nicht die Staat-Bürger-Beziehung. Demgegenüber normieren öffentlich-rechtliche Eingriffsermächtigungen spezielle Rechtsbeziehungen im Staat-Bürger-Verhältnis. Staatliche Maßnahmen gegenüber den Menschen sind nicht schon dann zulässig, wenn sich die

---

170 *Dürig*, AöR 81 (1956), 117 ff.
171 BVerfGE 39, 1, 42.
172 Dazu schon o. Rn. 370. Solche Schutzpflichten bejahen BVerfGE 39, 1, 42; 46, 160, 164; 56, 54, 73; 64, 261, 275, gerade für das Leben. Hier entsteht dann für die Staatsorgane die Abwägung von „Leben gegen Leben" als Abwägung eines Wesensgehaltes gegen einen anderen.
173 Zu ihr BVerfGE 45, 187; *Erichsen*, NJW 1976, 1721; *Kinzig*, JR 2007, 165; *Müller-Dietz*, Jura 1994, 72.
174 Zu ihr BVerfGE 109, 133; s.a. EGMR, NJW 2010, 2495; *Kett-Straub*, GA 2009, 586; *Laue*, JR 2010, 198.

Amtsträger nicht strafbar machen. Daher werden solche Bestimmungen gegenwärtig nicht mehr als staatliche Eingriffsbefugnisse anerkannt. Sie regeln allenfalls die Frage, ob eine Person – auch ein Amtsträger – wegen eines bestimmten Verhaltens strafrechtlich zur Verantwortung gezogen werden darf oder nicht.[175] Äußerste Zurückhaltung bei der Anwendung des § 34 StGB als Eingriffsermächtigung ist insbesondere angebracht, wenn dadurch tatbestandliche Grenzen einer speziellen Eingriffsermächtigung relativiert werden. Keineswegs dürfen gesetzgeberische Abwägungen, welche sich in restriktiver Tatbestandsfassung geäußert haben, durch einen pauschalen Rückgriff auf das Strafrecht „überwunden" werden. Denn der Zweck als „hoher Wert" heiligt nicht jedes Mittel.[176] **§ 34 StGB ist demnach keine taugliche Eingriffsermächtigung.** Unter Hinweis auf ihn kann die Wesensgehaltsgarantie daher weder beschränkt noch umgangen werden.

541 *Bitte beurteilen Sie nun den **Beispielsfall** (Rn. 534)!*

Im Beispiel zeigt sich die Schwierigkeit einer Abwägung von Leben gegen Leben. Dieses ist nach der Rechtsprechung stets gleichwertig: Es gibt kein höherwertiges, aber auch kein geringer wertiges Leben. Das die Passagiere im entführten Flugzeug möglicherweise „dem Tod geweiht" sind, schränkt daher den ihnen zustehenden Lebensschutz nicht ein. Aber auch die Zahl möglicher Opfer – eher weniger bei einem Flugzeugabsturz auf freiem Feld, möglicherweise viel mehr bei dem Einsturz eines Hochhauses nach Art des Word Trade Center – begründet keine höhere Schutzpflicht zugunsten der einen und zulasten der anderen. Eine solche Kollision gleichwertiger Güter ist gesetzlich praktisch kaum regelbar. Das BVerfG hat die Abschussermächtigung insoweit für grundgesetzwidrig erklärt, als sie auch Flugzeuge betrifft, in denen Passagiere sitzen. Soweit hingegen nur Entführer betroffen wären, wäre der Abschuss zulässig.[177]

Die zuletzt genannte Ausnahme deutet an, dass der Lebensschutz auch durch Art. 19 II GG jedenfalls nicht stets absolut und uneinschränkbar gewährleistet wird. Nach den bislang erkennbaren Formulierungen des BVerfG sind **Grundrechtseingriffe, welche zum vollständigen Grundrechtsverlust führen können, mit Art. 19 II GG vereinbar gegenüber Personen, welche den Eingriff durch rechtmäßiges und zumutbares Alternativverhalten vermeiden können oder hätten vermeiden können.**

Zur Vertiefung:

Hermes, Das Recht auf Schutz von Leben und Gesundheit, 1987; *Isensee*, Der grundrechtliche Konnex von Menschenleben und Menschenwürde, ZfL 2009, 114; *Kutscha*, Das Grundrecht auf Leben unter Gesetzesvorbehalt – ein verdrängtes Problem, NVwZ 2004, 801–804; *Müller-Terpitz*, Recht auf Leben und körperliche Unversehrtheit, in: HStR VII, § 147.

---

175 *Amelung*, NJW 1977, 833, 835 f.; *Böckenförde*, NJW 1978, 1881; grundlegend aus strafrechtlicher Sicht *Seebode*, FS Klug, 1983, S. 359; s.a.a. BGH NJW 1977, 2172; OLG München, NJW 1972, 2275; OLG Frankfurt, NJW 1975, 271; 1977, 859.
176 Ablehnend *Amelung*, NJW 1978, 623 f.
177 BVerfGE 115, 118; 153 ff. einerseits; BVerfGE 115, 118, 160 f. andererseits.

3. Das Übermaßverbot – Grundrechtsschutz der Privatsphäre

A ist wegen versuchten Totschlags in Untersuchungshaft genommen worden. Aus **542**
dem Gefängnis heraus schreibt er einen Brief an seine Eltern, in welchem er sich
bitter über das gegen ihn laufende Verfahren beklagt, seine Richter beschimpft
und die Gefängnisverwaltung hart angreift. Der Brief wird nach § 119 III StPO
kontrolliert und angehalten, obwohl sich A später bei den Richtern entschuldigt.
(nach BVerfGE 57, 170; zum Fall Rn. 553)

§ 119 III StPO:
„Dem Verhafteten dürfen nur solche Beschränkungen auferlegt werden, die der Zweck
der Untersuchungshaft oder die Ordnung in der Vollzugsanstalt erfordert."

Der Schutz der **Privatsphäre** ist im Grundgesetz auf mehrere Freiheitsrechte verteilt;
namentlich die Art. 13;[178] 10; 6 und 2 I GG.[179] Wenn die Schutzbereiche mehrerer
Grundrechte einschlägig sein können, liegt ein Fall der **Grundrechtskonkurrenz** vor. In
einem solchen Fall sind grundsätzlich sämtliche einschlägigen Rechte nebeneinander
anzuwenden. Dann gelten deren Rechtsfolgen unabhängig voneinander und nebeneinander. Ein Eingriff ist nur verfassungsgemäß, wenn er keinem der zu prüfenden
Rechte widerspricht. Ausnahmsweise gilt demgegenüber das Verhältnis von **Spe-
zialität** und Generalität: Anwendbare Spezialfreiheitsrechte gehen dem Art. 2 I GG,
spezielle Gleichheitsrechte dem Art. 3 I GG vor.

Art. 10 GG garantiert das **Brief-, Post- und Fernmeldegeheimnis**[180]. Das Grundrecht **543**
schützt private Kommunikation vor staatlichem Eindringen. Es steht allen Beteiligten
des Kommunikationsvorgangs zu. Jeder Einzelne von ihnen ist geschützt vor der
Kenntnisnahme, ob eine Sendung an ihn gerichtet ist, von wem sie stammt und was
ihr Inhalt ist. Art. 10 GG schützt die **Vertraulichkeit der Kommunikation**, nicht deren
Stattfinden. Es setzt also Post- und Fernmeldeverkehr voraus, einen Benutzungs- oder
Beförderungsanspruch begründet das Grundrecht nicht. Eine Kenntnisnahme ist nur
insoweit zulässig, als sie zur Beförderung der Sendung unausweichlich ist. Insbesondere ist sie unzulässig durch die Polizei und die Nachrichtendienste. Auch darf der
Fernsprechverkehr nicht allgemein registriert werden, etwa durch EDV-Aufzeichnun-
gen von Absendern oder Empfängern. Da das Grundrecht allen Beteiligten zusteht,
genügt es auch nicht, dass lediglich ein Beteiligter einem Eingriff zustimmt, um den
Schutz aufzuheben. Vielmehr müssen alle Beteiligten einwilligen.

Das gilt etwa für **Fangschaltungen** zur Ermittlung von Anrufern[181] oder für die Einzelauf-
zeichnung von Ferngesprächen zu Abrechnungszwecken. So genügt es nicht, dass der An-
rufer verlangt, alle seine Gespräche sollen nach Zeit und Adressat aufgezeichnet werden,
um die Abrechnung zu erleichtern Vielmehr muss auch der Angerufene einwilligen, was
regelmäßig vorher gar nicht möglich ist.

---

178 S. dazu Rn. 347 ff.
179 Dazu Rn. 487 ff.
180 Zum Post- und Fernmeldegeheimnis grundlegend BVerfGE 67, 157, 171 f.; *Gusy*, JuS 1986,
     89. S.a. BVerfGE 106, 28; 113, 348; 115, 166.
181 BVerfGE 85, 386, 395 ff.

544 Art. 10 GG gilt für alle Sendungen unabhängig davon, ob sie dem Postmonopol unterliegen oder nicht oder ob sie von der Deutschen Bundespost POSTDIENST oder einer anderen Einrichtung befördert werden. Bei Beförderung durch staatliche Unternehmen (s. Art. 143b II GG) gilt das Postgeheimnis gem. Art. 1 III GG unmittelbar, im Bereich privater Dienstleister kommen Drittwirkung bzw. Schutzpflichten[182] aus den Grundrechten zur Anwendung.

- **Post** ist das Versenden einer verschlossenen oder unverschlossenen Sache an einen Empfänger, solange sich die Sendung im Bereich des Postunternehmens befindet;
- **Brief** ist schriftliche Kommunikation mit einem Dritten;
- **Fernmeldeverkehr** ist die Übermittlung von Kommunikation an einen Dritten auf elektronischem Wege, also auch mittels E-Mail oder SMS.

   Dabei kann es zu Mischformen (Telegramm) kommen, die nebeneinander Brief- und Fernmeldeverkehr sein können. Das Briefgeheimnis ist über den Versand hinaus geschützt, also schon vor der Einlieferung und nach der Auslieferung. Für bloße Warensendungen gilt das nicht. Geschützt sind sowohl die **Inhalte der Kommunikation**, also etwa der Inhalt eines Briefes, wie auch deren Stattfinden, also die sog. **Verbindungsdaten**. Dazu zählen etwa die Beteiligten, das Stattfinden des Kontakts, der Zeitpunkt und die Häufigkeit; nicht dagegen der Standort eines Handys.[183] Dabei wird überwiegend kein grundsätzlicher Unterschied zwischen den unterschiedlichen Dimensionen angenommen: Der Inhalt ist also nicht prinzipiell besser geschützt als die Verbindungsdaten.

545 Ein Grundrechtseingriff findet statt, wenn der Inhalt oder das Stattfinden von Kommunikation beim Beförderer oder während des Beförderungsvorgangs durch die öffentliche Hand zur Kenntnis genommen und ggf. registriert werden. Dazu kann auch zählen, dass die Verbindungsdaten bei den Dienstbetreibern auf staatliche Anordnung aufgezeichnet und vorgehalten werden (sog. **Vorratsdatenspeicherung**).[184] Nicht hierher zählt dagegen die Beschlagnahme eingegangener Briefe beim Empfänger oder das Ablesen seiner Telefonate auf seinem Handy.[185] **Art. 10 GG schützt die Vertraulichkeit des Kommunikationsvorgangs, nicht des Kommunikationsergebnisses**. Dieses kann allerdings dem Schutz der informationellen Selbstbestimmung (Art. 2 I GG) unterfallen.[186] Auch das spätere Übermitteln des Inhalts an Dritte stellt einen mittelbaren Folgeeingriff dar, welcher besonderen Beschränkungen unterliegt: Was nur unter rechtlich eingeschränkten Bedingungen zur Kenntnis genommen werden darf, darf auch nur unter rechtlich eingeschränkten Bedingungen genutzt und Dritten zugänglich gemacht werden.[187] Hier überschneiden sich partiell die Schutzbereiche des Art. 10 I GG und des Art. 2 I GG.

Das Grundrecht des Art. 10 GG unterliegt nach Art. 10 II 1 GG dem allgemeinen **Gesetzesvorbehalt**, der insbesondere in §§ 99 ff. StPO für das Strafverfahren,[188] im

---

182 Dazu o. Rn. 497.
183 BVerfG, NJW 2007, 351, 353 f.
184 Dazu BVerfGE 121, 1; BVerfG, NJW 2010, 833.
185 BVerfGE 115, 166, 181 ff.
186 Dazu o. Rn. 550.
187 BVerfGE 100, 313, 360 f.; 109, 279, 374 ff.; BVerfG, NJW 2010, 833, 842 u.ö.
188 Zum Polizeirecht BVerfGE 113, 348.

G-10 für die Nachrichtendienste sowie im Abgaben- und Insolvenzrecht konkretisiert ist. Dessen Anwendung unterliegt allerdings wegen der Nähe des Post- und Fernmeldegeheimnisses zur Privatsphäre strikten Grenzen im Einzelfall. Da die Eingriffe für die Betroffenen zugleich schwerwiegend sowie vorab (und zumeist auch nachher) nicht erkennbar sind, unterliegen sie einem **Richtervorbehalt**.[189]

Art. 6 GG schützt **Ehe und Familie** als besondere Ausprägungen der Privatsphäre und stellt sie unter den „besonderen Schutz„ der staatlichen Ordnung. Schutzbereich und Rechtsfolgen des Art. 6 GG begründen spezielle Rechtsfragen: „Ehe" und „Familie" sind nicht tatsächlich vorhanden, namentlich erstere wird unter staatlicher Mitwirkung erst rechtlich begründet. Inwieweit solche rechtlich notwendigen Grundrechtsvoraussetzungen mitgarantiert sind, ist umstritten. Die Diskussion steht unter dem Stichwort **„institutioneller Gehalt des Art. 6 GG"** in Anlehnung an die Grundrechtstheorie der institutionellen Garantien[190]. Daneben stellt sich die Frage, was mit dem **„besonderen Schutz"** in Art. 6 GG gemeint ist. Ist dieser ein Freiheits-, ein Leistungs- oder ein sonstiges Recht? Sodann ist das Verhältnis zwischen der „institutionellen Garantie" und diesen besonderen Rechtsfolgen sowie etwa vorhandenen grundrechtlichen Freiheitsansprüchen durch Abwehrrechte schwierig zu bestimmen. **546**

Ehe ist ein rechtlich sanktioniertes Zusammenleben zwischen Mann und Frau.[191] Wie sie sanktioniert, also von Rechts wegen geschlossen, und wie sie gesetzlich ausgestaltet wird, unterliegt der Gestaltungsfreiheit des Gesetzgebers, der durch Art. 6 I GG insoweit kaum gebunden ist. Die Rechtsprechung geht von mehreren Grundsätzen aus: **547**

- **Gleichberechtigung** von Mann und Frau in der Ehe[192] aus Art. 3 II GG; Art. 5 des 7. Zusatzprotokolls zur EMRK.
- **Freiheit der Eheschließung**, also insbesondere der Partnerwahl,[193] nichteheliche Lebensgemeinschaften sind in Art. 2 I GG geschützt.[194]
- Freiheit der Ausgestaltung der ehelichen Beziehungen zwischen den Ehegatten.[195]
- **Möglichkeit des Zusammenlebens** der Ehegatten; der Staat darf also die eheliche Gemeinschaft nicht trennen oder unmöglich machen. Ausländer, die mit Deutschen verheiratet sind, dürfen nur unter Beachtung der Grenzen des Art. 6 GG ausgewiesen werden.[196]
- Wechselseitige **Unterhaltsansprüche und -verpflichtungen**.[197] Diese können vom Gesetzgeber aus- und umgestaltet werden. Dabei ist insbesondere zu berücksichtigen, dass auch die Ehescheidung einen Unterhaltsanspruch nicht hindert, sofern dafür beson-

---

189 BVerfGE 120, 274, 331 ff.
190 Zu dieser Theorie o. § 9 II. Zum Folgenden grundlegend *Campenhausen/Steiger*, VVDStRL 45, S. 7/55; Überblick bei *Gusy*, JA 1986, 183.
191 BVerfGE 53, 224. Nichteheliche Lebensgemeinschaften unterfallen nicht dem Schutz des Art. 6 GG (BVerfGE 9, 20, 34 f.; 36, 146, 165), sondern demjenigen des Art. 2 I GG.
192 BVerfGE 47, 85, 100.
193 BVerfGE 29, 166, 175; 31, 58, 69 ff. für Ehen mit Ausländern.
194 BVerfGE 82, 6, 16; 87, 234, 267.
195 BVerfGE 11, 64, 69; 12, 151, 165; 39, 169, 183; 48, 327, 338; 80, 81, 92.
196 BVerfGE 51, 386. Zum Familiennachzug BVerfGE 76, 1, 41 ff.; *Hailbronner*, FamRZ 2008, 1583; *Kingreen*, ZAR 2007, 13; *Weber*, NJW 1983, 1225.
197 Grundlegend BVerfGE 47, 85; 53, 224, 250 ff.

dere Gründe vorliegen. Im Grundsatz gilt: Was zusammen erworben ist, ist zu verteilen; was an Unterhaltsansprüchen nach der Ehescheidung bestehen kann, ist nach Billigkeitskriterien zu entscheiden. Hier kommt der Legislative Gestaltungsfreiheit zu.

– Besonderer **Schutz der ehelichen Privatsphäre**, etwa gegen staatliche Ausforschung, Ermittlungshandlungen u.a.[198]

– (Eingeschränkte) Auflösbarkeit der Ehe. Die grundsätzliche Auflösbarkeit ist nicht in Art. 6 I GG, sondern durch Art. 2 I GG garantiert. Die Auflösbarkeit hat der rechtlichen Stabilität der Ehe Rechnung zu tragen. Sie ist nur unter erschwerten Umständen zulässig, wenn sie mit einer ganz besonderen Härte verbunden ist.[199]

548 Der Schutz der **Familie** umfasst die **Gemeinschaft von Eltern mit ihren Kindern**, also die Kleinfamilie. Dazu zählen auch Adoptivkinder, Alleinerziehende mit Kindern und unverheiratet Zusammenlebende mit ihren gemeinsamen Kindern. Im Gegensatz zu älteren Auslegungen setzt demnach „Familie" keine „Ehe" mehr voraus. Die Rechtsprechung geht vom juristischen hin zum materiellen Familienbegriff. Zu der Familie zählt auch das Verhältnis zwischen Eltern und ihren erwachsenen Kindern. Der Familienschutz umfasst insbesondere das **Erziehungsrecht der Eltern** (Art. 6 II GG). Dieses ist zugleich Recht und Pflicht: Es findet seinen maßgeblichen Bezugspunkt und daher seine inhaltliche Richtschnur in dem Ziel des „**Kindeswohls**" welches in Art. 6 III; 2 I GG geschützt ist. Dieser Bezugspunkt ist nicht Schranke, sondern Inhalt des Erziehungsrechts. Dessen Grenzen sind in Art. 6 III GG näher genannt.

Das Erziehungsrecht der Eltern begründet Probleme insbesondere bei der Abgrenzung zur **staatlichen Schulhoheit** in Art. 7 GG. Hier stehen sich zwei Ansichten gegenüber. Entweder werden beide Sphären voneinander getrennt und bezeichnen tatsächlich Verschiedenes, wobei die Abgrenzung schwierig ist.[200] Oder aber sie bezeichnen eine „gemeinsame Verantwortung von Staat und Eltern für das Kindeswohl", wobei der Bereich der Schule immer weiter ausgedehnt wird und umgekehrt durch Mitwirkungsrechte der Eltern in der Schule kompensiert werden soll. Dieser Tendenz folgt insbesondere die Schulgesetzgebung der Länder.

549 Art. 6 I GG stellt Ehe und Familie unter den „**besonderen Schutz**" der staatlichen Ordnung. Darin liegt zunächst ein Schutzauftrag; also der über ein bloßes Eingriffsverbot hinaus reichende Auftrag zur Schaffung und Durchsetzung einer rechtlichen Ordnung zu diesem Zweck. Schwieriger zu bestimmen ist allerdings die Frage nach dem „Besonderen" des Schutzes. Darin liegt gewiss ein **Diskriminierungsverbot** gegenüber anderen Lebensgemeinschaften, etwa der nicht-ehelichen Lebensgemeinschaft oder der gleichgeschlechtlichen Lebenspartnerschaft. Ob daraus notwendig die verfassungsrechtliche Pflicht zur Schaffung eines Ehegattensplittings im Steuerrecht hergeleitet werden kann, ist allerdings in jüngerer Zeit wieder umstritten. Ob der „besondere Schutz" darüber hinaus ein grundgesetzliches **Privilegierungsgebot zugunsten**

---

198 Zur Ehe als besonders geschütztes Vertrauensverhältnis vgl. BVerfGE 21, 329, 353; 35, 35, 40; NStZ 1992, 558; Gusy, JA 1986, 183.

199 BVerfGE 55, 134, 141 ff.

200 Eingehend *Schmitt-Kammler*, Elternrecht und schulisches Erziehungsrecht nach dem GG, 1983. S.a. *Bumke*, NVwZ 2005, 519; *Heinz*, NWVBl 2007, 128.

von Ehe und Familie und damit ein Schlechterstellungsgebot für andere Lebensgemeinschaften begründen kann, ist erst recht strittig.[201]

Der Schutz der **Privatsphäre** im Grundgesetz reicht über Art. 6, 10 GG hinaus und **550**
wird in hohem Maße durch Art. 2 I GG thematisiert. Umfasst dieser alle Freiheiten,
die durch andere Grundrechte nicht besonders garantiert worden sind, so gilt dies
auch für die Privatsphäre. Dazu zählen insbesondere.[202]

- – das Recht auf Schutz gegen staatliche Befragung. Dieser Schutz, der insbesondere den
  Antwortzwang betrifft, ist vom Bundesverfassungsgericht als „informationelle Selbstbestimmung" anerkannt[203].
- – das Recht auf Schutz vor staatlicher Ermittlungstätigkeit. Dies gilt für jede staatliche
  Tätigkeit, die selbst auf die Erlangung von Informationen gerichtet ist, also etwa er-
  kennungsdienstliche Behandlung, hoheitliche Ermittlungs- oder Erkundigungsmaß-
  nahmen oder Observationen[204].
- – das Recht auf Schutz der eigenen personenbezogenen Daten im staatlichen Bereich.
  Hier gilt der Grundsatz der Zweckbindung: Daten, die zu bestimmten Zwecken erhoben worden sind, dürfen auch nur zu diesen Zwecken verwendet werden. Ausnahmen
  davon sind gesetzlich zu regeln. Im Netz gilt der Grundrechtsschutz der Integrität und
  Vertraulichkeit informationstechnischer Systeme insbesondere gegen Ausspähung und
  Erstellung umfassender Persönlichkeitsbilder.[205]

Die **Grenzen des Grundrechtsschutzes der Privatsphäre** folgen den jeweils einschlä- **551**
gigen Grundrechtsgarantien. Während hier Art. 10 II; 2 I GG einen umfassenden
Gesetzesvorbehalt begründen, kennt Art. 6 GG außerhalb der Spezialnorm des
Art. 6 III GG keine expliziten Schrankenbestimmungen. Insoweit können allein verfassungssystematische Einschränkungen zugunsten kollidierender Belange Dritter
oder der Allgemeinheit einschlägig sein, soweit diese im Grundgesetz näher geschützt
sind.[206]

Solche Gesetze sind allerdings nicht unbegrenzt zulässig. Sie müssen vielmehr ihrer- **552**
seits dem **Übermaßverbot** Rechnung tragen. Diese praktisch wichtigste Grenze gegenüber Freiheitseingriffen untersagt Grundrechtsbeschränkungen, die einschneidender
wirken, als durch ihr Ziel geboten ist. Trotz seiner inzwischen unbestrittenen Geltung
besteht über die verfassungsrechtlichen Grundlagen des im Grundgesetz nicht erwähnten Übermaßverbotes kein Konsens.

---

201 Dafür *Badura*, in: MD, GG, Art. 6 Rn. 68; *Burgi*, Der Staat 2000, 487, 502 ff.; *Gröschner*,
 in: Dreier, GG, Art. 6 Rn. 42. Dagegen *Richter*, in: Alternativkommentar zum GG, Art. 6
 Rn. 42; *Strick*, DEuFamR 2000, 82.
202 S. schon o. Rn. 542. Überblick bei *Di Fabio*, in: MD, GG, Art. 2 Rn. 149 ff. S.a. *Baldus*, JZ
 2008, 218; *Horn*, in: HStR VII, § 149; *Volkmann*, AnwBl 2009, 118.
203 BVerfGE 65, 1, 41 ff.; s. schon vorher BVerfGE 27, 1, 6 ff.; zur Entwicklung der Rechtsprechung *Gusy*, VerwArch 1983, 91.
204 Zur polizeilichen Datenverarbeitung *Petri*, in: Lisken/Denninger, Handbuch des Polizeirechts, S. 825 ff. S.a. *Kutscha*, in: Möller, Wörterbuch der Polizei, S. 433 ff.
205 BVerfGE 65, 1; 115, 320; 120, 274; dazu *Gusy*, DuD 2009, 33; *Hoffmann-Riem*, JZ 2008,
 1009.
206 Dazu o. Rn. 526 ff.

Partiell wird das **Rechtsstaatsprinzip** als Grundlage dieses Verbots angesehen.[207] Diese Auffassung steht in Übereinstimmung mit der Tatsache, dass sich das Übermaßverbot im Polizeirecht des Liberalismus entwickelt hat. Nach der im 19. Jh. entwickelten Konzeption der Grundrechte sollte die Exekutive, insbesondere die Polizei, zu Freiheitseingriffen nach Maßgabe der Gesetze nur im Rahmen des Übermaßverbotes berechtigt sein. Diese Grenze der staatlichen Befugnisse wurde unter der Geltung des Grundgesetzes von den Gerichten ausdifferenziert und auf die Gesetzgebung ausgeweitet. Als weitere Grundlage des Übermaßverbotes wurden die **Freiheitsrechte**, der allgemeine Gleichheitssatz sowie Art. 19 II GG in seiner relativen Interpretation genannt. Danach müssen verfassungsrechtlich geschützte Werte im Falle von Kollisionen unter dem Aspekt „**praktischer Konkordanz**" in der Weise harmonisiert werden, dass jedes Gut trotz möglicherweise vorhandener formaler Widersprüche möglichst weitgehend verwirklicht wird. Im Falle von Kollisionen darf der vorrangige Wert den nachrangigen nur insoweit zurückdrängen, als dies notwendig ist. Keineswegs darf der „sachliche Grundwertgehalt" des nachrangigen Wertes völlig beseitigt werden.[208]

> Diese Auffassung basiert auf der Wertordnungslehre, die in allen Grundrechten „objektive Werte" sieht. Danach ist das Übermaßverbot die maßgebliche Leitlinie für die Zuordnung aller im Grundgesetz garantierten Werte. Geltungsweise und **Inhalt des Übermaßverbotes** sind jedoch weitgehend unabhängig vom Streit über dessen verfassungsrechtliche Grundlage. Nach allgemeiner Ansicht gilt das Übermaßverbot gegenüber Gesetzgebung, Exekutive und Rechtsprechung in doppelter Weise: Zunächst ist der **Gesetzgeber bei der Normsetzung an das Übermaßverbot als Schranke der Grundrechtseingriffe gebunden.** Sodann werden **Verwaltung und Gerichte bei der Anwendung der Gesetze gleichfalls durch das Übermaßverbot verpflichtet.** Dieses Prinzip ist daher häufig zweifach zu berücksichtigen. Die Rechtsfolgen des Übermaßverbotes sind durch eine lange Rechtsprechungstradition weitgehend geklärt.

553 Danach dürfen Grundrechte nicht in stärkerem Maße eingeschränkt werden, als es zur Verfolgung eines legitimen öffentlichen Zwecks **geeignet**, **erforderlich** und **verhältnismäßig** ist.

Voraussetzung für jede Grundrechtseinschränkung ist demnach, dass diese der Verwirklichung eines **legitimen öffentlichen Zwecks** dient. Während ein solcher Zweck Verwaltung und Rechtsprechung durch verfassungskonforme Gesetze bereits vorgegeben ist, ist die Legislative bei der Zweckauswahl infolge ihrer politischen Gestaltungsfreiheit freier. Keineswegs ist sie durch die Notwendigkeit der Verwirklichung eines legitimen öffentlichen Zwecks auf die Verfolgung solcher Ziele festgelegt, die verfassungsrechtlich angeordnet oder geboten sind. Vielmehr kann der Gesetzgeber die Zweckauswahl unter allen öffentlichen und privaten Belangen vornehmen, die ihm schützenswert erscheinen. Insoweit ist er ungebunden. „**Legitim**" **ist der Zweck eines Gesetzes, wenn er verfassungsgemäß ist**, also nicht gegen das Grundgesetz ver-

---

207 BVerfGE 2, 1, 79.
208 Auf dieser Grundlage ergibt sich eine von der hier vorgestellten partiell abweichende Konzeption des Übermaßverbotes als Abwägungsmaxime; dazu grundlegend *Hirschberg*, Der Grundsatz der Verhältnismäßigkeit, 1981; *Lerche*, Übermass und Verfassungsrecht, 1961.

stößt. Ein Verstoß kann sich etwa aus den Gleichheitssätzen, dem Verbot des Angriffskriegs (Art. 26 I GG) oder Grundrechten Dritter herleiten lassen.

*Bitte wenden Sie dieses Kriterium auf den **Beispielsfall** (Rn. 542) an!*

> Die Aufrechterhaltung der Sicherheit und Ordnung in der Haft dient dazu, den Vollzug von Untersuchungs- und Strafhaft überhaupt erst zu ermöglichen. Da solche Maßnahmen im Rahmen der Strafrechtspflege notwendig sind und durch das Grundgesetz zumindest nicht untersagt werden, handelt es sich insoweit um einen legitimen öffentlichen Zweck.

554 Verfassungsgemäß ist ein Eingriff zu einem derartigen Zweck nur, wenn er zu dessen Verfolgung geeignet ist. Die **Geeignetheit** liegt stets vor, wenn durch den Grundrechtseingriff der legitime öffentliche Zweck gefördert wird.[209] Keineswegs muss die angeordnete oder getroffene Maßnahme das Mittel sein, das am besten geeignet ist. Es genügt, dass der **öffentliche Zweck überhaupt eine Förderung erfahren kann**.

*Bitte wenden Sie dieses Kriterium auf den **Beispielsfall** (Rn. 542) an!*

> Das Bundesverfassungsgericht begründet die Eignung damit, dass sich andernfalls der Absender gegenüber Mithäftlingen seiner Ausführungen rühmen könnte. Dies wird allerdings durch ein Kontrollieren des Briefes nicht gehindert. Überhaupt sind Eingriffe in die Privatsphäre zur Verfolgung legitimer öffentlicher Belange kaum je geeignet. Da das Private nur in sehr eingeschränktem Maße ins Öffentliche hineinwirkt, darf umgekehrt auch das Öffentliche grundsätzlich nur in eingeschränktem Maße in das Private hineinwirken. Ist das Private so weitgehend öffentlichkeitsfest, so ist der Bereich privater Lebensgestaltung Grundrechtseinschränkungen kaum zugänglich.

555 Neben der Geeignetheit muss der Grundrechtseingriff zur Verfolgung des legitimen Zwecks erforderlich sein.[210] Das Gebot der **Erforderlichkeit**, das auch „**Gebot des mildesten Mittels**" genannt wird, verlangt, dass kein weniger eingreifendes Mittel zur Verfügung steht, mit dem **derselbe Zweck** erreicht werden könnte. Gesetzgeber, Verwaltung und Rechtsprechung sind demnach gehalten, zur Verfolgung ihrer Ziele das mildeste Eingriffsmittel, das ihnen zur Verfügung steht, einzusetzen. Eine Minderung der Effektivität der Maßnahme braucht jedoch nicht einzutreten. Weniger schwere Eingriffe, die das konkret angestrebte Ziel nur partiell verwirklichen würden, dürfen nicht in Ansatz gebracht werden.

> Insoweit ist die Terminologie „Erforderlichkeit" deutlicher als das „Gebot des mildesten Mittels". Dabei besteht weitgehend die Tendenz, die Schwere des Eingriffs ausschließlich anhand der Beeinträchtigungen des jeweils tangierten Grundrechts zu messen. Die Zahl der davon betroffenen Personen wird kaum je in Ansatz gebracht. Demnach werden die Belange Weniger nicht hinter denjenigen großer Gruppen oder der Allgemeinheit zurückgesetzt.

*Bitte wenden Sie dieses Kriterium auf den **Beispielsfall** (Rn. 542) an!*

> Sofern die Kontrolle – mit der Möglichkeit des Anhaltens – des Briefes tatsächlich als geeignet angesehen wird, ist kaum ein milderes Mittel denkbar, um denselben Effekt zu erreichen. Geeignetheit und Erforderlichkeit hängen vielfach eng zusammen, zumal die Erforderlichkeit gerade an dem konkreten Zweck, zu welchem die Maßnahme geeignet sein soll, zu messen ist.

---

209 BVerfGE 30, 292, 316; 33, 71, 187.
210 BVerfGE 39, 165.

556 Darüber hinaus muss der Freiheitseingriff verhältnismäßig sein[211]. Die **Verhältnismäßigkeit** fordert, dass durch die Freiheitsbeschränkung verursachte Nachteile die durch die Verfolgung des legitimen öffentlichen Zwecks erzielten Vorteile nicht wesentlich überwiegen. Zu ihrer Feststellung ist daher eine **Zweck-Mittel-Relation** aufzustellen, um zu prüfen, ob die öffentlichen Zwecke den Nachteil des Mittels legitimieren. Diese Relation wird insbesondere zumeist im Wege der **Güterabwägung** vorgenommen. Die Anwendung dieses Prinzips weist jedoch ungeachtet seiner unstrittigen Anerkennung mehrere dogmatische Schwächen auf, welche Prognostizierbarkeit und Begründbarkeit von Entscheidungen erheblich mindern können.

> Ein Eingriff in ein Grundrecht, das notwendig Verfassungsrang hat, tangiert ein hohes Rechtsgut. Daraus könnte die Forderung hergeleitet werden, wonach auch der mit dem Eingriff verfolgte Zweck Verfassungsrang haben müsse, um die Nachteile des Mittels bei der Abwägung auf verfassungsrechtlicher Ebene zu kompensieren. Tatsächlich finden sich Tendenzen, die fordern, dass jeder Freiheitseingriff durch einen verfassungsrechtlich geschützten Zweck legitimiert sein müsste. Dem entspricht eine Tendenz, die gesamte **staatliche Sozialgestaltung als Ausprägung der grundgesetzlichen Wertordnung** anzusehen. Sofern sich keine explizit geschriebenen Werte finden lassen, werden die „Funktionsfähigkeit der Staatsgewalt" oder ihre Effektivität herangezogen. Eine solche Lehre würde die Anforderungen an die Einschränkbarkeit der Freiheitsrechte ohne eigenen Gesetzesvorbehalt[212] auf alle Grundrechte übertragen. Solche Voraussetzungen würden die gesetzgeberische Gestaltungsfreiheit auf den Nachvollzug mehr oder weniger expliziter Verfassungsaufträge reduzieren. Darüber hinaus ergäbe sich die Gefahr, dass jeder Zweck in einen verfassungsrechtlich geschützten Belang uminterpretiert würde, um so Politik nicht übermäßig zu hemmen. Eine derartige Vermengung der Kompetenzen von Legislative und Rechtsprechung („Politisierung der Gerichte" oder „Verrechtlichung der Politik") brächte erhebliche Gefahren für Verfassung und Politik mit sich. Insbesondere bei der Anwendung des Verhältnismäßigkeitskriteriums gegenüber Gesetzen ist daher größte Vorsicht geboten. Die Rechtsprechung betont hier vielfach den „**Gestaltungsfreiraum der Politik**",[213] ohne dass verfassungsrechtliche Relevanz hinreichend eindeutig erkennbar wäre.

557 Daneben können weitere Unsicherheiten auftreten. In der klassischen **Grundrechtseingriffsdogmatik** war die Zuordnung noch relativ eindeutig: Hier galt abstrakt die Freiheit als vorrangig, während konkret – also im Hinblick auf einzelne Gesetze oder Verwaltungsmaßnahmen – der Vorrang der von ihnen zu schützenden Güter gegenüber dem Freiheitsschutz nachzuweisen ist. Komplexer wird die Abwägung in anderen grundrechtlich relevanten Fallkonstellationen, wenn etwa **zwei Grundrechte gegeneinander abzuwägen** sind. Hier kann nur selten eine abstrakte Vermutung des Vorrangs einer Freiheit gegenüber der anderen behauptet werden. Ist dies nicht möglich, so müssen zunächst beide kollidierenden Freiheiten wertmäßig festgelegt werden, um sodann eine Feststellung ihres Vor- oder Nachrangs zu ermöglichen. Jene Festlegung wird aber auch einzelfallbezogen vorgenommen (Welches Grundrecht ist in stärkerem Maße eingeschränkt?) und ist daher im Vorhinein wenig prognostizierbar. Die Schwankungen der Praxis etwa im Hinblick auf die Kollision von Meinungsfreiheit und Persönlichkeitsrechten[214] sind hierfür ein illustra-

---

211 BVerfGE 10, 117; 35, 382, 401; 38, 281, 302; 69, 11, 35; 76, 1, 51.
212 Dazu o. Rn. 526 ff.
213 Dazu exemplarisch *Bräunig*, Die Gestaltungsfreiheit des Gesetzgebers in der Rechtsprechung des Bundesverfassungsgerichts zur deutschen Wiedervereinigung, 2007.
214 Dazu schon o. Rn. 512.

tives Beispiel. Die beiden Konstellationen unterscheiden sich dermaßen voneinander, dass von zwei unterschiedlichen Erscheinungs- und Anwendungsformen des Übermaßverbots gesprochen wird.

Die Unsicherheiten bei der Konkretisierung des Verhältnismäßigkeitsgebots schlugen sich in der vorliegenden Entscheidung in vollem Umfang nieder. Dabei war die Berücksichtigung der Grundrechte der Gefangenen zentraler Diskussionsgegenstand.

*Bitte wenden Sie das Verhältnismäßigkeitsgebot auf den **Beispielsfall** (Rn. 542) an!* **558**

> „Für die seelische Stabilisierung auch von erwachsenen Familienmitgliedern gewinnt das Eltern-Kind-Verhältnis in Krisensituationen der Persönlichkeit erhöhte Bedeutung. Die Familie gewährt den von öffentlicher Kontrolle freien Raum für eine entlastende Selbstdarstellung; sie trägt auch zur Erhaltung der Fähigkeit zu gesellschaftlicher Integration der Person bei. [...] Die Verfassungsgarantien (von Ehe und Familie) verlangen, bei der Bewertung der brieflichen Äußerungen eines Untersuchungsgefangenen die Bedeutung des Eltern-Kind-Verhältnisses, wie es sich im konkreten Fall darstellt, zu berücksichtigen und alle Feststellungen, die der richterlichen Antwort auf die entscheidende Frage nach der Gefährdung der Anstaltsordnung zugrunde liegen, im Lichte der angesprochenen Grundrechte zu würdigen. [...] Im vorliegenden Fall ist nicht auszuschließen, dass (die beteiligten Staatsorgane) bei der Beurteilung der Frage, ob eine konkrete Gefährdung der Anstaltsordnung durch den Brief zu besorgen war, bei Anwendung des dargelegten verfassungsrechtlichen Maßstabs zu einer anderen rechtlichen Würdigung gelangt wäre(n)." (BVerfGE 57, 170, 178–180).[215]

Die **Anwendung des Übermaßverbots** gestaltet sich in Rechtsprechung und Rechtswissenschaft demnach wie folgt: **559**

– **Feststellung des Zwecks** der zu beurteilenden Maßnahme. Dieser Zweck ergibt sich regelmäßig durch Auslegung der zu beurteilenden Gesetze, Verwaltungsmaßnahmen oder Gerichtsentscheidungen.

– **Prüfung der „Legitimität", d.h. der Vereinbarkeit dieses Zwecks mit dem Grundgesetz.** Ist der Zweck eines Gesetzes durch das Grundgesetz nicht verboten, so ist er ein legitimer öffentlicher Zweck. Verwaltungs- oder Gerichtsentscheidungen müssen zusätzlich mit den sie bindenden Gesetzen und sonstigen Rechtsnormen (Art. 20 III GG) vereinbar sein.

– **Prüfung der Geeignetheit** der Maßnahme. Die Maßnahme muss überhaupt den legitimen öffentlichen Zwecks fördern. Nicht erforderlich ist, dass dieser durch die Maßnahme erreicht wird oder dass sie das einzige oder beste Mittel darstellt, diesen Zweck zu verwirklichen oder zu fördern.

– **Prüfung der Erforderlichkeit** der Maßnahme. Dabei ist zu prüfen, ob derselbe Effekt durch ein milderes Mittel erreicht werden kann.

– **Prüfung der Verhältnismäßigkeit** der Maßnahme. Hier ist eine Abwägung zwischen dem geförderten legitimen öffentlichen Zweck einerseits sowie den Nachteilen, welche die konkrete Maßnahme bewirkt hat, andererseits vorzunehmen.

Zur Vertiefung:

Zur Privatsphäre:

Benda, Menschenwürde und Persönlichkeitsrecht, in: HVerfR, S. 161; *Kutscha*, Mehr Datenschutz – aber wie?, ZRP 2010, 112; *Ladeur*, Zulässigkeit der Veröffentlichung perso-

---

215 So schon BVerfGE 35, 35, 39 f.; 42, 234, 236 f.; 90, 255, 259 ff.; Überblick bei *Gusy*, FS Bemmann, 1997, S. 673 ff.

nenbezogener Daten von Lehrern im Internetportal www.spickmich.de, JZ 2009, 966; *Martini*, Das allgemeine Persönlichkeitsrecht im Spiegel der jüngeren Rechtsprechung des Bundesverfassungsgerichts, JA 2009, 839; *Horn*, Schutz der Privatsphäre, in: HStR VII, § 149.

Zur Verhältnismäßigkeit:

Kloepfer, Die Entfaltung des Verhältnismäßigkeitsprinzips, in: FS 50 Jahre BVerwG (2003), S. 329; *Kraft*, Der Grundsatz der Verhältnismäßigkeit im deutschen Rechtsverständnis, BayVbl. 2007, 577; *Schlink*, Der Grundsatz der Verhältnismäßigkeit, in: FS 50 Jahre BVerfG II (2001), S. 445; *Schnapp*, Die Verhältnismäßigkeit von Grundrechtseingriffen, JuS 1983, 850; *Voßkuhle*, Grundwissen – Öffentliches Recht: Der Grundsatz der Verhältnismäßigkeit, JuS 2007, 429.

4. Verhältnismäßigkeit und „Drei-Stufen-Theorie" – Berufsfreiheit

560 Bis zum Jahre 2002 durften Anwälte ihre Zulassung nur bei einem Land- oder Oberlandesgericht beantragen (sog. Singularzulassung). So konnten Kanzleien, welche einen Rechtsstreit in der ersten Instanz geführt hatten, diesen in der Berufungsinstanz nicht mehr führen. Dies wurde begründet mit der Qualitätssicherung der OLG-Anwälte und dem besseren Kontakt zwischen Anwälten und Gerichten im Interesse der Rechtspflege (nach BVerfGE 103, 1; zum Fall Rn. 572).

Art. 12 GG garantiert berufsbezogene Freiheiten, und zwar diejenige der Berufswahl (Art. 12 I 1 GG) und der Berufsausübung (s. Art. 12 I 2 GG). Das Grundrecht ist als **Deutschen-Recht** ausgestaltet. Doch dürfen EU-Bürger schon wegen der Niederlassungsfreiheit der Unternehmer und der Freizügigkeit der Arbeitnehmer nicht diskriminiert werden (s.a. Art. 15 f. EU-Grundrechtscharta).

561 **Beruf** ist **jede rechtmäßige Tätigkeit, die auf Dauer angelegt ist und der Schaffung und Erhaltung der Lebensgrundlage dient.**[216] Die Tätigkeit muss eine gewisse Nachhaltigkeit aufweisen; einmalige Handlungen (Verkauf eines Hauses) zählen dazu auch dann nicht, wenn sie Gewinn abwerfen. Was als Handlung verboten ist (Förderung der Prostitution, illegales Glücksspiel u.a.), darf auch nicht zu Geld gemacht werden. Die Schaffung der Lebensgrundlage muss vom Handelnden beabsichtigt sein;[217] ob die Tätigkeit wirklich rentabel ist, zeigt sich oft erst im Nachhinein und zählt zum Berufsbegriff nicht hinzu. Unerheblich ist die Selbständigkeit oder Unselbständigkeit und die soziale Wertigkeit der Tätigkeit (etwa: Astrologie). Der inhaltlich unbestimmte Berufsbegriff garantiert demnach kaum eigenständige Handlungen; er ist eher das Grundrecht darauf, Handlungen zu kommerzialisieren, also zu Geld zu machen.

---

216 BVerfGE 7, 377, 397.
217 Dazu zählen geringfügigste Einnahmen – etwa aus ambulanten Zeitungsverkäufen – nicht, wenn sie keinen erheblichen Beitrag zur Existenzsicherung erbringen; s. dazu OLG Hamm, NJW 1977, 399.

So ist etwa die Wahrnehmung eigener Rechtsangelegenheiten – auch vor Gericht – vom Grundgesetz vorausgesetzt; auch fremde Rechtsangelegenheiten dürfen von Jedermann wahrgenommen werden.[218] Die Rechtsberatung gegen Geld ist ein Beruf und unterliegt den berufsbezogenen Freiheiten und sonstigen berufsbezogenen Regelungen.

Art. 12 I 1 GG gewährleistet seinem Wortlaut nach nur das Recht, einen Beruf frei zu „wählen". Diese Alternative betrifft also die **Freiheit der Berufswahl**. Sie lässt sich dem Verfassungstext unschwer entnehmen. Hingegen ist die **Freiheit der Berufsausübung** allein in Art. 12 I 2 GG angesprochen: Sie kann danach durch den Gesetzgeber geregelt werden. Von einer Ausübungsfreiheit ist somit im Normtext keine Rede. Wie weit der Schutzbereich im Einzelnen reicht, war früher umstritten.[219]

562

> Gelegentlich wurde als „Berufswahl" lediglich der „innere Entschluss einer Person, einen Beruf zu ergreifen", als Berufsausübung dagegen die „tatsächliche berufliche Betätigung" angesehen. Somit wäre die Freiheit der Berufswahl lediglich die Freiheit eines inneren Vorgangs, der jedoch staatlicher Regelung ohnehin nicht offensteht. Andere sahen die Berufswahl als den Beginn bzw. die „Aufnahme" der beruflichen Betätigung, die Berufsausübung als deren zeitliche Fortsetzung. Damit wäre gegen Berufsverbote, die an die Aufnahme bestimmter Tätigkeiten anknüpfen, Schutz gewährt; nicht jedoch gegen solche, die an die spätere berufliche Betätigung anknüpfen. Gegen Normen, die von ihrer Wirkung her gleich sind, wäre somit ein unterschiedlicher Schutz gewährt.

Das Bundesverfassungsgericht äußert sich zu dieser Abgrenzung wie folgt:

> „Die Begriffe ‚Wahl' und ‚Ausübung' des Berufs lassen sich nicht so trennen, dass jeder von ihnen nur eine bestimmte zeitliche Phase des Berufslebens bezeichnet, die sich mit dem anderen nicht überschnitte; namentlich stellt die Aufnahme der Berufstätigkeit sowohl den Anfang der Berufsausübung dar wie die gerade hierin – und häufig nur hierin – sich äußernde Betätigung der Berufswahl; ebenso sind der in der laufenden Berufsausübung sich ausdrückende Wille zur Beibehaltung des Berufs und schließlich die freiwillige Beendigung der Berufsausübung im Grund zugleich Akte der Berufswahl. Die beiden Begriffe erfassen den einheitlichen Komplex ‚beruflicher Betätigung' von verschiedenen Gesichtspunkten her." (BVerfGE 7, 377, 400 f.).

Somit sind für das Bundesverfassungsgericht Berufswahl und Berufsausübung untrennbare Bestandteile ein und derselben Betätigung. In Beginn, Fortsetzung und Beendigung der beruflichen Tätigkeit liegt deren Ausübung. Gleichzeitig liegt ihnen aber auch der Entschluss zugrunde, den Beruf erstmalig, weiterhin oder letztmalig auszuüben. Dieser – sich nach außen allein in der Berufsausübung zeigende – innere Entschluss ist die Berufswahl. Sind aus dieser Sicht beide Alternativen des Art. 12 I GG unterschiedliche Sichtweisen ein- und desselben Vorgangs, so erscheint es naheliegend, wenn das Gericht dem Art. 12 GG ein „**einheitliches Grundrecht der Berufsfreiheit**" entnimmt[220]. Die vom Verfassungsgeber gewählte Terminologie der „Berufs-

563

---

218 BVerfG, NJW 2002, 3531; BGH, NJW 2000, 2108; 2005, 2458; LG Dresden, NJW-RR 2001, 1506. Zur unentgeltlichen Rechtsberatung: BVerfG, NJW 2004, 2662; 2006, 1502.

219 Überblicke dazu bei *Frotscher*, JuS 1981, 662; *Gusy*, JA 1992, 258; *Ipsen*, JuS 1990, 634; aus jüngerer Zeit zur Berufsfreiheit: *Frenz*, JA 2009, 252; *Manssen*, in: vMKS, GG, Art. 12 Rn. 37 ff.; *Sodan*, NJW 2003, 257.

220 BVerfGE 7, 377, 402; 9, 338, 344 f.; 17, 269, 276.

wahl" und „Berufsausübung" ist dann insoweit ohne eigenständige Bedeutung: Aufnahme und Betätigung des Berufs sind frei. Durch den Aspekt der Einheitlichkeit wäre dann zugleich die Freiheit der Berufsausübung mit garantiert.[221]

> Wer demgegenüber dem Art. 12 I GG kein einheitliches Grundrecht entnehmen würde, könnte die Berufsausübungsfreiheit entweder als Voraussetzung des Art. 12 I 2 GG – wenn für eine Regelung ein Gesetzesvorbehalt[222] verlangt wird und dieser wesentlich für Grundrechtseingriffe gilt, so kann jenem Vorbehalt durchaus die ungeschriebene Voraussetzung eines Grundrechts unterlegt werden – oder aber als weitere Dimension des subsidiären Freiheitsrechts aus Art. 2 I GG sehen.

564 Über die genannten Dimensionen der Berufsfreiheit hinaus enthält Art. 12 GG:

- die freie Wahl des **Arbeitsplatzes**;[223] also der Stätte, an welcher eine Berufstätigkeit im konkreten Fall ausgeübt wird. Diese Freiheit begründet **kein Recht auf einen Arbeitsplatz**, also auf Arbeit überhaupt; dieses kann nur im Rahmen staatlicher Wirtschaftspolitik begründet werden.
- die freie Wahl der **Ausbildungsstätte**, also der Stätte, die – über die allgemeinbildende Schule hinaus – der Ausbildung für einen oder mehrere Berufe dient. Hierzu zählen auch berufsbildende Schulen, nicht hingegen allgemeinbildende. Ein Zulassungsanspruch aus Art. 12 GG besteht nicht, wohl aber ein Anspruch auf gleiche Zugangschancen aus Art. 3 GG[224].
- das Verbot des **Arbeitszwanges** (Art. 12 II GG).[225] Arbeitszwang ist die Heranziehung zu einer selbständigen Leistungspflicht für öffentliche Zwecke, nicht die Auferlegung von Neben- oder Sorgfaltspflichten für bestimmte Bevölkerungsgruppen.
- das Verbot der **Zwangsarbeit** (Art. 12 III GG). Die Heranziehung zu sonstigen Arbeitspflichten ist nur bei gerichtlich angeordneter Freiheitsentziehung zulässig.

565 Art. 12 GG ist **kein Leistungsrecht**; er gibt insbesondere keinen Anspruch auf die staatliche Verschaffung eines bestimmten Berufs oder einer Stelle im öffentlichen Dienst. Für den Zugang zum öffentlichen Dienst ist Art. 12 GG nur insoweit anwendbar, als Art. 33 GG keine Sonderreglungen enthält.[226]

566 Ein **Eingriff** ist nur rechtmäßig, wenn er im Rahmen der **Schranken des Art. 12 I GG** erfolgt und mit den sonstigen Rechtmäßigkeitsvoraussetzungen des Grundgesetzes für Grundrechtseingriffe vereinbar ist. Art. 12 I 2 GG normiert explizit nur die Befugnis des Gesetzgebers, die „Berufsausübung" durch Gesetz oder aufgrund eines Gesetzes zu regeln. Über die Schranken der Berufswahlfreiheit sagt der Verfassungstext hingegen nichts. Doch will das Bundesverfassungsgericht diese offenbar nicht allein den verfassungssystematischen Einschränkungsregelungen kollidierender Verfassungswerte entnehmen. Vielmehr zog es auf der Beschränkungsebene die Konsequenzen aus seiner Auffassung zum Grundrechtsschutzbereich:

221 So denn auch BVerfGE 7, 377, 401 f.
222 Dazu o. Rn. 254.
223 BVerfGE 41, 378, 399; 84, 133, 146.
224 BVerfGE 33, 303, 329 ff.
225 Zu Arbeitszwang und Zwangsarbeit näher BVerfGE 74, 102; BVerfG, NJW 1988, 477; *Gusy*, JuS 1989, 710.
226 Dazu etwa BVerfGE 7; 377, 398; 54, 237, 246; 73, 280; 84, 133, 147; BVerwGE 131, 242; BVerwG, NVwZ 2010, 251.

„(Enthält Art. 12 I GG ein einheitliches Grundrecht der Berufsfreiheit, so) kann eine Auslegung, die dem Gesetzgeber jeden Eingriff in die Freiheit der Berufswahl schlechthin verwehren wollte, nicht richtig sein; sie würde der Lebenswirklichkeit nicht entsprechen und deshalb auch rechtlich nicht zu einleuchtenden Ergebnissen führen. [...] Das geschieht vor allem dann, wenn Voraussetzungen für die Berufsaufnahme, also den Beginn der Berufsausübung festgelegt werden, mit anderen Worten, wenn der Beginn der Berufsausübung von einer Zulassung abhängig wird. Dass das Grundgesetz Zulassungsregelungen nicht schlechthin hat ausschließen wollen, beweist Art. 74 Nr. 19, der eine Kompetenz zur Gesetzgebung für die ‚Zulassung' zu bestimmten Berufen begründet. Auch die Entstehungsgeschichte zeigt, dass man eine Ermächtigung zu Beschränkungen der Zulassung zwar grundsätzlich vermeiden, andererseits aber die zahlreichen bestehenden Zulassungsbeschränkungen nicht allgemein für unzulässig erklären wollte." (BVerfGE 7, 377, 401 f.).

Die Ansicht, das einheitliche Grundrecht der Berufsfreiheit aus Art. 12 I GG unterliege auch einheitlichen Schranken, wird hier vom Bundesverfassungsgericht **historisch** unter Berufung auf die Entstehungsgeschichte und **systematisch** unter Hinweis auf Art. 74 Nr. 19 GG begründet. Art. 12 I 2 GG vermag demnach Eingriffe in die Berufsfreiheit zu legitimieren, wenn die sonstigen Rechtmäßigkeitsvoraussetzungen für Grundrechtsbeschränkungen erfüllt sind. Die praktisch wichtigste unter ihnen ist das **Übermaßverbot**. Danach dürfen Grundrechte nicht in stärkerem Maße eingeschränkt werden, als es zur Verfolgung eines legitimen öffentlichen Zwecks geeignet, erforderlich und verhältnismäßig ist.[227] Konkret bedeutet dies: Je schwerwiegender der einzelne Grundrechtseingriff ist, desto höher sind die Anforderungen an den ihn rechtfertigenden Belang. **567**

Speziell zu Art. 12 GG hat das Bundesverfassungsgericht früher den Versuch unternommen, das Verhältnismäßigkeitskriterium zu begründen und zu rationalisieren. Für die Zulassung von Grundrechtseingriffen ergaben sich danach gewissermaßen mehrere Stufen: **568**

„Am freiesten ist der Gesetzgeber, wenn er eine **reine Ausübungsregelung** trifft, die auf die Freiheit der Berufswahl nicht zurückwirkt, sondern nur bestimmt, in welcher Art und Weise die Berufsangehörigen ihre Berufstätigkeit im Einzelnen zu gestalten haben. Hier können im weiten Maße Gesichtspunkte der Zweckmäßigkeit zur Geltung kommen. [...] Eine Regelung dagegen, die schon die Aufnahme der Freiheit der Berufswahl berührt, ist nur gerechtfertigt, sofern dadurch ein überragendes Gemeinschaftsgut, das der Freiheit des Einzelnen vorgeht, geschützt werden soll. Dabei besteht offensichtlich ein bedeutsamer Unterschied je nach dem, ob es sich um ‚subjektive' Voraussetzungen, vor allem solche der Vor- und Ausbildung handelt oder um objektive Bedingungen der Zulassung, die mit der persönlichen Qualifikation des Berufsanwärters nichts zu tun haben und auf die er keinen Einfluss nehmen kann.

Die Regelung **subjektiver Voraussetzungen der Berufsaufnahme** ist ein Teil der rechtlichen Ordnung eines Berufsbildes; sie gibt den Zugang zum Beruf nur den in bestimmter – und zwar meist formaler – Weise qualifizierten Bewerbern frei [...]. Hier gilt das Prinzip der Verhältnismäßigkeit in dem Sinne, dass die vorgeschriebenen subjektiven Voraussetzungen zu dem angestrebten Zweck der ordnungsgemäßen Erfüllung der Berufstätigkeit nicht außer Verhältnis stehen dürfen.

---

227 S.o. Rn. 553 ff.

Anders liegt es bei der Aufstellung **objektiver Bedingungen für die Berufszulassung**. Ihre Erfüllung ist dem Einfluss des Einzelnen schlechthin entzogen. Dem Sinne des Grundrechts wirken sie strikt entgegen, denn sogar derjenige, der durch Erfüllung aller von ihm geforderten Voraussetzungen die Wahl des Berufes bereits real vollzogen hat und hat vollziehen dürfen, kann trotzdem von der Zulassung zum Beruf ausgeschlossen bleiben [...]. Daraus ist abzuleiten, dass an den Nachweis der Notwendigkeit einer solchen Freiheitsbeschränkung besonders strenge Anforderungen zu stellen sind; im allgemeinen wird nur die Abwehr nachweisbarer oder höchstwahrscheinlicher schwerer Gefahren für ein überragend wichtiges Gemeinschaftsgut diesen Eingriff in die freie Berufswahl legitimieren können." (BVerfGE 7, 377, 405–408).

569   Die Voraussetzungen für Eingriffe in das Grundrecht aus Art. 12 I GG richten sich demzufolge nach dem jeweils eingeschränkten Schutzgut. Dabei erlangt die **Unterscheidung zwischen Berufswahl und Berufsausübung**, deren Bedeutung vom Bundesverfassungsgericht bei der Herleitung des „einheitlichen Grundrechts der Berufsfreiheit" gering eingeschätzt worden war, Relevanz. Hierzu differenziert das Gericht zwischen Wahl und Ausübung, die sich nach seinen Ausführungen zum Schutzbereich des Art. 12 I GG zeitlich nicht trennen lassen, folgendermaßen:

570   – **Berufswahl** ist der innere Entschluss, einen Beruf aufzunehmen oder fortzuführen, dessen äußere Betätigung, insbesondere die Zulassung zum Beruf („Substanzverwirklichung"); also das „Ob" der beruflichen Tätigkeit. Die Wahl setzt sich während der gesamten beruflichen Betätigung fort. Eingriffe können in „subjektiven" und „objektiven" Zulassungsvoraussetzungen bestehen. **Typische Eingriffe** sind die Anordnung von Monopolen der Kontingente, die Statuierung von Ausbildungsanforderungen, Altersgrenzen oder sonstigen Zulassungsregelungen zum Beruf.

571   – **Berufsausübung** umfasst Form, Mittel und die Bestimmung des Umfanges und des Inhalts der Berufstätigkeit („Modalitätsverwirklichung"), also das „Wie" der beruflichen Tätigkeit. Typische Eingriffe sind Steuerpflichten oder Sozialabgaben, die Statuierung von Arbeits-, Öffnungs- bzw. Schließungszeiten sowie Wettbewerbsregeln.

572   *Bitte wenden Sie diese Grundsätze auf den **Beispielsfall** (Rn. 560) an!*

Das Bundesverfassungsgericht ging vom Berufsbild des Rechtsanwalts aus, welcher den maßgeblichen Berufsbegriff präge. Mit dem längst maßgeblichen weiten Berufsbegriff wird also nicht unterschieden zwischen dem Beruf des LG- und des OLG-Anwalts. Vielmehr gibt es nur einen Anwaltsberuf. Die Zulassung bei einzelnen Gerichten betreffe also stets das „Wie", nicht das „Ob" des Berufs und damit die Berufsausübung. Deren Beschränkung sei aus vorrangigen Gründen des Gemeinwohls zulässig. Solche vermag das Gericht aber nicht zu erkennen: Der persönliche Kontakt von Anwalt und Gericht nehme angesichts der verbreiteten elektronischen Medien an Bedeutung ab. Und die Qualität der Anwaltschaft hänge nicht von der Zulassung bei bestimmten Gerichten, sondern von der Eigenschaft als Fachanwalt – etwa für Familien-, Arbeits- u.a. -Recht – ab. Daher sei die Singularzulassung nicht mehr gerechtfertigt. (BVerfGE 103, 1, 13 ff., 17 f.).[228]

---

228 Anders für die Singularzulassung am BGH, aber BVerfGE 106, 216; s.a. BVerfG, NJW 2008, 1293.

Das Übermaßverbot lässt demnach eine gesetzliche Beschränkung hier nicht zu. So **573**
eingeführt dieses längst ist, bleibt doch die Frage, ob seine Vorläufer wie etwa die
Drei-Stufen-Lehre oder die Wechselwirkungslehre[229] die ihnen angeblich zukommende Rationalisierungswirkung wirklich entfalten und gegenwärtig noch erforderlich sind. Dagegen richtet sich anhaltende **Kritik**[230]. Die Gründe dafür sind:

– Die Unterscheidung zwischen Berufswahl und -ausübung erfolgt auf der Grundlage
  des Berufsbegriffs; dieser ist jedoch inhaltsleer und somit unterschiedlichen Auslegungen zugänglich.[231] Ein enger Berufsbegriff führt zu häufigerer Annahme von Berufszu-
  lassungsregelungen und damit zu höheren Eingriffsanforderungen. Dafür enthalte der
  inhaltsleere Berufsbergriff aber keine ausreichenden Kriterien.

– Die neuere Fixierung des Berufsbegriffs an Berufsbildern ist nach ständiger Rechtsprechung des Bundesverfassungsgerichts in weitestem Umfang zulässig, obwohl sie einen
  erheblichen Eingriff in die Berufsfreiheit darstellt. Hier bestimmt der Gesetzgeber die
  Berufsbilder, welche das Grundgesetz wegen des inhaltsleeren Berufsbegriffs nicht
  konturiert hat, selbst. Damit disponiert er zugleich über den Bereich von Berufswahl
  und Berufsausübung und regelt so seine eigene Bindung an Art. 12 GG letztlich selbst.
  Dies verstößt gegen Art. 1 III GG.[232]

– „Vernünftige" und „überragende" Belange der Allgemeinheit sind nicht trennscharf
  abzugrenzen.

Bei der Prüfung der Verhältnismäßigkeit von Eingriffen in das Grundrecht aus Art. 12 I
GG nimmt die dargestellte Stufentheorie allmählich an Bedeutung ab. Sie wird durch eine
allgemeine Verhältnismäßigkeit, die die dargestellten Mängel des Stufenschemas vermeidet, ersetzt.[233]

Zur Vertiefung:

Breuer, Freiheit des Berufs, in: HStR VI, 1. Aufl., 1989, § 147; *Frenz*, Die Berufsfreiheit –
Nichtraucherschutz, Sportwetten, Studiengebühren, JA 2009, 252; *Kluth*, Das Grundrecht der Berufsfreiheit – Art. 12 Abs. 1 GG, Jura 2001, 371; *Manssen*, Berufsfreiheit bei
der Berufsausübung?, BayVbl. 2001, 641.

**5. Grundrechtsausgestaltung und Grundrechtsschranken –
Eigentum, Vertrauensschutz**

A bezieht Rente. Im letzten Jahr wurde die jährliche Rentenanpassung, die bislang **574**
laut Gesetz zum 30.6. jeden Jahres stattfand, um sechs Monate verschoben. Zugleich wurde die Erhöhung von 5 % nach dem alten Bemessungsmaßstab auf 4 %
gekürzt. Ist dies mit der grundgesetzlichen Eigentumsgarantie vereinbar? (nach:
BVerfGE 64, 87; zum Fall Rn. 583).

---

229 Dazu BVerfGE 7, 198, 205 f.; 124, 300, 332 f.
230 *Gusy*, JA 1992, 257; *Hesse*, AöR 95 (1970), 449, 459 ff.; *Rupp*, AöR 92 (1967), 212, 225 ff.;
   Schwabe, DÖV 1969, 734.
231 S. namentlich aus der älteren Rechtsprechung einerseits BVerfGE 9, 39, 48; andererseits
   BVerfGE 9, 73, 78 f.
232 Zum Berufsbild BVerfGE 7, 377, 406; 13, 97, 106, 117; 17, 232, 241; 25, 236, 247: 32, 1, 36;
   75, 246, 266 ff.
233 So schon BVerfGE 13, 97, 104 f.; 21, 173, 180 f.; *Ipsen*, JuS 1990, 634 (Übermaßverbot bei
   Berufsfreiheit).

Das **Eigentum** ist kein natürliches Phänomen; es entsteht vielmehr erst durch das Recht und bedarf somit notwendig gesetzlicher Ausformung: **Ohne Gesetz kein Eigentum.** Den entsprechenden Verfassungsauftrag zur Ausgestaltung des Eigentums enthält Art. 14 I 2 GG. Dadurch unterscheidet sich Art. 14 I GG von nahezu allen anderen Freiheitsgarantien des Grundgesetzes: Das Eigentum ist dem Gesetzgeber nicht einfach vorgegeben, sondern aufgegeben. Ähnliche Ansätze finden sich insbesondere noch in Art. 6 I GG für die „Ehe" und in Art. 9 I GG für „Vereine". Wie der Gesetzgeber das Eigentum ausgestaltet, steht ihm grundsätzlich zunächst frei: Er kann selbst abgrenzen, was zum Eigentum zählen soll und was nicht. Ob etwa das Grundwasser zum Bodeneigentum zählt oder aber der Allgemeinheit zusteht, kann gesetzlich geregelt werden.[234] Ob im Unternehmen der Unternehmer allein bestimmt oder das Unternehmen der Mitbestimmung unterliegt, kann der Gesetzgeber ebenso ausgestalten.[235] Die verfassungsrechtliche Garantie des Eigentums in Art. 14 I GG enthält daher eine Vielzahl normativer Spannungslagen:

– Wie kann das Grundrecht aus Art. 14 I 1 GG gem. Art. 1 III GG den Gesetzgeber binden, wenn der Inhalt des Eigentums gem. Art. 14 I 2 GG erst vom Gesetzgeber bestimmt wird?

– Was bleibt von dem Recht des Gesetzgebers zur Schrankenbestimmung nach Art. 14 I 2 GG, wenn die Legislative auch den Inhalt des Eigentums bestimmen kann?

– Wie sollen Inhalts- und Schrankenbestimmung (Art. 14 I 2 GG) und Enteignung durch Gesetz (Art. 14 III 2 GG) abgegrenzt werden?

– Was ist gem. Art. 19 II GG der gesetzesfeste „Wesensgehalt" des Art. 14 I 1 GG, wenn der Gesetzgeber den Inhalt des Rechts erst bestimmt?

575 Das Ergebnis der gesetzlichen Ausgestaltung ist dann das Eigentum: **Eigentum ist die Summe aller vermögenswerten subjektiven Privatrechte.**[236] Dazu können absolute Rechte, etwa das Eigentum iSd BGB, aber auch sonstige dingliche Rechte an beweglichen und unbeweglichen Sachen, sowie relative Rechte, etwa geldwerte Forderungen gegen Dritte, zählen. Eigentum ist nicht das Vermögen, insbesondere nicht der wirtschaftliche Wert solcher Rechte, sondern nur deren Bestand. Eigentum ist eine **Rechtsgarantie, keine Wertgarantie.** Eigentum schützt somit weder gegen Geldentwertung noch gegen Wechselkursänderungen. Was den Wert einer Sache ausmacht, ist nicht garantiert. Nicht zum Eigentum zählen andere als vermögenswerte Privatrechte, namentlich Persönlichkeitsrechte wie der gute Ruf oder die persönliche Ehre.

576 Dazu zählen **vermögenswerte öffentliche Rechte** der Menschen nicht. Solche Ansprüche gegen den Staat sind regelmäßig sozialstaatliche Leistungen, welche durch Gesetz begründet sind. Sie sind Konsequenz sozialstaatlicher Politik und insoweit grundsätzlich nicht eigentumsfähig. Eine Ausnahme davon wird lediglich gemacht, sofern **subjektive öffentliche Rechte durch eigene Leistungen des Bürgers erworben**

---

234 BVerfGE 58, 300, 330 ff.
235 BVerfGE 50, 290, 339 ff.
236 Zum Folgenden Überblick bei *Battis*, NVwZ 1982, 585; *Bryde*, in: Münch/Kunig, GG, Art. 14 Rn. 11 ff.; *Papier*, in: MD, GG, Art. 14 Rn. 55 ff.; *Papier*, DVBl. 2000, 1398; *Sodan*, in: ders., GG, Art. 14 Rn. 7 ff.

worden sind[237] und der Existenzsicherung dienen. Dazu zählen insbesondere sozialversicherungsrechtliche Ansprüche auf Altersrenten, Krankenversorgung oder die Arbeitslosenversicherung. Sie sind staatlich angeordnete Surrogate individueller Vorsorge (also etwa eigener Sparrücklagen für Notfälle) und genießen insoweit einen vergleichbaren Schutz: Der rechtliche Regimewechsel (öffentlich-rechtliche Versicherung statt privatrechtlicher Sparanstrengungen) bleibt so unter dem Aspekt der Eigentumsgarantie unschädlich. Nicht hierzu zählen Versorgungsansprüche aus der Sozialhilfe oder die Beamtenbezüge (vgl. dazu Art. 33 V GG).

> Der Eigentumsbegriff des Grundgesetzes ist somit einerseits enger, andererseits aber auch weiter als derjenige des § 903 BGB. Zum verfassungsrechtlichen Eigentum zählt nur das ausgestaltete privatrechtliche Eigentum, also dasjenige des § 903 BGB mit allen rechtlichen Bindungen und Lasten, insbesondere denjenigen des öffentlichen Rechts.

Art. 14 GG garantiert dem Eigentümer: **577**

– das Nutzungsrecht an seinem Eigentum: Er darf sein Haus bewohnen, sein Grundstück verpachten oder sein Unternehmen betreiben.

– das Verfügungsrecht an seinem Eigentum: Er darf es verkaufen, verschenken, vererben.[238]

Ist das Eigentum gesetzlich konstituiert, so lässt Art. 14 GG mehrere **Eingriffsmög-**   **578**
lichkeiten zu:

– die entschädigungslose **Schrankenziehung** (Art. 14 I 2 GG),

– die entschädigungslose **Sozialbindung** (Art. 14 II GG),

– die **Enteignung** gegen Entschädigung (Art. 14 III GG),

– die **Sozialisierung** gegen Entschädigung (Art. 15 GG).

> Andere Eingriffe sind unzulässig. Sie sind demnach weder mit noch ohne Entschädigung erlaubt. Gegen sie sind die zulässigen Rechtsmittel einzulegen; eine Entschädigungspflicht aus Art. 14 GG entsteht nicht[239].

Schrankenziehung und **Sozialbindung** lassen sich analytisch voneinander kaum unter-   **579**
scheiden. Ihre Zulässigkeit unterliegt dem Übermaßverbot. Demnach setzen sie voraus, dass:

> – **das beeinträchtigte Recht Gegenstand der Eigentumsgarantie ist.** Der Entzug subjektiver öffentlicher Rechte ist demnach insbesondere zulässig, sofern die Leistung, welche der Bürger erbracht hat, durch seine Vorteile aus dem subjektiven öffentlichen Recht verbraucht ist. Hat der Bürger einen Anspruch auf befristete Versicherungsleistung erworben und ist die Frist abgelaufen, so erlischt der Versicherungsanspruch ohne Eigentumsbeeinträchtigung.

---

237 BVerfGE 64, 87, 97; 69, 272, 100, 1, 32 f.; BVerfG, DVBl. 2007, 1228.
238 Zur gleichfalls in Art. 14 GG verbürgten Erbrechtsgarantie BVerfGE 19, 202; 67, 329; 99, 341, 112, 332.
239 BVerfGE 58, 300 (Ls. 2). Doch kann in bestimmten Fällen ein gesetzlicher Entschädigungsanspruch bestehen; s. BGHZ 91, 20, 27 f.; 102, 350, 357 u.ä.; *Kemmler*, JA 2005, 156; *Ossenbühl*, NJW 1983, 1.

- **ein legitimes öffentliches Interesse die Beschränkung fordert.** Hieraus ergibt sich eine Differenzierung: **Persönliches Eigentum** ist solches, das der Eigentümer nur selbst nutzt oder verbraucht (Kleidung, eigene Wohnung). Es hat keinen Bezug zu den Rechten Dritter. Daher ist ein Eingriff regelmäßig unzulässig, da insoweit keine legitimen öffentlichen Interessen bestehen. **Eigentum im öffentlichen Bereich** (Unternehmen, wirtschaftlich genutzte Grundstücke) ragt in den öffentlichen Bereich und damit in die Rechte Dritter hinein. Es ist grundsätzlich im legitimen öffentlichen Interesse einschränkbar.[240]
- **der Eingriff geeignet, erforderlich und verhältnismäßig ist.** Im Wege der Schrankenbeziehung kann durch Gesetz ein Eigentumsrecht eingeschränkt werden. Das gilt allerdings nur, soweit das Gesetz formell und materiell verfassungsmäßig ist. Eigentumsbeschränkende Gesetze, die diese Anforderungen nicht erfüllen, sind verfassungswidrig.

Ein Gesetz kann nur so lange die **Sozialbindung** konkretisieren, wie es keine **Enteignung** darstellt. Da letztere nur gegen Entschädigung, erstere aber entschädigungslos zulässig ist, ist hier die Abgrenzung zwischen beiden Formen entscheidend. Diese wird regelmäßig vom Enteignungskonzept her vorgenommen: **Sozialbindung ist danach jede rechtmäßige Eigentumsbeeinträchtigung, welche keine Enteignung darstellt.**

580 Doch sind die maßgeblichen Kriterien umstritten. Insbesondere hat sich der „klassische Enteignungsbegriff" in der Vergangenheit weitgehend aufgelöst. Er stellte auf drei Merkmale ab: Den Eingriff in ein Eigentumsrecht, die dadurch bewirkte Entziehung eines Eigentumsgegenstandes und dessen Übertragung auf ein anderes Rechtssubjekt im Interesse eines öffentlichen Zwecks.

Die früher vielfach vertretene **Einzelaktslehre** des BGH[241] stellt für den Enteignungsbegriff darauf ab, ob die Maßnahme den Eigentümer als Einzelnen oder aber lediglich als Teil aller Eigentümer betrifft. Im Zweifel soll es darauf ankommen, ob die Maßnahme den Eigentümer ungleich trifft oder nicht. Das Problem dieser Lehre besteht darin, dass eine Enteignung, die nach Art. 14 III GG zulässig sein soll, praktisch stets gegen Art. 3 GG[242] und bei Enteignungen durch Gesetz auch gegen Art. 19 I 1 GG verstoßen würde. Sie wäre daher stets unzulässig; zulässige Enteignungen würde es gar nicht geben.

Die alternativ dazu vertretene **Schwerelehre**[243] stellt auf die Intensität ab, mit welcher der Eingriff den Eigentümer trifft. Ist der Eingriff „schwer" und „unerträglich", so soll eine Enteignung, andernfalls eine Sozialbindung vorliegen. Was „schwer" oder „unerträglich" ist, lässt sich jedoch kaum exakt ermitteln. Es gibt mehrere Formen schwerwiegender Eigentumsbeeinträchtigungen, die stets als Sozialbindung bezeichnet wurden (etwa: Tötung des tollwütigen Hundes;[244] Abfahren ölverseuchten Erdreichs[245]). Zudem ist eine „unerträgliche" Enteignung keineswegs unzulässig, sondern zulässig, aber eben nur gegen

240 Grundlegend *Suhr*, Eigentumsinstitut und Aktieneigentum, 1966; *Rittstieg*, Eigentum als Verfassungsproblem, 2. Aufl., 1976, S. 313 ff.
241 Seit BGHZ 6, 270. Darstellung bei *Ossenbühl*, Staatshaftungsrecht, 5. Aufl., 1998, S. 169 f., 174; *Steinberg/Lubberger*, Aufopferung – Enteignung und Staatshaftung, 1991, S. 41 ff.
242 Dazu Rn. 597 ff.
243 Seit BVerwGE 5, 143. S.a. BVerwGE 19, 94; 32, 173; BGHZ 57, 359 (365); Darstellung bei *Ossenbühl*, Staatshaftungsrecht, 5. Aufl., 1998, S. 171 ff.; *Steinberg/Lubberger*, Aufopferung – Enteignung und Staatshaftung, 1991, S. 49 ff.
244 Dazu BVerfGE 20, 351, 359; BVerfG, BayVbl. 1990, 276.
245 Dazu BVerfG, NVwZ 2001, 65; s.a. BVerfGE 102, 1.

Entschädigung. Unerträglich wäre also nicht der Eingriff, sondern das Fehlen der Entschädigung. Hier wird von der Rechtsfolge auf den Tatbestand geschlossen.

Das BVerfG hat sich weder zum einen noch zum anderen Kriterium bekannt. Nach **581**
seiner Auffassung legen Schrankenbestimmungen (Art. 14 I 2 GG) „generell und abstrakt die Rechte und Pflichten des Eigentümers fest". Umgekehrt bedeutet Enteignung, „durch Gesetz einem bestimmten oder bestimmbaren Personenkreis konkrete Eigentumsrechte zu entziehen"[246]. Danach sind beide Institute etwa anhand folgender Kriterien abzugrenzen:

– Die idealtypische **Sozialbindung** erfüllt drei Kriterien: Sie ist **abstrakt** (= auf eine Vielzahl von Sachverhalten bezogen), **generell** (= auf eine Vielzahl von Personen bezogen) und eine **Beschränkung** vorhandener Eigentumsrechte.

– Die idealtypische **Enteignung** ist **konkret** (= einzelfallbezogen), **individuell** (auf eine oder wenige Personen bezogen) und stellt eine **Entziehung** vorhandener Eigentumsrechte dar.

Manche sich daraus ergebenden Einzelfragen sind nach wie vor umstritten.[247] Die Entziehung privaten Eigentums und seine Übertragung auf den Staat ist stets Enteignung (sog. „klassischer Enteignungsbegriff"). Das gilt auch für die Belastung des Eigentums mit dinglichen Rechten zugunsten des Staates.[248] Mieterschutz ist umgekehrt stets Sozialbindung; ist er übermäßig, so wird die Maßnahme nicht zur Enteignung, sondern zum rechtswidrigen Eingriff[249]. Doch bleiben Problemfälle: Die schon erwähnte Entziehung störenden Eigentums (Tötung des tollwütigen Hundes u.a.) ist unzweifelhaft Sozialbindung, ohne dass sich dies mit den genannten Formeln aber begründen lässt. Hier könnte der Grund der jeweiligen Maßnahme Bedeutung erlangen, wenn man so formulieren würde: Sozialbindungen sind Eingriffe aus Gründen, die in dem Eigentumsrecht oder der Wirkung des Eigentumsgegenstandes auf seine Umwelt begründet sind. Enteignungen sind Eingriffe, die aus Anforderungen der Umwelt an das Eigentum begründet sind. Im Ergebnis findet sich jedenfalls beim BVerfG eine gewisse Rückkehr zum klassischen Enteignungsbegriff.

Zulässigkeitsvoraussetzungen der Enteignung nach Art. 14 III 2 GG sind: **582**

– **Gesetzliche Ermächtigung:** Die Enteignung kann gem. Art. 14 III 2 GG unmittelbar durch Gesetz[250] oder aufgrund Gesetzes durch die Exekutive geschehen.

– Maßnahme „zum **Wohl der Allgemeinheit**": Dies verlangt nicht, dass die Enteignung stets zugunsten des Staates erfolgt. Sie kann auch zugunsten Privater, die eine staatliche Aufgabe nach Maßgabe des öffentlichen Rechts wahrnehmen, zulässig sein.[251]

246 BVerfGE 58, 300, 330 f.; s.a. BVerfGE 52, 1, 27, 72; 66, 76.
247 S. dazu *Böhmer*, Der Staat 1985, 157; *ders.*, NJW 1988, 2561; *Hendler*, DVBl. 1983, 873; *Ipsen*, DVBl. 1983, 1029; *Maurer*, FS Dürig, 1990, S. 293; *Rittstieg*, NJW 1982, 721; *Schmidt-Aßmann*, JuS 1986, 833; *Schmitt-Kammler*, FS E. Wolf, 1984, S. 595; *ders.*, FS 600 Jahre Universität Köln, 1988, S. 821; *Schwerdtfeger*, JuS 1983, 104.
248 Dazu BVerGE 45, 297, 338; 56, 249, 260. Zur Flurbereinigung BVerfGE 74, 264, 283.
249 BVerfGE 37, 132.
250 Einschränkend BVerfG NJW 1997, 383, 385.
251 Dazu näher BVerfGE 66, 248, 257; 74, 264, 287 ff.

- **Entschädigungsregelung im Gesetz:** Das Gesetz muss selbst die Entschädigung regeln.[252] Die Entschädigung muss „angemessen" sein (Art. 14 III 3 GG). Dabei sind die öffentlichen Belange gegen die privaten Interessen abzuwägen. Höchstgrenze – und keineswegs stets notwendiger Entschädigungssatz – ist der Marktwert; eine „symbolische Entschädigung" ist unzulässig.
- Der **Rechtsweg** ist gem. Art. 14 III 4 GG zu den **ordentlichen Gerichten** eröffnet.

Das Gesetzesrecht geht über die Entschädigungspflichten des Art. 14 III GG dem Grunde wie der Höhe nach oft hinaus. Solche Regelungen genießen keinen Verfassungsrang.

583 Wie beurteilt sich eigentumsrechtlich der **Beispielsfall** (Rn. 574)?

Im Beispiel ist in die Rentenansprüche des A nicht eingegriffen worden, sondern lediglich in die **Höhe der Rentenerwartung,** die sich aus dem Vorliegen gesetzlicher Regelungen ergab.

„Die Beschränkung der Eigentumsgarantie auf den einmal bewilligten Rentenbetrag könnte daher den für die Versicherungsrente verbürgten Schutz nach Art. 14 GG in kurzer Zeit leerlaufen lassen [...]. Auf der anderen Seite ist zu beachten, dass jede Anpassung von Bestandsrenten eines besonderen Gesetzes bedarf. Demgemäß kann die Anpassung, die nahezu 20 Jahre hindurch der Veränderung der allgemeinen Bemessungsgrundlage folgte, nicht schon in ihrer 1959 ausgeübten Form durch Art. 14 Abs. 1 S 1 GG geschützt sein. [...] Auch wenn unterstellt wird, dass die Rentenanpassung von der Eigentumsgarantie der Versicherungsrente und der Rentenanwartschaft mit umfasst wird, hat sich der Gesetzgeber mit den angegriffenen Normen jedenfalls im Rahmen seiner aus Art. 14 Abs. 1 S. 2 GG folgenden Befugnis gehalten, Inhalt und Schranken des Eigentums zu bestimmen. Das gilt sowohl hinsichtlich der Modalität der Anpassung als auch hinsichtlich ihres Zeitpunkts." (BVerfGE 64, 87, 97 f.).

Die Ausführungen legen den Schluss nahe, dass zwar der Rentenanspruch, nicht aber die Rentenhöhe der Eigentumsgarantie unterliegen soll. Dies entspricht auch der Differenzierung von Rechts- und Wertgarantie.

„[...] Die Befugnis des Gesetzgebers zur Inhalts- und Schrankenbestimmung ist [...] weiter, je mehr das Eigentumsobjekt in einem sozialen Bezug und einer sozialen Funktion steht. Dem entspricht es, dass Eigentumsbindungen stets verhältnismäßig sein müssen [...]. Solchen Anforderungen genügt die vom Gesetzgeber vorgenommene Ausgestaltung der Rentenanpassung nach Modalitäten und Zeit. Dabei ist davon auszugehen, dass die angegriffenen Vorschriften [...] die Erwartungen der Rentner auf die Steigerung ihrer Rente nicht unerheblich enttäuscht haben [...] Dies bedeutet indessen nicht, dass die Anpassung [...] die Funktion der Renten „als Element der Sicherung der Freiheit des Einzelnen" so ernsthaft berührt hätte, dass sich daraus verfassungsrechtliche Bedenken ergeben konnten [...]. Die Ausgestaltung der Anpassung durch die angegriffenen Normen steht auch in einem angemessenen Verhältnis zu dem mit ihr verfolgten Zweck. Zeitlich [...] war es das Ziel [...], dem [...] aufgetretenen Defizit in der gesetzlichen Rentenversicherung entgegenzuwirken." (BVerfGE 64, 87, 101, 102, 103).

---

252 Zum Problem der „salvatorischen Klausel" BVerwGE 94, 1, 5 ff.; BGHZ 21, 379, 381.

Neben der Eigentumsgarantie thematisiert das Bundesverfassungsgericht den Grund- **584** satz des **Vertrauensschutzes.** Dieser soll nach überkommener Rechtsprechung aus dem Rechtsstaatprinzip folgen, für die Eigentumsgarantie allerdings aus Art. 14 GG unmittelbar abgeleitet werden[253]. Die letzte Variante ist die überzeugende, zumal schon zuvor der Vertrauensschutz als Schutzprinzip des Bürgers vor dem Staat anerkannt wurde und somit sein Umfang an dem Anwendungsbereich der Grundrechte orientiert blieb, nicht hingegen allgemein das Rechtsstaatprinzip konkretisiert. Richtigerweise ist demnach **Vertrauensschutz als Element aller Grundrechte** anzusehen.

Das Vertrauensschutzprinzip gebietet, dass **schutzwürdiges Vertrauen nicht verletzt werden darf**[254]. Was einmal als rechtmäßig anerkannt worden ist, darf später nicht mehr rückwirkend ohne besondere Kautelen als rechtswidrig bewertet werden. Daraus folgt insbesondere:

– das **Rückwirkungsverbot**: Gesetze dürfen grundsätzlich nicht **mit Wirkung für die** **585** **Vergangenheit** rückwirkend gelten.[255] Für das Strafrecht ist dieser Grundsatz sogar ohne Ausnahme garantiert (Art. 103 II GG).[256] Rückwirkung liegt vor, wenn ein Gesetz einen Sachverhalt erfasst, der im Zeitpunkt seines Erlasses abgeschlossen war. Sie ist nur zulässig, wenn das in der Vergangenheit begründete Vertrauen nicht geschützt war. Dies ist zunächst der Fall, wenn der Betroffene **nicht vertraut hat**, indem er ein Recht nicht ausübte oder einen Eigentumsgegenstand nicht nutzte. Rückwirkung ist ferner zulässig, wenn das **Vertrauen nicht schutzwürdig** war. Hier haben sich mehrere Fallgruppen herausgebildet: Verfassungswidriges Recht darf rückwirkend durch verfassungsgemäßes Recht ersetzt werden. Unklares Recht darf rückwirkend durch klares Recht ersetzt werden. Und Rückwirkung ist zulässig, wenn die Betroffenen mit rückwirkenden Rechtsänderungen rechnen mussten.

– Das **Vertrauensschutzprinzip**:[257] Eine in der Vergangenheit anerkannte Rechtsposi- **586** tion darf **auch in der Zukunft** nicht aufgehoben werden, sofern der Betroffene ein schutzwürdiges Vertrauen auf deren Fortbestand hatte. Dies gilt insbesondere, wenn Betroffene einen **besonderen Vertrauenstatbestand** (Zusage, Vertrag) innehaben. Das allgemeine Vertrauen auf die Stabilität der Rechtsordnung ist nicht geschützt.

Leitsatzhaft lässt sich formulieren:

– Ein Eingriff mit Rückwirkung ist grundsätzlich unzulässig, sofern nicht besondere Gründe die Rückwirkung rechtfertigen.

– Ein Eingriff ohne Rückwirkung ist grundsätzlich zulässig, sofern nicht besondere Gründe entgegenstehen.

---

253 Für Herleitung aus dem Rechtsstaatprinzip BVerfGE 25, 269, 289 f.; für Begründung aus Art. 14 GG BVerfGE 64, 87, 104 f.; für Herleitung aus den Grundrechten allgemein *Schmidt*, JuS 1983, 529.
254 Näher hierzu *Bauer*, NVwZ 1984, 220; *Jekewitz*, NJW 1990, 3114; *Pieroth*, JZ 1984, 971.
255 Hierzu BVerfGE 11, 139; 88, 384; 95, 64; 101, 239; 123, 186.
256 Dazu BVerfGE 25, 269; 81, 132; 95, 96; 105, 135.
257 Dazu BVerfGE 72, 9; 114, 258; 116, 96; *Pieroth*, Rückwirkungsverbot und Übergangsrecht, 1981.

587 **Vertrauensschutz ist grundsätzlich Bestandsschutz**. Im Sonderfall des Art. 14 III 2 GG sind allerdings Eingriffsmöglichkeiten vorgesehen, durch welche sich der Vertrauensschutz in einen Vermögensschutz verdünnt, sofern die besonderen Eingriffsvoraussetzungen vorliegen. Die genannten Grundsätze sind von der älteren Rechtsprechung zur „echten" oder „unechten", „retroaktiven" und „retrospektiven" Rückwirkung partiell verdunkelt worden.

588 Welche Bedeutung kommt dem Grundsatz des Vertrauensschutzes für den **Beispielsfall** (Rn. 574) zu?

„Der rechtsstaatliche Grundsatz des Vertrauensschutzes hat für vermögenswerte Güter im Eigentumsgrundrecht eine eigene Ausprägung und verfassungsrechtliche Ordnung erfahren […]. Soweit Rentner darauf vertraut haben, die Anpassung ihrer Bestandsrenten werde sich stets nach Maßgabe der allgemeinen Bemessungsgrundlage […] vollziehen, konnte sich dieses Vertrauen nicht auf die bestehende Gesetzeslage gründen […] Anders ist es allerdings mit dem Zeitpunkt der Anpassung. Die Festlegung des Zeitpunktes künftiger Anpassung […] konnte eine Erwartung der Rentner auf Anpassungen zu dem gesetzlich vorgesehenen Zeitpunkt rechtfertigen. Unbeschadet solcher gesetzlicher Festlegungen mag bei vielen Rentnern die Erwartung geweckt worden sein, die Renten würden auch künftig wie 20 Jahre hindurch alljährlich nach der jeweiligen Veränderung der allgemeinen Bemessungsgrundlage angepasst werden […]. Indessen treten mit dem Ende einer lang andauernden Periode wirtschaftlichen Aufschwungs die gesetzlichen Vorschriften, die für Zeiten der wirtschaftlichen Abschwächung geschaffen worden sind, wieder in den Vordergrund. Berücksichtigt man das, so kommt dem Vertrauen des Einzelnen auf die stets unveränderte Fortgeltung einer gesetzlichen Regelung – was den Zeitpunkt und die Höhe der Anpassung betrifft – bei der gebotenen Abwägung keine erhebliche Bedeutung zu." (BVerfGE 64, 87, 104, 105).

Zur Vertiefung:

Zur Eigentumsgarantie:

Badura, Eigentum, in: HVerfR, § 10; *Berg*, Entwicklung und Grundstrukturen der Eigentumsgarantie, JuS 2005, 961; *v. Brünneck*, Die Eigentumsgarantie des Grundgesetzes, 1984; *Herdegen*, in: 50 Jahre BVerfG II, S. 273; *Jarass*, Der grundrechtliche Eigentumsschutz im EU-Recht, NVwZ 2006, 1089; *Schoch*, Die Eigentumsgarantie des Art. 14 GG, Jura 1989, 113; *Wendt*, Eigentum und Gesetzgebung, 1985.

Zum Vertrauensschutz:

Hey, Wird die Gesetzesverkündung wieder zum Maß des Vertrauensschutzes?, NJW 2007, 408; *Koch*, Die Berücksichtigung des Vertrauensschutzes im Anwendungsvorrang des Gemeinschaftsrechts, JbArbR 44 (2007), 91; *Maurer*, Kontinuitätsgewähr und Vertrauensschutz, in: HStR IV, § 79; *Schwarz*, Vertrauensschutz im Spannungsfeld von Europäischem Gerichtshof und Bundesverfassungsgericht, VerwArch 2001, 397.

§ 13 Der Gleichheitsschutz des Grundgesetzes

Die Gleichheit ist in den Grundrechten neben der Freiheit als Ausprägung der Menschenwürde statuiert. Ihre umfassendste Konkretisierung findet sie in Art. 3 I GG. Im Gegensatz zu Art. 109 I WRV („Alle Deutschen sind vor dem Gesetz gleich") berechtigt Art. 3 I GG „**alle Menschen**". Die Bestimmung knüpft lediglich an das allgemeine Kriterium der Gleichheit an. Dagegen nennen die übrigen Gleichheitssätze einen besonderen Tatbestand, welcher Maßstab der Gleichbehandlung sein soll. Dementsprechend wird Art. 3 I GG als „**allgemeiner Gleichheitssatz**" bezeichnet, während seine spezifischen Konkretisierungen in anderen Grundrechten „**besondere Gleichheitssätze**" genannt werden.

589

> Das **Verhältnis von Freiheit und Gleichheit** wird vielfach als Gegensatz dargestellt. Danach soll Freiheit der Gleichheit, Gleichheit der Freiheit entgegenstehen. Ein Gegensatz wurde offenbar nicht stets empfunden. So forderte etwa das Bürgertum in der französischen Revolution „Freiheit, Gleichheit, Brüderlichkeit". Ihre Devise war demnach „Freiheit und Gleichheit", nicht Freiheit oder Gleichheit.

590

Das Maß an Freiheit in der Gesellschaft kann auf zweifache Weise festgestellt werden. Einerseits kann man, ausgehend vom autonomen Individuum, diejenige Gesellschaft als freieste bezeichnen, in der das einzelne Individuum ohne Rücksicht auf Andere das größtmögliche Maß an subjektiver Beliebigkeit entfalten kann. Je größer der potentielle Freiraum für den Einzelnen, desto freier ist das Gemeinwesen. Nach diesem liberalen Konzept **sind Freiheit und Gleichheit** tatsächlich **Gegensätze**. Jede Maßnahme zur Herstellung von Gleichheit gefährdet die Freiheit als potentiell schrankenlose, individuelle Beliebigkeit.

Dagegen kann die Freiheit in einem Gemeinwesen auch danach gemessen werden, in welchem Umfang jedermann oder zumindest der Mehrheit tatsächlich soziale Entfaltungschancen zur Verfügung stehen. Je mehr Menschen tatsächlich Freiheit genießen, desto freier ist das Gemeinwesen.

> Hier sind Freiheit und Gleichheit keine Gegensätze, sie ergänzen sich vielmehr. Je gleicher die Chancen aller sind, desto größer ist die allgemeine Freiheit. In einem so konzipierten Gemeinwesen ist weder „völlige Freiheit" auf Kosten der Gleichheit noch „absolute Gleichheit" auf Kosten der Freiheit möglich oder erwünscht; Freiheit und Gleichheit sind komplementäre gesellschaftliche Gestaltungselemente („**gleiche Freiheit**").[1] Die Anwendung dieses Modells in der Realität bringt zwar notwendig Verkürzungen der Freiheit bisher Privilegierter mit sich, stellt jedoch die Mehrheit der Bevölkerung besser.

---

1 S. hierzu auch *Kirchhof*, in: HStR V, 1. Aufl., 1992, § 124 Rn. 158 ff.; *Mellinghoff/Palm* (Hrsg.), Gleichheit im Verfassungsstaat, 2008; *Zippelius*, VVDStRL 47, S. 7, 16.

Der **Anwendungsbereich der grundrechtlichen Gleichheitssätze** bezieht sich auf alle Bereiche des Rechts. Er ist insbesondere **nicht auf Grundrechtseingriffe begrenzt**. Vielmehr verfasst er auch Leistungen, sonstige Begünstigungen und Teilhaberechte.

I. Das Gleichheitskonzept des Grundgesetzes

591   Der Sohn des A besucht den kommunalen Kindergarten in der Stadt S. Die städtische Gebührensatzung staffelt das Entgelt nach dem Einkommen der Eltern. Danach hat der wohlhabende A den Höchstsatz zu zahlen. Er meint diese Regelung verstoße gegen die Gleichheitsrechte. (nach: BVerfG, NJW 1998, 2128; BVerwG, NVwZ 1995, 173; dazu Rn. 596)

Das Beispiel, in dem kein besonderer Gleichheitssatz einschlägig ist, lässt unterschiedliche Anwendungsmöglichkeiten des allgemeinen Gleichheitssatzes zu. Voraussetzung der Gebührenschuld ist die Benutzung des Kindergartens. Bezüglich der Nutzung unterscheidet sich der Sohn des A nicht von anderen Kindern. Stellt man somit bezüglich der Gebührenhöhe auf das Kriterium der gleichen Nutzung ab, so wäre eine ungleiche Gebühr mit Art. 3 I GG unvereinbar.[2]

> Stellt man dagegen auf die Funktion des Kindergartens ab, die darin liegt, den Kindern elementare Grundlagen für ihre spätere Bildung und damit für ihr gesamtes späteres Leben zu vermitteln, so ist seine Benutzung eine wesentliche Voraussetzung für die Herstellung von Chancengleichheit. Würde für alle Kinder die gleiche Gebühr gefordert, würden sozial schwächere Schichten, die des Kindergartens besonders bedürfen, erheblich stärker belastet als wohlhabende Eltern. So würde Gleichheit der Chancen hergestellt, wenn das Entgelt sozial gestaffelt wird; die Staffelung wäre nicht gleichheitswidrig, sondern durch den Gleichheitssatz geradezu geboten.[3]

592   Die unterschiedlichen Lösungsmöglichkeiten stellen die Frage nach dem Gleichheitskonzept des Grundgesetzes: Ist es das der **formalen Gleichheit** vor dem Recht, wie es die erste Lösungsalternative vorsieht, oder diejenige eines sozialen Ausgleichs, der **Chancengleichheit,** wie es die zweite Alternative nahelegt?

> Der allgemeine Gleichheitssatz hat seinen Ursprung in der Forderung des Bürgertums nach Abbau der Privilegien des Adels. Diese Forderung setzte sich zunächst in den USA durch, wo die neue Staatsordnung ohne traditionelle ständische Elemente errichtet werden konnte. Section 1 der Virginia Bill of Rights lautete: „Alle Menschen sind von Natur aus in gleicher Weise frei [...]!" Die französische Revolution folgte dem Aufruf nach „Freiheit, Gleichheit, Brüderlichkeit". Art. 1 der „Déclaration des droits de l'homme et du citoyen" von 1789 statuierte: „Die Menschen sind und bleiben von Geburt an frei und gleich an Rechten." Entsprechend den politischen Zielen des wirtschaftlich dominierenden Bürgertums sollte die Gleichheit jedoch keine wirtschaftliche sein. Durch diese hätten die Bürger zugunsten der breiten Masse der Armen nur verlieren können.[4] So wurde

---

2   HeVGH, NJW 1977, 452; *Vogel*, NJW 1977, 454 f.; *ders.*, in: HStR IV, § 87 Rn. 100 m.w.N.

3   BVerfG, NJW 1998, 2128, 2130; *Osterloh*, in: Sachs, GG, Art. 3 Rn. 172 f. m.w.N.

4   Zur Geschichte der Gleichheitsrechte *Dann*, Gleichheit und Gleichberechtigung, 1980, S. 31 ff.; *Ebel*, Jura 1986, 561; 1987, 302; *Gerlach*, Jura 1988, 237.

während der französischen Revolution weitgehend nur kirchlicher und feudaler Besitz verstaatlicht. Damals wurde die **Gleichheit in staatsbürgerlicher Hinsicht** erstrebt: Gleiche Bürger sollten gegenüber dem Staat gleiche Rechte und Pflichten haben. Diese Gleichheitsvorstellung wird schon durch den Wortlaut der zitierten Menschenrechtsartikel zum Ausdruck gebracht. Dementsprechend gestaltete sich auch die Gleichheitskonzeption im 19. Jh. Danach war der Staat den Bürgern rechtlich übergeordnet; unter den Menschen sollte in der Gesellschaft rechtliche Gleichheit herrschen, ein einheitliches Recht war auf alle gleichermaßen anwendbar. Als Konsequenz entstand in Art. 6 der belgischen Verfassung von 1831 die Formel: „Es gibt im Staat keine Standesunterschiede. **Alle Bürger sind vor dem Gesetz gleich [...]**". Diese Formel fand in ähnlichen Kontexten Eingang in § 137 des Verfassungsentwurfs der Paulskirche und den Text des Art. 109 WRV.[5] Sie ist auch in Art. 3 I GG wörtlich übernommen; doch fehlt hier der systematische Zusammenhang der allgemeinen mit der staatsbürgerlichen Gleichheit (s. dazu Art. 38 I; 33 GG).

Tatsächlich nahm die Bedeutung der verfassungsrechtlichen Sicherung staatsbürgerlicher Gleichheit ab. Spätestens in der Weimarer Republik waren die letzten ständischen Relikte beseitigt, das traditionelle Ziel des Gleichheitspostulats der bürgerlichen Bewegung war insoweit erreicht. Wurde dementsprechend dem herkömmlich ausgelegten Gleichheitssatz nur geringe Bedeutung beigemessen, so erlangte die gesellschaftliche Entwicklung gleichheitsgefährdende Relevanz. Wies die ständische Ordnung dem Menschen unterschiedliche Rechte (und Pflichten) zu, so definiert sich fortan bei (formal) gleichen Rechten und Pflichten die rechtliche Stellung des Einzelnen aus seinen ökonomischen Möglichkeiten, seine Rechte wahrzunehmen. Wesentliches Kriterium der Stellung des Einzelnen war und ist nicht mehr seine ständische Zuordnung, sondern seine wirtschaftliche Lage. **Die Gesellschaft als „Hort der Freiheit" ist der Ursprung der sozialen Differenzierung**. Dem kann die Auslegung des Art. 3 I GG auf zweierlei Weisen Rechnung tragen: Entweder bleibt sie bei dem tradierten Verständnis stehen; dann wird die Bestimmung faktisch und rechtlich bedeutungslos. Oder aber sie öffnet sich den gewandelten Herausforderungen und Sichtweisen und erlangt so eine neue eigenständige Bedeutung.

593

Die Grundgesetzinterpretation sucht an dieser Stelle einen Mittelweg.[6] Einerseits stellt sich soziale Gleichheit in der Gesellschaft auch im Falle einer Interpretation des Gleichheitssatzes als Medium sozialer Egalisierung nicht von selbst ein. Sie bedarf der Verwirklichung durch Maßnahmen von Gesetzgebung und Verwaltung. Soll das grundgesetzliche Gleichheitsgebot dazu verpflichten, so wird Art. 3 I GG als Verfassungsauftrag zur Herstellung sozialer Gleichheit ausgelegt. Eine solche Interpretation würde Art. 3 I GG als **soziales Grundrecht** erscheinen lassen. Damit begegnet diese Auffassung denjenigen Einwänden, die auch gegen die Schaffung sozialer Leistungsrechte im Freiheitsbereich angeführt wurden.[7] Insbesondere kollidiert sie mit Art. 1 III GG, nach dem die Grundrechte im Zweifel unmittelbar anwendbares Recht dar-

594

---

5 Die Verfassung der Schweiz überschreibt ihren Art. 8 gar mit „Rechtsgleichheit" im Gegensatz zur faktischen Gleichheit, dazu *Starck*, in: vMKS, GG, Art. 3 Rn. 3 f.

6 Zum Folgenden näher *Davy/Axer*, VVDStRL 68, S. 122/177; *P. Kirchhof*, in: Mellinghoff/Palm (Hrsg.), Gleichheit im Verfassungsstaat, 2008, S. 1 ff.; *Kube*, ebd., S. 23 ff.

7 S.o. Rn. 336 f.; außerdem *Starck*, in: vMKS, GG, Art. 3 Rn. 6 ff.

stellen. Verfassungsaufträge zur Herstellung sozialstaatlicher Lagen sind nicht ohne weitere Ausführung realisierbar.

> Das macht etwa der Wortlaut des Art. 6 V GG deutlich: Gleiche Chancen für „uneheliche" Kinder stellen sich nicht von selbst ein, sondern müssen erst durch die Gesetzgebung geschaffen werden. Der Wortlaut des Art. 6 V GG geht von einem Zustand sozialer Gleichheit aus, der durch den Staat erst herzustellen ist. Dagegen enthält Art. 3 I GG einen solchen Auftrag nicht; er geht davon aus, dass alle Menschen vor dem Gesetz gleich „sind". Soll demnach der allgemeine Gleichheitssatz unmittelbar anwendbares Recht darstellen, so kann er keinen Verfassungsauftrag zur Herstellung gleicher Chancen enthalten.

595 Andererseits wird das traditionelle Verständnis der Gleichheit als staatsbürgerliche Gleichheit nicht unverändert aufrechterhalten. War etwa in Art. 109 II WRV noch von der Gleichheit „staatsbürgerlicher Rechte" die Rede, so wurde schon Art. 109 I WRV in einem weiteren Sinne ausgelegt. Nicht mehr nur staatsbürgerliche Gleichheit, sondern **Rechtsgleichheit** schlechthin sollte garantiert werden. Doch geht diese über die Forderung nach Allgemeinheit und Gleichheit der Gesetze (s. Art. 19 I 1 GG) weit hinaus. Schon in der Weimarer Republik galt als Ausgangspunkt dieser Auffassung die Herleitung des Gleichheitsgebotes aus dem Ziel der Gerechtigkeit.[8] Seitdem wird der Gleichheitssatz als Ausprägung der Gerechtigkeit neu interpretiert. Diese soll durch den Gleichheitssatz nicht erst zur Herstellung aufgegeben sein, sondern dem staatlichen Handeln als Verfassungsgebot voraus liegen. Dabei wird der Auftrag zur Herstellung eines sozialen Ausgleichs gegenwärtig überwiegend nicht in Art. 3 I GG, sondern im Sozialstaatsprinzip gesehen.[9] Dessen Wirkungen sollen durch die Gleichheitssätze nicht rückgängig gemacht, sondern vielmehr sinnvoll ergänzt werden. **Chancengleichheit und sozialer Ausgleich durch gleiches Recht** lautet das Konzept des GG.

> Bitte wenden Sie die so hergeleitete Auslegung des allgemeinen Gleichheitssatzes auf den **Beispielsfall** (Rn. 591) an!

596 Das Beispiel zeigt einen Fall der Kollision formaler Gleichheit mit sozialer Gerechtigkeit. Ist Art. 3 I GG im genannten Sinne ausschließlich als Gebot formaler Gerechtigkeit auszulegen, so ist von den beiden angegebenen Lösungsvarianten die erste zutreffend. „Gleich" ist die Benutzung des Kindergartens durch den Sohn des A und die übrigen Kinder, sie sind daher gem. Art. 3 I GG auch bei der Gebührenerhebung „gleich" zu behandeln. Die gestaffelte Gebühr verstieße demnach gegen Art. 3 I GG. Das GG ist jedoch bei einem derart formalen Konzept nicht stehen geblieben. Vielmehr verpflichtet das Sozialstaatsprinzip den Staat, für einen sozialen Ausgleich Sorge zu tragen. Da Kindergärten eine elementare Basis der Chancengleichheit darstellen, ist ihre Benutzung durch Kinder aus sozial schlechter gestellten Verhältnissen ein wichtiges sozialstaatliches Anliegen. Art. 20 I GG i.V.m. Art. 3 I GG kann eine soziale Gebührenstaffelung rechtfertigen.[10]

---

8 Grundlegend: *Leibholz*, Die Gleichheit vor dem Gesetz, 2. Aufl., 1959, S. 72 ff.; *Hesse*, AöR 77 (1951), 197 ff.; *Zippelius*, VVDStRL 47, S. 7, 10 ff.

9 Dazu o. Rn. 186 ff.

10 BVerfG, NJW 1998, 2128, 2130; BVerwG, NVwZ 1995, 173; OVG Bremen, DVBl. 1988, 250; OVG Münster, NWVBl 1988, 377.

II. Die Verwirklichung dieses Gleichheitskonzepts in den besonderen Gleichheitssätzen

Das Bundesland L hat eine Frauenförderungsrichtlinie für den öffentlichen Dienst **597** beschlossen. Aufgrund dieser Verwaltungsvorschrift sollen Frauen bei gleicher Leistung, Befähigung und Eignung bevorzugt eingestellt und befördert werden, bis sie die Hälfte aller Stellen der jeweiligen Laufbahn besetzen. Ist dieses Konzept mit dem GG vereinbar? (dazu OVG Münster, NJW 1989, 2561; s. Rn. 607).

Der Gleichheitsschutz des Grundgesetzes wird in vielfältigen **besonderen Gleichheitssätzen** für spezifische Sachverhalte konkretisiert:

- **gleicher Zugang zum öffentlichen Dienst** wird in Art. 33 II GG geregelt;[11]
- **Gleichheit der Wahl** (Art. 38 I GG);
- **Gleichheit des zivilen Ersatzdienstes mit dem Wehrdienst** (Art. 12a II 2 GG);
- **Gleichheit der „unehelichen" mit den ehelichen Kindern** (Art. 6 V GG); die Ungleichbehandlung der Eltern ehelicher und nicht-ehelicher Kinder ist dadurch untersagt, wenn sie mittelbar auf die Rechtsstellung der Kinder zurückwirkt;[12]
- Art. 3 II, III GG enthalten **besondere Differenzierungsverbote**, die unabhängig von einzelnen Sachbereichen verpönt sind.

Art. 3 III 1 GG verbietet die Differenzierung nach: **598**

- **Abstammung,** also der natürlichen Beziehung des Menschen zu seinen Vorfahren,[13] insbesondere Eltern und Adoptiveltern. Hierzu zählen wohl auch Ehelichkeit bzw. Nichtehelichkeit (s.a. Art. 6 V GG).
- **Rasse,** d.h. Bevölkerungsgruppen mit gemeinsamen, vererblichen Eigenschaften. Hierzu zählt insbesondere die Hautfarbe; aber – als historische Reaktion auf den Nationalsozialismus – auch die Eigenschaft als Jude unabhängig von der Frage, dass es sich hier nicht um eine „Rasse", sondern um eine Religionsgemeinschaft handelt, die lediglich aufgrund vorgeblicher „rassischer" Merkmale verfolgt wurde.
- **Sprache,** als ethnisch-kultureller Ausdrucksform. Das Merkmal dient dem Schutz von Minderheiten (Dänen in Schleswig-Holstein, Sorben).
- **Heimat,** nämlich dem örtlichen Bereich, in dem man geboren oder ansässig ist.[14]
- **Herkunft,** das ist die Zugehörigkeit zu einer sozialen Schicht. Dies sind etwa „Adelige", „Kapitalisten" oder „Werktätige"; aber auch etwa die Eigenschaft als „Beamter" oder Bediensteter des öffentlichen Dienstes. Weder zur „Heimat" noch zur „Herkunft" zählt die **Staatsangehörigkeit;** daher dürfen Ausländer vorbehaltlich anderslautender Normen des Völker- oder Europarechts rechtlich anders behandelt werden als Inländer.[15]
- **Glaube** als religiösem oder antireligiösem Bekenntnis. Hier wird die Religionsfreiheit in der Dimension der Gleichheit gesichert (s.a. Art. 33 III GG).

---

11 S. dazu o. Rn. 305.
12 BVerfGE 118, 45 ff.; NJW 2009, 1065 ff.
13 Seit BVerfGE 9, 128.
14 BVerfGE 5, 22; 23, 262; BVerwGE 22, 69 f.
15 BVerfGE 9, 124, 125 ff.; einschränkend BVerfGE 51, 1, 23 ff., 29.

- **politischer Anschauung.** Hierzu zählt nicht nur das „Haben", sondern auch das Äußern einer Auffassung.

599 Art. 3 III 2 GG statuiert das Verbot, jemanden **wegen seiner Behinderung zu benachteiligen.** Im Gegensatz zu den Differenzierungsverboten des Art. 3 III 1 GG stellt Satz 2 nur ein Benachteiligungsverbot dar. Eine Bevorzugung in Anknüpfung an eine Behinderung kann demgegenüber zulässig sein.[16]

600 Die **Gleichheit zwischen Frauen und Männern** ist sowohl in Art. 3 II 1 GG als auch in Art. 3 III 1 GG geregelt. Trotz des vergleichsweise einfachen Wortlauts ist die Auslegung dieser Bestimmungen überaus umstritten. Zentrale Gründe dafür liegen einerseits in ihrem Wortlaut: Geht es „nur" um Gleichberechtigung im juristischen Sinne oder aber auch um Gleichstellung im sozialen Sinne? Nicht eindeutig ist zudem das Verhältnis der inzwischen recht zahlreichen Regelungen der Art. 3 II, III GG zueinander. Daraus resultiert eine große Zahl von Auslegungsschwierigkeiten.

Nach Art. 3 II GG sind Männer und Frauen gleichberechtigt; gem. Art. 3 III 1 GG darf niemand wegen seines Geschlechts bevorzugt oder benachteiligt werden. Im Beispielsfall werden Frauen und Männer unterschiedlich behandelt. Ob darin ein Verstoß gegen die genannten Gleichheitsrechte liegt, hängt von deren Schutzbereich und ihren Rechtsfolgen ab. Art. 3 III 1 GG verbietet Unterscheidungen nach einzelnen, näher genannten Kriterien. Ein solches Verbot bedeutet jedoch nicht notwendig, dass die Vergleichspaare schematisch stets gleich zu behandeln wären. Die spezifischen Kriterien aller besonderen Gleichheitssätze – nicht nur derjenigen des Art. 3 III 1 GG – untersagen nicht, Differenzierungen vorzunehmen. Sie verbieten lediglich, eine ungleiche Behandlung mit jenen Merkmalen zu **begründen.**[17] Anders ausgedrückt: Die rechtliche Ungleichbehandlung von Männern und Frauen darf gem. Art. 3 II 1, III 1 GG nicht durch ihr ungleiches Geschlecht begründet werden. Ist der maßgebliche Gesichtspunkt dagegen ein anderer, von der Rechtsordnung zugelassener Aspekt, so verstößt die Differenzierung nicht gegen das **Begründungsverbot** und somit nicht gegen einen besonderen Gleichheitssatz.

> Das **Differenzierungsverbot als Begründungsverbot** wirkt etwa so: Werden bspw. Frauen und Männer oder Deutsch- und Fremdsprachige von der Rechtsordnung unterschiedlich behandelt, so ist der Grund dieser Differenzierung zu ermitteln. Maßgeblich dafür ist die Auslegung des anwendbaren Rechts unter besonderer Berücksichtigung seiner Entstehungsgeschichte. So darf etwa die Entschädigung jüdischer Opfer des Nationalsozialismus weder wegen ihrer „Religion" noch wegen ihrer „Rasse", sondern allein wegen ihrer besonderen Schäden und Leiden zwischen 1933 und 1945 erfolgen.

601 In engem Zusammenhang mit der Frage nach dem Inhalt des Differenzierungsverbotes steht das Problem, welche Art von Diskriminierungen von Art. 3 III GG erfasst

---

16 Abschlussbericht der Gemeinsamen Verfassungskommission, BT-Drucks. 12/6000, S. 50 ff.; *Osterloh*, in: Sachs, GG, Art. 3 Rn. 305.
17 *Podlech*, Gehalt und Funktion des allgemeinen Gleichheitssatzes, 1974, S. 94 m.w.N.; *Schlink*, Der Staat 1976, 335, 349 f.

sind.[18] Zunächst wurden nur **unmittelbare Diskriminierungen** darunter gefasst, d.h. Differenzierungen, die selbst und unmittelbar mit einem „verpönten" Merkmal begründet wurden.[19] Nach dieser Auslegung wurde die versteckte, mittelbare Ungleichbehandlung, die zwar nicht an ein verbotenes Differenzierungskriterium anknüpft, sich aber im Ergebnis faktisch benachteiligend auswirkt, nicht von Art. 3 III GG erfasst.[20] Inzwischen wird im Hinblick auf das europarechtliche Diskriminierungsverbot (Art. 157 AEUV), das sich auch auf mittelbare Diskriminierungen erstreckt,[21] Art. 3 III GG vermehrt erweiternd ausgelegt und angewandt.[22]

> Demnach könnte etwa ein Sonderurlaub ausschließlich für Mütter nach der Geburt der Kinder nicht mit der Erforderlichkeit einer besonderen pädagogischen Betreuung des Kindes begründet werden. Ein Grund kann zur Begründung einer Ungleichbehandlung nur dann herangezogen werden, wenn er tatsächlich eine unterschiedliche Behandlung der Betroffenen gebietet. Demnach wäre eine solche Differenzierung nur zulässig, wenn Kinder der pädagogischen Sorge gerade durch die Mutter bedürfen, während die Väter diesen Erfordernissen nicht nachkommen könnten. Nur in einem solchen Fall wäre die Ungleichbehandlung hinreichend begründet. Da jedoch ein solches Bedürfnis empirisch nicht feststellbar ist, wäre eine solche unterschiedliche Behandlung rechtswidrig. Als zusätzlicher Aspekt ist hier allerdings Art. 6 IV GG zu berücksichtigen.

Im Beispielsfall wäre demnach zu fragen: Gab es andere Gründe als das Geschlecht, **602** welche rechtlich zulassen und zugleich in der Lage sind, die Bevorzugung von Frauen im öffentlichen Dienst zu begründen? Maßgebliches Abgrenzungskriterium ist das Geschlecht. Über andere Gemeinsamkeiten als das Geschlecht verfügt weder der bevorzugte noch der benachteiligte Personenkreis. Aber auch die Gründe für die Bevorzugung bzw. Benachteiligung liegen im Geschlecht. Dies zeigt nicht nur der Zweck („Frauenförderung"), sondern auch der Umstand, dass hier keine sonstigen Gründe ersichtlich sind, welche eine Bevorzugung rechtfertigen könnten. Insbesondere geht es der Richtlinie nicht um die Bevorzugung solcher Gruppen, die bislang im öffentlichen Dienst benachteiligt wurden. Vielmehr greift sie nur eine Gruppe heraus, ohne andere Benachteiligte (Schwerbehinderte, Kinder ausländischer Arbeitnehmer u.ä.) zu berücksichtigen. Demnach ist also das Geschlecht der maßgebliche Grund für die Ungleichbehandlung.

> Eine solche Rechtfertigung folgt auch nicht aus den früher vielfach herangezogenen „**biologisch-funktionalen" Unterschieden** zwischen Frauen und Männern.[23] Zumindest das

---

18 Zu dem Versuch Art. 3 GG insgesamt als Diskriminierungsverbot zu verstehen *Somek*, Rationalität und Diskriminierung. Zur Bindung der Gesetzgebung an das Gleichheitsrecht, 2001; kritisch *Huster*, Der Staat 2003, 145 ff.

19 *Scholz*, in: MD, GG, Art. 3 II Rn. 1, 2 (1996); *Hesse*, Verfassungsrecht, Rn. 436.

20 Zum Begriff und Beispielen s. *Rüfner*, in: BK, GG, Art. 3 II u. III Rn. 563 ff., 738 ff.; *Starck*, in: vMKS, GG, Art. 3 Rn. 371 ff.

21 S. hierzu EuGHE 1986, 1607, 1622; 1991, I-297, 318; EuGHE 1995, I-4625, 4658 ff., Rn. 26 ff.; EuGHE 2007 I-10573, 10581 ff.

22 BVerfG, Beck-RS 2010, 49565; *Jarass/Pieroth*, Art. 3 Rn. 53, 59; *Osterloh*, in: Sachs, GG, Art. 3 Rn. 260; *Starck*, in: vMKS, GG, Art. 3 Rn. 366 ff.; noch weiter wohl *Ebsen*, RdA 1993, 11, 13 ff.; *Pfarr/Bertelsmann*, Diskriminierung im Erwerbsleben, 1989, S. 111.

23 So aber früher BVerfGE 6, 389, 422 f.; 31, 1, 4 f.; 68, 384, 390; BVerwGE 40, 17, 24; einschränkend bis ablehnend aus jüngerer Zeit BVerfGE 85, 191, 207; 92, 91, 109; 114, 357, 364.

„funktionale" Argument folgt nicht zuletzt aus den überkommenen gesellschaftlichen Rollenverteilungen und -zuweisungen, welche sich mit jenem Unterschied in Zukunft selbst rechtfertigen und somit verfestigen könnten. Im Übrigen ist jener „Grund" aber auch eine Leerformel, deren Bedeutung völlig vage ist. So kann sie auch nicht in der Lage sein, irgendwelche Unterschiede zu „begründen". Mit ihr könnte man auch „begründen", dass Frauen keine schwere körperliche Arbeit übernehmen sollten – jedenfalls dann, wenn es sich um bezahlte Berufsarbeit handelt.[24] Die Beliebigkeit solcher Verwendung eines „Grundes" zeigt an, dass es ihm gerade an dem Begründungsgehalt fehlt. Ein solcher Gehalt kommt einem Argument nur zu, wenn es in der Lage ist, eine Aussage über die Wahrheit oder Unwahrheit einer zu begründenden Behauptung zu ermöglichen. Daran fehlt es den inhaltsleeren „biologisch-funktionalen" Unterschieden.

603 Aber nicht jede Differenzierung im Anwendungsbereich des Art. 3 III 1 GG macht eine Maßnahme verfassungswidrig. Vielmehr liegt Verfassungswidrigkeit nur bei einer **Grundrechtsverletzung** vor, also einem Eingriff, der seinerseits rechtswidrig ist. Demnach ist im Beispielsfall zu fragen, ob der Eingriff formell und materiell gerechtfertigt ist. Hier stellt sich die Frage nach den **Grundrechtsschranken des Art. 3 GG.** Dabei sind – mangels ausdrücklichen Einschränkungsvorbehaltes in Art. 3 GG – die Grundsätze über verfassungssystematische Schranken anzuwenden.[25] Demnach ist zu fragen, ob kollidierende Rechtsgüter mit Verfassungsrang die Einschränkung des Art. 3 II 1, III 1 GG legitimieren können.

604 Wichtigste Grundrechtsschranke sind die **Ungleichbehandlungsgebote des GG.** Als solche kommen insbesondere Art. 12a I, IV; 6 IV GG in Betracht. Während Art. 12a GG im Beispielsfall offensichtlich ausscheidet, ist die Bedeutung des Art. 6 IV GG für die Beseitigung von rechtlichen oder sozialen Benachteiligungen gegenüber Frauen immer noch wenig untersucht. Betrifft er nur „Mütter", also Frauen, die schon Kinder haben? Die Bestimmung wird vielfach noch enger ausgelegt, so dass sie nur auf Mütter anzuwenden wäre, deren Kinder noch auf das Stillen oder eine besondere persönliche Betreuung – etwa unterhalb des Kindergartenalters – angewiesen wären. Oder gilt sie auch für werdende Mütter, also Frauen, die Kinder erwarten? Oder aber alle Frauen im Hinblick auf die Tatsache, dass sie früher Mutter geworden sind oder später Mutter werden könnten?

Als weitere Schranke des Diskriminierungsverbots aus Art. 3 III 1 GG wird das **Gleichberechtigungsgebot des Art. 3 II 1 GG** diskutiert. Diese Auffassung nimmt ihren Ausgangspunkt darin, dass es unsinnig wäre, gleiches Recht für Frauen und Männer im Grundgesetz zweimal anzuordnen. Hätte Art. 3 II 1 GG dieselbe Bedeutung wie Art. 3 III 1 1. Alt. GG, so wäre eine der beiden Bestimmungen sinnlos. Eine solche Auslegung würde gegen den methodischen Satz verstoßen, wonach keine Rechtsnorm so ausgelegt werden darf, dass sie selbst oder eine andere Norm sinnlos würde. Also geht dieser systematische Ansatz dahin, Art. 3 II 1 GG so zu verstehen, dass ihm ein eigenständiger Sinn zukommt.[26] Zu den verschiedenen Auslegungsansätzen des Art. 3 II 1 GG gehört zunächst die Interpretation als Verfassungsauftrag zur Herstellung sozialer Gleichheit von Mann und Frau, der auch mit einer in Art. 3 II 1 GG konkretisierten Ausprägung des Sozialstaatsprinzips und des „objektiven Gehalts der Grund-

---

24 S. dazu BVerfGE 85, 191, 207 f.
25 Dazu o. Rn. 524 ff.
26 *Battis/Schulte-Trux/Weber*, DVBl. 1991, 1165, 1169 f.

rechte" begründet wird. Als derartiger Verfassungsauftrag würde Art. 3 II 1 GG staatliche Maßnahmen rechtfertigen, welche dazu bestimmt sind, gesellschaftliche Diskriminierungen der Frau zu beseitigen. Sofern dieser Zweck nur durch rechtliche Bevorzugungen oder Benachteiligungen erreicht werden könnte, würde Art. 3 II 1 GG als **Gleichstellungsauftrag** auch solche Ungleichbehandlungen rechtfertigen. In diesem Sinne wird Art. 3 II 1 GG jedenfalls auch als Differenzierungsgebot und damit als Schranke der Gleichberechtigung der Geschlechter aus Art. 3 III 1 GG gedeutet.[27]

> „Der über das Diskriminierungsverbot des Art. 3 III GG hinausreichende Regelungsgehalt von Art. 3 II GG besteht darin, dass er ein Gleichberechtigungsgebot aufstellt und dieses auch auf die gesellschaftliche Wirklichkeit erstreckt. Der Satz ,Männer und Frauen sind gleichberechtigt' will nicht nur Rechtsnormen beseitigen, die Vor- oder Nachteile an Geschlechtsmerkmale anknüpfen, sondern für die Zukunft die Gleichberechtigung der Geschlechter durchsetzen. Er zielt auf die Angleichung der Lebensverhältnisse."[28]

> Die Gegenauffassung[29] stellt in Betonung rein formaler Gleichheit heraus, dass das Grundrecht aus Art. 3 II 1 GG gegen seinen Wortlaut ausgelegt wird. Dieser spricht nur von **„Gleichberechtigung"**, nicht hingegen von Gleichheit oder Gleichstellung. Beides ist aber etwas Verschiedenes. Während Gleichheit die Übereinstimmung prinzipiell beliebiger Merkmale bei mehreren Vergleichstatbeständen ist, stellt die Gleichberechtigung gerade auf die Übereinstimmung eines Merkmals, nämlich des rechtlichen, ab. Nach dieser Auffassung hat Art. 3 II 1 GG insoweit dieselbe Bedeutung wie Art. 3 III 1 1. Alt. GG.[30]

Wer Art. 3 II 1 GG nicht als Schranke des Art. 3 III 1 GG sieht, kann als weitere **605** Schrankentatbestände des Art. 3 III GG sonstige Verfassungsnormen heranziehen.[31] **Art. 3 II 2 GG** enthält den Auftrag an den Gesetzgeber, die **tatsächliche** Gleichberechtigung zu fördern, also in einem entsprechenden Sinne auf die Lebenswirklichkeit einzuwirken (Chancengleichheit). In diesem Rahmen sind dann auch ausgleichende Förderungsmaßnahmen zulässig.[32] Zum Teil wird in S. 2 eine Rechtsgrundlage für die Verfassungsmäßigkeit von Frauenquoten gesehen.[33] Hingegen hätte er bei einer weiten Auslegung des Art. 3 II 1 GG als Gleichstellungsauftrag oder Diskriminierungsverbot allein deklaratorische Wirkung.[34]

> Als weitere Möglichkeit einer Rechtfertigung der Quotenregelung käme letztlich noch der **606** vom BVerfG gelegentlich herangezogene **Kompensationsgedanke** in Betracht. Danach soll

---

27 So oder ähnlich BVerfGE 48, 327, 337 f.; 57, 353, 345 f.; 74, 163, 180; 84, 9, 17 ff.; 85, 191, 207 f.; 87, 1, 42; 87, 234, 258; 89, 276, 286 ff.; 92, 91, 109; s. auch schon BVerfGE 15, 337, 345; *Pfarr/Fuchsloch*, Quoten und Grundgesetz, 1988; *Slupik*, Die Entscheidung des GG für Parität im Geschlechtsverhältnis, 1988.
28 BVerfGE 85, 191, 206 f.; s. auch BVerfG, NJW 1992, 2213, 2214 f.
29 S. z.B. OVG Münster, NJW 1989, 2560; NVwZ 1996, 494, 495; OVG Lüneburg, NVwZ 1996, 497.
30 Dementsprechend messen *Gubelt*, in: v. Münch/Kunig, Art. 3 Rn. 95; *Starck*, in: vMKS, GG, Art. 3 Rn. 207; dem Merkmal Geschlecht keine eigenständige Bedeutung bei. A.A. *Osterloh*, in: Sachs, GG, Art. 3 Rn. 227; *Sacksofsky*, Das Grundrecht auf Gleichberechtigung, S. 340.
31 *Starck*, in: vMKS, GG, Art. 3 Rn. 22 ff.
32 BVerfGE 92, 91, 109; 109, 64, 89.
33 *M. Döring*, Frauenquoten und Verfassungsrecht, S. 209.
34 BVerfGE 92, 91, 109.

die rechtliche Bevorzugung von Frauen zulässig sein, wenn sie sich nicht als Diskriminierung der Männer darstellt, sondern als „eine Maßnahme, die auf eine Kompensation erlittener Nachteile zielt"[35]. Der dabei geäußerte Grundgedanke wurde insbesondere im Rentenrecht angewandt: Waren die Antragstellerinnen früher im Berufsleben diskriminiert, so sollte sich diese Benachteiligung nicht auch noch bei der Rente fortsetzen. Doch lässt sich dieser Gedanke schwerlich generalisieren: Dass die frühere Diskriminierung benachteiligter Frauengenerationen bzw. begünstigter Männergenerationen heute durch umgekehrte Diskriminierung kompensationsfähig ist, ist wohl kaum begründbar.[36]

607 Neben dem „Ob" ist aber auch das „Wie" der Herstellung von Gleichheit diskussionsbedürftig. Der **Vorbehalt des Gesetzes** gilt nicht nur bei Eingriffen in Freiheits-, sondern auch in Gleichheitsrechte.

*Bitte diskutieren Sie nun den **Beispielsfall** (Rn. 597).*

„Jedenfalls reicht eine Verwaltungsvorschrift [...] als Rechtsgrundlage für derartige Kompensationsmaßnahmen nicht aus. Denn die sozialstaatlich motivierte Bevorzugung der Frauen im Rahmen eines typisierenden Quotensystems führt im Einzelfall zu einer empfindlichen Benachteiligung des als Beförderungsbewerber unterlegenen Mannes; sie läuft insoweit faktisch auf eine Einschränkung des sich aus Art. 3 II 1 und III GG ergebenden Diskriminierungsverbots hinaus. Das Sozialstaatsprinzip vermag aus sich heraus jedoch nicht unmittelbar grundrechtseinschränkende Wirkungen zu entfalten. Insoweit bedarf es vielmehr in jedem Fall einer näheren Konkretisierung durch den Gesetzgeber. Abgesehen davon ist die Präzisierung des Sozialstaatsprinzips ohnehin in erster Linie Sache des Gesetzgebers" (OVG Münster, NJW 1989, 2561).

608 Im **Arbeitsrecht** ist die Gleichberechtigung von Frauen und Männern durch Art. 157 AEUV und das dazu ergangene sekundäre Gemeinschaftsrecht weitgehend verwirklicht. Hierzu bedarf es der Figur der „Drittwirkung" des Art. 3 II, III GG nicht mehr. Im **Bürgerlichen Recht** enthält § 1 AGG entsprechende Anforderungen. Der EuGH hat in zwei Fällen über die Zulässigkeit von Frauenquoten im öffentlichen Dienst entschieden. Danach ist eine Quote, welche automatisch weiblichen Bewerbern den Vorzug gibt, bis eine paritätische Besetzung der Stellen erreicht ist, nicht mit dem im Europarecht verankerten Gleichheitssatz vereinbar.[37] Flexible bzw. weiche Quoten seien demgegenüber zulässig, wenn sie Raum für eine einzelfallbezogene Abwägung lassen, die sich am Verhältnismäßigkeitsprinzip orientiert, z.B. durch die Einfügung von Härtefallklauseln (Öffnungsklauseln) für potentiell benachteiligte Männer.[38]

609 **Zusammenfassend** bleibt festzuhalten: Die Bevorzugung von Frauen mit dem Ziel einer tatsächlichen Chancengleichheit im Arbeitsleben ist mit dem Wortlaut des Art. 3 III 1 1. Alt. GG schwerlich vereinbar. Diesem geht es eher um formale Gleichberechtigung als um materielle Gleichheit. Sie kann hingegen begründet werden

---

35 BVerfGE 74, 163, 180.
36 *Maidowski*, Umgekehrte Diskriminierung, S. 128; s. dazu auch *M. Döring*, Frauenquoten und Verfassungsrecht, S. 205 ff., zur Kritik: S. 207; kritisch auch *Haverkate*, Verfassungslehre 1992, S. 242 ff., 245; *Scholz*, in: MD, GG, Art. 3 II (1996), Rn. 68.
37 EuGHE 1995, I-3051, 3055 ff.; s. a. schon EuGHE 1988, 6315, 6319 ff.
38 EuGH, NJW 1997, 3429 f.; zur Entwicklung *König/Peters*, in: Grote/Marauhn, EMRK, Kap. 21, Art. 14 EMRK/Art. 3 II u. III GG, Rn. 116 ff.

– entweder mit einem weit ausgelegten Art. 3 II 1 GG, dem dann über das Ziel der Gleichberechtigung hinaus dasjenige der materiellen Gleichheit entnommen werden muss,

– oder mit Art. 3 II 2 GG, welcher über das Gleichberechtigungsgebot hinaus als Gleichstellungsgebot verstanden werden kann,

– oder im Anwendungsbereich des Europarechts mit dem weit ausgelegten Art. 157 AEUV und den auf seiner Grundlage ergangenen Richtlinien bzw. im Anwendungsbereich des Zivilrechts mit §§ 1, 5 AGG.

Nach wohl allen Auffassungen ist Gleichstellung im Einzelfall aber nur zulässig, soweit nicht besondere Merkmale besondere, verfassungsrechtlich geschützte Gründe entgegenstehen (sog. „weiche Quote").

Zur Vertiefung:
Classen, Freiheit und Gleichheit im öffentlichen und im privaten Recht – Unterschiede zwischen europäischem und deutschem Grundrechtsschutz?, EuR 2008, 627 ff.; *Desens*, Neid als Grundrechtsausübungsmotiv (zur Durchsetzung des Gleichbehandlungsanspruchs bei gleichheitswidrigen Gesetzen), AöR 133 (2008), 404; *Ebsen*, Verbindliche Quotenregelungen für Frauen und Männer in Parteistatuten, 1988; *Kischel*, Systembindung des Gesetzgebers und Gleichheitssatz, AöR 124 (1999), 174; *Sachs*, Frauenquoten im öffentlichen Dienst, Jura 1989, 465; *ders.*, Grenzen des Diskriminierungsverbots, 1987; *Sacksofsky*, Das Grundrecht auf Gleichberechtigung, 2. Aufl., 1996; *Schiek*, Gleichbehandlungsrichtlinien der EU – Umsetzung im deutschen Arbeitsrecht, NZA 2004, 873; *Wiemann*, Rosige Aussichten für die Gleichstellung gleichgeschlechtlicher Lebenspartner mit Ehegatten?, NJW 2010, 1427.

III. Die Verwirklichung dieses Gleichheitskonzepts im allgemeinen Gleichheitssatz

Im Steuerrecht waren die für die Betreuung von Kindern vorgesehenen Freibeträge zeitweise niedriger als die Summen, welche nach dem Sozialhilferecht als Existenzminimum für Kinder vorgesehen waren. War dies mit dem Gleichheitssatz vereinbar? (nach: BVerfGE 99, 246; dazu Rn. 619).

610

Ist kein besonderer Gleichheitssatz anwendbar, so kann sich ein Differenzierungsverbot nur aus dem **allgemeinen Gleichheitssatz des Art. 3 I GG** ergeben. Dieser ist nur anwendbar, wenn die Gleichheit „vor dem Gesetz" auch den Gesetzgeber selbst bindet.

Der Wortlaut dieses Grundrechts ist gewählt worden, da er europäischer Verfassungstradition entspricht. Deutlich kommt in ihm das Grundrechtsverständnis des 19. Jh. zum Ausdruck, das Grundrechtsschutz nach Maßgabe der Gesetze garantieren wollte, ihn hingegen nicht gegen den Gesetzgeber kehrte. Das Grundgesetz hat sich jedoch von diesem Verständnis abgewandt. Die Bindung auch des Gesetzgebers an die Freiheits- und Gleichheitsrechte ist in Art. 1 III GG ausgedrückt. Der Wortlaut des Art. 3 I GG kann nicht als Ausnahme von jenem Grundsatz herangezogen werden, da er nur aus historischen und nicht aus Sachgründen gewählt wurde. Dementsprechend bestand im Parlamentarischen

611

Rat Einigkeit, dass Art. 1 III GG (i.V.m. Art. 20 III GG) auch die Gesetzgebung an den allgemeinen Gleichheitssatz binden sollte.[39] Die **Gesetzgebung muss dementsprechend den Anforderungen dieses Gleichheitssatzes genügen.**

612   Schwieriger ist die inhaltliche Konkretisierung der Gleichheitsbindung. Offenkundig sinnlos wäre es, wenn der Staat alles gleich behandeln müsste. Die Rechte der Verkäufer sind andere als die der Käufer; die Rechtsstellung des Mieters muss anders sein als die des Vermieters; diejenige des Täters (im Strafrecht) anders als diejenige des Opfers oder des Zeugen. Die Rechtsordnung wirkt und funktioniert nur durch Differenzierung. Kaum eine Norm stellt pauschal auf die „Menschen" ab (s. jedoch § 1 BGB; § 212 StGB). Kann und darf der Staat nicht alles gleich behandeln, stellt sich demnach die Frage, was er denn gleich behandeln muss bzw. ungleich behandeln darf.

Diese Abgrenzung erfolgt nach wie vor grundsätzlich anhand der Formel, wonach der Staat durch Art. 3 I GG verpflichtet ist, bei steter Orientierung am Gerechtigkeitsgedanken **Gleiches gleich und Ungleiches – seiner jeweiligen Eigenart entsprechend – ungleich zu behandeln**[40].

Die **Gleichheitsbindung von Exekutive und Justiz** ist danach vergleichsweise einfacher zu konkretisieren. Ihnen sind die Gesetze als Maßstab von „gleich" und „ungleich" vorgegeben. Differenziert das Gesetz zwischen „Käufern" und „Verkäufern", so sind diese Gruppen untereinander jeweils gleich zu behandeln. Für die Gesetzesanwendung stehen daher die Kriterien von gleich und ungleich weitgehend fest.[41]

613   Größere Schwierigkeiten bereitet hingegen die **Gleichheitsbindung der Gesetzgebung.** Sie ist im Rahmen ihrer politischen Gestaltungsfreiheit an inhaltliche Vorgaben nicht gebunden und kann insoweit über ihre Maßstäbe selbst entscheiden. Daher entfaltet der allgemeine Gleichheitssatz gegenüber der Gesetzgebung wesentlich weitmaschigere Wirkungen als gegenüber den anderen Zweigen der Staatsgewalt. Die Problematik jener Formel, wonach Gleiches gleich und Ungleiches ungleich zu behandeln sei, liegt für den Gesetzgeber darin, dass die Realität keine absolute Gleichheit (= Identität) kennt,[42] sondern mehrere Phänomene trotz aller übereinstimmenden Merkmale stets auch Unterschiede aufweisen. Wo alles verschieden ist, müsste nichts gleich behandelt werden. Demnach könnte das Gleichheitspostulat gegenstandslos werden. Andererseits kann Gleichheit durchaus bestehen, wenn ein oder mehrere Kriterien als Vergleichsmaßstab gewählt werden. Unter einzelnen Aspekten können eigentlich verschiedene Phänomene durchaus als „gleich" erscheinen. So lassen sich etwa unter den Menschen **gleiche Eigenschaften oder Rollen** als Mutter, Konfessionsangehöriger, Arbeitnehmer oder Grundstückseigentümer feststellen. Tatsächlich erfasst die staatliche Normsetzung und -anwendung den Einzelnen nahezu stets nicht in seiner Gesamtheit, sondern knüpft in ihrem Tatbestand an bestimmte persönliche Merkmale an. Werden diese Tatbestandsmerkmale von mehreren Personen erfüllt, so sind sie insoweit gleich.

---

39 S. dazu JöR 1, S. 66 ff.; BVerfGE 1, 14, 52 f.

40 Seit BVerfGE 1, 14, 52; *Gusy*, NJW 1988, 2505; *Robbers*, DÖV 1988, 749; *Sachs*, NWVBl 1988, 295; *Schoch*, DVBl. 1988, 863; *Zippelius*, VVDStRL 47, S. 7, 10 ff.

41 Eingehend zur Bindung der Exekutive an den Gleichheitssatz *Erichsen*, VerwArch 1980, 289; *Gusy*, NJW 1988, 2509 f.

42 Zum folgenden *Hesse*, AöR 77 (1951), 172 ff.; *Podlech*, Gehalt und Funktion, a.a.O., S. 53 ff.

Ausgangspunkt jeder Beurteilung der Vereinbarkeit eines Gesetzes mit dem allgemeinen Gleichheitssatz muss die Feststellung einer **Gleich- oder Ungleichbehandlung** sein. Sie ergibt sich aus dem Tatbestand des Gesetzes, welcher regelt, auf welche Fälle die angeordneten Rechtsfolgen anzuwenden bzw. nicht anzuwenden sind. Es ist der Gesetzestatbestand, der Maßstab für die Gleich- oder Ungleichbehandlung ist. Er stellt das **Differenzierungskriterium** dar. **614**

Wäre der Gesetzgeber befugt, in jeder Norm jedes beliebige Differenzierungskriterium heranzuziehen, so ergäbe sich folgendes Problem: Die Normtatbestände knüpfen an Fakten oder Phänomene aus der Realität an. Da dort jedoch keine absolute Gleichheit existiert, sondern alles verschieden ist, ließe sich für jede Ungleichbehandlung ein Differenzierungskriterium finden. Frauen sind eben nicht stets Mütter; und wenn sie solche sind, sind sie eben nie nur Mütter, sondern auch berufstätig oder nicht berufstätig, alleinerziehend oder mit Familienhintergrund, religiös oder nicht-religiös mit konservativen oder liberalen Erziehungsidealen. Da prinzipiell die Unterscheidungskriterien gleichwertig wären, würde sich die Frage nach einer Gleichbehandlung durch den Gesetzgeber nicht mehr stellen. Darf demnach von der Legislative nicht in jedem Fall jedes beliebige Differenzierungskriterium herangezogen werden, so erlangt die Fragestellung, welche Maßstäbe zugrunde gelegt werden dürfen, ausschlaggebende Bedeutung. Dazu ist auf den **Zweck** der Gleich- oder Ungleichbehandlung abzustellen. Gesetze differenzieren nicht um der bloßen Unterscheidung willen, vielmehr verfolgen sie damit jeweils ein bestimmtes Ziel. Dieses **Differenzierungsziel** ist regelmäßig aus dem Regelungszweck des Gesetzes herzuleiten. Gesetze ergehen als politische Reaktion auf soziale Gestaltungsdefizite, verfolgen also stets einen Zweck, der über den bloßen Gesetzeserlass hinausgeht. Dieses Regelungsziel des Gesetzes bestimmt das Differenzierungsziel. Es steht nicht ausdrücklich im Gesetz, sondern ist durch Auslegung zu ermitteln. Über solche Ziele entscheidet im Rahmen der Festlegung des gesetzlichen Regelungszwecks die Gesetzgebung selbst. Dieses Differenzierungsziel muss seinerseits verfassungsgemäß sein. **615**

> Der allgemeine Gleichheitssatz gebietet oder untersagt selbst kein Regelungsziel. Daher kann sich die Verfassungswidrigkeit des Regelungszwecks nur aus anderen Bestimmungen des Grundgesetzes ergeben, insbesondere den besonderen Gleichheitssätzen, den Staatszielbestimmungen oder den Freiheitsrechten.

In diesem Sinne stellt der allgemeine Gleichheitssatz eine **Relation zwischen Differenzierungsziel und Differenzierungskriterium her:** Nur solche Kriterien darf ein Gesetz der Gleich- oder Ungleichbehandlung zugrunde legen, die durch das Differenzierungsziel begründet werden können. Alle Kriterien, die nicht auf diese Weise zu legitimieren sind, sind verfassungswidrig. Der allgemeine Gleichheitssatz verbietet somit Ungleichbehandlungen, die mit einem unzulässigen Differenzierungszweck begründet oder aus einem zulässigen Zweck nicht begründet sind. **Vielmehr muss das Differenzierungskriterium aus dem (zulässigen) Differenzierungsziel des Gesetzes begründbar sein.** Dementsprechend fordert die Rechtsprechung für jede Ungleichbehandlung einen „sachlich einleuchtenden Grund".[43] Solche Gründe für die Auswahl eines Differenzierungskriteriums lassen sich nur aus dem Differenzierungsziel herleiten. **616**

---

43 Seit BVerfGE 1, 14, 52; 1, 119, 140 f.

Insoweit stellt Art. 3 I GG ein „**Willkürverbot**"[44] dar. Danach darf wesentlich Gleiches nicht ohne Grund (= willkürlich) ungleich behandelt werden. Gleichheit als Ausprägung formaler Gerechtigkeit soll durch die Vermeidung von Willkür angestrebt werden. Was nach der gesetzgeberischen Zielsetzung als gleich erscheint, muss auch in der Durchführung gleich behandelt werden. „Willkür" liegt demnach stets dann vor, wenn sich für die Ungleichbehandlung aus dem Differenzierungsziel kein „sachlich einleuchtender Grund" herleiten lässt. Wesentlich **Ungleiches** unterfällt hingegen dem Gleichbehandlungsgebot nicht. Es **darf**, muss aber nicht **ungleich behandelt werden**.

617 Der Erste Senat des Bundesverfassungsgerichts hat zwischenzeitlich die Willkürformel durch die sog. „**neue Formel**" weiterentwickelt und ergänzt:[45]

> „Diese Verfassungsnorm (Art. 3 I GG) gebietet, alle Menschen vor dem Gesetz gleich zu behandeln. Demgemäß ist dieses Grundrecht vor allem dann verletzt, wenn eine Gruppe von Normadressaten im Vergleich zu anderen Normadressaten anders behandelt wird, obwohl zwischen beiden Gruppen keine Unterschiede von solcher Art und solchem Gewicht bestehen, dass sie die ungleiche Behandlung rechtfertigen können." (BVerfGE 55, 72, 88).[46]

Durch die „neue Formel" wird das **Übermaßverbot** als materielles Kriterium in die Prüfung einer Verletzung des Gleichheitssatzes hineingezogen.[47] Nicht mehr nur irgendein sachlich nachvollziehbarer Grund für eine Differenzierung sollte diese rechtfertigen können. Vielmehr ist nun erforderlich, dass die Ungleichbehandlung in einem angemessenen Verhältnis zu den Unterschieden steht.

> „Aus dem allgemeinen Gleichheitssatz ergeben sich je nach Regelungsgegenstand und Differenzierungsmerkmalen unterschiedliche Grenzen für den Gesetzgeber, die vom bloßen Willkürverbot bis zu einer strengen Bindung an Verhältnismäßigkeitserfordernisse reichen. [...] [D]er Gesetzgeber [unterliegt] bei einer Ungleichbehandlung von Personengruppen regelmäßig einer strengen Bindung. Diese Bindung ist umso enger, je mehr sich die personenbezogenen Merkmale den in Art 3 Abs 3 GG genannten annähern und je größer deshalb die Gefahr ist, dass eine an sie anknüpfende Ungleichbehandlung zur Diskriminierung einer Minderheit führt. [...] Kommt als Maßstab nur das Willkürverbot in Betracht, so kann ein Verstoß gegen Art 3 Abs 1 GG nur festgestellt werden, wenn die Unsachlichkeit der Differenzierung evident ist. Dagegen prüft das Bundesverfassungsgericht bei Regelungen, die Personengruppen verschieden behandeln oder sich auf die Wahrnehmung von Grundrechten nachteilig auswirken, im Einzelnen nach, ob für die vorgesehene Differenzierung Gründe von solcher Art und solchem Gewicht bestehen, dass sie die ungleichen Rechtsfolgen rechtfertigen können" (BVerfGE 88, 87, 96 f.).[48]

Mit der Einbeziehung des Kriteriums der **Verhältnismäßigkeit** wird einerseits die Rechtfertigung einer Ungleichbehandlung präzisiert und demnach ein Grundrechts-

---

44 Diese Deutung geht zurück auf *Leibholz*, Die Gleichheit a.a.O., S. 88 ff.

45 BVerfGE 55, 72, 88. Der Zweite Senat hat sich ihr mittlerweile angenähert, BVerfGE 75, 108, 157; 78, 249, 287 und insbesondere BVerfGE 75, 256, 329 f.; 88, 87 ff.; zu der Annährung *Heun*, in: Dreier, GG, Art. 3 Rn. 22.

46 S. auch BVerfGE 82, 126, 146; 88, 87, 96 f.; 91, 389, 401; 92, 26, 51 f.

47 *Müller*, VVDStRL 47, S. 37, 41, 51; *Osterloh*, in: Sachs, GG, Art. 3 Rn. 13.

48 Dies wird teilweise als „neuste Formel" bezeichnet, *Kischel*, in: Epping/Hillgruber (Hrsg.), GG, Art. 3 Rn. 28 f. Dabei kann es nur um die „Plakatierung" einer Entwicklungsstufe gehen, denn der Sache nach handelt es sich hierbei schlicht um den Verhältnismäßigkeitsgrundsatz.

eingriff vorhersehbarer.[49] Außerdem ermöglicht das Verhältnismäßigkeitsprinzip Abstufungen entsprechend der Eingriffsintensität und ist von daher mehr konturiert als die Entscheidung, ob ein irgendwie plausibler Grund vorliegt. Andererseits wird die gerichtliche, insbesondere verfassungsgerichtliche Kontrolldichte erhöht. Damit wird die im Zusammenhang mit Art. 3 GG viel betonte Gestaltungsfreiheit des Gesetzgebers enger, was zu der Kritik Anlass bot, dass verfassungsgerichtliche Wertungen vermehrt diejenigen des Gesetzgebers ersetzen könnten.[50] Welche Rollen als maßgeblich für Gleichheit oder Ungleichheit angesehen werden sollen, soll der Sozialgestaltung des Gesetzgebers überantwortet bleiben. Jedenfalls ist das Gesetz kein bloßer Nachvollzug grundgesetzlicher Wertungen, das Grundgesetz kein „Gesetzgebungsverfahrensgesetz" (etwa analog dem Verwaltungsverfahrensgesetz).

Demnach erfolgt die Prüfung eines Verstoßes gegen den Gleichheitssatz folgendermaßen:[51]

618

– Feststellung der Ungleichbehandlung und des maßgeblichen **Differenzierungskriteriums,**

– Ermittlung des **Differenzierungszieles,**

– Prüfung der **Angemessenheit des Verhältnisses von Ungleichbehandlung und Differenzierungsziel.**

*Bitte beurteilen Sie nun den **Beispielsfall** (Rn. 610)!*

Das Existenzminimum für Kinder ist grundsätzlich unabhängig von der Frage, in welchem Rechtsgebiet (Steuerrecht, Sozialrecht) es zur Anwendung gelangt. Hier stellt sich demnach die Frage nach einem möglicherweise rechtfertigenden Grund für die Ungleichbehandlung.

619

> „Verfassungsrechtlicher Prüfungsmaßstab ist der sich aus Art. 1 i.V.m. Art. 20 Abs. 1 GG ergebende Grundsatz, dass der Staat dem Steuerpflichtigen sein Einkommen insoweit steuerfrei belassen muss, als es zur Schaffung der Mindestvoraussetzungen für ein menschenwürdiges Dasein benötigt wird. Der existenznotwendige Bedarf bildet von Verfassungs wegen die Untergrenze für den Zugriff durch die Einkommensteuer. [...] Der Gleichheitssatz (Art. 3 Abs. 1 GG) begründet [...] weitere verfassungsrechtliche Anforderungen. [...] Die von Verfassungs wegen zu berücksichtigenden existenzsichernden Aufwendungen müssen nach dem tatsächlichen Bedarf – realitätsgerecht – bemessen werden. Dessen Untergrenze ist durch die Sozialhilfeleistungen konkretisiert, die das im Sozialstaat anerkannte Existenzminimum gewährleisten sollen. [...] Mindestens das, was der Gesetzgeber dem bedürftigen zur Befriedigung seines existenznotwendigen Bedarfs aus öffentlichen Mitteln zur Verfügung stellt, muss er auch dem Einkommensbezieher von dessen Erwerbsbezügen belassen." (BVerfGE 99, 246, 259 ff.).

Ein zulässiger Differenzierungsgrund besteht danach nicht.[52]

---

49 Vgl. *Böckenförde*, Der allgemeine Gleichheitssatz und die Aufgabe des Richters, 1957, S. 49 ff.; s. auch *Schoch*, DVBl. 1988, 863, 875; *Starck*, in: vMKS, GG, Art. 3 Rn. 11.
50 *H.-P. Ipsen*, in: Neumann/Nipperdey/Scheuner, Grundrechte II, S. 111, 184; *Robbers*, Gerechtigkeit als Rechtsprinzip, 1980, S. 98 ff., 108 ff.
51 S. *Müller*, VVDStRL 47, S. 37, 40.
52 Zu einzelnen verfahrensrechtlichen Grenzen der Gleichbehandlung BVerfGE 99, 246, 261 ff.

IV. Folgeprobleme

620   Die Ehe zwischen F und M ist geschieden worden. Da sie sich über ihr Einfamilienhaus im Werte von ca. 150 000 € nicht einvernehmlich auseinandersetzen konnten, wird die Zwangsversteigerung durchgeführt. Da zum Termin nur die sonst vermögenslose F und der M erschienen sind, wird das Haus entsprechend dem Gebot des M für 2 000 € sofort zugeschlagen. F, die nicht darüber informiert worden ist, dass sie einen neuen Versteigerungstermin hätte beantragen können, verlor dadurch praktisch ihre gesamte wirtschaftliche Habe. Sie fühlt sich in ihren Rechten verletzt. (nach: BVerfGE 42, 64; dazu Rn. 624)

621   Setzt der allgemeine Gleichheitssatz nach traditioneller Auslegung (o. III) aufgrund der Notwendigkeit des Vergleichs „gleicher" und „ungleicher" Behandlung stets das Vorhandensein mehrerer Phänomene als tatsächliche Grundlage des Vergleichs voraus, so wird dieses Kriterium hier aufgegeben. Statt der **Willkür** als ungerechtfertigter Gleich- oder Ungleichbehandlung wird hier Willkür als „objektive", d.h. tatsächliche und eindeutige Unangemessenheit einer Maßnahme im Verhältnis zu der tatsächlichen Situation, derer sie Herr werden soll, qualifiziert. Das Verbot willkürlicher Differenzierung wird hier zum allgemeinen Willkürverbot mit dem Ziel der Herstellung allgemeiner Gerechtigkeit durch Gesetzgebung, Verwaltung und Rechtsprechung.

622   Die Herleitung eines **allgemeinen Gerechtigkeitsgebotes** aus Art. 3 I GG stimmt zwar mit historischen Interpretationsansätzen überein, die das Willkürverbot begründet haben. Dennoch ist diese Auslegung bislang vereinzelt geblieben.[53] Nichtsdestoweniger zeigt die dargestellte Entscheidung eine allgemeine Tendenz, die Art. 3 I GG in vielen Rechtsbereichen als Grundsatz der speziellen Sachgerechtigkeit versteht. Hierzu zählen etwa die „Steuergerechtigkeit",[54] die „Gebührengerechtigkeit"[55] und die „Wehrgerechtigkeit"[56]. Solche Ausdifferenzierungen weisen die Tendenz auf, vorhandenen Normbeständen, soweit sie als „gerecht" empfunden werden, quasi Verfassungsrang zu verleihen. Derartige Gesetze können dann von der Legislative kaum noch geändert oder aufgehoben werden. Zugleich müssen sich neue Gesetze nicht bloß am GG, sondern zugleich am Maßstab seiner einfachgesetzlichen Ausprägungen messen lassen. Besonders deutlich wird diese Tendenz in dem Bemühen, die „**System-gerechtigkeit**"[57] als Ausdruck des allgemeinen Gleichheitssatzes zu postulieren. Entsprechend dieser Form der „Folgerichtigkeit", der „inneren Konsequenz einer gesetz-

---

53 BVerfGE 46, 325 ff.; 49, 220 ff., 252 ff.
54 BVerfGE 13, 290, 295, 298; 26, 302, 310.
55 HeVGH, NJW 1977, 452, 453 f. m.w.N.
56 BVerfGE 48, 127, 162 f.
57 Dafür *Degenhart*, Systemgerechtigkeit und Selbstbindung des Gesetzgebers als Verfassungspostulat, 1976; ablehnend *Battis*, FS Ipsen, 1977, S. 11, 26 ff.; *Peine*, Systemgerechtigkeit, 1985; vgl. auch BVerfGE 105, 17 ff.; 118, 1 ff.; BVerfG, NJW 2010, 505 ff.

lichen Regelung" soll die Legislative an ihr eigenes, früheres Recht gebunden sein in der Weise, dass „wer A sagt, auch A' sagen muss".

Solche Ausweitungen des Gleichheitssatzes beziehen aus Art. 3 I GG jedoch keine rationalen Kriterien. Die in diesem Zusammenhang zitierte „Einheit der Rechtsordnung" enthält solche Maßstäbe ebenso wenig wie „Folgerichtigkeit und Einheit als Emanationen und Postulate der Rechtsidee". Versteht man „Systemgerechtigkeit" als übergreifendes „Konsequenzgebot", werden dem Gesetzgeber über den allgemeinen Gleichheitssatz weitreichende politische Selbstbindungen auferlegt. Vielfach dient aber eine Inkonsequenz auch als Korrektiv unerwünschter Folgen gesetzgeberischer Pauschalierungen und Typisierungen. So mag eine unterschiedliche Wertung Resultat eines politischen Kompromisses sein. Dass hier nun über Art. 3 I GG der Gesetzgeber zu allgemein konsequentem Handeln verpflichtet sein soll, entbehrt rationaler Kriterien.

Betrachtet man „Systemgerechtigkeit" hingegen als eine Art Gebot systemimmanenter Schlüssigkeit oder Logik, folgt daraus für den Gesetzgeber eine eher konkrete Selbstbindung in dem Sinne, dass er von eigens implementierten Funktionslogiken eines Systems – bspw. mathematische Berechnungen –, nicht beliebig abweichen darf. Für den Gesetzgeber folgt daraus eine **Begründungslast**.[58] Häufig wird dies allerdings eher aus anderen, spezielleren verfassungsrechtlichen Zusammenhängen folgen (bspw. Sozialstaat, Rechtsstaat, Freiheitsrechten). In diesem Sinne wäre eine so verstandene Form der „Systemgerechtigkeit" eine Ausprägung des Verhältnismäßigkeitsgrundsatzes (neue Formel). **623**

Der positive Gehalt dieser Vorschrift gebietet somit die **Begründbarkeit des Staatshandelns**.[59] Mit der Anführung sachlicher Gründe für einzelne Maßnahmen ist den Anforderungen des Art. 3 I GG genüge getan. Die jeweils angeführten Gründe müssen „sachlich einleuchtend" bzw. „vernünftig" sein. Nur solche Begründungen genügen den Anforderungen des allgemeinen Gleichheitssatzes. Für das Ausreichen solcher Gründe sind jedoch rationale Kriterien kaum zu ermitteln. Ist der Grund nur unzutreffend, indem er etwa auf Tatsachen beruht, die sich nachträglich als falsch herausstellen, so verstößt die Maßnahme nicht gegen Art. 3 I GG. Trotz vielfacher Betonung des politischen Entscheidungsspielraums des Gesetzgebers hängen so die Grenzen der Entscheidungsfreiheit der Legislative von kaum vorhersehbaren Gerichtsentscheidungen ab. Dabei besteht die Gefahr, dass die entscheidenden Richter ihre eigenen subjektiven Wertungen an die Stelle derjenigen des Gesetzgebers setzen und so den vom Grundgesetz gleichfalls gewünschten demokratischen Prozess übermäßig einengen.

Ein Rechtssatz, der gegen sozialgestaltende Maßnahmen, die vielfach notwendig Wohlhabende stärker treffen als ärmere Schichten, geltend gemacht werden kann, stabilisiert hier so wirtschaftliche Vorteile der Bessergestellten. So wird der allgemeine Gleichheitssatz zu einem Instrument sozialer Differenzierung.[60] An die Stelle politischer Ungleichheit träte die soziale Ungleichheit, welche durch den Gleichheitssatz stabilisiert würde.

---

58 I.d.S. anerkennend wohl BVerfGE 118, 1 ff.; BVerfG, NJW 2010, 505 ff.
59 Grundlegend *Luhmann*, Grundrechte als Institutionen, 1965, S. 164 ff.
60 Krit. *Scholler*, Die Interpretation des Gleichheitssatzes als Willkürverbot oder als Gebot der Chancengleichheit, 1969, S. 35. Zur ursprünglich entgegengesetzten Tendenz des Gleichheitsschutzes *Gusy*, NJW 1988, 2506 f.

Dies wird dem Gehalt einer Norm, in welcher es um Gleichheit, nicht hingegen um Ungleichheit geht, nicht gerecht. Der Schutz vorhandener Besitzstände vor „Gleichmacherei" ist hingegen durch Art. 14 GG, das Rückwirkungsverbot und den Vertrauensschutz hinreichend garantiert. Eine zentrale Fragestellung wird auch für die Zukunft die Definition der Rolle der Gleichheit im Sozialstaat, den nicht Standes-, sondern Schichtenunterschiede kennzeichnen, sein.

*Bitte beurteilen Sie nun den **Beispielsfall** (Rn. 620)!*

624 Das Beispiel zeigt nicht nur, dass eine verfassungsgerichtliche „Pannenhilfe" für unvertretbare Entscheidungen oder Entscheidungswirkungen nur schwerlich auf Art. 3 I GG gestützt werden kann. Wo nicht verglichen werden kann, kann auch nichts „gleich" oder „ungleich" behandelt werden.

> „Ebenso wie die besonderen Wertentscheidungen des Grundgesetzes die Freiheit des Gesetzgebers einschränken, selbst zu bestimmen, was „gleich" oder „ungleich" sein soll, [...] werden auch der Rechtsprechung [...] durch das Willkürverbot gewisse, äußerste Grenzen gezogen. Diese sind u.a. dann überschritten, wenn sich für eine bei der Auslegung und Anwendung einer einfach-rechtlichen Norm getroffene Abwägung sachlich zureichende, plausible Gründe nicht mehr finden lassen. [...] Alles das gilt nicht nur bei der Auslegung und Anwendung materiellen Rechts; es gilt auch für die Handhabung des Verfahrensrechts. Das Verfahrensrecht dient der Herbeiführung gesetzmäßiger und unter diesem Blickpunkt richtiger, also darüber hinaus auch im Rahmen dieser Richtigkeit gerechter Entscheidungen. [...] Die die Entscheidung des Ausgangsverfahrens tragende Auffassung, trotz des Unterbleibens der Aufklärung der Beschwerdeführerin über die Tragweite des sofortigen Zuschlags habe die Versteigerung nicht an einem erheblichen Verfahrensmangel gelitten, welcher dem Zuschlag entgegengestanden habe, ist willkürlich." (BVerfGE 42, 64, 72 ff.)

Was wäre etwa, wenn das Gericht stets auf die dort beschriebene Weise gehandelt hätte? Hätte es dann nicht den hier entschiedenen Fall „gleich" behandeln müssen? Gewiss: Es gibt **keine Gleichheit im Unrecht**. Doch folgt dieses nicht aus Art. 3 GG. Es folgt vielmehr aus anderen Verfassungsnormen, welche eher hätten herangezogen und angewendet werden sollen. Hier wäre namentlich Art. 103 I GG einschlägig gewesen. So wird denn auch der Beschluss des BVerfG im abweichenden Votum heftig, aber zutreffend kritisiert.

> „Die rechtsstaatliche Verfassung der Bundesrepublik Deutschland besteht nicht nur aus dem Willkürverbot; will sagen: nicht alles, was rechtsstaatlich unerträglich ist, ist verfassungsrechtlich wegen Verletzung des Art. 3 GG zu beanstanden. Es ist unerträglich, die Entscheidung über Freiheitsentzug der Exekutive zu überlassen; die Verfassungswidrigkeit ergibt sich nicht aus einer Verletzung des Art. 3, sondern aus der Verletzung des Art. 104 II S. 1, 19 IV GG. Es ist unerträglich, einen Rechtsstreit durch einen parteiischen Richter entscheiden zu lassen, die Verfassungswidrigkeit ergibt sich nicht aus einer Verletzung des Art. 3, sondern aus der Verletzung der Art. 101, 97 GG. Es ist unerträglich, in einem gerichtlichen Verfahren gegen eine Partei zu entscheiden, die zwar körperlich anwesend ist, aber die evidentermaßen außer Stande war, der Verhandlung zu folgen und ihren Sinn zu erkennen; die Verfassungswidrigkeit ergibt sich nicht aus einer Verletzung des Art. 3, sondern aus einer Verletzung des Art. 103 I GG. [...] Es gibt eben eine Reihe von Verfassungsnormen, die je für ihren Anwendungsbereich eine Konkretisierung des Rechtsstaatsprinzips darstellen. Genauer heißt das: Der Satz vom Willkürverbot ist als Maßstab beschränkt auf Fälle, in denen die rechtliche Operation darin besteht, zwei Tatbestände miteinander zu vergleichen, um zu dem Schluss gelangen zu können: es ist man-

gels eines plausiblen Grundes ‚willkürlich‘, sie verschieden zu behandeln (oder sie gleich zu behandeln)“.[61]

Zur Vertiefung:

Mellinghoff/Palm, Gleichheit im Verfassungsstaat, 2008; *Osterloh*, Der verfassungsrechtliche Gleichheitssatz – Entwicklungslinien der Rechtsprechung des Bundesverfassungsgerichts, EuGRZ 2002, 309 ff.; *Scherzberg/Mayer*, Die Prüfung des Gleichheitssatzes in der Verfassungsbeschwerde, JA 2004, 137 ff.; *Schwarz*, Der Gleichheitssatz, die gesetzgeberische Gestaltungsfreiheit und das Geld der öffentlichen Hand, JZ 2001, 319 ff.; *Zippelius/Müller*, Der Gleichheitssatz, VVDStRL 47, S. 7/37; *Gusy*, Der Gleichheitssatz, NJW 1988, 2505 ff.

---

61 *Geiger*, in: BVerfGE 42, 29 ff.; s.a. *Weitzel,* JuS 1976, 722, 724 f. m.w.N.

Anhang: Hinweise zur Bearbeitung staatsrechtlicher Fälle

A.   Einführung und Gang der Darstellung

Die Bearbeitung staatsrechtlicher Fälle fällt erfahrungsgemäß nicht nur den Studen- **625** ten in den ersten Semestern besonders schwer. Das liegt zum einen an der Komplexität des Staatsrechtes und zum anderen daran, dass sich, außer im Bereich der Grundrechte,[1] kein umfassend anwendbares Bearbeitungsschema findet. Zudem sind die Normen des Grundgesetzes in der Regel sehr abstrakt formuliert, um eine Vielzahl von Lebenssachverhalten erfassen zu können und damit eine Fortentwicklung der gesellschaftlichen Ordnung zu ermöglichen.

Daher sollen nachfolgend einige Hilfestellungen gegeben werden, die eine Lösung staatsrechtlicher Fälle erleichtern.

Nach allgemeinen Hinweisen zur Falllösung (B.) und der Darlegung des juristischen Handwerkszeuges (C.) folgt zur Verdeutlichung ein staatsrechtlicher Fall mit gutachterlicher Lösung (D.).

Dieser Text soll aber nicht eines der zahlreichen Bücher zur Falllösung ersetzen, aber den Einstieg in die Falllösung erleichtern

B.   Allgemeine Hinweise für die Falllösung

Bei der Falllösung geht es darum, innerhalb der Prüfungszeit die gestellte Frage in ei- **626** nem gut strukturierten Gutachten zu beantworten. Das Gutachten besticht dabei im Idealfall durch eine überzeugende Erörterung der relevanten Rechtsprobleme mit stringenter rechtlicher Argumentation.[2]

Wie in den anderen Rechtsgebieten auch, hängt der Erfolg der Fallbearbeitung maßgeblich davon ab, ob die Fallfrage richtig verstanden wurde und das juristische Handwerkszeug beherrscht wird. Nur so können auch unbekannt erscheinende Probleme überzeugend gelöst werden. Dies soll aber nicht darüber hinwegtäuschen, dass ein Mindestmaß an fachspezifischem Wissen erforderlich ist.

---

1   Auch dies ist zu relativieren, da unterschieden nach Freiheits- und Gleichheitsgrundrechten zwei Schemata zur Verfügung stehen.
2   Vgl. *Schoch*, Übungen im Öffentlichen Recht I, 2000, S. 34.

I. Wie gehe ich an einen Fall heran?

627 Stellt man sich nun die Frage, wie an die Fallbearbeitung heranzugehen ist, erhält man sicher stets die gleiche Antwort: Lesen Sie zuerst den **Sachverhalt**! Nach einem ersten orientierenden Lesen folgt ein zweiter, wenn nicht gar dritter Durchgang, der garantiert, dass der Sachverhalt verstanden wurde. Notfalls ist eine Zeittafel oder ein Zeitstrahl zu fertigen, der eine Übersicht über die Geschehnisse gibt. Denn in der Regel sind alle Sachverhaltsangaben für die Lösung von Bedeutung. Überflüssige Informationen werden zumeist nicht gegeben. Beim zweiten bzw. dritten Durchgang kann auch schon ein schwerpunktmäßiges Lesen erfolgen, das die Probleme des Falles herausarbeitet und die für die Beantwortung der Fallfrage wichtigen Argumentationshinweise dem Bearbeiter vergegenwärtigt. Hier ist vor allem auf im Sachverhalt dargestellte Rechtsansichten der widerstreitenden Parteien zu achten und auf eventuell genannte Normen.

Wenn Sie sich den Sachverhalt soweit verdeutlicht haben, wenden Sie sich der **Fallfrage** zu. Nur deren Beantwortung ist Ziel des Gutachtens. Die Fallfrage gibt also den Prüfungsumfang vor. Ein falsches Verständnis der Fallfrage führt mehr oder weniger zwangsläufig zu einem fehlerhaften Lösungsansatz und damit zu einer unzutreffenden Lösung. Dass die Fragestellung verstanden wurde, verdeutlichen Sie am besten dadurch, indem Sie sie in ihrem ersten Obersatz des Gutachtens aufgreifen. Dies erfreut in der Regel den Prüfer, denn nach einem solchen Obersatz erwartet er eine zielgerichtete Darstellung. Die Art der Fragestellung kann äußerst unterschiedlich sein. Im öffentlichen Recht wird in der Regel nach der Rechtmäßigkeit von Maßnahmen staatlicher Organe gefragt. Im Staatsrecht sind folgende Fallfragen typisch:

- Ist das Gesetz X verfassungsgemäß?
- Ist der Beschluss über die Regelung der Redezeit verfassungsgemäß?
- Kann der Bundespräsident die Ausfertigung des Gesetzes Z verweigern?
- Hat eine Klage des Y vor dem Bundesverfassungsgericht Aussicht auf Erfolg?

Nicht wenige Bearbeitungen scheitern bereits daran, dass der Sachverhalt nur überflogen und andere als die gestellte(n) Frage(n) erörtert werden. Das zu erstellende Gutachten dient aber nur dazu, den konkreten und nicht etwa den (vermeintlich) „bekannten" Fall durch die Beantwortung der gestellten Frage zu lösen. Der Sachverhalt ist als feststehend hinzunehmen und zu bearbeiten und nicht durch eine „Sachverhaltsquetsche" in den bekannten oder Standardfall umzudeuten. Außerdem verbietet sich jegliche sonstige Wissenswiedergabe, jede Erörterung, die nicht durch die Ausgangsfrage veranlasst ist. Solch ein Vorgehen führt zu überflüssigen und damit falschen Darstellungen. Überflüssig sind z.B. „Einleitungen", „historische Rückblicke" oder rechtspolitische Stellungnahmen.

628 Als nächstes sollten Sie sich, wie oben bereits erwähnt, die **Probleme des Falles** verdeutlichen. Notieren Sie diese auf einem Extrablatt und machen Sie sich Stichpunkte mit Gedanken, die ihnen dazu kommen (erste Assoziation). Markieren Sie im Sachverhalt gegebenenfalls entsprechende Passagen, die für die Lösung relevant sind; namentlich mitgeteilte Rechtsansichten. Diese müssen in der Bearbeitung natürlich auf ihre Tragfähigkeit hin überprüft werden. Aber sie geben mögliche Argumentationslinien vor und machen auf Probleme aufmerksam, welche nicht immer sofort zu erkennen sind. Wenn die Rechtsfragen des Falles aufgespürt sind, müssen Sie diese schließlich noch gewichten. Dies ist ein wichtiger Schritt, denn hier entscheidet sich, wie viele (Seiten) Ausführungen Sie in Ihrem Gutachten zu den einzelnen Problemen machen werden. Lassen Sie sich bei ihrer Gewichtung bitte nicht davon leiten, zu welchem Thema Sie am meisten wissen. Überflüssige Wissensabladung führt zu einer Abwertung der Arbeit.

Anschließend sollten Sie unbedingt genannte Rechtsnormen nachlesen und nach weiteren Vorschriften suchen, die für die Beantwortung der Fallfrage ernsthaft in Betracht kommen (zweite Assoziation). Das setzt voraus, dass Sie den Stoff im Griff haben und das Gesetz, hier also das Grundgesetz und etwaige Geschäftsordnungen, übersehen. Aufgrund Ihres Wissensstandes müssen Sie nach der Lektüre des Falles eine ungefähre Vorstellung davon haben, mit welchen verfassungsrechtlichen Normen und Grundsätzen die zu überprüfende Maßnahme kollidieren könnte. Hier stellt sich im Staatsrecht mitunter das Problem, dass erst die Zusammenschau mehrerer Normen die Beantwortung einer Rechtsfrage ermöglicht.

Unabhängig davon, ob es eine einschlägige Norm gibt oder mehrere Normen herangezogen werden müssen, müssen Sie die Normen prüfen. Sind die Tatbestandsvoraussetzungen erfüllt? Was bedeutet das für die Lösung? An dieser Stelle müssen Sie beweisen, dass Sie **das juristische Handwerkszeug** beherrschen und fähig sind, auch unbekannte **Normen auszulegen**. Außerdem sollten Sie sich bereits jetzt klar machen, an welchem Tatbestandsmerkmal gegebenenfalls aufgefundene Rechtsprobleme anzuknüpfen sind. In Ihrem Gutachten können Sie keine abstrakte Problemdarstellung abliefern. Stets müssen Sie normorientiert argumentieren und aufbauen.

629 Bevor Sie schließlich ihr Gutachten in einem sauberen **Gutachtenstil** verfassen, sortieren Sie Ihre Gedanken und fertigen eine **Lösungsskizze**. Diese sollte alle Ideen und Gedanken „verarbeiten", die Sie während der vorhergehenden Schritte entwickelt haben. Wie umfassend Ihre Lösungsskizze sein sollte, lässt sich pauschal nicht sagen. Wichtig ist, dass Sie den Fall gedanklich einmal durchgelöst haben und die Prüfungsreihenfolge für Ihr Gutachten festgelegt ist.

II. Zusammenfassung

630 Zusammenfassend lässt sich folgende Arbeitsanleitung geben:

1. Sachverhalt erfassen und Fallfrage verstehen.

2. Probleme des Falles auffinden und gewichten.

3. Normen für die Problemlösung heraussuchen.

4. Gedankengang sortieren/ Lösungsskizze erstellen.

5. Gutachten im Gutachtenstil verfassen.

C.   Das juristische Handwerkszeug

631 Die Beherrschung des juristischen Handwerkszeugs ist zwingende Voraussetzung für eine gelungene Falllösung. Sie sollten sowohl mit der Auslegung von Verfassungsnormen (I.) als auch mit dem Gutachtenstil (II.) vertraut sein.

I.   Auslegung von Verfassungsnormen

632 Die Auslegung von Normen ist elementarer Bestandteil einer jeden juristischen Falllösung. Die Arbeit mit einer gesetzlichen Regelung ist besonders wichtig. Durch sie wird der objektive Sinngehalt einer Norm ermittelt und entfaltet. Dies geschieht nicht zum Selbstzweck. Vielmehr gilt es festzustellen, ob die Voraussetzungen der fraglichen Normen im konkreten Fall vorliegen und deshalb diese Normen auf den Fall anwendbar sind. Speziell das Verfassungsrecht ist durch die Offenheit seiner Regelungen gekennzeichnet, was zu einer gewissen inhaltlichen Unbestimmtheit der Verfassungsnormen führt.[3] Deshalb ist besonders im Bereich des Grundgesetzes eine saubere Auslegungsarbeit geboten, die den Inhalt der jeweiligen Norm konkretisiert.

Auch das Grundgesetz ist ein Gesetz, auf das zunächst die klassischen Auslegungsmethoden angewendet werden können, da das Grundgesetz selbst keine bestimmte Interpretationsmethode vorschreibt.[4] Die bekannten Methoden stehen dabei in keinem Rangverhältnis zueinander, sondern sie ergänzen sich. Deshalb sind bei der Fallbearbeitung grundsätzlich alle Auslegungskriterien heranzuziehen.

633 1. Die **Wortlautinterpretation bzw. grammatikalische Auslegung** setzt bei der sprachlichen Aussage der jeweiligen Vorschrift an. Ziel dieses Ansatzes ist die Ermittlung des Wortsinnes einer Regelung. Dies betrifft sowohl die Deutung nach der umgangssprachlichen Verwendung des Wortes als auch (und vor allem) die Verwendung in juristischer Hinsicht. Der mögliche Wortsinn markiert zugleich die Grenze einer jeden Auslegung: Wer diese Grenze ignoriert, betreibt nicht mehr Verfassungs- bzw. Gesetzesauslegung, sondern (unzulässige) Rechtsfortbildung.[5] Oftmals ist das Ergebnis der Wortlautinterpretation jedoch nicht eindeutig. Dann kann eine verbindliche Klärung des Sinngehaltes der Norm nur im Zusammenspiel mit den anderen Auslegungsmethoden erreicht werden.

Bei der Auslegung des Grundgesetzes ist zu beachten, dass Begriffe des einfachen Rechts nur übernommen werden dürfen, wenn sich ergibt, dass sie in den verfassungsrechtlichen Kontext passen. Selbst innerhalb des Grundgesetzes kann ein und derselbe Begriff unterschiedliche Bedeutungen haben.

So hat z.B. der Begriff „verfassungsmäßige Ordnung" in Art. 2 Abs. 1 GG einen anderen Bedeutungsgehalt als in Art. 9 Abs. 2 GG und in Art. 20 Abs. 3 GG.

---

3   *Schoch*, Übungen im Öffentlichen Recht I, 2000, S. 12.
4   BVerfGE 88, 145, 166 f.; s.o. Rn. 27.
5   Vgl. *Schoch*, Übungen im Öffentlichen Recht I, 2000, S. 58 f.

2. Bei der **historischen Auslegung** geht es vor allem um die Entstehungsgeschichte der   **634**
jeweiligen Norm. Diese Methode hat in der Klausur den Makel, dass man sie selten
anwenden kann, da man die Historie einer Norm nur selten (genau) kennt.
Innerhalb der historischen Auslegung unterscheidet man zwei Methoden:

- die *subjektive Methode*, die nach dem Willen des Gesetzgebers fragt (Vorstellungen und Zielrichtung lassen sich den Gesetzesmaterialien entnehmen),
- und die *objektive Methode*, die auf den verobjektivierten Willen des Gesetzgebers abstellt.

In dem verobjektivierten Willen des Gesetzgebers können sich historische Leitbilder und allgemeine Umstände und Vorstellungen zur Zeit der Verfassungsgebung widerspiegeln. So sind auf Grundlage der Erfahrungen in der Weimarer
Republik bewusst Regelungen übernommen oder abgelehnt worden (z.B. Ausgestaltung des Amtes des Bundespräsidenten).

Der Entstehungsgeschichte (im Sinne der subjektiven Methode) wird in der Rechtsprechung des Bundesverfassungsgerichts zu Fragen der Verfassungsinterpretation regelmäßig keine ausschlaggebende Bedeutung zugesprochen:

*„Maßgebend für die Auslegung einer Gesetzesvorschrift ist der in dieser zum Ausdruck
kommende objektivierte Wille des Gesetzgebers, so wie er sich aus dem Wortlaut der
Norm und dem Sinnzusammenhang ergibt, in den diese hineingestellt ist.*

*Der Entstehungsgeschichte einer Vorschrift kommt für deren Auslegung nur insofern Be-
deutung zu, als sie die Richtigkeit einer nach den angegebenen Grundsätzen ermittelten
Auslegung bestätigt oder Zweifel behebt, die auf dem angegebenen Weg allein nicht ausgeräumt werden können."*[6]

Der Entstehungsgeschichte wird also vor allem eine bestätigende Funktion für ein in
Anwendung anderer Auslegungsmethoden ermitteltes Ergebnis zugewiesen.

3. Die **systematische Auslegung** fragt nach der Stellung der einzelnen Norm im Ge-   **635**
samtgefüge des Regelungskomplexes. So darf auch eine Verfassungsnorm nicht iso-
liert betrachtet werden. Sie muss vielmehr in ihrem größeren Zusammenhang gesehen
werden, also in die Systematik der Verfassung eingeordnet und in diesem Rahmen gedeutet werden.[7]

4. Bei der **teleologischen Auslegung** schließlich wird nach dem Sinn und Zweck einer   **636**
Norm gefragt. Hier wird versucht zu ermitteln, welches Ziel mit der Gesetzgebung
verfolgt wurde. Auch Verfassungsnormen dienen der Verwirklichung bestimmter
Konzeptionen und der Lösung von Interessenkonflikten.

Im Staat-Bürger-Verhältnis ist dies in der Regel die Steuerung sozialen Verhaltens.[8]
Im Regelungsbereich der Grundrechte geht es hingegen um die Bestimmung der Frei-

---

6 BVerfGE 1, 299, 312; 54, 277, 297; 62, 1, 45; 88, 145, 166.
7 BVerfGE 1, 14, 32; 99, 1, 11.
8 *Schoch*, Übungen im Öffentlichen Recht I, 2000, S. 65.

heitsräume des Einzelnen. Das Staatsorganisationsrecht mit seinen Kompetenzvorschriften bezweckt dagegen vorwiegend Gewaltenteilung und funktionell richtige Entscheidungszuständigkeit.

5. Zusammenfassung

637 Als Aufforderung an jeden Rechtsanwender hat den Inhalt der klassischen Methodik *Hassemer* wie folgt beschrieben: „Triff deine Entscheidung nach dem Wortlaut des Gesetzes; achte auf den systematischen Zusammenhang, in dem das Gesetz steht; verfolge das Regelungsziel, das der Gesetzgeber im Auge hatte, und richte dich nach dem Sinn, den das Gesetz heute hat. Das nenne ich: das Gesetz ernst nehmen und daraus eine Lehre für den Umgang mit dem Gesetz erschließen, die dem Gesetz gerecht wird."[9]

6. Besondere Aspekte bei der Verfassungsauslegung

638 Aufgrund der Bedeutung und des Stellenwertes des Grundgesetzes in unserer Rechtsordnung sind bei der Verfassungsauslegung zusätzlich besondere Aspekte zu berücksichtigen. Diese wurden bereits vorne ausführlich dargestellt.[10] Hier sollen nur die entsprechenden Stichworte genügen.

a) Eine besondere Beutung kommt der **Auslegungspraxis durch das Bundesverfassungsgericht** zu. Die Auslegung durch das Bundesverfassungsgericht kann als bindend angesehen werden, § 31 I BVerfGG.

b) Die Verfassung ist als Einheit zu betrachten.[11] Verfassungsnormen sind demnach so auszulegen, dass keine Widersprüche zwischen ihnen entstehen und dass sich die einzelnen Verfassungsnormen in die verfassungsrechtliche Grundordnung und damit in die grundgesetzliche Werteordnung insgesamt einfügen.[12]

c) Das **Prinzip der praktischen Konkordanz besagt,** dass bei Kollisionen zwischen verfassungsrechtlich geschützten Rechtsgütern, nicht eines von ihnen einseitig bevorzugt werden und auf Kosten des anderen realisiert werden darf.[13]

d) Nach dem **Prinzip der funktionellen Richtigkeit** hat sich das auslegende staatliche Organ im Rahmen der ihm zugewiesenen Funktion zu halten. Durch die Auslegung darf es nicht zu einer Verschiebung der zugeteilten Funktionen kommen.[14]

e) Schließlich sind Verfassungsvorschriften so auszulegen, dass sie eine **möglichst optimale juristische Wirkungskraft** erlangen und sich nicht in bloßer Programmatik erschöpfen.

---

9 *Hassemer*, ZRP 2007, 213, 215.
10 S.o. Rn. 28 f.
11 BVerfGE 1, 14, 32.
12 *Hesse*, Grundzüge des Verfassungsrechts, 19. Auflage 1993, Rn. 20, 71.
13 Insgesamt zur praktischen Konkordanz: *Hesse*, Gründzüge des Verfassungsrechts, 19. Auflage 1993, Rn. 72, 317 ff.
14 *Hesse*, Grundzüge des Verfassungsrechts, 19. Auflage 1993, Rn. 73.

II. Der Gutachtenstil

1. Ein **juristisches Gutachten** ist ein aufgeschriebener Gedankengang, der bei der Ausgangsfrage/ Fallfrage beginnt und die hier ansetzenden rechtlichen Überlegungen in geordnetem folgerichtigen Ablauf darstellt. Am Ende muss das Ergebnis und damit die Antwort auf die ursprüngliche Frage stehen. Aus dieser Charakterisierung folgt, dass bei einem Gutachten nicht allein die Mitteilung eines Ergebnisses erwartet wird. Für die Bewertung einer juristischen Arbeit ist vielmehr die umfassende Darstellung der Lösungsfindung ausschlaggebend. Der Leser soll gleichsam überzeugt werden, dass die vom Gutachter vorgeschlagene Lösung richtig ist. Dabei muss der Aufbau des Gutachtens aus sich heraus verständlich und konsistent sein.

639

Im Gegensatz zum Gutachten wird bei einem Urteil das gefundene Ergebnis den Erörterungen vorangestellt (sog. Tenor) und erst im Anschluss durch die Entscheidungsgründe gegenüber den Verfahrensbeteiligten begründet.

Der Weg von der Ausgangsfrage zum Ergebnis ist allerdings nicht in das Belieben des Bearbeiters gestellt, sondern hat sich im Rahmen von bestimmten Aufbauregeln zu vollziehen. Neben der Form – dem Gutachtenstil (dazu sogleich) – sind dies allgemeine Regeln, wie z.B. der Grundsatz, dass Spezialvorschriften vor allgemeinen Normen zu prüfen sind oder auch die Erkenntnis, dass es keine abstrakte Problemdarstellung geben sollte. Eine Prüfung hat immer normorientiert zu erfolgen.

2. Der **Gutachtenstil** folgt idealtypisch fünf Schritten:

640

Obersatz

Im Obersatz wird eine These aufgestellt. Die These ist dabei als Fragestellung formuliert, die auch das mögliche Ergebnis enthält.

Z.B.: – Die Verfassungsbeschwerde des X hat Erfolg, wenn sie zulässig und begründet ist.

– Das Gesetz könnte gegen Art. 12 GG verstoßen und daher verfassungswidrig sein.

– Das Gesetz ist verfassungsgemäß, wenn es formell und materiell mit der Verfassung im Einklang steht.

Voraussetzungen

Anschließend wird die (erste) Voraussetzung (wiederum in Form eines Obersatzes) formuliert. Diese Voraussetzung muss erfüllt sein, damit sich die These als richtig erweist.

Die Voraussetzungen einer Norm sind deren Tatbestandsmerkmale. Diese müssen hier also nacheinander geprüft werden.

Definition

Die zu prüfende Voraussetzung wird abstrakt definiert. Dies ist notwendig, damit die Rechtsbegriffe handhabbarer werden.

Hier wird vom Bearbeiter, wenn er die gängige Definition nicht kennt oder es keine gibt, die Auslegungsarbeit nach den oben beschriebenen Kriterien erwartet.

Subsumtion

Bei der Subsumtion wird geprüft, ob der Lebenssachverhalt unter die Definition „passt". Sie stellt damit die Gesetzesanwendung im konkreten Fall dar.

In Form einer Schlussfolgerung wird dann als Zwischenergebnis festgehalten, dass die Voraussetzung gegeben bzw. nicht gegeben ist.

Die Subsumtion im Gutachtenstil ist gekennzeichnet durch Formulierungen wie „daher", „somit", „also", „mithin" usw. Diese Worte signalisieren, dass aus einer Problemdiskussion eine Schlussfolgerung gezogen wurde.

Ergebnis

Im Ergebnis wird der aufgestellte Obersatz positiv oder negativ beantwortet.

Regelmäßig sind innerhalb eines Gesamtgutachtens mehrere kleine Gutachten zu fertigen. Dies beruht auf der Tatsache, dass die zu prüfende Vorschrift oft mehr als ein problematisches Tatbestandsmerkmal aufweist. Hinzu kommt, dass innerhalb eines Falles meist mehr als eine Norm entscheidungserheblich ist.

641 3. **Ein Gutachten ist zu gliedern**, damit der Leser den Ausführungen besser folgen kann. Dabei gibt es grundsätzlich keine zwingenden Vorschriften, wann sie einen neuen Gliederungspunkt zu wählen haben. Da ein schlüssiger Gedankengang vermittelt werden soll, ist es sinnvoll eine Abschichtung nach ggf. formellen und materiellen Gesichtspunkten, unterschiedlichen zu prüfenden Normen oder Zulässigkeit und Begründetheit (als Grobraster) vorzunehmen. Die Gliederung hat dabei der gängigen Darstellungsweise zu folgen (A. I. 1. a) aa) usw.).

642 4. **Sprachlich** muss sich im Gutachten ein Äquivalent zur gedanklichen Vorgehensweise finden. Da die Antwort auf eine Fallfrage hergeleitet werden soll, muss sich das „Tastende", „Suchende" auch in der Wortwahl wieder finden. Dies geschieht durch die Verwendung des Konjunktivs im Obersatz. Zudem müssen Schlussfolgerungen durch „daher", „somit", „deshalb" usw. verdeutlicht werden.

643 5. **Abschließend** sollen noch einige Punkte Erwähnung finden:

- Auch wenn sie den Gutachtenstil langweilig und langatmig finden, halten sie ihn durch. Das Gutachten ist jene Arbeitstechnik, die von ihnen in der Ersten Juristischen Prüfung verlangt wird. Nur an wirklich unproblematischen Stellen (z.B.: das Tatbestandsmerkmal liegt eindeutig vor) können (und sollten!) sie in den Urteilsstil wechseln.

- Sie müssen das Rad nicht neu erfinden. Wenn sie ein Standardproblem in einem Fall ausfindig gemacht haben und sie die gängigen Argumentationslinien kennen, dann stellen sie diese auch dar. Verwenden sie dabei Formulierungen, die neutral sind (z.B.: einerseits/ andererseits) und nicht die Bezeichnungen „herrschende Meinung" und „Mindermeinung". Allein das Anführen der „herrschenden Meinung" ersetzt keine Argumentation. Sie sollen in ihrem Gutachten einen stringenten Gedankengang darstellen. Dafür ist es unerheblich zu wissen, welche Ansicht überwiegend vertreten wird.

• Sollte es für die zu prüfende Norm bzw. den Normkomplex ein Schema geben (z.B. im Grundrechtsbereich), dann nutzen sie dieses zur Gliederung ihres Gutachtens. Es vermittelt ihnen Sicherheit und garantiert, dass sie keinen wesentlichen Punkt übersehen.

D.　Beispielsfall

I.　Sachverhalt[15]

In Bellevue herrscht Verwirrung. Bundespräsident B hat gerade ein Gesetz zur Aus-　**644** fertigung vorgelegt bekommen und weiß nicht wie er sich verhalten soll. Das neue Luftsicherheitsgesetz (LuftSiG) scheint ihm nicht ganz im Einklang mit dem Grundgesetz zu stehen. Da wäre zunächst der Umstand, dass der Bundesrat nach einem ergebnislosen Anrufen des Vermittlungsausschusses dem Gesetz seine für notwendig erachtete Zustimmung verweigert hat. Hilfsweise hat der Bundesrat Einspruch gegen das Gesetz eingelegt. Der Bundestag hingegen hält das Gesetz aber gar nicht für zustimmungsbedürftig. Er hat aber vorsichtshalber den Einspruch mit der erforderlichen Mehrheit zurückgewiesen.

Die unterschiedlichen Auffassungen von Bundesrat und Bundestag resultieren aus folgenden Umständen: Seit 1980 war den Ländern die Wahrnehmung von Aufgaben des Schutzes vor Angriffen auf die Sicherheit des Luftverkehrs zur Ausführung im Auftrag des Bundes übertragen. Nunmehr wurden diese Aufgaben mit der Novelle neu gefasst. Insbesondere wurden in § 7 LuftSiG wesentlich erweiterte Zuverlässigkeitsprüfungen von Luftfahrern vorgeschrieben, die durch die „Luftsicherheitsbehörden" der Länder vorgenommen werden sollen. Zudem ermöglicht der neue § 16 III 2 LuftSiG die Rückübertragung von Aufgaben auf Bundesbehörden.

Ebenso wie der Bundesrat ist B der Meinung, dass dies Umstände sind, die die Zustimmungsbedürftigkeit des Gesetzes auslösen. Es könne schließlich nicht sein, dass der Bund Regelungen zur Behördeneinrichtung und zum Verwaltungsverfahren treffe, ohne dass die Länder, die das Gesetz dann ausführen, zustimmen müssen. Auch die Steigerung der Aufgabenlast der Länder müsse eine Zustimmungsbedürftigkeit auslösen. Schließlich seien nun viel mehr Personen einer Zuverlässigkeitsprüfung zu unterziehen als früher. Auch sei das Prüfungsverfahren jetzt viel umfänglicher als vor der Novelle. So sind mehr Behörden zu beteiligen und auch viel mehr Daten zu erheben, auszuwerten und ggf. zu speichern. Dass die Länder auch vorher schon eine

---

15 Der Fall ist an die Entscheidungen des BVerfG, NVwZ 2010, 1146 und NVwZ 2009, 1429 angelehnt.

Zuverlässigkeitsprüfung durchführen mussten, ändere nichts an dieser Einschätzung. Zu guter letzt sei die Rückübertragung von Aufgaben auf den Bund als actus contrarius an die gleichen Voraussetzungen gebunden, wie die Aufgabenübertragung an die Länder selbst.

Hinzu kommt, dass B die Regelungen zu den Zuverlässigkeitsprüfungen (§ 7 LuftSiG) mit Blick auf die Grundrechte der Berufs- und Privatpiloten für sehr problematisch erachtet. Jeder müsse sich einer Zuverlässigkeitsprüfung unterziehen. Die Voraussetzung für die Erteilung der Erlaubnis ist, ein Flugzeug zu führen (§ 4 LuftVG). Schließlich werde bei späterem Entfallen der Zuverlässigkeit die Erlaubnis wieder entzogen.

Nach längeren Überlegungen kommt B zu der Entscheidung, dem neuen Luftsicherheitsgesetz seine Unterschrift zu verweigern.

Die Kanzlerin K ist empört. B, der nicht einmal Jurist sei, könne eine solch weitreichende Entscheidung gar nicht treffen. Er sei kein Kontrollorgan und habe seine Unterschrift zu leisten. Außerdem seien seine Bedenken nicht zu teilen. Das Gesetz sei weder zustimmungsbedürftig noch verstoße es gegen Grundrechte.

K fragt bei Ihnen an, ob B mit seiner Verweigerungshaltung gegen das Grundgesetz verstoßen hat. Bitte fertigen Sie zu der Frage ein umfassendes Gutachten.

Luftsicherheitsgesetz

§ 7 Zuverlässigkeitsüberprüfungen

(1) Zum Schutz vor Angriffen auf die Sicherheit des Luftverkehrs (§ 1) hat die Luftsicherheitsbehörde die Zuverlässigkeit folgender Personen zu überprüfen:

4. Luftfahrer im Sinne des § 4 Abs. 1 Satz 1(…) des Luftverkehrsgesetzes und entsprechende Flugschüler

§ 16 Zuständigkeiten

(2) Die Aufgaben der Luftsicherheitsbehörden nach diesem Gesetz (…) werden von den Ländern im Auftrage des Bundes ausgeführt, soweit in den Absätzen 3 und 4 nichts anderes bestimmt ist.

(3) (…). Im Übrigen können die Aufgaben der Luftsicherheitsbehörden nach diesem Gesetz in bundeseigener Verwaltung ausgeführt werden, wenn dies zur Gewährleistung der bundeseinheitlichen Durchführung der Sicherheitsmaßnahmen erforderlich ist.

Luftverkehrsgesetz

§ 4

(1) Wer ein Luftfahrzeug führt oder bedient (Luftfahrer) bedarf der Erlaubnis. Die Erlaubnis wird nur erteilt, wenn

3. keine Tatsachen vorliegen, die den Bewerber als unzuverlässig erscheinen lassen, ein Luftfahrzeug zu führen oder zu bedienen, und keine Zweifel an der Zuverlässigkeit des Bewerbers nach § 7 des Luftsicherheitsgesetzes bestehen, (…)

(3) Die Erlaubnis ist zu widerrufen, wenn die Voraussetzungen nach Absatz 1 nicht mehr vorliegen.

II. Lösungsvorschlag

Mit der Verweigerung der Ausfertigung könnte der B gegen die ihm gem. Art. 82 I 1 **645** GG obliegenden verfassungsrechtlichen Pflichten verstoßen haben. Danach werden die nach den Vorschriften des Grundgesetzes zustande gekommenen Gesetze vom Bundespräsidenten ausgefertigt und verkündet.

Allerdings könnte der Bundespräsident berechtigt (oder sogar verpflichtet) sein, Gesetze, die nicht dem Grundgesetz entsprechen, nicht auszufertigen. Die Verweigerung wäre also dann nicht verfassungswidrig, wenn dem Bundespräsidenten ein Prüfungs- und Verweigerungsrecht zusteht und das Gesetz verfassungswidrig ist.[16]

A. Prüfungsrecht des Bundespräsidenten

Hinsichtlich des Prüfungsrechts ist zwischen formellen und materiellen Mängeln zu unterscheiden.

I. Formelles Prüfungsrecht

Ein Prüfungsrecht in formeller Hinsicht könnte sich bereits aus dem Wortlaut von **646** Art. 82 I 1 GG ergeben, demzufolge die „nach den Vorschriften dieses Grundgesetzes zustande gekommenen Gesetze" ausgefertigt werden. Zustande gekommen ist ein Gesetz nach Art. 78 GG, wenn das Verfahren im Bundesrat durchlaufen wurde. Jedenfalls die Beachtung der formellen Vorschriften des Grundgesetzes, also vor allem der Art. 70 ff. GG hinsichtlich der Gesetzgebungskompetenz und des Gesetzgebungsverfahrens sind daher Voraussetzung für die Ausfertigung durch den Bundespräsidenten.

---

16 Man könnte die Lösung auch anders aufbauen und zuerst die Verfassungsmäßigkeit des Gesetzes prüfen und dann den recht abstrakten Streit hinsichtlich des Prüfungsrechts darstellen. Allerdings braucht der Bundespräsident das Gesetz nicht zu überprüfen, wenn er dafür gar nicht zuständig ist, sodass das Prüfungsrecht die Ausgangsfrage ist.
Als dritte Möglichkeit kommt ein Aufbau in Betracht, der sich am formellen und materiellen Prüfungsrecht des Bundespräsidenten orientiert und die formelle und materielle Verfassungsmäßigkeit des Gesetzes jeweils inzident prüft.
Der Vollständigkeit halber sei noch darauf hingewiesen, dass Erörterungen zu einem materiellen Prüfungsrecht auf jeden Fall zu unterbleiben haben, wenn es keinerlei Anhaltspunkte für eine materielle Verfassungswidrigkeit des zu prüfenden Gesetzes gibt.

Ihr Vorliegen zu prüfen, ist Sinn und Zweck der Ausfertigung durch den Bundespräsidenten und damit seine Aufgabe. Ein formelles Prüfungsrecht steht dem Bundespräsidenten deshalb unstreitig zu.

II.   Materielles Prüfungsrecht

647   Der B hat hier auch Zweifel an der materiellen Verfassungsmäßigkeit und verweigert die Ausfertigung aus diesem Grund. Fraglich ist also, ob dem Bundespräsidenten auch ein materielles Prüfungsrecht zusteht.

1.   Wortlaut des Art 82 I 1 GG

Der Wortlaut des Art 82 I 1 GG ist diesbezüglich nicht eindeutig. Wenn das Zustandekommen sich auf Art. 78 GG bezieht, könnten damit allein die verfahrensrechtlichen Vorschriften davor gemeint sein. Andererseits verlangt Art. 82 I 1 GG, dass das Gesetz nach den „Vorschriften des Grundgesetzes" zustande gekommen sein muss. Dies kann sich auch auf die Beachtung des übrigen Verfassungsrechts beziehen.

2.   Amtseid, Art. 56 GG

Allerdings könnte der Amtseid des Bundespräsidenten und seine daraus folgende Pflicht, das Grundgesetz zu wahren und zu verteidigen, für ein materielles Prüfungsrecht sprechen. Dies kann der Bundespräsident jedoch nur insoweit, als ihm das GG auch entsprechende Befugnisse einräumt. Art. 56 GG selbst hat keine kompetenzbegründende, sondern nur eine kompetenzausfüllende Wirkung. Der Hinweis auf den Amtseid zur Beantwortung der Frage hinsichtlich des Bestehens eines materiellen Prüfungsrechts des Bundespräsidenten führt in einen Zirkelschluss und hilft nicht weiter.

3.   Präsidentenanklage, Art. 61 GG

648   Ebenso verhält es sich mit dem Argument, ein materielles Prüfungsrecht leite sich aus der Möglichkeit einer Präsidentenanklage wegen vorsätzlicher Verletzung des Grundgesetzes nach Art. 61 GG her. Eine vorsätzliche Verletzung durch die Ausfertigung eines materiell verfassungswidrigen Gesetzes kann dem Bundespräsidenten nur dann angelastet werden, wenn er die materielle Verfassungsmäßigkeit überhaupt prüfen darf, was wiederum eine Vorfrage darstellt: Art. 61 GG regelt also die möglichen Rechtsfolgen eines Verstoßes gegen die Amtspflichten des Bundespräsidenten, begründet aber nicht den Umfang derselben.

4.   Staatsrechtliche Stellung des Bundespräsidenten

649   Insoweit muss die Frage nach einem materiellen Prüfungsrechts durch eine weitere systematische und teleologische Auslegung des Grundgesetzes unter besonderer Berücksichtigung der staatsrechtlichen Stellung des Bundespräsidenten erfolgen.

a) Gegen ein materielles Prüfungsrecht sprechen mehrer Umstände:

Zum einen erhielte der Bundespräsident durch ein materielles Prüfungsrecht in erheblichem Umfange einen im GG nicht ausdrücklich vorgesehenen Einfluss auf die Gesetzgebung.

Zum anderen ist die Entscheidung über die materielle Verfassungswidrigkeit von Gesetzen und deren Nichtigerklärung nicht Aufgabe des repräsentativen Staatsoberhauptes. Diese Entscheidung ist vielmehr dem Bundesverfassungsgericht zugewiesen. Es kann über die Verfassungsmäßigkeit von Normen im Wege der abstrakten und konkreten Normenkontrolle (Art. 93 I Nr. 2 GG und 100 I GG) entscheiden.

b) Für ein materielles Prüfungsrecht sprechen auf der anderen Seite die folgenden Aspekte:

In die Gesetzgebung wird durch das materielle Prüfungsrecht des Bundespräsidenten nicht eingegriffen, da ein Organstreit über die Reichweite der Rechte vor dem Bundesverfassungsgericht möglich ist. Weiterhin wird das Verwerfungsmonopol des Bundesverfassungsgerichts nicht dadurch angetastet, dass der Bundespräsident schon das Inkrafttreten des Gesetzes verhindert. Eine letztverbindliche Entscheidung des Bundesverfassungsgerichts ist über den Weg des Organstreits möglich.

Entscheidendes Argument für die Annahme eines materiellen Prüfungsrechts ist jedoch die Grundgesetz-Bindung des Bundespräsidenten nach Art. 1 III, 20 III GG. Der Bundespräsident kann nicht verpflichtet sein, „sehenden Auges" Handlungen vorzunehmen, die nach seiner Auffassung offenkundig gegen das GG verstoßen. Eine derartige Verpflichtung ist dem Bundespräsidenten nicht zumutbar.

Das Prüfungsrecht stellt zudem eine zusätzliche Sicherung der Bewahrung von Verfassungsrecht dar. Aus diesem Grund ist ein materielles Prüfungsrecht jedenfalls bei schweren und offensichtlichen Verstößen gegen das GG zu bejahen. Vor allem dann, wenn der Bundespräsident von der Verfassungswidrigkeit überzeugt ist, sollte er das Gesetz auch prüfen dürfen. Der Bundespräsident sollte sich aber auf eine solche Evidenzkontrolle beschränken. Nur so lässt sich das Spannungsverhältnis zwischen Gesetzgeber, Bundespräsidenten und letztverbindlicher Entscheidungskompetenz des Bundesverfassungsgerichts sinnvoll auflösen. Eine genauere Prüfung aller Gesetze durch den Bundespräsidenten ist ihm auch ressourcenmäßig gar nicht möglich, so dass der Bundespräsident stets nur bei offenkundigen Verfassungsverstößen tätig werden wird.

III. Zwischenergebnis

Der Bundespräsident hat bei der Ausfertigung eines Gesetzes nach Art. 82 I 1 GG ein Prüfungsrecht in formeller und – bei offenkundigen und schweren Verstößen – auch in materieller Hinsicht.

B.   Verfassungsmäßigkeit des Gesetzes

650   Fraglich ist daher, ob das neue Luftsicherheitsgesetz formell und materiell verfassungsmäßig ist.

I.   Formelle Verfassungsmäßigkeit

Das LuftSiG ist formell mit der Verfassung vereinbar, wenn dem Bund eine entsprechende Gesetzgebungskompetenz eingeräumt ist und das Gesetzgebungsverfahren ordnungsgemäß durchlaufen wurde.

1.   Gesetzgebungskompetenz des Bundes

651   Nach Art. 30, 70 GG sind für die Gesetzgebung grundsätzlich die Länder zuständig, es sei denn, dem Bund wird durch das Grundgesetz explizit eine Materie zur Regelung zugewiesen. In Betracht kommt hier eine ausschließliche Gesetzgebungskompetenz des Bundes nach Art. 71, 73 I Nr. 6 GG. Danach hat der Bund die Gesetzgebungskompetenz für den Luftverkehr. Fraglich ist, ob auch die Regelung für eine Zuverlässigkeitsprüfung der im Luftverkehr tätigen Personen unter den Kompetenztitel fällt. Der Begriff „Luftverkehr" ist weit zu verstehen und umfasst neben dem Flugverkehr alle mit dem Flugwesen unmittelbar in Zusammenhang stehenden Tätigkeiten und Institutionen. Dazu gehören auch Gefahrenabwehr und Prävention, solange sie im Zusammenhang mit dem Flugwesen stehen. Die Zuverlässigkeitsprüfung der Luftfahrer erfolgt unter einem präventiven Gesichtspunkt. Es sollen Gefahren ausgeschlossen werden, die durch unzuverlässige Piloten entstehen können. Ein sicheres Flugwesen kann daher ohne eine Zuverlässigkeitsprüfung nicht hinreichend gewährleistet werden. Daher muss auch diese Regelung vom Kompetenztitel des Bundes umfasst sein.

Dem Bund steht somit die erforderliche Gesetzgebungskompetenz zu.

2.   Ordnungsgemäßes Gesetzgebungsverfahren

652   Weiterhin muss das Gesetzgebungsverfahren ordnungsgemäß durchlaufen worden sein. Bezüglich der Gesetzesinitiative, dem Vorverfahren gemäß Art. 76 II, III GG und dem Gesetzesbeschluss durch den Bundestag nach Art. 77 I 1 GG liegen keine Bedenken vor. Problematisch ist hier die Mitwirkung des Bundesrates am Gesetzgebungsverfahren. Fraglich ist, ob der Bundesrat nach Art. 77 II – III GG ordnungsgemäß beteiligt worden ist. Maßgeblich für die Beurteilung der Mitwirkung des Bundesrates ist die Frage, ob es sich bei dem Gesetz um ein Einspruchs- oder ein Zustimmungsgesetz handelt. Nach Art. 78 GG kommt ein Zustimmungsgesetz nur zustande, wenn der Bundesrat seine Zustimmung erteilt. Verweigert er diese, dann ist das Gesetzesvorhaben endgültig gescheitert.

a)   Zustimmungsgesetz

Vorliegend hat der Bundesrat seine Zustimmung verweigert. Fraglich ist also, ob das **653**
LuftSiG ein Zustimmungsgesetz ist. Nach der Konzeption des GG ist das Einspruchsgesetz die Regel und das Zustimmungsgesetz der Ausnahmefall. Eine Zustimmungsbedürftigkeit liegt nur vor, wenn das GG dies ausdrücklich bestimmt (Enumerationsprinzip). Das ist vor allem dann der Fall, wenn in besonderer Weise Interessen
der Länder berührt werden. Die Zustimmung stellt dann einen Ausgleich für die
Berührung der Länderinteressen dar.

aa)   Maßstabsnormen

Hier kommt eine Zustimmungsbedürftigkeit aufgrund der Regelungen in Art. 85 I 1 **654**
GG und Art. 87d II GG in Betracht. Dafür müsste zunächst der Anwendungsbereich
dieser Normen eröffnet sein. Dies ist der Fall, wenn die Luftverkehrsverwaltung
durch die Länder im Auftrag des Bundes durchgeführt wird. Grundsätzlich führen
die Länder nach Art. 30, 83 GG die Bundesgesetze als eigene Angelegenheit aus, es
sei denn durch das Grundgesetz wird etwas anderes bestimmt. Nach Art. 87d I GG
wird die Luftverkehrsverwaltung als bundeseigene Verwaltung ausgeführt. Nach
Art. 87d II GG kann die Luftverkehrsverwaltung auf die Länder als Auftragsverwaltung übertragen werden. Eine entsprechende Übertragung ist erstmals bereits 1980
erfolgt. In § 16 II LuftSiG wird diese Übertragung für das neue Luftsicherheitsgesetz
aktualisiert. Damit ist der Anwendungsbereich der Art. 85, 87d GG eröffnet.

bb)   Zustimmungsbedürftigkeit wegen Behördeneinrichtung – Art. 85 I 1 GG

Die Zustimmungsbedürftigkeit könnte sich aus Art. 85 I 1 GG ergeben. Danach be- **655**
dürfen bundesgesetzliche Regelungen im Bereich der Bundesauftragsverwaltung, die
die Einrichtung von Behörden zum Gegenstand haben, der Zustimmung des Bundesrates. Die Regelung dient dem Schutz der Verwaltungshoheit der Länder. Denn auch
Auftragsverwaltung ist Landesverwaltung und unterliegt damit der Organisationsgewalt der Länder. Das LuftSiG könnte also zustimmungsbedürftig gewesen sein,
weil es die Zuverlässigkeitsprüfung in den Zuständigkeitsbereich der „Luftsicherheitsbehörden" der Länder gestellt hat. Fraglich ist, ob in der pauschalen Verwendung des
Begriffs „Luftsicherheitsbehörden" eine Einrichtungsregelung im Sinne des Art. 85 I
1 GG zu sehen ist. Eine Einrichtung der Behörden wird nach dieser Verfassungsbestimmung geregelt, wenn ein Gesetz die Länder zur Schaffung neuer Behörden verpflichtet. Die Einrichtung von Behörden umfasst deren Errichtung (Gründung) und
Einrichtung (Ausgestaltung) wie auch die Festlegung ihrer Aufgaben und Befugnisse.
Das LuftSiG verwendet sowohl in § 7 als auch an anderen Stellen den Begriff „Luftsicherheitsbehörden" und weist diesen Aufgaben zu. Eine konkrete Verpflichtung der
Länder dahingehend, dass eine neue Behörde geschaffen werden müsste oder einer
bereits bestehenden Behörde eine oder alle Aufgaben zuzuweisen seien, lässt sich den
Regelungen nicht entnehmen. Das LuftSiG überlässt es den Ländern, die Behörden
genau zu bezeichnen und ihre Aufgaben zu bestimmen. Der Ausdruck „Luftsicherheitsbehörden" steht daher abkürzend für die mit der Wahrnehmung der Aufgaben
nach dem LuftSiG betrauten Behörden und hat allein die Funktion, diese umständ-

liche Umschreibung zu erübrigen. Damit greift der Bund mit seinen Regelungen im LuftSiG nicht in die Organisationshoheit der Länder bezüglich der Behördeneinrichtung ein.

Etwas anderes ergibt sich auch nicht daraus, dass das Gesetz mittelbar auf die Tätigkeit von Landesbehörden einwirkt, indem es die den Landesbehörden zufallenden Tätigkeiten quantitativ vermehrt.

Unter dem Gesichtspunkt der Behördeneinrichtung ergibt sich somit keine Zustimmungsbedürftigkeit aus Art. 85 I 1 GG.

cc) Zustimmungsbedürftigkeit wegen der Regelung des Verwaltungsverfahrens – Art. 85 I 1 GG

656 Die Zustimmungsbedürftigkeit des LuftSiG könnte sich aber daraus ergeben, dass der Bund Regelungen zum Verwaltungsverfahren der Länder trifft. Unter Regelungen zum Verwaltungsverfahren versteht man Regelungen, die das „wie" des Verwaltungshandelns zum Gegenstand haben. § 7 LuftSiG enthält eindeutig solche Regelungen, da er den Ablauf und den Umfang der Zuverlässigkeitsprüfung vorgibt.

Fraglich ist schon, ob der Bund überhaupt eine Kompetenz dafür hat, Verfahrensregelungen zu treffen. Art. 85 I 1 GG trifft dazu keine Aussage. Erwähnung finden nur die Regelungen zur Einrichtung der Behörden. Allerdings erscheint es nicht einsichtig, warum dem Bund diese Kompetenz bei der ihm näher stehenden Bundesauftragsverwaltung nicht zukommen sollte, bei der Bundesaufsichtsverwaltung des Art. 84 I GG jedoch schon. Daher ist die Kompetenz im Wege eines Erst-Recht-Schlusses zu bejahen: Wenn dem Bund die Kompetenz zum Erlass von Verfahrensregelungen schon bei der Bundesaufsichtsverwaltung zusteht, dann muss dies erst recht aufgrund der größeren Nähe und Einwirkungsmöglichkeiten des Bundes bei der Bundesauftragsverwaltung möglich sein. Dem Bund steht damit die Kompetenz zu, Verfahrensvorschriften zu erlassen.

Fraglich ist jedoch, ob Art. 85 I 1 GG diese Verfahrensregelungen dann auch dem Zustimmungserfordernis unterwirft. Eine Zustimmungsbedürftigkeit wegen Regelungen des Verwaltungsverfahrens durch den Bund ist in Art. 85 I 1 GG im Gegensatz zu Art. 84 I GG (a.F.) nicht explizit vorgesehen. Allerdings könnte sich eine solche aus dem Sinn und Zweck des Zustimmungserfordernisses ergeben. Art. 85 I 1 GG wäre dann teleologisch zu korrigieren. Wie bereits dargelegt bleibt auch die Auftragsverwaltung Verwaltung durch die Länder. Daher könnte aus der grundsätzlich bestehenden Organisationshoheit der Länder folgen, dass grundsätzlich sie das Verwaltungsverfahren zu regeln haben. Ein Eingriff in ihre Verfahrenskompetenz müsste dann im Sinne einer Zustimmungsbedürftigkeit ausgeglichen werden.

Gegen diese Ansicht spricht schon der Grundsatz, dass eine Zustimmungsbedürftigkeit nur dort besteht, wo sie das Grundgesetz ausdrücklich vorsieht (Enumerationsprinzip). Des Weiteren bestehen zwischen der Ausführung von Bundesgesetzen als eigene Angelegenheit (Art. 84 GG) und der Ausführung von Bundesgesetzen in Bundesauftragsverwaltung (Art. 85 GG) Unterschiede, an die sich systemkonform und sinnvoll eine Differenzierung hinsichtlich des Erfordernisses der Bundesratszustimmung zu Verfahrensregelungen knüpfen lässt. Soweit die Länder Bundesgesetze als eigene Angelegenheit ausführen, sind sie grundsätzlich nicht nur befugt, die Gesetze selbst – durch eigene Behörden – auszuführen, sondern auch berechtigt, innerhalb des jeweiligen materiellrechtlichen Rahmens über die Art und Weise der Gesetzesausführung selbst zu befinden; ihnen steht nicht nur die Wahrnehmungskompetenz, sondern auch die Sachkompetenz zu. In diese Sachkompetenz greifen für die Länder verbindliche bundesgesetzliche Verfahrensregelungen ein. Das in Art. 84 I GG (a.F.) vorgesehene Zustimmungserfordernis für Verfahrensregelungen entsprach daher der allgemeinen Funktion der Zustimmungserfordernisse nach Art. 84 und 85 GG, einen nicht vom Willen des Bundesrates gedeckten Einbruch in die verfassungsrechtliche Verwaltungszuständigkeit der Länder und die damit verbundene Systemverschiebung im föderalen Gefüge auszuschließen. Die Bundesauftragsverwaltung zeichnet sich dagegen dadurch aus, dass den Ländern schon nach der Ausgestaltung dieses Verwaltungstyps in Art. 85 GG nur die Wahrnehmungskompetenz uneingeschränkt zusteht, während die Sachkompetenz ihnen von vornherein nur unter dem Vorbehalt zugewiesen ist, dass nicht der Bund die konkurrierende Sachkompetenz in Anspruch nimmt, die ihm nach Art. 85 III GG in Gestalt einer umfassenden Weisungsbefugnis zusteht. Dass Art. 85 I GG für die bundesgesetzliche Regelung des Verwaltungsverfahrens ein Erfordernis der Zustimmung des Bundesrates nicht vorsieht, ist daher keine Systemwidrigkeit, die darauf hindeuten könnte, dass der Verfassungsgeber eine andere als die formulierte Regelung gewollt hat.

Damit ist das LuftSiG unter dem Aspekt der Regelung des Verwaltungsverfahrens nicht zustimmungsbedürftig.

dd) Zustimmungsbedürftigkeit wegen neuer Aufgabenübertragung – Art. 87d II GG

Die Novellierung des LuftSiG könnte aber gemäß Art. 87d II GG zustimmungsbedürftig gewesen sein. Dies ist dann der Fall, wenn den Ländern durch das LuftSiG neue Aufgaben übertragen worden sind. Eine gesetzliche Regelung „überträgt" den Ländern Aufgaben, soweit sie ihnen Aufgaben zuweist, die ihnen zuvor nicht oblagen. Aufgabenbezogene Regelungen, die – wie etwa die Wiederholung oder Konkretisierung bereits früher erfolgter Aufgabenzuweisungen im Rahmen der gesetzlichen Neuregelung einer Materie – den Aufgabenbestand der Länder gegenüber dem bisherigen Rechtszustand nicht vergrößern, stellen keine Aufgabenübertragung im von Art. 87d II GG gemeinten, konstitutiven Sinne dar. Fraglich ist also, ob hier neue Aufgaben übertragen worden sind. Dafür ist es notwendig, die Rechtslage vor und nach der Novellierung des LuftSiG zu vergleichen. § 7 LuftSiG wurde neu gefasst. Bereits vor der Neuregelung gab es eine Zuverlässigkeitsprüfung. Das Zulässigkeitsverfahren wurde durch das neue LuftSiG aber ausgedehnt. Nunmehr sind mehr Personen zu überprüfen, mehr Behörden einzubeziehen und mehr Daten zu erheben. Es wurde also keine komplett neue Aufgabe übertragen, vielmehr wurde die bestehende Aufgabe ausgedehnt. Fraglich ist, ob auch eine Steigerung dieser Vollzugslast vom Begriff der Aufgabenübertragung erfasst ist, so dass das Gesetz zustimmungsbedürftig wird. Das ist dann anzunehmen, wenn durch die Steigerung der Vollzugslast der Aufgabe ein neuer Inhalt und eine wesentlich andere Bedeutung und Tragweite verliehen wird.

657

Dann erhält die Aufgabe eine neue Qualität. Eine rein quantitative Veränderung der übertragenen Aufgabe ist hingegen nicht ausreichend. Dies folgt schon aus dem nicht auf die Erhöhung von Verwaltungslasten, sondern auf die Übertragung von Aufgaben abstellenden Wortlaut des Art. 87d II GG.

Die eigentliche Aufgabe – der Schutz vor Angriffen auf die Sicherheit des Luftverkehrs – wurde den Ländern bereits 1980 übertragen. Die Ausdehnung der Zuverlässigkeitsprüfung verleiht dieser Aufgabe noch keine neue Tragweite und wesentlich andere Bedeutung. Damit liegt hier in der Steigerung der Vollzugslast keine neue Aufgabenübertragung.

Somit war das LuftSiG nicht nach Art. 87d II GG zustimmungsbedürftig.

ee) Zustimmungsbedürftigkeit wegen Rückübertragung von Aufgaben – Art. 87d II GG

658 Nach § 16 III LuftSiG kann der Bund an die Länder übertragene Aufgaben wieder an sich ziehen. Fraglich ist, ob auch diese Rückübertragung von Aufgaben auf den Bund das Zustimmungserfordernis nach Art. 87d II GG auslöst. Nach dem Wortlaut der Norm ist ausschließlich die Übertragung auf die Länder dem Zustimmungserfordernis unterworfen. Fraglich ist, ob eine erweiternde Auslegung vor dem Sinn und Zweck des Zustimmungserfordernisses erfolgen muss. Das Zustimmungserfordernis soll die Länder vor einem Eingriff des Bundes in seine Zuständigkeit schützen bzw. einen Ausgleich für den Eingriff vermitteln. Vor diesem Hintergrund ist die Rückübertragung von Aufgaben auf den Bund zustimmungsbedürftig, da der Bund den Ländern die zuvor übertragene Verwaltungskompetenz in diesem Bereich wieder nimmt. Mithin wäre die Rückübertragung von Aufgaben zustimmungsbedürftig.

Dagegen spricht jedoch, dass im Rahmen von Art. 87d GG grundsätzlich die bundeseigene Verwaltung angeordnet ist. Mithin liegt schon im Kern keine Landeszuständigkeit für die Verwaltung vor. Damit stellt sich das Landesinteresse als nicht schutzwürdig dar. Systematisch spricht weiterhin viel dafür, dass die Rückübertragung als actus contarius nicht den gleichen Anforderungen unterliegt wie die Übertragung. Bei Art. 84 I GG erstreckt sich die Zustimmungsbedürftigkeit auch nur auf die Verfahrensregelung und nicht auf deren Aufhebung. Eine unterschiedliche Behandlung des gleichen Phänomens in Art. 84 GG und 87d GG ist nicht zu rechtfertigen. Zu berücksichtigen ist ferner auch bei der Rückübertragung das Enumerationsprinzip, das die Zustimmungsbedürftigkeit von Gesetzen abschließend festlegt.

Mithin ist kein Raum für eine den Wortlaut des Art. 87d II GG erweiternde Auslegung. Die Rückübertragung von Aufgaben bedarf somit nicht der Zustimmung durch den Bundesrat.

ff) Zwischenergebnis

Damit erweist sich das LuftSiG als nicht zustimmungsbedürftig.

b) Einspruchsgesetz

Vielmehr stellt sich das Luftsicherheitsgesetz als Einspruchsgesetz dar. Fraglich ist, **659** ob der Bundesrat Einspruch eingelegt hat und ob dieser dann mit der entsprechenden Mehrheit im Bundestag zurückgewiesen wurde. Erste Voraussetzung für die Möglichkeit der Einlegung eines Einspruches ist, dass das Vermittlungsverfahren nach Art. 77 III GG fruchtlos durchlaufen wurde. Dies ist laut Sachverhalt geschehen. Damit war es dem Bundesrat grundsätzlich möglich, einen Einspruch gegen das LuftSiG einzulegen. Fraglich ist jedoch, ob auch ein hilfsweiser Einspruch zulässig ist, wenn der Bundesrat von der Zustimmungsbedürftigkeit des Gesetzes ausgeht. Über den Bundesrat soll eine Einflussmöglichkeit der Länder auf die Gesetzgebung des Bundes sichergestellt werden. Vor diesem Hintergrund erscheint es unbillig den Bundesrat bei starken Zweifeln an der Rechtmäßigkeit der bundesgesetzlichen Regelung darauf festzulegen, eindeutig die Qualität des Gesetzes als Zustimmungsgesetz zu bestimmen. Vor allem dann wenn, wie hier, bereits unterschiedliche Auffassungen über die Zustimmungsbedürftigkeit vorhanden sind, ist es unbestritten zulässig, dass der Bundesrat seine Verweigerungshaltung auch in einem hilfsweisen Einspruch zum Ausdruck bringt.

Damit hat der Bundesrat zulässigerweise gegen das LuftSiG Einspruch eingelegt.

Der hilfsweise Einspruch des Bundesrates wurde laut Sachverhalt aber mit der erforderlichen Mehrheit im Bundestag zurückgewiesen. Somit ist das LuftSiG ordnungsgemäß nach Art. 78 GG zustande gekommen.

3. Ergebnis

Das LuftSiG erweist sich als formell verfassungsgemäß.

II. Materielle Verfassungsmäßigkeit

Fraglich ist, ob das LuftSiG auch materiell mit dem GG in Einklang steht. In Be- **660** tracht kommt hier ein Verstoß gegen Art. 12 I GG, soweit die Zuverlässigkeitsprüfung Berufspiloten betrifft. Sind Privatpiloten betroffen, kann ein Verstoß gegen Art. 2 I GG vorliegen.

1. Verstoß gegen Art. 12 I GG

Das LuftSiG verstößt gegen Art. 12 I GG, wenn durch dessen Regelungen in den **661** Schutzbereich des Art. 12 I GG eingegriffen wird und dieser Eingriff nicht gerechtfertigt ist.

a) Schutzbereich

Sachlicher Schutzbereich ist der Beruf in einem umfassenden Sinne. Beruf ist dabei jede auf Dauer angelegte Tätigkeit, die der Schaffung und Erhaltung einer Lebensgrundlage dient und nicht grundsätzlich verboten ist. Die Zuverlässigkeitsprüfung wird in § 7 LuftSiG für alle Luftfahrer angeordnet. Darunter sind vor allem auch Verkehrspiloten zu verstehen. Die Tätigkeit als Verkehrspilot lässt sich unproblematisch unter die Definition des Berufes subsumieren.

Art. 12 I GG gewährleistet als einheitliches Grundrecht sowohl die Berufsausübungsfreiheit als auch die Berufswahlfreiheit. Da die Zuverlässigkeit eines Piloten nicht nur bei der erstmaligen Erteilung der Flugerlaubnis zu prüfen ist, sondern fortlaufend gegeben sein muss, damit die Fluglizenz nicht wieder entzogen wird, ist hier je nach konkretem Einzelfall entweder die subjektive Berufswahlfreiheit oder die Berufsausübungsfreiheit betroffen.

Vom persönlichen Schutzbereich werden alle Deutschen erfasst.

b)   Eingriff

In den Schutzbereich des Art. 12 I GG muss durch das LuftSiG eingegriffen werden. Unter Eingriff ist dabei jedes staatliche Handeln zu verstehen, das die grundrechtlich gewährte Freiheit verkürzt. Bei Art. 12 I GG wird jedoch ein verengter Eingriffsbegriff zugrunde gelegt. Danach muss das staatliche Handeln entweder einen eindeutigen Berufsbezug oder eine objektiv berufsregelnde Tendenz haben. Vorliegend schreibt das LuftSiG in § 7 iVm § 4 LuftVG die Zuverlässigkeitsprüfung als Voraussetzung für die Aufnahme und die Fortdauer des Berufes „Pilot" vor. Damit hat das Gesetz einen eindeutigen Berufsbezug und verkürzt sowohl die subjektive Berufswahlfreiheit als auch die Berufsausübungsfreiheit. Ein Eingriff in den Schutzbereich des Art. 12 I GG ist somit gegeben.

c)   Rechtfertigung

Der Eingriff könnte aber gerechtfertigt sein. Dies ist der Fall, wenn das LuftSiG einen legitimen Zweck verfolgt und zudem geeignet, erforderlich und verhältnismäßig ist.

Mit dem LuftSiG soll die Sicherheit des Luftverkehrs gewährleistet werden. Geeignet ist ein Gesetz, wenn es zur Erreichung des jeweiligen Zweckes beiträgt. Die Zuverlässigkeitsprüfung ist in der Lage, die Gefahren, die von unzuverlässigen Verkehrspiloten für die Rechtsgüter der Allgemeinheit (Leben, Gesundheit, Eigentum) ausgehen, einzudämmen.

Erforderlich ist die Zuverlässigkeitsprüfung dann, wenn sie zur Erreichung des angestrebten Zweckes das mildeste Mittel darstellt. Insoweit ist zu berücksichtigen, dass dem Gesetzgeber bei der Beurteilung der Erforderlichkeit des gewählten Mittels sowie bei der in diesem Zusammenhang vorzunehmenden Einschätzung und Prognose der dem Einzelnen oder der Allgemeinheit drohenden Gefahren ein Beurteilungsspielraum zusteht, der nur in begrenztem Umfang überprüft werden kann. Angesichts dieses Maßstabs bestehen keine Bedenken gegen die Erforderlichkeit der Maßnahme.

Die Zuverlässigkeitsprüfung muss auch verhältnismäßig sein. Verhältnismäßig ist eine Maßnahme dann, wenn sie zu dem angestrebten Zweck in einem angemessenen Verhältnis steht. Was im konkreten Falle angemessen ist, richtet sich nach der Drei-Stufen-Theorie des Bundesverfassungsgerichts. Danach besteht je nach Eingriffsintensität eine korrelierende Anforderung an den durch die Maßnahme zu verfolgenden Zweck. Bei Berufsausübungsregelungen reicht für die Herstellung der Verhältnismäßigkeit jede vernünftige Erwägung des Gemeinwohls. Da subjektive Berufswahlregelungen einen intensiveren Eingriff in den Schutzbereich von Art. 12 I GG darstellen, bedarf es für die Herstellung der Verhältnismäßigkeit des Schutzes besonders wichtiger Gemeinschaftsgüter.

Wenn vorliegend schon der Eingriff in die subjektive Berufswahlfreiheit gerechtfertigt ist, liegt zugleich auch eine Rechtfertigung des Eingriffes in die Berufsausübungsfreiheit vor.

Das LuftSiG will die Gefahren verhindern, die von unzuverlässigen Piloten ausgehen. Durch den Absturz von Flugzeugen, ob als Unfallfolge oder als gezielter Angriff, werden Leib und Leben von Insassen und der Bevölkerung auf der Erde beeinträchtigt. Vor diesen Gefahren können sich die einzelnen Grundrechtsinhaber nicht selbst schützen, so dass sich der Staat ihres Schutzes annehmen muss. Leib und Leben stellen dabei die höchsten Individualrechtsgüter dar. Wegen des gerade beim Luftverkehr hohen Gefährdungspotentials und der Hochrangigkeit der zu schützenden Rechtsgüter begegnet es deshalb keinen Bedenken, an die Zuverlässigkeit von Flugzeugführern strenge Anforderungen zu stellen.

d)   Zwischenergebnis

Ein ungerechtfertigter Eingriff in Art. 12 I GG liegt somit nicht vor.

2.   Verstoß gegen Art. 2 I GG

Ein Verstoß gegen Art. 2 I GG liegt ebenfalls nicht vor. Wenn schon der Eingriff in **662** die Rechte der Verkehrspiloten aus Art. 12 I GG gerechtfertigt ist, muss dies erst recht für die Rechte der Freizeitpiloten gelten. Die Anforderungen des Art. 2 I GG an die Rechtfertigung eines Eingriffes sind nämlich wesentlich geringer.

3.   Ergebnis

Das LuftSiG ist materiell verfassungsgemäß. **663**

C.   Gesamtergebnis

B hat seine Unterschrift zu Unrecht verweigert, da das LuftSiG sowohl formell als auch materiell verfassungsgemäß ist. Damit hat er gegen Art. 82 I 1 GG verstoßen.

Sachregister

Die Angaben verweisen auf Randnummern.

Sachregister

www.ingramcontent.com/pod-product-compliance
Lightning Source LLC
Chambersburg PA
CBHW060746220326
41598CB00022B/2340